Kirk W. Junker (Hrsg.)
US-Rechtspraxis

Kirk W. Junker (Hrsg.)

US-Rechtspraxis

—

Praxishandbuch Zivilrecht und Öffentliches Recht

Herausgegeben von
Kirk W. Junker

Bearbeitet von
Steven F. Baicker-McKee, Heidi K. Brown,
Phillip A. Bühler, Barbara Carlin, Ryan Kraski,
Kirk W. Junker, Antonio Lordi, Katherine M. Simpson,
Jacob H. Rooksby, P. Matthew Roy, Patrick Sorek,
Gabriela Steier, Keith E. Wilder

DE GRUYTER

Autoren

Steven F. Baicker-McKee
Heidi K. Brown
Phillip A. Bühler
Barbara Carlin
Ryan Kraski
Kirk W. Junker
Antonio Lordi
Katherine M. Simpson
Jacob H. Rooksby
P. Matthew Roy
Patrick Sorek
Gabriela Steier
Keith E. Wilder

ISBN 978-3-89949-809-7
e-ISBN (PDF) 978-3-89949-810-3
e-ISBN (EPUB) 978-3-11-038703-2

Bibliografische Information der Deutschen Nationalbibliothek
Die Deutsche Nationalbibliothek verzeichnet diese Publikation in der Deutschen
Nationalbibliografie; detaillierte bibliografische Daten sind im Internet über
http://dnb.dnb.de abrufbar.

© 2018 Walter de Gruyter GmbH, Berlin/Boston
Einbandabbildung: BRANDONJ74 / E+ / Getty Images
Datenkonvertierung und Satz: jürgen ullrich typosatz, 86720 Nördlingen
Druck und Bindung: CPI books GmbH, Leck
♾ Gedruckt auf säurefreiem Papier
Printed in Germany

www.degruyter.com

Vorwort

Das vorliegende Buch führt in verschiedene Bereiche des US-amerikanischen Rechts ein. Dabei geht es nicht den Weg, einen systematischen Überblick, etwa über Bereiche des Handels- und Wirtschaftsrechts, des Zivilrechts oder des Strafrechts, zu versuchen. Ein systematischer Aufbau wäre für einen in Deutschland ausgebildeten Juristen die gewohnte Darstellungsweise. Das ist aber nicht das Anliegen des Buches. Es soll keinen Gesamtüberblick geben. Vielmehr beleuchtet das Buch ganz unterschiedliche Bereiche des US-amerikanischen Rechts und nimmt in einzelnen Kapiteln hierzu näher Stellung. Das sind zum einen Kapitel zu grundlegenden Themen, wie etwa das einleitende Kapitel „US-Recht als ausländisches Recht" (das man für ein umfassendes Verständnis in jedem Fall gelesen haben sollte, bevor man in eines der Spezialkapitel einsteigt) oder Kapitel 2 über das „Zivilprozessrecht des Bundes". Zum anderen enthält das Buch Kapitel zu spezifischen Themen, z. B. Kapitel 8 „Verschwiegenheitspflichten und Wettbewerbsverbote im Arbeitsrecht" oder Kapitel 10 „Gemeinnützige Organisationen"; und darüber hinaus gibt es gesellschaftspolitisch geprägte Kapitel wie Kapitel 12 zur Nahrungsmittel-Selbstbestimmung.

Der Leser des Buches – oder einzelner Kapitel daraus – wird schnell merken, dass er viele Denkmuster und Strukturen, die ihm als in Deutschland (oder auf dem europäischen Kontinent) ausgebildeten Juristen in Fleisch und Blut übergegangen sind, nicht anwenden können wird, wenn er das US-amerikanische Recht verstehen will. Er wird diese gewohnten Muster abstreifen und sich auf eine andere (Rechts-)Kultur einlassen müssen. Das Buch veranschaulicht in vielen Teilen diese zum Verständnis erforderlichen Grundlagen. Das Zusammenwirken und die verschiedenen Wechselbeziehungen von Bundesstaat und Einzelstaaten, ihrer jeweiligen Gesetzgebung, die Struktur der Rechtsprechung sowie die Bedeutung von Präzedenzfällen nehmen einen großen Raum in fast allen Teilen des Buches ein.

Die Autoren des Buches schreiben aus ihrer amerikanischen Perspektive und unternehmen in der Regel nicht den Versuch, eine Vergleichbarkeit zum deutschen Recht herzustellen. Dies eröffnet den Autoren mehr Freiheiten, da sie keinen Abgleich mit dem deutschen Recht machen müssen und somit von in Deutschland gewohnten Denkmustern und Systemen keine Einschränkungen bei der Bearbeitung der Themen erfahren. Diese Leistung bleibt dem Leser überlassen und – so finde ich – macht die Lektüre interessanter.

Selbstverständlich erhebt das Buch nicht den Anspruch, dass ein deutscher Jurist nach dessen Lektüre Mandanten im amerikanischen Recht beraten kann. Allein aus Haftungsgründen wird kaum ein deutscher Anwalt dies tun wollen. Berät ein deutscher Anwalt Mandanten, die in den USA geschäftlich tätig sind oder werden wollen, so wird er nach der Lektüre ein Grundverständnis für Themen und Probleme haben, die bei der wirtschaftlichen Tätigkeit Bedeutung erlangen können und dem

Mandanten wertvolle Hinweise geben können. Die vielen Quellenangaben im Buch auf allgemein zugängliche Informationsquellen zu verschiedenen Themenbereichen erlauben einen Einstieg in die Befassung mit den entsprechenden Themen.

Berät ein deutscher Anwalt einen amerikanischen Mandanten im deutschen Recht, so hat das US-amerikanische Recht vordergründig keine Bedeutung für die anwaltliche Beratung. Aus meiner eigenen anwaltlichen Praxis kann ich aber erkennen, dass der amerikanische Mandant, der in seinem Heimatland „rechtlich sozialisiert" worden ist, selbstverständlich sein eigenes rechtliches Grundverständnis mitbringt. Das deutsche Verständnis von z.B. föderaler Struktur, Aufbau der Gerichtsbarkeit und Ablauf von Gerichtsverfahren, Normenhierarchien und allgemein anerkannten rechtlichen Grundsätzen ist ihm häufig fremd. Ein nach deutschen Standards erstellter Vertrag muss dem amerikanischen Mandanten unvollständig vorkommen. Das Buch leistet eine Hilfestellung, den amerikanischen Mandanten besser zu verstehen und der anwaltliche Berater kann dies in seine eigene anwaltliche Beratung in Deutschland einfließen lassen und den amerikanischen Mandanten dadurch besser „abholen" und entscheidende Unterschiede verdeutlichen. Die Komplexität eines Gerichtsverfahrens und die damit verbundenen Kosten sind in den USA ungleich höher als in Deutschland. Versteht der deutsche Berater diesen Ausgangspunkt, kann er den Mandanten bei der Frage, ob in Deutschland ein Rechtsstreit angestrengt werden soll, besser beraten, ihm z.B. auch verdeutlichen, dass es in Deutschland ein dem amerikanischen Offenlegungsverfahren vergleichbares Verfahren nicht gibt. Die Ausgangslage für die Informationsbeschaffung ist somit schon eine grundlegend andere.

Das Buch leistet für einen im deutschen Recht ausgebildeten Leser einen wertvollen Beitrag zum Verständnis der US-amerikanischen Rechtskultur und des Rechts. Der Nutzen für den Leser geht über das hinaus, was die einzelnen Kapitel an konkreten Inhalten und Themen vermitteln.

Köln, Juli 2017

Thomas Schnabel
Rechtsanwalt / Partner
Osborne Clarke

Danksagung

Jedes Buch erfordert die Anstrengungen vieler Personen vom Zeitpunkt der ersten Idee an bis hin zu seiner letztendlichen physischen Verwirklichung, aber das hier vorliegende Buch hat Beteiligte in besonders hoher Zahl und Qualität eingebunden. Es wurde zunächst von mehr als einem Dutzend Autoren größtenteils in Englisch verfasst, dann übersetzt und schließlich vereinheitlicht und zu einem in sich geschlossenen Handbuch zusammengeführt. Die nachfolgenden Danksagungen folgen der chronologischen Reihenfolge des Entstehungsprozesses. Daher möchte ich zunächst Herrn Christian Klinkert vom Verlag De Gruyter danken, der zuerst mit dem Vorschlag auf mich zukam, ein solches Buch zu erstellen und es vonseiten des Lektorats auf dem Weg immer bereitwillig und unter großem persönlichen Einsatz begleitet hat. Des Weiteren gilt mein Dank den zwölf Autoren der einzelnen Kapitel, die über große Expertise auf ihrem jeweiligen rechtlichen Fachgebiet verfügen und von denen viele als praktizierende Anwälte und Anwältinnen gut beschäftigt sind. Als solche mag sich ihnen vielleicht der Gedanke nicht unmittelbar aufgedrängt haben, ihr Tätigkeitsfeld deutschen Anwälten zu erläutern, aber getragen vom Willen, die Rechtswissenschaften weiter voranzubringen und ihr Wissen mit ihren internationalen Anwaltskolleginnen und -kollegen zu teilen, waren sie dankenswerterweise dazu bereit. Ihre Namen und Kurzbiographien finden sich an anderer Stelle im Autorenverzeichnis. Genügend US-Rechtspraktiker mit geeigneter Fachkunde zu finden, die auch auf Deutsch schreiben können, war ein unmögliches Unterfangen, weshalb letzten Endes viele verschiedene Übersetzer benötigt wurden, sowohl bei De Gruyter, als auch an meiner Universität und – in mindestens einem Fall – auch bei einem der Autoren selbst. An meiner Universität in Köln, Fakultät für Rechtswissenschaften, gilt mein Dank insbesondere dem deutschen Juristenteam, allen voran Herrn Jakob Bünemann, der die Organisation des Übersetzungsprozesses geleitet und zusammen mit mir viele der Übersetzungen geprüft und korrigiert hat. Frau Saskia Münster und Herr Lukas Plenk, ebenfalls im Juristenteam meines Lehrstuhls, haben eigene Übersetzungen erstellt, Übersetzungsarbeiten korrigiert und, wo nötig, im Rahmen vieler Überlegungen und Diskussionen neue Übersetzungstools entwickelt. Das US-Juristenteam um Herrn P. Matthew Roy aus New York, der mein langjähriger englisch-deutscher Mitarbeiter bei anderen Werken war, und Herrn Ryan Kraski hier in Köln hielten bei jedem Kapitel die Berücksichtigung der US-Rechtsgrundsätze gesondert im Blick. Frau Michelle Quindeau, Frau Laura Midey, Frau Lena Carduck, Frau Newsha Beiza und Herr Benedikt Götz, allesamt studentische Hilfskräfte an meinem Lehrstuhl, prüften unermüdlich die vielen Entwurfsfassungen, um eine Vereinheitlichung von Vokabular, Stil, Interpunktion und Wortverwendung zu erzielen. Ich danke Dr. Jennifer Hülsberg, die quasi als Absicherungsinstanz den unverstellten Blick der außenstehenden Leserin über die Schlussfassung des Textes gehen ließ. Schließlich bedanke ich mich bei Herrn

Rechtsanwalt Schnabel, der mit dem prüfenden Blick eines langjährigen deutschen Praktikers Hilfestellung für das gesamte Werk gab während er sich bereit erklärte mit dem so eigens gebildeten Urteil das Vorwort zu verfassen. Für alle Fehler, die sich über diesen langen Prozess hinweg eingeschlichen haben mögen, muss ich die Verantwortlichkeit übernehmen. Zu guter Letzt möchte ich auch jedem Leser danken, der das Interesse aufbringt, dieses Buch zur Hand zu nehmen und diese Danksagungszeilen zu lesen. Ein Buch zu verfassen, ist ohne Leser sinnlos.

Köln, Juli 2017   Kirk W. Junker

Inhaltsübersicht

Kapitel 1
US-Recht als ausländisches Recht (*Kirk W. Junker*)

Kapitel 2
Zivilprozessrecht des Bundes (*Steven F. Baicker-McKee*)

Kapitel 3
Strategien der Erstellung von zivilprozessualen Schriftsätzen (*Heidi K. Brown*)

Inhaltsverzeichnis

Kapitel 4
Schiedsgerichtsbarkeit in den USA – Recht und Praxis (*Katherine M. Simpson*)

Kapitel 6
Verträge – Entwurf und Inhalt (*Keith E. Wilder*)

Kapitel 13

Besonderheiten des US-Einwanderungsrechts – Ein Blick von Innen
(*Katherine M. Simpson*)

Autorenverzeichnis

Steven F. Baicker-McKee, J.D., war 23 Jahre lang bei der Großkanzlei Babst Calland in Pittsburgh auf den Gebieten Umweltrecht, Energierecht, Haftungsrecht bei Giftschäden und allgemeines Wirtschaftsrecht forensisch tätig. Auch nach seinem Eintritt in die Juristische Fakultät der Duquesne University als Assistant Professor of Law, praktizierte er bei Babst Calland weiter auf diesen Gebieten. Herr Baicker-McKee wird von Martindale-Hubbell als "AV" bewertet, von der West Publishing Company als "Key Author" geführt, regelmäßig zu einem der Pennsylvania "Super Lawyers" gekürt, wurde in die Academy of Trial Lawyers gewählt und fand Aufnahme in die Liste "The Best Lawyers of America". Herr Baicker-McKee ist Mitautor des *Federal Civil Rules Handbook*, einem führenden Standardwerk für Juristen am Federal Court, sowie des *A Student's Guide to the Federal Rules of Civil Procedure*, das landesweit in US-amerikanischen rechtswissenschaftlichen Fakultäten verwendet wird. Er ist zudem Mitautor von *Learning Civil Procedure*, einem juristischen Lehrbuch und von *Mastering Multiple Choice – Federal Civil Procedure*, einem Lernleitfaden für die Anwaltsprüfung und für Jurastudenten und wirkt als Mitautor/-herausgeber am *Federal Litigator* mit, einer Monatsschrift, die die Entwicklungen der Rechtspraxis auf der Bundesebene zusammenfasst. Herr Baicker-McKee hat seinen juristischen Abschluss am William and Mary Law School erlangt, wo er auch Mitglied der Redaktionsleitung der dortigen Law Review war. Seinen Bachelorgrad hat er an der Yale University erlangt.

Heidi K. Brown, J.D., verfügt über mehr als zwei Jahrzehnte Erfahrung in der anwaltlichen Praxis. Sie arbeitete Of Counsel bei Moore & Lee, LLP, einer forensisch tätigen Boutiquekanzlei mit Niederlassungen in der Region Washington, D.C. und in New York City, in der sie mit allen prozessualen und schiedsgerichtlichen Aspekten komplexer bauvertraglicher und bauplanungsrechtlicher Streitigkeiten befasst war. Sie ist spezialisiert auf Schriftsatzerstellung in Fällen auf Bundes- und einzelstaatlicher Ebene in den gesamten Vereinigten Staaten, und betreute auch als Mentorin die angestellten Nachwuchsanwälte der Kanzlei in Fragen des Zivilprozessrechts, der Verhandlungsstrategie und der juristischen Schriftsatzerstellung. Zuvor war sie angestellte Anwältin bei der Kanzlei Thacher, Proffitt & Wood in Manhattan und der Kanzlei Watt, Tieder, Hoffar & Fitzgerald, LLP in der Region Washington, D.C. 2014 wurde Frau Brown über das J. William Fulbright Scholars Program in den Fulbright Specialist Roster aufgenommen. Brown trat 2016 der Brooklyn Law School als Direktorin des Legal Writing Programs und als Associate Professor of Law bei. Vor dieser Tätigkeit arbeitete Frau Brown als Associate Professor of Law an der New York Law School, wo sie am Aufbau des Rechtspraxis Programms der Fakultät mitwirkte. Davor war sie Associate Professor für Legal Research and Writing an der Dale E. Fowler rechtswissenschaftlichenFakultät der Chapman University in Orange, California tätig. Frau Brown erwarb ihren Bachelorgrad in Außenpolitik und französischer Literatur an der University of Virginia und hat ihren J.D. an der Juristischen Fakultät der University of Virginia erlangt.

Phillip A. Bühler, J.D., LL.M., praktiziert seit fast dreißig Jahren auf dem Gebiet des Seerechts im Südosten der Vereinigten Staaten. Er ist Partner der Kanzlei Moseley, Prichard, Parrish, Knight & Jones und in Florida, Louisiana und dem District of Columbia, ebenso wie an vielen District und Circuit Courts des Bundes und am obersten Gerichtshof der Vereinigten Staaten zugelassen. Herr Bühler hat umfassende Prozesserfahrung an Bundesgerichten und seine Praxistätigkeit umfasst sowohl unfallhaftungsrechtliche wie wirtschaftsrechtliche Aspekte der Schifffahrtsbranche, ebenso wie Umweltrecht, intermodales Transportrecht, Versicherungsrecht und das Recht des internationalen Handels. Er hat zahlreiche Beiträge und ein Buch zu Fragen des Seerechts, der Rechtspraxis des Bundes, des Handelsrechts und Völkerrechts veröffentlicht. Des Weiteren ist er vom Vorstand der

Anwaltskammer von Florida für die Gebiete Admiralty Law und Völkerrecht zertifiziert und gehört dem Direktorium der Maritime Law Association der Vereinigten Staaten an, in dem er auch aufsichtsführendes Mitglied und Vorsitzender a.D. des International Organizations, Conventions and Standards Committee ist. Er hat seinen Bachelorgrad am College of William and Mary erworben, an der Juristischen Fakultät der University of Miami promoviert und seinen LL.M.-Grad im Admiralty Law an der Juristischen Fakultät der Tulane University erlangt. Er ist als Dozent an der Universität zu Köln, als auch an der Universität Hamburg tätig.

Barbara Carlin, J.D., war 27 Jahre als US Bundesanwältin sowohl in der zivil- als auch in der strafrechtlichen Abteilung der Bundesanwaltschaft im US-Justizministerium tätig und dort spezialisiert auf die Ermittlung und Verfolgung von Wirtschaftskriminalität. Derzeit ist sie außerordentliche Professorin an der Juristischen Fakultät der Duquesne University, an der sie Internationales Strafrecht lehrt. Von 2002 bis 2010 wirkte sie als ständige Justiziarin in den US Botschaften in Skopje und Sarajevo. Dort leitete sie Workshops, Seminare and Ausbildungsprogramme für Polizisten, Staatsanwälte und Richter und unterrichtete englische Rechtssprache. Auf Ersuchen des US-Außenministeriums leitete sie in Griechenland, Zypern und der Türkei Seminare zum Recht des Menschenhandels. Zudem leitete sie für die Corporation for Professional Conferences juristische Studienreisen in Russland, China, der Türkei, Ungarn, der Tschechischen Republik und Peru.

Kirk W. Junker, J.D., Ph.D., ist Universitätsprofessor und Lehrstuhlinhaber für US-amerikanisches Recht an der Universität zu Köln und zugleich Direktor des Programms International Master of Environmental Sciences der Universität zu Köln. Vor seiner Tätigkeit an der der Universität zu Köln war er Professor für Rechtswissenschaften und Direktor des Internationalen Programms der Juristischen Fakultät der Duquesne University in Pittsburgh, Pennsylvania. Zuvor hatte Professor Junker die erste grenzüberschreitende akademische Position in Irland inne, indem er Vollzeitfakultätsmitglied sowohl an der Queen's University of Belfast in Nordirland als auch an der Dublin City University in der Republik Irland war. Des Weiteren war er Mitglied der Naturwissenschaftlichen Fakultät der Open University im Vereinigten Königreich. Professor Junker ist außerordentlicher Professor des Vergleichenden und Internationalen Umweltrechts an der Juristischen Fakultät der Sts. Cyril und Methodius University in Skopje, Mazedonien und am Bharati Vidyapeeth Institut für Umwelterziehung und -forschung der Bharati Vidyapeeth University in Pune, Indien. Professor Junker ist als Anwalt in Pennsylvania und am United States District Court for the Western District of Pennsylvania zugelassen. Neun Jahre lang war er Verfahrensjustiziar des Umweltministeriums von Pennsylvania. Er ist unter anderem Autor von *US Legal Culture: An Introduction* (Routledge, 2016).

Ryan Kraski, J.D., ist Rechtsanwalt in Pennsylvania mit Schwerpunkt im Immaterialgüterrecht, Governance im Nonprofitbereich und Deliktsrecht. Herr Kraski war für eine Vielzahl von Einrichtungen tätig, unter anderem Oppenhoff & Partner, die Staatsanwaltschaft des Allegheny County, dem United States District Court for the Western District of Pennsylvania, der Juristischen Fakultät der Duquesne University, so wie auch für den Lehrstuhl für US-amerikanisches Recht an der Universität zu Köln. Herr Kraski unterrichtet Deliktsrecht an der Universität zu Köln und hat eine Vielzahl von Aufsätzen über deliktsrechtliche und immaterialgüterrechtliche Themen veröffentlicht. Herr Kraski hat sich zudem bei der freiwilligen Rechtsberatungsstelle eines örtlichen Gerichts engagiert und dort Familien mit geringem Einkommen unterstützt.

Antonio Lordi, Dr. Giur., Avvocato, Ph.D., F.A.P., ist Senior Contracts Manager bei Siemens Industry, Inc. in den USA. Seine Fachgebiete umfassen Vertragsmanagement, den internationalen Geschäftsverkehr und die Rechtsvergleichung. Er ist Autor zweier juristischer Bücher, *Il prezzo nel contratto di scambio Quaderni della Rassegna di diritto civile* (Edizioni Scientifiche Italiane, 2001) und *Interdisciplinarietà e pluralismo nel diritto d'impresa. L'integrazione delle esperienze e il ruolo del giurista*

(Giuffrè Editore, 2006) sowie mehrerer Beiträge. Er ist außerordentlicher Professor an der Juristischen Fakultät der Duquesne University in Pittsburgh, Pennsylvania.

Jacob H. Rooksby, J.D., M. Ed., Ph.D., ist Of Counsel im Bereich des Immaterialgüterrechtsbei der Kanzlei Cohen & Grigsby, P.C. Zudem ist er Associate Professor an der Juristischen Fakultät der Duquesne University in Pittsburgh, Pennsylvania, an der er auch stellvertretender Verwaltungsdekan ist. Sein akademisches Schaffen befasst sich mit dem Immaterialgüterrecht und politischen Fragen, mit besonderem Fokus auf dem Hochschulwesen. Er ist Autor von *The Branding of the American Mind: How Universities Capture, Manage, and Monetize Intellectual Property and Why It Matters* (Johns Hopkins University Press, 2016).

P. Matthew Roy, J.D., ist Rechtsanwalt in den Bundesstaaten New York und Connecticut, und praktiziert in New York City im Bereich internationaler wirtschaftsrechtlicher Verfahren. Daneben ist er als Gastdozent an der Brooklyn Law School in Brooklyn, N.Y. tätig. Zuvor war er als wissenschaftlicher Mitarbeiter an der Universität zu Köln beschäftigt. Er ist Mitglied der New York County Lawyer's Association und hat die Zulassung, vor dem Finanzgerichtshof der Vereinigten Staaten aufzutreten, wo er bereits Mandanten in Steuerstreitigkeiten mit dem US-Finanzamt vertreten hat.

Katherine M. Simpson, J.D., Dr. iur., LL.M., ist Vorsitzende der Simpson Dispute Resolution Inc. mit Sitz in Michigan, USA. Sie lehrt regelmäßig an der Juristischen Fakultät der University of Michigan und hat mehrere Veröffentlichungen im Bereich der internationalen Streitbeilegung und des Bank- und Einwanderungsrechts verfasst. Dr. Simpson ist Mitglied des Chartered Institute of Arbitrators (CIArb), des London Court of International Arbitration (LCIA), von ArbitralWoman und des International Council for Commercial Arbitration (ICCA). Dr. Simpson berät internationale Mandanten zu Fragen des internationalen Rechts, des Investmentrechts und der internationalen Streitbeilegung. Sie hat ihren LL.M.-Grad an der Juristischen Fakultät der Universität zu Köln erlangt.

Patrick Sorek, J.D., LL.M., ist Partner in der Kanzlei Burns White, LLC in Pittsburgh, Pennsylvania. Er ist Prozessanwalt mit einer Spezialisierung auf wirtschaftsrechtliche Verfahren, insbesondere in Fragen von Wettbewerbsverboten und zu allen Stadien im Arbeitsrecht. Er berät und schult zu diesen Themen regelmäßig Mandanten und Anwaltsgruppen. Schon früher in seiner Laufbahn arbeitete Herr Sorek in diversen Funktionen für die US-Regierung. Er war im Justiziariat des US-Außenministeriums beschäftigt und bearbeitete dort Rechtssachen vor dem Iran-US Claims Tribunal, arbeitete in der Zivilrechtsabteilung des US-Justizministeriums, vertrat das Weiße Haus, das FBI, die CIA und das US-Bundesfinanzamt; zudem erstellte er für den United States District Court Gutachten zu zahlreichen umstrittenen Rechtsthemen. Herr Sorek ist zudem außerordentliches Mitglied der Juristischen Fakultät der Duquesne University, an der er Internationales Öffentliches Recht und das Recht der Europäischen Union lehrt. Er hat seinen LL.M.-Grad an der Juristischen Fakultät der Vrije Universiteit Brussel erlangt.

Gabriela Steier, J.D., Dr. iur., LL.M., ist Mitgründerin von Food Law International (FLI) und Rechtsanwältin in Maryland und Massachusetts mit Schwerpunkt in den Bereichen Lebensmittelsicherheit und -politik, Tierschutz sowie hinsichtlich nationaler und europarechtlicher Fragen in Bezug auf genetisch veränderte Organismen (GMO). Sie arbeitete als LLM-Fellow im Lebensmittel- und Landwirtschaftsrecht an der Vermont Law School und ist außerordentliche Professorin für Lebensmittelrecht und -politik und Klimawandelrecht an der Juristischen Fakultät der Duquesne University in Pittsburgh, Pennsylvania. Als Gastprofessorin an der Universität von Perugia, Italien, lehrt sie vergleichendes EU-US-Lebensmittelrecht. Sie hat einen LL.M.-Grad in Lebensmittel- und Landwirtschaftsrecht der Vermont Law School, einen B.A.-Grad der Tufts University, einen J.D.-Grad an der Juristischen Fakultät der Duquesne University und hat an der der Universität zu Köln zu einem rechtsvergleichenden Thema promoviert. Sie arbeitete als Legal Fellow am Centre for Food Safety in Washington, D.C. und hat umfassend zu Internationalem Lebensmittelrecht, -politik und -handel publiziert, u. a. *Advancing Food Integrity: GMO Regulation, Agroecology, and Urban Agriculture* (CRC Press, Taylor and Francis, 2017) und ist Herausgeberin von *International Food Law and Policy* (Springer, 2017) und *International Farm Animal, Wildlife and Food Safety Law* (Springer, 2017).

Abkürzungsverzeichnis

$	Dollar der Vereinigten Staaten
%	Prozent
§	Section [Paragraph]
ABAJ	American Bar Association Journal [Zeitschrift]
AAA	American Arbitration Association [US-amerikanische Schiedsinstitution]
AAO	Administrative Appeals Office [verwaltungsrechtlicher Revisionsdienst]
ADR	alternative dispute resolution [außergerichtliche Streitbeilegung]
AEUV	Vertrag über die Arbeitsweise der Europäischen Union
AGI	adjusted gross income [angepasstes Bruttoeinkommen]
AIA	America Invents Act [Gesetz für Erfindungen in Amerika]
AILA	American Immigration Lawyers Association [Amerikanischer Verband für Einwanderungsanwälte]
ALI	American Law Institute [US-amerikanisches rechtswissenschaftliches Institut]
ALJ	administrative law judge [Verwaltungsrichter]
APA	Administrative Procedure Act [Verwaltungsverfahrensgesetz]
Art.	Artikel
AT&T	American Telephone and Telegraph
ATG	Audit Technique Guidelines [Leitfäden zur Steuerprüfungstechnik]
Aufl.	Auflage
AWZ	ausschließliche Wirtschaftszone
B&I	Business and Industry Guaranteed Loan Program
BIA	Board of Immigration Appeals [Gremium für einwanderungsrechtliche Revisionen]
BIMCO	Baltic and International Maritime Council [ostseeischer und internationaler Schifffahrtsrat]
BIT	bilateral investment treat [Investitionsschutzabkommen]
BSE	Bovine Spongiform Encephalopathy [Rinderwahn]
bzgl.	bezüglich
CAA	Clean Air Act [Immissionsschutzgesetz]
CAFC	United States Court of Appeals for the Federal Circuit [Bundes-Revisonsgericht]
CBP	Customs and Border Protection [Amt für Zoll- und Grenzschutz]
CERCLA	Comprehensive Environmental Response Compensation and Liability Act
CFR	Code of Federal Regulations [Sammlung für Bundesverordnungen]
Cir.	circuit
CLC	Civil Liability for Oil Pollution Damage Convention [Internationales Übereinkommen über die zivilrechtliche Haftung für Schäden durch Ölemissionen]
Co.	Company [Compagnie]
COGSA	Carriage of Goods by Sea Act

CPA	certified public accountant [zertifizierter Bilanzbuchhalter]
CREAC	Conclusion, Rule, Explanation, Application, Conclusion [Methode zur Analyse von Urteilen]
CRS	Congressional Research Service [Forschungsdienst des Bundeskongresses]
CSA	Community Supported Agriculture [kommunal geförderte Landwirtschaft]
CWA	Clean Water Act [Wasserschutzgesetz]
DC	District of Columbia [Bundesdistrikt]
d. h.	das heißt
DEA	Drug Enforcement Agency [Bundesrauschgiftbehörde]
DHS	Department of Homeland Security [Heimatschutz-Ministerium]
DMR	Discharge Monitoring Reports [Berichte über Abwasserzuführung]
DOHSA	Death on High Seas Act [Gesetz über den Tod auf hoher See]
DOL	Department of Labor [Arbeitsamt]
DTSA	Defend Trade Secrets Act [Gesetz zur Verteidigung von Betriebs- und Geschäftsgeheimnissen]
Ebd.	ebenda
EIA	Environmental Impact Assessment [Umweltverträglichkeitsprüfung]
EIS	Environmental Impact Statement [Umweltverträglichkeitsprüfung]
Eng.	englisch
EOIR	Executive Office for Immigration Review [Exekutivamt für Zuwanderung]
EPA	Environmental Protection Agency [US-Umweltschutzbehörde]
EPCRA	Emergency Planning and Community Right-to-Know Act
ERS	Economic Research Service [Forschungsdienst der USDA]
ESA	Endangered Species Act [Gesetz über gefährdete Tierarten]
ESI	electronically stored information [elektronisch gespeicherte Informationen]
Esq.	Esquire [amerikanischer Titel für zugelassene Juristen]
etc.	et cetera
EU	Europäische Union
FAA	Federal Arbitration Act [Bundesgesetz für Schiedsverfahren]
FBI	Federal Bureau of Invesitgation [Bundeskriminalamt]
FDA	Food and Drug Administration [Zulassungsstelle für Lebens- und Arzneimittel]
Fed. Cir.	United States Court of Appeals for the Federal Circuit
Fed. R. App. P	Federal Rules of Appellate Procedure [bundesrechtliche Revisionsverfahrensordnung]
Fed. R. Evid.	Federal Rules of Evidence
Fed. R. Civ. P./FRCP	Federal Rules of Civil Procedure [Bundeszivilprozessordnung]
ff.	fortfolgende
FFDCA	Federal Food, Drug and Cosmetics Act [Bundesgesetz für Lebensmittel, Arzneimittel und Kosmetika]
FIFRA	Federal Insecticide, Fungicide, and Rodenticide Act [Bundesgesetz für Insektizide, Fungizide und Rodentizide]

Fn.	Fußnote
FOIA	Freedom of Information Act [Informationsfreiheitsgesetz]
FSA	Farm Service Agency des USDA
FSMA	Food Safety Modernization Act [Lebensmittelsicherheitsmodernisierungsgesetz]
FTA	free trade agreement [Freihandelsabkommens]
FWPCA	Federal Water Pollution Control Act
GAAP	generally accepted accounting principles [Grundsätze ordnungsgemäßer Buchführung]
ggf.	gegebenenfalls
GmbH	Gesellschaft mit beschränkter Haftung
GML	General Maritime Law
GMO	genetically modified organism [genetisch veränderte Organismen]
grds.	grundsätzlich
HHS	US Department of Health and Human Services [Bundessamt für Gesundheit und menschliche Dienstleistungen]
Hrsg.	Herausgeber
ICC	International Chamber of Commerce
ICDR	International Centre for Dispute Resolution
ICE	Bureau of Immigration and Customs Enforcement [Amt für Zuwanderung und Zolldurchsetzung]
IECL	International Encyclopedia of Comparative Law [Internationale Enzyklopädie der Rechtsvergleichung]
INA	Immigration and Nationality Act [Zuwanderungs- und Staatsbürgerschaftsgesetz]
Inc.	incorporated
INCOTERMS	International Commercial Terms [internationale Handelsklauseln]
INS	Immigration and Naturalization Service [Einwanderungs- und Einbürgerungsservice]
Int'l	International
IPR	Inter-Partes Review [Inter-Partes Revision]
IRB	Internal Revenue Bulletin [Zeitschrift]
IRC	Internal Revenue Code [Bundesabgabenordnung]
IREAC	Issue, Rule, Explanation, Application, Conclusion [Analysierungsmethode für Urteile]
IRS	Internal Revenue Service [Bundessteuerbehörde/Bundesfinanzamt]
JMOL	Judgment as a Matter of Law [Antrag auf Urteil von Rechts wegen]
Kap.	Kapitel
KYF2	Know Your Farmer, Know Your Food
LHWCA	Longshore and Harbor Workers' Compensation Act
LLC	limited liability company
LLM	Legum Magister
LLP	Limited Liability Partnership

m. E.	meines Erachtens
MARPOL	International Convention for the Prevention of Pollution from Ships [Internationale Übereinkommen zur Verhütung der Meeresverschmutzung durch Schiffe, von „marine pollution"]
MFT	Maine Farmland Trust
Mio.	Million
MLAT	Mutual Legal Assistance Treaties [bilaterale Rechtshilfe-Abkommen]
Mrd.	Milliarde
NEPA	National Environmental Policy Act [Bundesumweltgrundsatzgesetz]
NGO	Non-governmental Organisation [Nichtregierungsorganisation]
No. / n.	Nummer
NODA	Notice of the Decision of the Internal Revenue Service Office of Appeals [Revisionsstelle der Bundessteuerbehörde IRS]
NOFA-MASS	Northeast Organic Farming Association: Massachusetts Chapter
NOV	Non obstante veridicto
NPDES	National Pollutant Discharge Elimination System [Nationales System zur Beseitigung von Verschmutzungen]
NPO	nonprofit organization [gemeinnütziges Unternehmen]
NRDA	Natural Resource Damage Assessment
o. ä.	oder ähnlich
OIA	Office of International Affairs [(Bundes-)Abteilung für Internationales]
OPA '90	Oil Pollution Act of 1990 [Gesetz über die Ölverschmutzung von 1990]
PaCSA	Pennsylvania Consolidated Statutes Annotated
PGR	Post-Grant Review [Revision nach Erteilung]
PHOSITA	person having ordinary skill in the art [Person mit Expertenwissen für ein bestimmtes Sachgebiet]
PRP	potentially responsible party [Potentiell verantwortliche Partei]
PTAB	Patent Trial and Appeal Board [Patent Prozess- und Beschwerdekammer]
PTO	U.S. Patent- und Markenamt
Pub.	publication
RCRA	Resource Conservation and Recovery Act [Abfallgesetz]
Rn.	Randnummer
S.	Seite
s. o.	siehe oben
s. u.	siehe unten
Sec.	Section [Abschnitt]
SIP	State Implementation Plans [bundesstaatliche Umsetzungspläne]
SLAPP	Strategic Lawsuits against Public Participation [Strategische Rechtsstreite gegen die Beteiligung der Öffentlichkeit]
sog.	sogenannt
Stat.	Statute [Gesetz]
StPO	Strafprozessordnung

TESS	Trademark Electronic Search System
TRO	Temporary Restraining Order [einstweilige Verfügung]
TSCA	Toxic Substances Control Act
TTAB	Trademark Trial and Appeal Board [Prozess- und Revisionskammer für Schutzmarken]
TTIP	Trans-Atlantic Trade and Investment Partnership [Transatlantische Handels- und Investitionspartnerschaft]
u. a.	unter anderem
UNTS	United Nations Treaty Series
U.S. Const. amend.	Zusatzartikel zur Verfassung der Vereinigten Staaten
USC	United States Code [Sammlung des Bundesrechts]
USCA	United States Code Annotated [kommentierte Sammlung des Bundesrechts]
usw.	und so weiter
UBIT	unrelated business income tax [Einkommensteuer auf Fremdgeschäft]
UCC	Uniform Commercial Code [Unternehmensgesetzbuch, UGB]
UCLA	University of California, Los Angeles
UGB	Unternehmensgesetzbuch
UN	United Nations [Vereinte Nationen]
UNCITRAL	United Nations Commission on International Trade Law [Kommission der Vereinten Nationen für internationales Handelsrecht]
UNCLOS	United Nations Convention on the Law of the Sea [UN-Seerechtsübereinkommen]
US	United States [Vereinigte Staaten]
USA	United States of America [Vereinigte Staaten von Amerika]
USCIS	US-Citizenship and Immigration Service [Dienst für US-Einbürgerung und Immigration]
USDA	United States Department of Agriculture [US-Landwirtschaftsministerium]
USDOJ	US Department of Justice [US-Justizministerium]
USDOS	US Department of State [US-Außenministerium]
USPTO	US Patent und Trademark Office [US-Amt für Patente und Warenzeichen]
v.	versus
vergl.	vergleiche
Vol.	volume [Band]
WMFH	work made for hire [Lohnarbeit]
WTO	World Trade Organization [Welthandelsorganisation]
z. B.	zum Beispiel
ZEuP	Zeitschrift für Europäisches Privatrecht
zit.	zitiert

Kapitel 1
US-Recht als ausländisches Recht

Literaturverzeichnis

Chase, Oscar G., et al., *Civil Litigation in Comparative Context*. West Academic Publishing, 2007. **Coquillette**, Daniel, *The Anglo-American Legal Tradition*, 2. Auflage, Carolina Academic Press 2004. **Curran**, Vivian, *Comparative Law: An Introduction*, Durham: Carolina Academic Press, 2002. **Frank**, Jerome, *Courts on Trial: Myth and Reality in American Justice*, Princeton Univ. Press 1949. **Frankenberg**, Günter, "Critical Comparison, Re-Thinking Comparative Law," 26 *Harv. Int'l L. J.* 411, 1985. **Fuller**, Lon L. und **Randall**, John D., "Professional Responsibility: Report of the Joint Conference," Joint Report to the American Bar Association, 44 *A.B.A.J.* 1159, 1958. **Kempin**, Frederick G., *Historical Introduction to Anglo-American Law in a Nutshell*. 3. Auflage St Paul, MN: West, 1990. **Grossfeld**, Bernhard, *Kernfragen der Rechtsvergleichung*, Tübingen: J.C.B. Mohr (Paul Siebeck), 1996. **Junker**, Kirk W., "Conventional Wisdom, De-emption, and Uncooperative Federalism in International Environmental Agreements," 2 *Loyola U. Chicago Int. L. Rec.*, 93 (2004–2005). **Junker**, Kirk W., *US Legal Culture: An Introduction*, Routledge, 2016. **Reimann**, Matthias, "The Progress and Failure of Comparative Law in the Second Half of The Twentieth Century," 50 Am. J. Comp. L. (Fall, 2002) 671. **Schiemann**, Konrad, "From Common Law Judge to European Judge," 4 *Europäisches Privatrecht* (ZEuP) 741–49, 745–46, 2005. **Zweigert**, Konrad und **Kötz**, Hein, *Einführung in der Rechtsvergleichung*. 3. Auflage C.H. Beck, 1995.

A. Ausländisches Recht und Rechtsvergleichung

Obwohl dieses Handbuch durchaus auch für diejenigen Leser nützlich ist, die nicht 1
zwangsläufig vom ersten Kapitel an zu Lesen beginnen, sollen an dieser Stelle einige grundlegende Gedanken zum Umgang mit US-Recht aus der Perspektive eines nicht-amerikanischen Anwalts ausgeführt werden. Für deutsche Anwälte ist das US-Recht ausländisches Recht.[1] Diese Feststellung stellt einen wichtigen Ausgangs-

---

1 Im Laufe dieses Kapitels werde ich *"United States"* im Bezug auf die USA und nicht etwa „Amerika" verwenden. Grundsätzlich ist „Amerika" kein Begriff des Völkerrechts, sondern der Popkultur und des Journalismus. Für Anwälte ist er allerdings undeutlich und kann sogar irreführend sein. Der Begriff *„States"* in den USA kann beispielsweise für ausländische Anwälte eine erhellende Wirkung haben, da jedem der fünfzig Bundesstaaten des Festlands rechtlich im Vergleich zu den deutschen Bundesländern wesentlich mehr Souveränität zugeschrieben wird. Dies wird in den Kapiteln dieses Buches zum Strafrecht, Zivilprozessrecht, Steuer- und Handelsrecht gezeigt. Insbesondere ist jeder der fünfzig Bundesstaaten dazu ermächtigt, mithilfe einer bewaffneten Armee für die Verteidigung seines eigenen Staatsgebiets zu sorgen und die öffentliche Ordnung aufrecht zu erhalten. Die Kehrseite dieser Münze ist, dass anders als im Vergleich zu Deutschland, wo die Ministerpräsidenten der Länder automatisch Mitglieder des Bundesrates sind, keine ähnliche Repräsentation in den Bundesorganen der USA stattfindet – kein gesetzliches Amt auf bundesstaatlicher Ebene führt dort

Kirk W. Junker

https://doi.org/10.1515/9783899498103-001

punkt dar. Ein aufmerksamer Anwalt wird sorgfältig darüber nachdenken und reflektieren, was es bedeutet, in einem ausländischen Rechtsgebiet zu praktizieren. Forschung und Praxis im ausländischen Recht haben inhärent auch einen rechtsvergleichenden Charakter, da man immer im Hinterkopf behalten muss, wie die ausländischen Rechtsgedanken sich im Verhältnis zu dem Rechtssystem verhalten, in dem man es gewohnt ist, zu arbeiten.

I. Ausländisches Recht

2 In seiner reinsten Form ist dieses Handbuch ein Buch über **ausländisches Recht,** dessen Autoren davon ausgehen, dass die Leser nicht im US-Recht ausgebildete Anwälte sind. Zu oft wird das ausländische Recht mit den Kategorien **Rechtsvergleichung** oder gar **Völkerrecht** verwechselt. Die Rechtsvergleichung unterscheidet sich vom Völkerrecht insofern, als dass sie nationalstaatliche Rechtssysteme vergleicht, und daher denklogisch-konzeptuell Vergleiche anstellen sollte und nicht etwa lediglich eine Katalogisierung des jeweils anderen Rechtssystems. Ein wesentlicher Teil der Arbeit liegt erst in dem vergleichenden Teil. Ausländisches Recht kann jedes nationale Recht sein, das nicht das Eigene ist, wobei in der Auseinandersetzung damit nicht zwangsläufig vergleichende Elemente liegen müssen. Ganz zentral ist dabei, dass weder die Rechtsvergleichung noch die Betrachtung des ausländischen Rechts Teile des Völkerrechts sind.[2] Jeder, der Nachforschungen auf einem Gebiet betreibt, das er als „ausländisch" bezeichnen würde, muss seine Arbeit in dem Bewusstsein betreiben, dass er sich bereits in einem anderen Rechtssystem befindet, nämlich dem eigenen Rechtssystem. Wenn ich das „eigene" Rechtssystem schreibe, meine ich nicht dasjenige System, in dem ein praktizierender Anwalt ausgebildet wurde, sondern eher das System, in dem sein Rechtsempfinden „kultiviert" wurde, sodass die Normen und Werte dieses Systems für ihn natürlich sind.

---

zwangsläufig zu einer Vertretung in der Bundespolitik. Stattdessen kooperieren die Staaten mit dem Bund, um bestimmte Aufgaben des öffentlichen Rechts unter dem Oberbegriff "Cooperative Federalism" gemeinsam zu erfüllen. Für Ausnahmen von dieser Regel siehe Kirk W. Junker, "Conventional Wisdom, De-emption, and Uncooperative Federalism in International Environmental Agreements", 2 Loyola U. Chicago Int. L. Rec., 93 (2004–2005). Auf dem Spektrum von zentralisierten zu dezentralisierten Staaten würden sich die USA daher weiter auf der Seite der Dezentralisierung befinden, möglicherweise näher an der Europäischen Union als an der Bundesrepublik Deutschland, obwohl sowohl Deutschland als auch die USA terminologisch Bundesstaaten sind.

2 Den Vergleich des eigenen nationalstaatlichen Rechts mit der Jurisdiktion eines fremden Staates bezeichne ich als Rechtsvergleichung Typ I. Die Untersuchung der Durchsetzung eines internationalen Vertrags in mehreren Staaten dagegen würde ich als Rechtsvergleichung Typ II bezeichnen, doch der diesem zugrundeliegende internationale Vertrag wäre dann selbst kein Gegenstand des Vergleichs.

Kirk W. Junker

Auch wenn ein Forscher im ausländischen Recht im Einzelfall nicht explizit von 3
Rechtsvergleichung sprechen mag, bedient er oder sie sich natürlich trotzdem Vergleichen. Wir können andere Rechtssysteme nicht studieren, ohne sie mit dem
Eigenen zu vergleichen, selbst wenn dies nur am Anfang der Auseinandersetzung
geschieht. Eine erfolgreiche rechtsvergleichende Studie muss diese Vergleiche offenlegen und nicht so tun, als bestünden sie nicht. Der US-Rechtswissenschaftler
John Henry Merryman merkte an, dass sich „die meisten rechtsvergleichenden Wissenschaftler hauptsächlich mit ausländischem Recht auseinandersetzen.“[3] Matthias
Reimann, der gleichermaßen im deutschen wie auch in den US-Rechtssystemen zu
Hause ist, bestätigt diese Beobachtung, indem er schreibt, dass „sich die meisten,
die auf die eine oder andere Art mit Rechtsvergleichung befasst sind, mit Ausnahme
eines kleinen Kerns, von sich selbst nicht etwa als (primär) rechtsvergleichende
Wissenschaftler sprechen, sondern als Spezialisten des Asiatischen oder Russischen
Raums, Verfassungsrechtler mit vergleichenden Interessen, etc.“[4] (Im Falle von Lesern dieses Buches sind US-Spezialisten gemeint.) Ich würde hinzufügen, dass diese
Rechtswissenschaftler oder -anwender sich auf Rechtskulturen, die nicht ihre eigene sind, spezialisieren und damit zwangsläufig einen vergleichenden Blickwinkel
im Verhältnis zu ihrer eigenen Rechtskultur einnehmen *müssen*. Diese Aussage beruht auf der Tatsache, dass wir, bevor wir uns als Rechtsstudenten in ein Rechtssystem vertiefen, doch zuallererst Staatsbürger sind. Als Staatsbürger nehmen wir
bereits ein Verständnis von Recht in diesem System an. Schlussendlich ist viel von
dem, was als Rechtsvergleichung präsentiert wird, eigentlich ausländisches Recht
mit kleinen oder gar keinen rechtsvergleichenden Bestandteilen. In diesen Fällen
wird auf das eigene System meistens – wenn überhaupt – in einfachen Gegenüberstellungen verwiesen und nicht etwa in einem konzeptualisierten Vergleich. Daher
sollte es eines der Ziele der Auseinandersetzung mit dem ausländischen Recht sein,
rechtsvergleichende Gedanken und Prozesse ins Bewusstsein zu rufen, und diese in
Erklärungsansätze und Anwendungen von ausländischem Recht einzubeziehen.

1. Was macht Recht „ausländisch"? Kultur, nicht Regeln

Der Komparatist Bernhard Großfeld argumentiert, dass wir ein ausländisches 4
Rechtssystem nicht schon allein dadurch verstehen können, dass wir seine Gesetze
lesen. Er schreibt:

> Wenn wir fremdsprachige Texte lesen, nehmen wir dieses andersartige Schweigen häufig
> nicht wahr; stattdessen legen wir in den Text unser „Schweigen" hinein, bringen ihn also in

---

3 John H. Merryman, *The Loneliness of the Comparative Lawyer: And Other Essays in Foreign and
Comparative Law* (Kluwer, 1999), S. 4.
4 Mathias Reimann, "The Progress and Failure of Comparative Law in the Second Half of The
Twentieth Century," 50 *Am. J. Comp. L.* (Fall, 2002) 671, 687.

Kirk W. Junker

einem anderen Sinnzusammenhang. Darum gibt die Lektüre eines fremden Rechtstextes oft ein falsches Bild; das Mißverständnis ist programmiert. [...] Das Lesen eines ausländischen rechtlichen Texts vermittelt uns oftmals ein falsches Bild. Missverständnisse sind vorprogrammiert. Um dies zu vermeiden, müssen wir den Kontext des Texts anerkennen."[5] Indem man das eigene Rechtssystem als Ausgangspunkt begreift, von dem aus man sich mit ausländischen Rechtssystemen auseinandersetzt, wird man leicht zu dem Glauben verleitet, das andere System beruhe auf den gleichen kulturellen Strukturen und drücke diese lediglich in Form anderer Regeln aus. Allerdings ist es vielmehr die dem Recht zugrundeliegende Kultur, die das ausländische Recht „fremd" macht und nicht etwa die formellen Unterschiede. Geht es darum, eine **fremde Kultur** zu charakterisieren, wird schnell angenommen, dass **populärkulturelle Repräsentationen** in Film, Fernsehen und sozialen Medien akkurate wissenschaftliche Grundlagen für das Verstehen einer Rechtskultur seien. Der Einfluss von gesellschaftlicher Kultur auf das Recht sollte keineswegs unterschätzt werden, kann aber nicht als Anhaltspunkt einer professionellen Rechtsanwendung herangezogen werden. Ausländische Rechtskultur muss wie andere kulturelle Phänomene durch wissenschaftliche Forschung untersucht werden.

Beispiele

US-Staatsanwälte berichten von dem Phänomen, dass Geschworene Angeklagte im Strafverfahren allein deshalb freisprechen, weil der Staat keine sie belastenden DNA- oder andere wissenschaftlichen Beweise vorlegt, um einfache Verbrechen zu beweisen, für die allerdings in der Vergangenheit nie wissenschaftliche Beweise erforderlich waren. Diese Geschworenen erklären in Befragungen, dass sie in Filmen und Fernsehsendungen regelmäßig sehen, wie die Gerichte für die entsprechenden Verbrechen solche Beweise verwerten.

Der Einfluss der US-Popkultur beschränkt sich selbst in rechtlichen Fragen nicht auf die Vereinigten Staaten. So lag es zum Beispiel mit der *objection*. Vor einigen Jahren versuchte ein junger deutscher Anwalt, während einer Zeugenbefragung Einspruch gegen eine Frage zu erheben. Selbstverständlich ist diese US-Praxis in Deutschland nicht zulässig, aber in Deutschland werden US-Filme und -Serien ausgestrahlt. Noch auffälliger als die Tatsache, dass der Anwalt auf diese Weise Einspruch erheben wollte ist, dass alle im Gerichtssaal Anwesenden sofort angesichts des misslungenen Versuchs zu schmunzeln begannen. Statt verwirrt oder überrascht von seinem Einspruch zu sein wussten sie, was er tat und wieso er es tat, denn auch sie kannten sich mit US-Filmen und -Fernsehserien aus.[6]

---

5 Bezüglich des kulturellen Deutungsrahmens gibt es auch jenseits der Funktionsweisen genauer Regeln und Normen viel Klärungsbedarf. Unabhängig davon, ob sie rechtssetzend, rechtsauslegend oder rechtsdurchsetzend tätig sind, haben Personen der jeweiligen Rechtskultur ein natürliches „Gefühl" dafür, was fair oder gerecht ist und daher auch ein Verständnis dafür, was als Auslegung anerkannt wird. Dieses

---

5 Bernhard Grossfeld, *Kernfragen der Rechtsvergleichung*, S. 108–109.

6 Für wissenschaftliche Auseinandersetzungen mit US-Recht in Filmen, siehe Michael Asimow und Shannon Mader, *Law and Popular Culture: A Coursebook*. New York: Peter Lang, 2007; Paul Bergman und Michael Asimov, *Reel Justice: The Courtroom Goes to the Movies*. Kansas City: McKeels Publishing, 2006.

Kirk W. Junker

Gefühl kann positiv als eine Kontrolle des lokalen Kenntnisstandes betrachtet werden oder negativ als unbewusst ideologiekonformes Verhalten. Bis zu welchem Grad dieses Gefühl gegenüber der technischen Rechtsanwendung für die Ergebnisse relevant wird, ist schwierig oder sogar unmöglich festzustellen. Es lohnt, sich damit auseinander zu setzen, ob und wie sich die Unterschiede der kulturellen Betrachtung jenseits von technischen Rechtsfragen selbst auswirken. Nur indem man die kulturelle Rezeption der Gesellschaft analysiert[7] kann man voraussagen, wie ein Konflikt aufgelöst wird.

2. „Ausländisch" ist eine Frage der Perspektive

Schwache Vergleiche beginnen oftmals mit der Annahme, dass das Gewohnte natür- 6 lich oder normal ist, während die Verhaltensweisen anderer Kulturen oder Personen als unnatürlich oder unnormal charakterisiert werden. Dieser Fehler scheint selbst unter Juristen, die sich nicht mit Rechtsvergleichung befassen und ebenso unter Nicht-Juristen, besonders verbreitet zu sein. Ein Beispiel dafür ist ein deutscher Fernsehreporter, der mich anrief, als Dominique Strauss-Kahn in New York festgenommen wurde um zu fragen, warum „das Amerikanische Strafrecht" (eine im US-Bundesrecht weitgehend eigentlich nicht existierende Kategorie) es erlaube, Herrn Strauss-Kahn im Fernsehen in Handschellen zu zeigen und warum Kameras im Gerichtssaal zugelassen wären. In seiner eigenen Kultur war beides verboten, was in seiner Vorstellung dazu führte, diese Verbote als natürlich und normal anzusehen. Ich sagte ihm, dass ich erklären könne, warum dies nach der US-Verfassung erlaubt sei und ob er mir im Gegenzug erläutern könnte, wieso die deutschen Gesetze diese Dinge verbieten. Das konnte er nicht, aber es schien ihm trotzdem natürlich, dass sie verboten sein sollten. Der vergleichende Rechtswissenschaftler Günter Frankenberg hat angemerkt, dass bei schlechten Forschungsarbeiten „die Ähnlichkeiten, die im Zuge des Vergleichs festgestellt werden, Spiegelbilder der Rechtskultur des Autoren sind. Ambiguitäten werden wegdefiniert oder angepasst, um dem Modell zu entsprechen; daher wird das „heimische" Recht zum natürlichen, normalen Standard erhoben."[8]

---

7 Über die Frage hinaus, inwiefern die Mitglieder einer Gesellschaft Gesetze und Verfahrensvorschriften akzeptieren, sollte zur Ermittlung einer verlässlichen Aussage über den Ausgang einer Rechtsstreitigkeit auch untersucht werden, wie Anwälte die Gesetze und Verfahrensvorschriften anwenden. In einer Studie über Prozessverzögerungen habe ich beispielsweise herausgefunden, dass Anwälte durch Verzögerungen Vorteile gewinnen können, selbst wenn die Gerichte gegen lange Wartezeiten in den Arbeitsplänen Maßnahmen ergreifen, indem sie Richter oder Spruchkörper hinzufügen, die Fristen im Vorverfahren oder in der Ermittlungsphase verkürzen usw. Siehe auch weitere Arbeiten des Legal Realism des Richter am Federal Appeals Court Jerome Frank, Courts on Trial: Myth and Reality in American Justice. Princeton Univ. Press (1949).
8 Günter Frankenberg, "Critical Comparison, Re-Thinking Comparative Law," 26 *Harv. Int'l L. J.* 411, 423 (1985).

Kirk W. Junker

Beispiel

Stellen Sie sich vor, Sie lieben indisches Essen und haben das Glück, nach Indien fahren zu können und dort das Original auszuprobieren. Sie kommen im Restaurant an, und merken, dass die ersten paar Seiten der Karte keine Überschriften haben, und die letzte Seite mit „Nichtvegetarisch" überschrieben ist. Europäische Speisekarten beginnen in der Regel mit Fleisch- oder Fisch-Gerichten und sehen vegetarische Gerichte als Abweichung von dieser Regelmäßigkeit, die am Ende als „etwas anderes" kurz aufgelistet werden. Im Gegenteil dazu sind in Indien Gerichte mit Fleisch oder Fisch etwas Außergewöhnliches, weshalb sie nicht nur am Ende der Karte stehen, sondern auch dazu mit „nichtvegetarisch" betitelt werden. Daraus lässt sich ableiten, dass eine vegetarische Ernährung als normal angesehen wird. Was ist das Gemüse und was das Fleisch im deutschen Rechtssystem? Ist es vielleicht gerade umgekehrt im US-Rechtssystem? Wenn es beispielsweise um Rechtsschutz wegen Vertragsverletzung geht, ist das der Fall. Die erste Rechtsfolge einer Vertragsverletzung ist Schadensersatz, und Nacherfüllung wird nur in absoluten Ausnahmefällen geleistet, während in Deutschland Naturalrestitution als Grundsatz gilt und Schadensersatz als „zweite Wahl", gewissermaßen als vegetarische Ausnahme gilt.

II. Rechtsvergleichung

7 Beschäftigt sich ein Anwalt von außerhalb der Vereinigten Staaten mit der Rechtskultur der USA, wird er dazu neigen, die US-Rechtskultur mit der seines eigenen Landes zu vergleichen, selbst wenn dies unbewusst geschieht. Das entspricht unserer Natur in Situationen, in denen wir Neuem und Fremden begegnen. Aber während wir unseren Sinnen einfach erlauben könnten, unbewusst Vergleiche und Annäherungen zu dem anzustellen, was wir aus unserem nicht-wissenschaftlichen Leben kennen, ist es entscheidend, sich in der vergleichenden Rechtswissenschaft ernsthaft mit Methoden auseinanderzusetzen. Günter Frankenberg erklärt die Rechtsvergleichung als einen Prozess der kognitiven Transformation:

> Drei grundlegende Vorbedingungen für eine kognitive Transformation sind (1) das Bewusstwerden der eigenen Annahmen, (2) kein Projizieren der eigenen Wahrnehmung auf die Objekte der wissenschaftlichen Arbeit und (3) das Ausweiten des persönlichen Blickwinkels, sodass durch den Perspektivwechsel nicht nur das Neue, sondern auch der Wahrheitsgehalt der eigenen Annahmen überprüft werden kann. In anderen Worten ist es entscheidend, wie wir die Informationen, die wir erhalten, auswählen und wie wir neues Wissen dem bereits vorhandenen Wissen zuordnen. *Wenn wir neues Wissen nicht an das Bekannte angleichen,* und das neu Erlernte mit dem Bekannten in Beziehung setzen, *häufen wir lediglich Wissen an. Die neuen Informationen müssen* verarbeitet, also mit Blick auf das Bekannte *integriert und kontextualisiert* werden, um Sinn zu ergeben. Und das, was wir schon wissen, muss mit dem, was wir lernen in einen Zusammenhang gebracht werden, damit Letzteres eine Bedeutung erlangt.[9]

---

9 Frankenberg, *s. o.* S. 413 (Hervorhebungen des Autors).

Kirk W. Junker

Ein wichtiger Punkt ist weiterhin, dass ein Anwalt außerhalb der USA das US-Recht **8** nicht aus derselben kulturellen Perspektive heraus untersuchen oder darin praktizieren kann, wie es ein Einheimischer in seinem Heimatland könnte. Das Rechtsverständnis einer Person, die in den USA aufwächst, ist durch das Leben in der US-Kultur geprägt lange bevor sie sich im Studium mit dem Recht an sich und anschließend in der Rechtspraxis auseinandersetzt. Ebenso wichtig ist die Tatsache, dass ein Anwalt sich das US-Recht nicht so aneignen *sollte*, als wäre es einfach ein weiteres Forschungsgebiet unter den anderen, inländischen Aspekten seiner Arbeit. Wenn man die US-Rechtsanwendung von außerhalb des US-Rechtssystems untersucht, muss man das US-Recht nicht nur als Anwalt, sondern auch als Anthropologe untersuchen.

Ein gängiger Fehler ist die Annahme, dass US-Amerikaner schlechte Kompara- **9** tisten seien, da sie dem Stereotyp entsprechend weniger weitgereist oder weniger fremdsprachenkundig seien. Aber selbst das einfachste US-Privatrecht kann sich um Eigentumspositionen oder Anspruchsteller drehen, die aus einem anderen Bundesstaat kommen, in dem wiederum eigene materielle und prozessuale Vorschriften existieren. Daher sind US-Anwälte immer und auch schon dann rechtsvergleichend tätig, wenn sie zu Hause arbeiten. US-Juristen nennen die Frage, wie das Recht eines anderen Bundesstaates zu bewerten ist, **Kollisionsrecht** [*conflicts of law*]. Kollisionsrecht ist sogar ein Fachgebiet der Anwaltsprüfung in vielen US-Bundesstaaten. Die Prinzipien des Kollisionsrechts sind oftmals vom internationalen Privatrecht entliehen und würden von deutschen Anwälten auch als solche identifiziert werden können. Die Ähnlichkeit zwischen den Prinzipien des Kollisionsrechts in den USA und den Prinzipien des internationalen Privatrechts für deutsche Anwälte ist ein starker Beweis für die rechtliche Unabhängigkeit und Souveränität der einzelnen US-Bundesstaaten.

Unabhängig von den Gründen, warum man überhaupt Rechtssysteme verglei- **10** chen sollte, gilt es auch methodisch vorzugehen. Texte allein, insbesondere Gesetze, reichen nicht aus, um die Mechanismen, mit denen in einem System Konflikte gelöst werden, zu erfassen. Der Richter am Europäischen Gerichtshof David Edwards merkt an, dass

> Gesetze und Abhandlungen über **Beweisrecht** sind im besten Fall unzuverlässige Richtlinien. Oberflächlich mögen sich die Regeln zweier Systeme ähneln. Zum Beispiel haben einige Aspekte des niederländischen Prozessrechts eine auffällige Ähnlichkeit mit den jüngsten Vorschlägen für neues Prozessrecht der schottischen Gerichtsbarkeit. Aber wir können uns sicher sein, dass in dem Fall der Umsetzung dieser Vorschläge die schottischen Gerichte trotzdem sehr anders als die niederländischen arbeiten würden.[10]

---

10 David Edwards, "Fact-Finding: A British Perspective," in *The Option of Litigating in Europe*. Eds. D.L. Carey Miller and Paul R. Beaumont. London: United Kingdom Committee of Comparative Law,

11 Einige Rechtsgebiete sind weniger kulturell verankert, wie zum Beispiel das Handelsrecht.[11] Diese Rechtsgebiete sind tendenziell einfacher zwischen den Rechtssystemen übertragbar und können ohne wesentliche Übersetzungs- oder Vertiefungsarbeit relativ leicht von Anwälten in anderen Rechtskulturen verstanden werden. Andere Rechtsgebiete wiederum sind stärker an eine Kultur gekoppelt, wie beispielsweise das Verfassungs-[12], Familien-, oder Strafrecht[13]. Diese Rechtsgebiete erfordern eine Übersetzung oder Auseinandersetzung mit der jeweiligen Kultur, in der sie verankert sind. Kurz gesagt funktioniert die Forschung in einem fremden Rechtskreis *nicht* in derselben Weise wie im eigenen Rechtssystem. Unterschiede betreffen die Geschichte, Sprache, soziale Strukturen, Politik oder Philosophie. Dies sind alles Dinge, die eine Person in ihrer eigenen Kultur formell oder informell lernt, noch bevor sie anfängt, Recht oder die zugrundeliegende Rechtskultur zu untersuchen. Diese Unterschiede erfordern, dass man eine wissenschaftliche Methode anwendet, die erkenntnisfördernd und fruchtbaren Vergleichen dienlich ist.

1. Funktionalismus

12 Die Disziplin der Rechtsvergleichung ist etwas älter als ein Jahrhundert. In diesem Jahrhundert hat sie sich in verschiedenen Phasen entwickelt, vom **Formalismus** über den **Funktionalismus** bis zur **kritischen Rechtstheorie.** Jede Phase konnte bestimmte Probleme lösen, schuf allerdings auch neue Probleme. Im Formalismus wurden nur Erscheinungen einer Rechtsform verglichen, wie beispielsweise Gesetze mit Gesetzen und Verfassungsgerichte mit Verfassungsgerichten. „Der Formalismus arbeitet mit einem engen Rechtverständnis, das sich in der rechtsvergleichenden Perspektive stark an der inländischen Rechtskultur orientiert und diese auf Erschei-

---

1993. 44 (zit. in: Jeremy Lever, "Why Procedure is More Important than Substantive Law," 48 Int'l & Comp. L. Q. 285, 301 (April 1999)).

11 James Gordley et al., *An Introduction to the Comparative Study of Private Law.* Cambridge: Cambridge University Press, 2006.

12 *Siehe z.B.* Norman Dorsen et al., *Comparative Constitutionalism.* 2nd ed. St. Paul, MN: West, 2010; Vicki Jackson and Mark Tushnet, *Comparative Constitutional Law.*2nd ed. New York: Foundation Press, 2006.

13 Diskussionen mit in Deutschland praktizierenden Anwälten, die rechtswissenschaftliche Master-Abschlüsse (üblicherweise LLM) hatten, ergaben, dass sie ihre Kurswahl hauptsächlich aufgrund von kulturellen Interessen getroffen haben – und daher etwa das Familien- und Strafrecht – und nicht etwa anhand von praktischen oder kommerziellen Interessen. Schließlich erhebt eine rechtswissenschaftliche Ausbildung nicht den Anspruch, allumfassend zu sein oder lediglich formales Training. Um es in den Worten des Bildungsreformers Alexander von Humboldt zu sagen: „Sollte die Auseinandersetzung mit Rechtswissenschaft nicht eher *Bildung* als *Ausbildung* sein?" Siehe z.B. Thomas Nipperdey, *Deutsche Geschichte 1800–1866: Bürgerwelt und starker Staat.* Vol. 1. C.H. Beck, 1994, S. 58.

Kirk W. Junker

nungen in anderen historischen und sozialen Kontexten projiziert, die als Recht verstanden werden können."[14]

Ein Standardwerk der Rechtsvergleichung ist heutzutage die *Einführung in die* **13** *Rechtsvergleichung* von Konrad Zweigert und Hein Kötz.[15] Das Buch hat eine dermaßen breite Leserschaft, dass es keine Übertreibung ist, es als die Bibel der Rechtsvergleichung zu charakterisieren. In Teil I erläutern die Autoren die sogenannte *Generalia*, eine Auseinandersetzung mit dem Konzept der Rechtsvergleichung, ihren Zielen sowie ihrer Geschichte. Der strenge Ansatz von Zweigert und Kötz stellt die generell anwendbare funktionalistische Methode vor, die durchaus soziologischen Werkzeugen zur Vergleichung von Systemen ähnelt.

Statt ähnliche Formen zu vergleichen, geht der Funktionalismus von der Grund- **14** annahme aus, dass Rechtsformen sich auch jenseits der rein formalen Erscheinung ähneln können, und generalisiert dann die Funktionen von Rechtsquellen, Institutionen oder anderen Phänomenen, bis sich Vergleiche ziehen lassen. Wenn man beispielsweise einen einfachen Vergleich von zwei Rechtsquellen vornimmt, könnte man sich nach dem Gesetzbuch auf die Suche machen, das in den USA das Schuldrecht regelt. Aber da ein solches Gesetzbuch nicht existiert, könnte man zu der offensichtlich irrigen Schlussfolgerung kommen, dass das US-Schuldrecht überhaupt nicht in dokumentierter Form geregelt ist.

Obwohl der Funktionalismus einige Probleme des Formalismus überwinden **15** konnte, hat die Theorie auch eigene kritikwürdige Punkte. So setzt sich der funktionalistische Ansatz häufig nur mit **Rechtsquellen** auseinander und lässt Institutionen oder Personen außer Betracht. Dies resultiert darin, dass sich funktionalistische Analysen häufig nur mit der Funktionsweise von Rechtsquellen beschäftigen. Private Rechtsanwender ziehen häufig den Funktionalismus heran, um die Interessen ihrer Klienten zu vertreten. „Funktionalität wird somit das höchste methodische Prinzip, das vorgibt, welche Gesetze verglichen werden und in welchem Umfang ein System der Rechtsvergleichung geschaffen wird, sowie die Art und Weise, in der die Erkenntnisse daraus verwendet werden."[16]

Beispiel

In den Vereinigten Staaten gibt es keine gesonderten **Verfassungsgerichte**. Durch diese Tatsache wäre eine rechtsvergleichende Analyse, die sich an den Kriterien des Formalismus orientiert, schon von vornherein ausgeschlossen. Wer konsequent die US-Verfassung mit anderen verfassungsrechtlichen Fragen vergleichen wollen würde, bräuchte eine andere Methode. Funktionalismus wäre eine solche.

---

14 Frankenberg, *s. o.* S. 422.
15 Konrad Zweigert und Hein Kötz, *Einführung in die Rechtsvergleichung*. 3. Auflage C.H. Beck, 1995.
16 Frankenberg, *s. o.* S. 436.

Kirk W. Junker

16 Eine eher allgemeine Kritik am Funktionalismus bezieht sich darauf, dass die Methode das System bevorteilt, aus dem der Komparatist kommt. Zurückblickend auf die ausdrücklichen Vorschläge von Zweigert und Kötz, ist es gerade das Prinzip des Funktionalismus, das einen „Heimvorteil" in sich trägt. Teil II der *Einführung* ist in die Unterteile Vertragsrecht, Ungerechtfertigte Bereicherung und Deliktsrecht eingeteilt. Die meisten deutschen Leser werden diese Themenbereiche als unmittelbare Anleihen aus dem *Bürgerlichen Gesetzbuch* erkennen. Warum sind beispielsweise Eigentumsrechte oder der etwas neuere Rechtsbereich des Umweltrechtes nicht aufgenommen?[17] Indem das Werk also vorgibt, eine wissenschaftliche Methode zur Rechtsvergleichung vorzustellen, die über oder jenseits allen Rechtssystemen steht, beweist selbst das überzeugende Werk von Zweigert und Kötz, dass es unmöglich ist, zu vergleichen, ohne die eigene Perspektive einzubeziehen. Diesen hermeneutischen Zirkel kann man nicht durchbrechen, aber sich sehr wohl bewusst darüber werden, dass man sich in ihm befindet und die Welt aus einem bestimmten Ort in diesem Kreis betrachtet, und dass alle Beobachtungen, die von dem eigenen Standpunkt aus möglich sind, von diesem Blickwinkel bestimmt sind.[18] Frankenberg kommt zu dem Schluss, dass trotz der Aversionen, die auf dem europäischen Kontinent gegenüber einer universellen Rechtswissenschaft herrschen würden, „der vergleichende Funktionalist nicht als Philosoph verstanden werden [sollte]; sein Ideal ist praktischer: das effizienteste Rechtssystem zu entwerfen, um vernunftgeleitet Ordnung zu schaffen. Am Ende stellt sich der neutrale Beobachter als ein Anwalt des Status Quo heraus."[19]

17 Obwohl der Funktionalismus Probleme und Fehler haben mag, bleibt die Tatsache, dass wir, solange wir Rechtstraditionen vergleichen wollen, auf etwas angewiesen sind, was wir vergleichen können. Wenn der Vergleich lohnend sein soll, müssen die Vergleichsgegenstände in irgendeiner Weise vergleichbar sein. Aber Reimann erläutert zutreffend, dass der Wissenschaftler James Gordley das geschriebene Recht vergleicht und feststellt, dass die Kulturen des kontinentaleuropäischen Rechts und des *Common Law* sich annähern, während der Forscher Pierre Legrand die Mentalität der Anwälte in beiden Systemen untersucht und resümiert, dass keine Annäherung feststellbar ist.[20]

18 Ein Schwachpunkt des Funktionalismus ist insbesondere bei Zweigert und Kötz, dass diese Methode mit einer *Praesumptio Similitudinus* beginnt, der zugrunde liegt,

---

17 *Siehe z.B. Comparative Environmental Law and Regulation,* Ed. Nicholas Robinson, Oceana Publications, 2006.
18 *Siehe* Rainer Hegenbarth, *Juristische Hermeneutik und Linguistische Pragmatik.* Athenaeum, 1982.
19 Frankenberg, *s.o.* S. 440 (in Bezugnahme auf Roscoe Pound, "Comparative Law in Space and Time," Am. J. Comp. L. 4 (1), 70-84 (Winter, 1955)).
20 Reimann, *s.o.* S. 690, Fn. 109

Kirk W. Junker

dass jemand, der sich in fremde Zusammenhänge hineindenkt, zwangsläufig bemerken wird, dass Menschen sich in ihrer Natur ähnlich sind und einen gemeinsamen Kern von Erfahrung und Wahrnehmung teilen.[21] „Die Grundannahme [des Funktionalismus] beruht auf der Erfahrung eines jeden, der sich mit Rechtsvergleichung beschäftigt, nämlich der, dass in den Rechtssystemen aller Gesellschaften im Wesentlichen dieselben Probleme auftauchen und oftmals auf unterschiedlichen Lösungsansätzen beruhend zu ähnlichen Ergebnissen führen."[22] Aus dieser Grundannahme heraus gehen Zweigert und Kötz so weit, zu sagen, dass der Wissenschaftler, der am Ende seiner Forschungsarbeit „große Unterschiede oder tatsächlich diametral entgegengesetzte Ergebnisse vor sich hat, am besten an den Anfang seiner Arbeit zurückkehren sollte, um zu prüfen, ob er seine Ausgangsfrage wirklich rein funktionell gestellt und das Netz seiner Forschungsinteressen weit genug ausgebreitet hat."[23] Mit dieser Aussage im Hinterkopf kann Analyse nur dann funktionieren, wenn die Fragen dazu geeignet sind, Ähnlichkeiten deutlich unabhängig davon zu machen, wie gut die Anwaltspraxis in den jeweiligen Systemen dadurch widergespiegelt wird. Es wäre ebenso logisch, mit der Grundannahme zu beginnen, dass Rechtssysteme sich so stark unterscheiden, dass keine Gemeinsamkeiten gefunden werden können.

Wenn die *Einführung* von Zweigert und Kötz ein Meilenstein in der vergleichen- **19** den Rechtswissenschaft ist, ist die *International Encyclopedia of Comparative Law (IECL)* ein Berg. Enzyklopädien sind eine weitere anerkannte Methode der Rechtsvergleichung. Die *Encyclopedia*, an der u.a. auch Zweigert als Herausgeber und Autor beteiligt war, ist ein umfangreiches Unterfangen; sowohl in dem Versuch, eine Welt von faktischem Wissen über das Recht einzugrenzen, als auch in der dafür nötigen Festlegung auf eine bestimmte rechtsvergleichende Methode, um das angehäufte Wissen zu organisieren und aufzunehmen. Dem aufmerksamen Leser der *IECL* werden sich sofort zwei Fragen stellen – warum ist sie auf Englisch geschrieben und woraus ergibt sich ihre Anordnung und Einteilung? Der Punkt ist nicht, dass sie in einer anderen Sprache geschrieben sein sollte, sondern anzuerkennen, dass hier eine Entscheidung getroffen wurde, die Rechtsvergleichung in einer bestimmten Sprache zu präsentieren, so wie alle rechtsvergleichenden Studien aus einer bestimmten Perspektive heraus vorgenommen werden. Sobald man die Grundzüge herausgearbeitet und die Funktionen verglichen hat, bleibt noch die Aufgabe, die-

---

21 Konrad Zweigert, „Die praesumptio similitudinis als Grundsatzvermutung rechtsvergleichender Methode", in 2 *Rotundi, Inchiesta di diritto comparato—Scopi e Metodi di Diritto Comparato*. Ed. M. Rotondi, 735 (Palermo, 1973).
22 Zweigert und Kötz, *s.o.* S. 25. *S. auch*, Zweigert, *s.o.* S. 735. Weitere Kritikpunkte zu dieser Grundannahme der Ähnlichkeit auch bei L. Constantinesco, *Rechtsvergleichung*, (1971), 54–68 und Vivian Curran, *Comparative Law: An Introduction*. Durham: Carolina Academic Press, 2002.
23 Zweigert und Kötz, *s.o.* S. 31.

Kirk W. Junker

sen Vergleichen eine Bedeutung zu geben. Diese Deutung der verschiedenen Funktionsweisen des Rechts erfordert das Heranziehen verschiedener Disziplinen, insbesondere der Soziologie, Anthropologie, Psychologie, Theologie, Literatur und Linguistik.[24]

20   Die zweite Frage, die sich dem Leser unmittelbar stellt, ist die nach der Themenanordnung in den Bänden. Warum werden gerade diese Themen diskutiert und nicht andere? Auch hier wurden Entscheidungen hinsichtlich der Themen getroffen, die aufgenommen werden können oder sollen. Diese Auswahl ist nicht etwa die „normale" oder „natürliche", sondern eher eine Auswahl von Themengebieten, welche die Ansprüche und Ansichten einer bestimmen Richtung der Rechtsvergleichung erfüllt. Was umfasst diese Themenauswahl? Den weiter oben angesprochenen Punkt wieder aufgreifend, dass Handelsrecht aufgrund der umfassenden Ähnlichkeiten in der westlichen Geschäftskultur einfacher zu vergleichen sei als Familienrecht, wird oftmals in modernen Systemen angenommen, dass Marktwirtschaft die allen Rechtssystemen zugrundeliegende Gemeinsamkeit oder *praesumptio similitudinus* sei. Daher wird in der Praxis oft als erstes Kriterium für die Vergleichbarkeit oder Ähnlichkeit zweier Staaten ihre wirtschaftliche Entwicklung angeführt, selbst wenn es in der Frage beispielsweise um die Verwendung von Gewohnheitsrecht als Rechtsquelle im Sinne von Art. 38 IGH-Statut geht. Genauso gut könnte ein ganz anderes Kriterium herangezogen werden, wie beispielsweise ein gemeinsamer Menschenrechtsstandard. Die Europäische Union fordert nicht nur messbare wirtschaftliche Stabilität, sondern auch Europäische Menschenrechtsstandards. Es gibt weitere nichtwirtschaftliche Grundlagen für Vergleichbarkeit und Ähnlichkeit, z.B. das Gerechtigkeitsempfinden einer Gesellschaft oder die Unterscheidung danach, ob ihr Strafrecht eher von einem Vergeltungs- oder Vergebungsgedanken geprägt ist.

Beispiel

Als ich an dem Sachwortverzeichnis des *IECL* arbeitete, schienen mir die Kategorien, in denen die Rechtssysteme der erfassten Länder eingeordnet waren, zunächst vernünftig und sinnvoll, bis ich – in einem späten Stadium der Arbeit – bei dem Buchstaben U und damit den USA angelangte. Als ich bemerkte, wie mühsam es war, aus der Perspektive eines US-Praktikers das US-Recht in die engmaschigen Kategorien der Enzyklopädie einzuordnen, begriff ich, dass das fremd anmutende Ergebnis sich bei den Lesern, die aus anderen Rechtsordnungen kamen, in Bezug auf ihre eigenen Rechtssysteme ähnlich anfühlen müsste.

---

21   Was würde aus Band I der *IECL* mit dem Titel *State Reports* werden, wenn die angewandten Ordnungskriterien auf einige Staaten schlichtweg nicht anwendbar wären?

---

24 Die Interpretation von Rechtstexten wird ausführlich in Kirk W. Junker, *US Legal Culture: An Introduction* (Routledge, 2016) diskutiert.

Kirk W. Junker

Dann zu schlussfolgern, dass einige Staaten schlichtweg nicht vergleichbar sind, würde bedeuten, dass bestimmte Merkmale einiger Staaten für Außenstehende *a priori* nicht von Interesse sind. Aber ist nicht der Rechtsvergleichende gerade dieser Außenstehende, der herausfinden möchte, wie das Recht eines Staates funktioniert, insbesondere mit Blick auf die ihm einzigartigen Funktionsweisen?

2. Übersetzung

Bei diesem Buch ist die Beziehung zwischen Autoren und Lesern eine umgekehrte 22 im Vergleich zu den meisten Büchern über fremde Rechtssysteme. Die Autoren dieses Handbuchs erläutern nicht Lesern aus ihrer eigenen Rechtskultur ein fremdes Rechtssystem, sondern im Gegenteil wird den Lesern einer fremden Rechtskultur das Rechtssystem, in dem die Autoren zu Hause sind, erklärt. Daher werden vornehmlich die Leser, und nicht die Autoren, Rechtsvergleichung betreiben, indem sie sich mit der Rechtskultur der Vereinigten Staaten auseinandersetzen. Insoweit die Leser dies tun, sollten sie sich nicht nur über die streng funktionalistische Betrachtungsweise der Rechtsvergleichung im Klaren sein, sondern mindestens eine alternative Methode der Rechtsvergleichung im Hinterkopf behalten. Die hilfreichste und interessanteste dieser Alternativen ist nämlich die Übersetzungsmethode.

Um sich mit einem fremden Rechtssystem vertraut zu machen, muss man sich 23 mit einem Netz von zusammenhängenden Konzepten auseinandersetzen, besonders dann, wenn man sich mit der Übersetzungsmethode beschäftigt. Diese Technik umfasst die **Übersetzung von Sprache und Kultur, die Wissenschaft der Rechtsvergleichung** sowie der **materiellen und prozessualen Eigenheiten eines fremden Rechtssystems.** Die Rechtsvergleichung und einige ihrer Herausforderungen wurden hier bereits vorgestellt. Es wäre naiv, als Jurist zu glauben, dass man die materiellen Regeln eines fremden Rechtssystems einfach verstehen kann, indem man sie durch einen Übersetzungscomputer jagt. Die materiellen und prozessualen Eigenheiten der US-Rechtsordnung werden in den folgenden Kapiteln vorgestellt. In diesem Kapitel werden im Folgenden noch die Übersetzung von Sprache und Kultur thematisiert.

Zwei lästige Probleme bei der Arbeit in fremden Rechtssystemen hängen mit der 24 Übersetzung zusammen. Das erste Problem resultiert direkt aus der Übersetzung des gesprochenen und geschriebenen Wortes selbst. In allen Kulturen kennt das Recht eine spezielle Sprache, die oft in unkonventioneller Weise auf alte Sprachen wie Latein oder Griechisch zurückgreift. Zusätzlich kann das Recht alte Formen der eigenen Sprache verwenden, wie z.B. im Englischen viktorianische oder elisabethanische Ausdrücke. Außerdem kennt die englische Rechtssprache noch immer Überbleibsel aus dem **Law French**, eine Spielart des Französischen, die von ca. 1250 bis zum Plädieren im *English Act* 1362 in England verwendet wurde. Heutzutage werden in den USA immer noch Elemente französischer Syntax verwendet, z.B. in "*Attorney General*" oder "*Voir Dire*" bei der Auswahl der Geschworenen. Schließlich sind auch

Kirk W. Junker

Idiome ein Problem bei der Übersetzung moderner Sprachen. Jeder kennt einzigartige Worte, die nicht in andere Sprachen übersetzt werden können, aber man kann auch noch viel weiter gehen und sagen, dass es „utopisch wäre, zu glauben, dass zwei Wörter, die zu zwei verschiedenen Sprachen gehören, genau die gleiche Bedeutung haben."[25] Nicht jedes Wort in jeder Sprache hat eine eins-zu-eins Entsprechung in einer anderen Sprache. Was tut man, wenn dies der Fall ist? Das führt zum zweiten Problem der Übersetzung.

25   Das zweite Problem der Übersetzung ist nicht die Sprache, sondern das Konzept. Wie Idiome in der natürlichen Sprache sind auch Konzepte nicht immer direkt übersetzbar. Dem liegt zugrunde, dass verschiedene Kulturen, insbesondere Rechtskulturen, unterschiedliche Konzepte entwickelt haben. Es ist sehr gut möglich, dass diese Konzepte in anderen Kulturen nicht existieren und daher auch keine passende Ausdrucksweise dafür existiert. Der große Rechtshistoriker Friedrich Carl Savigny erinnert uns daran: „Wo wir zuerst urkundliche Geschichte finden, hat das bürgerliche Recht schon einen bestimmten Charakter, dem Volk eigentümlich [sic], so wie seine Sprache, Sitte, Verfassung."[26]

Beispiele

Hier sind zwei Beispiele für konzeptionelle Übersetzungsprobleme aus meiner eigenen Erfahrung in der Rechtspraxis.

Ich wurde gebeten, als Zeuge in Deutschland in einem steuerrechtlichen Verfahren mit Bezug auf die USA auszusagen. Im US-Recht unterfiel die Frage dem Steuerrecht und daher ging man davon aus, dass das Problem für US-Anwälte eine steuerrechtliche Frage sei. In Deutschland ist das Problem eines des Handels- bzw. Gesellschaftsrechts. Ich bezog mich in meiner Antwort auf das US-Bundessteuergesetz. Der deutsche Kollege bestand darauf, dass es auch eine handels- oder gesellschaftsrechtliche Antwort auf die Frage im US-Recht geben müsse. Ich erklärte, dass das Problem in den USA ein steuerrechtliches sei. Mein deutscher Kollege wollte nichtsdestotrotz wissen, wie die Antwort *wäre*, wenn man sie nach dem US-Handels- und Gesellschaftsrecht lösen würde. Wir befanden uns insoweit in einer Sackgasse.

Ein zweites Beispiel aus meiner Praxis ist ein Gutachten in einer Frage zum US-Recht im Auftrag einer deutschen Kanzlei. Im US-Recht werden Sachverständigengutachten so formuliert, dass sie eine Einschätzung der Erfolgswahrscheinlichkeit aufgrund der zur Verfügung stehenden Informationen abbilden. Wäre ich ein Ingenieur, würde mein Gutachten eine Einschätzung darüber enthalten, ob eine Brücke bei der Verwendung verschiedener Materialien stabil wäre. Als Jurist aus einem kontradiktorischen System gebe ich Einschätzungen darüber ab, was das Gericht wahrscheinlich auf der Grundlage der Tatsachen entscheiden wird. Die deutschen Kollegen, als Angehörige des kontinentalen Untersuchungssystems, forderten von mir eine sichere Antwort. Und wieder fanden wir uns in einer konzeptionellen Sackgasse, aus der wir durch die reine Übersetzung von Worten nicht heraus kamen. Stattdessen müssen Rechtskulturen übersetzt werden.

---

25 Ortega y Gasset, zitiert in Ross and Walter, *Im Haus der Sprache*. Freiburg, 1983, 205.
26 Friedrich Carl von Savigny, *Vom Beruf unserer Zeit für Gesetzgebung und Wissenschaft*, Mohr Siebeck, Heidelberg, 1814, S. 8.

Kirk W. Junker

In den USA geben Juraprofessoren nicht die Antworten auf Rechtsstreitigkeiten, 26 diese Aufgabe übernehmen die Richter. Das Medium, durch das sie dies tun, sind ihre Rechtsansichten in Urteilen, und nicht etwa Kommentare zu Gesetzen oder Gerichtsentscheidungen. In Deutschland wird der Begriff *Recht* in Bezug auf die *Gesetze* verwendet und die offizielle Interpretation der Gesetze findet sich in den Kommentaren von Experten, wie beispielsweise Professoren oder Richtern. So erläutern Palandt im Zivilrecht, Fischer im Strafrecht oder Kopp/Schenke für die Verwaltungsgerichtsordnung die herrschenden Auslegungen der Gesetze. Im Zivilrecht freilich sind die Gerichtsentscheidungen allein nicht bindend für nachfolgende Streitigkeiten.

Wenn man im Vergleich dazu in den USA von *Recht* spricht, umfasst dies zwar 27 auch die Gesetze, aber eben in der Auslegung der Richter in den bindenden **Stare Decisis**. Die Stellungnahmen der Richter in den Urteilen stellen also die herrschende Auslegung des Rechts dar. Spätere Überprüfungen oder zitierbare Kommentare gibt es nicht. Die Meinung eines außenstehenden Sachkundigen, beispielsweise eines Professors, hat mithin nicht einen so hohen Stellenwert wie die deutschen Kommentare. Dies führt dazu, dass ich, wenn ich als Juraprofessor im US-Recht gebeten werde, ein Gutachten zum US-Recht abzugeben, dies tue, indem ich die wahrscheinlichste Entscheidung eines Richters wiedergebe, dem die Tatsachen so vorgelegt werden würden wie mir. Meine Meinung beruht dann ausschließlich auf früheren Gerichtsentscheidungen. Ich würde mir nicht anmaßen, dass meine Autorität als Wissenschaftler die Entscheidung eines gewählten oder ernannten Richters, der ein Staatsorgan ist, ersetzen oder überprüfen kann. Juraprofessoren sind in den USA, selbst an öffentlichen Universitäten, keine Staatsorgane. Diese Erklärung soll verdeutlichen, dass man zusätzlich zu dem Übersetzen einer Sprache auch die Rechtskultur und ihre Konzepte übertragen muss, wenn man sich mit fremden Rechtsordnungen beschäftigt. Das schließt auch die Systematik und die Rollen von Institutionen ein. Wenn man die Übersetzung der Rechtskultur unterschlägt, riskiert man die Anwendung falscher Konzepte bei der Beantwortung einer Forschungsfrage oder der Suche nach der zuständigen Institution.

Beispiel

Stellen Sie sich vor, Sie lesen einen Text auf Englisch und Englisch ist nicht Ihre Muttersprache. Erinnern Sie sich an den Prozess des Englischlernens (oder des Lernens einer anderen zweiten oder dritten Sprache). Dieser Prozess war ein mechanischer – man lernt die Struktur der Grammatik, die Syntax und fügt dann so viel Vokabular ein, wie man sich eben merken kann. Außerdem stellen wir Vergleiche zu unserer Muttersprache her, wenn wir eine neue Sprache lernen, insbesondere in Bezug auf das Vokabular. Aber so lernen wir nicht unsere Muttersprache. Wir lernen sie, indem wir hören, wie sie gesprochen wird und Gehörtes in einem Alter wiederholen, in dem sich unsere sprachlichen Gehirnfunktionen erst entwickeln. Dieselben Unterschiede zwischen dem Eigenen und dem Fremden gelten für Rechtskulturen. Wir lernen unser Rechtssystem kennen, indem wir in ihm leben und so die ganze Kultur erfahren und nicht indem wir es als Experten untersuchen. Wenn wir

Kirk W. Junker

dann eine fremde Rechtskultur kennenlernen, vergleichen wir sie mit unserer eigenen, besonders das Vokabular. Wir lernen die fremde Kultur mechanisch durch eine Grammatik und Syntax, die sehr wahrscheinlich von unserer eigenen Rechtskultur vorbestimmt ist.

28 Wenn wir ein Rechtssystem neu kennenlernen, vergleichen wir es mit unserem eigenen und wie beim Erlernen einer Fremdsprache erkennen wir oft während des Prozesses Neues über unsere eigene Sprache. Außerdem erreichen wir Erkenntnisse, indem wir vermeintliche Beziehungen zwischen den Rechtssystemen *erschaffen* – nicht etwa, indem wir sie finden. Aus dem gleichen Grund, aus dem wir nicht eine neue Sprache so lernen können, wie wir unsere Muttersprache gelernt haben, müssen wir uns zumindest diese Realität vor Augen führen und uns nicht einbilden, wir könnten ein fremdes Rechtssystem allein dadurch verstehen, dass wir dessen Quellen so lesen, wie es jemand könnte, der in diesem System aufgewachsen ist. Wenn wir also ein zweites Rechtssystem erlernen, geschieht dies durch nicht angeborene Praktiken wie das Aufbauen einer Grammatik und Syntax und dem Hinzufügen von Vokabular. Und obwohl man grundsätzlich feststellen kann, dass die Grammatik Regeln der sprachlichen Struktur vorgibt, unterscheiden sich die jeweiligen Regeln selbst.

29 Unser Leben beginnt mit dem natürlichen Lernen einer Sprache und dem alltäglichen Handeln in unserem Rechtssystem. Normalerweise verbringen wir Jahre innerhalb eines Rechtssystems und häufen ebenso wie andere Laien Wissen darüber an, bevor wir überhaupt anfangen, uns damit im Studium oder beruflich auseinanderzusetzen. Dies ist auch nicht problematisch, solange wir uns dessen bewusst sind. Aber wenn wir überzeugt sind, dass unser System *das* Rechtssystem ist, dem eine natürliche oder objektive Verbindung zur Welt innewohnt, haben wir einen Fehler gemacht, der uns ebenso gut mit unserer Muttersprache unterlaufen könnte. Der Linguist Edward Sapir stellte fest, dass „die echte Welt in Wirklichkeit hauptsächlich unbewusst durch sprachliche Gewohnheiten der Gruppe produziert wird. Es gibt keine zwei Sprachen, die einander so ähnlich sind, dass sie dieselbe soziale Realität abbilden. Die Welten, in denen verschiedene Gesellschaften leben, sind ganz unterschiedlich und nicht annähernd einander ähnlich, lediglich durch verschiedene Etikettierung voneinander abgegrenzt."[27] Wendet man diese Beobachtung auf die Rechtsvergleichung an, stellt man fest, dass es keine zwei Rechtssysteme gibt, die einander so ähnlich sind, dass sie dieselbe soziale Realität abbilden. Diese Erkenntnis sollte unsere rechtsvergleichende Forschung nicht aufhalten, aber uns daran erinnern, wie groß die Teile der Rechtsvergleichung sind, die von den Komparatisten selbst geschaffen werden, bloß um fremde Systeme überhaupt mit unserem eigenen vergleichen zu können.

---

27 Edward Sapir (zit. in George Steiner, *Nach Babel*. Frankfurt, 1983, 102).

Kirk W. Junker

3. Schlüsse aus dem ausländischen Recht und der Rechtsvergleichung

Laut dem US-Rechtshistoriker Frederick G. Kempin „ist ein realistischer Ausgangs- **30** punkt für den Beginn einer Diskussion der angloamerikanischen Rechtsgeschichte [...] das Common Law, wie es war, als es zum ersten Mal von einer eigenen Rechtswissenschaft untersucht wurde [...]".[28] Das kontinentaleuropäische Recht beginnt naturgemäß mit der Aufstellung eines Kodex, sei es der napoleonische Code Civil oder ein anderer. Im *Common Law* ging es historisch in erster Linie um die Bedeutung von Tatsachen und die Betonung der richterlichen Gewalt. Der Fokus im *Common Law* liegt eher auf prozessualen Fragen und erst nach der Unabhängigkeit der Anwälte und verfahrensrechtlichen Vorschriften geht es um Texte. So finden wir uns wieder an einem Punkt, der den Vergleich zwischen *Common Law* und kontinentaleuropäischem Recht erschwert, weil die Ausgangspunkte dieser beiden Systeme unterschiedlich sind. Ein Jurist aus dem kontinentaleuropäischen Rechtskreis müsste anerkennen, dass die Forschung im *Common Law* eben auch bedeutet, sich mit sozialen Praktiken auseinanderzusetzen und nicht nur mit Texten. Ebenso würde man Juristen aus dem *Common Law* raten, sich in der Arbeit in einem kontinentaleuropäischen Rechtssystem zunächst mit dem Gesetzestext auseinanderzusetzen, bevor Verhaltensweisen analysiert werden. Das Risikopotenzial des Missverständnisses ist in der Rechtsvergleichung sehr hoch. Wer eine rechtsvergleichende Studie mit einem Textvergleich beginnt, ist bereits voreingenommen.

Das Verstehen von fremden Rechtssystemen kann ein wissenschaftlicher Pro- **31** zess sein, aber dadurch lernt man nicht, andere Systeme so zu sehen, wie ein Einheimischer sein eigenes System sieht. Eher erlaubt es uns, eine wissenschaftliche Arbeit über fremdes Recht zu erkennen, wie sich die bestmöglichen Ergebnisse aus der Perspektive eines Außenstehenden finden lassen. Bernhard Großfeld beginnt das letzte Kapitel seines großartigen Buchs über Rechtsvergleichung mit einer Anspielung auf die Aspekte von Geist und Haltung in der Rechtsvergleichung. Er warnt uns, dass „[ein] technisch-funktioneller Vergleich ohne die Auseinandersetzung mit nationalen Gepflogenheiten, ohne kulturelle Forschung und liebende Einfühlsamkeit [...] eine wissenschaftliche Arbeit aus Worten, Buchstaben bleibt und lediglich eine oberflächliche Ebene erfasst und zu Irrtümern führt."[29]

---

28 Frederick G. Kempin, *Historical Introduction to Anglo-American Law in a Nutshell*. 3rd ed. St Paul, MN: West, 1990, 3.
29 Großfeld, *s. o.* S. 245.

Kirk W. Junker

B. Merkmale des US-Rechts – Typisch oder stereotypisch?

32 Nachdem im Rahmen der vergleichenden Untersuchung zweier Rechtssysteme die kulturelle Grundlage des US-Rechts festgestellt wurde, fährt der Komparatist fort, die Erkenntnisse auf die US-Verfassung, Gesetze, Verordnungen und Fälle anzuwenden, um die US-Rechtskultur zu verstehen und Konflikte für seine Klienten zu lösen. Diese Darstellung entspricht der üblichen Subsumtionstechnik von Juristen, die das soziale Phänomen des Konflikts ausschließlich durch die Linse des Rechts selbst betrachten. Diese „mechanistische" Art der Rechtsanwendung ist eine rein rechtliche Auseinandersetzung mit dem Recht. Das Recht erklärt sich selbst auf einer Ebene, auf der das Verständnis eines Rechtssystems lediglich bedeutet, dessen Quellen und Institutionen zu kennen. In diesem Sinne ist die Anwendung des Rechts mechanisch – Tatsachen werden auf ein System von Regeln angewandt. Wenn dies der Fall ist, tut ein Anwalt gut daran, die Elemente der US-Rechtspraxis von Grund auf zu verstehen. Das bedeutet, dass er eine anwaltliche, lösungsorientierte Perspektive einnehmen muss und nicht etwa den Blickpunkt von der verfassungsrechtlichen Ermächtigungsnorm herab, der die Konfliktlösung im Gerichtssaal anstrebt.

33 Dieses Handbuch versucht genau das – statt ein Sammelsurium an materiellen Regelungen zur Verfügung zu stellen, bietet es eine Auswahl in Kapiteln, die für die Rechtsanwendung relevant sind und außerdem ein besseres konzeptionelles Verständnis der US-Rechtskultur vermitteln. Hierbei tauchen einige Themen wiederkehrend auf, wie beispielsweise der **US-Föderalismus** oder die Abgrenzung zwischen **Verhandlungsgrundsatz** [*advocacy*] und **Untersuchungsmaxime**. Dieses Kapitel wird im Folgenden die **Quellen des Rechts**, die **Doktrin der Präzedenzfälle**, die **Rolle der Geschworenen**, das **Föderalismusprinzip**, die Übernahme von **Anwaltsgebühren** [*attorneys' fees*], **der Prozesse** und die Rolle des Verhandlungsgrundsatz im Lichte der Frage erörtern, inwiefern sich das US-Recht von anderen Rechtsordnungen unterscheidet. Der Rest dieses Kapitels beschäftigt sich mit diesen und anderen Themen, die für ausländische Juristen besonderes fremd sind.

I. Rechtsquellen

34 Dem US-Recht wird, wie dem *Common Law* allgemein, oftmals zu stark verallgemeinernd unterstellt, dass es auf Richterrecht begrenzt sei, während das kontinentaleuropäische Recht häufig, ebenso übergeneralisierend, als reines Gesetzesrecht beschrieben wird. Obwohl es stimmen mag, dass jedes dieser beiden Systeme jeweils auf die genannten Rechtsquellen zurückgreift, sind diese keineswegs die einzigen Quellen. Vielmehr gibt es andere wichtige Unterschiede zwischen den Systemen, die darüber hinaus verdeutlichen können, wie ein Jurist aus dem jeweils

anderen System sich in einer Zusammenarbeit oder einer Konfliktlösung verhalten wird.[30]

Die Rechtsquellen sollten immer im Zusammenhang mit anderen Merkmalen 35 eines Rechtssystems betrachtet werden. Der Rechtshistoriker Frederick G. Kempin charakterisiert das anglo-amerikanische Recht nicht durch seine Rechtsquellen, sondern zunächst dadurch, dass es „fortlaufend eine Geschichte der Entwicklung seiner Institutionen erzählt: Gerichte, Geschworene, Richter und Anwälte [...]".[31] Erst nachdem er die Institutionen besprochen hat, widmet er sich den Rechtsquellen, und selbst dann wird das geschriebene Recht erst an dritter Stelle nach Rechtsgebräuchen und Fallrecht genannt. In der gleichen Weise, wie diese Priorisierung der Merkmale uns darauf stoßen mag, dass ihr Autor aus einer *Common-Law*-Tradition kommt, zeigt der Komparatist aus einem kontinentaleuropäischen Rechtssystem ebenso seine Herkunft, wenn seine Arbeit zuerst auf das geschriebene Recht eingeht und innerhalb dessen zuerst formelle Gesetze genannt werden. Kempin schreibt: „damit ein technischer Rechtskorpus als solcher entstehen kann, muss eine bestimmte Gruppe von Experten, ein juristischer Berufsstand, ihn entwickeln. Ein solcher Berufsstand entsteht langsam; und am Anfang jedes Rechtssystems ist Recht nicht viel mehr als die Gewohnheiten der Gemeinschaft."[32] Obwohl man also manchmal Rechtssysteme von oben nach unten betrachtet und gewissermaßen durch die Verfassung auf die Gesetze und Verordnungen schaut, die auf den höherrangigen Gesetzen gemessen werden, sollte man für die Rechtsanwendung lieber einen Ansatz wählen, der von unten bei alltäglichen Konflikten und den Menschen und Institutionen ansetzt, die unmittelbar mit den Konflikten zu tun haben. Eben dieser Ansatz ist auch mit dem **induktiven Argumentationsmuster** des *Common Law* konsistent, während der erstgenannte Ansatz dem **deduktiven Argumentationsmuster** des kontinentaleuropäischen Rechts folgen würde.

Es scheint, als gäbe es mindestens eine weitere Antwort auf die Frage, warum 36 man Rechtsquellen vergleichen sollte. Die Antwort lautet, dass wir dazu tendieren, chronologisch zu denken und somit davon ausgehen, dass es scheinbar keine Auseinandersetzung mit dem Recht geben kann, bevor „das Recht" nicht entstanden ist. Allerdings liegen dieser Aussage zwei zweifelhafte Annahmen zugrunde, die sich wiederum aus der Unterscheidung zwischen deduktivem und induktivem Denken ergeben. Die erste Annahme besteht darin, dass eine chronologische Betrachtung bei der Schaffung des Rechts beginnt. Die Schwäche dieser Idee wird mithilfe einer kurzen soziohistorischen Betrachtung schnell deutlich. Zunächst mussten Konflikte nun mal mit allen verfügbaren Mitteln, einschließlich Zwang und Gewalt, gelöst werden, bevor Recht entstand. Und erst stellt sich die Frage, zu welchem

---

30 Oscar G. Chase et al., *Civil Litigation in Comparative Context*. West Academic Publishing, 2007.
31 Frederik G. Kempin, *Legal History: Law and Social Change*. Prentice-Hall, 1963.
32 Kempin, *s. o.* (1990) S. 95.

Kirk W. Junker

Zeitpunkt der Rechtsgeschichte Menschen tatsächlich begannen, ihr Verhalten zu ändern, weil sie **Konfliktlösung** als erfolgversprechendes Konzept identifiziert hatten. Dieser Punkt stellt den Beginn eines Rechtssystems dar – als vorhersehbare Konfliktlösungsmethode. Harold Berman beobachtet:

> Das Englische Common Law wird normalerweise auf den Assize of Clarendon und andere Erlässe aus dem 12. Jahrhundert zurückgeführt; diese stellten verordnetes Recht dar, das Gegenteil von Gewohnheitsrecht. Dies führte dazu, dass durch die königlichen Erlässe Prozessvorschriften in den Gerichten anwendbar wurden, die vorschrieben, bestimmte Regeln, Prinzipien, Maßstäbe und Konzepte durchzusetzen, die ursprünglich aus Sitten und Gebräuchen stammten. Die Regeln und Prinzipien wurden, um Legitimität zu begründen, von den informellen, ungeschriebenen, nicht verordneten Normen oder Verhaltensmustern abgeleitet – beispielsweise die Definition des Verbrechens, die Konzepte von Einigung und Dissens. Diese Normen und Verhaltensmuster existierten in den Vorstellungen der Menschen, im Bewusstsein der Gemeinschaft.[33]

37 Erst nach dem Moment, in dem wir Konfliktlösungsmechanismen feststellen können, kann die Idee von Gesetzgebung als sekundäre Handlung folgen. Ein kontinentaleuropäischer Jurist mag nicht zustimmen und vielmehr einwenden, dass die Vernunft ausreiche, um Konflikte und ihre gesetzlichen Lösungen zu antizipieren, auch wenn ein vergleichbarer Konflikt noch nie aufgetreten ist.

38 Heutzutage kennen sowohl das *Common Law* als auch die kontinentaleuropäischen Rechtssysteme geschriebene Gesetze als Rechtsquellen. Das gleiche gilt für Verfassungen oder Richtlinien. Die meisten Common Law-Systeme beziehen sich stark auf geschriebene Gesetze als hauptsächliche Quellen in vielen Rechtsgebieten, sodass sich das **reine "*Common Law*"** (d.h. Richter, die Fälle ohne existierende gesetzliche Grundlage entscheiden) nahezu ausschließlich auf einen Bereich des Privatrechts in den Vereinigten Staaten beschränkt – das **Schuldrecht** [*obligations*].[34] Im öffentlichen Recht beruht das Verfassungsrecht außerdem, vor allem angesichts der Tatsache, dass die US-Verfassung ein relativ kurzes Dokument ist, in weiten Teilen auf Gerichtsentscheidungen in Konfliktfällen.[35] Nichtsdestotrotz gründen sich die Gerichtsentscheidungen größtenteils auf Auslegungen des Verfassungstexts selbst.

39 Die Unterscheidung der zwei Rechtsfamilien anhand der geschriebenen Gesetze mag offensichtlicher und einfacher zu fassen sein, weshalb sie auch öfter herange-

---

33 Harold J. Berman, *Law and Revolution: The Formation of the Western Legal Tradition*, Harvard Univ. Press, 480–81.

34 Danielle Coquillette, The Anglo-American Legal Tradition, second ed., Carolina Academic Press (2004) 597.

35 US-amerikanische Gerichte bieten in der Regel keine dem Art. 56 des AEUV vergleichbaren Vorabentscheidungen an. Dies gilt für die meisten in der Tradition des *Common Law* stehenden Gerichte.

Kirk W. Junker

zogen wird.[36] Aber sie ist nicht der Schlüssel, mit dem man die Unterschiede in der Rechtsanwendung zwischen *Common Law* und kontinentaleuropäischem Recht erkennt. Die wichtigeren Unterschiede sind subtiler und weniger scharf abgrenzbar, aber sobald man sie erfasst hat, bieten sie weit bessere Einblicke in die Seele und den Geist der Rechtskulturen und damit auch der Rechtsanwendung in diesen Kulturen.

Günter Frankenberg erörtert, dass „es somit deutlicher wird, dass jegliche Sicht auf das fremde Recht von Annahmen des eigenen Systems und der darauf beruhenden Voreingenommenheit abgeleitet wird."[37] Juristen aus kontinentaleuropäischen Rechtssystemen vergleichen Recht oftmals, indem sie Gesetze vergleichen. Aber auf der anderen Seite gibt es auch Juristen aus dem *Common Law*, die von der Rechtsvergleichung einen dem *Common Law* ähnlichen methodischen Ansatz erwarten. Idealerweise würde dies für sie bedeuten, die Art und Weise der Rechtsanwendung und nicht die Rechtsquellen zu vergleichen. Aber selbst wenn es um Quellen geht, neigen Juristen aus dem *Common Law* eher zur Anwendung der ihnen vertrauten Methoden. Zum Beispiel schrieb Basil Markesinis, Professor für Rechtsvergleichung am Queen Mary and Westfield College der University of London im *Modern Law Review* 1990, dass „die vielen Jahre, in denen er hauptsächlich – aber nicht ausschließlich – Studenten des Common Law im ausländischen und vergleichenden Recht unterrichtet hat, [ihm] gezeigt haben, dass es wertvoll ist, ihnen das fremde Rechtssystem hauptsächlich durch Präzedenzfälle nahezubringen als durch die Auslegung kodierter Normen."[38] **40**

Die Rechtssysteme des *Common Law*, insbesondere das US-Rechtssystem, sind möglicherweise am verständlichsten als Untergruppen der Gattung des **Gewohnheitsrechts** zu kategorisieren. In kontinentaleuropäischen Rechtssystemen ist Rechtsetzung der Prozess des Erlasses eines Gesetzes durch den Staat. Aber der Staat kann *nur* Gesetze erlassen. Der Staat kann keine ‚Gewohnheiten' schaffen, er kann nur [geschriebene] Gesetze schaffen. Der Staat kann die ‚Gewohnheiten' nicht regieren, noch kann er die Gesellschaft regieren.[39] Im Einklang mit den englischen und amerikanischen normativen Ansprüchen auf Selbstbestimmung und individuelle Verantwortlichkeit sind die Werte des Common Law in einem System institutio- **41**

---

36 Siehe z.B. Buckland und McNair, *Roman Law and Common Law*. Cambridge University Press, 2nd. ed., 2008.

37 Frankenberg, *s.o.* S. 443.

38 Basil Markesinis, "Comparative Law—A Subject in Search of an Audience," 53 *The Modern Law Review* 1 (1990).

39 Peter G. Sack, "Law & Custom: Reflections on the Relations between English Law and the English Language," 18 *Rechtstheorie* 421, 432 (1987) (zit. Alan McFarlane, *The Origins of English Individualism*. Oxford: Oxford University Press, 1978. 170 und 206). Cf. Larry Cata Backer, "Reifying Law—Government, Law and the Rule of Law in Governance Systems," 26 Penn St. Int'l. L. Rev. 521 (2008).

Kirk W. Junker

nalisiert, das mit der Lösung individueller Konflikte und nicht der Rechtsetzung durch den Staat beginnt.

1. Die Verwendung des Wortes *"code"*

42 Im Hinblick auf **Fälle** [*cases*] und **Gesetzbücher** [*codes*] stellen sich zwei wichtige Fragen. Eine entsteht durch die Annahmen, die Juristen aus kontinentaleuropäischen Jurisdiktionen über das *Common Law* haben und die zweite durch die Vorstellung der Juristen aus dem *Common Law* über den kontinentaleuropäischen Rechtskreis. Zunächst wäre der Stereotyp des Common Laws, dass die USA ausschließlich über Rechtsquellen aus dem Common Law verfügen. Zweitens tendieren Juristen aus dem Common Law häufig dazu, das **Gesetzesrecht** [*Statutory Law*] und das **kodifizierte Recht** [*Codified Law*] zu vermischen, sogar dann, wenn sie auf die US-Bundesgesetze als den *"US Code"* verweisen. Tatsächlich ist ein Großteil des US-Rechts nicht kodifiziert. Und hier zeigt sich ein kulturelles Übersetzungsproblem in der Praxis. Wenn man sich lediglich die sprachliche Übersetzung anschaut, liegt es nahe, *"Code"* als „Gesetzbuch" zu übersetzen. Aber tatsächlich wird das Wort *"Code"* von US-Praktikern gebraucht, um das Gesetzesrecht insgesamt zu beschreiben. Für deutsche Juristen sind unzusammenhängende Gesetze, die eine ähnliche Materie betreffen, ein unvollständiges Werk. Es besteht die Erwartung, dass ein Rechtsgebiet abschließend geregelt sein soll und dass der entsprechende Text alle möglichen Konstellationen zu umfassen hat. Daher beschäftigen sich so große Teile der deutschen Rechtswissenschaft damit, Regelungslücken aufzuzeigen. Außerdem würde man davon ausgehen, dass es problematisch ist, wenn ein Gebiet nicht abschließend gesetzlich geregelt ist, wie im Kapitel 14 über Umweltrecht noch verdeutlicht werden soll. Alle deutschen Fachbücher und Kommentare im Umweltrecht beginnen mit einer Entschuldigung dafür, dass es in dem Bereich des Umweltrechts noch kein abschließend regelndes Gesetzbuch gibt. Natürlich gibt es Gesetze, die Regelungen zur Luftverschmutzung, Wasserverschmutzung, Abfallentsorgung etc. enthalten. Allerdings stehen sie, genau wie die US-Gesetze, unter dem umfassenden Titel des „Umweltrechts", alle recht unabhängig nebeneinander und wurden nicht in einem abschließenden „Umweltgesetzbuch" geregelt.

2. *Stare Decisis* und die Doktrin der Präzedenz

43 US-Juristen würden sagen, dass *Stare Decisis* so etwas wie „die Entscheidung stehen lassen" bedeutet. *Stare Decisis* beruht auf dem induktiven Prozess, Probleme einzeln zu lösen, um dann eine Generalisierung zu erreichen. Es sollte betont werden, dass *Stare Decisis* lediglich eine Doktrin ist. Sobald eine Reihe von Worten geschrieben wurde und den Prozess, von einer Kultur „Recht" genannt zu werden, durchlaufen hat, bedarf es noch immer eines Gerichtsprozesses oder der Durchsetzung durch die Exekutive, um seine *Bedeutung* feststellen zu können. Die rechtssetzende Gewalt

Kirk W. Junker

versucht, die Auslegung eines Gesetzeswortlauts durch den Erlass weiterer Gesetze, den Auslegungsregeln, zu vereinfachen.[40] Außerdem wenden die Gerichte ihre eigenen früheren Urteile auf aktuelle Fälle an. Der vollständige Name der Doktrin lautet „*Stare Decisis et non queta movere*", was in England als „zu einer Entscheidung stehen und nicht stören, was ungestört ist" verstanden wird."[41]

Weil *Stare Decisis* trotzdem *nur* eine Doktrin ist, dürfen die Gerichte auch ihre **44** selbstauferlegten Präzedenzfälle ignorieren und tun dies auch, besonders (aber nicht ausschließlich), wenn es um die Auslegung der US-Verfassung geht. In einer berühmten abweichenden Meinung in *Burnet v. Coronado Oil & Gas Co.*, betonte der Richter des obersten Gerichtshof Justice Louis Brandeis, dass „dieses Gericht in Fällen, die die Verfassung der Vereinigten Staaten betreffen, die durch die Legislative so gut wie nicht verändert werden kann, schon häufig seine früheren Entscheidungen überstimmt hat […] Dies gilt besonders für Fälle nach der ordentlichen Gerichtsverfahren-Klausel [*Due Process Clause* (in der US-Bundesverfassung)]."[42] In der Tat hat der oberste Gerichtshof zwischen 1946 und 1992 in 130 Fällen seine früheren Entscheidungen außer Kraft gesetzt.

Weiterhin hat das Gericht seine Position folgendermaßen begründet: „Wenn wir **45** von einem früher begangenen Fehler überzeugt sind, hat dieses Gericht sich nie verpflichtet gefühlt, den Präzedenzfällen zu folgen. In verfassungsrechtlichen Fragen, in denen eine Korrektur eine Verfassungsergänzung erfordert und Legislativ-Gesetze nicht ausreichen, hat dieses Gericht in seiner gesamten Geschichte stets seine Kompetenz, frühere Ansichten neu zu erwägen, ausgenutzt."[43] In dem berühmten Fall *Erie v. Tompkins* schrieb Justice Brandeis, dass „die Doktrin aus *Swift v. Tyson*, wie Justice Holmes angemerkt hat, ,eine verfassungswidrige Anmaßung von Entscheidungsgewalt durch Gerichte der USA darstellt, von deren Korrektur uns kein zeitlicher Abstand oder Entscheidungsspielraum abhalten sollte.'"[44]

Diese Art der Selbstkorrektur erschwert es Außenstehenden, insbesondere prak- **46** tizierenden Anwälten, den Ausgang verfassungsrechtlicher Fragen vor dem obersten Gerichtshof, allein anhand der rechtlichen Mechanismen, vorauszusagen. Man kann sich mit früheren Entscheidungen auseinandersetzen und die abweichenden Meinungen der Richter lesen, oder untersuchen, was die Richter vor ihrer Berufung an den obersten Gerichtshof geschrieben haben. Darüber hinaus kann man nachle-

---

40 Siehe z.B. die Rules of Statutory Construction in 1 USCA § 1 ff. im Bundesrecht, und für Bundesstaaten exemplarisch die Rules of Construction (Pennsylvania) in 1 Pa.C.S.A. § 1902 und die Regelungen für die Ermittlung des gesetzgeberischen Willens 1 Pa.C.S.A. § 1922.
41 *Vgl. Stare Dictis* („zu dem stehen, was gesagt wurde") und *Stare Rationibus Declendi* („sich an die *rationes declendi* vergangener Fälle halten"). Alle diese Formulierungen wurden im Laufe der Zeit in verschiedenen Rechtssystemen verwendet.
42 *Burnett v. Coronado Oil and Gas*, 285 U.S. 393, 406–07, 410 (1932).
43 *Smith v. Allwright*, 321 U.S. 649, 665 (1944).
44 Justice Brandeis, zit. Justice Holmes in *Erie Railroad Co. v. Tompkins*, 304 U.S. 64 (1938).

Kirk W. Junker

sen, wie die Richter Fragen in der Anhörung vor dem Senat zur Ernennung zum Richteramt am obersten Gerichtshof beantwortet haben. Aber selbst mit all dieser Recherche braucht es ein Gefühl für die US-Rechtskultur, um einschätzen zu können, wann ein Gericht seine eigenen Präzedenzfälle aufhebt. Viele Rechtswissenschaftler behaupten schon seit Langem, dass Richter „nicht nur auf rechtliche Stimuli, sondern auch auf eine Vielzahl politischer [...] Stimuli reagieren."[45] Eine weitere Studie fand heraus, dass „Richter am Supreme Court sich nicht von bahnbrechenden Präzedenzfällen, denen sie nicht zustimmen, beeinflussen lassen."[46] Außerdem behaupteten Studien, dass Vorhersagen, die auf den Werten der Richter basierten, eine Erfolgsquote von 85% hatten.[47] Empirische Daten zeigen also eine Tendenz dahingehend, dass ein standardmäßiges Lehrbuch, das ausschließlich auf Präzedenzfällen aufbaut, nicht wirklich hilfreich ist, um die tatsächlichen Entscheidungen der Richter vorauszusagen.

47   Dies führt insbesondere dann zu Problemen, wenn man annimmt, dass es die Haupt-Bewährungsprobe eines Juristen (und des „Rechts" selbst, nach Holmes) ist, die Ergebnisse von Gerichtsurteilen voraussagen zu können. In der Praxis ist das Problem freilich nicht so groß wie es in der Theorie scheinen mag. Während ihres Studiums lesen Juristen in den USA oft die Entscheidungen des obersten Gerichtshofs, aber tatsächlich verhandelt man höchst selten, wenn nicht sogar nie in der Anwaltslaufbahn vor dem höchsten Gericht. Der oberste Gerichtshof urteilt fast ausschließlich über Revisionen und nimmt Fälle nur dann zur Entscheidung an, wenn es für passend erachtet wird. Dies ergibt sich in der Regel aus einem schriftlichen, formellen Antrag, einem **Writ of Certiorari**. Infolgedessen werden lediglich ungefähr hundert Fälle jährlich vor dem obersten Gerichtshof tatsächlich mündlich angehört und nur achtzig bis neunzig Urteile im Jahr verfasst.[48] Niedrigere Bundesgerichte können in ihren Entscheidungen nicht so frei von Präzedenzfällen abweichen, da es die konservative Natur des Rechts im Instanzenzug (von der ersten zur zweiten Instanz, bzw. von der zweiten Instanz zum obersten Gerichtshof) dem höheren Gericht erlauben würde, in der Revision die alten Präzedenzfälle aufrecht zu erhalten und die abweichende Ansicht des niedrigeren Gerichts zu verwerfen.

---

45 Sheldon Goldman, "The Effect of Past Judicial Behavior on Subsequent Decision-Making," 19 *Jurimetrics J.* 208 (1978–1979).
46 Jeffrey Segal und Harold Spaeth, "The Influence of Stare Decisis on the Votes of Supreme Court Justices," 40 *American Journal of Political Science* 971 (1996).
47 "Legal Pragmatism," in der Internet Encyclopedia of Philosophy: A Peer-Reviewed Academic Resource, http://www.iep.utm.edu/leglprag/ accessed 21 May 2014 (citing Rohde, David W., and Harold J. Spaeth, *Supreme Court Decision Making*, San Francisco: W.H. Freeman, 1976). *Siehe auch* Jerome Frank, *Courts on Trial: Myth and Reality in American Justice*, Princeton, NJ: Princeton University Press, 1949.
48 *Siehe* Website des Obersten Gerichtshofs der USA, http://www.supremecourt.gov/about/justice caseload.aspx, zuletzt besucht am 4. Mai 2014.

Kirk W. Junker

Weicht ein Gericht von der Präzedenzrechtsprechung ab, ist die rechtliche Folge regelmäßig die Beseitigung des Urteils durch das Revisionsgericht.

Die Praxis, Präzedenzfälle zu ignorieren, beschränkt sich allerdings nicht nur **48** auf den obersten Gerichtshof. Der oberste Gerichtshof des Staates Washington merkte in einem Urteil zu einem Rechtsstreit in Washington an:

> Dass eine Ausnahme vorliegt, wird durch die Gerichte erklärt, wenn der Fall nicht einen isolierten Sachverhalt betrifft, sondern einen generellen Charakter hat, und die bestehende Regel nicht mit der Gerechtigkeit in Einklang zu bringen ist. Unter diesen Voraussetzungen wird ein Gericht, wenn es nicht an geschriebenes Recht gebunden ist, eine Regel beschließen, die dem Sinn und Zweck des Gesetzes vollkommen gerecht wird.[49]

Zusätzlich zu der dogmatischen Regel, sich an die Präzedenzrechtsprechung zu halten, bestehen noch weitere disziplinarische und kulturelle Regeln. Richter sind **49** ebenso wie Anwälte an juristische Verhaltensrichtlinien gebunden. Regel 2.2 der **Musterrichtlinie für Richter** [*model code of judicial conduct*] fordert, dass „ein Richter das Recht einhält und anwendet und alle Pflichten seines juristischen Amtes fair und unvoreingenommen erfüllt."[50] Richter, die das Fallrecht nicht anwenden, würden ebenso wie bei der Nichtbeachtung von geschriebenem Recht disziplinarischen Maßnahmen ausgesetzt werden.[51] Möglicherweise noch interessanter ist die Tatsache, dass Richter, Anwälte, Studenten und Verwaltungsbeamte alle sehr darauf gepolt sind, die Doktrin der *Stare Decisis* einzuhalten.[52] Man könnte dieses Phänomen psychologisieren und auf das Bedürfnis nach Vorhersehbarkeit zurückführen – sodass wir Maßnahmen, die die Vorhersehbarkeit einer Entscheidung fördern,

---

49 *Mazetti v. Armour & Co.*, 75 Wash. 622; 135 P. 633, 636; 1913 Wash. LEXIS 1760 (Wa. 1913).

50 American Bar Association, *The Model Code of Judicial Conduct*, 2011 Edition. Der Model Code of Conduct wurde von dem Delegiertenhaus der American Bar Association 1990 beschlossen und danach häufig erweitert, zum letzten Mal 2010.

51 Siehe z. B. *In the Matter of Hague*, 315 N.W. 2d. 524 (Mich. 1982). In *Hague* hatte ein Verfahrensrichter in Michigan sich wiederholt geweigert, das Fallrecht des Court of Appeals in Michigan anzuwenden. Der Supreme Court of Michigan stellte in einem gerichtlichen Disziplinarverfahren fest, dass der Richter „seinen Amtseid verletzt hat, Respektlosigkeit gegenüber dem Recht gezeigt hat und die ordnungsgemäße Rechtsanwendung unzulässig verfälscht hat." Der Richter wurde 60 Tage lang unbezahlt suspendiert, *Ebd.* S. 554. Canons 2 und 3 des Code of Judicial Conduct besagen nach den Worten des Gerichts, dass ein Richter nicht die Freiheit hat, die Anwendung des Rechts zu verweigern. Auf Seite 552 schrieb das Gericht: In Fällen wie hier, „wo die Entscheidung eines Richters, ein Gesetz als verfassungswidrig zu kassieren, in direktem Gegensatz zu einer Präzedenzentscheidung des Revisionsgerichts steht – die er auch kennt, und offensichtlich auf seiner einer breiten Öffentlichkeit zugänglich gemachten Meinung darüber, wie das Recht sein müsste, beruht, leidet das öffentliche Bild der Unvoreingenommenheit des Rechtssystems". Code Of Judicial Conduct, Canon 2 (B).

52 *Anastasoff v. U.S.*, 223 F.3d 898 (8th Cir. 2000). In dem Urteil kommentiert das Gericht die Pflicht der Richter, sich an die Präzedenzrechtsprechung zu halten.

Kirk W. Junker

unterstützen, selbst wenn sie über das geschriebene Recht hinausgehen. Trotzdem würde ein US-Jurastudent auf die Frage, ob ein Gericht *rechtlich* gebunden ist, Präzedenzrechtsprechung zu folgen, sehr wahrscheinlich mit „ja" antworten.

50   Um *Stare Decisis* anzuwenden, muss man die **Rechtsfragen** von **Tatsachenfragen** eines Präzedenzfalls unterscheiden können. Diese Rechts- und Tatsachenfragen, bekannt als *Ratio Decidendi,* sind essentiell, um den Fall zu entscheiden und abzugrenzen von der *obiter dicta,* den Rechtserwägungen des Richters in seinen Anmerkungen. Wenn ein Präzedenzfall überhaupt auf einen Fall anwendbar ist, dann nur auf die *Ratio Decidendi.* Dies ist eine der ersten und wichtigsten Lehren der *Common Law*-Methode. Obwohl viele Professoren die Unterscheidung für sehr deutlich halten, haben die Studenten, denen die Lehre des *Common Law* meistens ganz neu ist, Schwierigkeiten, sie zu verstehen. Vielleicht liegt die Schwierigkeit darin, dass Studenten, die sich neu mit dem Recht beschäftigen, denken, sie könnten allein durch sorgfältiges Lesen und gesunden Menschenverstand das Recht von den Tatsachen unterscheiden. Aber „ob eine bestimmte Frage eine Rechts- oder Tatsachenfrage darstellt, ist an sich nicht eine Tatsachenfrage, sondern eine höchst komplexe Rechtsfrage".[53] Vielleicht liegt die Schwierigkeit auch teilweise darin, dass die Unterscheidung selbst eine künstliche ist. Jeder, der sich mit dem berühmten *Erie Railroad*-Fall und den darauffolgenden Fällen beschäftigt hat (die sog. „*Erie*-Nachkommenschaft"), wird eine ähnliche künstliche Unterscheidung zwischen **materiellen Rechtsfragen** und Prozessrecht feststellen. Außerdem wird deutlich, dass die Unterscheidung zwischen Substanz und Verfahren ebenso nicht auf *Common Sense* oder Fakten beruht, sondern auch auf rechtlichen Erwägungen, die sich einem nur erschließen, wenn man vorige Urteile liest und versteht. Der englische Richter Sir Konrad Schiemann hat dies kommentiert:

> Die modernen Informationstechnologien erleichtern die Suche nach Präzedenzfällen sehr. Normalerweise findet man irgendetwas, was einen in die richtige Richtung weist. Diese Quelle wird nicht nur ihre Richterkollegen überzeugen, sondern der ganzen Welt auch den Eindruck vermitteln, dass Sie das Recht eher anwenden als es neu zu erfinden. [...] Besonders in England [...] verwenden die Gerichte die Präzedenzfälle eher als allgemeine Inspiration, als starre Rüstung, in die ein Urteil gequetscht werden muss.[54]

51 Der US-Rechtshistoriker Frederick G. Kempin schreibt, „Rechtsgeschichte kann viele Fehlvorstellungen aufklären. Eine ist zum Beispiel, dass das Common Law durch die Präzedenzdoktrin in den Ketten der Tradition festgehalten wird. Aber die Doktrin ist

---

53 Nathan Isaacs, "The Law and the Facts," 22 *Colum. L. Rev.* 1, 11–12 (1922) (zit. in Kenneth Vinson, "Artificial World of Law and Fact," 11 *Legal Stud. F.* 311, 313 (1987)).
54 Sir Konrad Schiemann, "From Common Law Judge to European Judge," 4 *Europäisches Privatrecht* (ZEuP) 741–49, 745 (2005).

Kirk W. Junker

wenig mehr als das Vergleichen vergangener Fälle mit aktuellen Fällen.“[55] Dies ist ein Beispiel für einen effektiven und notwendigen Ansatz zum *Common Law*, der normalerweise in Diskussionen über Rechtsvergleichung nicht vorkommt: Der Vergleich mit anderen Zeiten und nicht mit anderen Orten.

Der einfache Komparatist mag glauben, dass die Methode, rechtliche Regeln 52 von Gerichtsurteilen abzuleiten, lediglich dem Common Law vorbehalten ist. Aber der aufmerksame Rechtsvergleicher würde bemerken, dass es auch im kontinental-europäischen Rechtskreis die Doktrin der *Jurisprudence Constante* gibt, die sogar in Teilen Nordamerikas praktiziert wird. Mit Ausnahme von Quebec sind alle kanadischen Provinzen anglophon und wenden das *Common Law* an. In Quebec hingegen wird französisch gesprochen und wenig überraschend wird dort kontinentaleuropäisches Recht angewandt. Ebenso in den Vereinigten Staaten – Louisiana war ursprünglich eine französische Kolonie, und Teile der Bevölkerung sind nach wie vor von der französischen Sprache beeinflusst. Außerdem ist Louisiana der einzige US-Bundesstaat, der noch teilweise kontinentaleuropäisches Recht verwendet. Trotz der Ähnlichkeiten zwischen *Stare Decisis* und *Jurisprudence Constante* gibt es auch Unterschiede. Der oberste Gerichtshof von Louisiana führte in dem Fall *Willis-Knighton Medical Center v. Caddo Shreveport Sales & Use Tax Commission* aus, dass im Gegenteil zum *Common Law*, in dem ein einziger Fall eines höheren Gerichts schon ausreiche, um unter der *Stare Decisis*-Doktrin eine Regel aufzustellen, „eine Reihe von übereinstimmenden Urteilen nötig sei, um eine Grundlage für *Jurisprudence Constante* zu legen.“[56] Ein anderes Gericht aus Louisiana, nun das **Revisionsgericht** [*Court of Appeals*] von Louisiana, führte Rechtsvergleichern eine weitere Einschränkung vor Augen. Es betont, dass die *Jurisprudence Constante* eine sekundäre Rechtsquelle ist und daher nicht die gleiche Rechtskraft habe wie *Stare Decisis*.[57] Trotz allem ist die Unterscheidung zwischen *Jurisprudence Constante* und *Stare Decisis* sehr viel feiner als die vereinfachende Aussage, dass das Common Law *ausschließlich* Präzedenzfälle zur Rechtsgestaltung verwenden und kontinentaleuropäische Rechtssysteme *nie*.

Bei der Beschäftigung mit *Common Law* stellt sich die Frage, wie weit man in 53 der Geschichte zurückschauen muss, um Präzedenzfälle zu finden. Das Rechtssystem, das sich im 18. Jahrhundert in den USA entwickelte, unterscheidet sich nicht nur von kontinentaleuropäischen Rechtssystemen, sondern auch von seinem englischen Verwandten. US-Präzedenzfälle reichen nämlich nicht ganz bis zurück ins englische Recht. Ein frühes Beispiel stammt aus dem Privatrecht. In dem US-Fall von *Van Ness v. Pacard*, 2 Pet. 137, 7 L. Ed. 374 (1829), hatte Pacard ein Gebäude auf dem Grundstück seiner Vermieter, Herr und Frau Van Ness, errichtet. Am Ende sei-

---

55 Kempin, *s. o.* (1990), III.
56 *Willis-Knighton Med. Ctr. v. Caddo-Shreveport Sales & Use Tax Comm'n.*, 903 So.2d 1071 (2005).
57 *Royal v. Cook*, 984 So.2d 156 (La. Ct. App. 2008).

Kirk W. Junker

ner Mietzeit riss Pacard das Gebäude ab. Herr und Frau Van Ness klagten gegen Pacard aufgrund eines deliktischen Anspruches wegen des hinterlassenen **„Abfalls"** [*waste*].[58] Um ihre Klage zu begründen, zitierte die Klägerpartei englisches Recht, das zwischen dem Abriss von Gebäuden, die für den landwirtschaftlichen Betrieb gebaut wurden und solchen Gebäuden, die zwecks Handwerksbetrieben errichtet wurden, unterschied. Der Richter des Obersten Gerichtshofs Joseph Story wies das Argument der Kläger, dass das US Common Law mit dem englischen Common Law übereinstimmen müsse, zurück und schrieb: „Das Common Law Englands ist nicht in jeder Hinsicht das Amerikas."[59]

II. Institutionen des Rechts: Die Geschworenen

54 Ein vieldiskutiertes Merkmal der US-Rechtskultur ist das Geschworenen-System. Aus dem Fernsehen oder Filmen würde man denken, dass es in jedem Verfahren ein **aus Laien besetztes Schwurgericht** [*jury trial*] gibt. Dies ist in den USA nicht der Fall und noch weniger im Vereinigten Königreich. Der Geschworenenprozess ist der Aspekt der US-Rechtskultur, der es der Öffentlichkeit erlaubt, eine aktive Rolle im Rechtssystem zu spielen. Diese Rolle ist weit unmittelbarer als der politische Akt des Wählens, der sich in der Hoffnung, dass die Gewählten Gesetze verabschieden, die einer vorhersehbaren Ideologie folgen, erschöpft. Das Laientum in den Gerichtsprozess einzubauen ist eigentlich nicht fernliegend, insbesondere im Lichte der Tatsache, dass es in vielen Ländern nicht Voraussetzung für eine legislative Tätigkeit ist, Jurist zu sein. Nur ungefähr ein Drittel der Mitglieder des deutschen Bundestages sind Juristen, dies trifft auch auf weniger als die Hälfte der **US-Bundesabgeordneten** [*Federal House of Representatives*] zu. Weiterhin muss man kein Jurist sein, um im Rechtsvollzug tätig zu sein, das gilt für die oberste Spitze (das Amt des Gouverneurs oder Präsidenten) wie für gewöhnliche Polizisten. Der Ursprung des Geschworenen in den USA geht auf den französischen Geschworenenprozess zurück, den William mit der normannischen Verwaltung 1066 mit nach England brachte. Die Laien-Geschworenen in den USA haben eine wichtige Funktion in der Konfliktlösung, die der Rolle der Schöffen in deutschen und österreichischen Gerichten ähnelt.

55 Sehr bemerkenswert ist angesichts der Wichtigkeit der Geschworenen die Tatsache, dass ihre Rolle, besonders in England, momentan einen Tiefpunkt erreicht

---

58 William B. Stoebuck, "Reception of English Common Law in the American Colonies," *10 Wm. & Mary L.*
Rev. 393 (1968); *Siehe* David Brion Davis, *Antebellum American Culture: An Interpretive Anthology*, D.C. Heath and Company (1979)
59 *Van Ness v. Pacard*, 27 U.S. 145 (1829).

Kirk W. Junker

hat. Der Einsatz von Geschworenen in zivilrechtlichen Streitigkeiten wurde viel kritisiert und wäre bereits in der Mitte des 20. Jahrhunderts beinahe aufgegeben worden. Australien und Neuseeland sind ähnlich vorgegangen. Dieser Trend in Zivilprozessen deutet darauf hin, dass „die Geschworenen wie ein fehlender Körperteil sind, der trotz seiner Abwesenheit noch starke Auswirkungen auf das Verhalten des Körpers hat."[60] Eine Folge dieses Phantomkörperteils ist es, wie Richter David Edwards schreibt, dass „die Charakteristiken des Schwurgerichtssystems verdeutlichen, warum Juristen so ‚tatsachenorientiert'"[61] sind, auch wenn keine Geschworenen anwesend sind (siehe Kapitel 2: Zivilprozessrecht).

Trotz der Tatsache, dass die meisten Gerichtsverfahren in den USA nicht abschließend durch Geschworene entschieden werden, gibt es mehrere wichtige rechtliche Erwägungen, die man verstehen muss, um den Einsatz von Geschworenen und die damit verbundenen Risiken für die Parteien zu verstehen. Zunächst muss man sich den Verlauf eines Verfahrens vor Augen halten. Straf- und Zivilprozesse haben verschiedene Verfahren, obwohl in beiden an einem gewissen Punkt Geschworene eingesetzt werden können. Zwar ist die Anzahl von Geschworenen in Zivilprozessen in den USA auffällig zurückgegangen, doch es besteht nach wie vor die Möglichkeit Geschworene auch im Zivilverfahren einzusetzen.[62] Zweitens sollte man sich die föderale Struktur der Vereinigten Staaten vor Augen führen, sowie die wichtige Rolle der Gerichtssysteme der Einzelstaaten. Aufgrund der begrenzten Vorgaben der Verfassung bei einem Bundesgerichtssystem und fünfzig einzelstaatlichen Gerichtssystemen, die jeweils in Zivil- und Strafgerichtsbarkeit unterteilt sind, bestehen 102 unterschiedliche Auslegungsmöglichkeiten für den Einsatz von Geschworenen.[63]

Das Recht auf einen Schwurgerichtsprozess in der US-Verfassung findet sich lediglich in den Verfassungszusätzen

56

57

---

60 Jeremy Lever, "Why Procedure is More Important than Substantive Law," 48 *Int. & Comp. L.Q.* 285 (1999) at 296.

61 David Edwards, "Fact-Finding: A British Perspective," in *The Option of Litigating in Europe*. Eds. D.L. Carey Miller and Paul R. Beaumont. London: United Kingdom Committee of Comparative Law, 1993, 54.

62 Das US-Justizministerium berichtet, dass die Anzahl zivilgerichtlicher Verfahren, die von Geschworenen entschieden werden, rapide sinkt. Studien zeigen, dass 1962 noch 11,5% aller bundesgerichtlichen Zivilprozesse durch Geschworenen entschieden wurden, während dies 2002 nur noch für 1,8% galt. Zwischen 1985 und 2003 ging die Anzahl von Geschworene-Prozessen im Deliktsrecht in den District Courts um fast 80% von 3.600 auf weniger als 800 Verfahren zurück. *Siehe* U.S. Department of Justice's Bureau of Statistics, National Center for State Courts, Vol. 4, No. 1 (Spring 2000).

63 Die Anforderungen an den Einsatz von Geschworenen beziehen sich nicht auf See- und Schifffahrtsrecht, vergl. das Kapitel zum Seerecht von Philip Bühler in diesem Handbuch.

Kirk W. Junker

VI und VII. Zusatz VI besagt:

> In allen Strafverfahren hat der Angeklagte Anspruch auf einen unverzüglichen und öffentlichen Prozess vor einem unparteiischen Geschworenengericht desjenigen Bundesstaates und Bezirks, in welchem die Straftat begangen wurde, wobei der zuständige Bezirk vorher gesetzlich zu bestimmen ist. Er hat weiterhin Anspruch darauf, über die Art und Gründe der Anklage unterrichtet und den Belastungszeugen gegenübergestellt zu werden, sowie auf ein zwingendes Verfahren zur Erlangung von Entlastungszeugen und einen Rechtsbeistand zu seiner Verteidigung.[64]

58 Zusatz VII setzt die englische Methode fort, zivilgerichtliche Fälle danach zu unterscheiden, ob sie von Geschworenen oder einem Richter entschieden werden können. Sie ist nur auf Bundesgerichte anwendbar:

> In Prozessen nach Common Law, in denen der Streitwert zwanzig Dollar übersteigt, besteht ein Anrecht auf ein Verfahren vor einem Geschworenengericht, und keine Tatsache, über die von einem derartigen Gericht befunden wurde, darf von einem Gericht der Vereinigten Staaten nach anderen Regeln als denen des Common Law erneut einer Prüfung unterzogen werden.[65]

59 Zusatz VII ist nicht in den Gerichten der Einzelstaaten anwendbar, selbst wenn eine Prozesspartei ein Recht geltend macht, das sich aus dem Bundesrecht ergibt. Trotzdem können die einzelnen Bundesstaaten in ihren Verfassungen das Recht auf einen Schwurgerichtsprozess verankern, was üblicherweise auch der Fall ist. Diese Regelungen werfen viele Fragen auf: Was umfasst das Recht auf einen Schwurgerichtsprozess in Strafprozessen aus Zusatz VI? Was ist ein „unparteiisches Schwurgericht"? Muss ein Schwurgericht zwölf Mitglieder haben, oder reichen sechs oder weniger aus? Muss die Entscheidung der Geschworenen über die Verurteilung eines Angeklagten im Strafprozess einstimmig sein? All diese Fragen erfordern Auslegungsarbeit der Gerichte angesichts der spärlichen Formulierung der Verfassung. Der Oberste Gerichtshof der USA hat tatsächlich viele dieser Fragen bezüglich der Bundesgerichte beantwortet, aber die verfassungsrechtlichen Rechtspositionen sind auf die Gerichte der einzelnen Bundesstaaten nicht immer anwendbar. Einige der verfassungsrechtlichen Garantien stehen gemäß Zusatz XIV auch Personen vor einzelstaatlichen Gerichten zu, wie aus Abschnitt 1 hervorgeht:

> Alle Personen, die in den Vereinigten Staaten geboren oder eingebürgert sind und ihrer Gesetzeshoheit unterstehen, sind Bürger der Vereinigten Staaten und des Einzelstaates, in dem sie ihren Wohnsitz haben. Keiner der Einzelstaaten darf Gesetze erlassen oder durchführen, die die Vorrechte oder Freiheiten von Bürgern der Vereinigten Staaten beschränken, und kein Ein-

---

64 Verfassung der Vereinigten Staaten von Amerika, Zusatz VI, http://usa.usembassy.de/etexts/gov/gov-constitutiond.pdf (zuletzt besucht am 26.11.2016).
65 Verfassung der Vereinigten Staaten von Amerika, Zusatz VII, *s. o.* Fn. 64.

Kirk W. Junker

zelstaat darf irgendjemandem ohne ordentliches Gerichtsverfahren nach Recht und Gesetz Leben, Freiheit oder Eigentum nehmen oder irgendjemandem innerhalb seines Hoheitsbereiches den gleichen Schutz durch das Gesetz versagen.[66]

Dieser Abschnitt wird von den US-Gerichten so interpretiert, dass das Recht aus Zu- **60** satz VI auch für Personen vor den einzelstaatlichen Gerichten gilt.

Zusätzlich zu den rechtlichen Regeln über den Schwurgerichtsprozess sind ei- **61** nige empirische Beobachtungen nennenswert. Geschworene können nur dann berufen werden, wenn es einen entsprechenden **Prozess** [*trial*] gibt. Dies ist nur dann möglich, wenn ein Fall eingereicht und nicht beigelegt wurde und die Klage nicht zurückgezogen, oder aufgrund von Anträgen im Vorverfahren abgelehnt wurde. Beim Blick in die Statistiken sind Wissenschaftler oft zunächst überrascht, wie wenige Fälle, bei denen ein Verfahren eingeleitet wurde, je das Verhandlungsstadium erreichen. Die meisten Fälle werden beigelegt, zurückgezogen, oder im Vorverfahren abgelehnt. Außerdem werden nur in einem kleinen Anteil, der ohnehin schon relativ geringen Zahl von noch anhängigen Verfahren, tatsächlich Geschworene eingesetzt. Darüber hinaus gibt es deutlich mehr Schwurgerichtsprozesse in Straf- als in Zivilverfahren. Nützliche Statistiken zu diesem Thema zu führen ist aber an sich schon eine Herausforderung, da erst nach dem Einreichen der ersten Schriftsätze (in der Regel der Klageschrift) statistische Erhebungen durchgeführt werden können. Ein Fall muss es erst vor Gericht schaffen, damit überhaupt ein Schwurgerichtsprozess möglich wird. Innerhalb der Zivilgerichtsbarkeit betreffen die Fälle, die wohl am wahrscheinlichsten in einem Schwurgerichtsprozess entschieden werden, Deliktrechtsstreitigkeiten. Das US-Justizministerium fand dazu das Folgende heraus:

Die Anzahl der Deliktsrechtsprozesse, die in den 75 bevölkerungsreichsten Counties der USA vor bundesstaatlichen Gerichten beendet wurde, ist um ungefähr ein Drittel von 10.278 Prozessen im Jahr 1996 auf 7.038 Verfahren im Jahr 2005 zurückgegangen.[67] Neueste Daten des Bureau of Justice Statistics zeigen, dass die Anzahl der Deliktshaftungsprozesse vor den Zivilgerichten innerhalb dieses Zeitraums insgesamt stabil geblieben ist. Zwischen 2001 und 2005 sank die Anzahl der Deliktshaftungsprozesse in den 75 bevölkerungsreichsten Counties nur um 12%, was laut Cohen als ‚Rückgang, der nicht statistisch relevant ist' anzusehen ist.[68]

Ein neuer Bericht des US-Justizministeriums zeigt, dass nur ungefähr vier % aller in **62** den einzelstaatlichen Gerichten begonnenen Verfahren wegen Haftung aus unerlaubter Handlung, auch in Verhandlungen beendet werden. Allerdings wurden 90% der Fälle, die es in die Verhandlung geschafft haben, von Geschworenen angehört. Das zeigt, dass trotzdem die allermeisten rechtlichen Konflikte nicht durch Ge-

---

66 Verfassung der Vereinigten Staaten von Amerika, Zusatz XIV, *s.o.* Fn. 64.
67 Cohen *s.o.* S.12.
68 Cohen *s.o.* S.12.

Kirk W. Junker

schworene entschieden werden (genau 97,4%).[69] Außerdem sind an diesem Bericht des Justizministeriums die folgenden Statistiken bemerkenswert: fast 60% der Deliktsrechtsprozesse waren Straßenverkehrssachen. Die Kläger gewannen fast die Hälfte aller deliktsrechtlichen Prozesse. Die Hälfte aller obsiegenden Kläger in deliktsrechtlichen Prozessen erhielten Schadensersatz in Höhe von $24.000 oder weniger (im Gegensatz zu dem Lieblingsthema in konservativen Talkshows, den Unfällen mit **Fahrerflucht** [*runaway juries*], mit denen der angebliche Modernisierungsbedarf des Deliktsrechts illustriert werden soll). Zudem wurden nur in neun % der deliktsrechtlichen Prozesse **Entschädigungen mit Strafcharakter** [*punitive damages*] gefordert (aber nicht zwingend auch gewährt). Die durchschnittliche Höhe der gewährten Entschädigungen mit Strafcharakter betrug $55.000.[70]

63   Beruhend auf einer eigenen Studie veröffentlichte das *National Center for State Courts for Jury Studies*[71] einige wichtige zusätzliche Fakten. Einzelstaatliche Gerichte führen jährlich ungefähr 46.200 und Bundesgerichte ungefähr 2.100 Zivilverhandlungen mit Geschworenen durch. Zusammengenommen stellen diese etwas weniger als ein Drittel (31%) aller Schwurgerichtsprozesse in den US-Gerichten jährlich dar. Das bedeutet, dass 69% der Schwurgerichtsprozesse Strafverfahren sind. Die Statistik alleine zeigt uns grundsätzlich nicht warum das so ist. Aber obwohl „die Zahlen der Zivil- und Strafprozesse vor einer Geschworenen insgesamt stark korrelieren, weist es auch darauf hin, dass durch die Regelungen der einzelstaatlichen Gerichte, die lokalen Besonderheiten und die Rechtskulturen der Einzelstaaten Schwurgerichtsprozesse im Zivilverfahren im Vergleich zum Strafverfahren nicht überproportional begünstigen oder benachteiligen."[72] Die verschiedenen Rechtskulturen innerhalb der einzelnen Bundesstaaten sehen Schwurgerichtsprozesse zu höchst unterschiedlichen Bedingungen vor. In Hawaii werden zum Beispiel pro 100.000 Einwohner nur 24 Schwurgerichtsprozesse geführt, während in Alabama auf 100.000 Einwohner 59.2 Schwurgerichtsprozesse kommen. Außerdem sank die Zahl der Deliktshaftungsprozesse zwischen 1970 und 2003 konstant von 2.526 auf 768, aber die Gesamtzahl der Prozesse wegen unerlaubter Handlung stieg von 25.451 auf 49.166.[73] Führt man die beiden Tendenzen gedanklich zusammen, ergibt sich, dass die Anzahl der deliktsrechtlichen Fälle vor Bundesgerichten, in denen tatsächlich ein Schwurgerichtsprozess durchgeführt wird, stetig von zehn % im Jahr 1970 auf nur zwei % im Jahr 2003 gefallen sind.

---

69 Thomas H. Cohen, "Tort Bench and Jury Trials in State Courts, 2005," U.S. Department of Justice, Office of Justice Programs, Bureau of Justice Statistics, Bureau of Justice Statistics Bulletin, November 2009, NCJ 228129, 1.

70 Cohen *s. o.* S. 1.

71 Der vollständige Bericht über die State-of.the-States Survey of Jury Improvement Efforts ist verfügbar unter http://wwwncsonline.org/D_Research/cjs/state-survey.html.

72 National Center for State Courts, *Civil Action*, 6:1, 1 (Summer 2007).

73 Berman, *s. o.* S. 10.

Kirk W. Junker

Vor dem Abschluss dieser kurzen Erläuterung zum Schwurgerichtsprozess- 64
System sind noch einige Anmerkungen angebracht. Die simple Tatsache, dass Geschworene in einem bestimmten Fall verfügbar sind, bedeutet nicht, dass sie in Anspruch genommen werden müssen. Die Entscheidung hierüber liegt bei den Parteien und diese Entscheidungsautonomie, sowie lokale Nuancen der gerichtlichen Verwaltung führen dazu, dass die tatsächliche Umsetzung der Vorschriften stark voneinander abweicht, selbst wenn in zwei Einzelstaaten das gleiche Schwurgerichtsprozess-System gilt. Ein Angeklagter in einem Strafverfahren kann auf sein Recht auf einen Schwurgerichtsprozess verzichten und sich auf die Richter bezüglich der Tatsachenermittlung verlassen. Diese Gepflogenheit ist in England gleichwohl verbreiteter als in den USA.[74] Trotz des Rückgangs der Verhandlungen, in denen Geschworene eingesetzt werden, „spielt der Schwurgerichtsprozess weiterhin eine wichtige Rolle in zivilrechtlichen Verfahren, wenn es um die Lösung hartnäckiger Streitfälle geht und darum, das öffentliche Vertrauen in die Gerichte herzustellen."[75] Selbst wenn Geschworene nicht oft eingesetzt werden, darf ihre Bedeutung, schon allein aus kulturellen Gesichtspunkten, nicht unterschätzt werden.

III. Föderalismus

In den Worten des Rechtshistorikers Harold J. Berman ist „das vielleicht auffälligste 65
Merkmal der westlichen Rechtstradition die Koexistenz und der Wettbewerb unterschiedlicher Gerichtsbarkeiten und vielfältiger Rechtssysteme. Es ist diese Pluralität von Rechtskonzepten und -systemen, durch die die Vorherrschaft des Rechts sowohl nötig als auch möglich wird."[76]

1. Horizontaler Föderalismus

Aus der Geschichte wird deutlich, warum jeder der fünfzig US-Bundesstaaten eine 66
verhältnismäßig unabhängige, souveräne Einheit ist. Daher sind die USA weder ein zentralistischer Staat wie Frankreich, noch eine **„vertikale" Föderation** wie Deutschland, in dem die Länder eine von der Verfassung geschützte Rolle in der Bundesregierung haben.[77] Die USA sind eine **„horizontale" Förderation**, in dem

---

74 Edwards, *s.o.* S. 52.
75 National Center for State Courts, *s.o.* S. 1.
76 Berman, *s.o.* S. 10.
77 Eine kurze Definition des Wortes **„Regierung"** [*Government*] im amerikanisch-englischen Sprachgebrauch ist hier angebracht. Da die USA eine präsidiale und nicht parlamentarische Demokratie sind, umfasst der Begriff „Regierung" alle Institutionen und Personen, die sowohl der Legislative als auch der Exekutive angehören, einschließlich der Verwaltungseinheiten, die sie unter-

Kirk W. Junker

die Bundesregierung eher horizontal neben die Einzelstaaten als vertikal über sie gestellt ist. Der Einfluss des horizontalen Föderalismus auf die Gerichtsbarkeit in den einzelnen Bundesstaaten wird in Kapitel 2 über das Zivilprozessrecht auf Bundesebene näher erklärt. Beispiele der Anwendung von horizontalem Föderalismus in den Vereinigten Staaten findet man in Kapitel 9.A (Steuerrecht) und Kapitel 14 (Umweltrecht). Am Ehesten bietet es sich an, den Föderalismus der USA mit der EU zu vergleichen, statt mit einem ihrer Mitgliedsstaaten. Zur näheren Erklärung dieser Analogie hilft es, sich einen der wichtigsten Fälle der EuGH-Rechtsprechung, *Costa v ENEL*, 6/64 [1964] E.C.R. 585 ins Gedächtnis zu rufen, in dem das Gericht beschloss, dass das EU-Recht absoluten Vorrang vor dem Recht der Mitgliedstaaten genießt. Der Fall stellt allerdings keine allgemeine Regel auf, sondern der Vorrang gilt nur in solchen Fällen, in denen die Europäische Union die Rechtsetzungskompetenz innehat. Dies ist in den USA ähnlich geregelt. Die alleinige Tatsache, dass es eine „zentrale" Regierung gibt, macht diese noch nicht automatisch zur höheren Regierung, sodass in den USA der Bund auch nicht zwingend eine höhere Entscheidungsinstanz darstellt. Die frühere Richterin am kanadischen *Supreme Court* Claire L'Hereux-Dubé merkte treffend an, dass der Föderalismus der Teil der US-Verfassung sei, der „in anderen Ländern am wenigsten Eindruck gemacht hat."[78] Dies gilt insbesondere für Deutschland – obwohl die deutsche Verfassung von der US-Besatzungsmacht beeinflusst wurde.

67   Die US-Bundes- oder Einzelstaatenregierungen sind nach dem Montesquieue'-schen Modell der Gewaltenteilung in Legislative, Judikative und Exekutive aufgeteilt. Aber in den USA bleiben trotz dieser Gewaltenteilung viele Fragen für praktizierende Juristen unbeantwortet: (1) Inwiefern besitzt der Bund Gesetzgebungskompetenzen im Verhältnis zu den fünfzig Einzelstaaten? (2) Wie weit erstreckt sich die Interpretationshoheit über Gesetze der Bundesgerichte im Verhältnis zu den Gerichten der Einzelstaaten? (3) Wie stehen das Recht und die Kompetenz der Gerichte der Einzelstaaten angesichts ihrer Souveränität zueinander? Die US-Verfassung beantwortet diese Fragen nur teilweise. Artikel VI enthält die sogenannte **„Vorrangs-Vorschrift"** [*supremacy clause*]:

> Diese Verfassung, die in ihrem Verfolg zu erlassenden Gesetze der Vereinigten Staaten sowie alle im Namen der Vereinigten Staaten abgeschlossenen oder künftig abzuschließenden Ver-

---

stützen. Der Begriff wird hingegen nicht verwendet, um die Partei oder Koalition zu beschreiben, die eine Mehrheit in der gesetzgebenden Versammlung innehat. Der Gebrauch des Wortes „*Government*" stimmt wohl am ehesten mit der Verwendung des Wortes „Staat" in anderen Kulturen überein. In den USA wird „Staat" allerdings nicht in dieser Weise verwendet, da das zu Verwirrung darüber führt, ob der Sprechende einen der fünfzig souveränen Bundesstaaten („States") meint oder das generelle Konzept von Staat als geopolitischem Machthaber.

78 Claire *L'Heureux-Dubé*, "The Importance of Dialogue: Globalization and the Impact of the Rehnquist Court," 34 *Tulsa L. J.* 15, 35 (1998).

Kirk W. Junker

träge sind das oberste Gesetz des Landes; und die Richter in jedem Einzelstaat sind ungeachtet entgegenstehender Bestimmungen in der Verfassung oder den Gesetzen eines Einzelstaates daran gebunden.[79]

Für den Juristen, der sich nicht mit den Einschränkungen der legislativen Kompe-   68
tenzen des Bundes auskennt, mag Artikel VI die offensichtliche klare und bekannte hierarchische Regel formulieren, wie sie etwa auch im Vereinigten Königreich
gilt, wo das Parlament der höchste Souverän ist, oder wie Artikel 31 der deutschen
Verfassung, der deutlich *„Bundesrecht bricht Landesrecht"* vorschreibt. Es gibt
dennoch einen Unterschied. Im US-Recht ist die strenge Regel des Artikel VI nur
auf solche Kompetenzen anwendbar, die im Falle einer entgegenstehenden Regelung eines der Einzelstaaten an den Bund übertragen wurden. Dieser Kompetenzkatalog hingegen ist nicht annähernd so umfassend geregelt wie andernorts. Die
Tatsache, dass die US-Verfassung von den Delegierten der einzelnen Bundesstaaten verabschiedet wurde – und nicht andersherum – sollte nicht in Vergessenheit
geraten. Zusatz X zur US-Verfassung besagt: „Die Machtbefugnisse, die von der
Verfassung weder den Vereinigten Staaten übertragen noch den Einzelstaaten entzogen werden, bleiben den Einzelstaaten oder dem Volke vorbehalten."[80] Im Zusammenhang von Artikel VI und Zusatz X stellt sich die berechtigte Frage, welche
Kompetenzen denn tatsächlich von den Einzelstaaten an den Bund übertragen
worden sind.

Checkliste

Artikel I Abschnitt 8 der Verfassung sieht vor, dass dem US-Kongress in den folgenden Gebieten die
ausschließliche Gesetzgebungskompetenz zusteht:
- Erhebung und Einziehung von Steuern, Zöllen, Abgaben und Akzisen
- Abzahlung von Schulden
- Gemeinsame Verteidigung
- Aufnahme von Krediten
- Regelung des Handels mit anderen Staaten und den US-Bundesstaaten untereinander
- Schaffung von einheitlichen Einbürgerungsregeln
- Drucken und Prägen von Geld
- Einrichtung der Postämter
- Förderung des Fortschritts in Kunst und Wissenschaft
- Einrichtung von dem obersten Bundesgericht nachgeordneten Gerichten
- Kriegserklärungen
- Ahndung von Seeräuberei
- Aufbau und Unterhalt von Armeen und Kriegsflotten
- Erlass aller der Umsetzung der vorgenannten Zwecke dienlichen Gesetze

---

79 Verfassung der Vereinigten Staaten von Amerika, Artikel VI, *s.o.* Fn. 64.
80 Verfassung der Vereinigten Staaten von Amerika, Zusatz X, *s.o.* Fn. 64.

Kirk W. Junker

69 Alle Kompetenzen, die in dieser Liste nicht genannt werden, verbleiben bei den Einzelstaaten, es sei denn, die Bundesgerichte finden in anderen Teilen der Verfassung „implizierte" Kompetenzen, was insbesondere hinsichtlich des letzten Punkts der Liste möglich ist, die es dem US-Kongress erlaubt, alle **zweckdienlichen** [*necessary and proper*] Gesetze zu erlassen. Die US-Verfassung teilt damit die Entscheidungsmacht des Einzelstaates zwischen rechtsetzender, rechtsprechender und rechtsvollziehender Gewalt auf und regelt gleichzeitig, wie diese Kompetenzen zwischen Bund und Einzelstaaten aufgeteilt sein sollen. Im Vergleich zu vielen anderen Staaten, ist die föderale Struktur der USA im Hinblick auf die hohe Anzahl und Art der Kompetenzen bemerkenswert, die den Einzelstaaten vorbehalten bleiben (wie beispielsweise die Kompetenz, gemeinsame Straftatbestände zu formulieren, durchzusetzen und über sie zu urteilen). Zugleich teilt die US-Verfassung die staatlichen Funktionen anhand der dreiteiligen Gewaltenteilung von Montesquieu. Anders als kommunale Untereinheiten die Verwaltungsstruktur in vielen anderen Ländern kennzeichnen, sind die fünfzig Einzelstaaten der USA ausdrücklich *nicht* nur verwaltungstechnische Untereinheiten des Bundes. Der Name allein beweist dies: Sie sind „**Staaten**" [*states*], wie alle anderen unabhängigen, souveränen Einheiten der Welt auch. Ein weiteres Beispiel ihrer Unabhängigkeit ist die Tatsache, dass Juristen, die **juristische Anwaltsexamen** [*bar examination*], also die Prüfung zur Zulassung als Anwalt bestehen, lediglich zur Anwendung des Rechts desjenigen Einzelstaates zugelassen sind, in dem sie geprüft wurden.

2. Wahl des anwendbaren Rechts

70 Um als praktizierender Jurist den US-Föderalismus zu verstehen, muss man weiter gehen als die Rechtsetzung und sich mit der Auswahl des anwendbaren Rechts auseinandersetzen. Kommt es zu einem Rechtsstreit, hat man die Wahl diesen in einer von 51 verschiedenen Gerichtsbarkeiten beilegen zu lassen. Die Wahl des Gerichtsstands ist durch die sachliche und die personale Zuständigkeit des Gerichts eingeschränkt, die ebenso in Kapitel 2 über das Zivilprozessrecht auf Bundesebene von Steven Baicker-McKee in diesem Handbuch erläutert wird. Um diese gerichtliche Wahlmöglichkeiten zu verstehen, ist es nicht nur erforderlich, sich mit der US-Verfassung selbst auseinanderzusetzen, sondern auch mit dem Fallrecht, das zur Auslegung des Verfassungstextes herangezogen wird. Im Einklang mit den oben angeführten Argumenten über die Wichtigkeit der Einzelstaaten und ihre Rechtsetzungskompetenzen steht ihnen auch die Gerichtsbarkeit über die Streitgegenstände und Personen innerhalb ihrer Grenzen zu.

Kirk W. Junker

Praxistipp

Statistiken zeigen, dass 98% der Streitbeilegungen in den einzelstaatlichen Gerichten, nicht in den Bundesgerichten durchgeführt wird.[81] Die Gerichte der Einzelstaaten wenden ihre eigenen Verfassungen, Gesetze, Richtlinien und verbindlichen Entscheidungen an. Daneben müssen diese Gerichte jedoch auch die US-Verfassung anwenden.

Trotzdem gilt, dass ein Konflikt, der unter eine in Artikel I Abschnitt 8 geregelten **71** Bundeskompetenz fällt, als sogenannte *"Federal Question"* vor einem Bundesgericht entschieden werden *muss*. Im Vergleich zu Konflikten, die in den Gerichten der Einzelstaaten entschieden werden, stellen die bundesgerichtlichen Streitigkeiten eine deutliche Minderheit dar. Jenseits der ausschließlichen Zuständigkeit der Gerichte des Bundes oder der Einzelstaaten besteht noch eine dritte Kategorie von Fällen, in denen es *möglich* ist, den Konflikt vor ein Bundesgericht zu bringen. Diese dritte Kategorie darf nicht mit der Rechtsetzungskompetenz verwechselt werden, denn es geht dabei um die Gerichtsbarkeit über einen konkreten Streit und nicht etwa um die Ermächtigung Recht zu setzen. Die dritte Kategorie ist verfügbar, wenn die Konfliktparteien sich aus Bürgern mehrerer Einzelstaaten zusammensetzen, oder **wenn eine oder mehrere der Prozessparteien aus dem Ausland kommt** [*diversity of citizenship*]. Artikel III Abschnitt 2 der US-Verfassung erlaubt es in solchen Fällen, die Klage vor den Bundesgerichten anzuhören und den Fall beizulegen. Wiederum wird hier die starke Kompetenz der Einzelstaaten deutlich, da ursprünglich die Angst bestand, dass der Richter eines einzelstaatlichen Gerichts zum Vorteil einer Partei aus dem eigenen Bundesstaat voreingenommen sein könnte.

Dennoch sollte man im Hinterkopf behalten, dass die Zuständigkeit der Bun- **72** desgerichte bei Prozessparteien, die aus verschiedenen Einzelstaaten kommen, lediglich eine Wahlmöglichkeit des Klägers darstellt und nicht etwa eine zwingende Regel. Dieselbe Klägerpartei könnte auch vor dem Gericht desjenigen Einzelstaates die Klage erheben, in dem die Verletzung begangen wurde oder dort, wo der Beklagte seinen Wohnsitz hat. Angesichts dieser Wahlmöglichkeit stellt sich die Frage, aufgrund welcher Erwägungen eine Klägerpartei die Entscheidung trifft, vor welchem Gericht geklagt werden soll – vor den Bundesgerichten oder dem Gericht eines Einzelstaates? Falls Letzteres der Fall ist, in welchem Einzelstaat? Die Antwort wird durch die anwendbaren Rechtsquellen des einzelstaatlichen Rechts selbst beantwortet. Diese haben die Kompetenz auf vielen Gebieten selbst legislativ tätig zu werden. Innerhalb dieser Kompetenz steht ihnen auch die Freiheit zu, Regelungen zu treffen, die von dem Recht anderer Einzelstaaten abweichen, oder ihm entgegenstehen. Dies gilt jedoch nur vorbehaltlich der Grenzen der eigenen sowie der US-

---

81 *Siehe* Brian J. Ostrom, Shauna M. Strickland and Paula L. Hannaford-Agor "Examining Trial Trends in the State Courts" 1 *J. Empirical Legal Stud.* 755 (2004)).

Kirk W. Junker

Verfassung. Die Tatsache, dass viele Einzelstaaten tatsächlich unterschiedliche Gesetze erlassen, führt dazu, dass es teilweise vorteilhaft sein kann, die Gerichtsbarkeit in einem bestimmten Bundesstaat wegen seiner materiellen oder prozessrechtlichen Vorschriften oder einfach wegen seiner örtlich günstigen Lage in Anspruch zu nehmen.[82]

73   Wenn die Klägerpartei sich dazu entscheidet, den Gerichtsstand aufgrund der vorteilhaften rechtlichen Regelungen, die sich sowohl aufgrund des geschriebenen Rechts als auch – was oftmals in Deliktsfällen der Fall ist – aus der ständigen Rechtsprechung ergeben können, nennt man diesen Prozess *forum shopping*. Sobald die Klägerseite sich für einen vorteilhaften Gerichtsstandort oder eine gerichtliche Ebene (Einzelstaat oder Bund) entschieden hat, bleiben dem Beklagten noch weitere strategische Züge. Er kann in **Vielfaltsgerichtsbarkeit** [*diversity of citizenship*]-Fällen aus denselben Gründen, die dem Kläger die Klage vor einem Bundesgericht erlauben (nämlich Vermeidung der Voreingenommenheit), **beantragen** [*remove*], dass ein vor einem einzelstaatlichen Gericht angestrengter Fall vor ein Bundesgericht verwiesen wird.[83]

74   Ein Verfahren wegen **Vielfaltsgerichtsbarkeit** kann vor einem Bundesgericht landen, auf das weder das einzelstaatliche Recht anwendbar ist, noch ein passender Präzedenzfall. Im 21. Jahrhundert gibt es nur noch relativ wenige Rechtsgebiete, die weder durch die Legislative noch durch die Gerichte geregelt wurden. Trotzdem ist dies theoretisch möglich. Wenn es passieren sollte, wird sich die Frage stellen, welche Rechtsvorschrift das Gericht anwenden sollte. In einer dieser seltenen Situationen würde man den Entscheidungsprozess der Bundesrichter in der *Common Law*-Kultur tatsächlich ver*folgen können*. In der berühmten *Erie Railroad Co. v. Tompkins-Entscheidung* urteilte der Oberste Gerichtshof, dass es trotz früherer Präzedenzrechtsprechung oder Dogmatik kein generell anwendbares *Common Law* auf Bundesebene gibt. Wenn kein einzelstaatliches Gesetz in einem Fall anwendbar ist, muss das Fallrecht der Einzelstaaten angewandt werden, aber ein Bundesgericht kann keinesfalls beanspruchen, dass es eine unabhängige Kompetenz hat, mit Bundesrecht „Lücken zu füllen", wo die Einzelstaaten keine Gesetze erlassen haben.

3. Föderalismus und das Verhältnis der Einzelstaaten zueinander

75 Historisch galt zwischen zwei souveränen Staaten, dass ein Beklagter, der von den Gerichten eines anderen Staates zu Schadensersatzzahlungen verpflichtet wurde,

---

82 Die Gerichtsbarkeit wegen der günstigen Lage des Gerichtsstandorts [*venue*] würde den Umfang dieser Abhandlung sprengen.
83 Es ist allerdings anzumerken, dass die Verweisung an die Bundesgericht nur einfachgesetzlich in 28 USC § 1441 ff. geregelt ist, während die Möglichkeit des Zugriffs auf Bundesgerichten wegen Vielfaltsgerichtsbarkeit in der Verfassung geregelt ist.

Kirk W. Junker

die Zahlungspflicht umgehen konnte, wenn er sich außerhalb des Staatsgebietes, in dem sich das Gericht befand, aufhielt. Angesichts des hohen Stellenwerts, welcher der Souveränität der Staaten zugemessen wird, stellt dies ein echtes Problem dar, sofern die Staaten nicht untereinander eine ausdrückliche Abmachung getroffen haben, dass sie Gerichtsurteile des jeweils anderen anerkennen und sie wechselseitig auch durchsetzen würden. Die gleiche Situation wäre zwischen zwei US-Bundesstaaten anwendbar, da jeder Einzelstaat sein eigenes materielles und prozessuales Recht erlassen kann (s. o.) und auch seine eigene Gerichtsbarkeit über dieses Recht ausüben kann. Allerdings enthält die US-Verfassung anwendbare Regeln, sodass die Durchsetzbarkeit der Entscheidungen eines fremden Gerichtsurteils nicht von individuellen Vertragsschlüssen abhängig ist. Artikel IV, Abschnitt 2, Satz 1 bestimmt: „Die Bürger eines jeden Einzelstaates genießen alle Vorrechte und Freiheiten der Bürger anderer Einzelstaaten."[84] Diese Verfassungsvorschrift wird grundsätzlich so verstanden, dass sie verbietet, den Bürger eines anderen Einzelstaates der USA diskriminierend zu behandeln, ebenso wie ein Diskriminierungsverbot auch in der EU besteht. Weiterhin sieht Artikel IV, Abschnitt 1 der US-Verfassung das Folgende vor: „Gesetze, Urkunden und gerichtliche Verfahren jedes Einzelstaates genießen in jedem anderen Einzelstaat volle Würdigung und Anerkennung. Der US-Kongress kann durch allgemeine Gesetzgebung bestimmen, in welcher Form der Nachweis derartiger Gesetze, Urkunden und gerichtlicher Verfahren zu führen ist und welche Geltung ihnen zukommt."[85] Wenn also das Gericht eines Einzelstaates ein Urteil erlassen hat, muss dies durch die Exekutive aller anderen Einzelstaaten berücksichtigt werden.

Beispiel

Wenn ein privatrechtlicher Streit in Bundesstaat A zugunsten des Klägers entschieden wird und das Vermögen des Beklagten sich in Bundesstaat B befindet, müsste Bundesstaat B dem Urteil des Gerichtes in Bundesstaat A nachkommen und die Vollstreckung des Urteils erleichtern. Dies mag zwar aufwändig scheinen und wäre in einem zentralistischen Staat nicht vonnöten. In einem Bund von unabhängigen Bundesstaaten wie den USA hingegen ist es erforderlich, dass die bindende Natur dieser rechtlich begründeten Verantwortung ausdrücklich formuliert wird. Insbesondere um die Freizügigkeit der Bürger zwischen den Bundesstaaten zu erleichtern ist ein gewisser rechtlicher Schutz erforderlich. Hier besteht wiederum eine Ähnlichkeit zur Europäischen Union, in der durch die Grundfreiheiten eine ähnliche Freiheit von internen Grenzen angestrebt wird.

---

84 Verfassung der Vereinigten Staaten von Amerika, Artikel IV, Abschnitt 2, Absatz 1, *s. o.* Fn. 64.
85 Verfassung der Vereinigten Staaten von Amerika, Artikel IV, Abschnitt 1, *s. o.* Fn. 64.

Kirk W. Junker

IV. Anwaltskosten

76 Es bestehen zwei wesentliche Unterschiede zwischen dem Umgang mit Anwaltskosten in den USA und Deutschland. Wie auch deutsche Anwälte kann ein US-Anwalt einen Stundensatz vereinbaren oder einen Festpreis ansetzen. Zusätzlich bestehen in den Vereinigten Staaten jedoch auch sogenannte *"contingency fees,"* also Gebühren, die nur anfallen, wenn die Klage Erfolg hat. Dies gilt nicht in straf- oder familiengerichtlichen Verfahren. Der Vorteil dieses Systems ist es, dass der Kläger nur dann seine Anwaltskosten zahlen muss, wenn ihm Schadensersatzansprüche zugesprochen werden. Dies ermöglicht es Klägern, trotz möglicherweise begrenzter Mittel angemessenen Rechtsschutz in Anspruch zu nehmen, sofern ihre Klagen erfolgversprechend sind. Teilweise ist das System sogar erforderlich, weil der andere wesentliche Unterschied im US-System darin besteht, dass jede Prozesspartei in den USA ihre eigenen Anwaltskosten übernehmen muss, unabhängig davon, ob sie Kläger oder Beklagter ist oder ob sie das Verfahren gewinnt oder verliert. Vereinzelt sehen Gesetze, einschließlich umweltrechtlicher Verwaltungsakte,[86] sowie Bürger- oder Kündigungsschutzrechte vor, dass die obsiegende Partei ihre Auslagen vom Gegner geltend machen kann.

V. Das Verfahren

77 Trotz der anscheinend gängigen Vorstellung des Rechtsstreits im *Common Law*, die durch Filme und Fernsehen geprägt wird, wird das, was US-Juristen als *"trial"* bezeichnen, scheinbar außerhalb der USA nicht in seiner Vollständigkeit verstanden, selbst von Kollegen nicht. Der Richter David Edwards formuliert es treffend so:

> Die Technik der kontinentaleuropäischen Rechtssysteme erfüllt den Archetyp des „gerichtlichen" insoweit, als dass sie einen professionellen Anwalt voraussetzt, der die Regeln und Methoden des Rechts auf eine wissenschaftliche Art und Weise zur Lösung eines Problems anwendet, das die Parteien vor den Richter bringen. Dies ist natürlich ein Unterschied zu den Methoden, die in einem Schwurgerichtsprozess angewendet werden, das auf die Fähigkeit der einfachen Leute angewiesen ist, „falsche Aussagen zu erkennen oder die Wahrheit sicher zu erkennen" und die Tatsachenfeststellungen als nötige und logische Vorstufe der Anwendung des Rechts behandelt. Es ist sinnlos, in den Zivilprozessordnungen von Frankreich, Deutschland oder Italien Anhaltspunkte nach etwas zu suchen, was in irgendeiner Weise mit dem Verfahren im Sinne des Common Law vergleichbar ist, da für eine solche Vorgehensweise weder Raum noch ein Bedürfnis besteht.[87]

---

86 *Siehe z. B. den bundesgesetzlichen* Clean Water Act, § 505(d), 33 USC § 1365 *oder* Section 601(c), Pennsylvania Clean Streams Law, 35 Pa Stat § 691.601(c).
87 David Edwards, "Fact-Finding: A British Perspective," in *The Option of Litigating in Europe*. Eds. D.L. Carey Miller and Paul R. Beaumont. London: United Kingdom Committee of Comparative Law, 1993. 54 (zit. in Lever, *oben* 19 S. 296–7).

Kirk W. Junker

Diese Beschreibung von Edwards ist aussagekräftiger als die Behauptung, dass kon- **78** tinentaleuropäische Rechtssysteme auf geschriebenem Recht als Rechtsquellen beruhen, während das *Common Law* auf Präzedenzfällen beruht. Zunächst sollte man sich vergegenwärtigen, dass wir die Beschreibung eines Richters, und nicht die eines Rechtswissenschaftlers lesen. Zweitens beschreibt Edwards, wie die Methode des Zivilprozesses im *Common Law* sich weit mehr an der Wahrnehmung der Tatsachen von „einfachen Leuten" orientiert, als an der Auslegung eines ausgebildeten Juristen. Viele Elemente des Verfahrens im *Common Law* sind dazu bestimmt, die Fakten eines in der Vergangenheit liegenden Geschehens zu rekonstruieren, um dann auszuwerten, was diese Tatsachen oder Narrative in der Gegenwart für eine Bedeutung haben. Es beruht also eher auf Empirismus als auf Rationalismus; dies gilt für große Teile des anglo-amerikanischen Gedankenguts.[88] Der dritte und letzte Punkt von Edwards ist der Schwerpunkt auf dem Wort „**Prozess**" [*trial*].

1. Der Prozess

Wenn ein Jurist aus einem kontinentaleuropäischen Rechtssystem einen Begriff aus **79** seinem Kulturkreis mit *"trial"* oder *"litigation"* übersetzt, ist in der Regel ein Konzept gemeint, das sich sehr von der Vorstellung von *"trial"* oder *"litigation"* eines Juristen aus einem *Common Law* System unterscheidet. Die Funktionsweise des bundesgerichtlichen Zivilprozesses wird in Kapitel 2 von Steven Baicker-McKee in diesem Handbuch erläutert. Die Bedeutung des Wortes *"Trial"* im Englischen hat heute immer noch eine historische Note. „Im Mittelalter, und schon vor der Eroberung [Englands im Jahre 1066] war eine verbreitete Methode der Tatsachenerhebung in privatrechtlichen Fällen der ‚Wager of Law'."[89] Das Verfahren als Streit der Parteien wurde erst von den Normannen eingeführt und in zwei Arten von Verfahren angewandt: dem Vorwurf eines Verbrechens durch Privatpersonen und Streitigkeiten über das Eigentum von Ländereien.[90] Schlussendlich wurden Geschworene sowohl in Straf- als auch Zivilgerichtsverfahren etabliert.[91] US-Juristen meinen diese Art von Verhandlung, wenn sie von *"**litigation**"* sprechen. Sie hat den Charakter eines kontradiktorischen Verfahrens, aus dem ein Gewinner und ein Verlierer hervorgehen. Diese Gewinner und Verlierer werden von ihren Anwälten verteidigt, aber nicht mit Waffen, sondern dem materiellen Recht, den Prozessvorschriften und allen Überzeugungsmitteln, die ihnen zur Verfügung stehen. Die an Krieg oder Sport

---

88 Mark C. Suchman und Elizabeth Mertz, "A New Legal Empiricism? Assessing ELS and NLR," 6 Ann. Rev. of Law and Social Science, 561 (2010).
89 *Anm. d. Übers.* Eine Art Schwur, den eine Prozesspartei von 11 oder 12 anderen Personen auf ihre Unschuld schwören ließ; Kempin, *s.o.* (1990) S. 49.
90 Kempin, *s.o.* (1990) S. 51.
91 Kempin, *s.o.* (1990) S. 49.

angelehnte Metaphorik rückt dabei das Konzept der „Gerechtigkeit" häufig als Theorie eher in den Hintergrund.

80   Um ein besseres Verständnis des Verfahrensbegriffes im Englischen zu bekommen, ist erneut auf die Relevanz der Geschworenen im *Common Law* einzugehen. Stephen Goldstein geht sogar so weit, zu behaupten, dass die Erklärung für die außergewöhnliche Natur des Verfahrens im *Common Law* aus seiner Sicht „die Verwendung – zumindest historisch gesehen – der Geschworenen in Common Law-Verhandlungen"[92] ist. Der Zusammenhang zwischen dem Schwurgerichtssystem und dem besonderen Verfahren im *Common Law* wurde von mehreren Rechtswissenschaftlern festgestellt. Gleichwohl betont die Literatur insgesamt nicht hinreichend, dass das Verfahren in der Form, in der wir es kennen, eine unmittelbare Folge des Schwurgerichtssystems ist. Ohne Geschworene gäbe es im *Common Law* kein solches Verfahren.

81   Neigen die Menschen in den Vereinigten Staaten eher dazu Gerichtsverfahren anzustrengen, als in Deutschland? Sind sie **verfahrensgeneigter** [*litigious*] als die Deutschen? Leider gibt es weit mehr Meinungen und schwache Argumente als tatsächliche Einsichten oder Informationen zur Beantwortung dieser Frage.[93] Das bloße Zählen der Richter oder Anwälte pro Kopf (wie es einige Studien und viel zu viele Blogs und Akteure in den sozialen Medien tun) weist nicht darauf hin, dass eine Gesellschaft mehr zum Anstrengen von Gerichtsverfahren neigt. Verfahrensgeneigtheit kann nicht nur durch bloße Zahlen beschrieben werden. Sie stellt vielmehr eine Haltung oder Einstellung dar, was eine genaue Messung besonders schwierig, wenn nicht sogar unmöglich macht. Diese Haltung kann beispielsweise beobachtet werden, wenn ein Bürger mit dem Verhalten eines anderen unzufrieden ist. In diesen Situationen äußert eine Seite schnell das obligatorische „Ich verklage Sie!", was schon mehr über das Klageverhalten einer Gesellschaft sagt. Anscheinend wird mit dem Vorwurf der Verfahrensgeneigtheit oft impliziert, dass eine bestimmte Gruppe die bundesstaatliche Gerichtsbarkeit *zu oft* in Anspruch nimmt. Aber was bedeutet *zu oft*? Die Antwort auf diese Frage zu finden, könnte zur Erkenntnis führen. Die oft gehörte Beschwerde, es gäbe zu viele Anwälte, hilft da nicht weiter. Dies ist kein neues Phänomen. Schon in seinem antiken Theaterstück „Die Wespen" rügte Aristophanes die Athener dafür, dass sie die Gerichte zu oft in Anspruch nahmen und Gerichtsverfahren als Zeitvertreib nutzten. Während der Renaissance beschwerten sich die Bewohner von Nottingham, dass es in England zu viele Anwälte gäbe. Im *Common Law*, dessen Methode kulturell zu einem *laissez-faire* und nicht etwa zu

---

92 Stephen Goldstein (zit. in Jeremy Lever, in "Why Procedure is More Important than Substantive Law," 48 *Int'l & Comp. L. Q.* 285, 295 (April 1999)).
93 *Siehe* J. Mark Ramsmeyer and Eric B. Rasmusen, "Comparative Litigation Rates," Harvard Discussion Paper 681, (Harvard Law School: 2011).

Kirk W. Junker

Planung, Verwaltung und Sicherheit tendiert, wird öfter einfach abgewartet, ob Konflikte entstehen. Daher könnte man generell erwarten, dass mehr Streitbeilegung erforderlich wäre. Und ist ein Vergleich überhaupt von Nutzen, wenn das eine Rechtssystem auf einer solchen kulturellen Grundhaltung fußt und das andere auf einer gänzlich verschiedenen?

Darüber hinaus ist die Natur der Statistiken, welche die Verfahrensgeneigtheit **82** einer Gesellschaft abbilden, fragwürdig. Zählt es bereits als ein Verfahrensschritt, wenn mein Anwalt Ihren Anwalt anruft, um sich über ein Problem auszutauschen? Muss ein Streit erst vor Gericht gehen? Was ist, wenn der Konflikt durch einen Vergleich oder eine Parteivereinbarung beigelegt wird, bevor das Hauptverfahren beginnt? Aus den verfügbaren Daten lassen sich schwerlich vernünftige Schlüsse zur „Prozessgeneigtheit" ziehen.

Vorgerichtliche Verfahrensschritte wie das **Offenlegungsverfahren** [*discovery*], **83** die Parteivorbringen und Anträge dienen dazu die Stärken und Schwächen der jeweiligen Positionen herauszuarbeiten und die Parteien letztendlich zur Beilegung des Rechtsstreits zu bewegen. Die Einzelheiten werden in Kapitel 2 dargestellt. In der Konsequenz führt das dazu, dass relativ wenige Verfahren die Stufe der Gerichtsverhandlung erreichen. Der Prozessvergleich ist hierbei nur eine von mehreren Optionen der Konfliktlösung – die Parteien können sich ebenso gut für Alternativen wie beispielsweise die Mediation oder eine Schiedsgerichtsverhandlung entscheiden. Die Gesamtheit der Methoden der alternativen Streitbeilegung wird als *Alternative Dispute Resolution* (*ADR*) bezeichnet.

Diese alternativen Verfahren, insbesondere die außergerichtliche Verhandlung, **84** werden sehr viel häufiger in Anspruch genommen. Selbst Konflikte zwischen Anwälten werden öfter auf diese Weise statt vor Gericht beigelegt.[94] Angesichts der vielfältigen Alternativen zum Gerichtsverfahren, von denen einige durchaus recht informell sind, ist es beinahe unmöglich, festzustellen, wie häufig alternative Konfliktlösungsmethoden in Anspruch genommen werden. Nichtsdestotrotz ist klar, dass die Vorteile der alternativen Konfliktlösungsmethoden sogar von den Gerichten selbst anerkannt und geschätzt werden. Daher wurden in einem vergangenen Referenzjahr von fast zwei Dritteln (63 von 94) der **Bundesgerichte der ersten Instanz** [*Federal District Courts*] auch alternative Konfliktlösungsmethoden formell angeboten. Auf der **Ebene der Bundesrevisionsinstanz** [*Federal Circuit Courts of Appeal*] haben alle dreizehn Bundesgerichte Mediations- oder Konfliktbeilegungsprogramme etabliert.[95] Die **Mediation** (auch teilweise als Vergleichsverhandlungen

---

94 Stephen J. Ware, *Principles of Alternative Dispute Resolution, West Academic Publishing, 2007.* § 1.5.
95 Mediation & Conference Programs in the Federal Courts of Appeals, https://bulk.resource.org/ courts.gov/fjc/medicon2.pdf zuletzt besucht am 21. Mai 2015.

Kirk W. Junker

bezeichnet) ist ausdrücklicher Bestandteil der Prozessvorschrift zur Verständigung im Vorverfahren [*"pretrial conferences"*] in der Regelung 16 der **Bundeszivilprozessordnung** [*Federal Rule of Civil Procedure*].

85   Die Mediation ist eine Beratung der Parteien mit einem neutralen Dritten, dem Mediator. Sie ist auf die Beilegung des Konflikts gerichtet und soll helfen, die Zeit und die Kosten eines Gerichtsstreits zu ersparen. **Schiedsgerichtsverfahren** [*arbitration*] hingegen werden vertraglich von den Parteien vereinbart und können rechtsverbindlich sein: daher wird die Entscheidung der Schiedsrichter sehr wahrscheinlich von allen Gerichten durchgesetzt. Die Schiedsgerichtsbarkeit wird eingehend von Katherine Simpson in Kapitel 4 dieses Handbuchs erörtert.

86   Die außergerichtliche Konfliktbeilegung ist am weitesten im Handels- (Kapiteln 6 und 7 dieses Handbuchs), Familien, Arbeits- (Kapitel 8 dieses Handbuchs), Insolvenz-, Zwangsvollstreckungsrecht und **Rentenrecht** [*elder Law*] verbreitet. Im Handelsrecht werden am häufigsten Fälle durch Mediation entschieden: Im Revisionsgericht des dritten *circuits* werden beispielsweise fast alle Fälle für das Mediationsprogramm zugelassen. Ausnahmen stellen Anträge durch Strafgefangene, Ursprungsverfahren, sowie solche Verfahren dar, in denen die Parteien nicht von Anwälten vertreten sind, oder bei denen der Verfahrensgegenstand das **Sozialversicherungsrecht** [*social security law*], Einwanderung (Kapitel 13 dieses Handbuchs) oder Staublungen betrifft.[96] Da das Familienrecht der Zuständigkeit der Einzelstaaten unterliegt, kann sich die Anwendbarkeit der Mediation von Bundesstaat zu Bundesstaat unterscheiden, aber oftmals werden vom Gericht ernannte **Vorsteher** [*masters*] und **Friedensrichter** [*magistrates*] vorgeschlagen, um familienrechtliche Fälle zu beschleunigen. Die alternativen Konfliktlösungsmethoden bieten den Parteien auch die Möglichkeit, dem Mediator ihre persönlichen Gefühle mitzuteilen; dies kann insbesondere für die Lösung von oftmals emotionsgeladenen arbeitsrechtlichen oder rentenrechtlichen Fällen hilfreich sein, bei denen die Parteien öfter dazu bereit sind, sich außerhalb eines Gerichtssaals zu einigen.

87   Während die Mediation im Handels-, Arbeits-, Insolvenz-, Zwangsvollstreckungs- und Rentenrecht verbreitet ist, kommt ihr auch im Strafrecht eine begrenzte Bedeutung zu. Ihr Ziel ist es, zumindest im Privatrecht, Fälle durch eine vereinfachte Verhandlungssituation zu lösen, dynamischere Lösungsmöglichkeiten zu erreichen, gerichtliche Ressourcen zu sparen und die Fallverwaltungssysteme zu entlasten. Im Strafrecht existiert formale Mediation hauptsächlich in Form des **Täter-Opfer-Ausgleichs**.[97] Wie der Prozess der Wahrheitsfindung und Versöhnung, der durch seine Anwendung in Südafrika weltweite Bekanntheit erlangt hat, kann das Opfer durch

---

96 Robert J. Niemic, Mediation & Conference Programs in the Federal Courts of Appeals (2. Aufl. 2006).

97 Jack Hanna, "Mediation in Criminal Matters," 15 *Disp. Resol. Mag.* 4, 5 (2008).

Kirk W. Junker

diese Art der Mediation aktiv in seinem eigenen Interesse an der Konfliktlösung teilnehmen, statt lediglich als Zeuge in der staatlichen Strafverfolgung aufzutreten. Diese Mediation erlaubt es den Opfern, in einen Dialog mit den Tätern zu treten und vermittelt somit den Parteien eine gewisse Sicherheit, indem sie sie dabei unterstützt, einen Versöhnungsplan zu entwickeln. Obwohl diese Programme den Opfern eine wesentliche Erleichterung und die Möglichkeit des inneren Abschließens mit dem Strafverfahren ermöglichen, werden sie teilweise getrennt von anderen Formen der alternativen Konfliktlösung betrachtet, da sie im Strafrecht Anwendung finden.[98]

2. Der Rechtsanwalt

Um ein Gefühl für die Anwendung des *Common Laws* zu bekommen, insbesondere **88** für die Unterschiede zu einem kontinentaleuropäischen Rechtssystem, sollte man im Kopf behalten, dass der Schwerpunkt der Anwaltstätigkeit im *Common Law* auf der Vertretung der Partei liegt, obwohl der **Anwalt** [*advocate*] gleichzeitig auch dem Gericht verpflichtet bleibt. Die praktischen Anforderungen und Einschränkungen der Anwaltstätigkeit werden in Kapitel 3 über das Verfassen prozessualer Schriftsätze von Heidi Brown in diesem Handbuch anschaulich dargestellt, in dem sie die verschiedenen Kommunikationswege zwischen den Anwälten und dem Gericht analysiert. Jura-Studierende in den Vereinigten Staaten wird in der Ausbildung viel aus der Perspektive des Anwalts, und nicht etwa der des Richters, beigebracht. Sie lernen, dass es zu jedem Fall, der es vor ein Gericht geschafft hat, mindestens zwei Ansichten gibt, und es wird erwartet, dass sie in der Lage sind, beide Positionen einzunehmen und gegebenenfalls auch auf die Interessen Dritter einzugehen.[99]

Der Anwalt stellt in der Kultur des *Common Law* eine sehr wichtige Institution **89** dar. Die Tatsache, dass ein Jurist im *Common Law* mit Blick auf die Anwaltstätigkeit ausgebildet wird, macht ihn zu einer anderen Art des Anwalts als dem im herkömmlichen Sinne gemeinten Organ der Rechtspflege. Anwalt zu sein, bedeutet nicht mit wilden Gesten theatralisch zu argumentieren, wie man es aus Filmen oder dem Fernsehen kennt. Es meint eher, dass ein Anwalt die Entscheidung eines Mandanten, einen Prozess zu führen im Lichte der **Rechtsanwaltsordnung** [*Code of Professional Responsibility*], dem für die Anwaltszulassung in den USA maßgeblichem Regelwerk, zu akzeptieren hat, solange dessen Position rechtlich vertretbar ist. Das

---

98 *Siehe grds.* Jennifer Gerarda Brown, "The Use of Mediation to Resolve Criminal Cases: A Procedural Critique," 43 *Emory L. J.* 1247, 1283 (1994).
99 Lon L. Fuller und John D. Randall: "Professional Responsibility: Report of the Joint Conference," Joint Report to the American Bar Association, 44 *ABAJ* 1159 (1958).

Kirk W. Junker

bedeutet, dass der Anwalt die Position des Mandanten einnehmen muss, selbst wenn er sie nicht selbst teilt, und seinen Mandanten mit all seiner Energie und seinen Fähigkeiten zu unterstützen hat. In allen Rechtssystemen, die auf dem **Verhandlungsgrundsatz** [*adversarial system*] beruhen, werden Anwälte, selbst wenn sie nicht regelmäßig vor Gericht stehen, stets von dem Gedanken geleitet, wie sich ihre Handlungen vor Gericht gegenüber einer Gegenpartei auswirken. Dies gilt auch, wenn ihre Arbeit hauptsächlich aus Eigentumsübertragungen, Durchführung von Rechtsgeschäften oder der Erstellung von Testamenten besteht. Die Ausbildung zum Anwalt umfasst das Verfassen von Schriftsätzen, Kurse in Verfahrensführung, dem Einlegen von Rechtsmitteln sowie Verhandlungstrainings im Rahmen von *moot courts* und Übungen in der Herleitung substantiell begründeter Rechtsansichten. Die Anforderungen an anwaltliche Schriftsätze im Prozess werden näher in Kapitel 3 von Heidi Brown erläutert. US-Juristen werden bereits in ihrer Ausbildung mit der anwaltlichen Perspektive vertraut gemacht. Die tägliche Routine eines US-Jurastudenten war historisch vom Lesen unzähliger Gerichtsentscheidungen geprägt, um auf Vorlesungen und Frageerunden vorbereitet zu sein. Frontalvorträge wurden von der akademischen Gemeinschaft verpönt und von der **amerikanischen Anwaltskammer** [*American Bar Association*], welche die Ausbildungsmaßstäbe setzte, als unzureichend betrachtet. „Das Recht" zu studieren bedeutet, Fälle zu lesen und die Sachverhalte und Irrtümer in den einander widerstreitenden Parteivorbringen zu erkennen. Die Ausbildung ist also nicht darauf gerichtet, eine einzige richtige Antwort zu finden, sondern darauf, die Möglichkeit mehrerer gültiger Antworten anzuerkennen und die Argumentationen nachzuvollziehen.

90   1919 schrieb Oliver Wendell Holmes in einer abweichenden Meinung in dem Fall *Abrams v. United States*: „das wahrlich Gute kann besser durch den freien Austausch von Ideen erreicht werden [...] und die beste Prüfung der Wahrheit ist die Kraft der Gedanken, sich selbst am Wettbewerb der Ideen auf dem Markt zu messen."[100] Dieser freie Austausch der Gedanken enthält auch eine bestimmte Ansichtsweise gegenüber rechtlichen Problemen – nämlich die, dass Gerechtigkeit nicht allein eine Lösung liefert, sondern auf einer Einzelfallerwägung beruhend im Rahmen des Voraussehbaren erwogen werden muss. Eine Generation später schrieb der Rechtsphilosoph Lon Fuller, dass die Idee hinter der Rolle des Anwalts ist, dass das Gericht die nützlichsten Beweismittel und die besten Rechtsansichten dann erhält, wenn die Parteien mit der Hilfe ihrer Rechtsbeistände die Beweise selbst und ohne Anweisung durch das Gericht erbringen und so präsentieren, dass sie ihnen innerhalb der Beweiserhebungs- und Prozessregeln sowie ihrer beruflichen Verantwortung am meisten zu Gunsten kommen.[101]

---

100 *Abrams v. United States*, 250 U.S. 616, 630 (1919).
101 Lon L. Fuller und John D. Randall: "Professional Responsibility: Report of the Joint Conference," Joint Report to the American Bar Association, 44 *ABAJ* 1159 (1958).

Kirk W. Junker

Die Vorlage der Beweise durch den Anwalt führt uns zur nächsten großen Fra- **91** ge, der Unterscheidung zwischen dem Anwalt im US-Sinne und dem *Organ der Rechtspflege*. Die oben erläuterte Anwaltstätigkeit wird innerhalb einer juristischen Kultur praktiziert, die sich um beweistechnische Probleme dreht. Selbst wenn die Unterscheidung zwischen dem *Common Law* als „Richterrecht" und „geschriebenem" kontinentaleuropäischen Recht mit der Zeit etwas verschwommen ist, bleibt die dramatische Ungleichheit der beiden Rechtssysteme im Hinblick auf Beweiserhebung nach wie vor sehr deutlich. Daher muss man sich eingehend mit der Beweiserhebung und der Abwägung der verschiedenen Beweismittel im *Common Law* auseinandersetzen, um ein wirklich fundiertes Verständnis des US-Rechtssystems zu erlangen. Von der anfänglichen Entscheidung, den Auftrag eines Mandanten anzunehmen bis zum abschließenden Urteil in der Sache gilt das US-Rechtssystem vielen als nahezu besessen von der Beweisfrage.[102] Eine weitere institutionalisierte Funktion, die für die Anwaltstätigkeit von großer Bedeutung ist, ist die des Richters.

Im Unterschied zu den meisten kontinentalen Rechtssystemen ist die Rolle des Richters im englischen Recht sehr weit. Er entscheidet sowohl im Zivil-, als auch im Verwaltungs- und Strafverfahren. Aufgrund dieser fachlichen Breite ist weithin anerkannt, dass der Richter nicht unbedingt ein detailliertes Fachwissen aller Rechtsgebiete hat. Er wird dies offen im Gerichtssaal darlegen – zur Verblüffung der anwesenden Prozessparteien aus Deutschland. Die Funktion der Anwälte wird auch darin gesehen, dem Richter das Recht zu erklären und seine Aufmerksamkeit auf die relevanten Vorschriften oder das Fallrecht zu lenken, selbst wenn das zu einer Entscheidung gegen seinen Mandanten zu führen mag.[103] Das Verfahren beruht auf dem, im Allgemeinen gerechtfertigten, Glauben, dass beide Parteien alles für ihre Seite ernsthaft Erforderliche vorbringen. Der Richter soll schnell darauf reagieren, die vorgebrachten Argumente einordnen und verstehen und möglicherweise Positionen anerkennen, die ihm neu sind.[104]

Der Einfluss der Rolle des Anwalts endet nicht vor der Gerichtsschranke im Ver- **92** handlungssaal. In den USA und dem Vereinigten Königreich werden Richterkandidaten oftmals aus praktizierenden Anwälten gewählt. Daher sind die meisten derer, die auf der Richterbank sitzen, einmal selbst Anwälte gewesen. Angesichts der Erfahrung, die zur Wahl der Kandidaten zum Richteramt erforderlich ist, ist es auch

---

102 Alle Bundesgerichte sowie die einzelnen Gerichtszüge der Teilstaaten haben jeweils eigene prozessrechtliche Vorschriften für die Beweiserhebung.
103 Die in den USA geltende Rule 3.3 der Model Rules of Professional Conduct, "Candor toward the Tribunal" fordert von den Anwälten der Parteien unter anderem, dass sie auch relevante Rechtsquellen vorträgt, welche zum Nachteil der eigenen Position wirken.
104 Sir Konrad Schiemann, "From Common Law Judge to European Judge," 4 *Europäisches Privatrecht* (ZEuP) 741–49, 745–46 (2005). Schiemann fügt hinzu: „Es ist nicht von der Hand zu weisen, dass das Gerichtsverfahren im Vereinigten Königreich hohe Anforderungen an die Anwälte stellt, und, teilweise aufgrund dessen, für die Prozessparteien recht teuer sein kann." Ebd. S. 747.

Kirk W. Junker

nötig, dass diese Person wesentlich länger als Anwalt tätig war, als sie im Rahmen ihres Richteramts als neutraler Streitschlichter auftritt.

> Die Verfahrensmethoden der englischen Rechtsprechung sind stark von der Tatsache beeinflusst worden, dass traditionell alle Revisionsrichter mehrere Jahre lang als Anwälte tätig waren und erst daraufhin zu einem Teil des ungefähr 70 Richter umfassenden High Courts ernannt zu werden – in der Regel nach einer erfolgreichen Karriere und im Alter von ungefähr 50 Jahren. Dies hat auch Auswirkungen auf den Stil der Urteile. Einige Jahre lang müssen alle Richter in der ersten Instanz als Einzelrichter arbeiten, bis sie ans Revisionsgericht berufen werden. [...] Traditionsgemäß tragen die Urteile stets eine persönliche Note, da die Richter instinktiv in ihren eigenen, von der Anwaltstätigkeit geprägten Worten ihre Entscheidungsgründe darlegen.[105]

93 Weitere von der Anwaltstätigkeit beeinflusste Erscheinungen sind die tatsachenorientierten Ausgangs- und Revisionsverfahren. Eine der Maximen des *Common Law Equity* ist ‚*ubi jus, ibi remedium*‘, was frei übersetzt so viel bedeutet wie „Kein Unrecht ohne Abhilfe.“[106] Das *Common Law* hat zu dieser Maxime hinzugefügt, dass Rechtsbehelfe nicht gewährt werden, bevor die Rechtsverletzung auch tatsächlich eingetreten ist. Diese Bedingung umfasst unter anderem, dass Richter keine Rechtsansichten zu hypothetischen Fällen abgeben können. Die US-Verfassung formalisiert diese Haltung in Artikel III, Abschnitt 2, Satz 1, der so interpretiert wurde, dass er die Entscheidungskompetenz der Bundesgerichte auf tatsächliche Fälle beschränkt. Im Sinne starker Nähe zu den Tatsachen eines Falles im *Common Law*, wäre es unmöglich für einen Richter, eine ausreichende Fülle von Informationen über einen hypothetischen Sachverhalt zu sammeln, um diesen konkret genug zu entscheiden, insbesondere als Präzedenzfall.

94   Das *Common Law*-System erfordert hinsichtlich der Rolle der Anwälte, dass die Gerichte die Prozess- und Beweiserhebungsregeln[107] streng durchsetzen, um für beide Seiten ein faires Verfahren zu garantieren. Die treibende Kraft in der US-Rechtspraxis ist immer die Frage, was passieren wird, wenn eine bestimmte Konfliktfrage es bis vor ein Gericht schafft. Dieser Sinn ist fest verankert und ein Anwalt muss die

---

105 Schiemann, *s. o.* S. 743.

106 *Siehe* James Williams, "Latin maxims in English law" in *Law Magazine and Law Review*, 4th Series, xx (1895) 283–295, (zit. in Donald F. Bond, "English Legal Maxims," 921 PMLA (51) 4, 921–935 (December, 1936)).
William erläutert laut Bond, dass einige dieser Maximen sich auf Römisches Recht zurückführen lassen, aber andere, wie beispielsweise *Ubi jus ibi remedium* und *Mobilia sequnter personam* ihren Ursprung im Englischen Recht haben. *Ubi jus ibi remedium* wird laut Bond üblicherweise frei mit „Kein Unrecht ohne Abhilfe" übersetzt.

107 Eine interessante rechtsvergleichende Studie würde die Frage untersuchen, warum die USA verschiedene Vorschriftenkataloge für die Beweiserhebung und das restliche Prozessrecht kennt, während Deutschland beides in einem Gesetz vereint.

Kirk W. Junker

formellen Voraussetzungen eines möglichen Rechtsstreits stets im Hinterkopf behalten. **Transaktionsjuristen** [*transaction lawyers*] beispielsweise sind sich stets bewusst darüber, dass sie ein Verfahren nicht verhindern können, wenn eine Transaktion problematisch wird und die andere Partei auf die Durchsetzung ihrer Rechte pocht.

VI. Recht der Schuldverhältnisse

Für den Nichtjuristen scheint es zwischen den privaten Verpflichtungen in den USA 95 und Deutschland keine nennenswerten Unterschiede zu geben. Wenn man sich auf die vorgeschriebenen Verhaltenspflichten begrenzt, können die Unterschiede selbst einem Juristen entgehen. Allerdings gibt es für praktizierende Anwälte tatsächlich zahlreiche Unterscheidungen zwischen dem US- und dem deutschen Recht sowohl im Vertragsrecht als auch im Recht der gesetzlichen Schuldverhältnisse. Dieser Abschnitt wird lediglich einige der größeren, zugrundeliegenden Unterschiede hervorheben.

1. Die Unterscheidung zwischen Vertrag und Delikt

In seiner einfachsten Art ist das, was man als deutscher Jurist unter Schuldrecht 96 versteht, im US-Recht in zwei Rechtsgebiete eingeteilt: das **Vertragsrecht** [*contracts*] und das **Recht der unerlaubten Handlungen** oder **Delikt** [*torts*]. Warum trennt das US-Recht die beiden Gebiete? Dies lässt sich eher auf historische Umstände, als auf eine rationale Begründung, zurückführen. Die Vorschriften des Deliktshaftungsrechts, einschließlich der vorsätzlichen und fahrlässigen Delikte, sind im Wesentlichen Normen, die gesellschaftlich entstanden sind. In diesem Sinne macht sie das im englischen Verständnis eher zu Strafrecht. Obwohl sie nicht mit Geld- und Gefängnisstrafen geahndet werden, führten sie ursprünglich zur Beschlagnahme von Eigentum. In diese Zeit fällt auch die Unabhängigkeit der USA von England. Diese historische Entwicklung führt bis auf die sogenannte *Felony-Merger*-Doktrin zurück, durch welche zivilrechtliche Ansprüche aus Kapitalverbrechen ausgeschlossen wurden, da das Delikt und das Kapitalverbrechen zu einer Straftat gegen die Krone verschmolzen. Die Wurzeln dieser Regel erklären auch, warum im Common Law das Schuldrecht in zwei getrennte Gebiete von Vertrags- und Delikthaftungsrecht aufgeteilt ist. In dem berühmten Fall *Moragne v. State Marine Lines, Inc.* schrieb der *Supreme Court*:

> Die historische Rechtfertigung, die in England für diese Regel angeführt wird, existierte in diesem Land nie. In einigen Ausnahmefällen wurde auch im amerikanischen Recht eine Variante der *Felony-Merger*-Doktrin übernommen, sodass ein zivilrechtliches Verfahren bis nach dem Strafverfahren aufgeschoben wurde. In diesem Land bezog die Strafverfolgung wegen Kapitalverbrechen den Verfall von Eigentum jedoch nicht ein; daher bestand auch kein Grund, selbst

Kirk W. Junker

in diesen eingeschränkten Ausnahmen nicht, einen anschließenden Zivilprozess hinauszuzögern.[108]

97 Stück für Stück wurden also das Recht der unerlaubten Handlungen und das der privaten Verpflichtungen aufgrund der Erkenntnis zusammengeführt, dass es keine Gefängnisstrafen, Exekutionen oder Geldstrafen wegen deliktischen Verstößen geben solle. Nach wie vor ist es den Ansprüchen aus unerlaubter Handlung eigen, dass sie durch gesamtgesellschaftliche Normen begründet werden, während die schuldrechtlichen Ansprüche aus Vertrag auf privatrechtliche Vereinbarungen zurückgehen.

2. Materielle Unterschiede

98 Im Folgenden ist auf einige materielle Unterschiede zwischen dem Schuldrecht der USA und Deutschland einzugehen.

a) Vertragsrecht

99 In den USA besteht, wie in den meisten westlichen Rechtsordnungen, schon seit jeher ein von der Vertragsfreiheit geprägtes Privatrecht, das verfassungsrechtlich geschützt ist. Einige Unterschiede bestehen dennoch zwischen dem US-Verständnis und dem deutschen Verständnis von Vertragsrecht. In den USA beispielsweise stellt ein Vertrag **keine moralische Verpflichtung** dar. Die deutlichste Ausprägung dessen liegt in der Frage, ob bei **Vertragsverletzung Abhilfe** gewährt wird. Enthält ein Vertrag die moralische Verpflichtung zu erfüllen, wie es in Deutschland der Fall ist, dann ist die **Erfüllung** des Vertrags die primäre Rechtsfolge. Aber in den USA enthält die Erfüllung des Vertrags keinen eigenen moralischen Wert, sodass auch direkt geldliche **Schadensersatzansprüche** geltend gemacht werden können, um die vertragstreue Partei in eine Position zu bringen, in der sie bei der hypothetischen Einhaltung des Vertrags wäre. Wer in den USA auf Erfüllung des Vertrags besteht, fordert eine Rechtsfolge, die historisch gesehen nicht in der Macht des englischen Königs stand und zunächst durch ein *Equity*-Gericht hätte entschieden werden müssen. Wenn also vor einem US-Gericht eine Partei auf die Erfüllung des Vertrags besteht, muss sie zunächst begründen, warum Schadensersatz in Geld nicht ausreichend ist, bevor sie außergewöhnliche Rechtsfolgen (wie beispielsweise die Erfüllung) begehren kann. Ein Vertrag im US-Recht erfordert fünf Voraussetzungen: **Angebot, Annahme, Gegenleistung, Rechtmäßigkeit** und **Leistungsfähigkeit**. Das Element der **Gegenleistung** [*consideration*] beruht auf einem komplexen Konzept, dessen primärer Zweck es ist, durchsetzbare vertragliche Ansprüche von reinen Ge-

---

108 *Moragne v. States Marine Lines, Inc.*, 398 U.S. 375, 384 (1970) (ohne interne Verweise).

Kirk W. Junker

fälligkeiten abzugrenzen. Im deutschen Vertragsrecht ist es nicht erforderlich. Die Voraussetzung liegt in einem **gegenseitigen Vertrag** dann vor, wenn beide Parteien Versprechen austauschen und beide dadurch zum Zeitpunkt des Vertragsschlusses gebunden werden. In einem **einseitigen Vertrag** ist die Gegenleistung zu bejahen, wenn eine Seite ein Versprechen ablegt und die andere dafür ihren Vertragsteil erfüllt. In jedem Fall liegt die Gegenleistung vor, wenn sie einen objektiv vom Gericht bestimmbaren und somit durchsetzbaren Inhalt hat. Das US Vertragsrecht wird tiefergehend in den Kapiteln 6 und 7 dargestellt.

b) Delikt

Im Deliktsrecht bestehen wesentliche Unterschiede zwischen den USA und dem 100 deutschen Recht hinsichtlich der **Entschädigungen mit Strafcharakter** [*punitive damages*], der **Produkthaftung** und den Unterschieden anerkannter Vorschriften zwischen den Einzelstaaten. Wie im Vertragsrecht erkannten sowohl die Gesetzgeber als auch die Gerichte im Laufe des zwanzigsten Jahrhunderts, dass die wirtschaftliche Ungleichheit ein Bedürfnis für neue rechtliche Instrumente schuf. Das Konzept der Entschädigungen mit Strafcharakter ruft die historische Verbindung zwischen Delikts- und Strafrecht in Erinnerung. In ausgewählten deliktischen Tatbeständen kann die verletzte Partei nicht nur **kompensatorischen Schadensersatz** und **Schmerzensgeld** fordern, sondern darüber hinaus auch Entschädigungen mit Strafcharakter. Dieser verfolgt, wie der Name schon sagt, den Zweck, den **Schädiger** [*tortfeasor*] zu bestrafen. Bestrafung klingt nach strafrechtlicher Sanktion. Aber Entschädigungen mit Strafcharakter werden nicht etwa an den Staat gezahlt, sondern an die geschädigte Person – daher auch der schuldrechtliche Charakter. Offensichtlich ist daran fragwürdig, dass der Geschädigte dadurch einen Sondergewinn erhält, ohne einen entsprechenden Schaden erlitten zu haben. Die soziale Erwägung hinter der Norm entspringt allerdings dem Bedürfnis nach einer wirtschaftlichen Sanktion bestimmter Verhaltensweisen (oftmals von Unternehmen).

Aus der europäischen Perspektive ist die einflussreichste Lehre des US-Delikts- 101 rechts im zwanzigsten Jahrhundert die **verschuldensunabhängige Haftung** [*strict liability*] für schadhafte Produkte, die mittlerweile nur noch als „**Produkthaftung**" bekannt ist. Diese Entwicklung begann in einem kalifornischen Gericht, das die Erforderlichkeit einer vertraglichen Garantieklausel als nicht erforderlich erachtete. Ebenso wie im Falle der Entschädigungen mit Strafcharakter wurde diesbezüglich entschieden, das Machtverhältnis zwischen Produzenten und Konsumenten mithilfe eines neuen Konzeptes auszugleichen.[109] Das kalifornische Konzept der Produkt-

---

[109] Die verschuldensunabhängige Haftung tauchte zum ersten Mal in *Greenman v. Yuba Power Products*, 59 Cal. 2d 57, 377 P.2d 897, 27 Cal. Rptr. 697, 1963 Cal. (1963) auf. Mittlerweile ist sie der Regelfall.

Kirk W. Junker

haftung breitete sich nicht nur auf alle Rechtssysteme der Bundesstaaten in den USA aus, sondern gewann auch im europäischen Recht in Form der Produkthaftungsrichtlinie von 1985[110] an Popularität und wurde anschließend auch in Australien, Japan, Israel, Brasilien, Peru, der Schweiz, Argentinien, Taiwan, Malaysia, Südkorea, Thailand und Südafrika übernommen. Was in den 1960ern noch wie eine seltsame Idee aus Kalifornien schien, ist mittlerweile ein dermaßen grundlegender Baustein der industriellen Marktwirtschaft, dass selbst Russland seit 1992 einen Produkthaftungsmaßstab hat und China einen vergleichbaren Maßstab für ausländische Produkte etabliert hat.

3. Quellen der rechtlichen Unterschiede

102 Das Recht der vertraglichen und deliktischen Pflichten in den USA ist zu großen Teilen nicht in Gesetzesform gefasst und teilweise schwierig nachzuvollziehen. Wie oben erwähnt genießen in der US-Rechtskultur Juraprofessoren nicht dieselbe Autorität wie in der deutschen Praxis. Statt auf maßgebliche Kommentare von namenhaften Rechtswissenschaftlern stützt sich die US-Rechtskultur stärker auf die Urteilsbegründungen der Gerichte. Das Problem hieran ist allerdings, wie oben erläutert, dass im US-Recht ein Vorabentscheidungsverfahren nicht vorgesehen ist, sodass Juristen auf einen „tatsächlichen Fall oder Rechtsstreit" warten müssen, um die Antwort auf eine Rechtsfrage zu erhalten. Das **American Law Institute** (*ALI*) arbeitet darauf hin, dieses Problem zu lösen. Das *ALI* wurde 1923 als unabhängige Organisation gegründet, welche mithilfe der Expertise von Richtern, Anwälten und Juraprofessoren diejenigen Rechtsgebiete, die hauptsächlich auf Quellen des *Common Law* beruhen, zusammenfasst. Eine seiner wichtigsten Publikationen sind die **Restatements of the Law**. Obwohl die *Restatements* selbst kein bindendes Recht sind, gehören sie, gerade auf dem Gebiet des Vertrags- und Deliktsrechts, zu den am häufigsten zitierten (Kommentar-)Quellen.

103   Die enzyklopädische Synthese der *Restatements* hilft außerdem dabei, die Vielfalt der möglichen Anspruchsgrundlagen, die **von Bundesstaat zu Bundesstaat unterschiedlich** sind, zu erfassen. In einigen wenigen Einzelstaaten sind beispielsweise Klagen wegen der fahrlässigen Verursachung seelischen Leids zulässig, selbst wenn der Kläger keinen körperlichen Schaden erlitten hat. Die Gerichte der meisten Einzelstaaten weisen solche Klagen jedoch als unzulässig ab. Selbst wenn Einzelstaaten die gleichen Ansprüche aus Delikt anerkennen, können sich diese in ihren genauen Voraussetzungen, Rechtsfolgen und Verjährungsfristen unterscheiden.

---

110 Produkthaftungsrichtlinie 85/374/EEC.

Kirk W. Junker

Praxistipp

Da das Schuldrecht (sowohl Vertragsrecht als auch das Deliktshaftungsrecht) hauptsächlich auf dem *Common Law* und somit auf Rechtsprechung und nicht auf geschriebenen Gesetzen beruht und sich die Voraussetzungen der schuldrechtlichen Ansprüche überdies in den einzelnen Bundesstaaten unterscheiden, sollte ein Anwalt bei der Recherche die folgenden Quellen heranziehen:
– Restatement (Second) of Contracts
– Restatement (Second) of Torts,
   von denen einige durch folgende Abschnitte der Restatement (Third) of Torts verdrängt wurden:
   • Restatement (Third) of Torts, Apportionment of Liability
   • Restatement of (Third) Torts, Liability for Physical and Emotional Harm
   • Restatement (Third) of Torts, Products Liability

Die unerlaubte Handlung der Produkthaftung war ursprünglich im *Restatement of* 104 *Torts* enthalten. Allerdings entstand allein für diesen einen Deliktstatbestand so viel Rechtsprechung, dass das *ALI* ein eigenes ***Restatement (Third) of Torts: Products Liability*** veröffentlichte, welches die grundlegenden Ausführungen des Produkthaftungsmaßstabs in § 402(a) des ***Restatement (Second) of Torts*** verdrängte. Der ***American Legislative Exchange Council*** hat nun auch das ***Model Uniform Product Liability Act*** erstellt. Während ein Großteil der deliktischen Haftung nach wie vor auf Gerichtsurteilen des Common Law beruht, hat die Produkthaftung so große Auswirkungen gehabt, dass die Gesetzgeber von mindestens zwanzig Einzelstaaten dieses Gebiet gesetzlich geregelt haben.

C. Fazit

Um sich als deutscher Jurist mit der Anwendung des US-Rechts zu beschäftigen, ist 105 es zwangsläufig nötig, sich mit ausländischem Recht zu befassen. Für diese Auseinandersetzung wird es schon aus sich heraus nötig sein, Vergleiche zur deutschen Rechtsordnung zu ziehen. Um diesen Prozess gewinnbringend zu gestalten, sollten die Methoden der Rechtsvergleichung angewandt werden. Die Wissenschaft der Rechtsvergleichung legt es nahe, sich der Materie funktionalistisch anzunähern. Aber um ein fremdes System in seiner Gänze zu begreifen ist es erforderlich, nicht nur den Wortlaut der Gesetze, sondern auch kulturelle Aspekte des Rechts zu übersetzen. Dieses Kapitel sollte die Ideen der Rechtsvergleichung anhand einiger Ausschnitte des US-Rechtssystems darstellen, die für deutsche Juristen fremd scheinen mögen. In den folgenden Kapiteln dieses Handbuchs kann es nützlich sein, hinsichtlich der rechtsvergleichenden Ideen zu diesem Kapitel zurückzukehren, und die erläuterten Methoden auf andere Bereiche des materiellen und prozessualen US-Rechts anzuwenden.

Kirk W. Junker

Kapitel 2
Zivilprozessrecht des Bundes[1]

Literaturverzeichnis

Freer, Richard D., *Introduction to Civil Procedure*, 1. Auflage, 2006. **Friedenthal**, J.H., **Kane**, M.K. und **Miller**, A.R., *Civil Procedure*, 4. Auflage, 2005. **Haydock & Sonsteng**, *Advocacy*, 1. Auflage, 1996. **Mullenix**, Linda S., *Leading Cases in Civil Procedure*, 1. Auflage, 2010. **Schack**, Haimo, *Einführung in das US – amerikanische Zivilprozessrecht*, 4. Auflage, 2011. **Subrin**, Steven N. und **Woo**, Margeret Y.K., *Litigating in America*, 1. Auflage, 2006.

A. Einleitung

1 Dieses Kapitel gibt einen Überblick über den Zivilprozess im Bundesrecht der Vereinigten Staaten. Es beginnt mit der Erläuterung einiger grundlegender Begrifflichkeiten der US-Rechtswissenschaft. Obwohl der Schwerpunkt des Kapitels auf dem System der Bundesgerichte liegt, ist es wichtig zu verstehen, wie sich diese im Verhältnis zu den Gerichtssystemen der einzelnen Bundesstaaten verhalten. Im weiteren Verlauf wird dargestellt, inwiefern die Kompetenz der Bundesgerichte, die Gerichtsbarkeit über bestimmte Rechtsstreitigkeiten auszuüben, durch Verfassungsrecht eingeschränkt wird.

2 Anschließend wird, dem Verlauf eines typischen Prozesses folgend, die **Bundeszivilprozessordnung** [*Federal Rules of Civil Procedure*] erläutert, welche die Klageerhebung durch Einreichung und Zustellung der Klageschrift regelt. Es werden sowohl Einzelverfahren als auch **Sammelklagen** [*class action*] erläutert. Außerdem

---

1 Bereits hier im Titel dieses Kapitels erkennt man die zwei unterschiedlichen Bedürfnisse einer Übersetzung. Übersetzung ist nicht nur die Kunst, ein Wort in der Zielsprache zu finden, dessen Bedeutung nahe der des Originals kommt, sondern auch ein Konzept in der Zielkultur zu finden, dessen Bedeutung nahe der des Originals kommt. Das US-Rechtssystem versteht unter „*Federation*" etwas anderes als das deutsche Rechtssystem unter dem Wort „Bund" und trotzdem werden sie fast immer als richtige Übersetzung für das jeweilige andere Wort benutzt. Wie bereits in Kapitel 1 erörtert und auch in diesem Kapitel 2 erläutert werden wird, steht das US-Bundessystem nicht über den bundesstaatlichen Systemen. „Bundesrecht bricht Landesrecht", ein Satz, den jeder deutsche Jurist kennt, ist im US-Rechtssystem nicht gültig. In den Vereinigten Staaten gibt es eine begrenzte Anzahl an Bereichen, die unter der ausschließlichen Bundeskompetenz stehen. Zudem gibt es einige gemeinsame Kompetenzen. Aber am wichtigsten sind für den deutschen Leser wahrscheinlich die Worte des 10. Zusatzartikels der US-Verfassung: „Die Machtbefugnisse, die von der Verfassung weder den Vereinigten Staaten übertragen noch den Einzelstaaten entzogen werden, bleiben den Einzelstaaten oder dem Volke vorbehalten." Dadurch wird deutlich, dass der Bund nicht über den Einzelstaaten in einer vertikalen Hierarchie, sondern vielmehr in einer horizontalen Hierarchie neben den Einzelstaaten steht, genauso wie das Völkerrecht in einem dualistischen Rechtssystem neben dem innerstaatlichen Recht.

Steven F. Baicker-McKee
https://doi.org/10.1515/9783899498103-002

sollen Möglichkeiten des Beklagten aufgezeigt werden, auf eine Klageschrift zu erwidern: entweder durch Vortrag eines **Gegenplädoyers** [*responsive pleading/answer*] oder durch die **vorläufige Anfechtung der Klage** [*preliminary challenge*].

Nachdem die Parteien und Ansprüche feststehen, gehen die meisten Verfahren 3 in die **Offenlegungsphase** [*discovery*] über. Kapitel 3 wird den Offenlegungsprozess in den USA erläutern, der sich grundlegend von den Beweisverfahren in Deutschland und anderen Europäischen Staaten unterscheidet.

Ein wichtiger Schritt im US-Zivilprozess findet oft im Anschluss an die Offenle- 4 gungsphase statt, wenn die **Anträge auf ein summarisches Urteil** [*motions for summary judgment*] gestellt werden. Dieser Abschnitt erklärt den Zweck des Prozesses in den USA, nämlich die Feststellung der umstrittenen Tatsachen, die für das Verfahren relevant sind. Wenn die entscheidungserheblichen Tatsachen unumstritten sind, ist kein Prozess erforderlich und der Richter kann das Ergebnis von Rechts wegen bestimmen und ins abgekürzte Verfahren übergehen.

Wie in Kapitel 1 schon erwähnt werden mehr als 98% der Fälle, die in den USA 5 vor Gericht gehen, werden ohne Gerichtsverhandlung abgeschlossen. In der Regel werden sie entweder **durch Gerichtsentscheidung beendet oder beigelegt** [*settlement*]. Dieser Abschnitt wird den Ablauf bis zum Abschluss eines Vergleiches darstellen und anschließend das Verfahren für den Fortgang des Prozesses, entweder vor den Geschworenen oder vor dem Richter, erläutern.

Das Kapitel wird mit drei Konzepten abschließen, welche die Endgültigkeit der 6 Ergebnisse des Prozesses betreffen. Zum Einen wird dargestellt, welche Möglichkeiten für die Parteien bestehen, um das Urteil vom Gericht erneut prüfen zu lassen und in Revision zu gehen. Abschließend wird erörtert, inwiefern ein rechtskräftiges Urteil bestimmte Möglichkeiten der Neuverhandlung ausschließt.

B. Grundbegriffe der Jurisprudenz

Dieser Teil widmet sich den grundlegenden Fragen dieses Kapitels. 7

I. Organisation der Bundesgerichte

Artikel 3 der Verfassung der Vereinigten Staaten regelt das Bundesgerichtssystem. 8 Aus Abschnitt 1 wird deutlich, dass „die Judikative der Vereinigten Staaten bei einem obersten Gericht liegen soll, und bei nachrangigen Gerichten, die durch den US-Kongress bestimmt und eingerichtet werden sollen."[2] Der US-Kongress hat die

---

2 "Die richterliche Gewalt der Vereinigten Staaten liegt bei einem obersten Bundesgericht und bei solchen unteren Gerichten, deren Errichtung der Kongress von Fall zu Fall anordnen wird."

Steven F. Baicker-McKee

allgemeinen Gerichte in seiner ersten Amtszeit im *Judiciary Act* 1798 " bestimmt und eingerichtet."[3] Das Gerichtssystem ist dreigliedrig aufgebaut. Auf der untersten Ebene befinden sich die **erstinstanzlichen Gerichte** [*district courts*], denen die **zweitinstanzlichen Revisionsgerichte** [*circuit courts*] übergeordnet sind. An der Spitze steht der **Oberste Gerichtshof** [*Supreme Court*] als letztinstanzliches Bundesgericht.

9   Momentan besteht das US-amerikanische Gerichtssystem aus 94 **Bezirken** [*districts*].[4] Diese sind in Anlehnung an die bundesstaatlichen Grenzen aufgeteilt. Kleinere Bundesstaaten, wie z.B. Delaware, bestehen aus nur einem Bezirk, dem "*District of Delaware*". Größere Bundesstaaten bestehen aus bis zu drei Bezirken, so ist etwa Kalifornien aufgeteilt in die *Northern, Central* und *Southern districts*, die jeweils ein eigenes Gericht haben. Aus verwaltungstechnischen Erwägungen und der Einfachheit halber, sind einige Bezirke zusätzlich noch in Geschäftsbereiche aufgeteilt.

10   Die den erstinstanzlichen Gerichten übergeordneten Revisionsgerichte sind die 13 **Bundesrevisionsgerichte** [*US Courts of Appeals*], die jeweils einem von 13 **Kreisen** [*circuits*] zugeordnet sind.[5] Zwölf dieser *Circuits* umfassen die verschiedenen Regionen der USA. Zum Beispiel hört der *US Court of Appeals* des ersten *Circuits*, Revisionen der erstinstanzlichen Gerichte in Maine, Massachusetts, New Hampshire, Rhode Island und dem Territorium Puerto Rico. Der 13. *Court of Appeals* ist dahingegen zuständig für den *District of Columbia Circuit*, welcher die wichtige Funktion erfüllt, über Revisionen gegen Richtlinien oder Verordnungen der zahlreichen Bundesbehörden zu bescheiden.[6]

11   Die große Mehrheit der Fälle in den Bundesgerichten beginnen in den erstinstanzlichen Gerichten, in denen ein einzelner Richter über den Fall entscheidet. Wie später noch im Detail erörtert wird, kann eine Partei gegen die Entscheidung des erstinstanzlichen Gerichts **von Rechts wegen** [*as of right*] in Revision gehen. Die Zustimmung des Gerichts ist dafür nicht erforderlich. Das Revisionsgericht besteht aus drei Richtern, die nach dem Mehrheitsprinzip über die Revision entscheiden. Eine Revision zum Supreme Court ist grundsätzlich unzulässig. Allerdings kann ein Antrag auf Anhörung durch den Supreme Court gestellt werden. Sofern der gestellte Antrag angenommen wird, was nur selten der Fall ist[7], entscheidet der Supreme

---

3 1 Stat. 73.

4 *Siehe* www.uscourts.gov für eine Beschreibung der Organisation und Standorte der verschiedenen Bundesgerichte.

5 *Id.*

6 *Siehe* Eric M. Fraser, David K. Kessler, Matthew J.B. Lawrence, Stephen A. Calhoun, *The Jurisdiction of the D.C. Circuit*, 23 CORNELL J.L. & PUB. POL'Y 131 (2013).

7 *Siehe* www.supremecourt.gov (der Supreme Court erhält 7.000–8.000 Anfragen jährlich und hört davon lediglich ca. 80 an).

Steven F. Baicker-McKee

Court, in einer aus neun Richterinnen und Richtern bestehenden Kammer, meist *„en banc"*, also vollständig und durch Mehrheitsentscheidung.

Praxistipp

Die Richter der erstinstanzlichen Gerichte und Revisionsgerichte werden *"Judge"* genannt und Richter am *Supreme Court "Justice"*. Ebenso können die unterschiedlichen Gerichtsebenen anhand der Groß- oder Kleinschreibung des Wortes *"Court"* unterschieden werden: Während der Supreme Court großgeschrieben wird, wird das Wort in allen niedrigeren Ebenen kleingeschrieben.

Die Prozesse in den Bundesgerichten richten sich, bedingt vor allem durch den un- 12 terschiedlichen Schwerpunkt der Gerichte auf den unterschiedlichen Hierarchieebenen, nach verschiedenen Rechtsquellen. Während die erstinstanzlichen Gerichte die **Bundeszivilprozessordnung** [*Federal Rules of Civil Procedure*][8] anwenden, finden vor den Revisionsgerichten die **bundesrechtlichen Revisionsverfahrensordnungen** [*Federal Rules of Appellate Procedure*][9] und beim *Supreme Court* die **Ordnungen des Obersten Gerichtshofs** [*Rules of the Supreme Court of the United States*] Anwendung.[10] Zusätzlich erlassen viele Bezirke **lokalspezifische Regelungen** [*local rules of procedure*], welche das Bundesrecht ergänzen, ihm aber nicht widersprechen.[11] Einzelne Richter können zusätzliche Details durch **Gerichtsanordnung** [*standing orders*] oder **Geschäftsordnung** [*chambers rules*] bestimmen.

Zusätzlich zu diesem Verfahrensrecht sind viele prozessuale Regelungen in 13 **Bundesgesetzen** [*federal statutes*] verankert. Titel 28 des *United States Codes* enthält viele prozessuale Normen, die z.B. sachliche Zuständigkeiten und den Gerichtsstand regeln (s.u.). Außerdem enthalten viele Bundesgesetze **Anspruchsgrundlagen** [*causes of action*] und diesbezügliche prozessuale Vorschriften.

Beispiel

Der *Comprehensive Environmental Response, Compensation, and Liability Act ("CERCLA")*, ein Umweltgesetz,[12] das oftmals als *"Superfund Law"* bezeichnet wird, begründet für Parteien, die ein kontaminiertes Stück Land reinigen, einen Regressanspruch gegen die Partei, durch welche die Kontaminierung verursacht wurde (z.B. frühere Eigentümer).[13] *CERCLA* spricht den erstinstanzlichen

---

8 Verfügbar unter http://www.uscourts.gov/rules-policies/current-rules-practice-procedure/federal-rules-civil-procedure.

9 Verfügbar unter https://www.law.cornell.edu/rules/frap.

10 Verfügbar unter http://www.supremecourt.gov/ctrules/2013RulesoftheCourt.pdf.

11 *Siehe* Bundeszivilprozessordnung 83, für anwendbare lokale Vorschriften. Die lokalen Vorschriften finden sich typischerweise auch auf der Webseite des jeweiligen Bezirksgerichts.

12 Vergl., Kapitel 14.

13 42 U.S.C.A. § 9601, *et seq.*

Steven F. Baicker-McKee

Gerichten die ausschließliche Gerichtsbarkeit für Klagen nach diesem Gesetz zu und legt fest, dass jeweils das Gericht örtlich zuständig ist, in dessen Bezirk das kontaminierte Grundstück liegt. Außerdem legt das Gesetz eine Klagefrist fest, bestimmt welche Parteien zulässigerweise am Verfahren beteiligt werden können und regelt eine Reihe weiterer prozessualer Aspekte für Prozesse nach diesem Gesetz. Ein Anwalt, der einen Fall behandelt, auf den *CERCLA* anwendbar ist, muss daher alle hierfür relevanten anwendbaren prozessualen Vorschriften beachten. Das wären vorliegend die Zivilprozessordnung des Bundes, die vor Erstinstanzlichen Gerichten anwendbaren prozessualen Vorschriften, eine möglicherweise existierende Gerichtsordnung oder Geschäftsordnung des zuständigen Richters, sowie die generellen Gerichtsvorschriften des Titel 28 des *US Codes* und die Vorschriften aus *CERCLA*.

II. Vergleich mit bundesstaatlichen Gerichten

14 Die zwei genannten Gerichtssysteme der USA sind im Wesentlichen parallel organisiert, allerdings überschneiden sie sich häufig. Zusätzlich zu dem oben beschriebenen Bundesgerichtssystem hat jeder Einzelstaat sein eigenes einzelstaatliches Gerichtssystem. Dieses unterliegt jeweils eigenen Prozessregeln, lokalen Normen und Verfahrensgesetzen.

15 Die bundesstaatlichen Gerichtssysteme haben eigene erstinstanzliche Gerichte und Revisionsgerichte. Die Einzelheiten ihrer Organisationsstrukturen sind aber weder identisch mit dem bundesgerichtlichen System, noch sind sie von Bundesstaat zu Bundesstaat konsistent.

Beispiel

In einigen Bundesstaaten gibt es keine zwischengeschalteten Revisionsgerichte, so etwa in West Virginia und Nevada. Dort haben die Prozessparteien automatisch das Recht, nach dem erstinstanzlichen Urteil direkt beim *Supreme Court* Revision einzulegen. Aufgrund des Umfangs der Revisionsprozesse, die der *Supreme Court* in solchen Bundesstaaten anhören muss, sitzt das Gericht typischerweise in einer Kammer mit drei Richtern und nicht *en banc*. Andere Bundesstaaten haben mehr als drei Gerichtszüge, mit Fachgerichten, die auf kleinere Klagen, bestimmte Rechtsgebiete oder besondere Revisionsverfahren spezialisiert sind. So gibt es in Pennsylvania beispielsweise einen *Commonwealth Court*, der sowohl Verfahren erster Instanz als auch Revisionen über besondere Klagearten verhandelt, insbesondere wenn der Bundesstaat am Verfahren beteiligt ist (z. B. wenn eine Rechtsverordnung angegriffen wird). Ebenfalls erwähnenswert ist der *Delaware Court of Chancery*.

16 Für einige Ansprüche gibt es eine **parallellaufende Gerichtsbarkeit** [*concurrent jurisdiction*]. In diesem Fall kann die klagende Partei wählen, ob sie die Klage im Bereich des Bundesrechts oder im Bereich des einzelstaatlichen Rechts erhebt. Regelmäßig liegt die **ausschließliche Gerichtsbarkeit** [*exclusive jurisdiction*] für ein Verfahren aber entweder bei den Bundes- oder bei den bundesstaatlichen Gerichten.

Steven F. Baicker-McKee

III. Sachliche Zuständigkeit

Die **sachliche Zuständigkeit** [*subject matter jurisdiction*] bezeichnet die Zuständig- 17
keit bestimmter Gerichte je nach Streitgegenstand. Während die meisten Gerichte
der Bundesstaaten eine **allgemeine Gerichtsbarkeit** [*general jurisdiction*] ausüben – d.h. grundsätzlich für alle Anträge außer ausdrücklich ausgeschlossene zuständig sind – haben die Bundesgerichte **eingeschränkte Gerichtsbarkeit** [*limited
jurisdiction*]. Das bedeutet, sie sind ausschließlich für solche Rechtssachen zuständig, die ausdrücklich normiert sind. Auch von der allgemeinen Gerichtsbarkeit kann
es Ausnahmen geben. So gibt es für Klagen mit geringem Streitwert extra eingerich-
tete *small claims courts*.

Die sachliche Zuständigkeit für erstinstanzliche Gerichte auf Bundesebene be- 18
ruht auf gesetzlichen Regelungen. Obwohl eine Reihe von Ausnahmen besteht, sind
die beiden Hauptkategorien die **bundesrechtliche Gerichtsbarkeit** [*federal question
jurisdiction*] und **bundesstaatliche Vielfaltsgerichtsbarkeit** [*diversity jurisdiction*]
(s.u.). Erst wenn mindestens eine dieser sachlichen Voraussetzungen vorliegt, kann
ein Bundesgericht den Rechtsstreit anhören. Dieses Erfordernis ist nicht abdingbar
oder verzichtbar. In der Tat wird das Revisionsgericht, wenn sich während der Revision herausstellt, dass die niedrigere Instanz nicht sachlich zuständig war, deren
Urteil aufheben und der Prozess muss vor dem zuständigen Gericht erneut geführt
werden.[14]

1. Bundesrechtliche Gerichtsbarkeit
Den Bundesgerichten sind solche Ansprüche zugewiesen, die „nach der Verfassung, 19
den Gesetzen oder den Abkommen der Vereinigten Staaten entstehen".[15] Die Bundesgerichtsbarkeit soll eine einheitliche Anwendung des Bundesrechts in den Vereinigten Staaten fördern, sodass ein Bundesgesetz nicht vor einem Bundesgericht in
New York und einem in Kalifornien vollkommen unterschiedlich ausgelegt wird.
Unter der sog. *Well-Pleaded Complaint*-**Doktrin** muss der Anspruch, der im Bundesrecht begründet wird, in der Klageschrift selbst liegen und nicht erst in einer
Erwiderung, die in der Antwort behauptet wird.[16]

Daher ist das **bundesrechtliche Bürgerrechtegesetz** [*Federal Civil Rights Sta-* 20
tute] beispielsweise eine Anspruchsgrundlage, aus der private Bürger solche staatlichen Einrichtungen verklagen können, die ihre Verfassungsrechte verletzen.[17] Ein

---

14 *Siehe z.B. Hart v. Terminex*, 336 F.3d 541, 544 (7th Cir. 2003).
15 28 U.S.C.A. § 1331.
16 *Siehe z.B. Metropolitan Life Ins. Co. v. Taylor*, 481 U.S. 58, 62, 107 S.Ct. 1542 (1987) (*verweist auf
Louisville & Nashville R. Co. v. Mottley*, 211 U.S. 149, 29 S.Ct. 42, 53 L.Ed. 126 (1908)).
17 *Siehe z.B.* 42 U.S.C.A. § 1983.

Steven F. Baicker-McKee

Kläger kann eine zivilrechtliche Klage unter diesem Bundesgesetz in einem Bundesgericht erheben, indem er sich auf die bundesrechtliche Gerichtsbarkeit des Gerichts beruft.

2. Bundesstaatliche Vielfaltsgerichtsbarkeit

21 Bundesgerichte können auch für Verfahren zwischen Bürgern verschiedener Bundesstaaten zuständig sein.[18] Die Vielfaltsgerichtsbarkeit dient dazu, Parteien davor zu schützen, in dem **Bundesstaat, in dem die Klage erhoben wird** [*forum state*], gegenüber der dort beheimateten Partei benachteiligt zu werden. Bundesstaatliche Vielfaltsgerichtsbarkeit ist komplexer als die bundesrechtliche Gerichtsbarkeit. Sie hat zwei Voraussetzungen: **Vollständige Vielfalt der Staatsbürgerschaft** [*complete diversity of citizenship*] und einen **Streitwert** [*amount in controversy*] von über $75.000.

a) Vollständige Vielfalt der Staatsbürgerschaft

22 Vollständige Vielfalt der Staatsbürgerschaft erfordert, dass keiner der Kläger in demselben Bundesstaat wohnhaft ist wie einer der Beklagten. Daher wäre die bundesstaatliche Vielfalt der Staatsbürgerschaft in einem Prozess ausgeschlossen, in dem die beiden Kläger Bürger von Massachusetts und Vermont sind, und die beiden Beklagten Bürger von Maine und Vermont. Die Überschneidung der Heimatorte des Klägers und des Beklagten aus Vermont verbietet es dem Gericht, die bundesstaatliche Vielfalt der Staatsbürgerschaft in irgendeinem Aspekt des Prozesses auszuüben, sogar in Bezug auf Ansprüche, die nur den Kläger aus Massachusetts und den Beklagten aus Maine betreffen.

23   Die Zugehörigkeit zu einem Bundesstaat wird je nach Art der Prozessbeteiligung unterschiedlich ermittelt. Eine Person ist nur in dem Bundesstaat Bürger, in dem ihr **ständiger Wohnsitz** [*domicile*] gemeldet ist. Ein Unternehmen ist dem Bundesstaat zugehörig, in dem es niedergelassen ist und in dem sich sein **Unternehmensschwerpunkt** [*principal place of business*] – typischerweise der Hauptsitz – befindet. Nicht eingetragene Unternehmen wie z.B. Partnerschaften sind dem Bundesstaat zugehörig, dem ihre Partner oder Mitglieder zugehörig sind.

b) Streitwert

24 Für den einfachsten Fall – ein Kläger bringt einen Anspruch gegen einen Beklagten vor – ist die Anforderung des Streitwertes eindeutig. Wenn es um einen Schadens-

---

18 28 U.S.C.A. § 1332.

Steven F. Baicker-McKee

ersatzanspruch geht, muss der Kläger mehr als $75.000 Schadensersatz fordern, ohne Zinsen und Rechtsverfolgungskosten. Wenn der Anspruch auf **Abhilfe nach Equity-Recht** [*equitable relief*] gerichtet ist, wie beispielsweise ein vorläufiger **Unterlassungsanspruch** [*injunction*], ist die Voraussetzung erfüllt, wenn entweder der potenzielle Wert für den Kläger oder die potenzielle Belastung des Beklagten $75.000 übersteigt.

Wird um mehrere Ansprüche gestritten, oder sind mehrere Parteien beteiligt, 25 wird die Frage relevant, ob Parteien mehrere kleinere Ansprüche zusammenfassen können, um den vorgeschriebenen Mindeststreitwert von $75,000 zu erreichen. Drei grundsätzliche Regeln beantworten diese Frage. Erstens kann ein einzelner Kläger Ansprüche gegen einen einzelnen Beklagten zusammenfassen, unabhängig davon, ob die Ansprüche irgendwie zusammenhängen. Jedoch sind zweitens, die Regeln nicht derart locker, wenn mehrere Parteien beteiligt sind. Der Kläger kann Ansprüche gegen mehrere Beklagte nur dann zusammenfassen, wenn er glaubhaft macht, dass die Beklagten **gesamtschuldnerisch und einzelschuldnerisch** [*jointly and severally*] haften, jeder einzelne Beklagte also potenziell für den gesamten Betrag haften würde. Die meisten Ansprüche aus dem Deliktsrecht begründen eine solche gesamtschuldnerische und einzelschuldnerische Haftung.[19] Drittens können mehrere Kläger ihre Ansprüche gegen einen Beklagten nicht zusammenfassen, es sei denn, diese erwachsen aus einem gemeinsamen Interesse.[20]

c) Ausgeschlossene Anspruchsgruppen

Es gibt bestimmte Anspruchsgruppen, bei denen die Bundesgerichte die Zuständig- 26 keit ablehnen, selbst wenn alle Anforderungen erfüllt sind. Diese sind Ansprüche, deren rechtliche Natur so eindeutig lokal ist, dass die Bundesgerichte entschieden haben, dass sie besser in den einzelstaatlichen Gerichten entschieden werden sollten. Die Hauptfallgruppen, in denen die Bundesgerichte die Zuständigkeit verneinen, sind **familienrechtliche Angelegenheiten** [*domestic relations*], wie etwa

---

19 Dies ist beispielsweise der Fall, wenn der Kläger einen Autounfall mit zwei Angeklagten hat und er Fahrlässigkeitsvorwürfe gegen beide erhebt, aufgrund derer er $100.000 Schadensersatz fordert. Sofern bei beiden die Fahrlässigkeit nachgewiesen und dem Kläger der Schadensersatzanspruch über $100.000 zugesprochen wird, kann er von beiden Beklagten jeden beliebigen Betrag bis zur Höhe des ihm zugesprochenen Schadensersatzes verlangen. Wenn ein Beklagter mehr als einen fairen Anteil bezahlt, kann er von dem jeweils anderen eine Beteiligung verlangen. Da der gesamte geforderte Betrag $75.000 überschreitet, ist das Erfordernis des Mindeststreitwerts erfüllt, ohne dass die einzelnen Haftungsanteile aufgeteilt werden müssen.

20 Sollten zwei Kläger eine gemeinschaftliche Eigentümerstellung über ein Grundstück geltend machen, das $80.000 wert ist, und der Beklagte einen Gegenanspruch auf Eigentum an dem Grundstück erhebt, ist das Erfordernis des Mindeststreitwerts erfüllt.

Steven F. Baicker-McKee

Scheidungen, Ehegattenunterhalt und Kindesunterhalt, sowie Testamente und gewisse Bereiche des Grundstücksrechts.

3. Ergänzende Gerichtsbarkeit

27 Aus Effizienzgründen können Bundesgerichte **ergänzende Gerichtsbarkeit** [*supplemental jurisdiction*] für Ansprüche übernehmen, die die Anforderungen der sachlichen Zuständigkeit nicht erfüllen, aber wesentliche Verbindungen zu Fällen aufweisen, die bereits vor dem Bundesgericht verhandelt werden. Diese ergänzende Gerichtsbarkeit hat zwei Voraussetzungen: 1) Es besteht ein Anspruch für den das Gericht die **originäre Zuständigkeit** [*original jurisdiction*] hat – wie etwa bundesrechtliche Gerichtsbarkeit oder bundesstaatliche Vielfaltsgerichtsbarkeit. 2) Dem Anspruch, über den das Gericht entscheiden wird, liegt derselbe **Fall oder Streit** zugrunde, wie dem Fall, für den das Gericht originär zuständig ist.[21]

4. Gerichtsstandswechsel

28 Wenn konkurrierende Gerichtsbarkeit besteht, kann der Kläger zwischen Bundesgericht und einzelstaatlichem Gericht wählen (indem er sich entscheidet, die Klage bei einem der Gerichte einzureichen). Ein Beklagter hat demgegenüber nur eingeschränkte Rechte, um die Entscheidung zu beeinflussen. Wenn der Kläger vor dem Bundesgericht klagt, ist der Beklagte daran gebunden (sofern die sachlichen Zuständigkeitsvoraussetzungen erfüllt sind.) Wählt der Kläger das einzelstaatliche Gericht, kann der Beklagte den Fall zu einem Bundesgericht **verweisen** lassen [*removal*], wenn für mindestens einen Anspruch eine originäre Kompetenz des Bundesgerichtes besteht.[22]

29   Der Gerichtsstandswechselprozess ist äußerst technisch und erfordert größte Sorgfalt. Erforderlich ist **eine Nachricht** [*notice of removal*] an das Bundesgericht der ersten Instanz, in dem das bundesstaatliche Gericht liegt, sowie eine ähnliche Benachrichtigung des zuständigen einzelstaatlichen Gerichts.[23] Diese Benachrichtigung überträgt den Fall unmittelbar an das Bundesgericht und setzt die einzelstaatliche Gerichtsbarkeit aus. Sie muss innerhalb von 30 Tagen nach Klagezustellung erfolgen und alle Beklagten müssen der Benachrichtigung zustimmen oder ihr beitreten.[24]

30   Das Recht auf Gerichtsstandswechsel kennt eine wichtige Ausnahme. Dafür muss man sich in Erinnerung rufen, dass der Zweck der bundesstaatlichen Viel-

---

21 28 U.S.C.A. § 1367.
22 28 U.S.C.A. § 1441.
23 28 U.S.C.A. § 1446.
24 28 U.S.C.A. § 1446(b).

Steven F. Baicker-McKee

faltsgerichtsbarkeit der Schutz von außerhalb des Bundesstaats ansässigen Parteien vor Voreingenommenheit ist. Im Sinne dieses Schutzzwecks darf die Verweisung eines Falles, der ausschließlich aufgrund der Vielfaltsgerichtsbarkeit verwiesen wird, nicht durch einen Beklagten vorgenommen werden, der Bewohner des Bundesstaates ist, vor dessen bundesstaatlichem Gericht die Klage erhoben worden ist. Dies wird damit begründet, dass der außerhalb des Bundesstaats ansässige Kläger bei einem Bundesgericht hätte klagen können, sich aber stattdessen für das bundesstaatliche Gericht entschieden hat, sodass das System den Kläger nicht vor Bevorzugung schützen muss (und der Beklagte, der vor seinem Heimatgericht verklagt wird, ebenfalls nicht schutzbedürftig ist).[25]

Praxistipp

Der Gerichtsstandswechsel unterliegt einem äußerst technischen Prozess. Weil davon die sachliche Zuständigkeit des Gerichts – oder dessen Macht, den Fall zu entscheiden – betroffen ist, legen die Gerichte die Voraussetzungen sehr eng aus. Anwälte, die Beklagte in bundesstaatlichen Gerichtsprozessen betreuen, müssen eine unmittelbare Analyse der potentiellen Gerichtsstandswechselmöglichkeit durchführen, indem sie die strategischen Vorteile der Bundes- und einzelstaatlichen Gerichte für bestimmte Ansprüche und Verteidigungen analysieren und sich mit anderen Beklagten koordinieren. Sofern sie sich für einen Gerichtsstandswechsel entscheiden müssen sie sicherstellen, dass alle Voraussetzungen erfüllt sind. Dies alles muss in einer sehr kurzen Zeitspanne geschehen, die nicht verlängert werden kann.

Ein Kläger, der glaubt, dass der Gerichtsstandswechsel durch den Beklagten unzulässig ist, kann anstreben, dass der Fall an das bundesstaatliche Gericht **zurückverwiesen** [*remanded*] wird.[26] Anders als bei dem Gerichtsstandswechsel, der automatisch erfolgt, erfordert die Zurückverweisung einen Antrag, der vom Gericht positiv beschieden werden muss. **31**

a) Nachträglich erworbene Zuständigkeit

Manchmal besteht die sachliche Zuständigkeit des Bundesgerichts noch nicht, sondern erst wenn die Klage eingereicht wird, entsteht durch nachfolgende Begebenheiten ein Rechtsgrund dafür. Wenn beispielsweise der im Einzelstaat **ansässige** [*non-diverse*] Beklagte aus dem Rechtsstreit ausscheidet, entsteht eine bundesstaatliche Vielfaltsgerichtsbarkeit. Ein Beklagter kann einen Fall innerhalb von 30 Tagen nach dem die **Zuständigkeit nachträglich begründenden Ereignis** zum Bundesgericht verweisen. **32**

---

25 *Siehe* 28 U.S.C.A. § 1441(b)(2).
26 28 U.S.C.A. § 1447.

Steven F. Baicker-McKee

33   Besteht die nachträglich erworbene Zuständigkeit aufgrund der bundesrechtlichen Gerichtsbarkeit (so wie in Fällen, in denen der Kläger beispielsweise das Klagebegehren durch einen bundesrechtlichen Anspruch erweitert), unterliegt der Gerichtsstandswechsel keiner Frist. Wenn die einzige Grundlage der nachträglich erworbenen Zuständigkeit allerdings die bundesstaatliche Vielfaltsgerichtsbarkeit ist, kann ein Prozess ab seinem ursprünglichen Beginn lediglich innerhalb eines Jahres verwiesen werden.[27]

b) Fälschliche Hinzuziehung

34 Die Wahl zwischen Bundes- und einzelstaatlichem Recht kann, aufgrund unterschiedlicher prozessualer Regelungen und Beweisführungsregeln, sowie Richtern oder Arbeitsplänen, die unterschiedlich schnell voranschreiten, strategisch sehr wichtig sein. Die Kläger sind oftmals sehr darauf bedacht, vor einem einzelstaatlichen Gericht zu klagen. Wenn die Klage eine bundesrechtliche Anspruchsgrundlage enthält, kann jede der Parteien auf einem bundesgerichtlichen Prozess bestehen – die Klägerpartei durch Klageeinreichung beim Bundesgericht und der Beklagte im Wege des Gerichtsstandwechsels, wenn der Kläger ein einzelstaatliches Gericht gewählt hat.

35   Sofern die einzige Grundlage der sachlichen Zuständigkeit des Bundesgerichts die bundesstaatliche Vielfaltsgerichtsbarkeit ist, kann der Kläger zu einem gewissen Maße Einfluss auf den Gerichtsstand haben. Wenn es mehrere potentielle Beklagte aus unterschiedlichen Bundesstaaten gibt, kann der Kläger den Zugang zu den Bundesgerichten erhalten, indem er ausschließlich die Klagegegner benennt, die aus anderen Bundesstaaten stammen als er. Ebenso kann ein Kläger, der es vorzieht vor einem einzelstaatlichen Gericht zu verhandeln, diesen Gerichtsstand sicherstellen, indem er die Bürger dieses Einzelstaates als Klagegegner nennt, solange er gegen diese legitime Ansprüche hat. Wenn ein Kläger den Prozess auf einzelstaatlicher Ebene begehrt, die Erfordernisse hierfür aber nicht erfüllt, kann der Prozess durch eine der beklagten Parteien aufgrund der Vielfaltsgerichtsbarkeit verwiesen werden. Das Gericht wird in diesem Fall den **fälschlicherweise hinzugezogenen** [*fraudulently joined*] Beklagten in der Entscheidung ignorieren.

IV. Persönliche Zuständigkeit

36 **Persönliche Zuständigkeit** [*personal jurisdiction*] meint den Schutz, den die US-Verfassung für Klagegegner bereithält, um sie vor einer Reise in abgelegene Ge-

---

27 28 U.S.C.A. § 1446(c).

Steven F. Baicker-McKee

richtsbezirke zu schützen. Dies ist ein Aspekt der **Klausel zur angemessen Behandlung** [*due process clause*] der Verfassung.[28] Im Gegensatz zur sachlichen Zuständigkeit kann auf die persönliche Zuständigkeit verzichtet werden, wenn es dem Beklagten nichts ausmacht, in einen anderen Gerichtsbezirk zu reisen. Er kann dann auf den Einwand fehlender persönlicher Zuständigkeit verzichten. Die Gerichte haben drei Indikatoren für den Verzicht auf den o.g. Schutz anerkannt.

1. Zustimmung

Ein Klagegegner kann die persönliche Zuständigkeit des Gerichtes anerkennen. 37
Diesbezüglich beinhalten Verträge oft eine **Gerichtsstandsvereinbarung** [*forum selection clause*], die den Gerichtsstand für Rechtsstreitigkeiten unter dem Vertrag bestimmt und vorsieht, dass die Parteien der persönlichen Zuständigkeit eines bestimmten Gerichtes zustimmen. Solche Klauseln sind grundsätzlich durchsetzbar.

2. Anwesenheit

Wenn ein Klagegegner sich freiwillig zu dem Zeitpunkt der Zustellung der Klage- 38
schrift innerhalb eines Gerichtsbezirkes aufhält, hat das Gericht gemäß der Verfassung die persönliche Zuständigkeit über diesen Beklagten.[29] Diese Ausführung der persönlichen Zuständigkeit wird manchmal als sog. **"tag"-Gerichtsbarkeit** (solche aufgrund lediglich vorübergehender Anwesenheit) bezeichnet.

3. Grenzübergreifende Gerichtsbarkeit der Bundesstaaten

Jeder Bundesstaat hat eine **grenzübergreifende Gerichtsbarkeit**, die für außer- 39
halb des Einzelstaates ansässige Beklagte regelt, wann sie sich zur Verteidigung in einem Gerichtsprozess in den jeweiligen Bundesstaat begeben müssen. Bundesgerichte wenden oftmals die Long Arm Statute des Einzelstaates an, in dem sie sich befinden. Ein Kläger, der gegen einen außerhalb des Einzelstaates ansässigen Beklagten einen Prozess führen will, muss die Long Arm Statute des Einzelstaates anwenden, in dem er die Klage einreichen will.

Zusätzlich zu einer Analyse des genauen Wortlauts der Long Arm Statute muss 40
der Kläger allerdings auch die Schranken der Ausführung einer solchen Norm im Rahmen der Rechtsstaatsgarantie beachten. Der Supreme Court hat die **Minimalkontaktprüfung** [*minimum contacts test*] etabliert, um zu testen, ob die Ausübung der Gerichtsbarkeit mit den „traditionellen Zügen des Fair Play und materieller Ge-

---

28 *Siehe* U.S. Const. amend. V; U.S. Const. amend. XIV (die das Recht auf ein rechtsstaatliches Verfahren auch durch die Bundesstaaten erhobene Klagen ausdehnen).
29 *Burnham v. Superior Court of California*, 495 U.S. 604, 110 S.Ct. 2105 (1990).

Steven F. Baicker-McKee

rechtigkeit" übereinstimmt.[30] Im Rahmen dieser Prüfung untersuchen die Gerichte, ob der Beklagte zielgerichtet Handel mit oder Handlungen gegenüber den Bewohnern des Gerichtsstands-Einzelstaats vorgenommen hat. Ist dies der Fall, wird die Vorladung als gerechtfertigt angesehen.

V. Gerichtsstand

41 An dieser Stelle werden die Besonderheiten des örtlich zuständigen Gerichtes erläutert.

1. Gerichtsstandswahl

42 Der **Gerichtsstand** [*venue*] im US-amerikanischen Gerichtssystem folgt einer Doktrin, deren Schutzzweck die Erhaltung einer logischen Verbindung zwischen dem gewählten Gericht und dem Rechtsstreit ist. Während die persönliche Zuständigkeit für einen ganzen Bundesstaat gilt, ist *Venue* der spezifische Bezirk, in dem der Standort des Gerichtes liegt. Ein Fall kann abgewiesen oder überstellt werden, wenn das *Venue*-Erfordernis nicht erfüllt ist, selbst wenn das Gericht sowohl sachlich als auch persönlich zuständig ist. Der Beklagte kann allerdings auch auf den Gerichtsstand verzichten.

43 Es gibt zwei zentrale Standortregelungen im Bundesgerichtssystem sowie einen Auffangtatbestand, der einschlägig ist, wenn keine der beiden Vorschriften eingreifen. Die erste Vorschrift ist **meldeabhängig** [*residence-based*]. Wenn alle Beklagten im selben *Bundesstaat* leben, kann der Gerichtsstandort jeder *Bezirk* sein, in dem einer der Beklagten gemeldet ist.[31] Die zweite Primärvorschrift ist **handlungsbasiert** [*occurence-based*] und legt fest, dass der Gerichtsstand sich in demjenigen Bezirk befindet, in dem ein wesentlicher Teil der Handlungen oder Unterlassungen, die den Anspruch begründen, vorgenommen wurde. Sofern der Streit einen Eigentumsgegenstand betrifft, ist auf den Bezirk abzustellen, in dem sich ein wesentlicher Teil des Eigentums befindet.[32] In dem untypischen Fall, dass keine der beiden Primärvorschriften einschlägig ist – wenn beispielsweise die Beklagten in unterschiedlichen Bundesstaaten leben und die Handlung außerhalb der USA vorgenommen worden ist – ist der Gerichtsstand ordnungsgemäß in jedem Bezirk, in dem einer der Beklagten der persönlichen Zuständigkeit unterliegt.[33]

---

30 *International Shoe Co. v. Washington*, 326 U.S. 310, 316, 66 S.Ct. 154 (1945).
31 28 U.S.C.A. § 1391(b)(1).
32 28 U.S.C.A. § 1391(b)(2).
33 28 U.S.C.A. § 1391(b)(3).

Steven F. Baicker-McKee

2. Wohnsitzkriterium

Der **Wohnsitz** [*residence*] hat in Bezug auf den Gerichtsstand eine besondere Bedeu- 44
tung. Ein Individuum ist Einwohner des Bezirks, in dem sein Wohnort liegt. Ein Unternehmen ist in jedem Bezirk ansässig, in dem es der persönlichen Zuständigkeit
unterliegt. Partnerschaften und andere nicht eingetragene Einheiten werden in Fragen des Gerichtsstandes wie Unternehmen behandelt (anders als bei der Heranziehung der Zugehörigkeit zu einem bestimmten Bundesstaat für die bundesstaatliche
Vielfaltsgerichtsbarkeit).[34]

a) Änderung des Gerichtsstands oder Entlassung

Die Gesetzgebung zum Gerichtsstand und das **Fallrecht** [*case law*] stellen eine Rei- 45
he an Anforderungen an den Gerichtsstand und schränken den Entscheidungsspielraum des Gerichts ein. Es gibt im Wesentlichen drei verschiedene Möglichkeiten,
den Gerichtsstand anzufechten. Erstens kann der Beklagte einwenden, dass die
durch den Kläger getroffene Gerichtsstandswahl unzulässig ist. Zweitens kann er
vorbringen, dass der Gerichtsstand, obwohl er richtig gewählt wurde, dermaßen
ungünstig oder unlogisch ist, dass er im Interesse der Gerichtsbarkeit **an einen anderen Ort verlegt** werden sollte [*venue transfer*]. Drittens kann ein Beklagter, wenn
der Gerichtsstand zwar rechtmäßig, der Reiseweg dorthin aber unmöglich ist, unter
der sog. „*forum non conveniens*"-Doktrin die **Entlassung** [*dismissal*] aus dem aktuellen Gerichtsstand fordern.

Wenn der Kläger einen zulässigen Gerichtsstand gewählt hat, kann der Beklagte 46
einen Antrag auf **Änderung des Gerichtsstandes** [*venue transfer*] stellen, um den
Prozess vor einem Gericht zu führen, an das die Klage auch ursprünglich hätte gerichtet werden können (d.h. ein anderes Bundesgericht, das sachlich, persönlich
oder örtlich zuständig ist).[35] Das Gericht wird vor einer solchen Entscheidung das
justizielle Interesse an einer solchen Änderung analysieren und dabei die Zweck-
mäßigkeit für Parteien und Zeugen angemessen einbeziehen. Gerichte nehmen Än-
derungsanträge in der Regel an, wenn die Mehrheit der Kläger und Zeugen außerhalb des ursprünglich gewählten Gerichtsbezirks lebt.

b) Unzulässiger Gerichtsstand

Hat der Kläger seine Klageschrift bei einem unzulässigen Gerichtsstand eingereicht, 47
kann der Angeklagte einen **Antrag auf Abweisung der Klage** [*dismissal*] stellen.[36]
In dieser Situation kann das Gericht entweder den Prozess beenden oder es, im Inte-

---

34 28 U.S.C.A. § 1391(c).
35 28 U.S.C.A. § 1404(a).
36 *Siehe* FED. R.CIV. P. 12(b)(3).

Steven F. Baicker-McKee

resse der Gerechtigkeit, in einen anderen Gerichtsstand übertragen, wo die Klage ursprünglich hätte erhoben werden können (d.h. ein anderes Bundesgericht, das sachlich, persönlich oder örtlich zuständig ist).[37]

c) *Forum Non Conveniens*

48 Es kommt vor, dass ein Kläger den zulässigen Gerichtsstand gewählt, es jedoch noch einen anderen, logischeren, Gerichtsstand gibt, zu dem eine Änderung allerdings unmöglich ist. Erstinstanzliche Bundesgerichte können in der Regel Fälle nur an andere erstinstanzliche Bundesgerichte übertragen.

Beispiel

Wenn ein in den Vereinigten Staaten ansässiger Beklagter eine Rechtsverletzung im Ausland erleidet, ist derjenige Bezirk Gerichtsstand, in dem der US-Bürger ansässig ist. Sollten sich alle Zeugen und Beweismittel im Ausland befinden, kann das US-Bundesgericht zu dem Schluss kommen, dass es im Interesse der Gerechtigkeit geboten ist, den Fall in dem fremden Land weiterzuführen. Das Gericht kann jedoch Prozesse nicht an ausländische Gerichte abgeben, sondern muss den Fall unter der *Forum Non Conveniens*-Doktrin ablehnen, damit der Kläger im Ausland erneut Klage erheben kann.

VI. Wahl des anwendbaren Rechts

49 Wenn ein Bundesgericht einen Fall der bundesrechtlichen Gerichtsbarkeit anhört, sind die bundesrechtliche Zivilprozessordnung, Bundesgesetze, Abkommen und die Verfassung, sowie jegliches diese Rechtsquellen auslegende Fallrecht, anwendbar.

50   Entscheidet das Gericht jedoch über einen Anspruch aus einzelstaatlichem Recht, weil es per bundesstaatlicher Vielfaltsgerichtsbarkeit oder ergänzender Gerichtsbarkeit dafür zuständig ist, ist die Frage der Anwendbarkeit weitaus differenzierter. Der erste entscheidende Punkt, zuweilen als "**vertikale Rechtswahl**" [*vertical choice of law*] bezeichnet, betrifft die Entscheidung zwischen Bundes- und einzelstaatlichem Recht in Bezug auf jede Frage, die das Gericht beantworten muss. In dem Fall *Erie Railroad Company v. Tompkins*[38] hat der *Oberste Gerichtshof* die Antwort auf diese Frage gegeben. Diese besagt, dass Bundesgerichte für Ansprüche aus dem einzelstaatlichen Recht die Prozessregeln des Bundesrechts und die materiellrechtlichen Normen des einzelstaatlichen Rechts heranziehen müssen.

---

37 28 U.S.C.A. § 1406(a).
38 304 U.S. 64, 58 S.Ct. 817 (1938).

Steven F. Baicker-McKee

Beispiel

Die *Erie*-Doktrin ist in vielen Beispielen einfach zu verstehen. Es gibt allerdings auch einige schwierige Grauzonen. Wird beispielsweise um einen Fahrlässigkeitsvorwurf gestritten, wendet das Bundesgericht einzelstaatliches Recht an, um den Fahrlässigkeitsmaßstab zu bestimmen. Allerdings werden bundesrechtliche Prozessregeln auf die Umstände der jeweiligen Prozesse angewandt. Fragen wie etwa Antragsfristen haben sowohl materielle als auch prozessuale Dimensionen und erfordern kontextspezifische Recherche.

Für diejenigen Streitfragen im Bundesprozess, die einzelstaatlichem Recht unterliegen, ist die nächste Frage, das Recht wessen Einzelstaates anwendbar ist. **51**

Beispiel

Angenommen, eine Person klagt in einem Bundesgericht in Virginia wegen einer Begebenheit, die sich in North Carolina ereignet hat. Wendet das Gericht das materielle Recht von Virginia oder North Carolina an? Diese Frage wird manchmal als „**horizontale Rechtswahl**" [*horizontal choice of law*] bezeichnet. Jeder Einzelstaat hat eine gesetzliche Rechtswahlregelung, die diesbezüglich festlegt, welche Gesetze wann angewandt werden sollen. Bundesgerichte können diese Normen für den Einzelstaat, in dem sie sich befinden, anwenden. In dem obenstehenden Beispiel würde das Bundesgericht im Einzelstaat Virginia das materielle Recht anwenden, das die Rechtswahl in Virginia vorsieht.

C. Plädoyers

Die **Plädoyers** [*pleadings*] sind die Schriftsätze, die den Prozess eröffnen und den **52** Rahmen des Rechtsstreits abstecken. Die **Klageschrift** [*complaint*] eröffnet den Prozess und wird durch die **Klageerwiderung** [*answer*] beantwortet. Diese stellt auch die Verteidigung des Angeklagten dar. "*Pleading*" ist ein Fachbegriff, der ausschließlich Schriftsätze beschreibt, die Ansprüche und Verteidigungen enthalten, nicht aber Anträge, Schriftsätze, Offenlegungsgesuche und sonstige Gerichtsdokumente.[39] Dieser Abschnitt wird die Plädoyers und Einsprüche gegen die Klageschrift im Prozessvorfeld erläutern.

I. Prozesseröffnung

Für die Eröffnung eines Gerichtsprozesses sind zwei Schritte erforderlich. Zunächst **53** verfasst der Kläger die Klageschrift – das rechtliche Dokument, das die Parteien und

---

39 Fed. R.Civ. P. 7.

Steven F. Baicker-McKee

Ansprüche enthält. Zweitens muss der Kläger die Klageschrift und eine **Vorladung** [*summons*] an den Beklagten **zustellen** [*serve*] – dieser rechtliche Prozess bezieht den Angeklagten in den Prozess ein und führt dazu, dass er seine Verteidigung anzuzeigen hat.

1. Klageschrift

54 Die bundesrechtliche Zivilprozessordnung gibt, hinsichtlich der an ein Bundesgericht gerichteten Klageschrift, einige formale Anforderungen vor.

a) Kopfzeile

55 Den Beginn der ersten Seite bildet die **Kopfzeile** [*caption*], die das Gericht, die Parteien und eine **prozessspezifische Identifikationsnummer für die Registerführung** [*docket number*] enthält.[40] Die Kopfzeile der Klageschrift muss alle Parteien benennen. Spätere Gerichtsdokumente dürfen auch eine kürzere Version nutzen, in der immer nur die erstgenannte Partei mit dem Zusatz "et al." erwähnt wird. Jedes Plädoyer hat einen Titel, der direkt unterhalb der Kopfzeile steht. Der Titel der Klageschrift ist normalerweise einfach "*Complaint*"; er kann aber auch detaillierter sein.

b) Textkörper

56 Der **Textkörper der Klageschrift** [*body of the complaint*] ist in fortlaufend nummerierte Absätze unterteilt, wobei **jeder Absatz einen eigenen Themenkomplex** [*single set of circumstances*] enthält.[41] Der Textkörper muss drei inhaltliche Angaben machen: eine zur Zuständigkeit des Gerichts, eine zur Anspruchsgrundlage, aufgrund derer der Kläger Rechtsschutz begehrt und eine zur konkret geforderten Abhilfe.

aa) Zuständigkeit des Gerichts

57 Die Klageschrift beginnt typischerweise mit der **Angabe zur Zuständigkeit des Gerichts** [*statement of jurisdiction*] – diese bestimmt sich normalerweise aus einer Mischung aus bundesrechtlicher Gerichtsbarkeit, bundesstaatlicher Vielfaltsgerichtsbarkeit und ergänzender Gerichtsbarkeit (s. o.).[42] Um die Zuständigkeit aufgrund der bundesrechtlichen Gerichtsbarkeit zu begründen, zitiert die Klageschrift das Gesetz

---

40 FED. R. CIV. P. 10(a).
41 FED. R. CIV. P. 10(b).
42 FED. R. CIV. P. 8(a)(1).

Steven F. Baicker-McKee

über die bundesrechtliche Gerichtsbarkeit und benennt das geltende Bundesrecht, auf das der Kläger seine Ansprüche stützt. Um bundesstaatliche Vielfaltsgerichtsbarkeit zu begründen, führt eine Klage regelmäßig die nötigen Fakten an, um die Einzelstaatszugehörigkeit der Beteiligten zu bestimmen und den Streitwert festzulegen.

bb) Anspruchsgrundlagen

Der Hauptinhalt der Klageschrift ist die **Angabe der Anspruchsgrundlagen** [*statement of claims*], die der Kläger geltend macht, um Abhilfe zu erhalten.[43] Bundesgerichte verwenden als Maßstab einen sog. **Benachrichtigungsschriftsatz** [*notice pleading*], der erfordert, dass der Beklagte über jeden Anspruch, der gegen ihn erhoben wird, informiert wird. Allerdings muss der Kläger nicht jede einzelne unterstützende Tatsache vortragen. Der Supreme Court hat Richtlinien für die mindesterforderliche Erfüllung dieses Standards festgelegt, aus denen hervorgeht, dass eine Klageschrift ausreichend detailliert sein muss, um alle Elemente der erhobenen Ansprüche „plausibel" darzustellen.[44] Dieser **Glaubwürdigkeits** [*plausibility*] **Standard** ist zwar nicht genau definiert, muss aber in etwa zwischen möglich und wahrscheinlich liegen. So bestimmt sich das Mindestmaß an gefordertem Inhalt. Aus strategischen Erwägungen führen Kläger jedoch manchmal mehr Details als nötig an. Wenn eine Klage mehr als einen Anspruch enthält, werden diese in der Regel in der Form von **Klagepunkten** [*counts*] aufgebaut.[45]

58

cc) Rechtsschutzbegehren

Der Textkörper der Klageschrift endet in der Regel mit dem **Rechtsschutzbegehren** [*statement of relief*], in dem der Kläger angibt, welche Rechtsfolge er begehrt. Dies kann etwa **Schadensersatz in Geld** [*money damages*] sein oder ein **vorläufiger Unterlassungsanspruch** [*injunctive relief*].[46] Das Rechtsschutzbegehren ist oft in einer sog. "*Wherefore*"-Klausel zu finden, einem abschließenden Absatz, der mit den Wörtern "*WHEREFORE, the plaintiff requests ...*" beginnt. Jeder Absatz kann seine eigene *Wherefore*-Klausel am Ende enthalten, oder alle Rechtsschutzbegehren werden am Ende der Klage zusammengefasst.

59

---

43 Fed. R. Civ. P. 8(a)(2).
44 *Bell Atlantic Corp. v. Twombly*, 550 U.S. 544 (2007).
45 Fed. R. Civ. P. 10(b).
46 Fed. R. Civ. P. 8(a)(3).

Steven F. Baicker-McKee

Praxistipp

Kläger fügen oftmals eine Sammelformulierung wie beispielsweise *"whatever relief the court deems appropriate"* an, um dem Gericht so viel Entscheidungsspielraum wie möglich zu gewähren und die Möglichkeit offenzuhalten, auch solchen Rechtsschutz gewähren zu können, der nicht explizit gefordert wurde.

---

c) Unterschrift; Regelung 11 der bundesrechtlichen Zivilprozessordnung

60   Die Klage endet mit der **Signatur** [*signature block*] des Prozessbevollmächtigten, welche seine Kontaktinformationen enthält. Dieses Unterschriftenerfordernis, das sich aus **Regelung 11 der bundesrechtlichen Zivilprozessordnung** ergibt,[47] erfordert, dass jedes beim Gericht eingereichte Dokument von einem Anwalt unterschrieben wird (oder von der Partei, wenn diese *pro se* – also sich selbst vertretend – handelt). Zudem können hierdurch auch Sanktionen für bösgläubig geleistete Unterschriften verhängt werden.

61   **Regelung 11** zufolge, wird durch die Unterschrift auf einem gerichtlichen Antrag zudem versichert, dass die in dem Dokument vertretenen rechtlichen Positionen durch geltendes Recht oder ein seriöses Argument für eine Rechtsänderung, begründet sind. Zudem wird hierdurch klargestellt, dass die Tatsachenbehauptungen oder -anfechtungen in gutem Glauben und auf Grundlage von Nachforschungen getroffen werden. Regelung 11 enthält außerdem Prozessvorschriften für die Sanktionierung des Anwalts und/oder der Prozessparteien. Die gegnerische Partei kann solche Sanktionen beantragen. Dafür muss sie zunächst dem Anwalt, der das vermeintlich fehlerhafte Dokument eingereicht hat, eine Ausfertigung des Antrags zukommen lassen und dann 21 Tage verstreichen lassen, bevor sie den Antrag stellt. Dies soll der anderen Seite eine Möglichkeit geben, den Fehler zu beseitigen. Selbst bei Fehlen eines Antrags kann das Gericht **aus eigenem Antrieb** [*sua sponte*] Sanktionen verhängen, nachdem die betroffene Partei benachrichtigt wurde und eine Möglichkeit erhalten hat, sich zu korrigieren.

62   Sanktionen nach Regelung 11 der Zivilprozessordnung sollen abschreckend, nicht bestrafend wirken. Sie können z.B. die Erstattung von Kosten oder Gebühren, die der Gegenseite aufgrund der fehlerhaften Handlung angefallen sind, oder Erziehungsmaßnahmen und andere kreative Maßnahmen, um ein wiederholtes Fehlverhalten zu verhindern, enthalten.

---

47 Fed. R. Civ. P. 11.

Steven F. Baicker-McKee

d) Anspruchsgrundlagen

Die Zivilprozessordnung enthält Voraussetzungen und Einschränkungen bezüglich **63**
der Anspruchsarten, die in einer Klage vorkommen dürfen bzw. hinzugefügt werden
können. Regelung 18 der bundesrechtlichen Zivilprozessordnung ist die wichtigste
Regel im Hinblick auf die Kombination verschiedener Ansprüche in einer einzelnen
Klage. Sie besagt, dass eine Partei, sobald sie einen Anspruch gegen eine andere
Partei erhoben hat, zusätzlich auch andere Ansprüche erheben kann, selbst wenn
diese nicht mit dem ersten zusammenhängen.[48] So kann ein Kläger neben einem
deliktischen Anspruch auch einen davon unabhängigen Anspruch aus Vertragsver-
letzung gegen denselben Beklagten geltend machen. Nichtsdestotrotz muss jede
Anspruchsgrundlage die Anforderungen an die sachliche, persönliche und örtliche
Zuständigkeit des Gerichts erfüllen (s. o.).

Eine Diskussion der verschiedenen Anspruchsarten, die dem Kläger zur Verfü- **64**
gung stehen, liegt außerhalb des Rahmens von diesem Kapitel. Eine Kategorie von
Ansprüchen verdient jedoch besondere Erwähnung: Die Ansprüche auf einen gerichtlichen vorläufigen **Unterlassungsanspruch** [*injunction*]. Eine *injunction* ist
eine Anordnung des Gerichts, die dem Beklagten vorschreibt, eine bestimmte Handlung zu unterlassen oder zu unternehmen (auch "*mandatory injunction*" genannt).
Verfügungen können in drei zeitlichen Rahmen erlassen werden.

aa) Zeitweise einschränkende Verfügung

In Fällen, in denen die geforderte Handlung eilig ist, kann der Kläger eine sehr kurz- **65**
fristige Art der einstweiligen Verfügung vom Gericht fordern, eine sog. "*temporary
restraining order*" oder "*TRO*". Die *TRO* ist eine Notfallverfügung, die den Status
Quo sichern soll, bis eine ausführlichere Anhörung anberaumt werden kann. Einige
der Prozessgarantien, die im Prozess vor den Bundesgerichten beachtet werden
müssen, sind im Zusammenhang mit *TRO's* gelockert. Daher sind diese auf eine
Höchstdauer von 14 Tagen beschränkt.[49]

Aufgrund des Ausnahmecharakters einer *TRO* kann ein Gericht sie ohne Vorla- **66**
dung des Beklagten erlassen, solange der Kläger einen nicht unwesentlichen Aufwand betrieben hat, um den Beklagten in Kenntnis zu setzen. Ein Gericht wird eine
TRO erlassen, wenn die folgenden fünf Elemente erfüllt sind: 1) Die Verfügung ist
erforderlich, um einen substantiellen Schaden abzuwenden, **der nicht durch Schadensersatz in Geld ausgeglichen werden kann** [*no adequate remedy at law*].
2) Die Ablehnung der Verfügung würde einen größeren Schaden zur Folge haben,
als es der Erlass hat. 3) Die klagende Partei hat einen **substanziellen Anspruch auf
den begehrten Rechtsschutz** [*likelihood of success on the merits*]. 4) Die Verfügung

---

48 FED. R. CIV. P. 18.
49 FED. R. CIV. P. 65(b).

Steven F. Baicker-McKee

ist darauf beschränkt, den Schaden zu begrenzen. 5) Die Verfügung schadet der Öffentlichkeit nicht.

67   Wenn der Kläger das Gericht davon überzeugt, die TRO zu erlassen, wird dieses vom Kläger fordern, eine Sicherheit zu hinterlegen, um den Beklagten für den Fall zu schützen, dass die Verfügung letztlich unrechtmäßig war.[50]

bb) Vorläufiger Unterlassungsanspruch

68   Eine häufigere und weniger drastische Form des vorläufigen Rechtsschutzes ist der **vorläufige Unterlassungsanspruch** [*preliminary injunction*]. Ebenso wie eine *TRO* ist auch ein vorläufiger Unterlassungsanspruch dafür bestimmt, den Status Quo aufrecht zu erhalten, bis eine abschließende Anhörung für die Entscheidung in der Hauptsache stattfinden kann. Das Gericht kann keinen vorläufigen Unterlassungsanspruch erlassen, wenn nicht sichergestellt ist, dass der Beklagte informiert wurde und eine Möglichkeit hatte, sich zu äußern. Daher unterliegen vorläufige Unterlassungsansprüche keiner zeitlichen Beschränkung.[51] Die Voraussetzungen sind denen einer TRO ähnlich.

69   Wie im Falle einer *TRO* wird das Gericht, wenn es eine solche Verfügung erlässt, vom Kläger fordern, eine Sicherheit zum Schutze des Beklagten für den Fall zu leisten, dass die Verfügung sich letztlich als unrechtmäßig herausstellt.

cc) Dauerhafte Verfügung

70   Die abschließende Entscheidung eines Antrags auf die Erteilung einer gerichtlichen Verfügung wird in Form einer **dauerhaften Verfügung** [*permanent injunction*] ergehen. Die Voraussetzungen ähneln weitestgehend denen einer *TRO* oder einer einstweiligen Verfügung. Einzige Ausnahme ist die Tatsache, dass das Gericht nicht die Erfolgsaussichten der Anspruchsbegründungen einbezieht, sondern die Begründungen selbst formuliert. Weil die dauerhafte Verfügung das Ende des Zivilprozesses darstellt, ist keine Sicherheitseinlage vom Kläger erforderlich.[52]

71   Es kann ineffizient sein, zwei Anhörungen zu dem Erlass einer gerichtlichen Verfügung vorzunehmen (d.h. zwei getrennte Anträge auf die Erteilung eines vorläufigen Unterlassungsanspruchs *und* einer dauerhaften Verfügung zu stellen). Das Gericht kann demensprechend beide Anhörungen zusammenlegen, die dann gemeinsam im vorläufigen Rechtsschutzprozess angehört werden.[53]

---

50 FED. R.CIV. P. 65(c).
51 FED. R.CIV. P. 65(a).
52 FED. R.CIV. P. 65(c).
53 FED. R.CIV. P. 65(a)(2).

Steven F. Baicker-McKee

e) Die Prozessparteien in der Klage und Sammelklagen

Die bundesrechtliche Zivilprozessordnung ist hinsichtlich der Prozessparteien re- 72
striktiver als hinsichtlich der einbeziehbaren Ansprüche. Damit ein Kläger gleichzeitig gegen mehrere Beklagte vorgehen kann, muss er gegen jeden Beklagten Ansprüche vorbringen. Diese Ansprüche müssen aus derselben „Transaktion oder Begebenheit", oder „Reihe von Transaktionen oder Begebenheiten" erwachsen und es muss jedenfalls eine Rechts- oder Tatsachenfrage geben, die für alle Beklagten eine Rolle spielt.[54] Wenn der Kläger einen solchen Anspruch gegen alle Beklagten geltend machen kann, kann er andere, nicht zusammenhängende Ansprüche gemäß Regelung 18 der bundesrechtlichen Zivilprozessordnung zusammenfassen. Ähnliche Einschränkungen gelten für den Fall, dass mehrere Kläger gemeinsam Klage erheben wollen.[55]

Die bundesrechtliche Zivilprozessordnung erlaubt **Sammelklagen** [*class ac-* 73 *tions*], wenn die Anzahl der Parteien (typischerweise Kläger) so groß ist, dass es unpraktisch erscheint, jeden Anspruch einzeln zu verfolgen.[56] Oftmals betreffen Sammelklagen solche Situationen, in denen das Unternehmen eines Beklagten durch seine wirtschaftliche Tätigkeit vielen Verbraucher einen, für sich genommen, geringfügigen Schaden zugefügt hat, dessen rechtliche Verfolgung durch Einzelne nicht effizient wäre.

Bei Sammelklagen treten die **Repräsentanten** [*class representatives*] als be- 74 nannte Vertreter der Kläger auf. Sie führen in ihrem eigenen Namen und stellvertretend für die anderen unbenannten Kläger den Prozess. Ob die Klage als Sammelklage fortgeführt wird, ist allerdings nicht garantiert. Vielmehr beginnt sie als **„vermeintliche Sammelklage"** [*putative class action*] und wird erst dann zu einer echten Sammelklage, wenn das Gericht die entsprechende „Klasse" **bestätigt** [*certified*] hat.

Im Bestätigungsprozess prüft das Gericht, ob die Klägergruppe tatsächlich zu 75 groß ist, um jeweils einzeln zu klagen und ob es hinreichend Gemeinsamkeiten zwischen den Mitgliedern einer Gruppe gibt. Des Weiteren wird geprüft, ob die Repräsentanten geeignete Vertreter für die restlichen Kläger darstellen, also vor allem, ob sie und ihre Anwälte in der Lage sind, die Interessen aller Kläger zu vertreten.

Sobald die Sammelklage bestätigt ist, hat das Gericht eine gewisse Kontrolle 76 über den Prozess, das sich von den meisten anderen Prozessarten unterscheidet. Insbesondere müssen Zahlungen und Anwaltskosten vom Gericht genehmigt werden, wodurch sichergestellt werden soll, dass sich die Repräsentanten nicht unrechtmäßig an den anderen Mitgliedern der Klägergruppe bereichern.

---

54 FED. R.CIV. P. 20(a)(2).
55 FED. R.CIV. P. 20(a)(1).
56 FED. R.CIV. P. 23.

Steven F. Baicker-McKee

2. Vorladung

77 Die Klage führt nicht automatisch dazu, dass der Beklagte am Prozess teilnehmen muss. Der Beklagte muss vielmehr mittels eines Dokuments **vorgeladen** werden [*summons*]. Erst diese Vorladung verbindet ihn mit dem Prozess und verpflichtet ihn dazu, vor Gericht zu erscheinen und sich zu verteidigen. Das erforderliche Dokument ist auf den Webseiten der meisten Gerichte verfügbar.

3. Förmliche Zustellung

78 Wenn die Klage eingereicht wurde, muss der Kläger dafür Sorge tragen, dass die Zustellung der Klageschrift und der Vorladung an den Kläger innerhalb von 90 Tagen erfolgt.[57] Diese **Zustellung** [*service of process*] kann auf verschiedene Arten ausgeführt werden.

a) Verzicht auf förmliche Zustellung

79 Die bundesrechtliche Zivilprozessordnung enthält eine Klausel, die den **Verzicht des persönlichen Zustellungserfordernis** [*waiver of service*] regelt.[58] In diesem Fall sendet der Kläger eine Anfrage an den Beklagten, in der er darum bittet, auf die persönliche Zustellung jedes Dokuments verzichten zu können. Wenn der Beklagte (mit der Rücksendung des ausgefüllten Formulars) zustimmt, hat er noch 60 Tage Zeit, um auf die Klage zu erwidern, statt der normalerweise geltenden 21 Tage. Wenn der Beklagte das Verzichtformular nicht unterschreibt, muss der Kläger die Zustellung übernehmen, um die förmliche Zustellung zu vollenden und kann anschließend die Kosten vom Beklagten zurückverlangen. Dies gilt nicht, soweit der Beklagte einen guten Grund hat, die Anfrage abzulehnen.

Praxistipp

Die Anfrage auf Verzicht der persönlichen Zustellung ist üblich. Ebenso ist es weit verbreitet, einer solchen Anfrage zuzustimmen. In der Tat bietet das Prozessrecht einen starken Anreiz für eine derartige Kooperation, und eine Nichtkooperation an dieser Stelle birgt nicht nur das Risiko der Kostenübernahmepflicht, sondern stellt den Rechtsstreit auch unter ein schlechtes Vorzeichen.

---

b) Zustellung an eine Gesellschaft

80 Die meisten Bundesstaaten fordern, dass Gesellschaften und andere Unternehmen den Posten eines **eingetragenen Empfangsbevollmächtigten für die förmliche**

---

57 FED. R. CIV. P. 4(m).
58 FED. R. CIV. P. 4(d).

Steven F. Baicker-McKee

Zustellung von Prozessmaterial, als Voraussetzung für die Registereintragung schaffen, um dort geschäftlich tätig zu werden. Die förmliche Zustellung der Klageschrift und die Vorladung geschieht für solche Unternehmen meist über diese designierten Bevollmächtigten.

Praxistipp

Viele Firmen nutzen ein Unternehmen namens "CT Corporation" als eingetragenen Empfangsbevollmächtigten. Wenn die Klägerpartei die Klageschrift und die Vorladung direkt an die CT Corporation sendet, wird der Rechtsverkehr meist erfolgreich verlaufen. Direkt nach Erhalt sendet die CT Corporation die erhaltenen Dokumente an die Parteien weiter, die sich dann um Rechtsberatung und Verteidigung kümmern kann.

---

c) Förmliche Zustellung an eine Einzelperson

Die Zustellung an eine Einzelperson ist komplizierter als die an ein Unternehmen. 81 Der höchste Maßstab für die förmliche Zustellung an Einzelpersonen ist die **persönliche Zustellung** [*personal service*], bei dem eine nicht am Prozess beteiligte Person, die älter sein muss als 18 Jahre, die Klageschrift und die Vorladung an den Beklagten übergibt. Eine andere Möglichkeit ist die **Wohnungszustellung** [*abode service*], bei dem Klageschrift und Vorladung in der Wohnung des Beklagten bei einer dort wohnhaften Person angemessenen Alters und Vertrauenswürdigkeit hinterlassen werden.

d) Zustellung auf durch das Bezirksgericht eines Einzelstaates zugelassenem Wege

Die bundesrechtliche Zivilprozessordnung erlaubt auch die Zustellung durch jegli- 82 che Mittel, die durch die Prozessgesetze des Einzelstaates, in dem das angerufene Bundesgericht seinen Sitz hat, vorgesehen sind. Demnach kann beispielsweise ein Kläger, der vor einem Bundesgericht in Ohio klagt, Klageschrift und Vorladung auch per **Einschreiben mit Rückschein** [*certified mail*] senden, wenn die Regeln des Bundesstaates Ohio eine solche Zustellung erlauben.

e) Zustellung durch außergewöhnliche Mittel

Wenn die normalen Zustellungswege wirkungslos sind, kann ein Kläger das Gericht 83 bitten, andere Zustellungsmittel zu erlauben. So kann es das Gericht, wenn der Kläger den Beklagten trotz erheblicher Anstrengungen nicht auffinden kann, zulassen, dass die Bekanntgabe in einer Zeitung und per Post an die letzte bekannte Adresse des Beklagten erfolgt.

Steven F. Baicker-McKee

II. Erwiderung auf die Klageschrift

84 Der Beklagte hat grundsätzlich zwei Möglichkeiten, auf den Erhalt der Klageschrift und der Vorladung zu reagieren. Zunächst kann er einen Antrag stellen, in dem er verschiedene Aspekte der Klage anficht. Zweitens kann er eine **Klageerwiderung** [*answer*] einreichen, in der er die in der Klageschrift vorgebrachten Vorwürfe eingesteht oder bestreitet. Zusätzlich kann er, in Verbindung mit der Klageerwiderung, Gegenansprüche gegen den Kläger oder andere Parteien geltend machen.

1. Rückmeldungsfrist

85 Der Beklagte muss entweder innerhalb von 21 Tagen auf die Klage erwidern oder einen Antrag auf Klageabweisung stellen, nachdem er die Klageschrift und die Vorladung erhalten hat (obwohl Fristverlängerungen im gegenseitigen Einverständnis möglich sind).[59] Wenn ein Beklagter die Anfrage des Beklagten auf Verzicht der förmlichen Zustellung akzeptiert hat, verlängert sich die Rückmeldungsfrist auf 60 Tage. Stellt der Beklagte einen Antrag auf Klageabweisung, ist die Frist zur Antwort gehemmt bis 14 Tage nach der negativen Entscheidung des Gerichts über den Antrag auf Klageabweisung. Gibt das Gericht dem Antrag statt, ist keine Antwort auf die Klage mehr erforderlich.

86 Wenn ein Beklagter nicht innerhalb der gebotenen Frist auf die Klageschrift antwortet kann, der Kläger ein **Versäumnisurteil** [*default judgment*] verlangen.[60] Dieses erfolgt in zwei Schritten. Zuerst erhält der Kläger vom Urkundsbeamten eine Bestätigung darüber, dass der Beklagte **säumig** ist [*default*]. Dies ist ein rein amtlicher Prozess und die Geschäftsstelle des Gerichts versendet automatisch eine Mitteilung der Säumnis, sobald der Kläger, typischerweise in der Form einer eidesstattlichen Versicherung, Beweise dafür vorlegt, dass der Beklagte die Antwortfrist versäumt hat.

87 Um gegen den Beklagten vollstrecken zu können, muss der Kläger in einem weiteren Schritt das Versäumnisurteil vom Gericht erhalten. Es ist von der Art des begehrten Rechtsschutzes abhängig, welchen Prozessvorschriften der Prozess unterliegt. Wenn die Klage eine bestimmte Summe anstrebt – wie beispielsweise im Falle einer Vertragsverletzung – kann auch die Geschäftsstelle des Gerichts ein Versäumnisurteil erlassen. Wenn die Klage auf eine nicht ohne weiteres bestimmbare Schadensersatzhöhe gerichtet ist – wie bei Schmerzensgeld – oder auf einen billigkeitsrechtlichen Anspruch, muss der Kläger einen Antrag auf Erteilung eines Säumnisurteils stellen, über den dann vom Gericht entschieden wird.

---

59 FED. R.CIV. P. 12(a)(1)(A).
60 FED. R.CIV. P. 55.

Steven F. Baicker-McKee

Praxistipp

Ein Versäumnisurteil ist ein für die säumige Partei sehr schwerwiegendes Ergebnis. Dementsprechend sind die Gerichte im Falle einer unbeabsichtigten Säumnis meistens offen für einen Antrag, um den durch Versäumnisurteil beendeten Prozess erneut zu eröffnen. Ein Beklagter sollte so schnell wie möglich einen Antrag stellen, in dem er die Gründe erläutert, die zu seinem Antwortverzug geführt haben, um eine solche Option in Anspruch zu nehmen.

2. Antrag auf Klageabweisung

Der Hauptmechanismus um die Angemessenheit einer Klage anzufechten, ist ein **88** **Antrag auf Klageabweisung** [*motion to dismiss*]. Auf der Grundlage von Regelung 12(b) der bundesrechtlichen Zivilprozessordnung, kann ein solcher Antrag gestellt werden, wenn der Beklagte die sachliche, persönliche oder örtliche Zuständigkeit bezweifelt, die Zustellung fehlerhaft durchgeführt wurde, die Klage nicht schlüssig ist, oder eine für den Prozess notwendige Partei nicht aufgenommen wurde.[61] Zusätzlich kann der Beklagte beantragen, dass Teile der Klage, die unsachlich oder unangemessen sind, gestrichen werden und das Gericht auffordern, vom Kläger weitere Ausführungen zu den in der Klageschrift gestellten Ansprüchen einzuholen.[62]

a) Fehlende Schlüssigkeit der Klage

Die häufigste und wichtigste in Regelung 12 enthaltene Rechtsgrundlage ist der **An-** **89** **trag auf Klageabweisung wegen fehlender Schlüssigkeit** [*motion to dismiss for failure to state a claim*] in **Regelung 12(b)(6)**. Durch einen solchen Antrag wird vorgebracht, dass die Klage nicht ausreichend Tatsachen enthält, um dem Glaubwürdigkeitsstandard gerecht zu werden (s. o.), oder dass die angeführte Rechtsgrundlage das Ersuchen des Klägers nicht stützt.

Generell wird die Schlüssigkeit allein aufgrund der zu diesem Zeitpunkt des Pro- **90** zesses **bereits als wahr geltenden Behauptungen** [*four corners of the complaint*] bewertet. Der Kläger muss die Beweise, mit denen er die Behauptungen belegt, nicht benennen, und das Gericht wertet die Erfolgswahrscheinlichkeit der Klage nicht aus. Dem liegt zugrunde, dass erst in der Offenlegungsphase die Beweise gesammelt werden, und jeder Prozess, in dem der Glaubwürdigkeitsstandard erfüllt ist, in diese übergeht.

---

61 Fed. R.Civ. P. 12(b)(1)–(7).
62 Fed. R.Civ. P. 12(e) and (f).

Steven F. Baicker-McKee

Praxistipp

Bundesgerichte ziehen es vor, Fälle aufgrund der materiell-rechtlichen Erwägungen und nicht aufgrund von Formfragen zu entscheiden. Dementsprechend kann der Kläger eine Fristverlängerung für die Ausführung der Klageschrift beantragen, um Schwächen zu verbessern, aufgrund derer der Beklagte die Abweisung der Klage gefordert hat. Solchen Anträgen wird üblicherweise stattgegeben.

---

b) Verzicht auf Einwendungen im Sinne von Regelung 12

91 Viele der frühen Einwendungen gegen eine Klage müssen unverzüglich erhoben werden, da sie sonst aufgegeben sind.[63] Wenn die Einwendungen nicht in Form eines Antrags nach Regelung 12 vorgebracht werden, sind sie verwirkt. Außerdem verzichtet der Beklagte, indem er einen bestimmten Antrag gemäß Regelung 12 stellt, auf alle anderen Möglichkeiten der Klageerwiderung aus Regelung 12, die nicht auch in dem vorgelegten Antrag aufgeführt sind. Der Grund für diesen implizierten Verzicht ist einerseits die Effizienz und andererseits die Vermeidung einer Situation, in welcher der Beklagte den Prozess weiterführt, um dann, wenn seiner Partei unvorteilhafte Entscheidungen drohen, Einwendungen vorzubringen.

92   Einige der Einwendungen im Sinne von Regelung 12 unterliegen nicht dem oben genannten konkludenten Verzicht. Der Einwand der sachlichen Zuständigkeit kann jederzeit vorgebracht werden, selbst in der Revision nach dem Prozess. Fehlende Schlüssigkeit der Klage und fehlende Aufnahme einer notwendigen Prozesspartei sind auch von den Verzichtregeln ausgeschlossen.[64]

3. Klageerwiderung

93 Sofern der Streit nicht abgewiesen oder außergerichtlich beigelegt wird, muss der Beklagte letztendlich eine **Klageerwiderung** [*answer*] einreichen. Diese Erwiderung muss zwei Komponenten enthalten: Zunächst muss der Kläger darin auf die Behauptungen aus der Klageschrift eingehen, indem er die Behauptungen des Klägers, die er für wahr hält, einräumt und die unbegründeten Behauptungen bestreitet. Diejenigen Behauptungen, die er weder einräumen noch bestreiten kann, da er trotz gewissenhafter Ermittlung keine hinreichenden Informationen dazu hat, muss er mit Nichtwissen bestreiten.[65]

---

63 *Siehe* Fed. R. Civ. P. 12(g) and (h).
64 Fed. R. Civ. P. 12(h).
65 Fed. R. Civ. P. 8(b).

Steven F. Baicker-McKee

Praxistipp

Die Klageerwiderung ist typischerweise so aufgebaut, dass sie die Klageschrift widerspiegelt – die nummerierten Absätze entsprechen denen der Klageschrift. Diese enthält oft mehrere Behauptungen in einem Absatz – die bundesrechtliche Zivilprozessordnung verbietet es dem Beklagten ausdrücklich, dem ganzen Absatz pauschal aufgrund einer einzelnen Einwendung zu widersprechen.[66] Entsprechend enthalten die Absätze der Klageerwiderung oftmals eine Kombination aus Einräumungen und Bestreiten. Weil Tatsachenbehauptungen, die nicht bestritten werden, als eingestanden erachtet werden, ist es vorzugswürdig, denjenigen Tatsachenbehauptungen, die seitens des Beklagten nicht bestritten werden, explizit zuzustimmen, um dann alle nicht explizit zugestandenen Tatsachen zu bestreiten.

Zusätzlich dazu, dass in der Klageerwiderung auf die Tatsachenvorwürfe der Klage-   94
schrift geantwortet werden muss, sollten auch die **affirmativen Einreden** [*affirmative defenses*][67] des Beklagten angeführt werden. Diese werden oftmals als „Ja, aber"-Erwiderungen bezeichnet, da der Beklagte eine Entschuldigung für das ihm vorgeworfene Verhalten anbietet. Beispielsweise könnte der Kläger auf die Behauptung eines Schadenersatzanspruchs aus Körperverletzung mit folgender affirmativen Einrede der Einwilligung reagieren: „Ja, ich habe dich angefasst, aber ich hatte Deine Einwilligung dazu und darum war es keine **Körperverletzung** [*battery*]." **Regelung 8(c)** enthält eine Liste der üblicherweise vorgebrachten affirmativen Einreden.

4. Zusätzliche Ansprüche der Beklagten

Zusätzlich zur Erwiderung der Klageschrift kann ein Beklagter auch eine Vielzahl an   95
Gegenansprüchen geltend machen, sowohl auf Mitbeteiligung an den geltend gemachten Verbindlichkeiten als auch auf zusätzliche positive Abhilfe.

a) Gegenansprüche

Der Beklagte kann dem Kläger bestimmte **Gegenansprüche** [*counterclaims*] entge-   96
gensetzen. Es gibt zwei Kategorien von Gegenansprüchen: **zwingende Gegenansprüche** [*compulsory counterclaims*] und **erlaubte Gegenansprüche** [*permissive counterclaims*]. Ein zwingender Gegenanspruch erwächst aus derselben Transaktion oder Begebenheit wie der vom Kläger gegen den Beklagten vorgebrachte Anspruch.[68] Der Beklagte muss alle zwingenden Gegenansprüche vorbringen, sonst

---

66 FED. R. CIV. P. 8(b)(4).
67 FED. R. CIV. P. 8(c).
68 FED. R. CIV. P. 13(a)(1). Ausgenommen sind solche Ansprüche, die der Beklagte in einer früheren Prozesshandlung schon gegen den Kläger geltend gemacht hat. Diese werden nicht zu zwingenden Gegenansprüchen, wenn der Kläger die Prozesshandlung gegen den Beklagten einleitet. Eine an-

Steven F. Baicker-McKee

verwirkt er sie. Die Idee hinter dieser Regel ist, dass es effizienter ist, alle auf ein bestimmtes Tatsachenmoment oder eine Handlung bezogenen Ansprüche in einer Prozesshandlung zu bündeln, als sie in einer Reihe von Einzelprozessen zu behandeln.

97   Alle Ansprüche des Beklagten, die nicht aus derselben Transaktion oder Begebenheit resultieren, sind erlaubte Gegenansprüche.[69] Der Beklagte kann alle erlaubten Gegenansprüche vorbringen, ohne jedoch dazu verpflichtet zu sein. Er hat darüber hinaus die Möglichkeit sie für einen späteren Prozess zurückhalten.

98   Nicht zu vergessen ist die Erfordernis der sachlichen, persönlichen und örtlichen Zuständigkeit für jeden Anspruch. Diese Erfordernisse sind einfach zu erfüllen, wenn es sich um zwingende Gegenansprüche handelt, da diese nahezu garantiert durch ergänzende Gerichtsbarkeit von der gerichtlichen Zuständigkeit umfasst sind. Es ist jedoch nicht auszuschließen, dass durch das Zuständigkeitserfordernis einige, andernfalls erlaubte, Gegenansprüche gesperrt werden.

b) Kreuzansprüche

99 Wenn mehrere Beklagte eine Partei bilden, kann es sein, dass einer von ihnen gegenüber einem anderen Beklagten einen Anspruch geltend machen will. Diese Ansprüche heißen **Kreuzansprüche** [*crossclaims*]. Sie müssen aus derselben Transaktion oder Begebenheit erwachsen, wie der ursprünglich vom Kläger gegen den Beklagten vorgebrachte Anspruch.[70] Alle Kreuzansprüche sind grundsätzlich zulässig.

Praxistipp

Ein Kreuzanspruch erfordert von einem Beklagten, dass er einen Anspruch gegen einen anderen Beklagten nachweist. Beklagte glauben oft, dass sie, indem sie Kreuzansprüche gegeneinander vorbringen und diesbezüglich Beweismaterial sammeln, die „Arbeit für den Kläger machen". Darum stimmen sich die Beklagten eines Prozesses oft darüber ab, dass sie keine Gegenansprüche gegeneinander vorbringen und verlassen sich auf deren lediglich erlaubende Natur.

---

100 Wenn ein Beklagter einen Kreuzanspruch gegen einen anderen erhoben hat, erlaubt ihm Regelung 18 der Zivilprozessordnung jegliche Ansprüche, die er gegen diesen Beklagten hat, vorzubringen. Dies gilt unabhängig davon, ob diese mit dem

---

dere Ausnahme ist es, dass ein Gegenanspruch, der die Beiladung einer Partei erfordert, über die das Gericht keine Gerichtsbarkeit ausübt. In solchen Fällen wird der Anspruch als nicht zwingend ausgelegt. FED. R.CIV. P. 13(a)(2).

69 FED. R.CIV. P. 13(b).

70 FED. R.CIV. P. 13(g). Der Kreuzanspruch kann, muss aber nicht, einen Anspruch auf Beteiligung des Mitbeklagten enthalten.

Steven F. Baicker-McKee

Ursprungsanspruch in Verbindung stehen oder nicht. Der Kläger, der den Kreuzanspruch geltend macht, benötigt jedoch eine eigenständige Grundlage für die sachliche Zuständigkeit des Gerichts für jeden Anspruch, der nicht dem Ursprungsanspruch zuzuordnen ist.

c) Ansprüche Dritter

Kläger haben oftmals die Möglichkeit einige, aber nicht alle Gegner zu verklagen, **101**
die in ein Geschehen involviert sind. Dies gilt insbesondere bei deliktsrechtlichen
Streitigkeiten, bei denen **gesamtschuldnerische und einzelschuldnerische Haftung** [*joint and several liability*] besteht. In derartigen Fällen haftet der Beklagte potenziell für die volle Schadenssumme gegenüber dem Kläger, kann dann allerdings im Innenverhältnis bei den anderen Schädigern Regress nehmen. Dadurch
hat der Geschädigte die Möglichkeit, ausschließlich den solventesten, oder denjenigen Schädiger, der offensichtlich haftbar ist, zu verklagen. Solche Beklagten werden
oftmals ihrerseits Haftungsansprüche gegenüber den anderen Schädigern haben,
die der Kläger nicht in seine Klage einbezogen hat. Unter diesen Umständen haben
Beklagte das Recht, **andere Schädiger mit zu verklagen** [*implead*] oder zur Klage
beizuladen.

Die Beiladung einer dritten Partei zum Prozess funktioniert im Wesentlichen **102**
wie der ursprüngliche Prozess der Klageschrift und Klageerwiderung, hat jedoch
eine eigene Nomenklatur. Der den Gegenanspruch geltend machende Kläger, der
einen anderen Beklagten im Rahmen einer Drittklage verklagt, heißt **Drittpartei-
Kläger** [*third-party plaintiff*] und der neu hinzugekommene Beklagte wird **Drittpar-
tei-Beklagter** [*third-party defendant*] genannt. Der Drittpartei-Beklagte kann einen
Antrag auf Abweisung der Drittklage stellen oder sie erwidern. Er kann ebenso Gegenansprüche, Kreuzansprüche und seine eigenen Ansprüche klageweise gegen
„Vierte" geltend machen.

III. Ergänzung der Parteivorbringen

Die Plädoyers bestimmen die Fragen, die verhandelt werden. Jedoch sind die Partei- **103**
en nicht unwiderruflich daran gebunden und können bei Gericht die Erlaubnis
beantragen, sie zu ergänzen. Grundsätzlich erlauben Gerichte die Ergänzung von
Plädoyers recht häufig, „wenn die Gerechtigkeit es fordert" und lehnen Anträge auf
Ergänzung lediglich dann ab, wenn dies andere Parteien **beeinträchtigen** [*prejudice*]
würde.[71] „Beeinträchtigen" in diesem Kontext bedeutet, dass die **Verzögerung**, die

---

71 FED. R. CIV. P. 15.

Steven F. Baicker-McKee

durch die Aufnahme der neuen Behauptungen entsteht, der gegnerischen Partei einen Schaden zufügt und nicht etwa, dass diese durch die konkreten Behauptungen selbst einen Nachteil hat.

104　Der einzig komplexe Aspekt der Ergänzung betrifft die **Verjährungsfrist** [*statute of limitations*]. Durch dieses Gesetz wird das letztmögliche Datum für die Einreichung der Klageschrift bestimmt. Wenn zwar die ursprüngliche Klageschrift innerhalb der vorgegebenen Zeit eingereicht wurde, die Ergänzung aber erst nach Ablauf der Frist, muss das Gericht festlegen, ob die erweiterte Klageschrift zur ursprünglichen Frist **rückwirkt** [*relates back*]. In diesem Fall würde also fingiert, dass sie zum Zeitpunkt der ursprünglichen Abgabe mit der Erweiterung eingereicht wurde.

105　Wenn durch die Ergänzung der Klageschrift ein neuer Anspruch gegen eine bereits am Prozess beteiligte Partei vorgebracht wird, wirkt diese Ergänzung dann zurück, wenn der neue Anspruch aus derselben Transaktion oder Begebenheit erwächst wie der ursprünglich vorgebrachte Anspruch.[72]

106　Wenn die ergänzte Klage eine neue Partei zum Prozess hinzuziehen möchte, ist die Hürde für die Rückwirkung weit höher. Der neue Anspruch muss auf derselben Transaktion oder Begebenheit beruhen wie der, den der Kläger in der ursprünglichen Klageschrift geltend gemacht hat. Außerdem müssen zwei weitere Voraussetzungen in einer Frist von 90 Tagen ab dem Einreichen der ursprünglichen Klageschrift erfüllt sein: 1) Der neue Beklagte muss Nachricht zu den neuen Ansprüche erhalten und 2) der neue Beklagte muss wissen, dass er nur aufgrund einer Identitätsverwechslung durch den Kläger von der ursprünglichen Klageschrift noch nicht umfasst war.

D. Prozessführung und Streitbeilegung

107　Während ein Fall das Prozesssystem durchläuft, kann der Richter, dem der Fall nach Zufallsprinzip zugeordnet ist, mit den Anwälten der Parteien Besprechungen abhalten und Verfügungen erlassen, die Abgabetermine und andere Parameter bestimmen.[73] Der Richter muss zunächst eine **erste Prozessführungsverfügung** [*initial case management order*] erlassen, in der er u.a. Fristen für die Offenlegungsphase festsetzt und die Hinzufügung neuer Parteien oder die Ergänzung der Klageschrift regelt. Diese Verfügung bezieht sich typischerweise auf die Offenlegungsphase und das Urteil im abgekürzten Prozess, hierdurch wird allerdings nicht der Prozesstermin festgesetzt (da sich die Fristen häufig verschieben, ist es unpraktisch, so frühzeitig im Prozess ein solches Datum festzulegen). Viele Richter beraumen eine weitere

---

72　FED. R. CIV. P. 15(c).
73　FED. R. CIV. P. 16.

Steven F. Baicker-McKee

Besprechung an, wenn die Offenlegungen abgeschlossen sind, um die verbleibenden Schritte bis zum Prozess festzulegen. Je nach Komplexität und Dauer des Falles kann der Richter auch vorprozessuale Fristen setzen.

Kurz vor Beginn des Prozesses wird der Richter oftmals eine **letzte Sitzung** 108 [*final pre-trial conference*] abhalten. Hier wird der Richter die geladenen Zeugen und Beweisstücke, die die Parteien in der Anhörung vorlegen wollen, thematisieren. Außerdem geht es häufig um prozessuale Aspekte des Geschworenenprozesses und andere verfahrenstechnische Fragen.

Ein Hauptthema der meisten Sitzungen vor Beginn des Prozesses ist die Beile- 109 gung des Streits durch einen Vergleich. Der Richter fragt in der Regel die Anwälte nach ihren bisherigen Vergleichsverhandlungen und nach ihren Ansichten hinsichtlich der Erfolgswahrscheinlichkeit eines solchen Vergleichs. Der Richter kann ebenso vorschlagen, dass er selbst bei den Vergleichsverhandlungen vermittelt. Nichtsdestotrotz sind viele Richter zurückhaltend, wenn es um die Einmischung in Vergleichsgespräche geht, um sich nicht dem Verdacht der Befangenheit auszusetzen. Dies gilt insbesondere für Prozesse, in denen es keine Geschworenen gibt und dem Richter selbst die letztendliche Ermittlung der Fakten zukommt. Dementsprechend schlagen Richter oftmals einen **Amtsrichter** [*magistrate judge*] oder private Mediatoren als Vermittler für die Vergleichsverhandlungen vor.

Zusätzlich haben viele Gerichte eigene Vorschriften, die von den Parteien for- 110 dern, sich an einem bestimmten Punkt des Prozesses einer **alternativen Streitbeilegung** [*alternative dispute resolution (ADR)*] zu unterziehen. Es gibt verschiedene übliche Formen der *ADR*. Zum einen gibt es die **Mediation,** in der ein ausgebildeter Mediator, der weder ein Urteil fällt, noch Gewinner oder Verlierer bestimmt, die Streitbeilegung zwischen den Parteien erleichtert. Des Weiteren besteht die Möglichkeit der **unverbindlichen Schiedsgerichtsbarkeit** [*non-binding arbitration*], in der die Parteien eine kurze Verhandlung führen (oftmals weniger als einen Tag lang und mit lediglich einem Zeugen pro Partei), woraufhin der Schiedsrichter eine nicht-rechtskräftige Entscheidung trifft, die den Parteien die Risiken eines Gerichtsprozesses vermitteln und sie motivieren soll aufeinander einzugehen. Schließlich kann im Rahmen einer **frühen, neutralen Evaluierung** des Konflikts, ein erfahrener und neutraler Berater den Parteien eine realistische Einschätzung der Risiken eines Gerichtsprozesses geben, mit dem Ziel sie kompromissbereiter zu stimmen.

E. Offenlegungsverfahren

In komplexen Verfahren in der Bundeszivilgerichtsbarkeit birgt das Offenlegungs- 111 verfahren den größten finanziellen und zeitlichen Aufwand. Sowohl das Offenlegungsverfahren der Bundesgerichte, als auch das in einzelstaatlichen Gerichten unterscheidet sich grundlegend vom Beweisverfahren in vielen anderen Ländern.

Steven F. Baicker-McKee

Das Offenlegungsverfahren ist sehr umfangreich und wird vorwiegend mit sehr geringer Einbeziehung des Gerichts durchgeführt. In der Bundesgerichtsbarkeit gibt es zwei Hauptkategorien von Offenlegungsverfahren: **automatische Aufdeckungen** [*automatic disclosures*] und **frei wählbare Offenlegungsmittel** [*discretionary discovery devices*]. Im Folgenden werden beide Verfahrensarten erläutert. (Siehe Kapitel 4.D für eine Anwendung im Schiedsverfahren.)

I. Besprechung zur Offenlegungsplanung

112 Mit einer engen Ausnahme, die weiter unten erläutert wird, dürfen die Parteien keine Offenlegungen durchführen, bevor sie nicht eine **Besprechung zur Offenlegungsplanung** [*discovery planning conference*] abgehalten haben.[74] Zu diesem Anlass treffen sich die Parteien und versuchen einen Kompromiss bezüglich der Maßstäbe der Offenlegungen zu finden. Hierbei geht es insbesondere um die Dauer, die vorgegebene Anzahl an schriftlichen Beweisfragen und eidlichen Aussagen, sowie um eine mögliche Aufteilung der Offenlegung.

113   Ein zunehmend an Relevanz gewinnendes Thema des Offenlegungsverfahrens ist der Umgang mit elektronischem Beweismaterial. **Elektronisch gespeicherte Informationen** [*electronically stored information (ESI)*] sind mittlerweile der teuerste und problematischste Aspekt der Offenlegungsarbeit. Für größere, komplexere Fälle beschäftigen die Parteien oftmals *ESI*-Berater, die elektronische Informationen sammeln und verarbeiten. Während der Offenlegungsplanungs-Besprechung diskutieren die Parteien das Format, in dem die *ESI* zugänglich gemacht werden sollen (beispielsweise pdf, jpeg, tiff, etc.), ob sie Metadaten sammeln wollen (versteckte Daten, die viele Programme speichern, wie das Erstellungsdatum oder die Autoren), die Speichermedien, die durchsucht werden sollen, sowie die angewandten Suchkriterien. Die Parteien erstellen dann gemeinsam mit dem Gericht einen **Offenlegungsbericht** [*discovery record*], in dem sie ihre Ergebnisse und Positionen zu den Streitfragen aufzählen. Die meisten Gerichte haben Vorlagen für den Offenlegungsbericht auf ihrer Website.

II. Der Umfang der Offenlegungen

114 Die Offenlegungen in Bundesgerichten unterliegen einem einheitlich festgelegten Umfang. Parteien können alle Dokumente oder Informationen ermitteln, die 1) nicht privilegiert sind, 2) für die Ansprüche oder die Verteidigung einer am Prozess betei-

---

74 FED. R. CIV. P. 26(f).

Steven F. Baicker-McKee

ligen Partei relevant sind und 3) eine angemessene Relevanz für den Fall haben. Letzteres erfordert, dass die erwarteten Vor- und Nachteile der Offenlegung in Übereinstimmung mit Regelung 26 (b) (1) der Zivilprozessordnung abgewogen werden.[75]

Die Regeln beschränken auch alle Offenlegungen, die unzumutbar, beleidi- **115** gend, oder kumulativ sind.[76] Eine Partei, die glaubt, dass ein bestimmtes Offenlegungsersuchen problematisch ist, kann Einspruch dagegen erheben. Wenn eine Partei breiteren Schutz vor bestimmten Offenlegungsarten begehrt, kann sie das Gericht um eine **Schutzverfügung** [*protective order*] ersuchen.[77]

III. Privilegien

Eine Vielzahl von Privilegien schützen bestimmte Informationen vor der Offenle- **116** gung. Neben einzelnen sehr spezifischen Privilegien, sind die am häufigsten angewandten Privilegien an Bundesgerichten das anwaltliche Berufsgeheimnis, das sich auf die **Kommunikation zwischen Anwalt und Mandant** bezieht [*attorney-client privilege*] und der Schutz von **Materialien zur Prozessvorbereitung** [*attorney work product*].

1. Anwaltliches Berufsgeheimnis

Die Kommunikation zwischen Anwälten und ihren Mandanten ist im Rahmen des **117** *Attorney-Client Privilege* von der Offenlegung ausgeschlossen. Obwohl die konkreten Elemente des Privilegs sich von Gerichtsbarkeit zu Gerichtsbarkeit unterscheiden, folgen sie in der Regel einem ähnlichen Muster. So ist jedweder Nachrichtenverkehr zwischen Anwalt und Mandant erfasst, der vertraulich in der Absicht erfolgt ist, rechtliche Beratung zu erhalten. Wenn die privilegierten Informationen gegenüber Dritten offengelegt werden, wird damit auf das Privileg verzichtet. Dieser Verzicht kann potenziell auch für alle zu diesem Themenkomplex gehörigen Fragen gelten.

2. Dokumente zur Prozessvorbereitung

Der Schutz von Material, das zur Prozessvorbereitung erstellt wurde, ergibt sich aus **118** Regelung 26(b)(3) der Zivilprozessordnung und gilt einheitlich bei allen Bundesgerichten.[78] Dadurch werden Dokumente (jedoch keine mündliche Kommunikation)

---

75 Fed. R. Civ. P. 26(b)(1).
76 Fed. R. Civ. P. 26(b)(2).
77 Fed. R. Civ. P. 26(c).
78 Fed. R. Civ. P. 26(b)(1).

Steven F. Baicker-McKee

geschützt, die in Erwartung des Prozesses von einer Partei oder deren Vertreter erstellt wurden (d.h. die Beteiligung eines Anwalts ist nicht zwingend erforderlich). Dieser Schutz ist allerdings nicht absolut. Wenn eine gegnerische Partei einen begründeten Anspruch auf die Informationen hat und diese nicht von einer anderen Quelle erlangen kann, kann sie die Dokumente zur Prozessvorbereitung erhalten. Unter diesen Umständen kann die Partei, deren Dokumente offengelegt werden sollen, jegliche rechtlichen Inhalte aus dem Dokument redigieren. Wenn beispielsweise eine Partei an einem Unfallort Fotos aufgenommen hat und sich der Ort anschließend durch den Einfluss von Wetter und Zeit verändert hat, bevor die gegnerische Partei den Ort untersuchen konnte, könnten diese Fotos sehr wahrscheinlich heraus verlangt werden.

3. Dokumentation der privilegierten Informationen

119 Eine Partei, die aufgrund eines Offenlegungsprivilegs bestimmte Dokumente zurückhält, muss die Gegenpartei benachrichtigen und das Dokument so beschreiben, dass sowohl die Gegenpartei als auch das Gericht die Behauptung des Privilegs auswerten können, ohne den Inhalt des Schriftstückes zu kennen. Die dafür am meisten genutzte Methode ist das *privilege log*, eine Liste, in der die zurückgehaltenen Dokumente sowie Informationen über ihr Erstellungsdatum, den Verfasser, alle Empfänger, eine Beschreibung des Inhalts und das geltend gemachte Privileg aufgelistet werden.

120 Das explosionsartige Wachstum von digital gespeicherten Medien hat zu einem deutlichen Anstieg der unbeabsichtigten Vorlage von eigentlich privilegierten Dokumenten geführt. Angesichts der großen Menge von elektronisch gespeicherten Daten ist nicht auszuschließen, dass einige Dateien übersehen werden, und versehentlich an die gegnerische Partei weitergegeben werden. Die Zivilprozessordnung enthält eine **Rückforderungsklausel** [*claw back clause*], die vorsieht, dass eine Partei von der gegnerischen Seite die Herausgabe solcher Dokumente fordern darf.[79] Wenn eine Partei dieses Recht geltend macht, muss die Gegenpartei das geforderte Schriftstück herausgeben, zerstören oder aussondern. Behauptet die Partei von der die Herausgabe gefordert wird, dass das Dokument nicht privilegiert ist und der Rückforderungsklausel somit nicht unterliegt, kann die herausfordernde Partei beim Gericht eine Statusfeststellung beantragen.

---

78 Fed. R.Civ. P. 26(b)(3).
79 Fed. R.Civ. P. 26(b)(5)(B).

Steven F. Baicker-McKee

IV. Automatische Aufdeckungen

Obwohl der Großteil der Offenlegung vor Bundesgerichten aufgrund ausdrücklichen 121
Ersuchens der Parteien erfolgt, fordert die Zivilprozessordnung auch von den Parteien, dass sie bestimmte Beweismittel ohne die auslösende Aufforderung der gegnerischen Partei offenlegen. Der Termin der Offenlegung wird entweder durch das
Gericht festgelegt, oder ergibt sich aus allgemeingültigen Festlegungen der Zivilprozessordnung. Es gibt drei Arten der automatischen Aufdeckung: die Aufdeckung zu
Beginn des Prozesses, die Aufdeckung von Expertengutachten und die Aufdeckung
im Vorprozess.

1. Aufdeckung zu Beginn des Prozesses

Bei der **Aufdeckung zu Beginn des Prozesses** [*initial disclosure*] bringt jede Partei 122
Beweismittel und Zeugen vor, die sie zur Unterstützung ihrer eigenen Ansprüche
oder Verteidigung anführt. Das Vorbringen von Beweisen oder Zeugenaussagen, die
den Forderungen der eigenen Partei entgegenstehen, ist nicht verpflichtend, obwohl diese Art von Beweismaterial oftmals durch eine Forderung nach Offenlegung
vorgebracht werden muss. Zusätzlich muss jede Partei Informationen über Versicherungen, die ggf. begründete Ansprüche der Gegenpartei erfassen könnten, aufdecken. Ebenso müssen Nachweise über den von den Parteien geforderten Schadensersatz aufgedeckt werden [eine Auflistung der Posten und der dazugehörigen
Dokumente).[80]

Die Aufdeckung zu Beginn des Prozesses passiert entweder 14 Tage nachdem 123
die Parteien die Besprechung zur Offenlegungsplanung gem. Regelung 26(f) der
Zivilprozessordnung abgehalten haben, oder an einem vom Richter im Rahmen der
Prozessverwaltungsverfügung festgelegten Termin, wenn er eine solche Verfügung
erlässt. Als Konsequenz einer fehlerhaften oder nicht erfolgten Aufdeckung von
Zeugenaussagen, Schriftstücken oder anderen Beweismitteln zu Beginn des Prozesses, kann die Verwendung dieser Beweise im weiteren Prozess ausgeschlossen
sein.[81]

2. Aufdeckung von Expertengutachten

Die Aufdeckung von Expertengutachten soll der Gegenpartei Informationen über 124
diejenigen Sachverständigengutachten geben, welche die Partei ins Verfahren einbringen will. In Bundesgerichten können **Tatsachen- oder Wahrnehmungszeu-
gen** [*fact oder percipient witness*] über ihre persönliche Wahrnehmung des Falles

---

80 FED. R. CIV. P. 26(a)(1).
81 FED. R. CIV. P. 37(c).

Steven F. Baicker-McKee

aussagen. Ausschließlich Sachverständigengutachten gelten als **Meinungsaussage** [*opinion testimony*].

125   Die Art der Aufdeckung richtet sich nach der Natur des Sachverständigen. Der klassische Experte wird von einer Partei gebeten, seine Meinung zum Gegenstand des Prozesses zu äußern. Für solche Zeugen muss jede der Parteien einen **Expertenbericht** [*expert report*] vorlegen. Ein Expertenbericht ist ein Schriftstück, das von einem Sachverständigen verfasst und unterschrieben wird. Es enthält dessen Meinung, die Gründe für diese Meinung, seine Qualifikation, frühere Zeugnisse und Veröffentlichungen, und gibt das Honorar an, das der Sachverständige verlangt.[82]

126   Es kann vorkommen, dass eine Partei das Gutachten eines Sachverständigen einreichen will, der nicht auf die übliche Art beauftragt wurde. Ein typisches Beispiel ist der behandelnde Arzt des Klägers, der zwar Informationen über dessen medizinischen Zustand geben kann, aber vom Kläger nicht als Sachverständiger benannt worden ist. In diesem Fall reicht es aus, wenn die Partei anstelle eines Expertenberichts lediglich eine Zusammenfassung des Sachverständigengutachtens vorlegt.

127   Außerdem ziehen Parteien zuweilen sachverständige Berater [*consulting experts*] heran. Diese beraten die Partei oder deren Anwälte zu Fragen des Falles, ohne selbst im Prozess auszusagen. Die Zivilprozessordnung bewahrt solche Sachverständige grundsätzlich vor jeglichen Offenlegungen.

Praxistipp

Eine verbreitete Strategie ist es, alle Sachverständigen zunächst als Berater zu engagieren. Zur passenden Zeit, wenn die Aufdeckung von Expertengutachten ansteht, kann der Anwalt diejenigen Berater, deren Aussage er im Verfahren verwenden will, zu aussagenden Sachverständigen machen und die entsprechenden Gutachten aufdecken. Berater, die der Anwalt aus strategischen oder anderen Gründen nicht einbringen will, bleiben von den Offenlegungen ausgeschlossen.

---

128 Expertengutachten müssen, falls nicht ein anderer Termin vom Gericht bestimmt ist, 90 Tage vor Beginn des Prozess eingereicht werden. Ebenso wie bei der Aufdeckung zu Prozessbeginn ist die Sanktion für fehlerhaftes Einreichen von Sachverständigengutachten, der Ausschluss dieses konkreten Experten oder seines Gutachtens.

3. Aufdeckung im Vorverfahren

129 Bei der letzten Stufe im Vorprozess benennt jede Partei die Zeugen und legt die Beweisstücke und eidesstattlichen Erklärungen vor, die sie im Prozess verwenden will.

---

82 FED. R.CIV. P. 26(a)(2).

Steven F. Baicker-McKee

Um einer allzu umfangreichen Auflistung jedes potentiellen Zeugen und Beweisstückes vorzubeugen, fordert die Zivilprozessordnung, dass Parteien die Zeugen und Beweismittel, die sie „wahrscheinlich" und „eventuell" nutzen werden, jeweils gesondert anführen.[83]

Die Aufdeckung im Vorprozess muss entweder 30 Tage vor Prozessbeginn oder an einem anderen vom Gericht bestimmten Termin geschehen. Ebenso wie bei anderen Arten der Aufdeckung hat das fehlerhafte Einreichen von Beweismitteln eine Präklusion des Beweisstückes zur Folge.[84] **130**

V. Offenlegung nach Ermessen

Zusätzlich zu den automatischen Aufdeckungsarten kennt die Zivilprozessordnung einige Fälle, in denen die Parteien die Offenlegung von Beweisstücken nach eigenem Ermessen fordern können. Die folgenden Abschnitte beschreiben diese Fälle. **131**

1. Schriftliche Beweisfrage

Die Zivilprozessordnung erlaubt es den Parteien, einander **Beweisfragen** [*interrogatories*] zuzustellen.[85] Eine Beweisfrage ist eine schriftliche Frage. Beweisfragen können die Tatsachen des Verfahrens oder die Rechtsansicht einer Partei zu einer **streitigen Beweisfrage** [*contention interrogatory*] betreffen. Jede Partei kann der Gegenpartei bis zu 25 Beweisfragen stellen. **132**

In einigen eingeschränkten Fällen kann die beantwortende Partei in ihrer Antwort auf Dokumente verweisen, statt die Beweisfrage selbst zu beantworten. Dies ist jedoch nur erlaubt, wenn die Antwort sich in dem von der antwortenden Partei vorgelegten Dokument befindet und der Aufwand des Auffindens der Antwort für beide Parteien gleich groß wäre.[86] **133**

Beweisfragen werden der Gegenpartei typischerweise per E-Mail **zugestellt** [*served*], aber nicht bei Gericht **eingereicht** [*filed*]. Sie können zu jedem Zeitpunkt nach der Besprechung zur Offenlegungsplanung und bis zu 30 Tagen vor dem Ende der Offenlegungen zugestellt werden. Der Empfänger muss dann innerhalb von 30 Tagen antworten, wobei Fristverlängerungen üblich sind. Die Antwort kann Einwände gegen die erhobenen Beweisanfragen und ebenso Erwiderungen enthalten. Die Antworten werden in der Regel von den Parteien erbracht, aber von ihren Anwälten verschriftlicht. **134**

---

83 Fed. R. Civ. P. 26(a)(3).
84 Fed. R. Civ. P. 37(c).
85 Fed. R. Civ. P. 33.
86 Fed. R. Civ. P. 33(d).

Steven F. Baicker-McKee

Praxistipp

Da Beweisfragen von Anwälten sowohl verfasst als auch – oft sehr sorgfältig – beantwortet werden, können sie erhebliche Ressourcen beanspruchen, ohne einen entsprechenden Gewinn zu erbringen. Dementsprechend eignen sich Beweisanfragen vor allem dafür, sehr spezifische Informationen zu erlangen, an die sich ein Zeuge während seiner eidlichen Aussage möglicherweise nicht erinnern würde.

---

2. Akteneinsicht

135   Die Zivilprozessordnung erlaubt es den Parteien, Akteneinsicht oder die **Untersuchung anderer Beweismittel zu verlangen** [*request for inspection*].[87] Meistens **begehren Parteien Akteneinsicht** für solche Unterlagen, die für den Streitfall relevant sind [*document requests*]. Wenn der Streit ein fehlerhaftes Produkt, ein Grundstück, oder einen anderen körperlichen Gegenstand betrifft, können Parteien eine Untersuchung des Produktes, des Grundstücks oder Gegenstandes nach dieser Regel verlangen. Eine Partei kann eine unbegrenzte Anzahl von Anträgen auf Akteneinsicht oder Untersuchung eines Gegenstandes stellen.

136   Ebenso wie schriftliche Beweisfragen werden auch Anfragen auf Akteneinsicht oder Untersuchung eines Beweisstücks der Gegenpartei **zugestellt**, aber nicht bei Gericht **eingereicht**. Die Empfängerpflichten sind 1) eine Antwort innerhalb von 30 Tagen zu verfassen (obwohl Fristverlängerungen üblich sind) und 2) die nichtprivilegierten Schriftstücke oder Gegenstände zur Einsicht oder Untersuchung zur Verfügung zu stellen. Die Fristen für Anträge auf Akteneinsicht oder Untersuchung von Beweisstücken unterscheiden sich von anderen Ermessensentscheidungen – die Zivilprozessordnung erlaubt das Stellen von Anträgen schon vor der Besprechung zur Offenlegungsplanung. Diese Regelung dient aber nicht der Beschleunigung des Aktenaustauschs zwischen den Parteien, sondern eher dem Zweck, potentielle Probleme innerhalb dieses Austauschs zu identifizieren und gegenseitig oder vor dem Gericht zur Sprache zu bringen. Dementsprechend muss die Antwort auf derart frühe Anfragen auf Akteneinsicht erst bis zu 30 Tage nach der Besprechung zur Offenlegungsplanung erfolgen. Sie muss spätestens so zugestellt werden, dass die Antwort vor dem Ende der Offenlegungsphase fällig ist. Die Antwort kann Einwände gegen den Antrag enthalten, muss dann aber auch ausführen, ob Dokumente aufgrund dieser Einwände zurückgehalten wurden.

137   Nachdem die Antworten auf die Beweisanträge bereitgestellt wurden, kann die antwortende Partei entweder der Gegenpartei Kopien von relevanten Dokumenten zur Verfügung stellen, oder diese zur Ansicht zugänglich machen. Der Austausch von Dokumenten oder die Einsicht in diese, wird typischerweise zu einem Zeitpunkt

---

87 Fed. R. Civ. P. 34.

Steven F. Baicker-McKee

vorgenommen, der für beide Parteien günstig ist. Dieser Zeitpunkt ist regelmäßig nicht zeitgleich mit der Zustellung des Antwortschreibens. Die Parteien sind dazu verpflichtet, alle nicht privilegierten Dokumente herauszugeben, die sich in ihrem **Eigentum** [*possession*], **Besitz** [*custody*] oder unter ihrer **Kontrolle** [*control*] befinden. Diese wichtige Unterscheidung zeigt, dass nicht nur diejenigen Schriftstücke der Parteien betroffen sind, die sich in deren Akten befinden. Vielmehr sind auch solche Dokumente erfasst, die sich im Machtbereich ihrer Berater oder Geschäftspartner, auf gesonderten Servern, in einer Cloud, auf den Laptops, Smartphones, oder persönlichen Computern von Angestellten und ähnlichen Speicherorten befinden, auf die sie leichter Zugriff nehmen könnten, als die andere Partei.

Im Hinblick auf die Organisation der Dokumenteneinsicht hat die antwortende **138** Partei zwei Möglichkeiten. Entweder kann sie die Schriftstücke zur Ansicht in der Weise zugänglich machen, in der sie normalerweise aufbewahrt werden [d.h. „Hier ist unser Aktenraum, schauen Sie bitte selbst."). Die zweite Möglichkeit ist, dass die Partei diejenigen Dokumente, die für die jeweiligen Fragen relevant sind, gesondert zur Verfügung stellen.

Praxistipp

Die am weitesten verbreitete Methode, Beweisdokumente vorzulegen ist es, jede Seite eines Schriftstücks mit einer **individuellen Identifikationsnummer** zu versehen [*bate labels*], und dann der Gegenpartei zu jeder Beweisanfrage die entsprechende Identifikationsnummer mitzuteilen. Die Zivilprozessordnung schreibt vor, dass die beweiserbringende Partei die Kosten für das Zusammenstellen der Dokumente tragen muss, und die anfragende Partei die Kosten der Vervielfältigung. Wenn die Dokumentenmengen der Parteien jedoch vergleichbar sind, wird oft vereinbart, dass jede Partei ihre Kopierkosten selbst trägt.

---

3. Antrag auf Zulassung

Die dritte Form der schriftlichen Offenlegung ist der **Antrag auf Zulassung** [*request* **139** *for admission*]. In diesem Fall wird die Gegenpartei aufgefordert, den im Antrag vorgebrachten Inhalten zuzustimmen oder zu widersprechen.[88] Solche Anträge können sich auf Tatsachen des Falles, die Anwendung des Rechts auf diese Tatsachen (ähnlich der streitigen Beweisfragen), oder die Echtheit eines Dokuments (um zu vermeiden, dass der Gerichtsbeamte die Authentizität des Dokumentes ausführlich nachweisen muss) beziehen. Anträge auf Einräumung können nach der Besprechung zur Offenlegungsplanung und bis zu 30 Tage vor dem Ende der Offenlegungsfrist zugestellt werden.

---

88 Fed. R. Civ. P. 36.

Steven F. Baicker-McKee

140   Die Antwort auf einen Antrag auf Einräumung muss bis 30 Tage nach Antragszustellung erfolgen. Die antwortende Partei kann dem Antrag zustimmen, ihn ablehnen, oder feststellen, dass sie nach einer ausführlichen Untersuchung nicht im
Stande ist, dem Antrag zuzustimmen oder ihn abzulehnen.

141   Anträge auf Einräumung sind sehr wirkmächtig, weil jede dadurch bestätigte
Materie, schlüssig nachgewiesen wurde und somit im Verfahren nicht mehr angezweifelt werden kann. Dies wird besonders im Vergleich mit dem Beweisanfrageverfahren oder der eidesstattlichen Erklärung (s.u.) deutlich, die im Verfahren von dem
Aussagenden noch erklärt und relativiert werden können („Ich habe mich versprochen", „Ich war verwirrt", „Mir fällt erst jetzt wieder ein, dass ...").

Praxistipp

Jeder Umstand, der nicht innerhalb von 30 Tagen bestritten wurde, gilt als anerkannt (es sei denn,
eine Fristverlängerung wurde genehmigt). Es ist daher ratsam sich umgehend das Datum, bis zu
dem die Anträge auf Anerkennung beantwortet sein müssen, zu vermerken, um keine unabsichtliche Zustimmung zu erteilen.

---

142   Eine Partei, die einen Umstand eingeräumt hat, sei es durch Versäumnis rechtzeitiger Stellungnahme oder durch bestätigende Einräumung, kann um Erlaubnis des
Gerichts zum Widerruf dieser Einräumung ersuchen.[89] Die Entscheidung hierüber
liegt im Ermessen des Richters. Er wird in der Regel die Beeinträchtigungen, die der
anderen Parteien durch den Widerruf entstehen, in seine Entscheidung mit einbeziehen. Als Sanktion für ein unzulässiges Bestreiten kann die Partei, die den Antrag
stellt, die Kosten und Anwaltsgebühren zurückverlangen, die ihr für den Beweis des
unzulässig bestrittenen Umstands entstanden sind.

4. Eidliche Aussagen

143   Das wirkungsstärkste Offenlegungsmittel ist die **eidliche Aussage** [*deposition*]. Eidliche Aussagen sind die Äußerungen, die von einer Partei oder einem Zeugen während der mündlichen Vernehmung durch die Anwälte der Parteien getätigt werden.[90] Die gesamte Befragung wird aufgezeichnet. Dies geschieht in der Regel durch
den **Stenographen des Gerichts** [*court reporter*] oder durch Videoaufzeichnung.
Die Parteien können eidliche Aussagen jederzeit zwischen der Besprechung zur
Offenlegungsplanung und dem Ende der Offenlegungsphase aufnehmen. Eidliche
Aussagen von Sachverständigen werden oftmals gesondert nach der Beendigung
der Offenlegungsphase vorgenommen.

---

89 FED. R. CIV. P. 36(b).
90 FED. R. CIV. P. 30.

Steven F. Baicker-McKee

Der Grund für die Wirkungsstärke der eidlichen Aussage ist, dass sie oftmals die 144 einzige Gelegenheit für die Anwälte einer Partei ist, unmittelbar mit der Gegenpartei zu sprechen, ohne dass deren Anwalt die Kommunikation „filtert" (wie beispielsweise bei Beweisfragen). Eidliche Aussagen werden durch die Zustellung einer **Ankündigung der eidlichen Aussage** [*notice of deposition*] eingeleitet. Dieses einfache Dokument nennt den Zeugen, das Datum, die Zeit, den Ort der Aussage, sowie die Art der Aufzeichnung. Im Falle der Erklärung eines Nichtbeteiligten muss die anfragende Person, zusätzlich eine **Vorladung** [*subpoena*] verfassen (s.u.). Beiden Seiten sind bis zu zehn eidliche Aussagen erlaubt, die jeweils bis zu sieben Stunden dauern dürfen.

Die Befragung bei einer eidlichen Aussage läuft ähnlich wie einem Prozess ab. 145 Nachdem der Zeuge einen Eid abgelegt hat, beginnt der die Vernehmung durchführende Anwalt, Fragen zu stellen. Der Anwalt des Zeugen kann Einwände gegen bestimmte Fragen erheben, muss dies aber auf eine nicht-suggestive Art und Weise tun (d.h. er darf dem Zeugen nicht vorschreiben, wie er zu antworten hat). Dieser beantwortet dann in der Regel die Fragen, selbst wenn Einwände erhoben werden – die Begründetheit der Einwände wird erst dann geprüft, wenn eine Partei die eidesstattliche Erklärung als Beweismittel in den Prozess miteinbringt oder darauf beruhend einen Antrag stellt. Der zuständige Anwalt darf den Zeugen nicht anweisen bestimmte Fragen nicht zu beantworten, es sei denn sie betreffen den Schutz privilegiert Informationen oder andere besondere Umstände.[91] Die Anwälte beider Parteien, insbesondere die Anwälte der Zeugen, können Fragen stellen.

Beispiel

Normalerweise stellt der Anwalt des Zeugen nicht viele bzw. gar keine Fragen. Der Grund dafür ist, dass dieser Anwalt andere Möglichkeiten hat, von dem Zeugen Informationen oder eidliche Aussagen zu erhalten. Wenn er Informationen benötigt, kann er den Zeugen beispielsweise außerhalb des Prozesses fragen. Auch wenn er eine Aussage des Zeugen benötigt um einen Antrag zu stellen bzw. Einspruch zu erheben, kann er eine eidesstattliche Erklärung anfertigen. Daher ist eine Befragung durch den eigenen Anwalt eigentlich nur im Ausnahmefall erforderlich. Wenn der Zeuge allerdings irreführende oder ungenaue Aussagen macht, sollte sein Anwalt versuchen, den Zeugen durch gezielte Fragen dazu zu bewegen, seine Aussagen zu konkretisieren (z. B. „Was meinten Sie, als sie eben sagten, dass ...?"). Außerdem sollte der Anwalt, falls er befürchtet, dass der Zeuge nicht in dem Prozess aussagen kann, die Befragung so durchführen, dass das Protokoll in dem Prozess verwendbar ist.

Die Möglichkeiten der Parteien das Protokoll oder die eidliche Aussage in dem Pro- 146 zess zu verwenden sind von verschiedenen Faktoren abhängig. Wurde die eidliche

---

91 FED. R. CIV. P. 30(c)(2).

Aussage ordnungsgemäß angekündigt, kann die Mitschrift der Aussage als Grundlage einer **Infragestellung der Glaubwürdigkeit** [*impeachment of credibility*] verwendet werden. Wenn der Zeuge im Gerichtssaal am Zeugenstand befragt wird und die Aussage nicht mit der Aufzeichnung der eidlichen Aussage übereinstimmt, können die Anwälte etwaige Zweifel an seiner Glaubwürdigkeit formulieren. Wenn der Zeuge Teil einer Prozesspartei ist oder nicht erscheinen kann oder muss (wegen Krankheit, Tod oder weil die Vorladung des Gerichts für ihn nicht zwingend ist), kann das Protokoll der Erklärung als Beweis herangezogen werden. So kann eine Tatsachenbehauptung oder eine Infragestellung unterstützt werden.[92]

147   Besteht der Rechtsstreit zwischen Unternehmen oder Teilen einer größeren Körperschaft kann es schwierig werden, den richtigen Zeugen für einen bestimmten Sachverhalt zu finden. Regelung 30(b)(6) der Zivilprozessordnung stellt ein wichtiges Instrument dar, um dieser Unsicherheit entgegenzuwirken.[93] Statt eine Zeugenladung an eine bestimmte Person zu adressieren kann eine Partei eine auf Regelung 30(b)(6) basierende Vorladung an das Unternehmen senden, die eine Liste aller Themen enthält, zu denen die antragstellende Partei Zeugen befragen möchte. Das Unternehmen muss dann eine oder mehrere Personen bestimmen, die zu den jeweiligen Themen aussagen sollen. Diese Person antwortet dann nicht bloß aus ihrem eigenen Erfahrungsschatz heraus, sondern repräsentiert das kollektive Wissen des Unternehmens. Wenn keine Person für sich auf dieses kollektive Wissen Zugriff hat, muss das Unternehmen dafür sorgen, dass ihr Repräsentant die nötigen Informationen erhält um das gesamte Unternehmen angemessen zu vertreten. Dies kann beispielsweise durch das zur Verfügung stellen bestimmter Dokumente oder durch Gespräche mit anderen Angestellten erfolgen. Die Aussagen des Repräsentanten sind für das gesamte Unternehmen bindend.

5. Körperliche oder psychische Untersuchungen

148   Die am seltensten verwendete Offenlegungsmethode ist die körperliche oder psychische Untersuchung einer Person als Gegenstand des Rechtsstreits.[94] So kann ein Beklagter zum Beispiel die ärztliche Untersuchung des Klägers beantragen, wenn dieser behauptet bestimmte Verletzungen erlitten zu haben, ohne dafür aber Beweise vorzubringen.

149   Anders als bei anderen Offenlegungsarten, die lediglich eine Anfrage voraussetzen, erfordert die Untersuchung der körperlichen oder psychischen Gesundheit eine Antragsstellung und die gerichtliche Anordnung der begehrten Untersuchung. Häu-

---

92 FED. R. CIV. P. 32.
93 FED. R. CIV. P. 30(b)(6).
94 FED. R. CIV. P. 35.

Steven F. Baicker-McKee

fig vereinbaren die Parteien im Voraus, angemessene Untersuchungen durchzuführen.

6. Ergänzungspflicht

Die Zivilprozessordnung begründet auch eine fortlaufende Ergänzungspflicht bezüglich Aufdeckungen oder Offenlegungserwiderungen.[95] Diese Pflicht bezieht sich nicht nur auf diejenigen Erwiderungen, von deren Unrichtigkeit die Partei im Nachhinein erfährt, sondern auch auf solche, die zunächst richtig waren aber dann aufgrund von veränderten Umständen lücken- oder fehlerhaft geworden sind. **150**

7. Auskunft Dritter

Die Parteien sind verpflichtet, Anfragen zur Offenlegung von Beweismitteln oder Nachfragen nachzukommen bzw. sie zu beantworten und zu erscheinen, wenn sie zur Aussage vorgeladen werden. Dritte, die keiner Prozesspartei angehören, können ausschließlich durch eine **Vorladung** [*subpoena*] als Zeuge in die Offenlegungen einbezogen werden.[96] Eine solche Vorladung ist ein prozessuales Instrument, ähnlich wie die **Ladung** [*summons*] zu Beginn des Prozesses. Auch die Vorladung muss ähnlich wie die Ladung persönlich oder per **Wohnungszustellung** [*abode service*] übergeben werden (s.o.). **151**

Vorladungen können nur zwei Prozesshandlungen betreffen: Die Vorlegung von Schriftstücken und die Zeugenaussage. Dementsprechend kann eine Partei eine Vorladung nicht nutzen, um Antworten auf Vernehmungsanfragen oder Anträge auf Zulassung zu erhalten. Der Ort an den die Vorladung erfolgt richtet sich nach dem Standort des Zeugen und nicht nach dem Gerichtstandort. Dies ermöglicht, dass ein Zeuge die entsprechenden Beweismittel in der Nähe seines Wohn- oder Arbeitsplatzes bei einer zuständigen Stelle vorlegen kann, die jedoch unter Umständen weit vom Gerichtsstandort entfernt ist. **152**

8. Durchsetzung der Offenlegungen
Regelung 37 der Zivilprozessordnung enthält Vorschriften zur Durchsetzung von Pflichten im Offenlegungsverfahren.[97] Erfüllt eine Partei ihre Pflichten in dieser Hinsicht nicht, kann die Gegenpartei beantragen, dass das Gericht eine Zwangsanord- **153**

---

95 FED. R. CIV. P. 26(e).
96 FED. R. CIV. P. 45.
97 FED. R. CIV. P. 37.

Steven F. Baicker-McKee

nung erlässt.[98] Bevor dieser Antrag auf richterliche Anordnung gestellt wird muss die Partei sich jedoch **mit der Gegenpartei austauschen** [*meet and compel*], um zu versuchen den Konflikt ohne Zwangsmittel aufzulösen. Diese Voraussetzung des *meet and compel* ist ein verbreitetes Institut des Offenlegungsverfahrens. Wenn der Austausch scheitert, kann die Partei einen Antrag auf richterliche Anordnung stellen. Es besteht auch hier, wie im gesamten Offenlegungsprozess, ein weites richterliches Ermessen. Die obsiegende Partei ist zur Rückforderung derjenigen Kosten ermächtigt, die durch den Antrag angefallen sind. Ebenso ist die Rückforderung von Anwaltskosten ein häufig diskutiertes Thema des Offenlegungsverfahrens.

154   Kommt die Partei trotz der Zwangsanordnung der Aufforderung zur Beweisvorlage nicht nach, kann die sich beschwerende Partei die Festlegung von Sanktionen beantragen. Mögliche Sanktionen sind beispielsweise, dass der nichtkooperativen Partei das Vorbringen bestimmter Beweismittel untersagt wird und dass bestimmte Tatsachen als feststehend erachtet werden. Als letztes Mittel kann die Partei, als Folge ihrer Kooperationsverweigerung, sogar den Prozess verlieren.[99]

155   Einige Verhaltensweisen im Offenlegungsverfahren münden in Sanktionen oder anderen Konsequenzen, ohne dass dazu ein Antrag auf richterliche Anordnung der Gegenpartei erforderlich ist. Einer Partei, die nicht zu ihrer eidlichen Vernehmung erscheint, nachdem sie ordnungsgemäß vorgeladen wurde, drohen beispielsweise unmittelbar Zwangsmaßnahmen.[100] Außerdem hat das Nichtreagieren auf eine Zulassungsanfrage zur Folge, dass die Anfrage automatisch als positiv beantwortet gilt.[101]

156   Weitere Zwangsmaßnahmen als Reaktion auf Regelverstöße im Offenlegungsverfahren können aus Regelung 26(g) der Zivilprozessordnung gefolgert werden. Auch diese Regelung enthält ein Unterschrifterfordernis, ähnlich wie das in Regelung 11 geforderte.[102] Ein Anwalt, der eine Offenlegungsanfrage, eine Erwiderung oder Aufdeckung einreicht, bestätigt mit seiner Unterschrift, dass der Antrag begründet ist und nicht unlauteren Zwecken wie Beleidigung, Verzögerung oder Kostenverursachung dient.

F. Klagezurückweisungen und abgekürztes Verfahren

157   Weniger als zwei Prozent der bei Bundesgerichten eingereichten Fälle durchlaufen das gesamte Verfahren einschließlich des Prozesses. Mehrheitlich werden die Fälle, die einen frühen Antrag auf Abweisung nach Regelung 12 der Zivilprozessordnung

---

98 Fed. R. Civ. P. 37(a).
99 Fed. R. Civ. P. 37(b).
100 Fed. R. Civ. P. 37(d).
101 Fed. R. Civ. P. 37(c)(2).
102 Fed. R. Civ. P. 26(g).

Steven F. Baicker-McKee

überstehen, im Wege der Zurückweisung gelöst (oft als Teil eines Vergleichs) oder durch Antrag auf Urteil im abgekürzten Verfahren. Dieser Abschnitt erläutert beides.

I. Klagerücknahme und Klageabweisung

Zunächst werden die freiwillige Klagerücknahme und die unfreiwillige Klageabweisung darstellt. **158**

1. Freiwillige Klagerücknahme

Der Kläger hat ein eingeschränktes Recht darauf, seine eigene Klage zurückzuneh- **159** men. Manchmal wird klar, dass der Rechtsstreit substantielle Probleme hat, und ein Weiterführen deshalb aussichtslos wäre. Ein Prozess kann in solchen Fällen einseitig durch schriftliche Erklärung beendet werden. Die Zustimmung des Gerichts oder der Gegenpartei ist nicht erforderlich, solange der Klagegegner noch keine Gegenanträge, oder einen Antrag auf Urteil im abgekürzten Verfahren gestellt hat.[103]

Häufigster Grund für eine freiwillige Rücknahme der Klage ist jedoch ein Ver- **160** gleich der Parteien. Die Parteien treffen dann eine entsprechende Vereinbarung miteinander. Auch in diesen Fällen wird die Zustimmung des Gerichts nicht benötigt.[104]

Praxistipp

Obwohl für die im Vergleichswege vereinbarte Klagerücknahme keine gerichtliche Bestätigung erforderlich ist, beendet diese Rücknahme die Zuständigkeit des Gerichts über den Rechtsstreit. Parteien, die möchten, dass das Gerichts weiterhin in der Lage ist bestimmte Vereinbarungen durchzusetzen, fügen dem Antrag auf freiwillige Klagerücknahme oftmals einen ausgehandelten Vorschlag für eine Anordnung bei. Hierin können sie bestimmen, dass das Gericht weiterhin für die Durchsetzung der im Vergleich vereinbarten Bedingungen zuständig sein soll. Erlässt das Gericht eine solche Anordnung, können die Parteien später den Richter um Umsetzung der Anordnung ersuchen, ohne eine neue Klage erheben zu müssen.

Wenn ein Kläger seine Klage zurücknehmen will, nachdem bereits Gegenanträge **161** gestellt wurden, muss er einen Antrag auf Klagerücknahme stellen, sofern der Klagegegner der Rücknahme nicht zustimmt. Wiederum liegt es im Ermessen des Gerichts, dem Antrag stattzugeben und ihm bestimmte Auflagen, beispielsweise die Pflicht die Kosten der Gegenseite zu übernehmen, hinzuzufügen.[105]

---

103 FED. R. CIV. P. 41(a)(1)(A)(i).
104 FED. R. CIV. P. 41(a)(1)(A)(ii).
105 FED. R. CIV. P. 41(a)(2).

Steven F. Baicker-McKee

2. Unfreiwillige Klageabweisung

162 Der Beklagte kann unter bestimmten, eingeschränkten Umständen auch einen Antrag auf unfreiwillige Klageabweisung stellen. Fehler des Klägers bei der Prozessführung, also die Nichtbefolgung der für eine Verhandlung bzw. einen Beschluss erforderlichen Schritte, können zu einer unfreiwilligen Klageabweisung [*involuntary dismissal*] durch das Gericht führen. Gleiches ist möglich, wenn der Kläger der bundesrechtlichen Zivilprozessordnung nicht entspricht.[106] Diese Art der Klageabweisung ist allerdings eher selten.

II. Antrag auf ein summarisches Urteil

163 Der Zweck eines Prozesses ist die Auflösung von Streitigkeiten über Tatsachen durch die Anhörung widerstreitender Zeugenbeweise und der Einschätzung ihrer Glaubhaftigkeit. Das Gericht kann auch ohne Einholung von Zeugenbeweisen allein nach Präzedenzlage entscheiden, wenn diese eindeutig ist. Dementsprechend bedarf es eines Prozesses lediglich dann, wenn die Tatsachen umstritten sind.

164 Das Verfahren, den Richter um eine Entscheidung ohne Prozess zu ersuchen, nennt sich **summarisches Urteil** [*summary judgment*]. Das Gericht stimmt einem summarischen Urteil zu, wenn kein **grundlegender Streit über materielle Tatsachen** besteht und die Partei, die den Antrag stellt, Anspruch auf ein Urteil von Rechts wegen hätte.[107] Sowohl Kläger als auch Beklagter können ein summarisches Urteil beantragen. Dieses kann sowohl den ganzen Prozess, als auch nur einzelne Ansprüche oder Verteidigungen oder gar nur individuelle Tatsachen betreffen.

165 Im Gegensatz zu einem Antrag auf Klageabweisung gem. Regelung 12 der Zivilprozessordnung, der sich hauptsächlich auf die Vorträge in den Plädoyers stützt, wird der Antrag auf ein summarisches Urteil auf die bereits aktenkundigen Beweise gestützt. Daher darf sich eine Partei, die ein abgekürztes summarisches Urteil begehrt oder ablehnt nicht lediglich auf die Schriftsätze stützen, sondern muss dem Gericht Dokumente, eidesstattliche Erklärungen, eidliche Zeugenaussagen oder andere Beweismittel vorlegen. Eine Prozesspartei kann den Antrag auf ein summarisches Urteil auch mit dem Nichterbringen von Beweisen durch die Gegenpartei begründen. Diese Argumentation ist also darauf gerichtet, dass die Gegenseite ihren Fall nicht beweisen kann. Die Partei, die im Verfahren die Beweislast trägt, muss dann nachweisen, dass ihre Beweise ausreichen, um den Prozess erfolgreich bestreiten zu können.[108]

---

106 FED. R. CIV. P. 41(b).
107 FED. R. CIV. P. 56(a).
108 *Siehe Celotex Corp. v. Catrett*, 477 U.S. 317, 322, 106 S.Ct. 2548, 2552 (1986).

Steven F. Baicker-McKee

Wenn ein Kläger beispielsweise wegen Vertragsverletzung Klage einreicht, **166** muss er zunächst das Bestehen eines Vertrags zwischen den Parteien beweisen, um überhaupt das Verfahren eröffnen zu können. Der Beklagte hingegen kann ein abgekürztes Verfahren beantragen, ohne Beweise vorzulegen, indem er behauptet, dass der Kläger das Vorliegen eines Vertrags nicht beweisen kann. Um das abgekürzte Verfahren zu vermeiden, müsste der Kläger den Abschluss des Vertrags nachweisen, indem er Beweise für den Vertragsschluss vorlegt. Dies kann etwa durch die Vorlegung einer Vertragsurkunde oder von eidesstattlichen Erklärungen bzw. eidlichen Zeugenaussagen erfolgen.

Wenn das Gericht einen Antrag auf ein summarisches Urteil prüft, legt es alle **167** umstrittenen Beweise zugunsten derjenigen Partei aus, die den Antrag nicht gestellt hat.[109] Um eine Tatsachenbehauptung der antragsstellenden Partei zu bestreiten, reichen bereits sehr geringe Beweiserfordernisse aus. Es sollten lediglich genügend Beweise erbracht werden, um ein Urteil der Geschworenen zu Gunsten der nichtantragsstellenden Partei bewirken zu können.[110]

G. Prozess

Nur 1,2 Prozent der Fälle, die in Bundesgerichten rechtshängig sind, enden in einem **168** Prozess. Daher ist dies eine seltene Erfahrung für die meisten Prozessanwälte geworden. Für diejenigen Fälle, die es bis zum Prozess schaffen, gibt es zwei Möglichkeiten: Ein Prozess mit Geschworenen, in dem ein Geschworenengericht die Sachverhaltsfeststellung durchführt und eine **Entscheidung** [*verdict*] trifft, oder einen **Einzelrichterprozess** [*bench trial*], in dem der Richter der Tatsachenermittler ist und ein Urteil [*judgment*] fällt.

I. Geschworenenprozess

Zuerst werden die Charakteristika eines Geschworenenprozesses behandelt.   **169**

1. Das Recht auf Geschworene
Das Recht auf einen Prozess mit Geschworenen ist eines der wichtigsten Rechte im **170** US- Zivilprozess. Es ist als **7. Novelle** [*amendment*] der US-Verfassung im **Grundrechtekatalog** [*Bill of Rights*] der Verfassung verankert:

---

109 *Siehe Tolan v. Cotton*, --- U.S. ---, 134 S.Ct. 1861, 1863–66 (2014).
110 *Siehe Anderson v. Liberty Lobby, Inc.*, 477 U.S. 242, 252, 106 S.Ct. 2505, 2512 (1986).

Steven F. Baicker-McKee

> In suits at common law, where the value in controversy shall exceed twenty dollars, the right of trial by jury shall be preserved, and no fact tried by a jury, shall be otherwise reexamined in any court of the United States, than according to the rules of the common law.[111]

171 Dieser Abschnitt begründet kein neues Recht, sondern „erhält das Recht aufrecht", welches bereits 1791 im *Common Law* bestand, als die Novelle ratifiziert wurde.[112] Daher bietet sich eine rechtshistorische Analyse an, um zu untersuchen, ob bestimmte Ansprüche vom Recht auf einen Geschworenenprozess umfasst sind. Das Grundprinzip ist allerdings sehr deutlich.

a) *At Law*-Ansprüche oder „Recht der Gerechtigkeit"-Ansprüche

172 Das grundlegende Unterscheidungsmerkmal in der Analyse des Rechts auf einen Geschworenenprozess ist die Frage, ob der Anspruch traditionell rechtlich [*at law*] oder **aufgrund des Rechts der Gerechtigkeit** [*in equity*] bestand. Bis die bundesrechtliche Zivilprozessordnung 1938 verabschiedet wurden, waren US-Bundesgerichte in **ordentliche Gerichte** [*courts of law*] und Gerichte des Rechts der Gerechtigkeit [*courts of equity*] aufgeteilt. **Gerichte des Rechts der Gerechtigkeit** waren für **Rechtsbehelfe aus dem Recht der Gerechtigkeit** [*equitable relief*], wie vorläufige Unterlassungsansprüche, Feststellungsurteile, Restitutionsansprüche und Rechnungslegungen zuständig. Ordentliche Gerichte hingegen urteilten über geldliche Schadenersatzansprüche, etwa aus Delikt und Vertragsbruch. Traditionell waren Prozesse mit Geschworenen in ordentlichen Gerichten üblich, während dies in Gerichten der Gerechtigkeit nicht der Fall war.[113]

b) Nach 1791 entstandene Ansprüche

173 Viele Ansprüche, die Parteien heutzutage vor Bundesgerichte bringen, existierten noch nicht als die siebte Novelle im Jahr 1791 das Recht auf einen Geschworenenprozess „aufrechterhielt". Fast alle bundesgesetzlichen Anspruchsgrundlagen, wie

---

111 *Übers.:* „In Rechtsstreitigkeiten des Common Law, deren Streitwert 20 Dollar überschreitet, soll das Recht auf einen Geschworenenprozess bestehen, und eine Tatsache, die von einem Geschworenengericht festgestellt wurde, soll danach nicht in einer Weise durch ein US-Gericht überprüft werden, als es das Common Law vorsieht." U.S. Const. amend. VII.
112 *Siehe* Fed. R.Civ. P. 38(a).
113 Der Grund für diese historische Unterscheidung war die Idee, dass Rechtsbehelfe des Billigkeitsrechts – wie Anordnungen, bei denen das Gericht das Unterlassen einer bestimmten Handlung von einer Partei vorschreibt – einen intensiveren Eingriff darstellen und regelmäßig mehr Durchsetzungsmittel erfordern. Aus diesen Gründen schien es angemessener, dass Richter über diese Rechtsbehelfe entscheiden sollten.

Steven F. Baicker-McKee

z.B. das Bundeszivilrecht[114], bestanden damals noch nicht. Für diese Ansprüche kann nicht festgestellt werden, ob sie 1771 durch Richter oder Geschworene entschieden worden wären.

Das **oberste Bundesgericht** [*supreme court*] hat eine Doktrin entwickelt, um für später relevant gewordene Rechtsgrundlagen das Recht auf einen Geschworenenprozess zu bestimmen. Die Gerichte legen die Ansprüche aus *Common Law* von 1791 meistens anlog zu heutigen gesetzlichen Anspruchsgrundlagen aus und stellen fest, ob der begehrte Rechtsschutz eher auf Schadensersatz gerichtet ist oder Billigkeitserwägungen unterliegt. Wenn der *Common Law*-Anspruch von 1791, zu dem die Analogie gebildet wird, den Parteien das Recht auf ein Geschworenengericht gewährt hätte, enthält der neue gesetzliche Anspruch mit einer hohen Wahrscheinlichkeit auch ein solches Recht. Dementsprechend wird ein gesetzlicher Anspruch, der von der Art her einem Schadensersatzanspruch gleicht, eher einem Geschworenenprozess unterliegen.[115] 174

c) Klageschriften mit gesetzlichen und billigkeitsrechtlichen Ansprüchen

Klageschriften können mehrere Ansprüche enthalten, von denen einige dem Geschworenenprozess unterliegen, und andere nicht. In diesem Fall teilt das Gericht den Fall in **zwei Phasen** [*bifurcate*]. Zunächst entscheidet das Geschworenengericht über die ihm zugeteilten Ansprüche und anschließend entscheidet ein Richter über die verbleibenden Rechtsfragen. Diese Reihenfolge ist wichtig, da ein entgegengesetzter Ablauf dazu führen könnte, dass der Richter Tatsachen feststellt, die sich auf die Ansprüche im Geschworenenprozess auswirken, wodurch das Recht der Parteien, diese Ansprüche gänzlich vor Geschworenen zu verhandeln, effektiv beschnitten würde. 175

2. Durchsetzung des Rechts auf einen Geschworenenprozess

Sowohl der Kläger als auch der Beklagte haben das Recht auf einen **Geschworenenprozess**. Die Parteien können dieses Recht durch eine **Aufforderung** [*demand*] durchsetzen. Die Aufforderung muss schriftlich erfolgen und sowohl den anderen Parteien, als auch dem Gericht zugestellt werden.[116] Sie kann als gesondertes Schriftstück erfolgen, meistens wird jedoch an die Klageschrift oder Erwiderung ein kurzer Satz wie beispielsweise: „**Ein Prozess mit Geschworenen wird für alle An-** 176

---

114 *Siehe* 42 U.S.C.A. § 1983.
115 *Siehe Chauffeurs, Teamsters and Helpers, Local No. 391 v. Terry*, 494 U.S. 558, 565, 110 S.Ct. 1339, 1345 (1990). Von den zwei genannten Faktoren hat die Natur des begehrten Rechtsschutzes mehr Gewicht.
116 FED. R.CIV. P. 38(b).

Steven F. Baicker-McKee

sprüche gefordert" [*A trial by jury is demanded as to all claims*] angefügt. Die Aufforderung muss spätestens 14 Tage nach dem letzten, auf diese Rechtssache bezogenen, Schriftsatz (typischerweise die Klageerwiderung) zugestellt werden. Wenn Parteien die Aufforderung nicht rechtzeitig einreichen, verzichten sie damit auf ihr Recht auf einen Geschworenenprozess.

177   Wenn eine Partei einen Geschworenenprozess gefordert hat, können sich alle anderen Parteien darauf stützen. Wenn also der Kläger mit seiner Klageschrift auch einen Geschworenenprozess fordert, muss der Beklagte keine eigene Aufforderung einreichen. Entsprechend kann eine Partei, sobald sie einen Geschworenenprozess gefordert hat, die Aufforderung auch nicht einseitig zurückziehen. Vielmehr benötigt sie die Zustimmung aller Parteien.[117]

3. Auswahl und Zusammensetzung der Geschworenen

178 Einem Schwurgericht im Zivilverfahren gehören sechs bis zwölf Geschworene an.[118] Der Beamte der Geschäftsstelle beruft eine **Gruppe potentieller Geschworener** [*venire panel*] ein, aus der die Geschworenen letzten Endes ausgewählt werden. Die Anwälte der Parteien führen dann eine **Befragung** [*voir dire*] durch, während dessen die potentiellen Geschworenen schriftlich (mittels Fragebogen) und mündlich (mittels Befragung) Fragen der Anwälte und Richter über ihre persönlichen Hintergründe und über eventuelle Verbindungen zu den Parteien beantworten. Durch diesen Prozess soll jegliche Befangenheit oder Voreingenommenheit offengelegt werden.

179   Nach Abschluss der Befragung haben die Anwälte die Möglichkeit, Geschworene aus der Gruppe potentieller Geschworener streichen zu lassen. Wenn Geschworene eine Verbindung zu den Parteien, deren Anwälten, oder dem Fall haben bzw. auf eine andere Weise voreingenommen sind, kann der Richter sie **aus diesem Grund streichen** [*for cause*]. Zusätzlich kann jede Prozesspartei drei **Geschworene streichen lassen**, wofür sie allerdings ihre Gründe und Erwägungen erläutern muss [*peremptory strike*].[119] Nachdem potentielle Geschworene ausgeschieden sind, ernennt der Richter aus den verbleibenden Anwärtern die endgültigen Geschworenen.

---

117 FED. R. CIV. P. 38(d).
118 FED. R. CIV. P. 48(a). Der Richter legt die Anzahl der Juroren unter Einbeziehung der erwarteten Länge und Komplexität des Verfahrens fest.
119 FED. R. CIV. P. 47(b); 28 U.S.C.A. § 1870. Obwohl die Erfordernisse für die Begründung für das Streichen von Juroren durch die Parteien sehr niedrig sind, ist es nicht zulässig, Juroren aufgrund ihrer Rasse oder des Geschlechts abzuwählen. Siehe *Edmonson v. Leesville Concrete Co., Inc.*, 500 U.S. 614, 616, 111 S.Ct. 2077, 2080 (1991) (Rasse); *J.E.B. v. Alabama ex rel. T.B.*, 511 U.S. 127, 129, 114 S.Ct. 1419, 1421 (1994) (Geschlecht).

Steven F. Baicker-McKee

4. Der Prozess

Die meisten Verhandlungssäle in den Bundesgerichten sind relativ gleich aufge- **180** baut. Die **Richterbank** [*bench*] ist normalerweise ein an der Stirnseite des Gerichtssaals erhöhter Bereich. Direkt vor der Richterbank befindet sich eine weitere Sitzreihe für den **Protokollführer** [*court reporter*], und die **juristischen Mitarbeiter des Richters und der Geschäftsstelle** [*law clerks*], die dem Richter assistieren. In der Nähe der Richterbank ist der **Zeugenstand** [*witness stand*]. Es handelt sich dabei um einen Stuhl in einem abgetrennten Bereich, auf dem sich die Zeugen während ihrer Aussage aufhalten. Daneben ist ein Podium, von dem Anwälte die Zeugen befragen können (in einigen Gerichten ist es für die Anwälte verpflichtend, sich während der Befragung auf das Podium zu stellen). An einer Seite, typischerweise nahe dem Zeugenstand, befindet sich die **Geschworenenbank** [*jury box*], ein abgetrennter Bereich, in dem die Geschworenen während des Prozesses sitzen. Hinter dem Podium befinden sich die **Tische** [*counsel table*], an denen die Parteien oder ihre Vertreter und die Anwälte während der Prozesse sitzen. Üblicherweise sitzt der Kläger an dem Tisch, welcher den Geschworenen am nächsten ist. Schließlich befindet sich am hinteren Ende des Gerichtssaals der **Besucherraum** [*gallery*], in dem das Publikum und andere Interessierte sitzen und den Prozess verfolgen können, sofern der Prozess nicht unter Ausschluss der Öffentlichkeit stattfindet. Die meisten Prozesse und Anhörungen sind jedoch für die Öffentlichkeit zugänglich.

Nach einigen eröffnenden Worten des Richters, die insbesondere Verhaltensre- **181** geln für die Geschworenen enthalten, beginnt der Prozess mit einer **eröffnenden Stellungnahme** des Anwalts der Klägerseite. Der Zweck dieser Stellungnahme ist es, den Geschworenen einen solchen Eindruck über den Fall zu verschaffen, den die Klägerseite im Laufe des Prozesses zu vermitteln erhofft. Der Anwalt des Beklagten kann unmittelbar danach ebenso eine Stellungnahme vortragen, oder dies auf einen späteren Zeitpunkt verschieben, nachdem die Klägerseite ihre Beweise vorgetragen hat.

Die Klägerseite ruft dann ihre Zeugen auf und legt ihre Beweise vor. Jeden Zeu- **182** gen, der von der Klägerpartei aufgerufen wird, kann von deren Anwalt zunächst **direkt befragt** werden [*direct examination*]. Während dieser Befragung muss der Anwalt grundsätzlich offene Fragen, keine **Suggestivfragen** [*leading questions*], stellen.[120] Der Beklagte kann gegen Fragen Einwand erheben. Ebenso wie bei eidlichen Aussagen sollte auch der Einspruch auf eine nicht-suggestive Weise erfolgen. Wenn eine Partei Einspruch erhebt, **genehmigt** [*sustained*] oder **verwirft** [*overruled*] der Richter den Einwand. Manchmal wird im Zuge dessen, am Rande der An-

---

[120] Eine Suggestivfrage ist eine Frage, welche die Antwort bereits vorschlägt. „Sind sie gegen 22:00 Uhr zu Hause angekommen?" ist somit eine Suggestivfrage. Eine offene Alternative könnte beispielsweise die Frage „Zu welcher Zeit kamen Sie ungefähr nach Hause?" sein.

Steven F. Baicker-McKee

hörung der Geschworenen, kurz **mit dem Richter verhandelt** [*sidebar conference*], wenn dieser die Ansichten der Parteien bezüglich des Einspruches erfahren will.

183 Danach findet das **Kreuzverhör** [*cross examination*] des Zeugen durch die Gegenpartei statt, in dem auch Suggestivfragen gestellt werden dürfen. Während des Kreuzverhörs kann ein Anwalt versuchen, die Glaubwürdigkeit eines Zeugen infrage zu stellen oder neue Tatsachen hervorzubringen. Der Umfang des Kreuzverhörs ist grundsätzlich auf die Themen beschränkt, die während der vorigen direkten Befragung besprochen wurden. Nach dem Kreuzverhör kann die Partei, die den Zeugen ursprünglich einberufen hat, eine **nachträgliche Befragung** [*redirect examination*] durchführen. Diese ist jedoch darauf beschränkt, die **Glaubwürdigkeit des Zeugen wiederherzustellen** [*rehabilitate*] und auf die im Kreuzverhör neu hervorgebrachten Tatsachen zu reagieren. Einige Richter beschränken die Befragungen auf diese drei Runden, während andere auch weitergehende Fragen erlauben.

184 Der Kläger muss ebenso seine Beweisstücke (Schriftstücke und materielle Gegenstände) der Akte hinzufügen. Schriftstücke werden oft aufgenommen, nachdem ein Zeuge ihre Echtheit und ihre Relevanz für den Rechtsstreit bestätigt hat. Allerdings können sie auch ohne die Bestätigung eines Zeugen aufgenommen werden, wenn die Parteien sich über die Authentizität des Dokuments einig sind oder sie **gerichtlich zur Kenntnis genommen** werden [*judicial notice*], was beispielsweise bei Dokumenten aus den Staatsarchiven der Fall ist. Wenn der Kläger eidliche Aussagen des Zeugen in dessen Abwesenheit als materielle Beweise vorbringt, kann der Kläger die Zeugenaussage für die Geschworenen nachstellen, indem sich jemand in den Zeugenstand setzt und vorgibt der Zeuge zu sein.

185 Wenn die Beweisvorlage des Klägers abgeschlossen ist, nimmt er wieder Platz. Der Beklagte stellt dann oftmals einen **Antrag auf Urteil von Rechts wegen** [*judgment as a matter of law (JMOL)*].[121] Ein Antrag auf *JMOL* erklärt, dass die Beweise des Klägers nicht ausreichen, um die von ihm geltend gemachten Ansprüche zu begründen. Der Prüfungsstandard ist dem des Urteils im abgekürzten Verfahren ähnlich (s. o.).

Praxistipp

Die Zivilprozessordnung schreibt vor, dass der Richter, sofern er dem Antrag auf *JMOL* nicht stattgibt, den Fall konkludent den Geschworenen übergeben hat, und sich lediglich das Recht vorbehält, den Antrag am Ende des Falles erneut zu überprüfen.[122] Oftmals nutzen die Richter den Vorteil dieser Norm, indem sie den Geschworenen zunächst den Urteilsspruch überlassen, um dann trotzdem selbst zu entscheiden, sofern sie glauben, dass die Entscheidung nicht von den Beweisen gestützt wird. Wenn die Sache in Revision geht und das Revisionsgericht entscheidet, dass der Richter falsch geurteilt hat, ist in diesem Fall ein neuerlicher Prozess nicht erforderlich. Obwohl solchen

---

121 FED. R. CIV. P. 50(a).
122 FED. R. CIV. P. 50(b).

Steven F. Baicker-McKee

Anträgen oftmals nicht stattgegeben wird, ist es wichtig sie zu stellen. Andernfalls verwirken die Parteien nämlich gem. Regelung 50 der Zivilprozessordnung ihr Recht auf Revision, weil sie die Möglichkeit, den Antrag zu stellen nicht genutzt haben.[123]

Anschließend reicht der Beklagte seine Beweise zur Aktenführung ein. Die Verneh- **186** mung erfolgt entsprechend des Ablaufs der Beweisvorlage durch den Kläger. Wenn der Beklagte seinen Vortrag beendet hat, kann der Kläger einen Antrag auf Urteil von Rechts wegen stellen. Dafür argumentiert er, dass die Beweise der Gegenseite nicht ausreichen, um deren Einwände zu stützen. Solche Anträge sind allerdings nicht besonders üblich. Der Kläger hat dann eine weitere Möglichkeit, Beweise vorzubringen, um die des Beklagten zu widerlegen.

Wenn die Beweisaufnahme abgeschlossen ist, gibt der Richter den Geschwore- **187** nen **Anweisungen** [jury instructions oder jury charge]. Diese enthalten die rechtlichen Prinzipien des Geschworenenprozesses. Die Grundidee ist, dass die Geschworenen die Tatsachen ermitteln und das Recht nach den Anweisungen des Richters auf diese Tatsachen anwenden. Bevor die Geschworenen angeleitet werden, gibt der Richter den Parteien die Möglichkeit, Vorschläge für Geschworenen Anweisungen einzureichen. Dann erstellt der Richter aus den Vorschlägen der Parteien und seinen eigenen Materialien die Richtlinien. Bevor er diese für die Geschworenen verliest, müssen die Parteien die Möglichkeit bekommen, Einspruch gegen die Vorschläge des Richters zu erheben. Mit dem Verzicht auf diesen Einspruch stimmen die Parteien den Vorschlägen des Richters zu.[124]

Praxistipp

Die meisten Gerichtsbarkeiten haben Bücher mit Musteranweisung für die Geschworenen-Anweisungen, die sich als akkurat und angemessen erwiesen haben. Diese Musteranweisungen sind eine wichtige Ressource bei der Erstellung von Vorschlägen für Geschworenen-Anweisungen.

Nachdem die Geschworenen vom Richter belehrt wurden, ziehen sie sich in den Ge- **188** schworenen-Raum zurück, um sich zu beraten. Zunächst wird ein **Vorsitzender** [foreman] bestimmt, der die Beratungen der Geschworenen leitet und die Kommunikation mit dem Richter übernimmt, falls Fragen während des Prozesses auftreten. Die Geschworenen diskutieren dann den Fall, bis eine Entscheidung getroffen ist. Geschworenen-Urteile müssen einstimmig erfolgen, sofern die Parteien nicht etwas anderes vereinbart haben.[125]

---

123 *Unitherm Food Systems, Inc. v. Swift-Eckrich, Inc.*, 546 U.S. 394, 126 S.Ct. 980, 987 (2006).
124 FED. R.CIV. P. 51(d).
125 FED. R.CIV. P. 48(b).

Steven F. Baicker-McKee

189 Die Urteile der Geschworenen können verschiedene Formen annehmen. Die einfachste Form ist das **allgemeine Urteil** [*general verdict*], bei dem die Geschworenen ankreuzen, ob sie den Fall zugunsten des Klägers oder des Angeklagten entscheiden, und die Höhe des Schadensersatzes angeben. **Sonderurteile** [*special verdicts*] enthalten eine Anzahl von Fragen, welche die Geschworenen beantworten müssen, wie beispielsweise „Haben Sie festgestellt, dass die Parteien einen Vertrag abgeschlossen haben?" oder „Haben Sie eine Vertragsverletzung festgestellt?". Der Richter kann dann aufgrund der Antworten der Geschworenen ein angemessenes Urteil fällen. Eine Mischform dieser beiden Ansätze ist das **Allgemeine Urteil mit Beweisfragen** [*general verdict with interrogatories*].[126]

190 Sobald die Geschworenen sich entschieden haben, informiert ihr Vorsitzender den Richter. Die Anwälte versammeln sich wieder im Gerichtssaal und die Geschworenen kehren in ihren Bereich zurück. Der Foreman übergibt die Entscheidung dem Richter, der sie laut verliest. Die Parteien können fordern, dass der Richter die Geschworenen überprüft. In diesem Fall muss er jedes einzelne Mitglied fragen, ob es der Entscheidung zustimmt. So soll die Einstimmigkeit der Entscheidung sichergestellt werden.[127] Dann entlässt der Richter die Geschworenen.

191 Die Entscheidung der Geschworenen ist für sich genommen nicht durchsetzbar. Das Urteil muss zunächst durch den Richter ins Verfahrensregister eintragen werden, damit ein erfolgreicher Kläger seinen Schadensersatz erhalten kann.[128]

II. Prozesse ohne Geschworene

192 Prozesse ohne Geschworene laufen im Wesentlichen wie solche mit Geschworenen ab, mit dem Unterschied, dass der Richter die Tatsachen ermittelt und die Abläufe etwas schlanker sind. Richter erlauben oftmals eher Suggestivfragen und sind hinsichtlich der Einhaltung der Beweisregeln weniger streng. Der Grund dafür ist, dass diese Regeln dazu bestimmt sind, die Geschworenen nicht zu verwirren oder einzunehmen. Für einen kompetenten und erfahrenen Richter ist dies jedoch nicht erforderlich. Eidliche Aussagen werden lediglich schriftlich eingereicht, ohne laut verlesen zu werden und manchmal werden selbst direkte Zeugenaussagen lediglich schriftlich eingereicht, sodass einzig das Kreuzverhör noch mündlich stattfindet.

193 Am Ende eines Prozesses ohne Geschworene trifft der Richter keine Entscheidung im Sinne eines **Urteils** [*verdict*], sondern gibt die **Tatsachenfeststellungen**

---

126 *Siehe* FED. R. CIV. P. 49.
127 FED. R. CIV. P. 48(c).
128 *Siehe* FED. R. CIV. P. 54.

Steven F. Baicker-McKee

[*findings of fact*] und die **rechtliche Würdigung** [*conclusions of law*] zur Akte.[129] Obwohl der Richter diese Erkenntnisse mündlich vortragen kann, werden sie meist schriftlich vorgelegt. Der Richter fordert die Parteien oft auf, Vorschläge über die erwiesenen Tatsachen und Rechtsfragen einzureichen, um dann seine eigene Entscheidung unter Einbeziehung der Parteivorschläge zu treffen.

III. Beratende Geschworene

Bei Ansprüchen, bei denen die Parteien kein Anrecht auf einen Geschworenenprozess haben, kann das Gericht den Fall auch mithilfe von **beratenden Geschworenen** [*advisory jury*] entscheiden.[130] Wenn es hiervon Gebrauch macht, beraten sich die Geschworenen wie im normalen Geschworenenprozess, mit dem Unterschied, dass der Richter nicht an ihre Entscheidung gebunden ist. 194

H. Rechtsmittel nach dem Verfahren

Nach dem Ende des Verfahrens und dem Urteilsspruch durch den Richter haben die Parteien begrenzte Möglichkeiten, um vom Gericht einen erneuten Prozess oder ein Veränderung des Urteils zu verlangen. 195

I. Erneuter Antrag auf Urteil von Rechts wegen

Unmittelbar nach dem Prozess können die Parteien ihre Anträge auf **Urteil von Rechts wegen** [*JMOL*] erneut stellen.[131] Solche Anträge müssen innerhalb von 28 Tagen nach dem Urteilsspruch erfolgen, und sind eine Vorbedingung für eine später erfolgende Revision in Bezug auf Fragen, die in diesem Antrag vorkommen. Der Prüfungsmaßstab entspricht dem des ursprünglichen Antrags (oder einem Antrag auf Urteil im abgekürzten Verfahren). Die Erneuerung der Anträge ist eine Möglichkeit für den Richter, die Anträge erneut zu überdenken, nachdem alle Beweise eingegangen sind. 196

---

129 FED. R.CIV. P. 52(a).
130 FED. R.CIV. P. 39(c).
131 FED. R.CIV. P. 50(b).

Steven F. Baicker-McKee

II. Antrag auf ein neues Verfahren

197 Zusätzlich können die Parteien die Eröffnung eines neuen Verfahrens beantragen.[132] Ein solcher Antrag muss ebenfalls innerhalb von 28 Tagen gestellt werden und wird oft gemeinsam mit einem erneuten Antrag auf Urteil von Rechts wegen als Alternativvorschlag gestellt. Grundsätzlich wird das Gericht dem Antrag auf ein neues Verfahren stattgeben, wenn ansonsten eine fehlerhafte Rechtsanwendung drohen würde.[133]

III. Antrag auf Abhilfe vom Urteil

198 Zuletzt kann eine Partei das Gericht bitten, ein Urteil zu erweitern oder zu streichen, wenn sich die Umstände verändert haben oder eine außerordentliche fundamentale Ungerechtigkeit vorliegt.[134] Üblicherweise werden derartige Anträge u. a. mit den folgenden Erwägungen begründet: Irrtum, entschuldbare Fahrlässigkeit, neu aufgekommene Beweise, die trotz angemessener Gewissenhaftigkeit vorher nicht hätten entdeckt werden können, sowie „jegliche andere Gründe, die die Abhilfe rechtfertigen" als eine Art Auffangklausel.[135]

199 Für den Antrag auf Abhilfe von einem Schlussurteil besteht kein Fristerfordernis, außer dass bestimmte der Gründe innerhalb einer einjährigen Frist ab Eingang des Urteils geltend gemacht werden müssen.[136] Abhilfe nach Regelung 60 der Zivilprozessordnung gilt als außergewöhnlich und wird nur selten gewährt.

I. Revision

200 Enorme Ineffizienz und Verzögerungen würden entstehen, wenn die Parteien gegen jede für sie ungünstige Zwischenverfügung in Revision gehen könnten. Dementsprechend kann eine Partei, abgesehen von einigen wenigen Ausnahmen, lediglich nach einem **Endurteil** [*final judgment*], oder einer **abschließenden Verfügung** [*final order*] in Revision gehen. Obwohl sich dieses Kapitel auf das erstinstanzliche bundesrechtliche Zivilverfahren konzentriert, soll in diesem Abschnitt ein kurzer Überblick über die Revisionsinstanz gegeben werden.

---

132 FED. R. CIV. P. 59.
133 *Siehe Michigan Millers Mut. Ins. Co. v. Asoyia, Inc.*, 793 F.3d 872, 878 (8th Cir. 2015).
134 FED. R. CIV. P. 60(b).
135 FED. R. CIV. P. 60(b)(1)–(6).
136 FED. R. CIV. P. 60(c).

Steven F. Baicker-McKee

Eine Partei leitet die Revision ein, indem sie einen **Revisionsantrag** [*notice of* 201
appeal] innerhalb von 30 Tagen nach dem Eingang des Endurteils oder der abschließenden Verfügung einreicht.[137] Der Revisionsantrag ist ein einfaches Formular, das die Anordnungen benennt, gegen die Revision eingelegt wird. Es erfordert
keine spezifischen Angaben zu den Revisionsgründen. Die Parteien können dann
die **Revisionsakte** [*record on appeal*] auswählen, d.h. diejenigen Dokumente, die
dem Revisionsgericht vorgelegt werden sollen. Anschließend legt das Gericht den
Ablaufplan für das Einreichen von Schriftsätzen [*briefing schedule*] fest. Schriftsätze in der Revisionsinstanz folgen sehr strengen Regeln, da in jedem Abschnitt
kleinteilige Voraussetzungen zu erfüllen sind.

Das Gericht legt anschließend Datum, Uhrzeit und Ort der mündlichen Erörte- 202
rung fest. Die meisten Erörterungen finden vor einem Gremium von drei Richtern
statt, das durch Mehrheitsbeschluss entscheidet. Typischerweise ist die Redezeit
gleichmäßig zwischen den Parteien aufgeteilt und wird von den Richtern streng
durchgesetzt. Der **Revisionskläger** [*appellant*] bringt zunächst seine Argumente vor
und kann einen Teil seiner Redezeit für eine **Erwiderung** [*rebuttal*] aufsparen, sodass er beispielsweise bei einer Redezeit von 15 Minuten zwei Minuten für die später
erfolgende Erwiderung einplanen kann. Der **Revisionsbeklagte** [*appellee*] trägt
seine Argumente anschließend vor, kann aber keine Redezeit aufsparen.

Unter besonderen Umständen kann es vorkommen, dass eine Partei eine **einst-** 203
weilige Revision [*interlocutory appeal*] gegen eine nicht abschließende Anordnung
einlegt. Die Parteien haben das Recht, sich in dieser Art und Weise gegen bestimmte, gesetzlich festgelegte, gerichtliche Zwischenverfügungen zur Wehr zu setzen. Die
wichtigsten, hier relevanten Zwischenverfügungen sind solche, die einen vorläufigen **Unterlassungsanspruch** [*injunction*] gewähren, deren Geltungsbereich verlängern oder verändern, zur deren Unwirksamkeit führen oder sie aufheben.[138] Für andere Verfügungen können die Parteien ebenso einstweilige Revision einlegen, aber
dieser Prozess hat zwei Stufen und ist komplizierter. Zunächst muss der Anwalt der
Partei, welche die einstweilige Revision einlegen möchte, den erstinstanzlichen
Richter von drei Dingen überzeugen: 1) Dass die zu entscheidende Frage **eine zent-**
rale Rechtsfrage [*controlling question of law*] enthält, die „zügig und ordentlich"
gelöst werden kann und deren Antwort mit hoher Wahrscheinlichkeit den Fortgang

---

137 Es ist zu beachten, dass bestimmte Anträge, die nach der Hauptverhandlung gestellt werden,
während der Revision weiter gelten. *Siehe* FED. R. APP. P. 4(a)(4(A); *Anmerkung des Herausgebers*:
Bei jeglichen *appeals* handelt es sich ausschließlich um Revisionen und nicht um Berufungen. Es
wird folglich lediglich eine rechtliche Würdigung des vorinstanzlichen Urteils vorgenommen, allerdings keine neuen Beweise erhoben oder Zeugen angehört. Wenn der Revisionsrichter zu der Entscheidung kommt, dass wesentliche Tatsachen in der Vorinstanz nicht berücksichtigt und hierdurch Grundrechte einer Partei verletzt wurden, dann ist die einzig mögliche Abhilfemaßnahme die
ein Revisionsrichter anordnen kann, die Rückverweisung des Falles an die Vorinstanz.
138 28 U.S.C.A. § 1292(a).

Steven F. Baicker-McKee

des Rechtsstreit beeinflussen wird, 2) dass substantielle Gründe für unterschiedliche Rechtsansichten bestehen und 3) dass ein unmittelbarer Revisionsprozess das Ende des Rechtsstreits „materiell voranbringen" wird.[139] Anschließend muss das Revisionsgericht dem Vorschlag zustimmen. Beide Voraussetzungen unterliegen dem richterlichen Ermessen, sodass die bloße Erfüllung der Voraussetzungen nicht garantiert, dass es zur einstweiligen Revision kommt.

204   Es ist wichtig zu betonen, dass eine Revision nicht dazu führt, dass ein Urteil nicht durchsetzbar wird. Diese Einschränkung ist besonders wichtig für die unterliegende Partei. Um den Kläger davon abzuhalten, ein Urteil durchzusetzen, muss ein in Revision gehender Beklagter eine **dazwischentretende Anleihe** [*supersedeas bond*] hinterlegen. Dies ist eine Sicherheit, die der Kläger verwenden kann, um sich aus dem Urteil zu befriedigen, falls die Revision des Beklagten erfolglos ist.

J. Beitreibung

205   Ein positives Urteil ist zwar ein Erfolg für den Kläger, aber es ist zunächst lediglich ein Stück Papier. Beklagte mit ausreichendem Vermögen werden in der Regel die Forderungen aus dem gegen sie ergangenen Urteil bezahlen bzw. **befriedigen**. Bei denjenigen, die nicht freiwillig zahlen können oder wollen, müssen die Kläger die **Beitreibung** [*collection*] einleiten.

206   Es gibt einige Werkzeuge, die dem Kläger offenstehen, um Vermögenswerte zur Befriedigung der im Urteil festgestellten Forderungen aufzufinden und zu erlangen. Der Ablauf beginnt häufig zunächst mit der **Ermittlung der Zahlungsfähigkeit** [*discovery in aid of execution*].[140] Der Kläger kann dem Beklagten schriftliche Beweisfragen senden oder von ihm Dokumente anfordern, um Informationen über Konten und andere bewegliche und unbewegliche Gegenstände in seinem Eigentum zu erhalten. Der Kläger kann den Beklagten auch auffordern, eine eidliche Aussage über die Art und den Standort dieser Vermögenswerte abzugeben. Informelle Offenlegungen, wie z.B. Einsicht in das Grundbuch, können zu weiteren Erkenntnissen führen. Sobald der Kläger das Vermögen des Beklagten festgestellt hat, kann er in das Bankguthaben des Beklagten vollstrecken, einen Teil seines Lohnes pfänden oder eine Versteigerung des Eigentums des Beklagten durch die **Gerichtsvollzieher** [*US Marshals*] einleiten.

---

139 28 U.S.C.A. § 1292(b).
140 FED. R.CIV. P. 69(a)(2).

Steven F. Baicker-McKee

K. Rechtskraft

Der letzte Abschnitt dieses Kapitels beschreibt die Grundsätze, welche die Gerichte 207
entwickelt haben, um eine unterliegende Partei davon abzuhalten, einen Rechtsstreit, den sie bereits verloren hat, erneut vor Gericht zu verhandeln. Es gibt verschiedene, aber recht ähnliche Theorien, die sich mit der Rechtskraft von Gerichtsurteilen hinsichtlich gestellter Ansprüche und Einzelfragen befassen.

I. Anspruchsausschluss oder *Res Judicata*

Die erste Doktrin besagt, dass die Neuverhandlung eines Anspruchs nach einem 208
bestandskräftigen Urteil ausgeschlossen ist. Diese Theorie wurde lange als „**Res
Judicata**" bezeichnet, ist jetzt aber als **Anspruchsausschluss** [*claim preclusion*]
bekannt.

Die gleichen Parteien, können nicht den gleichen Anspruch ein zweites Mal 209
verhandeln, wenn folgende Voraussetzungen erfüllt sind: 1) Die Begründetheit
einer Forderung wurde vollständig gerichtlich untersucht; 2) die neue Klage enthält
dieselbe Forderung wie die frühere Klage; und 3) die Parteien der neuen Klage sind
dieselben wie in der früheren Klage, oder stehen zu ihnen in einem **Näheverhältnis**
[*in privity*].[141]

II. Ausschluss einzelner Rechtsfragen oder innere Rechtskraftwirkung

Die zweite Doktrin schließt die Neuverhandlung einzelner Rechtsfragen aus. Nach- 210
dem dies lange als „**innere Rechtskraftwirkung**" [*collateral estoppel*] bezeichnet
wurde, nennt man sie heute **Ausschluss von Rechtsfragen** [*issue preclusion*].

Der Ausschluss von einzelnen Rechtsfragen verbietet es einer Partei, zu deren 211
Ungunsten eine Rechtsfrage im Verfahren entschieden wurde, diese bestimmte Frage erneut vor Gericht zu bringen und hat vier Elemente: 1) Eine Streitfrage wurde
verhandelt und entschieden. 2) Der aktuelle Rechtsstreit behandelt dieselbe Streitfrage erneut. 3) Die Prozesspartei, gegen die der Ausschluss vorgebracht wird, war
an dem ersten Rechtsstreit beteiligt oder steht mit einer Partei, die aus den entsprechenden Gründen ein Interesse an der erneuten Verhandlung der Streitfrage hat, in

---

[141] *"Privity"* erfordert ein enges Verhältnis zwischen den Parteien. Mutter- und Tochtergesell-
schaften stehen beispielsweise in einem solchen Näheverhältnis. Wenn die Tochtergesellschaft
einen Fall verliert, ist es sehr wahrscheinlich, dass die Muttergesellschaft nicht erneut die gleiche
Klage erheben kann.

Steven F. Baicker-McKee

einem Näheverhältnis. Und 4) die Entscheidung der Streitfrage in dem vorigen Fall war für das Urteil des Gerichts von grundlegender Bedeutung.

212 Die Rechtsprechung teilt den Ausschluss einzelner Rechtsfragen weiterhin in zwei Kategorien: **abwehrender Ausschluss von Rechtsfragen** [*defensive issue preclusion*] und **offensiver Ausschluss von Rechtsfragen** [*offensive issue preclusion*]. Erstere beschreibt eine Situation, in welcher der Beklagte den Ausschluss benutzt, um einen gegen ihn gerichteten Anspruch abzuwehren.[142]

Beispiel

Angenommen, der Kläger erleidet durch einen Rasenmäher eine Verletzung und will produkthaftungsrechtlich gegen den Hersteller des Rasenmähers vorgehen. Eine Voraussetzung des Anspruchs auf Produkthaftung könnte sein, dass der Kläger das Produkt bestimmungsgemäß verwendet hat. In dem Prozess haben die Geschworenen entschieden, dass der Kläger den Rasenmäher nicht bestimmungsgemäß verwendet hat. Wenn derselbe Kläger versucht, auch Ansprüche gegen den Hersteller der Rasenmäher-Klingen vorzubringen, könnte dieser einen abwehrenden Ausschluss von Rechtsfragen einwenden. Aufgrund dieser Tatsachen ist es wahrscheinlich, dass der Anspruch des Klägers auf Feststellung des bestimmungsgemäßen Gebrauchs des Rasenmähers ausgeschlossen sein würde und seine Ansprüche gegen den Hersteller der Klingen nicht durchsetzbar wären.

213 Im Gegenteil dazu betrifft der offensive Ausschluss von Rechtsfragen eine Situation, in der der Kläger den Ausschluss einer einzelnen Rechtsfrage verwendet, um einen Anspruch gegen den Beklagten zu begründen. Wenn die Geschworenen in der ersten Entscheidung des oben genannten Beispiels befunden hätten, dass der Rasenmäher fehlerhaft konstruiert war, könnte ein anderer Kläger, der auch durch dieses Rasenmähermodell verletzt wurde, gegen den Hersteller klagen und den Ausschluss von Rechtsfragen geltend machen. Dadurch wäre die Behauptung des Herstellers, der Rasenmäher sei nicht fehlerhaft konstruiert gewesen, ausgeschlossen.

214 Zwar würde eine solche Behauptung die Voraussetzungen des Ausschlusses einzelner Rechtsfragen erfüllen. Jedoch haben die Gerichte ein besonderes Risiko bei der Verwendung des offensiven Ausschlusses von Rechtsfragen festgestellt. Angenommen 100 Einzelpersonen würden durch den Rasenmäher verletzt und die Geschworenen würden in den ersten 24 Verfahren entscheiden, dass das Modell nicht fehlerhaft konstruiert wurde, aber im 25. Prozess feststellen, dass das Produkt fehlerhaft ist. Die uneingeschränkte Anwendung des offensiven Ausschlusses von Rechtsfragen würde es den nächsten 75 Klägern erlauben, die Streitfrage der fehlerhaften Produktion gegen den Hersteller vorzubringen, obwohl 96% der Geschworenen-Entscheidungen zum gegenteiligen Schluss gekommen sind. Ein solches Er-

---

142 *Siehe Parklane Hosiery Company, Inc. v. Shore*, 439 U.S. 322, 329, 99 S.Ct. 645, 650 (1979).

Steven F. Baicker-McKee

gebnis wäre offenkundig unfair gegenüber dem Beklagten. Aus diesem Grund liegt es im Ermessen der Gerichte, ob sie die Anwendung des offensiven Ausschlusses von Rechtsfragen zulassen.[143]

---

143 *Siehe Parklane Hosiery Company, Inc. v. Shore*, 439 U.S. 322, 331–32, 99 S.Ct. 645, 651–52 (1979).

Steven F. Baicker-McKee

Kapitel 3
Strategien der Erstellung von zivilprozessualen Schriftsätzen

Literaturverzeichnis

Brown, Heidi K., *Breaking Bad Briefs*, 41 *The Journal of the Legal Profession* 259, Frühjahr 2017. **Brown**, Heidi K., "Converting Benchslaps to Backslaps: Instilling Professional Accountability in New Legal Writers By Teaching and Reinforcing Context," 11 *Journal of Legal Communication and Rhetoric* 109, Herbst 2014. **Burr**, Anne M. und **Bromberg**, Howard, *US Legal Practice Skills for International Law Students* (2014). **Garner**, Bryan A., *The Winning Brief*, 2. Auflage Oxford University Press (2014). **Neumann**, Richard K. und **Konrad Tiscione**, Kristen, *Legal Reasoning and Legal Writing*, 7. Auflage (2013). **Murray**, Michael D. und **DeSanctis**, Christy H., *Advanced Legal Writing and Oral Advocacy: Trials, Appeals, and Moot Court* (2009). **Murray**, Michael D. und **DeSanctis**, Christy H., *Appellate Advocacy and Moot Court* (2006). **Rocklin**, Joan Malmud, **Rocklin**, Robert B., **Coughlin**, Christine und **Patrick**, Sandy, *An Advocate Persuades*, Carolina Academic Press (2016). **Scalia**, Antonin und **Garner**, Bryan A., *Making Your Case* (2008).

A. Einleitung

1 Im US-Zivilprozess können Anwälte typischerweise nur (1) durch **Schriftsätze** [sog. *briefs*], (2) persönlich im Gerichtssaal oder dem **Richterzimmer** [*judge's chamber*] in anberaumten Gerichtsterminen und (3) im Rahmen von anberaumten Telefonkonferenzen, bei denen alle Parteien beteiligt sind, mit den Richtern kommunizieren. Dieses Kapitel behandelt die Rolle und Relevanz der strategischen Erstellung von Schriftsätzen im Zivilprozess der US-Bundesgerichte. Weil Schriftsätze ein derart wertvolles Kommunikationsinstrument zwischen Anwälten und dem vorsitzenden Richter – oder einem Richter eines Revisionsgerichts – sind, müssen US-Anwälte einen wesentlichen Zeitaufwand in Recherche, Entwurf und Bearbeitung dieser Dokumente investieren. Je nach Prozessphase sind verschiedene Arten von Schriftsätzen erforderlich, der Arbeitsprozess ist grundsätzlich für jede Art der Schriftsätze gleich.

2 Dieses Kapitel beschreibt zunächst die Bedeutung von Schriftsätzen, wie diese von Anwälten und Gerichten genutzt und verstanden werden und die Struktur, die Gerichte von überzeugenden Dokumenten erwarten. Anschließend fasst es die verschiedenen Arten von Schriftsätzen zusammen, die US-Anwälte in den verschiedenen Phasen des Zivilverfahrens verfassen, und erklärt in diesem Rahmen die Recherche- und Schreibstrategien der Anwälte. Danach werden dann Beispiele von drei typischen Prozessschriftsätzen behandelt, u. a. (1) ein Schriftsatz zur Unterstützung eines **Antrags auf Offenlegung von Beweisen** [*discovery motion*]**,** der vom Gericht fordert, eine **Verfügung** [*subpoena*] zu erlassen, die eine prozessuale oder materielle

Beweiserhebungsanordnung erwirkt, (2) ein Schriftsatz zur **Unterstützung eines Beweisantrags** [*evidentiary motion*] um Meinungsverschiedenheiten über Urkunden, Zeugen oder andere Beweismittel aufzuklären, und (3) ein Schriftsatz zur **Unterstützung eines Antrags auf ein Urteil im abgekürzten Verfahren** [*motion for summary judgment*], bei dem prozessuale oder materielle Fragen bereits vor der Hauptverhandlung entschieden werden können. Abschließend zeigt das Kapitel noch potentielle Fehlerquellen bei dem Verfassen eines Schriftsatzes auf und erklärt, wie durch schlecht verfasste Schriftsätze die Last der Recherche und Analyse auf das Gerichtspersonal verlagert wird, was den Prozess sehr verlangsamt, während gute Schriftsätze der fairen und effizienten Entscheidungsfindung dienen.

B. Der Zweck von Schriftsätzen im bundesrechtlichen Zivilprozess

Ein Schriftsatz ist ein auf Überzeugung gerichtetes Dokument, das von einem An- 3 walt verfasst wird und wesentliche Streitpunkte, die vom Gericht zu einem bestimmten Zeitpunkt im Verfahren zu entscheiden sind, zusammenfasst. Ein Schriftsatz behandelt die rechtliche(n) Frage(n), stellt die anwendbaren Rechtsnormen dar und nennt treffende Argumente, um das Gericht zu überzeugen, zugunsten des eigenen Mandanten zu entscheiden. Der Zweck des Schriftsatzes ist es, „die Entscheidung des Gerichts zu bilden und zu leiten"[1], sowohl in einzelnen rechtlichen Fragen des Falles (z. B. zum isolierten Offenlegungsverfahren oder beweistechnischen, prozessualen oder materiellen Angelegenheiten), als auch in Bezug auf den gesamten Fall. Die Aufgabe des Verfassers ist es, die bestimmte rechtliche Fragestellung so klar und konzentriert wie möglich einzugrenzen, die für den Fall relevanten prozessualen und materiellen Tatsachen zu beschreiben, die einschlägigen rechtlichen Quellen zu recherchieren und zu nennen, sorgfältig eine angemessene Zahl von Präzedenzfällen, die das anwendbare Recht wiederspiegeln, auszuwählen und Argumente darzustellen, die das Gericht bei der Analyse der Materie und dem Verfassen eines fairen, effizienten Urteils unterstützen werden.

Typischerweise stellt eine Prozesspartei einen **Antrag** [*motion*], ein kurzes, ein- 4 bis zweiseitiges Dokument, durch den vom Gericht eine **Verfügung** [*order*] in einem bestimmten Fall gefordert wird. Die den **Antrag stellende Partei** [*moving party*] reicht zusätzlich einen längeren Schriftsatz ein, um den Antrag zu begründen. Dieser Schriftsatz wird *"**Memorandum of Law**"* oder *"**Memorandum of Points and Authorities**"* genannt. Normalerweise billigt das Gericht der Gegenseite einige Tage

---

1 *In the Matter of Witt*, 481 B.R. 468, 473 (N.D. Ind. Bankr. 2012). *Siehe auch Litton Systems, Inc. v. Sundstrand Corp.*, 750 F.2d 952, 955 n. 1 (Fed. Cir. 1984) (Der Zweck eines Schriftsatzes ist es, „das Gericht bei der Erreichung einer korrekten und gerechten Entscheidung zu unterstützen").

Heidi K. Brown

Zeit zu, um einen **erwidernden Schriftsatz** [*opposition brief*] vorzubereiten, zu verfassen und einzureichen, der auf die Argumente des ersten Schriftsatzes eingeht. Die Prozessregeln erlauben auch **einen weiteren Schriftsatz** [*reply brief*] des ursprünglichen Antragsstellers, in dem dieser die Behauptungen der Gegenseite erwidern kann. Bundesgerichte geben in der Regel eine strenge Seiten- oder Wortobergrenze für jeden Schriftsatz vor. Einige Schriftstücke können sehr kurz sein, während andere Dutzende Seiten umfassen – die Länge richtet sich nach den jeweiligen Fragestellungen und dem Stadium des Verfahrens. Erwidernde Schriftsätze der den Antrag stellenden Partei sind kürzer als deren ursprüngliche Schriftsätze oder die erwidernden Schriftsätze der Gegenpartei.

5   Unter bestimmten Umständen kann es vorkommen, dass mehrere Parteien eines Rechtsstreits ihre Schriftsätze gleichzeitig und nicht in der oben aufgeführten Reihenfolge einreichen. Ein Richter kann diese gleichzeitigen Schriftsätze fordern, oder die Parteien anweisen, sog. **Vorprozess-Schriftsätze** [*pre-trial briefs*] zu erstellen, die die jeweiligen Ansprüche zusammenfassen und die dazugehörigen Beweise, die später im Prozess vorgebracht werden, nennen. In diesem Fall reichen die Anwälte ihre Schriftsätze zur gleichen Zeit ein. So kann die Möglichkeit zur Einreichung von erwidernden Schriftsätzen durch die antragstellende Partei und die Gegenpartei entfallen.

6   Da die Listen der **bei einem Gericht anhängigen Verfahren** [*docket*] der meisten US-Zivilgerichte konstant überfüllt sind, sind die Richter darauf angewiesen, dass die Prozessparteien Schriftsätze einreichen, um so viele Streitpunkte wie möglich im Voraus zu erörtern. Daher sind Schriftsätze hilfreiche Instrumente für Anwälte, um die Richter daran zu erinnern, wer die Parteien des Prozesses sind und die Fakten des Konfliktes, die materiellen Fragen, das geltende Recht (Gesetze, Richtlinien und/oder Präzedenzfälle) und die Gründe, warum das Gericht zu ihren Gunsten entscheiden sollte, zusammenzufassen. Ein wesentlicher Unterschied zum deutschen System ist nämlich der Grundsatz, dass in amerikanischen Gerichten die Anwälte auch das anwendbare Recht beibringen müssen. Richter verwenden die Schriftsätze, um die Tatsachen, die Rechtslage und die Argumente der Parteien zu analysieren, bevor sie in ihrer **Urteilsbegründung** [*judicial opinion*] erläutern, wie sie die rechtlichen Fragen einschätzen, und im Anschluss eine **Verfügung** [*order*] erlassen, um das Ergebnis zu verkünden. Richter können entweder eine Entscheidung fällen, die ausschließlich auf den Schriftsätzen basiert, oder eine Anhörung einberufen, bei der die Anwälte der Parteien mündlich ihre Argumente vortragen. In **Verhandlungen** [*oral arguments*], die im Gerichtssaal oder in den Büros der Richter geschehen, wird jedem Anwalt eine bestimmte Zeitvorgabe zugeschrieben, um über die in den Schriftsatz erwähnten Angelegenheiten zu sprechen. Der Richter darf diesen Vortrag mit Fragen unterbrechen.

Heidi K. Brown

C. Typische organisatorische Struktur eines Schriftsatzes

Wie in Teil D. ausführlich erläutert wird, werden je nach Prozessphase in US-Bun- 7
desgerichten verschiedene Arten von Schriftsätzen für unterschiedliche Anliegen
verwendet. Ein Zivilprozess in einem Bundesgericht folgt normalerweise dieser
chronologischen Abfolge: (1) Die Phase der **Parteivorbringen** [*pleadings*], in denen
die Prozessparteien eine **Klageschrift** [*complaint*] und eine **Erwiderung** [*answer*]
einreichen, möglicherweise auch zusätzliche **dritte Parteien** ihr **Plädoyer** formulieren können [*third-party pleadings*] und **Gegenklagen** [*cross-complaint*] eingereicht
werden. Hiernach kommt die (2) **Offenlegung von Fakten und Expertenmeinungen** [*discovery*] – dies ist die Ermittlungsphase eines Prozesses. Die weiteren Phasen sind (3) der **Vorprozess** [*pre-trial*], (4) die **mündliche Verhandlung** [*trial*], (5)
die **Nachverhandlung** [*post-trial*], und (6) die **Revision** [*appeal*]. In jeder Phase
werden Schriftsätze verwendet, um das Ausmaß der Auseinandersetzung der Parteien zu begrenzen. Richter versuchen, die Streitgegenstände, die verhandelt werden sollen, zu straffen, indem sie im Voraus mehrere Konflikte schon ansprechen,
beispielsweise den Umfang des Offenlegungsverfahrens (die Dokumente und Zeugen, die die Parteien vorbringen müssen), Beweismittel (die Dokumente und **Zeugenaussagen** [*testimony*], die im Prozess vorgebracht werden dürfen), und Rechts-
und Tatsachenfragen. Die Gerichtsverfassungsgesetze enthalten Anforderungen an
die Inhalte der verschiedenen Schriftsätze.

Die meisten Schriftsätze enthalten allerdings die folgenden Bestandteile: (1) Ein 8
Rubrum [*caption*]; (2) das **Aktenzeichen** [*docket number*]; (3) den Titel des Schriftsatzes sowie den Namen der einreichenden Partei; (4) eine überzeugende Einleitung, in
der die relevanten Rechtsfragen aufgeführt werden, die das Gericht entscheiden muss;
eine kurze Auflistung der Gründe, warum der Rechtsstreit zugunsten der Partei entschieden werden sollte und die genaue prozessuale Handlung, die vom Gericht gefordert wird; (5) eine Zusammenfassung des materiellen Rechts und prozessualen Fakten,
die für die jeweilige rechtliche Frage von Bedeutung sind; (6) die Argumente der Prozesspartei, die rechtlich begründet und mit Präzedenzfällen – einschließlich ordnungsgemäßen Verweisen zum Sachverhalt und den Rechtsquellen – untermauert
werden; (7) eine Zusammenfassung, in der die materiell-rechtliche Entscheidung und
das daraus resultierende prozessrechtliche Vorgehen, das die **einreichende Partei**
[*filing party*] fordert, enthält; sowie (8) eine **Unterschriftenzeile** [*signature block*], mit
der Unterschrift des Anwalts sowie seinen Kontaktinformationen.

Checkliste

Schriftsätze, die bei einem US-Bundesgericht eingereicht werden, enthalten in der Regel die fol-
genden Elemente:
- **Rubrum** [*case caption*]
- **Aktenzeichen** [*docket number*]
- Titel des Schriftsatzes und Name der Partei

Heidi K. Brown

- Einleitung
- Zusammenfassung der Tatsachen und der Rechtslage
- Argumente
  - Zu entscheidende Rechtssachen
  - Anwendbares Recht
  - Ausführungen zu Präzedenzfällen
  - Verweise zum Sachverhalt und den Rechtsquellen
  - Überzeugende Argumente
- Zusammenfassung
- **Unterschrift und Kontaktinformationen des Anwalts** [*signature block*]

9 Das Rubrum des Schriftsatzes enthält die Bezeichnung des Gerichts (sowie dessen Zuständigkeit), die Namen der Parteien sowie deren Rollen, d.h. ob sie Kläger oder Beklagter, etc. sind. Das Aktenzeichen ist die Identifikationsnummer, die dem Verfahren zugeordnet wird, wenn der Kläger die Klageschrift einreicht. Anwälte müssen das korrekte Aktenzeichen in jedem Schriftsatz aufführen, damit der **Sachbearbeiter** oder die **Sachbearbeiterin** [*clerk*] das Dokument ordnungsgemäß ablegen kann. Ein einziges US-Bundesgericht bearbeitet oftmals hunderte Prozesse parallel und jeden Tag werden viele Schriftsätze von verschiedenen Parteien und Anwälten eingereicht. US-Bundesgerichte haben ein **elektronisches Schriftsatz-Einreichungssystem;** Anwälte reichen Schriftsätze online ein, und die Sachbearbeiter stellen sicher, dass die Bundesrichter Kopien der Dokumente für die materiell-rechtliche Prüfung erhalten. Der Titel des Schriftsatzes identifiziert die Kategorie und den Namen der einreichenden Partei, sodass die Sachbearbeiter und Richter sicherstellen können, welcher Beteiligte welche konkrete Handlung erwirken will und auf welche Argumente er diese stützt.

Beispiel

Beispiel eines **Rubrums mit Titel** [*caption*]:

UNITED STATES DISTRICT COURT
SOUTHERN DISTRICT OF NEW YORK

Kroehl Industries, Inc.,
Plaintiff,

v.   Docket No. 17-CV-32670

Braun Pharmaceuticals, Co.,
Defendant.

PLAINTIFF KROEHL INDUSTRIES, INC.'S MEMORANDUM OF LAW
IN SUPPORT OF ITS MOTION FOR SUMMARY JUDGMENT

Heidi K. Brown

Unter dem Rubrum und dem Titel beginnt die Einleitung des Schriftsatzes. Darin 10 erklärt der Verfasser die Rechtsfragen, über die das Gericht entscheiden soll, und weist dabei oftmals auf das Thema des Falles hin. So könnte er beispielsweise schreiben: „In diesem Fall geht es um Vertragsfreiheit" oder „In diesem Fall geht es um eine Menschenrechtsverletzung". Eine gute Einleitung beschreibt knapp drei bis fünf Gründe dafür, dass das Gericht zugunsten der Partei, die den Schriftsatz einreicht, entscheiden sollte, und nennt ausdrücklich das begehrte Ergebnis, sowohl in materiell- als auch in prozessrechtlicher Hinsicht. Eine starke Einleitung sollte nicht länger als eine Seite mit doppelten Zeilenabständen sein. Das Ziel der Einleitung ist es, die Aufmerksamkeit der Richter schnell zu erlangen.

Der nächste Abschnitt des Schriftsatzes ist die **Darstellung der Tatsachen** [*sta-* 11 *tement of facts*], in dem der Verfasser die Hintergründe des Mandanten oder der Mandantin, die in materieller und prozessualer Hinsicht relevant sind, wiedergibt. Da der Platz in einem Schriftsatz oftmals durch gesetzliche Vorgaben begrenzt ist, sollte die Wiedergabe der Tatsachen genug Fakten enthalten, um das Gericht über die Natur des Konfliktes zwischen den Parteien aufzuklären. Weiter sollten dann die *rechtlich relevanten* Tatsachen dargestellt werden, die für die materiellen Rechtsfragen, die Gegenstand des Schriftsatzes sind, von Bedeutung sind. In diesem Abschnitt zitieren die Verfasser das Protokoll im Hinblick auf tatsachenbezogene und prozessuale Fragen, und verweisen auf Dokumente, hinterlegte Niederschriften, oder frühere Gerichtsentscheidungen, die für den Fall entscheidend sind.

Der längste Teil des Schriftsatzes enthält die **Argumente**. Hier verwenden viele 12 Verfasser eine Organisationsstruktur, wie beispielsweise *IREAC* (**Streitpunkt** [*issue*], **Rechtquelle** [*rule*], **Erläuterung** [*explanation*], **Anwendung** [*application*], **Ergebnis** [*conclusion*] oder *CREAC* (*conclusion, rule, explanation, application, conclusion*), oder Variationen davon. Diese Strukturen helfen, jedes Argument logisch aufzubauen und mit den einschlägigen Tatsachen und Rechtsquellen zu unterbauen. In dem *Rule* (R)–Abschnitt von *IREAC* oder *CREAC* verweist der Autor auf das anwendbare Gesetz und/oder die Regel des *Common Law*, nennt Definitionen, Elemente und/oder Faktoren, die in der Norm enthalten sind. Dann, im *Explanation* (E)-Abschnitt führt der Schriftsatz die rechtliche Regel aus, indem Präzedenzfälle beschrieben werden. Wenn sie Fallrecht beschreiben, verwenden gute Anwälte eine logische Formel, um die entscheidenden Tatsachen des **Falles** [*facts*], die **Entscheidung des Gerichts** [*holding*] und die **Begründung des Gerichts** [*reasoning*] darzustellen. Die Formel lautet Tatsachen + Entscheidung + Begründung. In dem Abschnitt *Application* (A) **wendet der Verfasser die Definitionen, Elemente oder Faktoren der rechtlichen Regel auf den vorliegenden Sachverhalt an** [sog. *rulebased reasoning*]. Der Verfasser nennt dann überzeugende Argumente, indem er **Analogien zu den Präzedenzfällen** herstellt [sog. *analogical reasoning*]. In dieser Argumentationsweise werden die Tatsachen des vorliegenden Falles mit denen der Präzedenzfälle verglichen und kontrastiert. Abschließend kann der Verfasser des Schriftsatzes politische Argumente vorbringen, die das Gericht aus der Perspektive

Heidi K. Brown

der öffentlichen Ordnung heraus vom erwünschten Ergebnis überzeugen sollen. Den ganzen argumentativen Teil hindurch verwendet der Verfasser ein einheitliches System von rechtlichen Verweisen um den Sachverhalt, die einschlägigen Rechtsnormen, Richtlinien und Fälle zu zitieren. Der argumentative Teil kann auch überzeugungsstarke Überschriften und Unterüberschriften enthalten, je nach Komplexität der Fragestellung und Länge des Schriftsatzes.

13   Am Schluss des Dokumentes werden in der Zusammenfassung des Schriftsatzes die begehrte materielle Entscheidung und die vom Gericht geforderte prozessuale Handlung hervorgehoben. Einige Verfasser nennen erneut die drei bis fünf Gründe aus der Einleitung, sowie das Thema des Falles. Der Schriftsatz endet mit dem **Unterschriftsbereich** [*signature block*], der die Unterschrift des Anwalts sowie dessen Kontaktinformationen enthält. Regelung 11 der **bundesrechtlichen Zivilprozessordnung** [*Federal Rules of Civil Procedure*] – eine Standesregel – fordert von dem verfassenden Anwalt, dass er den Schriftsatz unterschreibt, um zu beweisen, dass „(1) der Schriftsatz nicht zu unlauteren Zwecken vorgebracht wird, wie etwa um die Parteien und Richter zu belästigen oder den Prozess unnötigerweise zu verlängern bzw. die Kosten zu erhöhen; (2) die Ansprüche, Einwendungen und anderen rechtliche Erwägungen im Schriftsatz durch geltendes Recht oder das aufrichtige Begehren, das geltende Recht zu erweitern, zu modifizieren oder für nichtig zu erklären, begründet sind; (3) die Tatsachenerwägungen des Schriftsatzes von Beweisen gestützt sind, oder dass sie, sofern ausdrücklich angegeben, eine Beweisgrundlage nach einer angemessenen Möglichkeit, weiter zu ermitteln, erhalten werden und, dass (4) jegliche Zweifel an Tatsachenbehauptungen, die der Schriftsatz enthält, entweder beweisgestützt sind oder, sofern ausdrücklich angegeben, auf einer begründeten Vermutung oder einem Mangel an Informationen basieren."[2] Ein Anwalt, der diese Erklärung unterschreibt und sie verletzt, kann vom Gericht sanktioniert werden.

Beispiel

Hier ein Beispiel eines Unterschriftsbereich am Ende eines Schriftsatzes:

Date: March 26, 2017   Respectfully submitted,

                                               KOCH, BRAUN, NICHOLAS & LAU, LLP

                                               Derek Lau
                                               Derek Lau, Esq.
                                               100 William Street, #15K
                                               New York, New York 11101
                                               (800) 555-1212
                                               dereklau@kbnl.com

                                               Counsel for Plaintiff, Kroehl Industries, Inc.

---

2 Bundeszivilprozessordnung 11(b), abgekürzt als Fed. R. Civ. P. 11(b).

Heidi K. Brown

Einige Schriftsätze können Anhänge erfordern, so wie beispielsweise das Protokoll, 14 das bei der Darstellung der Tatsachen oder der Argumente zitiert wird. So kann es zulässig oder gar erforderlich sein, dass ein Verfasser Auszüge aus Verträgen, Mitschriften oder früheren gerichtlichen Anordnungen anhängt.

D. Arten von Schriftsätze in den verschiedenen Phasen des US-Bundeszivilprozesses

Wie oben erwähnt folgt ein Zivilprozess in US-Bundesgerichten in der Regel dem 15 folgenden Schema: Parteivorbringen, Offenlegungsverfahren hinsichtlich Fakten und Expertenmeinungen, Vorprozess, Hauptverhandlung, Nachverhandlung, und Revision. Anwälte schreiben für einen einzigen Fall viele Schriftsätze, die jeweils eine besondere Bedeutung innerhalb der verschiedenen Phasen haben.

I. Schriftsätze während (oder kurz nach den) Parteivorbringen

Nachdem ein Kläger seine **Klage** [*complaint*] in einem Bundesgericht einreicht, muss 16 der Beklagte entweder eine **Klageerwiderung** [*answer*] oder innerhalb von 21 Tagen, nachdem er die gerichtliche **Vorladung** [*summons*] und die Klageschrift erhalten hat, einen begründeten **Antrag auf Abweisung der Klage** [*motion to dismiss*] stellen.[3] Die Anwälte des Beklagten reichen häufig Schriftsätze ein, die für die Abweisung der Klage plädieren und sich auf folgende Gründe stützen können: (1) **fehlende sachliche Zuständigkeit** [*lack of subject-matter jurisdiction*]; (2) **fehlende persönliche Zuständigkeit** [*lack of personal jurisdiction*]; (3) **fehlerhafter Gerichtsstand** [*improper venue*]; (4) **Nichteinhaltung des Rechtswegs** [*improper process*]; (5) **unzureichende Prozessführung** [*insufficient service of process*]; (6) Vorbringen eines Anspruches, aus dem sich kein Rechtsschutz ergibt; und (7) fehlerhafte oder unvollständige Bildung einer Prozessgemeinschaft unter Regelung 19 der bundesrechtlichen Zivilprozessordnung, durch die die Beiladung geregelt wird.[4]

Alternativ kann ein Anwalt die folgenden Anträge stellen: (1) **Antrag auf ein** 17 **vorläufiges Urteil zu den Parteivorbringen**, nachdem diese Phase abgeschlossen ist [*judgement on the pleadings*];[5] (2) einen **Antrag auf ein konkreteres Parteivorbringen** [*more definite statement of pleading*], beispielweise, wenn das Vorbringen so vage oder mehrdeutig ist, dass der Klagegegner keine angemessene Antwort ge-

---

3 Fed. R. Civ. P. 12(a)(1)(A)(i).
4 Fed. R. Civ. P. 12(b).
5 Fed. R. Civ. P. 12(c).

ben kann[6]; oder (3) einen Antrag, „eine unzureichende Klageerwiderung oder jegliches redundantes, unwesentliches, unverschämtes oder skandalöses Material" aus einer Klageschrift zu streichen.[7]

18   Die Kernaussage eines Schriftsatzes bei der Antragsstellung in (oder kurz nach) der Phase der Parteivorbringen ist es, dem Gericht zu demonstrieren, dass der gesamte Fall (oder zumindest Teile davon), aufgrund einer fehlenden Zuständigkeit des Gerichts, des Schriftsatzes selbst, der teilnehmenden Parteien oder der Art, in welcher der Schriftsatz überbracht oder zugestellt wurde, nicht weiter in die Offenlegungs- oder Verhandlungsphase gehen sollte.

19   Wenn ein Antrag und der dazugehörige Schriftsatz während der ersten Prozessphase eingereicht werden, hat die Gegenpartei die Möglichkeit, einen erwidernden **Schriftsatz** einzubringen und die ursprünglich den Antrag stellende Partei kann hierauf wiederum einen **Schriftsatz** anfertigen.

II. Schriftsätze in der Fakten-Offenlegungsphase

20   Das Offenlegungsverfahren eines Zivilprozesses gibt den Parteien die Möglichkeit, die Begebenheiten und Umstände, die den Konflikt erzeugt haben, zu ermitteln und die Stärken und Schwächen der **Ansprüche** der Parteien [*claims*] oder der **Anspruchsgrundlagen** [*causes of action*] zu evaluieren. Eine Partei kann mehrere Ansprüche oder Vorgehensweisen in einer Beschwerde oder einem Gegenanspruch anfechten, z.B. Vertragsbruch, arglistige Täuschung, Urheberrechtsverletzung, Verunglimpfung o.ä. Während der Offenlegungsphase tauschen alle Parteien schriftliche **Anträge auf Offenlegung** [*request for discovery*] aus, in denen sie (1) Kopien von Dokumenten, Fotos, E-Mails, etc; (2) **Antworten auf schriftliche Fragen** [*interrogatories*] und (3) die **Festsetzung von außergerichtlichen Vernehmungen vereidigter Zeugen** [*deposition*], die von einem beauftragten Berichterstatter des Gerichts transkribiert werden, fordern. Andere Formen des Offenlegungsverfahrens schließen Ortsbegehungen, Anträge auf schriftliche Geständnisse oder Anerkenntnisse ebenso wie physische oder psychische Untersuchungen ein. Da das amerikanische Offenlegungsverfahren sehr umfangreich, zeit-, arbeits- und kostenintensiv werden kann, führt diese Prozessphase oftmals zu Konflikten zwischen den Parteien und deren Anwälten. Zwei Arten von Schriftsätze werden während dieses Stadiums besonders oft eingereicht: der **Antrag auf eine richterliche Anordnung** [*motion to compel*] und der **Antrag auf eine Schutzverfügung** [*motion for a protective order*].

---

6 Fed. R. Civ. P. 12(e).
7 Fed. R. Civ. P. 12(f).

Heidi K. Brown

Wenn sich der Klagegegner weigert, auf einen legitimen Offenlegungsantrag 21
einzugehen, obwohl der Prozessanwalt versucht, den Konflikt zu beseitigen, stellt die
Gegenpartei, typischerweise einen Antrag an das Gericht, die Gegenseite zu zwingen[8], auf das Offenlegungsbegehren einzugehen. Diesen Anträgen auf richterliche
Anordnung werden in der Regel kürzere Schriftsätze beigefügt. Im Gegenteil dazu
sind nicht-zwingende Anträge, die etwa auf Klageabweisung, oder auf ein Urteil
im abgekürzten Verfahren gerichtet sind und somit materielle Fragen des Falles
behandeln, tendenziell länger. Schriftsätze, die eine richterliche Anordnung fordern, müssen einige inhaltliche Punkte aufweisen. Es sollten Auszüge des formellen
Offenlegungsantrags und der dilatorischen Antwort zitiert werden, auf die anwendbare Norm und möglicherweise einige Fälle, in denen Gerichte in der Vergangenheit
auf ähnliche Gesuche eingegangen sind, verwiesen werden und darüber hinaus die
Gründe genannt werden, aus denen der Antragssteller berechtigt ist, die geforderten
Informationen oder Dokumente zu erhalten. Außerdem sollten die Anstrengungen,
die der Anwalt der antragstellenden Partei unternommen hat, um den Konflikt außergerichtlich zu lösen, beschrieben werden. Diese Art des Schriftsatzes erfordert
eine zusätzliche Komponente zu der oben in Abschnitt C beschriebenen Standard-
Vorlage. Viele Gerichte fordern von den Anwälten, dass sie eine schriftliche Bestätigung dieser außergerichtlichen Schlichtungsversuche einreichen.

Im Gegensatz zum Antrag auf richterliche Anordnung stellt eine Prozesspartei 22
üblicherweise einen **Antrag auf eine Schutzverfügung** [*protective order*], wenn sie
glaubt, dass das Offenlegungsgesuch der Gegenpartei nicht angemessen oder unverhältnismäßig belastend ist, oder **vertrauliche** [*privileged*] Informationen betrifft.
Dies ist beispielsweise bei Informationen der Fall, die vom anwaltlichen Berufsgeheimnis umfasst sind, weil sie entweder **privilegierte Kommunikation zwischen**
Mandant und Anwalt betreffen [*attorney-client privilege*] oder nach der **Doktrin**
der geschützten Arbeit [*work-product doctrine*] vom Anwalt explizit zur Vorbereitung des Prozesses angefertigt oder gesammelt wurden. Durch diese Art des Schriftsatzes bittet der Anwalt das Gericht entweder eine Verfügung zu erlassen, die die
Offenlegungen insgesamt untersagt, oder schlägt alternativ eingeschränkte Offenlegungen vor, um die angeforderten Informationen zu erhalten. So kommt es zum
Beispiel vor, dass Anwälte sich darauf einigen, die umstrittenen Informationen unter einer **Vertraulichkeitsvereinbarung** [*confidentiality agreement*] oder unter **Sie-**
gel [*seal*] herauszugeben.

In der Fakten-Offenlegungsphase antworten die Prozessparteien auf Anträge 23
auf Schutzverfügung oder auf richterliche Anordnung, indem sie Widerspruch einlegen. Das Gericht kann dem Antragssteller erlauben, ein kurzes Antwortschreiben
zu erstellen.

---

8 Fed. R. Civ. P. 37(a)(3).

Heidi K. Brown

III. Schriftsätze in der Phase der Sachverständigenkonsultation

24 Das Verfahren zur **Offenlegung von Expertenmeinungen** [*expert discovery*] ist die Phase des Prozesses, in dem die Parteien unabhängige Gutachter einbeziehen, die „durch Kenntnis, Erfahrung und praktische oder theoretische Ausbildung"[9] qualifiziert sind, die Geschworenen oder Richter in einem bestimmten „wissenschaftlichen, technischen oder anderem speziellen"[10] Aspekt des Prozesses aufzuklären. Diese Prozessphase beinhaltet, dass die Parteien die Namen der jeweiligen Ansprechpartner angeben, dass **Expertenberichte** [*expert reports*] ausgetauscht werden, in denen die Themen, die die jeweiligen Gutachten behandeln, zusammengefasst werden, **eidesstattliche Erklärungen** [*depositions*] hinterlegt werden und schließlich, dass die Expertenmeinungen protokolliert werden. Da das Risiko besteht, dass ein Gutachter die Tatsachenermittlung unfair beeinflusst, muss er bestimmte Standards[11] erfüllen, bevor er oder sie vor Gericht aussagen darf. Wenn eine Partei der Annahme ist, dass der von der Gegenpartei beauftragte Experte dem erforderlichen Standard nicht gerecht wird, kann der Anwalt einen **Antrag auf Beweisablehnung** [*motion in limine*] stellen. „In limine" bedeutet „am Anfang". Ein Schriftsatz, der einen Antrag auf Beweisablehnung beinhaltet, erörtert, welche Aspekte der Expertenmeinung beanstandet werden, welche rechtlichen Normen und Standards bezüglich der Zulässigkeit von Expertengutachten im Prozess anwendbar sind, in welchen Präzedenzfällen vergleichbare Gutachten abgelehnt wurden und nennt Argumente dafür, einen bestimmten Experten von der Aussage auszuschließen. Der Verfasser des Schriftsatzes kann Auszüge des Sachverständigenberichts oder der hinterlegten eidesstattlichen Erklärung anhängen, um sein Argument zu untermauern.

25 Wenn der Anwalt einer Partei einen Antrag auf Beweisablehnung stellt und den dazugehörigen Schriftsatz einreicht, erstellt der Anwalt der Gegenpartei einen Widerspruchsschriftsatz. Das Gericht kann dem ursprünglichen Antragssteller zugestehen, eine Antwort zu erstellen. Bisweilen involvieren Fälle mehrere solcher Anträge und das Gericht kann über alle gleichartigen Anträge in einer kombinierten Beweismittelanhörung urteilen.

IV. Schriftsätze im Vorprozess

26 Wenn die Ermittlungs- und Sachverständigenphase beendet sind, geht ein Zivilprozess in die **Phase des Vorprozesses** [*pre-trial phase*], in der die Anwälte aller Parteien Urkunden und Zeugenlisten an das Gericht vorlegen können und Anleitungen

---

9 Fed. R. Evid. 702.
10 Fed. R. Evid. 702.
11 Vgl. *Daubert v. Merrell Dow Pharmaceuticals, Inc.*, 43 F.3d 1311 (9th Cir. 1995); Fed. R. Evid. 702.

Heidi K. Brown

für die Geschworenen einreichen können, sofern der Prozess ein Geschworenengericht vorsieht. Während des Vorprozesses können Anwälte weitere Anträge auf Beweisablehnung stellen, um zu vermeiden, dass die Gegenpartei bestimmte Beweise in der Hauptverhandlung vorbringt (z. B. Urkunden oder Zeugen). Außerdem bereiten sie Schriftsätze vor, die einige oder alle Rechtsfragen in dem Fall beleuchten, um den Bedarf einer Hauptverhandlung in einigen oder allen Sachen zu verringern. Ein solcher **verfügender Schriftsatz** [*dispositive brief*] kann zum Beispiel ein **Antrag auf ein Urteil im abgekürzten Verfahren** [*summary judgment*] sein.

In dem Schriftsatz, mit dem im Vorprozess eine Beweisablehnung beantragt 27 wird, nennt der Anwalt das Beweismittel – in der Regel ein Dokument oder einen Zeugen – das von der Verhandlung ausgeschlossen werden sollte. Des Weiteren erklärt er die rechtlichen Maßstäbe für den Ausschluss von Beweismitteln, verweist auf andere Fälle, in denen einer Partei vom Gericht das Vorbringen eines ähnlichen Beweismittels untersagt wurde und nennt die Gründe dafür, warum ein solcher Beweis im vorliegenden Fall in der Hauptverhandlung nicht vorgebracht werden soll. Anwälte, die diese Art von Schriftsatz verfassen, stimmen in der Regel darüber überein, dass das Beweismittel voreingenommen, irrelevant, überflüssig, unglaubwürdig, oder „**Hörensagen**" [*hearsay*] ist. ("*hearsay*" wird definiert als „eine Aussage, die außerhalb des Gerichts gemacht wurde, um zu beweisen, dass die Behauptung wahr ist.")[12]

Ein Schriftsatz, welcher ein **Urteil im abgekürzten Verfahren** [*summary judg-* 28 *ment motion*] fordert, ist eine der anspruchsvollsten und arbeitsaufwendigsten Arten von Schriftsätzen, die ein Anwalt verfassen kann. Der erforderliche Darlegungs- und Beweismaßstab, um ein solches Urteil im abgekürzten Verfahren zu erreichen, ist in Regelung 56 der bundesrechtlichen Zivilprozessordnung definiert: „Das Gericht wird ein Urteil im abgekürzten Verfahren erlassen, wenn der Antragsteller darlegt, dass kein tatsächlicher Konflikt bezüglich eines materiellen Faktes vorliegt und der Antragsteller einen begründeten Anspruch auf ein Urteil hat."[13] Daher muss der Verfasser Zeit dafür aufwenden, beide Aspekte des Maßstabs in seinem Schriftsatz zu erfüllen, sofern ein Urteil im abgekürzten Verfahren begehrt wird: (1) Die im Offenlegungsverfahren erlangten Beweise verwenden, um zu begründen, dass alle materiellen Fragen im Fall geklärt sind und (2) zeigen, dass der Mandant des Verfassers einen Anspruch auf ein Urteil in dem Fall hat, weil entweder der **Kläger** [*moving party*] alle Voraussetzungen eines Anspruchs gegen die Gegenseite *erfüllen kann* oder weil der Beklagter *nicht* alle Voraussetzungen eines Anspruches gegen den Kläger erfüllen kann.

Aufgrund dieses hohen rechtlichen Maßstabs muss ein Anwalt, der einen An- 29 trag auf Urteil im abgekürzten Verfahren stellt, einige zusätzliche materielle Kom-

---

12 Fed. R. Evid. 801(c); *United States v. Arteaga*, 117 F.3d 388, 395 (9th Cir. 1997).
13 Fed. R. Civ. P. 56(a).

Heidi K. Brown

ponenten hinzufügen, die in anderen Arten von Schriftsätzen nicht erforderlich sind. Zunächst erwarten einige Bundesgerichte, dass der **Antrag alle unbestrittenen materiellen Fakten in einzeln nummerierten Absätzen** anführt [*statement of material facts not in dispute*] und dann das Protokoll, einschließlich der hinterlegten Zeugenaussagen oder während des Offenlegungsverfahrens entstandenen Erklärungen, Dokumente, schriftlichen Antworten zu Offenlegungsfragen und **schriftlichen Vereinbarungen** [*stipulations*] zitiert.[14] Zweitens muss der Verfasser den Maßstab der Regelung 56, für Urteile im abgekürzten Verfahren in den Schriftsatz einfügen und hierzu relevantes Fallrecht zitieren. Im argumentativen Teil muss der Anwalt die Rechtsgrundlage für den **relevanten Anspruch** nennen [*claim*; auch *count of complaint* oder *cause of action* genannt). Wenn der Verfasser das Gericht auffordert, ein Urteil im abgekürzten Verfahren über einen Anspruch zu fällen, den sein Mandant gegenüber einem Beklagten durchsetzen will, muss den Schriftsatz auch die Voraussetzungen des Anspruches enthalten und methodisch zeigen, dass jedes Element durch unbestrittene Tatsachen erfüllt ist. Wenn allerdings der Schriftsatz zum Ziel hat, ein Urteil im abgekürzten Verfahren über den Anspruch des Beklagten zu fällen, muss dieser wiederum mit unbestrittenen Tatsachen belegen, dass mindestens eine der Voraussetzungen des Anspruchs der Gegenpartei *nicht* erfüllt ist.

30   Während des Vorprozesses hat der Beklagte die Möglichkeit, Widerspruch in einem **erwidernden Schriftsatz** einzulegen, wenn der Kläger einen Antrag auf Beweisablehnung oder einen Antrag auf Urteil im abgekürzten Verfahren stellt. Das Gericht kann dem **Kläger** [*moving party*] auch die Möglichkeit geben, einen kürzeren, darauf **replizierenden Schriftsatz** zu erstellen. In einem Widerspruch gegen den Antrag auf Urteil im abgekürzten Verfahren muss der Verfasser darstellen, dass die den Antrag stellende Partei kein Recht auf die Erteilung der begehrten Entscheidung hat. Dies ist beispielsweise der Fall, wenn die Voraussetzungen des Anspruches nicht erfüllt sind. Um zu zeigen, dass die Rechtslage unklar ist, muss die erwidernde Partei Auszüge aus Erklärungen, Dokumenten aus dem Offenlegungsverfahren, schriftlichen Antworten auf Offenlegungsfragen und Parteivereinbarungen vorbringen.

31   Sowohl im Ausgangs- als auch im Antwortantrag auf Erteilung eines Urteils im abgekürzten Verfahren reichen die Anwälte nummerierte Kopien der zitierten **Beweisstücke** [*exhibits*] ein, sodass das Gericht diese prüfen kann. Die Anträge auf Erteilung eines Urteils im abgekürzten Verfahren sind üblicherweise wesentlich länger als andere Schriftsätze in diesem Verhandlungsstadium.

32   Idealerweise nutzt das Gericht die Schriftsätze der Anwälte, um den Vorprozess zu entscheiden und so entweder die beweistechnischen und materiellen Fragen vor

---

14 Fed. R. Civ. P. 56(c)(1)(A).

Heidi K. Brown

der Hauptverhandlung zu reduzieren, oder den gesamten Prozess bereits zu entscheiden.

V. Schriftsätze in der Hauptverhandlungsphase

Soweit das Gericht trotz der zahlreichen Anträge im Vorprozess nicht alle rechtlichen Fragen lösen konnte, geht die Sache weiter in die Hauptverhandlung. Während dieser Phase werden weiterhin Schriftsätze verfasst und eingereicht, obwohl die Anwälte auch mit dem Halten von Plädoyers und dem Vorbringen von Beweismitteln und Zeugen vor Gericht beschäftigt sind. Wenn problematische Beweisfragen auftauchen, können Anwälte weitere Anträge auf Beweisablehnung stellen oder andere Gesuche äußern, wie beispielsweise den Ausschluss bestimmter Zeugen aus dem Gerichtssaal während der Aussage ihrer Zeugen.[15] Ein Anwalt kann auch einen Schriftsatz einreichen, in dem er das Gericht auffordert, festzustellen, dass auch wenn alle die beklagten Tatsachen als zutreffend anerkannt würden, hieraus trotzdem kein **Anspruch für den Kläger** erwächst [*judgment as matter of law*].[16] Der entsprechende Schriftsatz muss eingereicht werden, bevor der Fall dem Geschworenengericht übergeben wird und außerdem den rechtlichen Bewertungsmaßstab deutlich machen. Außerdem müssen die Tatsachen, die rechtlichen Regeln und die Anwendung der Normen auf die Fakten des Falles dargestellt werden. **33**

VI. Schriftsätze nach der Hauptverhandlung

Nachdem die Hauptverhandlung beendet ist und das Gericht das Urteil zugunsten einer Partei entschieden hat, können Anwälte noch zahlreiche weitere Schriftsätze einreichen. **34**

Die Partei, die den Prozess verloren hat, hat mehrere Optionen Folgeanträge zu stellen: (1) Erneuter Antrag auf Feststellung der Unbegründetheit des gegnerischen Anspruchs[17]; (2) Antrag auf ein neues Verfahren[18]; (3) Antrag auf Ausweitung der Ermittlungen (außerhalb eines Geschworenengerichts)[19]; (4) Antrag auf Erweiterung oder Veränderung eines Urteils[20]; oder (5) einen Antrag auf Rechtsschutz.[21] **35**

---

15 Fed. R. Evid. 615.

16 Fed. R. Civ. P. 50(a).

17 Fed. R. Civ. P. 50(b).

18 *Id.;* Fed. R. Civ. P. 59(a).

19 Fed. R. Civ. P. 52(b).

20 Fed. R. Civ. P. 59(e).

21 Fed. R. Civ. P. 60(b).

Heidi K. Brown

36   Die Partei, zu deren Gunsten das Urteil ergeht, kann die folgenden Schriftsätze einreichen: (1) Antrag auf Ausweitung der Ermittlungen[22]; (2) Antrag auf Erweiterung oder Veränderung des Urteils (z.B. die Hinzufügung von Zinsen zu einem festgesetzten Schadensersatz)[23] und einen Antrag auf Übernahme der Prozess- und Anwaltskosten.[24] In jedem dieser Schriftsätze muss ein guter Verfasser die Rechtsnormen deutlich machen, die auf nachprozessuale Handlungen anwendbar sind. Außerdem muss er den rechtlichen Maßstab für die Durchführung des geforderten Rechtsakts angeben, Fallrecht zitieren, in denen Gerichte vergleichbare formelle Entscheidungen getroffen haben und überzeugend die rechtlichen und tatsächlichen Umstände zusammenfassen. Die Gegenpartei kann dagegen einen Widerspruch einlegen, indem sie die geforderte Prozesshandlung anficht und das Gericht kann der Antragstellerin zugestehen, eine Antwort zu formulieren.

VII. Schriftsätze in der Rechtsmittelinstanz

37   Sobald das Gericht ein erstes abschließendes Urteil in dem Verhandlungsstadium eines Zivilprozesses im US-Bundesrecht beschlossen hat, können die Parteien **Rechtsmittel gegen das Urteil einlegen** [*appeal*], um es innerhalb derselben Gerichtsbarkeit vor eine höhere Instanz zu bringen. Die **Partei, die Revision einlegt** [*appellant*] tut dies, indem sie einen **Revisionsantrag** [*notice of appeal*] einreicht. Nachdem das **Revisionsgericht** [*appellate court*] die Zuständigkeit bestätigt hat, wird ein sog. **Schriftsatzterminplan** [*briefing schedule*] durch das Gericht festgelegt. Während Schriftsätze im Rahmen der Revision ebenso viele Komponenten enthalten wie ein **Prozessschriftsatz** (d.h. Rubrum, Titel, Einleitung, Wiedergabe der Tatsachen, Argumente, Zusammenfassung, Unterschrift) und die Argumente darin einer ähnlichen strukturellen Logik folgen wie die des Prozessschriftsatzes (*IREAC: Issue, Rule, Explanation, Application, Conclusion*, oder *CREAC: Conclusion, Rule, Explanation, Application, Conclusion*), fordern Bundesrevisionsgerichte zahlreiche zusätzliche Komponenten, die im Hauptverfahren nicht erforderlich sind.

Checkliste

Regelung 28 der **bundesrechtlichen Revisionsverfahrensordnung** [*Federal Rules of Appellate Procedure*] erfordert für einen Schriftsatz, mit dem Revision eingelegt wird, die folgenden Elemente[25]:
(1) (Für Parteien, die nichtstaatliche Einrichtungen sind) eine **geschäftliche Offenlegungserklärung** [*corporate disclosure statement*], aufgrund dessen die Revisionsrichter entscheiden kön-

---

22 Fed. R. Civ. P. 52(b).
23 Fed. R. Civ. P. 59(e).
24 Fed. R. Civ. P. 54.
25 Fed. R. App. P. 28.

Heidi K. Brown

nen, ob sie einem **ethischen Interessenkonflikt** [*conflicts of interest*] unterliegen, indem sie das Verfahren übernehmen.

(2) Ein Inhaltsverzeichnis, in dem die Seitenzahlen innerhalb des Schriftsatzes angegeben werden, damit jeder einzelne Punkt problemlos gefunden werden kann (unter Benutzung von Haupt- und Zwischenüberschriften).

(3) Ein Quellenverzeichnis, in dem alle zitierten Fälle, Rechtsnormen, Richtlinien und andere Rechtsquellen, derer sich der Autor bei der Erstellung bedient hat (alphabetisch geordnet) aufgeführt werden, sowie deren Seitenzahlen.

(4) Eine Aussage zur gerichtlichen Zuständigkeit, einschließlich:
  (A) Der **Rechtsgrundlage der sachlichen Zuständigkeit des Gerichts** [*subject-matter jurisdiction*] mit Verweisen auf die anwendbaren Normen und die relevanten Tatsachen, die die sachliche Zuständigkeit des Verfahrensgerichts begründen.
  (B) Der Grundlage der sachlichen Zuständigkeit der Revisionsinstanz, mit Verweis auf die anwendbaren Normen und die relevanten Tatsachen, die die sachliche Zuständigkeit des Revisionsgerichts begründen.
  (C) Des zeitlichen Revisionsverlaufs.
  (D) Einer Versicherung, dass die Revision an ein abschließendes Urteil des Verfahrensgerichts anschließt, durch das alle Ansprüche der Partei für erfolglos erklärt wurden oder eine andere Grundlage der Gerichtsbarkeit des Revisionsgerichts.

(5) Eine **Bekanntgabe der Streitpunkte, die zur Revision vorgelegt werden** [*statement of the issues*];

(6) Eine knappe Wiedergabe der festgestellten Tatsachenlage, einschließlich:
  (A) Einer knappen Zusammenfassung der für die Revisionsinstanz relevanten Fakten.
  (B) Der Prozessvergangenheit.
  (C) Des Urteils des Verfahrensgerichts, das zur Revision vorgelegt wird.
  (D) Angemessener Referenzen zu den bestehenden Informationen (Beweismittel, Entscheidungen des Verfahrensgerichts).

(7) Eine Zusammenfassung des Urteils.

(8) Die Argumente, einschließlich:
  (A) Der **Streitpunkte** [*issues*].
  (B) Einer Kurzbeschreibung des Prüfungsmaßstabs für jeden Streitpunkt.
  (C) Der Argumente des Antragstellers mit Verweisen zu den Rechtsquellen und Tatsachenberichten, die dem Gericht vorliegen.

(9) Eine kurze Zusammenfassung, die das genaue Anliegen der Partei enthält.

(10) Eine Urkunde, die bestätigt, dass der Schriftsatz mit den Seiten- und Formatvorgaben der bundesrechtlichen Revisionsverfahrensordnung übereinstimmt.[26]

Der **Prüfungsmaßstab** [*standard of review*] meint den Spielraum oder auch die **Be-** 38 **achtung** [*deference*], welche das Revisionsgericht den Feststellungen des Verfahrensgerichts einräumt. Im US-Rechtssystem geben Revisionsgerichte den Verfahrensgerichten in der Feststellung von Tatsachen viel Spielraum, während sie bei rechtlichen Fragen einschränkender sind. Es wird davon ausgegangen, dass Verfahrensgerichte in einer besseren Position als Revisionsgerichte sind, um die Glaub-

---

26 Fed. R. App. P. 28.

Heidi K. Brown

würdigkeit von Zeugen und Beweismitteln zu beurteilen, da die Richter den Ermittlungen vor Ort beiwohnen. Die Revisionsinstanz hingegen ist für die konsistente Anwendung des Rechts zuständig.

39 Schriftsätze in der Revisionsphase können sehr umfangreich sein. Zusätzlich dazu, dass sie den ausführlichen Schriftsatz mit vielen Zusatzinformationen entwerfen, müssen die Anwälte, der in Revision gehenden Partei, auch einen **Anhang** [*appendix*] erstellen, der die Akteneinträge des Verfahrensgerichts, die relevanten Teile der Parteivorbringen, das Urteil des Verfahrensgerichts und andere Teile des Protokolls enthält, die die Partei dem Gericht vorlegen will.[27]

40 Nachdem der Anwalt der Klägerseite den ersten **Antrag auf Zulassung der Revision** [*initial appellate brief*] gestellt hat, kann die **Gegenpartei** [*appellee*] einen Widerspruch einlegen, der materiell-rechtlich dieselben Komponenten enthalten muss wie oben aufgeführt. Die einzige Abweichung ist, dass der Schriftsatz keine Abhandlungen über die Zuständigkeit, den Klagegegenstand, die Rechtsfragen oder den Prüfungsmaßstab enthalten muss, es sei denn, die Gegenpartei stimmt nicht mit der Beschreibung dieser Punkte durch den Rechtsmittelführer überein.[28] Nach Einlegung des Widerspruchs kann der Anwalt der prozessführenden Partei eine kürzere Antwort einreichen.

E. Recherchieren und Schreiben

41 In diesem Abschnitt wird das Entwerfen von Klageschriften und Schriftsätzen, das Einlegen eines Widerspruchs und die Erstellung von Replik-Schriftsätzen thematisiert.

I. Klageschriften und Schriftsätze entwerfen

42 Im US-Gerichtssystem beginnt jeder Prozess mit der Einreichung der Klageschrift, der darauffolgenden Antwort der Gegenpartei und gegebenenfalls Beiladungen oder Gegenklagen. Dann erstellt das Gericht einen **Arbeitsplan** [*case management schedule* oder *scheduling order*], in dem Termine für die Abgabe von Anträgen, den Abschluss der Offenlegung, die Heranziehung von Sachverständigen (einschließlich des Einreichens von Sachverständigengutachten, Einlagen, und Anträgen auf Beweiserhebung), Abgaben im Vorprozess und der Termin der Hauptverhandlung festgelegt werden. Anwälte nutzen diese vom Gericht vorgegebenen Zeitpläne, um anhand dessen einen Plan für das Recherchieren, Schreiben und Einreichen von

---

27 Fed. R. App. P. 30.
28 Fed. R. App. P. 28(b).

Heidi K. Brown

Schriftsätzen zu erstellen. Ebenso wird nach dem Abschluss der Hauptverhandlung vorgegangen, wenn das Revisionsgericht Abgabetermine für die Schriftsätze (Initial, Erwiderung und Replik) der Anwälte festsetzt. Daher ist der erste Schritt, den ein Anwalt beim Verfassen eines Schriftsatzes macht, sowohl auf der Ebene der Hauptverhandlung als auch in der Revisionsinstanz, herauszufinden, wann der Schriftsatz beim Gericht eingereicht werden muss. Als nächstes werden die anwendbaren Rechtsnormen gesichtet, um festzustellen, ob das Gericht die Aufnahme weiterer materiellen Rechts jenseits des in Abschnitt C beschriebenen Maßstabs als notwendig erachtet. Außerdem sollte der Verfasser die Wortobergrenze und ggf. formelle Anforderungen im Blick behalten.

Anschließend identifiziert der Anwalt die spezifischen rechtlichen Probleme **43** oder Fragen, über die das Gericht entscheiden soll. Einige Schriftsätze beschränken sich auf einen Gegenstand; andere behandeln mehrere. Eine strukturierte Organisation des Schriftstücks (in jeder Frage sollte der *IREAC* oder *CREAC*-Rahmen verwendet werden) ist essentiell, damit der Prozessrichter (oder die gesamte Kammer in der Revisionsinstanz) den unterschiedlichen Streitgegenständen, den anwendbaren Regeln und den Argumenten der Partei folgen kann.

Der nächste Schritt im Entwurfsprozess ist es, herauszufinden, welche Rechts- **44** normen auf die jeweiligen Streitgegenstände anwendbar sind. Die rechtliche Recherche kann sehr zeitaufwändig sein. Für jede rechtliche Frage, die in dem Schriftstück angesprochen wird, muss der Anwalt zunächst die richtigen anwendbaren Normen finden – dies ist auch im Hinblick auf die **Zuständigkeit des Gerichts** [*jurisdiction*] von zentraler Bedeutung. Es kann sein, dass Bundes- oder bundesstaatliches Recht auf den Fall anwendbar ist. Einige Fälle können die Rechte mehrerer Zuständigkeitsbereiche umfassen. Dies ist beispielsweise der Fall, wenn eine Partei sowohl vertragsrechtliche als auch deliktische Ansprüche stellt. In derartigen Konstellationen können die Parteien vertraglich eine sog. *choice of law*-Klausel vereinbaren, die festlegt, dass z.B. das Recht des Staates New York auf alle vertragsrechtlichen Probleme anwendbar sein soll. Trotzdem kann das Recht eines anderen Staates, in dem eine körperliche oder eigentumsbezogene Rechtsgutsverletzung passiert ist, auf die deliktischen Ansprüche anwendbar sein. Für jeden einzelnen Streitgegenstand in einem Schriftsatz muss der Anwalt die für den Fall des Mandanten einschlägigen Gesetze, Normen und Fälle in der zutreffenden Gerichtsbarkeit recherchieren. Gesetze und Richtlinien enthalten oftmals Definitionen bestimmter Rechtsbegriffe, Checklisten mehrerer Voraussetzungen oder verschiedene Faktoren, die das Gericht abwägt, um festzustellen, ob eine Norm erfüllt oder verletzt wurde. Selbst ohne eine anwendbare Rechtsnorm kann es sein, dass das US-Common Law eine etablierte Regel bereithält, die bestimmte Voraussetzungen oder ein Spektrum an Faktoren enthält, die von dem Gericht angewendet werden. Rechtsreferenten finden und lesen verschiedene Präzedenzfälle, in denen Gerichte zahlreiche tatsachenbezogene Konstellationen im Lichte des anwendbaren Rechts analysiert haben. Einige rechtliche Fragen sind bloß in wenigen Fällen diskutiert worden, wodurch

Heidi K. Brown

ein effizienter und schneller Forschungsprozess ermöglicht wird. Breitere rechtliche Konzepte – wie **Anspruchsgrundlagen** [*causes of action*] für **Vertragsbruch** [*breach of contract*] und **Fahrlässigkeit** [*negligence*] – sind buchstäblich in hunderten Gutachten erörtert worden, sodass der Arbeitsaufwand des Verfassers erschwert wird, der jeden relevanten Fall finden, lesen und durchdringen, die enthaltenen Regeln miteinander vereinbaren und die besten Beispiele im Schriftsatz zitieren und diskutieren muss. Da die meisten Schriftsätze einer gerichtlichen Wort- oder Seitenobergrenze unterliegen, müssen Anwälte strategische Entscheidungen darüber fällen, wie viele Präzedenzfälle sie in einem Schriftstück erörtern wollen. Standesregeln erfordern von Anwälten, dass diese das Gericht über **bindende Entscheidungen** [*mandatory authority*] aufklären, d. h. Fälle, die dadurch bindend sind, dass sie von einem höheren Gericht innerhalb desselben Instanzenzugs entschieden wurden. Nichtsdestotrotz ist es der Zweck des Schriftsatzes, das Gericht von einer für die Partei günstigen Entscheidung zu überzeugen. Daher können Anwälte strategisch Fälle aus anderen Jurisdiktionen als **überzeugende Entscheidungen** [*persuasive authority*] einbringen, insbesondere in Situationen, in denen es an bindenden Entscheidungen innerhalb der zuständigen Gerichte entweder mangelt, oder diese ungünstig oder hinsichtlich der Tatsachenlage unpassend für das Parteivorbringen sind.

45   Anwälte nutzen in der Regel Bibliotheken und juristische Datenbanken, um Rechtsnormen, Richtlinien und Fälle zu finden. Drei bekannte elektronische Research-Werkzeuge in den USA sind Westlaw, LexisNexis und Bloomberg Law. Diese Datenbanken helfen Anwälten, die aktuellsten Rechtsquellen zu finden und stellen sicher, dass die relevanten Fälle nicht revidiert, ausgesetzt oder durch Gesetz aufgehoben wurden.

46   Sobald der Anwalt die Gesetze, Richtlinien und das Fallrecht gesichtet und analysiert hat, ist der nächste Schritt, eine klare Regel, die zu dem Fall seines Mandanten passt, aus diesen Quellen herauszuarbeiten. Eine typische Rechtsnorm im Schadensersatzrecht hat beispielsweise drei Voraussetzungen: (1) Das Bestehen eines Vertrags, (2) eine Verletzung dieses Vertrags, und (3) einen Schaden oder eine Rechtsverletzung aufseiten der nichtverletzenden Partei, der auf der Vertragsverletzung beruht. Während der Anwalt für die Erstellung eines Schriftsatzes recherchiert, extrahiert er diese Voraussetzungen aus den Rechtsquellen und untersucht dann die Umstände des Falles, um Details, Begebenheiten und Besonderheiten herauszuarbeiten und sie mit den rechtlichen Voraussetzungen zu verbinden. Wenn die gerichtlichen Regeln zum Verfassen eines Schriftsatzes es vorsehen oder voraussetzen, dass Dokumente als Beweismittel oder Anhang dem Schreiben beigefügt werden (z. B. wenn ein Urteil im abgekürzten Verfahren beantragt wird), beginnt der Anwalt bereits während der Sichtung des Materials, diese zu sammeln.

47   Im nächsten Schritt wird die Struktur des Schriftsatzes erstellt. Der Anwalt fasst alle gerichtlich erforderlichen Komponenten zusammen und strukturiert dann den argumentativen Teil für jeden Klagegegenstand mit Hilfe des *IREAC* oder *CREAC*-

Musters. Beispiele dieser Organisationsstruktur für drei verschiedene Arten von Schriftsätzen sind in Abschnitt G aufgeführt.

Anschließend bereitet der Verfasser einen ersten Entwurf des Schriftsatzes vor, **48** indem er Überschriften und Unterüberschriften einfügt, um die inhaltlichen Teile zu trennen und die Argumente für jeden Klagegegenstand zu strukturieren. Einige Anwälte verwenden Unterüberschriften, um jede Voraussetzung einer Norm hervorzuheben und diskutieren und analysieren dann diesen bestimmten Teil der Regel unter der entsprechenden Unterüberschrift. Außerdem fordern die gerichtlichen Vorschriften, dass ein konsistentes Zitationssystem für die Verweise auf Rechtsquellen verwendet wird. Dies ermöglicht es dem Gericht, einfach die jeweiligen Quellen zu finden und nachzuprüfen, ob der Verfasser sich tatsächlich auf eine Quelle bezieht. Dieses Einfügen von ordentlichen Verweisen ist eine weitere zeitintensive Aufgabe.

Gute Anwälte bearbeiten Schriftsätze mehrere Male und lesen dann die Endversion **49** bis ins kleinste Detail Korrektur, bevor sie das Schreiben einreichen. Die meisten Gerichte erlauben oder fordern sogar eine elektronische Abgabe, sodass der Anwalt ausreichend Zeit einplanen muss, um den Schriftsatz fertigzustellen, die Anhänge und Beweise zusammenzustellen und die erforderlichen Dokumente auf der entsprechenden Seite des Gerichts hochzuladen. Wenn das Schreiben hochgeladen wurde benachrichtigt das elektronische Abgabesystem des Gerichts die Gegenpartei. Die Geschäftsordnung des Gerichts enthält genaue Angaben zu der Zeitspanne, in der die Gegenpartei Widerspruch einlegen kann.

II. Widerspruch einlegen

Der Aufwand, den das Recherchieren, Entwerfen, Verfassen und Abschließen eines **50** Widerspruchs erfordert, ist oft von der Qualität der Klageschrift abhängig. Der Verfasser kann effizienter auf eine gut geschriebene Klageschrift antworten, die deutlich und strukturiert die rechtlichen Fragestellungen, das anwendbare Recht und überzeugende Argumente identifiziert und akkurate Verweise zu den Beweisen und Rechtsquellen enthält. Es stellt einen deutlich größeren Aufwand dar eine schlechte Klageschrift mit schlechter Struktur und undeutlichen Argumenten zu beantworten, die fehlerhafte Verweise und logische Fehler enthält. In diesem Fall muss der erwidernde Anwalt die Fehlerquellen aufspüren und in eine Struktur überführen, in der die Inhalte Sinn ergeben. Jedenfalls ist der erste Schritt bei dem Erstellen eines **erwidernden Schriftsatzes** [*response brief*] das sorgfältige Lesen der Klageschrift. Währenddessen sollten die Rechtsfragen sowie Passagen, die sich für ein Gegenargument anbieten, markiert werden und außerdem fehlerhafte Tatsachenbehauptungen und rechtliche Erwägungen notiert werden. Der Verfasser des erwidernden Schriftsatzes sollte sich nicht ausschließlich auf die in der Klageschrift genannten Rechtsquellen verlassen, sondern erneut recherchieren, um sicherzustel-

Heidi K. Brown

len, dass die Gesetze, Richtlinien und Fälle, die in der Klageschrift vorgebracht werden, akkurat zitiert und relevant sind. Es sollte auch überprüft werden, ob die folgenden Punkte ggf. zutreffen: (1) Die Klageschrift lässt Kernpassagen der einschlägigen Rechtsquellen aus oder übergeht sie, (2) die Klageschrift erwähnt **relevante Fälle** nicht, **die für das Gericht bindend sind** [*mandatory authority*], und (3) Fälle, die in der Klageschrift zitiert werden, sind von späteren Gerichtsentscheidungen revidiert oder ausgesetzt worden. Der Anwalt muss jeden der zitierten Fälle lesen und aus dem entgegengesetzten Blickwinkel begutachten, um fehlerhafte Rechtserwägungen zu identifizieren. Im Hinblick auf die Tatsachenebene gilt zu prüfen, ob einer der folgenden Punkte auf die in der Klageschrift erwähnten Fakten zutrifft: (1) Tatsachen, die sich zugunsten des Mandanten auswirken, werden nicht erwähnt oder falsch geschildert und (2) Fakten, die nicht aufschlussreich sind, wurden erwähnt und müssen dem Gericht näher erläutert werden.

51   Sobald der Anwalt die Klageschrift im Detail untersucht hat, die Tatsachen- und die Rechtslage überprüft hat und erneut recherchiert hat, ist der nächste Schritt, den Schriftsatz zu strukturieren. Der Verfasser kann strategisch entscheiden, ob er derselben Organisationsstruktur folgen will, wie es die Rechtsfragen und Argumente in der Klageschrift tun oder ob er die Antwort umstrukturieren will, um die Fragestellungen und Argumente dem Gericht in einer logischeren und überzeugenderen Struktur zu präsentieren.

52   Der **erwidernde Schriftsatz** [*opposition brief*] wird dann entworfen, bearbeitet, korrigiert, abgeschlossen und innerhalb der gerichtlichen Frist eingereicht. Er sollte die vorgeschriebene Seiten- oder Wortobergrenze nicht überschreiten. Wird der Schriftsatz elektronisch eingereicht, ergeht automatisch eine Benachrichtigung an den gegnerischen Anwalt.

III. Replik-Schriftsätze erstellen

53 Die Geschäftsordnung der Gerichte sieht typischerweise vor, dass **Replik-Schriftsätze** kürzer sind als **ursprüngliche Schriftsätze** und **erwidernde Schriftsätze**. Um einen Replik-Schriftsatz zu verfassen, prüft der Anwalt den **erwidernden Schriftsatz,** um Tatsachen, Rechtsgrundlagen und Argumente herauszuarbeiten, die einer Antwort bedürfen. Der **Replik-Schriftsatz** ist kein Anlass, alle Argumente der Klageschrift zu wiederholen, sondern vielmehr, Gegenargumente in Reaktion auf die rechtliche Argumentation und Analyse des erwidernden Schriftsatzes zu präsentieren. Der Anwalt kann wiederum versuchen, den Replik-Schriftsatz parallel zum erwidernden Schriftsatz zu strukturieren oder sich für eine logischere und überzeugendere Abfolge zu entscheiden, die der Position seines Mandanten zugutekommt.

Heidi K. Brown

F. Überzeugungskräftige Schriftsätze erstellen

Das Ziel eines Schriftsatzes ist es, das Gericht davon zu überzeugen, dass es – auf 54
Grundlage der Tatsachen und des Rechts – sein Urteil zugunsten der Partei fällen
soll, die das Schreiben einreicht. Dies kann beispielsweise bedeuten, dass es verfügt, dass die Gegenpartei Beweismittel oder einen Zeugen vorbringen muss, die sie
verweigert hat, dass ein Sachverständiger nicht dazu qualifiziert ist, ein Gutachten
anzufertigen, oder, dass überhaupt kein Prozess erforderlich ist, weil der Antragssteller deutlich gemacht hat, dass für den Anspruch keine materiellen Fakten vorliegen, die erforderlichen Rechtsgrundlagen erfüllt sind und die klagende Partei ein
Recht auf die Erteilung eines Urteils hat. Die besten Antragssteller nutzen die drei
aristotelischen Mittel der Überzeugung: *logos* (Logik oder Vernunft), *pathos* (Gefühl), and *ethos* (Ethik oder Glaubwürdigkeit). Logik wird durch die oben genannten
Textstrukturen IREAC oder CREAC erreicht: das Beschreiben eines Falles mithilfe
von Tatsachen + Entscheidung + Begründung, die methodische Anwendung von
Definitionen, Elementen oder Voraussetzungen einer Rechtsgrundlage auf die Tatsachen eines Falles, um das Gericht von der zutreffenden Lösung zu überzeugen
(regelbasierte Argumentation). Sowie das Vergleichen und Kontrastieren des Falles
des Mandanten mit vorausgegangenen Präzedenzfällen (analogisierende Argumentation), etc. Da rechtliche Regeln rational und gefühlslos erscheinen können gute
Verfasser auch *pathos* verwenden, um für den Leser des Schriftsatzes auch emotional die Lage des Mandanten nachvollziehbar zu machen. Indem die **Themen** des
Falles angesprochen werden (Fairness, Gleichheit, Prozessökonomie, Freiheit, das
Einhalten von Versprechen, Schutz vor Diskriminierung, globale Inklusion, Empa-
thie, etc.) kann der Verfasser eines Schriftsatzes den spezifischen Konflikt der Parteien mit größeren gesellschaftlichen oder sogar globalen Zusammenhängen verdeutlichen. Dieses Element der Humanität und geteilter Erfahrung soll das Gericht
dazu inspirieren, eine faire Entscheidung zu treffen. Effektive Verfasser nutzen auch
lebendige Sprache, Metaphern und Analogien, um die Tatsachen des Falles für den
Leser zu veranschaulichen. Nichtsdestotrotz sollten Anwälte darauf achten, eine
Balance zwischen *pathos* und *ethos* – Ethik und Glaubwürdigkeit – zu halten, indem
sie minutiös und akkurat sowohl die starken als auch die schwachen Tatsachen beschreiben (die schwachen Fakten sollten eher kontextualisiert werden als manipu-
liert oder ignoriert) und sowohl Rechtsgrundlagen erwähnen, die ihr Anliegen unterstützen, als auch solche, die für die Gegenseite zutreffen. Die erforderliche
Erklärung unter Regelung 11 der bundesrechtlichen Zivilprozessordnung, die in Abschnitt C erörtert wurde, bekräftigt die Wichtigkeit von ethisch verantwortungsbe-
wusstem Argumentieren. Statt widersprechende Tatsachen und rechtliche Erwägungen – deren Nichtbeachtung die Glaubwürdigkeit des Verfassers besonders in
Frage stellt, wenn das Gericht diese Schwächen erkennt – gänzlich zu ignorieren,
konzentrieren sich die besten Anwälte darauf, den Richtern zu erklären, wie scheinbar nachteilige Fakten in einem anderen Licht gesehen werden können und wieso

Heidi K. Brown

vermeintlich widersprechende Präzedenzfälle sich von dem Fall des Mandanten abgrenzen lassen. Ein Verfasser demonstriert auch *ethos*, indem er (1) die **Schriftsatz-Ordnungen** des Gerichts beachtet (insbesondere materielle, prozessuale und formale Voraussetzungen sowie Seiten- und Wortbegrenzung einhält), (2) sorgfältig Grammatik, Rechtschreibung, Interpunktion, Verweise und Formatierungen überprüft, und (3) ein perfektes, professionelles Dokument fristgerecht bei Gericht einreicht.

G. Drei Beispiele für Schriftsätze von US-Anwälten

I. Beispiel eines Offenlegungs-Schriftsatzes [*discovery brief*]

55 Im Folgenden ein Beispiel dafür, wie ein Anwalt einen **Antrag auf eine richterliche Zwangsanordnung** [*motion to compel*] strukturieren würde, die von der gegnerischen Partei fordert, einem schriftlichen Offenlegungsgesuch nach jährlichen Gewinn- und Verlustberichten nachzukommen:

Beispiel

Struktur: **Schriftsatz zur Unterstützung eines Antrags auf eine richterliche Anordnung zur Offenlegung** [*brief in support of a motion to compel discovery*]:
- Rubrum (Name des Gerichts, Parteien und Art der Prozessbeteiligung)
- Aktenzeichen
- Titel: Plaintiff's Memorandum in Support of Its Motion to Compel Defendant to Produce Corporate Annual Profit and Loss Reports
- Einleitung
  • Einleitender Satz: Anführen, welche Partei den Schriftsatz einreicht, und Verweis auf die bundesrechtliche Zivilprozessordnung und lokal anwendbare Rechtsnormen, die zur Antragsstellung berechtigen
  • Kurze Beschreibung des geforderten Offenlegungsverfahrens
  • Referenz zu den bundesrechtlichen Beweisregeln, die die Rechtsgrundlage des Offenlegungsverfahrens darstellt
  • Drei bis fünf Gründe, aus denen die klagende Partei ein Recht auf die geforderten Dokumente hat
  • Spezifische Forderung ans Gericht: Eine Forderung [*order*], die den Klagegegner dazu auffordert, die gewünschten Dokumente innerhalb einer bestimmten Anzahl von Tagen vorzulegen
- Darstellung der Tatsachen
  • Kurze Beschreibung der Beweislage des Verfahrens
  • Spezifischer Offenlegungsgegenstand, dessen Vorlage gefordert wird: Jährliche Gewinn- und Verlustrechnungen des Unternehmens
  • Angabe, wie die Vorlage gefordert wurde: Auszug aus der **ursprünglichen Aufforderung an die Parteien, schriftlich zu bestimmten Aspekten des Rechtsstreits Stellung zu nehmen** [*first request for production of documents*]

Heidi K. Brown

- Weigerung des Klagegegners, das angeforderte Dokument/Gegenstand vorzulegen: Auszug aus den **Vorbehalten** [*objections*] gegenüber der Forderung des Klägers
- Beschreibung der Einzelheiten der Weigerung des Klagegegners, die geforderten Beweise vorzulegen
- Nachweis, dass die rechtlichen Vertreter beider Prozessparteien Anstrengungen unternommen haben, den Konflikt außergerichtlich zu lösen

– Argumente
  - Überzeugende Einleitung: Ggf. ein Satz über den **grundlegenden Zweck der Offenlegung** [*theme*]
  - Rechtliche Frage: Beklagter hat unrechtmäßig die jährlichen Gewinn- und Verlustrechnungen des Unternehmens aufgrund der fehlerhaften Annahme, dass die Dokumente von dem anwaltlichen Berufsgeheimnis gedeckt sind, da sie vom internen Unternehmensberatern verfasst wurden, nicht vorgelegt
  - Rechtsgrundlage: Verweis auf die bundesrechtliche Zivilprozessordnung, die den Umfang der Ermittlungen bestimmt
  - Rechtsgrundlage: Verweis auf die bundesrechtliche Zivilprozessordnung, die das Offenlegungsverfahren bestimmt
  - Rechtsgrundlage: Verweis auf die bundesrechtliche Zivilprozessordnung, die **Einspruch** [*objections*] gegen Ermittlungen aufgrund des **anwaltlichen Berufsgeheimnisses** [*attorney-client privilege*] bestimmt
  - Rechtsgrundlage: Definition des **anwaltlichen Berufsgeheimnisses** [*attorney-client privilege*] in der entsprechenden rechtlichen Sphäre
  - Rechtsgrundlage: Verweis auf die Normen des *Common Law*, das durch Präzedenzfälle Dokumente im Rahmen des **anwaltlichen Berufsgeheimnisses** [*attorney-client privilege*] schützt, wenn sie von internen Unternehmensberatern verfasst wurden; Ausnahme, in denen die Dokumente im Rahmen einer geschäftsüblichen Handlung erstellt wurden und nicht im Namen einer Rechtsberatung
  - Erklärung: Drei bis fünf sorgfältig ausgewählte Fälle aus der entsprechenden rechtlichen Sphäre, in denen Gerichte die Vorlage von jährlichen Gewinn- und Verlustrechnungen von Unternehmen oder ähnlichen Dokumenten beschlossen haben, wenn diese von internen Unternehmensberatern im Rahmen einer geschäftsüblichen Handlung erstellt wurden
  - Anwendung: Analyse der Natur der nicht vorgelegten, unternehmensbezogenen Dokumente des Klagegegners und Vergleich dieser Dokumente mit den Dokumenten, deren Vorlage in den genannten Präzedenzfällen angeordnet wurde
  - Erneute Zusammenfassung der drei bis fünf Argumente, die in der Einleitung genannt wurden, um das Gericht davon zu überzeugen, dass die klagende Partei ein Recht darauf hat, die nicht vorgelegten Dokumente zu erhalten

– Zusammenfassung
  - Erneutes Nennen des Klagebegehrens: Aufforderung an das Gericht, die Vorlage der umstrittenen Dokumente innerhalb einer bestimmten Frist vorzulegen
  - Erneutes Nennen des Themas der Offenlegung

– Unterschrift und Kontaktdaten des Verfassers

– Anhänge
  - Auszüge der ursprünglichen Aufforderung zur schriftlicher Stellungnahme an die Parteien der Klägerseite
  - Auszüge der Einsprüche des Klägers zu der ursprünglichen Aufforderung an die Parteien der Beklagtenseite
  - Kommunikation (E-Mails und Schriftsätze) zwischen den Parteien, die nachweisen, dass eine außergerichtliche Lösung angestrebt wurde

Heidi K. Brown

II. Beispiel eines Schriftsatzes zur Beweisablehnung

56 Im Folgenden ein Beispiel dafür, wie der Verfasser eines Schriftsatzes einen Antrag auf Beweisablehnung [*motion in limine*] strukturieren könnte, um einen Sachverständigen für Handschrifterkennung von der Aussage auszuschließen.

Beispiel

Struktur: Schriftsatz zur Unterstützung eines Antrags auf Beweisablehnung
– Rubrum (Name des Gerichts, Parteien und Art der Prozessbeteiligung)
– Aktenzeichen
– Titel: **Memorandum des Angeklagten zur Unterstützung eines Antrags auf Beweisablehnung bezüglich des Ausschlusses eines von Klägerseite vorgeschlagenen Gutachters von der Aussage im Prozess auszuschließen** [*defendant's memorandum in support of its motion in limine to exclude plaintiff's handwriting expert from testifying at trial*]
– Einleitung
  • Einleitender Satz: Anführen, welche Partei den Antrag einreicht, Verweis auf die bundesrechtliche Zivilprozessordnung, sowie lokal anwendbare Rechtsnormen, die zur Antragsstellung berechtigen
  • Angabe des Namens des Sachverständigen, das Ausmaß des Sachverständigengutachtens und diejenigen Gutachten, die vom Prozess ausgeschlossen werden sollen
  • Verweis zu den **bundesrechtlichen Beweisregeln,** [*Federal Rule of Evidence*] die die Zulassung von Sachverständigen zum Verfahren, den Ermittlungsmaßstab und den Maßstab für die Zulassung von Sachverständigen bestimmt
  • Drei bis fünf Gründe, warum Das Sachverständigengutachten abgelehnt werden sollte
  • Spezifisches Ersuchen an das Gericht: Eine Anordnung, die es dem Sachverständigen untersagt, im Prozess auszusagen
– Darstellung der Tatsachen
  • Kurze Beschreibung der Tatsachenlage des Prozesses
  • Prozessuale Beschreibung der Auswahl des Sachverständigen durch den Kläger
    ▪ Datum, an dem der Name des Sachverständigen dem Beklagten mitgeteilt wurde
    ▪ Datum, an dem das Gutachten des Sachverständigen dem Beklagten zugegangen ist
    ▪ Datum der Vereidigung des Sachverständigen
  • Zusammenfassung des Gutachtens
– Argumente
  • Überzeugende Einleitung: Ggf. ein Satz zum Zweck und den potentiellen Risiken der Sachverständigengutachten
  • Rechtliche Frage: Der Handschriften-Sachverständige, dessen Gutachten der Kläger eingeholt hat, ist nicht qualifiziert, um eine Expertenmeinung vorzutragen; er hat hinfällige Evaluationstechniken verwendet und seine Aussage – sofern zugestanden – würde lediglich die Geschworenen verwirren und den Beklagten benachteiligen.
  • Rechtsgrundlage: Verweis auf die Beweisregel, die Sachverständigenqualifikationen bestimmt (Regelung 702 der bundesrechtlichen Beweisregeln: ein Individuum muss den erforderlichen Maßstab an „Wissen, Fähigkeiten, Erfahrung und theoretischer und praktischer Ausbildung" bezüglich des in Frage stehenden Gegenstandes haben.
  • Rechtsgrundlage: Verweis auf den Maßstab, der die Zulässigkeit von Sachverständigen zu den Ermittlungen bestimmt, *Daubert v. Merrell Dow Pharmaceuticals, Inc.*, 43 F.3d 1311 (9th Cir. 1995)

Heidi K. Brown

- Erklärung: Drei bis Fünf sorgfältig ausgewählte Fälle in der entsprechenden Gerichtsbarkeit, die zeigen, dass Gerichte Handschriften-Sachverständige vom Prozess ausgeschlossen haben, wenn diese die Maßstäbe von Regelung 702 der bundesrechtlichen Beweisregeln und dem *Daubert* Case nicht erfüllen.
- Anwendung: Vergleich der Qualifikationen und der Methodologie des Sachverständigen der Klägerseite mit den Elementen von Regelung 702 bundesrechtlichen Beweisregeln/ *Daubert* Maßstäben, und mit den Elementen des Fallrechts
- Wiederholte Hervorhebung der drei bis fünf Argumente aus der Einleitung, in denen erörtert wird, warum der Sachverständige der Klägerseite von der Aussage im Prozess ausgeschlossen werden sollte.
  - Der vorgeschlagene Sachverständige hat nicht das ausreichende Maß an „Wissen, Fähigkeiten, Erfahrung und theoretischer und praktischer Ausbildung" bezüglich des in Frage stehenden Gegenstandes.
  - Der Sachverständige verwendete nicht verlässliche Techniken um zu einem Ergebnis zu gelangen
  - Die Sachverständigenmeinung wird das Geschworenengericht verwirren
- Zusammenfassung
  - Wiederholung der spezifischen Anfrage, die die Partei an das Gericht stellt (Ausschluss des Sachverständigen)
  - Erneuter Hinweis auf den Zweck und die möglichen Risiken der Sachverständigenkonsultation
- Unterschrift und Kontaktdaten des Anwalts
- Anhänge
  - Lebenslauf des Sachverständigen
  - Auszüge des Gutachtens
  - Auszüge des Protokolls der Vereidigung des Sachverständigen

III. Antrag auf Urteil im abgekürzten Verfahren

Im Folgenden ein Beispiel dafür, wie der Verfasser eines Schriftsatzes einen Antrag **57** auf ein Urteil im **abgekürzten Verfahren** [*summary judgment*] strukturieren könnte. Der Beispielfall behandelt den Anspruch eines Versicherten gegen die Versicherungsgesellschaft, der Vertragsbruch vorgeworfen wird.

Beispiel

Struktur: Schriftsatz zur Unterstützung eines Antrags auf ein Urteil im abgekürzten Verfahren
- Rubrum (Name des Gerichts, Parteien und Art der Prozessbeteiligung)
- Aktenzeichen
- Titel: **Memorandum des Klägers zur Unterstützung eines Antrags auf ein Urteil im abgekürzten Verfahren hinsichtlich seines Anspruchs aus einer Vertragsverletzung** [*plaintiff's memorandum in support of its motion for summary judgment on its breach of contract claim*]
- Einleitung
  - Einleitender Satz: Anführen, welche Partei den Schriftsatz einreicht, Verweis auf die bundesrechtliche Zivilprozessordnung lokal anwendbare Rechtsnormen, die zur Antragsstellung berechtigen (Fed. R. Civ. P. 56)

Heidi K. Brown

- Angabe des Beschwerdegrundes: Kläger fordert ein Urteil im abgekürzten Verfahren über seinen Anspruch gegen eine Versicherungsgesellschaft wegen Vertragsverletzung
- Verweis zu Regelung 56 der bundesrechtlichen Zivilprozessordnung, dem Maßstab für Urteile im abgekürzten Verfahren (es gibt keinen genuinen Streitpunkt über materielle Rechtsfragen und die Klägerpartei ist zur Erteilung eines rechtskräftigen Urteils berechtigt)
- Verweis auf die drei Elemente des *Common Law*, die in der spezifischen Gerichtsbarkeit Vertragsrecht bestimmen (Bestehen eines Vertrags, Verletzungshandlung, Schaden)
- Kurze Subsumption der drei Voraussetzungen
- Spezifisches Ersuchen an das Gericht: Erteilung eines Urteils im abgekürzten Verfahren bezüglich der Vertragsverletzung

- **Erklärung der unbestrittenen und erheblichen Tatsachen** [*statement of material facts not in dispute*]
  - Kurze Beschreibung des Hintergrundes des Gerichtsprozesses
  - Kurze Zusammenfassung des prozessualen Status des Falles (Vorbringen, Ermittlungen, andere ausstehende Anträge, angestrebter Termin der Hauptverhandlung)
  - Nachweis zu Regelung 56 der bundesrechtlichen Zivilprozessordnung (und möglicherweise einer lokal anwendbaren Rechtsnorm), die von der klagenden Partei erfordert, jede unstreitige Tatsache in einem einzelnen Punkt anzuführen, mit genauen Verweisen zur Akte
  - Einzeln nummerierte Absätze, aus denen die unstreitigen Tatsachen hervorgehen. Die Liste sollte sich auf die drei Voraussetzungen der Vertragsverletzung beziehen – (mit Verweisen auf die Akte, inklusive Mitschriften, Dokumente, eidesstattliche Versicherungen, **Parteiabsprachen** [*stipulations*], Ermittlungsergebnisse
    - Einzeln nummerierte Absätze, um das Bestehen eines Vertrags nachzuweisen
    - Einzeln nummerierte Absätze, um die Vertragsverletzung durch die Versicherungsgesellschaft nachzuweisen
    - Einzeln nummerierte Absätze um zu zeigen, dass der Kläger einen Schaden erlitten hat

- Argumente
  - Überzeugende Einleitung: Möglicherweise ein Satz über den Zweck des Urteils im abgekürzten Verfahren, die **Klagegegenstände** der Hauptverhandlung einzuschränken oder diese vollständig obsolet zu machen [*theme*]
  - Rechtliche Frage: Kläger hat ein Recht auf ein Urteil im abgekürzten Verfahren aufgrund des Anspruchs aus Vertragsverletzung gegen die beklagte Versicherungsgesellschaft
  - Rechtsgrundlage: Regelung 56 der bundesrechtlichen Zivilprozessordnung ist Maßstab für die Erteilung eines Urteils im abgekürzten Verfahren (es besteht kein eigenständiger Konflikt und der Kläger hat ein Recht auf ein Urteil)
  - Rechtsgrundlage: die drei Elemente der Vertragsverletzung (Bestehen eines Vertrages, Verletzungshandlung, Schaden)
  - Erklärung: Aufzählung sorgfältig ausgewählter Präzedenzfälle in der entsprechenden Gerichtsbarkeit, in denen Gerichte Urteile im abgekürzten Verfahren dann gewährt haben, wenn der Kläger einen Vertrag mit der Versicherungsgesellschaft, eine Verletzung desselben sowie einen daraus folgenden Schaden nachweisen konnte
  - Anwendung: Verbindung des unbestrittenen Beweismaterials mit den drei Erfordernissen einer Vertragsverletzung, um zu zeigen, dass jedes Element erfüllt ist (es sollten Überschriften und Unterüberschriften verwendet werden, um die Analyse jeden einzelnen Elements zu trennen) und Vergleich der Tatsachen der Klägerseite, die ein Urteil im abgekürzten Verfahren erwirken könnte.

Heidi K. Brown

– Zusammenfassung
Wiederholung der genauen Forderung an das Gericht: Erteilung eines Urteils im abgekürzten Verfahren zugunsten der Klägerseite über den Rechtsgrund der Vertragsverletzung.

H. Fehlerquellen bei dem Verfassen von Schriftsätzen

Ein gut formulierter Schriftsatz kann positive Veränderungen bewirken, indem er 58 das Gericht dazu bewegt, eine faire und effiziente Entscheidung zu treffen. Ein mängelbehafteter Schriftsatz ist ein Problem für alle Beteiligten – für den Richter, die Anwälte der Gegenseite, die Parteien, das System, und den Verfasser selbst. Weil es Zweck eines Schriftsatzes ist, „die Entscheidung des Gerichts zu bilden und zu leiten"[29], muss ein Schriftsatz logisch, klar, respektvoll und deutlich sein und alle relevanten Tatsachen und Rechtsnormen, die das Gericht benötigt, um eine gut begründete Entscheidung zu treffen, enthalten. „Sorgfalt in jeder Hinsicht ist ein essentieller Aspekt eines hilfreichen Schriftsatzes"[30], einschließlich der Verweise auf prozessuale Regeln, Prüfungsmaßstäbe, materielles Recht, Tatsachen des Falles und Zitate aus dem Ermittlungsprotokoll und den rechtlichen Quellen. Gerichte erstellen Regeln zum Verfassen von Schriftsätzen um drei wichtige Funktionen zu erfüllen. Materielle Regeln vermitteln Anwälten die Natur der Kerninhalte, die Richter benötigen, um schwierige rechtliche Fragen zu beantworten. Prozessuale und formale Anweisungen, wie beispielsweise Wort- oder Seitenbegrenzungen, Randvorgaben, Schriftarten, Zeilenabstände, Fußnoten, zulässige oder erforderliche Anhänge und Fristen (1) stellen sicher, dass das Auswertungssystem allen Beteiligten gegenüber so fair wie möglich ist (d. h. jede Partei hat eine gleichwertige Plattform und Möglichkeit, mit dem Richter zu kommunizieren). Daneben (2) fördern sie die Effizienz der Dokumentenpflege und -logistik in überfüllten Arbeitsplänen.[31] Wenn Anwälte diese Regeln nicht beachten und schlecht verfasste Schriftsätze einreichen, verschieben sie den Arbeitsaufwand zweckwidrig auf das Gerichtspersonal und die Anwälte der Gegenpartei. Wenn zum Beispiel ein Schriftsatz nicht ordentlich auf das Ermittlungsprotokoll und das geltende Recht verweist, müssen Sachbearbeiter des Gerichts die passenden Stellen in den Akten, Gesetzen und Fällen finden, *bevor* der Richter beginnen kann, die rechtlichen Fragen zu behandeln. Ebenso erfordert ein Schriftsatz, der unlogische Argumente, eine sinnlose Struktur oder eine übertriebene Darstellung der Tatsachen und Rechtsquellen enthält, dass der Anwalt, der die

---

29 *In the Matter of Witt*, 481 B.R. 468, 473 (N.D. Ind. Bankr. 2012); *see also Litton Systems, Inc. v. Sundstrand Corp.*, 750 F.2d 952, 955 n. 1 (Fed. Cir. 1984) (the purpose of a brief "is to aid the court in reaching a correct and just decision").
30 *United States v. Price*, 44 M.J. 430 n.1 (United States Court of Appeals for the Armed Forces 1997).
31 *Reyes-Garcia v. Rodriguez & Del Valle, Inc.*, 82 F.3d 11, 14 (1st Cir. 1996).

Heidi K. Brown

Antwort darauf verfasst, Zeit investiert, um die Probleme des Schriftsatzes zu finden, die Fragen und Argumente neu zu organisieren, und die Schwachstellen des ursprünglichen Schriftsatzes anzusprechen, *bevor* er Gegenargumente formulieren kann – ein zeitaufwendiges und teures Unterfangen.

59   Leider ignorieren Anwälte diese gerichtlichen Regeln und systemübergreifenden Standards zu oft und reichen keine hochqualitativen Schriftsätze ein. Eine Studie über Fallrecht in den USA zeigt, dass Richter es begrüßen, wenn Anwälte qualitative Schriftsätze einreichen und ihre Auswirkung auf eine effiziente Entscheidungsfindung hervorheben. Allerdings mahnen Richter auch Anwälte, die Schriftsätze abgeben, die (a) wegen unklarer struktureller Logik oder Sprache schwer zu verstehen sind; (b) die erforderlichen materiellen Komponenten nicht enthalten; (c) falsch mit Tatsachen umgehen; (d) das anwendbare Recht falsch nutzen; (e) prozessuale und formelle Regeln nicht beachten; (f) grundlegende typographische, grammatikalische oder generelle Rechtschreibfehler enthalten; (g) einen respektlosen Ton verwenden oder (f) zu spät eingereicht werden.[32] Die Konsequenzen von schlechten Schriftsätzen können ungünstige Urteile (ein Richter kann sich durchaus weigern, die Punkte, die in einem unverständlichen Schriftsatz auftauchen, in seine Entscheidung einzubeziehen), finanzielle Sanktionen, oder Disziplinarverfahren sein.

60   Insgesamt gilt, dass ein gut geschriebener Schriftsatz, obwohl es eine arbeits- und zeitintensive Aufgabe ist, den Ausgang eines Falls wesentlich beeinflussen kann. Hierdurch wird ein Grundstein im Hinblick auf Tatsachen, Rechtsnormen, Präzedenzfälle, überzeugende Argumente und politische Erwägungen gelegt und ermöglicht so dem Gericht, den Fall oder Teile davon, zugunsten des Mandanten zu entscheiden und vielleicht sogar einen gesellschaftlichen Wandel anzustoßen. Anwälte, die gute Schriftsätze verfassen können, gehörten allein durch das geschriebene Wort zu den wirkmächtigsten Juristen.

---

32 Heidi K. Brown, *Converting Benchslaps to Backslaps: Instilling Professional Accountability in New Legal Writers By Teaching and Reinforcing Context*, 11 Journal of Legal Communication and Rhetoric 109 (Fall 2014).

Heidi K. Brown

Kapitel 4
Schiedsgerichtsbarkeit in den USA –
Recht und Praxis

Literaturverzeichnis

Besson, Sebastien, "The Utility of State Law Regulating International Commercial Arbitration and Their Compatibility with the FAA," 11 *American Review of International Arbitration* 211 (2000). **Burr**, Anne M. und **Bromberg**, Howard, *U.S. Legal Practice Skills for International Law Students* (2014). **Chartered Institute of Arbitrators**, *Workbook: Module 4 International Arbitration, International Award Writing* (2009). **Graves**, Jack M. und **Davydan**, Yelena, "Competence-Competence and Separability-American Style," in *International Arbitration And International Commercial Law: Synergy, Convergence And Evolution* (S. Kröll, L.A. Mistelis et. al, Herausgebern (2011). **Kautz**, Timothy, "What is 'Manifest Disregard of Law'?" *Schieds VZ* 20, 20–21 (2011). **Martinez-Fraga**, Pedro J., *The American Influence on International Commercial Arbitration Doctrinal Developments and Discovery Methods* (2009).

A. Einleitung[1]

In den USA sind Gerichtsverfahren, wie überall auf der Welt, kostenintensiv, zeit- 1
aufwendig und können geschäftsschädigend sein. Außerdem kann die obsiegende
Partei manchmal nicht aus ihrem Titel vollstrecken, wenn sich z.B. das Vermögen
der unterliegenden Partei im Ausland befindet.

Aus diesen und anderen Gründen suchen private Konfliktparteien häufig Alter- 2
nativen zu staatlicher Streitbeilegung. Die **außergerichtliche Streitbeilegung** [*alternative dispute resolution, ADR*] umfasst eine Vielzahl an Dienstleistungen und
Tätigkeiten, vor allem Schiedsverfahren, Mediation und Vermittlung, welche den
Parteien helfen sollen, den Konflikt außerhalb des Gerichtssaals zu lösen. In diesem
Kapitel wird die Schiedsgerichtsbarkeit, als die in den USA etablierteste Form au-
ßergerichtlicher Streitbeilegung, darstellt.

Der Begriff „**Schiedsgerichtsbarkeit**" [*arbitration*] hat unterschiedliche Bedeu- 3
tungen, je nach Art des Betrachters und wird terminologisch nicht in dem dazugehörigen Gesetz, dem *US Arbitration Act* [üblicherweise bezeichnet als *Federal
Arbitration Act* **(FAA)**] – definiert.[2] Auch hilft das *UNCITRAL* Modellgesetz nicht
weiter, da es die Schiedsgerichtsbarkeit lediglich als „jedes Schiedsverfahren" defi-

---

1 Die Autorin möchte sich gerne bei James Boykin, Jocelyn Burgos, Julian Mortenson, Bernd Scholl, Viola Schäfer und Frederick Smalkin für ihre wertvolle Hilfe bei der Arbeit an diesem Kapitel bedanken.

Katherine M. Simpson

https://doi.org/10.1515/9783899498103-004

niert, welches „unter der Schirmherrschaft einer permanenten Institution erfolgt oder nicht".[3]

4   Einfach gesagt ist die **Schiedsgerichtsbarkeit** ein *ADR*-Prozess, in dem die streitenden Parteien einen oder mehrere (abhängig vom Willen der Parteien) neutrale Dritte (d.h. Schiedsrichter) auswählen, um ihren Konflikt durch eine finale und bindende Entscheidung beizulegen.[4] Schiedsverfahren stehen vorbehaltlich einer Schiedsklausel den Parteien in nahezu allen geschäftlichen Streitigkeiten zur Verfügung.[5] Wegen der Ähnlichkeit zu Verfahren in der staatlichen Gerichtsbarkeit wird die Schiedsgerichtsbarkeit oft mit der staatlich-gerichtlichen Urteilsfindung verglichen: beide sind kontradiktorische und adjudikatorische Verfahren, die mit einer für die Parteien verbindlichen Entscheidung eines unabhängigen Dritten enden. Dieses Kapitel folgt dieser traditionellen Betrachtungsweise.

5   Im US-Rechtssystem werden Schiedsgerichte wegen ihrer zeitsparenden und kosteneffektiven Wirkung sehr geschätzt, was der Parteiautonomie zu Gute kommt. Die Gründe für das weltweit hohe Ansehen privater Schiedsgerichtsverfahren in der Geschäftswelt sind vielfältig: (1) Vertraulichkeit (die Verhandlungen sind nicht öffentlich und die Urteile werden in der Regel nicht publiziert), (2) Parteiautonomie (die Parteien dürfen den/die Schiedsrichter selbst anhand der begehrten Fachkunde oder anderer Kriterien benennen, und der zeitliche Ablauf des Schiedsverfahrens kann den Bedürfnissen der Parteien angepasst werden), (3) die Möglichkeit zur Einschränkung der Offenlegungsverfahren oder Beweisvorlage und (4) eine einfachere Vollstreckung im Ausland (Schiedssprüche sind auch im Ausland dank des New Yorker Übereinkommens[6] vollstreckbar). Ungeachtet dessen, ob aus diesen oder an-

---

2 Siehe den Federal Arbitration Act, 9 U.S.C. §§ 1–16 (2016) (im Folgenden FAA). Der englische Begriff Federal Arbitration Act kann in die deutsche Sprache übersetzt werden als Bundesgesetz für Schiedsverfahren.

3 UNCITRAL, UNCITRAL Model Law on International Arbitration, Art. 2, UN Doc A/61/17 (2006). Das UNCITRAL Model Law on International Arbitration wird in deutscher Sprache bezeichnet als UNCITRAL Modellgesetz für internationale Schiedsverfahren, im Folgenden UNCITRAL ModellG.

4 Vgl. Arbitration, BLACK'S LAW DICTIONARY (9th ed. 2009) ("A dispute-resolution process in which the disputing parties choose one or more neutral third parties to make a final and binding decision resolving the dispute", auf Deutsch: "Eine außergerichtliche Streitbeilegung, bei welcher die streitenden Parteien eine oder mehrere neutrale Personen bestimmen, die eine endgültige und verbindliche Entscheidung für die Streitbeilegung trifft.").

5 Siehe z.B. 9 U.S.C. § 2; *Mitsubishi Motors v. Soler Chrysler-Plymouth*, 473 U.S. 614 (1985) (Zulassung einer wettbewerbsrechtlichen Streitigkeit zur Schiedsgerichtsbarkeit); 14 *Penn Plaza LLC v. Pyett*, 556 U.S. 247 (2009) (Zulassung eines zivilrechtlichen Streits zur Schiedsgerichtsbarkeit gemäß der vertraglichen Vereinbarung).

6 Siehe die Vermutung der Vollstreckbarkeit nach Art. V des New Yorker Übereinkommens über die Anerkennung und Vollstreckung ausländischer Schiedssprüche vom 10.06.1958, BGBl. 1961 II S. 121, 123; 1962 II S. 102. Hierzu später mehr unter C. I.

Katherine M. Simpson

deren Gründen, die Popularität der Schiedsgerichte wächst in den USA sowie global stetig.

In der Tat gibt es für einen deutschen Rechtsanwalt in seiner Laufbahn viele 6
Berührungspunkte mit der US-amerikanischen Rechtspraxis, insbesondere dann, wenn er sich im internationalen Schieds- oder Wirtschaftsrecht spezialisiert hat. Es könnte sein, dass (1) der Firmensitz eines Mandanten in den USA liegt, (2) ein Vertrag unter der Anwendung von US-Recht geschlossen wurde, (3) ein Vertrag ein Verfahren mit einer in den USA etablierten und ansässigen Schiedsinstitution vorsieht oder den Schiedsort dort festlegt, (4) Beweismittel, wie Urkunden, Zeugen oder Sachverständigen, sich in den USA befinden, (5) ein Mandant oder Prozessgegner versucht, ein Urteil in den USA zu annullieren oder aus diesem zu vollstrecken, (6) einer oder mehrere Anwälte bzw. Schiedsrichter eines Schiedsverfahrens seine Rechtsausbildung teilweise oder ganz in den USA absolviert hat.

Jedes dieser genannten Szenarien kann den Ablauf einer schiedsgerichtlichen 7
Verhandlung potenziell beeinflussen, insbesondere mit Blick auf (1) die Art und Weise der Beweisaufnahme sowie die Auswahl der Beweise, (2) den Beweiswert, den die Anwälte oder Schiedsrichter vorgebrachten Beweismitteln beimessen, (3) die Art und Weise, wie Schiedsrichter oder Rechtsanwälte auf Anträge reagieren und diesbezüglich Entscheidungen treffen, und (4) wie Rechtsanwälte oder Schiedsrichter unterschiedliche verfahrensspezifische Aspekte im Schiedsverfahren bevorzugen.

Dieses Kapitel wird sich auf die ausgewählten Aspekte des US-Schiedsrechts 8
und -Schiedspraxis konzentrieren, welche potenziell von praktischer und rechtlicher Bedeutung für deutsche Anwälte sein können. Zunächst wird die Rolle der US-amerikanischen Rechtskultur in der internationalen Schiedsgerichtsbarkeit erläutert. Im Anschluss daran werden verbindliche Rechtsquellen vorgestellt, die im Rahmen eines internationalen Schiedsverfahrens mit Schiedsort in den USA zur Anwendung kommen können und es werden passende Beispiele gebildet. Daraufhin wird die Rolle des US-amerikanischen **Offenlegungsverfahrens** [*discovery*][7], in internationalen Schiedsgerichten diskutiert. Im letzten Abschnitt des Kapitels wird der oftmals herangezogene, selten erfolgreiche und ausnahmslos polarisierende Aufhebungsgrund für Schiedssprüche, *"manifest disregard of the law"*, untersucht. Ungeachtet dessen, ob man die US-amerikanische Art und Weise, die Dinge anzugehen, befürwortet, ihr zustimmt oder nicht, Anwälte sollten schlussendlich auf jeden Fall gut auf die damit zusammenhängenden Praktiken vorbereitet sein!

---

7 „Discovery bezeichnet eine Mehrzahl von Möglichkeiten einer Prozesspartei Beweismaterial zugänglich zu machen, welches sich im Besitz der anderen Partei oder eines Dritten befindet." (Hay, US-Amerikanisches Recht, 6. Aufl., Rn. 184).

Katherine M. Simpson

B. Die Rolle der US-amerikanischen Rechtskultur außerhalb der USA

9 Wenn man an einem Schiedsverfahren in den USA mit (1) US-amerikanischen Parteien oder mit (2) Rechtsanwälten oder Schiedsrichtern teilnimmt, die zumindest teilweise ihre Rechtsausbildung in den USA genossen haben, ist es wichtig, die **US-amerikanische Rechtskultur** zu verstehen. Diese umfasst nach einem weiten Verständnis gewisse Überzeugungen, Gewohnheiten und Grundvorstellungen, die in der Rechtsausbildung, Praxis und/oder Arbeitserfahrung in den USA geformt wurden. Diese US-Rechtskultur kann sogar den Ausgang internationaler Schiedsgerichtsverfahren beeinflussen.[8]

10 Das Wesen der Schiedsgerichtsbarkeit erfasst man oft im Vergleich zu den Verfahren vor staatlichen Gerichten und viele prozessuale Praktiken bei Gerichtsverfahren wirken sich auf Schiedsverfahren aus. In den USA sind die Parteien eines Rechtsstreits, welche durch Rechtsanwälte vertreten sind, die treibende Kraft eines Verfahrens.[9] Angelegenheiten, wie die Darstellung des Sachverhalts, die Zeugenauswahl, der Zeitplan für die Offenlegung von Beweismitteln und das Format der Anhörung, werden alle von den Anwälten der Parteien selbst unter minimaler gerichtlicher Beteiligung entschieden. Die Richter nehmen eine eher passive Rolle ein und schreiten typischerweise erst dann ein, wenn sie darum gebeten werden und dies notwendig ist.

11 Spiegelbildlich wie ein in den USA ausgebildeter Rechtsanwalt überrascht wäre, wenn einer der deutschen Schiedsrichter sich wie ein deutscher Richter aktiv am Verfahren beteiligt, wäre ein in Deutschland praktizierender Rechtsanwalt über den *laissez-faire*-Ansatz des US-Schiedsrichters erstaunt.

Praxistipp

Die Auseinandersetzung mit der US-Rechtskultur ist auch jenseits der **Pflicht zur Vorlage von Urkunden** [*document production*] und der Vorbereitung auf den Prozess unentbehrlich. Für viele Parteien mag es z. B. überraschend sein, dass in den USA die unterlegene Partei im Zivilprozessverfahren nicht zwangsläufig die Kosten der obsiegenden Partei übernehmen muss. Diese Regel gilt auch in den Verhandlungen vor einem Schiedsgericht, wo ebenso keine Kostenübernahme der unterlegenen Partei gefordert wird, es sei denn, der Schiedsrichter wurde von den Parteien beauftragt oder ermächtigt, die Kosten zu verlagern.[10] Wenn Sie als Anwalt sicherstellen wollen, dass Ihr Mandant die Möglichkeit hat, die gegnerische Partei später „auf Kostentragungspflicht" zu verklagen, sollten Sie dies entsprechend in die Schiedsvereinbarung mit aufnehmen.

---

8 Siehe Kapitel 1 und Kirk W. Junker, Legal Culture in the United States: An Introduction, Routledge, 2016.

9 Anne M. Burr & Howard Bromberg, U.S. Legal Practice Skills for International Law Students 5 (2014).

10 Workbook: Module 4 International Arbitration, International Award Writing 50 (Chartered Institute of Arbitrators 2009).

Katherine M. Simpson

C. Die Rechtsquellen

Es gibt mindestens sechs voneinander unabhängige Rechtsquellen, die ein interna- 12
tionales Schiedsgerichtsverfahren mit US-amerikanischer Beteiligung beeinflussen
können.[11] Diese sind (1) internationale Abkommen, (2) US-amerikanisches Bundesrecht, (3) das Recht der Einzelstaaten, (4) institutionelle Regelungen, (5) der Vertrag
und/oder (6) die Unterwerfungserklärung der Parteien zur Teilnahme an einem
Schiedsgerichtsverfahren. Die genannte Reihenfolge muss nicht zwingend diejenige
sein, derer sich ein Anwalt in der Praxis bedient. Transnationale Streitbeilegung
stellt Rechtsanwälte und Schiedsrichter vor die Herausforderung, die unterschiedlichen Aspekte dieser Rechtsquellen zu berücksichtigen und gleichzeitig den Parteiwillen (in der Regel nach dem zwischen den Parteien geschlossenen Vertrag) und
die Vollstreckbarkeit (aus den internationalen Verträgen resultierend) im Blick zu
behalten.

I. Internationale Abkommen

Das New Yorker Übereinkommen über die Anerkennung und Vollstreckung auslän- 13
discher Schiedssprüche (**New Yorker Übereinkommen**)[12] und die Interamerikani-
sche Konvention für die Internationale Handelsschiedsgerichtsbarkeit (**Panama
Konvention**)[13] sind Teil des US-Bundesrechts geworden. Beide internationalen Abkommen sehen vor, dass Schiedsvereinbarungen und Schiedssprüche ausländischer Schiedsgerichte in den USA anerkannt und vollstreckt werden können. In der
Praxis formen die in den Abkommen enthaltenen Voraussetzungen den Verlauf von
Schiedsverfahren, da Rechtsanwälte oft prozessuale Anträge mit Verweis auf die
Vollstreckungsvorschriften z.B. unter Art. V des New Yorker Übereinkommens stel-
len.[14]

---

11 Vergl., Kapitel 5, Seerecht, für weitere Anwendungen der Abkommen in den USA.
12 Diese Konvention ist in englischer Sprache bekannt als Convention on the Recognition and Enforcement of Foreign Arbitral Awards (New York Convention), wurde von den USA ratifiziert, ist in
Kraft getreten. Siehe 330 U.N.T.S. 38 und Chapter 2, FAA, 9 U.S.C. §§ 201–208.
13 Siehe die Inter-American Convention on International Commercial Arbitration, Jan. 30, 1975,
1438 U.N.T.S. 245, auch bekannt als Panama Konvention, welche von den USA ratifiziert wurde und
in Kraft getreten ist. Chapter 3, FAA, 9 U.S.C. §§ 301–307.
14 Artikel V des New Yorker Übereinkommens lautet wie folgt:
(1) Die Anerkennung und Vollstreckung des Schiedsspruches darf auf Antrag der Partei, gegen die
er geltend gemacht wird, nur versagt werden, wenn diese Partei der zuständigen Behörde des Landes, in dem die Anerkennung und Vollstreckung nachgesucht wird, den Beweis erbringt,
a) dass die Parteien, die eine Vereinbarung im Sinne des Artikels II geschlossen haben, nach dem
   Recht, das für sie persönlich maßgebend ist, in irgendeiner Hinsicht hierzu nicht fähig waren,

Katherine M. Simpson

14   Darüber hinaus gibt es Fälle, in denen das Schiedsverfahren nicht aufgrund eines privaten Vertrags erfolgt, sondern aufgrund eines internationalen Abkommens, beispielsweise eines **Investitionsschutzabkommens** [*bilateral investment treaty – BIT*] oder eines **Freihandelsabkommens** [*free trade agreement – FTA*]. Die Bedingungen dieser internationalen Abkommen formen in relevanter Weise den Ablauf eines Schiedsverfahrens in den USA, insbesondere mit Blick auf die Fragen, wie und wann eine Partei eine Forderung vor einem Schiedsgericht geltend machen darf.[15] In einer solchen Situation dient das internationale Abkommen als vertragliche Rechtsquelle für die Bestimmung des Rechtsweges im konkreten Fall.[16]

---

oder dass die Vereinbarung nach dem Recht, dem die Parteien sie unterstellt haben, oder, falls die Parteien hierüber nichts bestimmt haben, nach dem Recht des Landes, in dem der Schiedsspruch ergangen ist, ungültig ist, oder

b) dass die Partei, gegen die der Schiedsspruch geltend gemacht wird, von der Bestellung des Schiedsrichters oder von dem schiedsrichterlichen Verfahren nicht gehörig in Kenntnis gesetzt worden ist oder dass sie aus einem anderen Grund ihre Angriffs- oder Verteidigungsmittel nicht hat geltend machen können, oder

c) dass der Schiedsspruch eine Streitigkeit betrifft, die in der Schiedsabrede nicht erwähnt ist oder nicht unter die Bestimmungen der Schiedsklausel fällt, oder dass er Entscheidungen enthält, welche die Grenzen der Schiedsabrede oder der Schiedsklausel überschreiten; kann jedoch der Teil des Schiedsspruches, der sich auf Streitpunkte bezieht, die dem schiedsrichterlichen Verfahren unterworfen waren, von dem Teil, der Streitpunkte betrifft, die ihm nicht unterworfen waren, getrennt werden, so kann der erstgenannte Teil des Schiedsspruches anerkannt und vollstreckt werden, oder

d) dass die Bildung des Schiedsgerichtes oder das schiedsrichterliche Verfahren der Vereinbarung der Parteien oder mangels einer solchen Vereinbarung, dem Recht des Landes, in dem das schiedsrichterliche Verfahren stattfand, nicht entsprochen hat, oder

e) dass der Schiedsspruch für die Parteien noch nicht verbindlich geworden ist oder dass er von einer zuständigen Behörde des Landes, in dem oder nach dessen Recht er ergangen ist, aufgehoben oder in seinen Wirkungen einstweilen gehemmt worden ist.

(2) Die Anerkennung und Vollstreckung eines Schiedsspruches darf auch versagt werden, wenn die zuständige Behörde des Landes, in dem die Anerkennung und Vollstreckung nachgesucht wird, feststellt,

a) dass der Gegenstand des Streits nach dem Recht dieses Landes nicht auf schiedsrichterlichem Wege geregelt werden kann, oder

b) dass die Anerkennung oder Vollstreckung des Schiedsspruches der öffentlichen Ordnung dieses Landes widersprechen würde."

(inoffizielle dt. Übersetzung unter: http://www.newyorkconvention.org/11165/web/files/original/1/5/15457.pdf).

15 Siehe z.B. *BG Group PLC v. the Republic of Argentina*, 134 S. Ct. 1198 (2014) (betrachtet man die Ausschöpfung von Rechtsmitteln wie in dem UK-Argentina-Investitionsschutzabkommen enthalten).

16 Ebd. S. 1206–1212.

Katherine M. Simpson

II. US-amerikanisches Bundesrecht

Das US-amerikanische Bundesrecht umfasst (1) Abkommen, welche die USA unter **15** Kapitel 1 des FAA abgeschlossen haben[17] und (2) Fallrecht, insbesondere solches des Revisionsgerichts und des obersten Gerichtshofs.

Der FAA wurde originär 1925 erlassen, um Schiedsgerichte als Alternative zu ge- **16** richtlichen Verfahren in den USA zu etablieren.[18] Dem obersten Gerichtshof zufolge ist es „Hauptzweck" des FAA, „sicherzustellen, dass private Schiedsgerichtsvereinbarungen gemäß ihren Bedingungen durchgesetzt werden".[19] Technisch gesehen, enthält der FAA drei Kapitel – das zweite enthält den Text des New Yorker Übereinkommens und das dritte die Panama Konvention. Das erste Kapitel des FAA besteht aus 16 kompakten Abschnitten und einigen Begriffserklärungen. Das Fallrecht der Bundesgerichte spielt eine wichtige Rolle in der Auslegung und Erweiterung der Normen des FAA.

Die Entscheidungen des obersten Gerichtshofs oder der höchsten Bundesberu- **17** fungsgerichte (mit Zuständigkeit am Schiedsort) bilden für Schiedsverfahren mit Schiedsort in den USA das **anwendbare Fallrecht** [*mandatory authority*], welches die Anwendbarkeit des *FAA* sowie andere Angelegenheiten des Bundesrechts regelt. (Entsprechend sind im Geltungsbereich des Rechts der Einzelstaaten die Präzedenzfälle der staatlichen Gerichte letzter Instanz des Staates heranzuziehen). Wenn beantragt wird, dass ein Schiedsverfahren außerhalb der USA zu führen ist (z.B. gem. 28 U.S.C. § 1782),[20] wird als anwendbares Fallrecht die Rechtsprechung des höchsten US-amerikanischen Bundesgerichts des Bezirks verwendet, in dem der Antrag gestellt wird. Die Entscheidungen aller anderen Bundes-Gerichtsbarkeiten können im Laufe des Verfahrens unterstützend als **Überzeugungsbeispiele** herangezogen werden [*persuasive authority*], entfalten jedoch keine Bindungswirkung.

Als weitere zur Unterstützung eines Anspruchs dienende Überzeugungsbeispie- **18** le nehmen ***obiter dicta*** eine wichtige Rolle ein. *Obiter dicta* (von US-amerikanischen Anwälten meist nur „*dicta*" genannt) sind nicht-tragende, gerichtliche Feststellungen, „die über das für die Entscheidung Erforderliche hinausgehen, welches das Rechtsproblem der Parteien löst".[21] Diese Feststellungen sind für die Parteien nicht verbindlich und erwachsen auch nicht in Rechtskraft. Im Anwendungsbereich der Schiedsgerichtsbarkeit bildet ein *obiter dictum* des obersten Gerichtshofs jedoch oftmals den einzigen Anhaltspunkt, der zur Auslegung eines Begriffs des *FAA* dient. Im Ergebnis gebrauchen und diskutieren die Parteien häufig in Schriftsätzen und

---

17 FAA, 9 U.S.C. §§ 1–16.
18 *AT&T Mobility LLC v. Concepcion*, 563 U.S. 333, 339 (2011) (zur Geschichte des FAA).
19 Ebd. S. 344.
20 Siehe die Diskussion nach § D.II.
21 BURR, oben Fn. 8, S. 66.

Katherine M. Simpson

Vermerken über den Wertgehalt eines *obiter dictum* als Überzeugungsquelle hinsichtlich der Auslegung bestimmter Begriffe des *FAA*.

III. Recht der Einzelstaaten

19 Im Weiteren folgt eine Darstellung der rechtlichen Standards der Einzelstaaten.

1. Das Recht der Einzelstaaten – Grundsätzliches

20 Das Schiedsrecht der Einzelstaaten ist nur insoweit von Bedeutung, als dass es nicht dem *FAA* widerspricht. Ein Gesetz eines Einzelstaates mit Bezug zur internationalen Schiedsgerichtsbarkeit, das mit den Bestimmungen des *FAA* kollidiert, ist wegen des Vorrangs des Bundesrechts in diesem Rechtsgebiet nicht anwendbar.[22] Wenn der Vertrag zwischen den Parteien zu einer bestimmten Angelegenheit schweigt, aber das Recht eines Einzelstaates anwendbar ist, wird dieses insoweit herangezogen, als es im Einklang mit dem *FAA* eine Regelungslücke des Vertrags füllen kann.

2. Das *UNCITRAL* ModellG

21 Obwohl das *UNCITRAL* ModellG für die internationale Schiedsgerichtsbarkeit nicht in das Bundesrecht aufgenommen worden ist, haben mehrere Einzelstaaten (Kalifornien, Connecticut, Florida, Georgia, Illinois, Louisiana, Oregon und Texas) es in ihr einzelstaatliches Recht inkorporiert.[23] In mehreren Bereichen unterscheiden sich der *FAA* und das *UNCITRAL* ModellG dahingehend, dass eine Quelle mit Blick auf materiell- oder prozessrechtliche Fragen schweigt, während die andere sie angeht. All diese Unterschiede können für einen deutschen Anwalt von Bedeutung sein, der den *FAA* im Vergleich zum *UNCITRAL* ModellG, das Deutschland im Jahr 1998 verabschiedet hat,[24] erschließen will. Diese Übereinstimmungen und Unterschiede spielen auch eine Rolle für ein Schiedsverfahren in den USA, wenn es in den Anwendungsbereich des Rechts eines Einzelstaates fällt.[25]

22 Einer der vielen Bereiche, in denen sich das *UNCITRAL* ModellG vom *FAA* unterscheidet, ist die Frage der **Kompetenz-Kompetenz**, d.h. die Ermächtigung eines Schiedsgerichts, über seine eigene Zuständigkeit zu urteilen.[26] Gemäß Art. 15 des

---

22 AT&T Mobility LLC v. Concepcion, 563 U.S. 333, 341–344 (2011) (siehe die Anmerkungen).
23 Siehe Fn. 2.
24 Ebd.
25 Siehe die Diskussion mit Sebastien Besson, The Utility of State Law Regulating International Commercial Arbitration and Their Compatibility with the FAA, 11 Am. Rev. Int'l Arb. 211 (2000).
26 Siehe das Beispiel unten § C. V.

Katherine M. Simpson

UNCITRAL ModellG hat ein Schiedsgericht die Kompetenz, über seine eigene Zuständigkeit zu entscheiden. Der *FAA* sieht hingegen nicht ausdrücklich vor, dass Schiedsrichter dazu ermächtigt sind, über Rügen hinsichtlich ihres Zuständigkeitsbereichs selbst zu bestimmen, darüber hinaus auch nicht über Beanstandungen am Umfang des Schiedsverfahrens, d.h. der **objektiven Schiedsfähigkeit** [*substantive arbitrability*].[27] Die Frage der Kompetenz-Kompetenz betrifft im US-Recht allerdings nicht nur die Frage wer – die Schiedsrichter oder die staatlichen Gerichte – entscheiden soll, sondern auch, ob die Parteivereinbarung eine Zuständigkeit des Schiedsgerichts umfasst; es geht vielmehr auch darum, welche Wirkung eine schiedsgerichtliche Entscheidung zur Frage des Zuständigkeitsrechtswegs mit Blick auf eine evtl. nachfolgende gerichtliche Überprüfung eben jener Entscheidung entfaltet.

Die Schiedsrichter sind dazu ermächtigt, über ihre Zuständigkeit zunächst einmal selbst zu entscheiden und nehmen diese Kompetenz auch häufig wahr, auch wenn eine Partei die Zuständigkeit rügt.[28] Ein staatliches Gericht kann jedoch eingebunden werden, wenn der Klagegegner die Schiedsklage ignoriert und der Kläger ein Schiedsverfahren gemäß Abschnitt 4 *FAA* erzwingen will. Nach dem US-amerikanischen Bundesrecht besteht in Abschnitt 4 *FAA* eine Vermutung für die gerichtliche Anordnung der Schiedsgerichtsbarkeit, wonach eine Partei, welche ein Schiedsverfahren begehrt und für sich erzwingen möchte, einen Antrag beim **staatlichen Bundesbezirksgericht** [*Federal District Court*] stellen muss, welches mangels Schiedsklausel ansonsten gerichtlich zuständig wäre. Das staatliche Gericht hört beide Parteien an und entscheidet im Folgenden, ob der Streit im Wege eines Schiedsverfahrens beigelegt werden soll.[29] **23**

Die Vermutung, dass staatliche Gerichte die Frage der objektiven Schiedsfähigkeit zugunsten der Kompetenz der staatlichen Gerichte entscheiden, kann durch „klare und unzweideutige" Beweise widerlegt werden, nach denen die Parteien sich einig sind, dass das Schiedsgericht über seine Zuständigkeit selbst entscheiden soll.[30] Diese „klaren und unzweideutigen Beweise" können beispielsweise sein: (1) eine vertragliche Vorschrift über die Festlegung der Kompetenz-Kompetenz des Schiedsgerichts,[31] (2) eine Auswahl institutioneller Rechtsvorschriften über die Fest- **24**

---

27 Es besteht eine Vermutung, dass Schiedsgerichte die Kompetenz haben, über die prozessuale Schiedsfähigkeit ihres Spruchkörpers zu urteilen – d.h. darüber, ob Zulässigkeitsvoraussetzungen wie Fristen, Zugangs- und Verzugsregelungen, rechtshemmende Einwände, die der Entscheidungsfindung durch das Schiedsgericht entgegenstehen, eingehalten wurden. Siehe *BG Group PLC v. the Republic of Argentina*, 134 S.Ct. 1198, 1207 (2014).
28 Siehe z.B. *Rent-a-Center, West, Inc. v. Jackson*, 561 U.S. 63 (2010).
29 FAA, 9 U.S.C. § 4; siehe das Beispiel unten § C.VI Alternative A.
30 *First Options of Chicago, Inc. v. Kaplan*, 514 U.S. 938, 944 (1995).
31 *BG Group PLC v. the Republic of Argentina*, 134 S. Ct. 1198, 1206 (2014) („Wenn Verträge in Frage gestellt werden, liegt es an den Parteien zu bestimmen, ob eine gewisse Angelegenheit hauptsächlich durch das Schiedsgericht oder das staatliche Gericht entschieden werden soll.").

Katherine M. Simpson

legung der Kompetenz-Kompetenz des Schiedsgerichts oder (3) eine Auswahl einzelstaatlicher Rechtsvorschriften, welche dem Schiedsgericht eine Kompetenz-Kompetenz verleiht. Die Frage, ob (2) und (3) „klare und unzweideutige" Beweise darstellen, ist sehr umstritten. Allein die Tatsache, dass die Parteien diese Frage vor einem Schiedsgericht verhandeln, stellt jedenfalls keinen „klaren und unzweideutigen" Beweis dafür dar, dass die Parteien von der Entscheidung des Schiedsrichters über seine Kompetenz zwingend gebunden sein wollten.[32]

25   Die Frage der Kompetenz-Kompetenz ist regelmäßig vor den staatlichen Gerichten mit Blick auf den gerichtlichen Überprüfungsmaßstab einer schiedsgerichtlichen Entscheidung über die objektive Schiedsfähigkeit des Schiedsgerichts relevant, wenn die unterliegende Partei den Schiedsspruch aufgehoben wissen will. Haben die Parteien sich auf eine Kompetenz-Kompetenz des Schiedsgerichts geeinigt, sollte das Gericht das Verfahren bis zu der Entscheidung des Schiedsgerichts über den Rechtsweg aussetzen und nur unter engen Voraussetzungen von dieser abweichen.[33] Die Entscheidungen in Rent-a-Center und Hall Street stützen zusammen den Ansatz, dass die Entscheidung der Schiedsrichter bezüglich ihrer Zuständigkeit im Wesentlichen nicht revidiert werden kann, wenn die Parteien klar und unzweifelhaft vereinbart haben, dass das Schiedsgericht eine Kompetenz-Kompetenz innehaben soll. Enge Ausnahmen hiervon befinden sich in Abschnitt 10 des *FAA*.[34] Sollten sich die Parteien nicht darauf einigen, die Frage der objektiven Schiedsfähigkeit vom Schiedsgericht selbst beurteilen zu lassen, ist das staatliche Gericht gehalten, die Feststellungen des Schiedsgerichts in dieser Frage hiervon unabhängig zu überprüfen.[35]

IV. Institutionelle Regelungen

26   Die prozessualen Vorschriften eines Schiedsgerichtsverfahrens sind nicht im *FAA* enthalten. Stattdessen können sie entweder den (1) Parteivereinbarungen, (2) dem anwendbaren Recht des Einzelstaates, wenn dieses nicht mit dem *FAA* im Widerspruch steht, oder (3) dem Regelwerk einer Schiedsinstitution entnommen werden. Diese institutionellen Regeln, welche die Parteien vereinbaren, können einen Leit-

---

32 First Options of Chicago, Inc. v. Kaplan, 514 U.S. 938, 946 (1995).

33 Ebd. S. 943.

34 Für eine Diskussion über das Verhältnis zwischen dem aktuellen Konzept der Kompetenz-Kompetenz im US-Recht und der deutschen Doktrin der Kompetenz-Kompetenz vor 1998, siehe Jack M. Graves und Yelena Davydan, Competence-Competence and Separability-American Style, in INTERNATIONAL ARBITRATION AND INTERNATIONAL COMMERCIAL LAW: SYNERGY, CONVERGENCE AND EVOLUTION 162 – 168 (S. Kröll, L.A. Mistelis et. al, ed. 2011).

35 *First Options of Chicago, Inc. v. Kaplan*, 514 U.S. 938, 943 (1995).

Katherine M. Simpson

faden für alle prozessualen Elemente des Schiedsgerichtsverfahrens darstellen, einschließlich u. a. des Austauschs von Urkunden und Schriftsätzen, mündlichen Verhandlungen und Voraussetzungen für den Erlass des Schiedsspruchs.

Es sind in den USA mehrere internationale und in den USA gegründete Schieds-   27
organisationen aktiv. Die *American Arbitration Association* ("*AAA*") berichtet, dass im Jahr 2015 der gesamte Streitwert aller bei ihr anhängigen Schiedsklagen und -widerklagen mehr als 8,2 Milliarden US-Dollar betrug.[36] Eine andere Organisation, *JAMS*, gibt an, dass durch sie jährlich ca. 12.000 Konflikte mithilfe von *ADR*, Schiedsverfahren inbegriffen, beigelegt werden.[37]

V. Der Vertrag

Die Schiedsgerichtsbarkeit ist eine Schöpfung des Vertragswesens und des Vertrags,   28
welcher den übereinstimmenden Parteiwillen reflektiert. Beide sind hochgradig relevant für die Frage, ob ein Schiedsverfahren stattfindet und wenn ja, wie der Verfahrensgang ist. Der oberste Gerichtshof hat dieses Prinzip in der Entscheidung Rent-A-Center v. Jackson zur Auslegung des *FAA* bestätigt, indem er entschied, dass „der FAA das fundamentale Prinzip widerspiegelt, dass die Schiedsgerichtsbarkeit eine Vertragssache ist".[38] Als solche können die Parteien frei bestimmen, welche Ansprüche im Rahmen des Schiedsgerichtsverfahrens verhandelt werden sollen, welches Recht zur Streitlösung anwendbar ist, in welcher Sprache die Verhandlungen geführt werden und welche Prozessregeln angewendet werden. Außerdem können sie die Methode bestimmen, mittels welcher die Schiedsrichter ausgewählt werden sollen. Es kann z. B. sein, dass jede Seite einen Schiedsrichter benennen darf, die dann wiederum einen dritten Neutralen auswählen.

Der Vertrag kann konzeptionell in zwei Teile gegliedert werden: (1) die Schieds-   29
klausel und (2) den Rest.[39]

Die Schiedsklausel besagt im Wesentlichen, dass die Parteien jeden Konflikt,   30
der sich aus ihrem Vertragsverhältnis ergibt, von einem Schiedsgericht beigelegt wissen wollen. Enthält ein Vertrag eine solche Klausel – selbst wenn sie schlecht oder widersprüchlich formuliert ist – gehen die Gerichte davon aus, dass es letzt-

---

36 2015 Annual Report & Financial Statements, AM. ARBITRATION ASS'N (5.5.2016), abzurufen unter: https://www.adr.org/aaa/ShowProperty?nodeId=%2FUCM%2FADRSTAGE2041081&revision=latest release; letzter Stand: 28.1.2017.
37 ADR Clauses, Rules, and Procedures, JAMS (13.8.2016); abzurufen unter: https://www.jamsadr. com/adr-rules-procedures/; letzter Stand: 28.1.2017.
38 Siehe FAA, 9 U.S.C. § 2; *Rent-a-Center, West, Inc. v. Jackson*, 561 U.S. 63, 67 (2010).
39 Siehe FAA, 9 U.S.C. § 2; *Rent-a-Center, West, Inc. v. Jackson*, 561 U.S. 63, 67–69 (2010) (insbesondere stellt die Entscheidung klar, dass im Rahmen des FAA die Schiedsgerichtsklausel den gleichen Stellenwert einnimmt wie andere Vertragsteile).

Katherine M. Simpson

endlich die Absicht der Parteien war, eher einen Schiedsrichter als das staatliche Gerichtssystem entscheiden zu lassen.[40]

31   In den USA ist die **Trennbarkeits-Doktrin**[41] [*separability*, bzw. *severability*] anerkannt, nach welcher die Schiedsklausel auch dann wirksam bleibt, wenn der Rest des Vertrags unwirksam oder fehlerhaft ist.[42] Die Trennbarkeits-Doktrin beruht auf Abschnitt 2 *FAA*. Die Frage der Wirksamkeit des Vertrags ist eine Frage, welche nach dem FAA mutmaßlich abschließend von den Schiedsrichtern zu entscheiden ist.[43] Die Frage, ob die Schiedsklausel selbst wirksam ist, wenn es z. B. zu Vorwürfen wegen Betrugs oder Fälschung kommt, unterliegt allerdings dem weiteren Entscheidungsspielraum der Gerichte der staatlichen Gerichtsbarkeit.[44]

Beispiel

Internationale Schiedsgerichtsorganisationen haben sich die effiziente Handhabung von Schiedsverfahren bei Vertragsstreitigkeiten der Parteien zur Aufgabe gemacht. Viele Institutionen bieten unentgeltlich Vorlagen für Streitbeilegungsklauseln an, die gerichtlich bestätigt wurden. Anwälte kopieren diese Klauseln häufig in ihre Verträge und sind gehalten, so wenig wie möglich Veränderungen hieran vorzunehmen.

---

40 Siehe das Beispiel unter § C. V.; FAA, 9 U.S.C. § 5 (Es gilt die Vermutung, dass mangels einer Parteivereinbarung ein Schiedsrichter entscheiden soll).

41 Die "Separability", bzw. "Severability"-Doktrin kann frei in die deutsche Sprache übersetzt werden als Trennbarkeits-Doktrin.

42 Siehe *Prima Paint Corp. v. Flood & Conklin Mfg. Co.*, 388 U.S. 395, 402–407 (1967) (Die Parteien schlossen einen Vertrag, nach dem Flood & Corklin für eine Dauer von sechs Jahren Dienstleistungen an Prima Paint erbringen sollten. Darüber hinaus garantierte die Firma, dass sie keine Malereiaufträge oder -produkte in ihrem Kundenkreis annehmen würde, da dieser durch Prima Paint übernommen werden sollte. Im Austausch erklärte Prima Paint, einen Anteil ihrer Einnahmen an Flood & Corklin zu zahlen, der über die Dauer der Vereinbarung $225.000 nicht übersteigen sollte. Die Parteien einigten sich auf eine Schiedsgerichtsklausel. Eine Woche, nachdem die Vereinbarung unterzeichnet wurde, meldete Flood & Corklin Insolvenz an. Prima Paint zahlte die vereinbarte Summe daraufhin nicht aus und wandte ein, dass die gesamte Vereinbarung ungültig war, da *Prima Paint von Flood & Conklin* arglistig über deren Zahlungsfähigkeit getäuscht worden sei und dadurch den Vertrag unterschrieben habe, den sie in Kenntnis der wahren Umstände nicht geschlossen hätte. Das Gericht entschied, dass das Schiedsgericht insofern für die Problematik des „Vertragsbetrugs" zuständig sei, als dass die Parteien sich nicht darauf berufen hatten, dass sie zur Unterzeichnung der Schiedsklausel getäuscht seien.).

43 Ebd. 402–403; *Rent-a-Center, West, Inc. v. Jackson*, 561 U.S. 63, 72 (2010); *Buckeye Check Cashing, Inc. v. Cardegna*, 546 U.S. S. 440, 448–449 (2006).

44 *Prima Paint Corp. v. Flood & Conklin Mfg. Co.*, 388 U.S. S. 402–405 (Siehe Anmerkungen); FAA, 9 U.S.C. §§ 2, 3; siehe *Rent-a-Center, West, Inc. v. Jackson*, 561 U.S. 63, 71–72 (2010) (bzgl. der Trennbarkeit).

Katherine M. Simpson

JAMS Muster-Schiedsgerichtsklausel für internationale Geschäftsverträge:
„Jede Streitigkeit, Meinungsverschiedenheit oder Forderung, welche aus oder im Zusammenhang zu diesem Vertrag entsteht, die Bildung, Auslegung oder Verletzung dessen inbegriffen
sowie die Frage, ob die behaupteten Forderungen schiedsfähig sind, werden im Schiedsverfahren und endgültig in Übereinstimmung mit den JAMS Internationalen Regeln für Schiedsgerichtsbarkeit entschieden. Das Schiedsgericht besteht aus {drei Schiedsrichtern/einem Schieds-
richter}. Der Schiedsort ist {Ort}. Die Sprache, welche im Schiedsverfahren angewendet wird,
ist {Sprache}. Eine Beurteilung des Schiedsspruchs, welcher von dem oder den Schiedsrichtern
erlassen wurde, kann von jedem Gericht erfolgen, welches hierfür zuständig ist."[45]

Muster-Schiedsgerichtsklausel des *International Chamber of Commerce* (*ICC*):
„Jede Streitigkeit, welche aus oder im Zusammenhang zum vorliegenden Vertrag entsteht, soll
endgültig nach den Regeln für Schiedsgerichtsverfahren der Internationalen Handelskammer
durch einen oder mehrere Schiedsrichter beigelegt werden, welcher in Übereinstimmung mit
den genannten Regeln benannt wurde."[46]

AAA/ICDR Muster-Schiedsgerichtsklausel für Geschäftsverträge:
„Jede Streitigkeit oder Forderung, welche aus oder im Zusammenhang zum Vertrag oder dessen Verletzung entsteht, wird im Schiedsverfahren unter der Schirmherrschaft vom Internationalen Zentrum für Streitbeilegung in Übereinstimmung mit dessen internationalen Regeln für
Schiedsgerichtsverfahren entschieden".[47]

Diese Organisationen bieten außerdem Anleitungen und Hilfestellungen für Anwälte an, die
maßgeschneiderte Schiedsgerichtsklauseln entwerfen.

---

[45] ADR Clauses, JAMS (01.04.2015), abzurufen unter: https://www.jamsadr.com/clauses/; Stand:
28.1.2017 ("Any dispute, controversy or claim arising out of or relating to this contract, including the
formation, interpretation, breach or termination thereof, including whether the claims asserted are
arbitrable, will be referred to and finally determined by arbitration in accordance with the JAMS
International Arbitration Rules. The Tribunal will consist of [three arbitrators/one arbitrator]. The
place of arbitration will be [location]. The language to be used in the arbitral proceedings will be
[language]. Judgment upon the award rendered by the arbitrator(s) may be entered in any court
having jurisdiction thereof.").

[46] Standard ICC Arbitration Clauses, INT'L CHAMBER OF COMMERCE (13.08.2016); abzurufen unter:
http://www.iccwbo.org/products-and-services/arbitration-and-adr/arbitration/standard-icc-arbitra
tion-clauses/; Stand: 28.01.2017 ("All disputes arising out of or in connection with the present contract shall be finally settled under the Rules of Arbitration of the International Chamber of Commerce by one or more arbitrators appointed in accordance with the said Rules.").

[47] ICDR Clause Drafting, INT'L CTR. FOR DISPUTE RESOLUTION (25.4.2011); abzurufen unter: https://
www.adr.org/aaa/ShowPDF?doc=ADRSTG_002540; Stand: 28.1.2017. („Any controversy or claim
arising out of or relating to this contract, or the breach thereof, shall be determined by arbitration
administered by the International Centre for Dispute Resolution in accordance with its International
Arbitration Rules.").

Katherine M. Simpson

VI. Die Unterwerfungserklärung bezüglich der Schiedsgerichtsbarkeit

32 Nachdem ein Streit entstanden ist und für den Fall des Fehlens einer vertraglichen Schiedsklausel können die Parteien bei Forderungen aus einer deliktischen Handlung, über den Vertrag selbst, sowie über grundsätzlich jede andere Rechtsfrage einvernehmlich die Streitbeilegung durch ein Schiedsgericht anstelle eines gerichtlichen Verfahrens vereinbaren. In solchen Fällen können die Parteien auch eine schriftliche Erklärung abgeben, die ihre **Unterwerfung hinsichtlich der Schiedsgerichtsbarkeit** enthält [*submission agreement*], nach der sich dann der Gang des Schiedsverfahrens richtet.[48]

Beispiel

Die Trennbarkeits-Doktrin und Kompetenz-Kompetenz

---

33 Dieser Abschnitt zeigt beispielhaft anhand eines bestimmten Anspruchs, wie aus den oben genannten Quellen die Zuständigkeit des Schiedsgerichts hergeleitet werden kann.

34 In diesem hypothetischen Szenario streiten die Parteien darüber, ob ein Anspruch aus ihrem Vertrag Gegenstand eines Schiedsverfahrens sein darf. Der potenzielle Kläger fordert, dass der Konflikt vor einem Schiedsgericht bestehend aus drei Schiedsrichtern verhandelt wird, während der potenzielle Beklagte – der wünscht, dass der Staat einen Großteil der Verfahrenskosten übernimmt und sogar hofft, dass die Aussicht auf einen kostspieligen Prozess mit einem umfangreichen Offenlegungsverfahren den Kläger eventuell davon abhält, überhaupt zu klagen – fordert, dass der Streit von einem unparteiischen Richter eines staatlichen Gerichts angehört wird. Der potenzielle Beklagte wendet außerdem ein, dass der gesamte Vertrag ungültig ist, da er rechtswidrig sei und sofern er eine Schiedsklausel enthalte, diese ebenso von der Unwirksamkeit des Vertrags umfasst sei. Die Schiedsklausel enthält eine Vereinbarung, die besagt, „dass Kosten, Ausgaben und Gebühren für Rechtsberatung von der unterlegenen Partei getragen werden." Der Beklagte hält auch diesen Teil der Schiedsklausel für rechtswidrig.

35 Es sind also zwei Fragen zu entscheiden: (1) ob die Schiedsklausel trotz der potenziellen Unwirksamkeit des Vertrags weiterhin gilt und (2) sollte dies der Fall sein, wer über die Schiedsfähigkeit einer bestimmten Klausel zu entscheiden hat.

36 Zunächst ergibt die Anwendung der **Trennbarkeits-Doktrin**, dass die Schiedsklausel auch dann anwendbar bleibt, wenn der zugrundeliegende Vertrag unwirkam ist und die Frage seiner Wirksamkeit auch vom Schiedsgericht entschieden werden soll.[49]

---

48 Vgl. FAA, 9 U.S.C. § 2.
49 *Prima Paint Corp. v. Flood & Conklin Mfg. Co.*, 388 U.S. 395 (1967).

Katherine M. Simpson

Da die erste Teilfrage bejaht werden kann, wird der hypothetische Kläger bei 37
der zuständigen Schiedsinstitution Schiedsklage einreichen, woraufhin die Bestellung der Schiedsrichter stattfindet.

ALTERNATIVE A

Nach wie vor weigert sich der potenzielle Beklagte, die Autorität des Schiedsgerichts 38
anzuerkennen und beantwortet dessen Schreiben lediglich mit den Worten „Ihr
Schiedsgericht ist für meinen Fall unzuständig, bitte schreiben Sie mir nicht mehr.
Sollte der Kläger ein Problem haben, weiß er, wie er mich VOR GERICHT verklagen
kann!"

Obwohl die institutionellen Regelungen es dem Schiedsgericht erlauben, das 39
Verfahren trotz des Nichterscheinens einer Partei fortzuführen,[50] entscheidet sich
der Kläger für den sichereren Weg und beantragt eine Verfügung der ersten Instanz,
mit welcher er erwirken will, dass die Schiedsgerichtsverhandlung gemäß der Vertragsvereinbarung nach Abschnitt 4 *FAA* fortgeführt wird. Im Unterschied zu anderen bundesbezirksgerichtlichen Verfahren wird der Beklagte bei einem solchen Antrag nur fünf Tage vor der Anhörung hierüber informiert.[51]

Das staatliche Gericht prüft also die Beweise (die Schiedsklausel) und die Ar- 40
gumente beider Seiten, um zu verfügen, dass alle Streitigkeiten unter dem Vertrag
vor einem Schiedsgericht zu verhandeln sind.

ALTERNATIVE B

Der Beklagte (entweder unabhängig von oder im Anschluss an die Alternative A) 41
reicht **reagierende Schriftsätze** ein [*responsive pleadings*]. Jedes Vorbringen seinerseits beginnt mit dem Satz „Kein Teil dieses Schriftsatzes ist dahingehend zu
verstehen, dass von ihm die schiedsrichterliche Zuständigkeit für die Streitigkeit
anerkannt wird." Der Beklagte argumentiert weiterhin deutlich gegen die Zuständigkeit des Schiedsgerichts, insbesondere gegen die Ermächtigung des Schiedsgerichts, über seine eigene Zuständigkeit zu urteilen.

Die Schiedsgerichtsverhandlung endet mit einem endgültigen und durchsetzba- 42
ren Schiedsspruch – der Beklagte verlor zwar in der Frage der Zuständigkeit, aber
die Klage ist unbegründet und das Schiedsgericht verfügt, dass der Kläger die Kosten des Beklagten übernehmen muss.

Der Kläger weigert sich jedoch zu zahlen, weil er der Ansicht ist, dass das 43
Schiedsgericht seine Ermächtigung mit der Entscheidung über die Kostenverteilung

---

50 Siehe z.B. Art. 26 der ICDR Rules; abzurufen unter: https://www.adr.org/aaa/ShowProperty?
nodeId=/UCM/ADRSTAGE2020868&revision=latestreleased; Stand: 28.1.2017.
51 FAA, 9 U.S.C. § 4.

Katherine M. Simpson

überschritten habe. Da beide Parteien in einzelnen Rechtsfragen gewonnen und verloren haben, hätte das Schiedsgericht seiner Meinung nach eine Kostenteilung mit der Quote 50/50 anordnen sollen. Als der Beklagte die Durchsetzung des Titels fordert, beantragt der Kläger die Aufhebung des Titels unter Abschnitt 10(a)(4) *FAA*.

44   Der Umfang der gerichtlichen Überprüfung einer Schiedsgerichtsentscheidung ist begrenzt. Im Verfahren nach Abschnitt 10(a)(4) *FAA* prüft das Gericht nur, ob der Schiedsrichter den Vertrag der Parteien zur Entscheidung herangezogen hat, nicht aber, ob er diesen richtig oder falsch interpretiert hat.[52]

45   Hinsichtlich der Kompetenz des Schiedsgerichts, über die Kostenverteilung des Verfahrens zu entscheiden, stellte das staatliche Gericht fest, dass der Beklagte als Anspruchsinhaber die Verhandlung gewonnen hat und daher nicht die Last der Verfahrenskosten tragen sollte. Wenn diese Entscheidung aber im Kompetenzbereich des Schiedsgerichts liege, so wollte sie das Gericht nicht revidieren.[53]

D. Die Anwendung der Instrumente des amerikanischen Offenlegungsverfahrens im Schiedsverfahren[54]

46 In diesem Abschnitt wird das Offenlegungsverfahren hinsichtlich des Schiedsverfahrens behandelt.

I. Die Bedeutung des amerikanischen Offenlegungsverfahrens in internationalen Schiedsverfahren

47 Abschnitt 7 *FAA* verleiht den Schiedsrichtern weite Kompetenzen in der Beweisermittlung. In bestimmten Fällen ist die Mehrheit der Schiedsrichter autorisiert, „jede Person schriftlich als Zeugen zu laden und diese aufzufordern, jegliche Bücher, Dokumente oder Papiere mitzubringen, die als Beweismittel im Fall dienen könnten."[55] Eine „Anhörung" im Sinne des § 7 *FAA* ist nicht etwa nur die Hauptverhandlung, sondern ebenso eine Anhörung im Rahmen des Vorverfahrens oder zu jedem anderen Zeitpunkt des Verfahrens.[56] Die Kompetenzen der Schiedsrichter sind jedoch begrenzt: Die Urkundenvorlage von Personen, die nicht Partei des Streits sind, muss

---

52 *Oxford Health Plans LLC v. Sutter*, 133 S.Ct. 2064, 2068–2069 (2013).
53 Vgl. Hankin v. JDS Uniphase Corp., No. 11–3149 (E.D. Penn. Nov. 6, 2012), abzurufen unter: http://www.paed.uscourts.gov/documents/opinions/12d1049p.pdf; Stand: 29.1.2017; *BG Group PLC v. Argentina*, 134 S. Ct. at 1206.
54 Das Offenlegungsverfahren ist in Kapitel 2.E weitreichend erklärt.
55 FAA, 9 U.S.C. § 7.
56 *Stolt-Nielsen Transp. Group, Inc. v. Celanese AG*, 430 F.3d 567, 579 (2d Cir. 2005).

Katherine M. Simpson

auf Anordnung des Schiedsrichters im Rahmen einer Zeugenvernehmung erfolgen, bei der die Dokumente ausgehändigt werden.[57] Weigert sich ein Zeuge, auf die Vorladung des Schiedsgerichts zu reagieren, kann das Schiedsgericht Rechtshilfe von einem Bundesgericht in dem Bezirk beanspruchen, in dem das Schiedsverfahren stattfindet.[58] Dieses Gericht kann eine Vorladung gemäß Regelung 45 der bundesrechtlichen Zivilprozessordnung (*F.R.C.P.*) erlassen und die Anwesenheit der Zeugen unter **Androhung von Zwang** erwirken (*subpoena*).[59]

Viele Gerichte und Praktiker aus der Schiedsbranche betonen gerne, dass die **48** Parteien sich oft für Schiedsgerichtsverfahren entscheiden, um dem amerikanischen Offenlegungsverfahren zu entgehen.[60] Nichtsdestotrotz zeigen viele der veröffentlichten Schiedsgerichtsentscheidungen und Gerichtsurteile, dass die Parteien, Schiedsrichter oder „interessierte Personen" in Schiedsverfahren das Offenlegungsverfahren oftmals und zumindest in Teilen nach dem Vorbild der US-amerikanischen staatlichen Gerichte betreiben.

Obwohl viele Anwälte außerhalb der USA das Offenlegungsverfahren scheuen, **49** da es als kostenintensiv, ungewohnt und/oder als riskant im Hinblick auf die Offenlegung geschützter Informationen empfunden wird, hat das Verfahren auch Vorteile. Ein liberales Offenlegungsverfahren erlaubt es den Parteien, die Stärken und Schwächen ihrer Positionen am Anfang des gesamten Prozesses zu erkennen.[61] Der Zweck dieses extensiven Offenlegungsverfahrens ist es, diejenigen Dokumente, mit denen der Kläger das Klagebegehren bzw. der Beklagte seine Verteidigung beweisen kann, aus dem Besitz der jeweiligen Gegenpartei zu erlangen. Dabei wird eine offene und breite Beweisermittlung praktiziert, um es beiden Parteien gleichsam zu ermöglichen, ihren Fall ausführlich darzustellen und dem Schiedsgericht eine Entscheidungsfindung basierend auf wahren Ereignissen zu gewähren. Außerdem bietet das Verfahren den Parteien Waffengleichheit mit Blick auf die Möglichkeit, ihre Ansprüche und Verteidigungsmittel vorzubringen. Die US-amerikanische Beweisermittlung gewährt den Parteien eine realistische Basis für die Einschätzung, ob es sich lohnt, das Verfahren weiterzuführen. Dies gilt nicht nur wegen des potenziell hohen finanziellen Aufwands, den die *document production* bedeuten kann, sondern auch, weil sich im Laufe des Offenlegungsverfahrens herausstellen kann, dass ein Fall nicht ganz so eindeutig ist, wie ursprünglich angenommen.

Die Regeln des Offenlegungsverfahrens befinden sich in den Regelungen 26–37 **50** der bundesrechtlichen Zivilprozessordnung. Einige dieser Vorschriften sind sehr

---

57 *Hay Group, Inc. v. E.B.S. Acquisition Corp.*, 360 F.3d 404, 407 (3d Cir. 2004).
58 FAA, 9 U.S.C. § 7.
59 FED. R. CIV. PRO. 45.
60 Siehe z. B. *La Comision Ejecutiva Hidroelecctrica del Rio Lempa v. El Paso Corporation*, 617 F. Supp. 2d 481, 486 (S.D. Tex. 2008).
61 BURR, oben Fn. 8, S. 18

Katherine M. Simpson

technisch, enthalten aber unter anderem die Pflicht der jeweiligen Parteivertreter, während des Offenlegungsverfahrens miteinander zu kooperieren. Die bundesrechtliche Zivilprozessordnung unterstützt die Parteiautonomie.[62] Das Offenlegungsverfahren ist ein Prozess, der gänzlich ohne – oder jedenfalls mit minimaler – Intervention des Richters durchgeführt werden kann.[63]

51 Der Wortlaut von Regelung 26 (b) (1) und Regelung 26 (b) (2) (C) der bundesrechtlichen Zivilprozessordnung ist hilfreich, um den Umfang des Offenlegungsverfahrens zu verstehen:[64]

Regelung 26(b)(1) der bundesrechtlichen Zivilprozessordnung
„{...} Die Parteien können das Offenlegungsverfahren in jeder nicht-privilegierten Angelegenheit führen, welche für jede ihrer Angriffs- oder Verteidigungsmittel relevant ist. Dies beinhaltet den Bestand, die Beschreibung, Art, Aufbewahrung, Bedingung und den Belegenheitsort jedes Dokuments oder jeder anderen konkreten Sache sowie die Identität und den Aufenthaltsort einer Person, die von einer beweisermittlungsbedürftigen Sache Kenntnis hat. Das Gericht kann aus wichtigem Grund das Offenlegungsverfahren für jede Angelegenheit mit Blick auf den Streitgegenstand des Verfahrens anordnen. Die relevante Information muss dabei nicht unbedingt im Hauptprozess statthaft sein, wenn das Offenlegungsverfahren nach einer Prognose vernünftig erscheint, zum Erhalt zulässigen Beweismaterials zu gelangen. Jedes Offenlegungsverfahren unterliegt den Beschränkungen aus der Regel 26(b)(2)(C).“[65]

Regelung 26(b)(2)(C) der bundesrechtlichen Zivilprozessordnung
„{...}(i) das im Offenlegungsverfahren Ermittelte ist unangemessen, wenn es kumulativ oder dupliziert erhoben wird, oder wenn es aus anderen Quellen erlangt werden kann, welche durch weniger Aufwand, Mühen oder Kosten erhältlich sind; {...} oder (iii) die Mühen oder Kosten für das vorgeschlagene Offenlegungsverfahren überwiegen die wahrscheinlichen Vorteile mit Blick auf die Bedürfnisse im Fall, den Streitwert, die Ressourcen der Parteien, die Wichtigkeit der Angelegenheit im Verfahren sowie die Wichtigkeit des Offenlegungsverfahrens um Angelegenheiten zu lösen.“[66]

---

62 Siehe Pedro J. Martinez-Fraga, The American Influence on International Commercial Arbitration Doctrinal Developments and Discovery Methods, S. 62–66.
63 Baicker-McKee, oben Kap.2, Rn. 110, S. 120–129.
64 Ebd. Rn. 113–114.
65 "Parties may obtain discovery regarding any nonprivileged matter that is relevant to any party's claim or defense—including the existence, description, nature, custody, condition, and location of any documents or other tangible things and the identity and location of persons who know of any discoverable matter. For good cause, the court may order discovery of any matter relevant to the subject matter involved in the action. Relevant information need not be admissible at the trial if the discovery appears reasonably calculated to lead to the discovery of admissible evidence. All discovery is subject to the limitations imposed by Rule 26(b)(2)(C)."
66 "[...](i) the discovery sought is unreasonably cumulative or duplicative, or can be obtained from some other source that is more convenient, less burdensome, or less expensive; [...] or (iii) the burden or expense of the proposed discovery outweighs its likely benefit, considering the needs of the case, the amount in controversy, the parties' resources, the importance of the issues at stake in the action, and the importance of the discovery in resolving the issues."

Katherine M. Simpson

Obwohl die bundesrechtliche Zivilprozessordnung im Schiedsgerichtsverfahren 52
nicht anwendbar sind, ist es naheliegend, dass Anwälte, die im Umgang mit der
bundesrechtlichen Zivilprozessordnung ausgebildet sind, die *document production* immer mit dem Interesse oder der Erwartung angehen, sich direkt und frü-
hestmöglich mit dem Vertreter der Gegenpartei auseinanderzusetzen, um so viele
Dokumente wie möglich zu erhalten.[67] Ein Schiedsrichter, der die Beweisermittlung
aus dieser Perspektive betrachtet, könnte auch eher gewillt sein, die Offenlegung
von Dokumenten zu verfügen, als ein Schiedsrichter, der aus einer Rechtskultur
kommt, in der ein derart extensiver Austausch nicht üblich ist.

II. Der Erhalt von Beweismitteln in den USA – Die Anwendbarkeit von 28 U.S.C. § 1782 im Schiedsgerichtsverfahren (umstritten)

Die Anwendbarkeit von 28 U.S.C. § 1782 auf Schiedsgerichtsverfahren ist umstritten. 53
Nichtsdestotrotz ist diese Vorschrift für die Schiedsparteien potenziell ebenso hilfreich wie für die Parteien eines Gerichtsverfahrens und verdient daher einen Abschnitt in diesem Kapitel.

Selbst in einer Verhandlung vor nationalen deutschen Gerichten kann eine 54
Norm des US-Rechts für einen deutschen Anwalt äußerst hilfreich – oder auch ver-
hängnisvoll – sein: **28 U.S.C. § 1782(a)** schreibt vor, dass **jede interessierte Person**
an ein Bundesbezirksgericht herantreten kann, um eine Verfügung von dem Gericht
zu erwirken, die besagt, dass eine Person in den USA als Zeuge aussagt, ein Beweismittel oder eine andere Sache vorlegt, um es in einer Verhandlung **vor einem
ausländischen oder internationalen Schiedsgericht** anzubringen.[68] Der ganze
Gesetzestext lautet wie folgt:

> „(a) Das Bezirksgericht, in dessen Bezirk eine Person ihren Wohnsitz hat oder dort angetroffen
> wird, kann ihr auftragen, Zeugnis zu erstatten, eine Erklärung abzugeben, eine Urkunde sowie
> jede andere Sache vorzulegen, welche in der Verhandlung für ein ausländisches oder interna-
> tionales Gericht notwendig ist. Dies umfasst Strafverfahren vor einer formellen Anklageerhe-
> bung. Die Verfügung kann im Wege eines Rechtshilfeersuchens, einer gestellten Ersuchung
> durch ein ausländisches oder internationales Gericht oder nach Antragstellung jeder interes-
> sierten Person erfolgen und kann anweisen, dass das Zeugnis, die Erklärung oder die Vorlage
> einer Urkunde oder anderen Sache gegenüber einer Person erfolgt, die vom Gericht hierfür er-
> nannt wurde. Aufgrund der Ernennung ist die Person dazu ermächtigt, jede notwendige Verei-
> digung vorzunehmen und Zeugenaussage oder Erklärung anzunehmen. Der Ernennungsbe-
> schluss kann die Praxis und das Verfahren vorsehen, welche ganz oder in Teilen die Praxis
> oder das Verfahren eines ausländischen Staates oder internationalen Gerichts ist, um Zeugen-
> vernehmungen oder Erklärungen anzunehmen, Urkunden oder andere Sachen vorzulegen.

---

67 Vgl. Fed. R. Civ. Pro. 26(b)(1); Baicker-McKee, oben Kap. 2, Rn. 110, 120–129.
68 28 U.S.C. § 1782 (2016).

Katherine M. Simpson

Sollte der Ernennungsbeschluss nichts anderes vorsehen, soll die Zeugenaussage oder Erklärung, die Urkunde oder jede andere vorgelegte Sache in Übereinstimmung mit der bundesrechtlichen Zivilprozessordnung erfolgen.

Eine Person darf nicht gezwungen werden, als Zeuge auszusagen, eine Erklärung abzugeben oder eine Urkunde oder jedes Objekt vorzulegen, wenn dies eine Verletzung eines rechtlich anwendbares Privilegs darstellt."[69]

55 28 U.S.C. Abschnitt 1782(a) „ist das Ergebnis von Bemühungen des Kongresses in einer fast 150-jährigen Zeitspanne, den Bundesgerichten Unterstützung für die Beweiserhebung ausländischer Schiedsgerichte zu verschaffen."[70] Der US-Kongress schuf die Vorschrift in der Hoffnung, allerdings nicht unter der Bedingung, dass Gerichte anderer Länder im Gegenzug US-amerikanischen Prozessparteien ähnliche Unterstützung gewähren würden.[71] Gegenseitigkeit ist aber keine Voraussetzung: die USA haben eine Einbahnstraße geschaffen.[72]

56 Es gibt zwar keine statistischen Daten über die Häufigkeit, mit der 28 U.S.C. § 1782(a) bislang von ausländischen Prozessparteien in den 94 Bundesgerichtsbezirken geltend gemacht wurde, aber eine Gesamtschau der veröffentlichten Fälle zeigt, dass deutsche Gerichte und Prozessparteien die Vorschrift seit Jahrzehnten anwenden – selbst dann, wenn die Parteien einwandten, dass die auf diese Weise erlangten Beweise nach deutschem Recht einem Beweisverwertungsverbot unterliegen.[73] Während die Fähigkeit zur **Beweisermittlung** für den Entscheidungsspiel-

---

69 Ebd.; ("(a) The district court of the district in which a person resides or is found may order him to give his testimony or statement or to produce a document or other thing for use in a proceeding in a foreign or international tribunal, including criminal investigations conducted before formal accusation. The order may be made pursuant to a letter rogatory issued, or request made, by a foreign or international tribunal or upon the application of any interested person and may direct that the testimony or statement be given, or the document or other thing be produced, before a person appointed by the court. By virtue of his appointment, the person appointed has power to administer any necessary oath and take the testimony or statement. The order may prescribe the practice and procedure, which may be in whole or part the practice and procedure of the foreign country or the international tribunal, for taking the testimony or statement or producing the document or other thing. To the extent that the order does not prescribe otherwise, the testimony or statement shall be taken, and the document or other thing produced, in accordance with the Federal Rules of Civil Procedure.

A person may not be compelled to give his testimony or statement or to produce a document or other thing in violation of any legally applicable privilege. A person may not be compelled to give his testimony or statement or to produce a document or other thing in violation of any legally applicable privilege.").

70 *Intel Corp. v. Advanced Micro Devices, Inc.*, 542 U.S. 241, 247 (2004).

71 Siehe die Diskussion in MARTINEZ-FRAGA, oben Fn. 59, S. 38; *Intel Corp. v. Advanced Micro Devices, Inc.*, 542 U.S. 241 (2004).

72 Ebd.

73 Siehe z.B. In re Application of Gemeinschaftspraxis Dr. Med. Schottdorf, 2006 WL 3844464 (S.D.N.Y. 2006) (Offenlegungsverfahren zulässig); siehe auch *Metallgesellschaft v. Hodapp*, 121 F.3d

raum des Gerichts insofern relevant sein kann, als dass sie im Hinblick auf solche Anträge entscheiden,[74] hat der oberste Gerichtshof bestätigt, dass 28 U.S.C. § 1782(a) es nicht erfordert, dass das geforderte Beweismaterial nach den anwendbaren Verfahrensregeln des internationalen Schiedsgerichts einem Offenlegungsverfahren nach US-Recht unterliegen kann.[75] Eine wichtige Beschränkung des Offenlegungsverfahrens ist es, wenn die gesuchten Informationen „einem Privileg"[76] unterliegen.[77]

Jede der Voraussetzungen des 28 U.S.C. § 1782(a) war Gegenstand langer Debatten und Verfahren, die zu großen Teilen in der Entscheidung des obersten Gerichtshofs Intel Corporation v. Advanced Micto Devices, Inc. (2004)[78] gelöst wurden. Nach dieser Entscheidung ist eine **„interessierte Person"** jede, die „ein vernünftiges Interesse an der Unterstützung [der Gerichte] hat."[79] Der oberste Gerichtshof hat die Definition ausdrücklich nicht auf die Parteien einer Verhandlung vor einem staatlichen Gericht beschränkt, sondern stattdessen die Wichtigkeit der Verfügbarkeit von 28 U.S.C. § 1782 auch für Nicht-Parteien festgestellt, da Dritte in ausländischen Verhandlungen Beweismittel oftmals ohne die Anwendung des 28 U.S.C. § 1782 nicht von den Gerichten erlangen können.[80]   **57**

Bezüglich des **Zeitpunktes** eines Antrags nach 28 U.S.C. § 1782 hat der oberste Gerichtshof festgestellt, dass der Kongress absichtlich die Voraussetzung der Rechtshängigkeit eines Verfahrens nicht in den Gesetzesentwurf aufgenommen hat.[81] Die Entstehungsgeschichte der Norm verdeutlicht, dass die Rechtshilfe nach 28 U.S.C. § 1782 auch während dem Vorprozess eines Zivil-, Straf- oder Verwaltungsgerichtsverfahrens verfügbar sein soll.[82] Der logische Schluss ist, dass demnach   **58**

---

77 (2d Cir. 1997) (i.E. entschied das Berufungsgericht, dass der *District Court* seinen Entscheidungsspielraum überschritten habe, indem er das Offenlegungsverfahren aus dem Grund verweigerte, dass die Beweise im deutschen Recht einem Beweisverwertungsverbot unterlägen); *In Re Letter of Request from Amtsgericht Ingolstadt, Federal Republic of Germany*, 82 F.3d 590 (4th Cir. 1996) (Erlaubte das Offenlegungsverfahren des Amtsgerichts Ingolstadt bzgl. einer Blutprobe eines US-Bürgers und stellte fest, das seine Anfrage gem. 28 U.S.C. § 1782(a) mit den Vorschriften des Offenlegungsverfahrens des jeweils anderen Landes übereinstimmen muss.).

74 Siehe Diskussion in MARTINEZ-FRAGA, oben Fn. 59, S. 38; *Intel Corp. v. Advanced Micro Devices, Inc.*, 542 U.S. 241, 259–262 (2004).

75 *Intel Corp. v. Advanced Micro Devices, Inc.*, 542 U.S. 241, 253–254, 259–263 (2004).

76 *Siehe* Kapitel 2.E.III.

77 *Intel Corp. v. Advanced Micro Devices, Inc.*, 542 U.S. 241, 259–261 (2004).

78 Ebd. S. 241.

79 Ebd. S. 255–257.

80 Ebd. S. 255–259, 264–265.

81 Ebd. S. 257–259.

82 Ebd. S. 254–255, 257–260. Wenn nach einem Schiedsgerichtsverfahren jemand ein Offenlegungsverfahren von Vermögensgegenständen anstrebt, in welche der Schiedsspruch vollstreckt werden könnte, sollte der Blick auf FED. R. CIV. PRO. 69(a) gerichtet sein.

Katherine M. Simpson

auch das Einverständnis des Schiedsgerichts für die Anwendbarkeit nicht erforderlich ist.[83]

59   Es liegt im Entscheidungsspielraum des jeweiligen Bundesbezirksgerichts, einem Antrag auf ein Offenlegungsverfahren gemäß 28 U.S.C. § 1782 zuzustimmen. Ob „interessierte Personen" ein US-Gericht überzeugen können, hängt von ihrer Argumentation hinsichtlich der Frage ab, ob ein privates Schiedsgericht als **„ausländisches oder internationales Tribunal"** im Sinne des 28 U.S.C. § 1782(a) zu verstehen ist.

60   In unverbindlichen *obiter dicta*[84] hat der oberste Gerichtshof sich ausführlich mit der Frage befasst, ob Schiedsgerichte „ausländische oder internationale Tribunale" sind. Erst stellten die Richter fest, dass die Gesetzesväter 28 U.S.C. § 1782 entworfen hatten, um „gerichtliche Hilfe ausländischer Gerichte **und quasi-justizieller Einrichtungen"**[85] zu ermöglichen. Dann führte der oberste Gerichtshof weiter aus, dass der Kongress davon ausgegangen sei, dass der Wortlaut des Gesetzes „die gerichtliche Unterstützung behördlicher und quasi-justizieller Verhandlungen durch US-Gerichte ermöglichen sollte, [da] der Begriff „Tribunal" Ermittlungs-, Verwaltungs- und Schiedsgerichte, quasi-justizielle Einrichtungen und konventionelle Zivil-, Handels-, Straf-, und Verwaltungsgerichte einschließe. [...]."[86]

61   Die US-amerikanischen **Revisionsgerichte** [*courts of appeal*] folgen nach wie vor verschiedenen Meinungen, wenn es um die Anwendbarkeit von 28 U.S.C. § 1782 auf Schiedsgerichte geht.[87] Die praktischen Auswirkungen dieser Uneinigkeit wurden im *obiter dictum* in GEA Group v. Flex-N-Gate (2014) zusammengefasst:

> „GEA muss gewusst haben, dass Flex-N-Gate den Bezirksrichter hätte bitten können, einem ausländischen oder internationalen „Tribunal" Nachweis zu erbringen, da Bezirksrichter hierzu gemäß 28 U.S.C. § 1782 ermächtigt sind. Das deutsche Schiedsgericht, welches das Schiedsverfahren zwischen GEA und Flex-N-Gate leitete, könnte als ein solches Tribunal erachtet werden. (Oder auch nicht, da die Anwendung des Abschnitt 1782 auf Beweise,

---

83 Mindestens ein Autor vertritt die Ansicht, dass „die pauschale Abschottung von unter 28 U.S.C. § 1782 erlangtem Beweismaterial durch ein Schiedsgericht das unmittelbare und materielle Risiko mit sich bringt, jegliche zukünftige Titel gegen diese Rechte vollstreckungsunfähig zu machen [Da Artikel V I(b) des New Yorker Übereinkommens die Anerkennung und Durchsetzung von Titeln aus Schiedsgerichtsverfahren anordnet, in denen eine Partei nicht rechtliches Gehör gewährt wurde.]" Siehe Anmerkungen MARTINEZ-FRAGA, oben Fn. 59, S. 88.

84 Siehe Anmerkungen oben Abschnitt C. II (bzgl. *dicta*).

85 *Intel Corp. v. Advanced Micro Devices, Inc.*, 542 U.S. 241, 257–258 (2004) (Hervorhebung durch den obersten Gerichtshof).

86 Ebd. [Hervorhebung von der Autorin].

87 Siehe grds. *In Re Dubey*, 949 F. Supp. 2d 990, 993 (C.D. Cal. 2013) (Bemerkungen geteilt); *GEA Group AG v. Flex-n-Gate Corp.*, 740 F.3d 411 (7th Cir. 2014).

Katherine M. Simpson

welche zur Verwendung in ausländischen Schiedsverfahren erhoben wurden, ungewiss ist.)"[88]

Sind also alle anderen Voraussetzungen des 28 U.S.C. § 1782 erfüllt, können deut-   62
sche Parteien oder ein deutsches Schiedsgericht die Inanspruchnahme der Unterstützung von US-Gerichten in Erwägung ziehen. Deutsche Anwälte können umgekehrt – in Zusammenarbeit mit einem in den USA zugelassenen Anwalt – die
anvisierte „Zielscheibe" eines solchen Antrags dergestalt unterstützen, indem sie
den Richter von der Ablehnung des Antrags überzeugen.

Ein Fall, in dem die Anwendung von 28 U.S.C. § 1782 auf Schiedsgerichte bejaht   63
wurde, war In re Hallmark Capital Corp.[89] Das Gericht behandelte die Problematik,
ob ein Schiedsgericht ein ausländisches oder internationales Tribunal sei und entschied, dass der Begriff „Tribunal" sich auch auf private Spruchkörper beziehen
könnte.[90] Nach einer schlichten Wortlautauslegung des Gesetzes (und der Erkenntnis, dass die Frage weder vom Achten Bezirk, noch vom Gesetzestext selbst beantwortet wurde), entschied das Gericht, dass „sowohl der „alltägliche Gebrauch" als
auch die „weithin akzeptierte Definition" des Begriffes „Tribunal" Schiedsgerichte
umfasst."[91] Das Gericht beschloss weiterhin, dass dieser Ansatz mit der Intel-
Entscheidung des obersten Gerichtshofs konsistent sei.[92]

Anträge nach 28 U.S.C. Abschnitt 1782, welche zur Verhandlungsunterstützung   64
vor Schiedsgerichten erfolgten, wurden stark kritisiert, besonders vom Zweiten und
Fünften Bezirk.[93] In der Entscheidung La Comision Ejecutiva Hidroelecctrica del Rio
Lempa v. El Paso Corporation[94] überprüfte das Revisionsgericht des Fünften Bezirks
einen Beschluss des Bezirksgerichts – d.h. des Gerichts erster Instanz, welches die
Verwendung eines Offenlegungsverfahrens Dritter in einem Schiedsgerichtsverfahren in der Schweiz genehmigt hatte.[95] Das Gericht traf eine Vielzahl von Feststellungen mit dem Inhalt, dass (1) das in Frage stehende Offenlegungsverfahren nicht von

---

88 *GEA Group AG v. Flex-n-Gate Corp.*, 740 F.3d 411, 420 (7th Cir. 2014) (interne Verweise weggelas-
sen).
89 *In re Application of Hallmark Capital Corp.*, 534 F. Supp. 2d 951 (D. Minn. 2007).
90 Ebd. S. 954.
91 Ebd.
92 Ebd. S. 954–956.
93 *La Comision Ejecutiva Hidroelecctrica del Rio Lempa v. El Paso Corporation*, 617 F. Supp. 2d 481
(S.D. Tex. 2008).
94 Ebd.
95 Das Gericht wertete die Berufung als Unterlassungsantrag gem. Regelung 60 der bundesrechtlichen Zivilprozessordnung, ein Urteil oder einen Beschluss zu erlassen, da die bundesrechtliche
Zivilprozessordnung grundsätzlich keinen Antrag zur erneuten Prüfung einer Rechtssache enthält.
La Comision Ejecutiva Hidroelecctrica del Rio Lempa v. El Paso Corporation, 617 F. Supp. 2d 481, 483
(S.D. Tex. 2008).

Katherine M. Simpson

den Präzedenzfällen des Fünften Bezirks umfasst war, (2) das genehmigte Offenlegungsverfahren wahrscheinlich wegen des Zeitplans des Schweizer Schiedsgerichts von diesem nicht zugelassen worden wäre, (3) sich keine der Parteien in ihrer Prozessvorbereitung auf den das Offenlegungsverfahren anordnenden Beschluss gestützt hat, (4) die Genehmigung des Offenlegungsverfahrens das Ziel der Verfahrensbeschleunigung in ADR-Verfahren unterwandern würde und (5) das Schweizer Schiedsgericht dem Offenlegungsverfahren in dieser Form nicht zugestimmt hätte, wenn es dazu ermächtigt gewesen wäre.[96] Dennoch, indem das Gericht die Anwendbarkeit von 28 U.S.C. § 1782 auf Schiedsgerichte verneinte, stellte es fest, dass es damit dem *obiter dictum* des obersten Gerichtshofs widersprach und dessen terminologische Ausführungen lediglich als akademische Quelle verstand.[97]

65   In der Entscheidung In re Arbitration Between Norfolk Southern Corp. einigten sich die Parteien darauf, dass der oberste Gerichtshof die Frage, ob Schiedsgerichte „internationale Tribunale" im Sinne des 28 U.S.C. § 1782 seien, nicht abschließend gelöst habe.[98] In diesem Fall merkte das Bundesbezirksgericht an, dass der oberste Gerichtshof die Angelegenheit lediglich in einem unverbindlichen *obiter dictum* adressiert habe, während der Kongress gerade „nicht so weit gegangen war, jeden ausländischen Spruchkörper, der justizielle Kompetenzen ausübe, zum Tribunal im Sinne des Gesetzes zu erklären".[99] Dieses Gericht interpretierte den Verweis auf „Schiedsgerichte" in der Intel-Entscheidung als vom Staat finanzierte Schiedsgerichte – wie z.B. eines, welches unter den *UNCITRAL*-Regeln etabliert wurde – und nicht etwa „rein private Schiedsgerichte".[100] Dieser Ansatz wurde in der Entscheidung In re Dubey 2013 wieder aufgegriffen.[101]

E. Gerichtliche Überprüfung von Schiedssprüchen und *Manifest Disregard of Law*

66   Eine der Haupteigenschaften der Schiedsgerichtsbarkeit ist es, dass ihre Urteile abschließend sind und keine Berufung oder Revision zulassen. Dennoch kann eine Partei, welche mit dem Schiedsspruch unzufrieden ist, eine gerichtliche Überprüfung beantragen. Dieser Antrag einer unzufriedenen Partei gerichtet auf Aufhebung einer Schiedsgerichtsentscheidung ist möglich, wenn das Recht des Schiedsortes einen Rechtsbehelf zur Aufhebung eines Schiedsspruchs kennt und seine Voraus-

---

96 Ebd. S. 484–487.
97 Ebd. S. 486.
98 *In re Arbitration Between Norfolk Southern Corp.*, 626 F. Supp. 2d 882, 884 (N.D. Ill. 2009).
99 Ebd. S. 486.
100 Ebd.
101 *In re Dubey*, 949 F. Supp. 2d 990 (C.D. Cal. 2013).

Katherine M. Simpson

setzungen erfüllt sind. Für Schiedsgerichtsverfahren mit Schiedsort in den USA gilt, dass eine Partei, die mit dem Schiedsspruch nicht zufrieden ist, sich an das Bundesgericht desjenigen Gerichtsbezirks wenden kann, in dem die Entscheidung ergangen ist, um die **Aufhebung des Urteils** [*vacatur*] nach jedem der vier Aufhebungsgründe des Abschnitts 10(a) FAA zu beantragen:[102]

> „(a) In jedem der folgenden Fälle kann jede der Parteien auf Antrag den Schiedsspruch von einem Bundesgericht, in dessen Bezirk die Entscheidung ergangen ist, aufheben lassen,
>
> > (1) wenn die Entscheidung durch Korruption, Betrug oder unlautere Mittel herbeigeführt wurde;
> >
> > (2) wenn der oder die Schiedsrichter offensichtlich parteiisch oder korrupt waren;
> >
> > (3) wenn die Schiedsrichter sich dadurch schuldig gemacht haben, die Anhörung nicht verschoben zu haben trotz hinreichender Begründung für diese oder sich geweigert haben, für den Streit materiell-rechtlich erhebliche Beweise zu verwerten; oder durch jedes andere Fehlverhalten die Rechte einer Partei verletzt haben; oder
> >
> > (4) wenn die Schiedsrichter ihre Befugnisse überschritten oder dergestalt sorgfaltswidrig ausgeführt haben, dass ein gegenseitiger, finaler und abschließender Schiedsspruch zum Streitgegenstand nicht getroffen wurde."[103]

Um zu beweisen, dass ein Schiedsspruch gemäß § 10(a)(4) *FAA* aufgehoben werden 67 kann, weil der Schiedsrichter seine Befugnisse überschritten hat, „reicht es nicht aus, dass der Antragsteller aufzeigt, dass das Schiedsgericht fehlerhaft gehandelt hat – oder einen schwerwiegenden Fehler begangen hat. [...] Ein Schiedsrichter muss sich dermaßen weit von der Auslegung und Anwendung der Vereinbarung entfernt haben und effektiv „seinem eigenen Berufsstand nicht gerecht worden sein", damit seine Entscheidung als nicht durchsetzbar gilt."[104]

Der *FAA* enthält keine Regelung für eine gerichtliche Überprüfung aufgrund 68 einer fehlerhaften Rechtsanwendung oder **„schwerwiegender Missachtung des Rechts"** [*manifest disregard of the law*], obwohl dies potentielle Gründe für die Aufhebung eines Schiedsspruchs sein können. Der Anwalt Timothy Kautz beschreibt den Grund der „schwerwiegenden Missachtung des Rechts" treffend als „ein Schreckgespenst, das in der Schiedsgerichtsbarkeit in den USA umhergeht. Wie es bei Schreckgespenstern so ist, ist die „schwerwiegende Missachtung des Rechts" (1) auf eine mysteriöse Art und Weise entstanden, (2) ändert ihre Erscheinung willkürlich, (3) wird oft heraufbeschworen, erscheint aber selten, (4) scheint weder tot, noch lebendig zu sein und (5) kann dennoch den Untergang einer Partei im Schiedsgerichtsverfahrens in den USA bedeuten."[105] Seine Beschreibung ist treffen-

---

102 FAA, 9 U.S.C. § 10(a).

103 FAA, 9 U.S.C. § 10(a)(1)–(4).

104 *Stolt-Nielsen S.A. v. Animal Feeds Int'l Corp.*, 559 U.S. 662, 665–667 (2010) (interne Verweise ausgelassen).

105 Timothy Kautz, What is "Manifest Disregard of Law"?, Schieds VZ 20, 20–21 (2011).

Katherine M. Simpson

de Metapher und analytischer Rahmen für das Geschichtsverständnis und die Anwendung des Aufhebungsgrunds *"Manifest Disregard of the Law"*.

69   Wilko v. Swan war der erste Fall, in dem der oberste Gerichtshof den Begriff „schwerwiegende Missachtung des Rechts" verwendet hat, als er in einem unverbindlichen *obiter dictum* feststellte, dass „die von den Schiedsrichtern vorgenommene Auslegung des Rechts, im Gegensatz zu dem Aufhebungsgrund der schwerwiegenden Missachtung des Rechts, nicht Gegenstand einer rechtlichen Überprüfung durch die Bundesgerichte sein kann."[106]

70   Zwischen 1953 und 2008 behandelten die US-Gerichte die „schwerwiegende Missachtung des Rechts" als entweder (1) einen zusätzlichen, gesetzlich nicht geregelten Aussetzungsgrund des *Common Law* oder (2) einen pauschalen Begriff, der als Synonym für rechtswidriges Verhalten im Sinne des 9 U.S.C. § 10(a)(3) und (4) verwendet wurde.[107] Obwohl alle ersten Instanzen den Aussetzungsgrund „schwerwiegende Missachtung des Rechts" anerkannten, verfolgte jedes Gericht einen eigenen Ansatz und Prüfungsmaßstab im Hinblick auf die Voraussetzungen der Rechtsgrundlage.[108]

71   Im Jahr 2008 bekam der oberste Gerichtshof die Möglichkeit, sich in dem Fall Hall Street v. Mattel mit der „schwerwiegenden Missachtung des Rechts" als Aufhebungsgrund zu befassen. Der Hall Street-Fall betraf einen Streit zwischen dem Spielzeughersteller (Mattel) und dessen Vermieter (Hall Street). Die Schiedsklausel der Parteivereinbarung besagte, dass ein Gericht die Entscheidung des Schiedsgerichts revidieren konnte, wenn die rechtlichen Schlussfolgerungen der Schiedsrichter fehlerhaft waren.[109] Der oberste Gerichtshof urteilte jedoch, dass die vier Aufhebungsgründe des Abschnitts 10(a) *FAA* abschließend seien und vertraglich nicht erweitert werden könnten.[110]

72   In der Hall Street-Entscheidung erörterte der oberste Gerichtshof die „schwerwiegende Missachtung des Rechts"-Doktrin lediglich als *obiter dictum*. In Erwiderung auf das Argument von Hall Street, dass diese Doktrin eine „generelle Überprüfung von Rechtsfehlern eines Schiedsgerichts"[111] eröffne, äußerte der oberste Gerichtshof Folgendes:

> „Möglicherweise war der Begriff „schwerwiegende Missachtung des Rechts" dazu bestimmt, einen neuen Rechtsgrund für die Überprüfung einer Entscheidung zu bilden, aber eventuell verwies der Begriff auch lediglich auf die Gesamtheit der Aufhebungsgründe des § 10 und nicht etwa auf weitere Gründe. Oder, wie einige Gerichte annahmen, könnte „schwerwiegende Miss-

---

106 *Wilko v. Swan*, 346 U.S. 427, 436–437 (1953).
107 *Hall St. Assocs., LLC v. Mattel, Inc.*, 552 U.S. 576, 585 (2008).
108 Siehe grds. Kautz, oben Fn. 96.
109 *Hall St. Assocs., LLC v. Mattel, Inc.*, 552 U.S. 576, 578–580 (2008).
110 Ebd. S. 578–579.
111 Ebd. S. 585–586.

Katherine M. Simpson

achtung des Rechts" auch eine Kurzform der § 10(a)(3) oder § 10(a)(4) sein; die Absätze, welche die Aufhebung bei „fehlerhafter Rechtsanwendung" oder „Überschreitung der Befugnisse" erlauben. Wir, als Gericht sprechend, haben lediglich den Wortlaut aus der Wilko-Entscheidung angewendet, ohne ihn auszuschmücken, und jetzt, wo sein Verständnis impliziert ist, sehen wir keinen Grund, ihm die in der Hall-Street Entscheidung angedeutete Bedeutung beizumessen."[112]

Nach der Hall Street-Entscheidung waren die **Bezirksgerichte** [*circuit courts*] darüber gespalten, ob die „schwerwiegende Missachtung des Rechts" als unabhängiger Aufhebungsgrund weiter bestehen sollte oder lediglich eine weitere Auslegung des *FAA* darstellte.[113] **73**

Die nächste Gelegenheit des obersten Gerichtshofs, den Aufhebungsgrund der „schwerwiegenden Missachtung des Rechts" zu beurteilen, bot der Fall Stolt-Nielsen v. AnimalFeeds International im Jahr 2010. In diesem Fall klagten mehrere Frachtvertragsparteien gegen den Frachtführer Stolt-Nielsen wegen kartellrechtlicher Verstöße, d. h. einer rechtswidrigen Preisabsprache.[114] Als nach einer Reihe von Entscheidungen klar wurde, dass jeder Kläger seinen Fall jeweils einzeln würde verhandeln müssen, strengte AnimalFeeds ein **Sammelschiedsverfahren** [*class arbitration*] mit der Begründung an, dass alle Ansprüche von ähnlichen Klägern gegen denselben Klagegegner gerichtet seien, auf einer identisch formulierten Schiedsgerichtsklausel beruhten und aus demselben Verhalten resultierten.[115] Während der Verhandlung argumentierten die Parteien, dass die Schiedsklausel im Hinblick auf ein Sammelschiedsverfahrens schwieg[116] und die Schiedsrichter schlussfolgerten später, dass die Schiedsklausel auch für Sammelschiedsverfahren zulässig sei.[117] Stolt-Nielsen beantragte die Aufhebung des Schiedsspruchs beim *District Court* von Southern New York.[118] Nach einer Reihe von Revisionen erlaubte der oberste Gerichtshof die gerichtliche Überprüfung der Entscheidung kraft **Aktenanforderung** [*certiorari*], „um zu entscheiden, ob die Gewährung eines Sammelschiedsverfahrens **74**

---

112 Ebd. (ohne Verweise). (*"Maybe the term 'manifest disregard' was meant to name a new ground for review, but maybe it merely referred to the § 10 grounds collectively, rather than adding to them. Or, as some courts have thought, 'manifest disregard' may have been shorthand for § 10(a)(3) or § 10(a)(4), the paragraphs authorizing vacatur when the arbitrators were 'guilty of misconduct' or 'exceeded their powers.' We, when speaking as a Court, have merely taken the Wilko language as we found it, without embellishment, and now that its meaning is implicated, we see no reason to accord it the significance that Hall Street urges."*)
113 Kautz, oben Fn. 102; siehe oben Anm. zu Fn. 83–85.
114 *Stolt-Nielsen S.A. v. Animal Feeds Int'l Corp.*, 559 U.S. 662, 665–667 (2010).
115 Ebd.
116 Ebd. S. 669–670.
117 Ebd.
118 Ebd.

Katherine M. Simpson

gegen die Vorschriften des FAA verstoße, wenn die Schiedsklausel der Parteien in dieser Angelegenheit schweige."[119]

75   Hinsichtlich der „schwerwiegenden Missachtung des Rechts" merkte der oberste Gerichtshof – nochmals in einem *obiter dictum* – an:

> „Wir entscheiden nicht, ob der Aufhebungsgrund der ‚schwerwiegenden Missachtung' unsere Entscheidung in Hall Street als unabhängiger Revisionsgrund oder als richterliche Randbemerkung zu den in 9 U.S.C. § 10 dargelegten Aufhebungsgründen überdauert. AnimalFeeds hat den Rechtsstandard charakterisiert, welcher den Nachweis erfordert, dass die Schiedsrichter, das einschlägige [Rechts]Prinzip kannten, ihn als den für den Ausgang der Angelegenheit lenkenden Grundsatz schätzten und gleichwohl das geltende Recht vorsätzlich missachteten, indem sie sich weigerten, ihn anzuwenden. Angenommen, ein solcher Standard sei anwendbar, erachten wir ihn als erfüllt. [...]"[120]

76 Wenn also im *Common Law* nach der Entscheidung Stolt-Nielsen v. AnimalFeeds der Aufhebungsgrund „schwerwiegende Missachtung des Rechts" besteht, setzt dieser für ein Schiedsverfahren in den USA voraus, dass die Schiedsrichter:

> (1) das anwendbare Rechtsprinzip kannten,
> (2) eingesehen haben, dass dieser Grundsatz auf die Fragestellung anwendbar und in der Angelegenheit entscheidend war und
> (3) nichtsdestotrotz willentlich gegen das geltende Recht verstoßen haben, indem sie sich weigerten, ihn anzuwenden.[121]

77 Trotz der hohen Hürde, eine Entscheidung aufgrund der „schwerwiegenden Missachtung des Rechts" aufzuheben, ist dies wohl einer der am häufigsten vorgebrachten Aufhebungsgründe. Zugleich – und dies bestätigt die Schwierigkeit, Entscheidungen wegen der „schwerwiegenden Missachtung des Rechts" aufzuheben – ist es auch derjenige, welcher vor den Gerichten am seltensten erfolgversprechend ist.[122] Nach Kautz liegt die durchschnittliche Erfolgsrate von Aufhebungsanträgen basierend auf der schwerwiegender Missachtung des Rechts „je nach Studie zwischen 3,8 und 7,6%. [...] Die Erfolgsrate aller eingelegten Rechtsbehelfe gegen Schiedssprüche (einschließlich der Aufhebungsversuche aufgrund „schwerwiegender Missachtung des Rechts") liegt höher, nämlich bei ungefähr 8,5% bei den Bundesgerichten und 19,4% bei den einzelstaatlichen Gerichten."[123]

---

119 Ebd. S. 666–668.
120 Ebd. S. 671, Fn. 3.
121 Ebd.
122 Kautz, oben Fn. 102, S. 23.
123 Ebd. (ohne interne Verweise).

Katherine M. Simpson

F. Fazit

Unabhängig davon, ob man ein Rechtssystem befürwortet, in dem die Kostenüber- **78** nahme sich nicht nach dem Ausgang des Verfahrens richtet, oder in dem „die Sonne ihr Licht auf die Beweismittel einer Partei scheinen lässt", wächst die Nachfrage nach Schiedsgerichten in den USA rapide. Der Markt belohnt Rechtsanwälte, die sich die Zeit nehmen, das US-Schiedssystem zu verstehen. Unabhängig davon, ob man die US-amerikanische Art und Weise, Dinge zu regeln, gutheißt oder nicht, sollten deutsche Rechtsanwälte vorab dazu gewappnet sein, mit dieser umzugehen.

Katherine M. Simpson

Kapitel 5
Die Anwendung des Internationalen Seerechts in den Vereinigten Staaten: Eine Auseinandersetzung mit Schwerpunkt auf US-spezifischen Fragen, prozessualem und materiellem Recht

Literaturverzeichnis

Benedict, Erastus C., *Benedict on Admiralty*, New Providence: Matthew Bender (2015). **Cooke**, Julian, Voyage Charters, London: Lloyds of London Press, 4. Auflage (2014). **Davis**, Charles M., *Maritime Law Deskbook*, (2016). **Poor**, Wharton B., *Poor on Charter Parties and Ocean Bills of Lading*, N.Y: Mathew Bender & Co., 5. Auflage (1968). **Robertson**, David W., *Admiralty and Federalism*, Mineola: The Foundation Press, 1970. **Schoenbaum**, Thomas J., 1 *Admiralty & Maritime Law*, 5. Auflage (2011). **Tetley**, William, *Maritime Liens and Claims*, 2. Auflage, Montreal: Int'l Shipping Pub. (1998). **Wilford**, Michael, *Time Charters*, London: Lloyds of London Press (1995).

A. Einleitung: Das System des Seerechts in den USA

1 Das Seerecht ist das älteste und umfassendste Rechtsgebiet des Völkerrechts. Die Konzepte des Seerechts als solche gleichen sich staatenübergreifend in weiten Teilen, sodass sie sowohl Praktikern aus den kontinentaleuropäischen Rechtssystemen wie auch dem *Common Law* vertraut sind. Die bedeutendsten Unterschiede finden sich meist im Prozessrecht, bei Fragen der Zuständigkeit und bestimmten modernen Aspekten des materiellen Seerechts, die früher noch keine große Rolle spielten – wie beispielsweise dem Meeresumweltrecht oder Sicherheitsvorschriften für die Schifffahrt. Selbst in diesen Bereichen wurden aus dem Bedürfnis heraus, einheitliche Regelungen für den Seehandel zu schaffen, eine große Zahl von internationalen Abkommen geschlossen.

2 Ursprünglich waren die Kerngebiete des Seerechts der Gütertransport, der Umgang mit der Besatzung, die Charter von Schiffen und andere Aspekte, die ebenso auf die historische Segelschifffahrt, als auch auf moderne Containerschiffe und Tanker anwendbar sind. Schon die frühesten materiellen Vorschriften wurden kodifiziert, besonders hervorzuheben sind darunter die Rôles D'Oléron[1] und die Digesten

---

1 Auch manchmal als „Code von Oléron" bezeichnet, das älteste kodifizierte Seerecht in Nordeuropa. Der vollständige Text ist verfügbar unter 30 Fed. Cas. 1171–1187 (Eng.).

Phillip A. Bühler
https://doi.org/10.1515/9783899498103-005

des Justinian[2], wobei die letzteren das gesamte römische Recht zu diesem Thema umfassten. Weitere Beispiele finden sich in mittelalterlichen Rechtskodizes, die Juristen aus den kontinentaleuropäischen Rechtssystemen vertraut sein sollten.

Die Vereinigten Staaten haben in diesen Kerngebieten viele der traditionellen **3** Konzepte des materiellen Seerechts von Großbritannien übernommen. Als das US-Recht zum Erben des **englischen** *Common Law* **Systems** wurde, entwickelte sich das Seerecht als einzigartige Mischung aus kodifiziertem und **Richterrecht** [*case law*]. In der modernen US-Rechtsprechung gelten im Seerecht, anders als in den meisten anderen Gebieten, die englischen **Präzedenzfälle** nach wie vor als stichhaltige Quellen in Verfahren, welche die ursprünglichen Gebiete des Seerechts betreffen, unabhängig davon, ob sie vor oder nach der Unabhängigkeit der USA entschieden wurden.

Weiterhin muss der Unterschied zwischen den **materiellen und prozessualen** **4** **Aspekten** des Seerechts klargestellt werden. Es gilt, zwischen den Begriffen **Seerecht** [*maritime law*] und *admiralty law* zu unterscheiden. Sie werden oftmals als austauschbar und teilweise auch zusammen verwendet. Einige Wissenschaftler behaupten allerdings, dass die Begriffe seit jeher unterschiedliche Rechtsbereiche umfassen. Dieser Auslegung gemäß beschreibe das Seerecht alle Rechtsvorschriften, Regelungen, Konzepte und Prozesse, die sich mit Ressourcen der Meere, dem Handel auf den Ozeanen sowie der Navigation befassen[3], während sich das *admiralty law* ausschließlich mit dem privaten Recht der Navigation und des Seetransports befasse.[4] Nach der modernen Verwendungsweise passt diese Abgrenzung jedoch nicht wirklich. Das *Seerecht* betrifft vielmehr den gesamten Regelungsgegenstand, sowohl in materieller als auch prozessualer Hinsicht, während das *admiralty law*, das in seiner **materiellen und prozessualen** Gestaltung (insbesondere das sog. *in rem*-**Verfahren**) von England[5] übernommen wurde, den prozessualen Teil eines, für die US-Praxis einzigartigen und im US-Bundesgerichtssystem gesondert geregelten, Rechtsgebietes beschreibt. Dies soll anhand der folgenden Erläuterungen noch deutlicher werden.

---

2 Theodor Mommsen (ed), Die Digesten des Justinian, Philadelphia: Univ. of Pennsylvania Press, 1985. Siehe z. B. 14. Buch (S. 415 ff.), in dem u. a. eine Niederschrift des älteren griechischem Rhodesischen Kodex enthalten ist.

3 Thomas J. Schoenbaum, 1 *Admiralty & Maritime Law* § 1-1 (5th Ed. 2011), Charles M. Davis, *Maritime Law Deskbook*, § IA (2016). Beide Texte bieten umfassende Zusammenfassungen des US-Seerechts und bieten die Grundlage der Arbeit vieler spezialisierter Juristen. Letzterer bietet sich als schnelles Nachschlagewerk an.

4 Id.

5 England behielt getrennte Schifffahrtsgerichte bei. In den USA grenzen die Gerichte, trotz der Ergänzungen der Federal Rules von 1966, noch "Admirality Courts" von anderen Gerichten ab, indem sie Zusätze wie "sitting in Admirality" verwenden. Dieser gesonderte Bereich des Prozessrechts wird in Abschnitt G behandelt.

Phillip A. Bühler

5   Die wichtigste Quelle des Seerechts ist das zehnbändige Werk *Benedict on Admiralty*[6], dessen erste Ausgabe im Jahr 1850 publiziert wurde und durch mehrere Ergänzungsbände seinen jetzigen enzyklopädischen Umfang erreicht hat. Es wird jährlich erweitert und aktualisiert und behandelt alle Aspekte des *admiralty law* und Seerechts, insbesondere verfahrensrechtliche Vorschriften und internationale Verträge. Die Bibliographie sowie die Quellenangaben sind umfassend.

Praxistipp

Band 8 des *Benedict on Admiralty* ist ein unverzichtbares Werk, das die praktischen Aspekte des Rechtsgebiets zusammenfasst und so einen guten Überblick über die wichtigsten Themen dieses Gebiets verschafft. Der *Benedict on Admiralty* – insbesondere dieser Band sowie alle weiteren in diesem Kapitel angeführten Quellen, sind unverzichtbar für Juristen, die sich mit dem Seerecht auseinandersetzen.

I. Rechtsquellen des Seerechts

6 Zunächst werden die verschiedenen Rechtsquellen des Seerechts behandelt

1. Die verfassungsrechtliche Grundlage

7 Im Vergleich mit vielen anderen verfassungsrechtlichen Dokumenten ist die Verfassung der USA, die am längsten bestehende und trotzdem eine der detailliertesten, obwohl sie verhältnismäßig selten geändert wurde. Ihr Zweck war es, einen Rahmen für die relativ begrenzten Kompetenzen der Regierung abzustecken und sicherzustellen, dass die einzelnen Bundesstaaten die Umsetzung der **materiellen Gesetze** übernehmen und ihre Gerichte für einen Großteil der **zivilrechtlichen Verfahren** zuständig sein würden. Indem die US-Verfassung also eher bedeutsam für die Entwicklung der nationalen Gerichte gewesen ist, enthält sie, auch im Bereich des *admiralty law*, relativ wenig materielle Vorschriften.

8   Die einzige Vorschrift der US-Verfassung mit Bedeutung für das *admiralty law* und Seerecht ist Artikel III § 2, der das Folgende vorsieht: „Die richterliche Gewalt erstreckt sich auf alle Fälle nach dem Gesetzes- und dem Billigkeitsrecht, die sich aus dieser Verfassung, den Gesetzen der Vereinigten Staaten und den Verträgen ergeben, die in ihrem Namen abgeschlossen wurden oder künftig geschlossen werden; [und] auf alle Fälle der *admiralty-* und Seegerichtsbarkeit [...] "[7]. Diese Vorschrift in Artikel III stellt den einzigen Hinweis auf *admiralty law* und Seerecht dar. Dies dient nur dem Zweck die

---

6 *Benedict on Admiralty*, New Providence: Matthew Bender, 2015.
7 US-Verfassung, Art. III § 2.

Phillip A. Bühler

Zuständigkeit der **Bundesgerichte** (und nicht etwa der einzelstaatlichen Gerichte) festzustellen. Außerdem wird durch den Verweis auf Fälle, die Abkommen betreffen, welche im Geltungsbereich dieser Gesetze geschlossen wurden, die Gerichtsbarkeit für ebensolche Bundesgesetze mitübertragen. Dies umfasst auch die nationale Umsetzung des durch Verträge geschaffenen internationalen Seerechts.

Artikel III § 2 der US-Verfassung definiert lediglich den richterlichen Zuständig- 9
keitsbereich des obersten Gerichtshofes.[8] Der frühe US-Kongress erließ das **Gerichtsverfassungsgesetz** [*Judiciary Act*] 1789.[9] Unter diesem Gesetz übertrug der Kongress den *District Courts* die Gerichtsbarkeit „für alle zivilrechtlichen Fälle des Admiralitäts- und Seerechts, insbesondere alle Beschlagnahmungen [...] in Gewässern, die durch Schiffe von zehn oder mehr (US-)Tonnen befahrbar sind"[10]. Der oberste Gerichtshof folgte nach mit einer weiten Auslegung der Schranken der Verfassung und des Gerichtsverfassungsgesetz von 1789, die es der ersten Instanz sowie dem obersten Gerichthof selbst (zu dieser Zeit bestanden die dazwischengeschalteten Revisionsgerichte noch nicht) erlaubte, alle Fälle von *admiralty law* und Seerecht zu entscheiden. Diese Entscheidung erlaubte den *Federal District Courts* ihre Auffassung zu seerechtlichen Angelegenheiten zu veröffentlichen, auch erweitert auf die von England geerbte Rechtslehre. Seitdem bestehen sowohl richterlich als auch gesetzlich festgelegte Ausnahmen dieser Regel, die es den Bundesstaaten in bestimmten Bereichen erlauben innerhalb festgelegter Grenzen auch seerechtliche Vorschriften zu erlassen.

Durch das Gerichtsverfassungsgesetz von 1789 wurde in der US-Gerichtsbarkeit 10
eines der zwei Kernelemente verankert, welche die Gerichtsbarkeit im *admiralty law* kennzeichnen. Der sogenannte „**Lokalitäts- oder Lexustest**", für die **Gerichtsbarkeit bei deliktischen Handlungen im *admiralty law***, legt fest, dass die unerlaubte Handlung auf „**schiffbaren Wasserstraßen**"[11] vorgenommen werden muss. Hier hat die US-Rechtsprechung die traditionelle Auslegung erweitert, indem sie mit dem *Admiralty Extension Act*[12] die Gerichtsbarkeit im *admiralty law* auf bestimmte Begebenheiten anwendet, die teilweise zu Lande geschehen.

2. Bundesgesetze

Im Grunde sind alle geschriebenen oder „auf Gesetz basierenden" Vorschriften des 11
Seerechts solche des Bundesrechts. Dies ergibt sich aus der Auslegung der verfassungsrechtlichen Ermächtigung der Bundesgerichtsbarkeit für alle seerechtlichen

---

8 Schoenbaum, *s. o.* S. 2.
9 Act of September 24, 1789 CH. 20, §9, 1 Stat. 73. Die aktuelle, erweiterte Version findet sich unter 28 USC §1333.
10 Id.
11 Judiciary Act of 1789, *s. o.*; 28 USC §1333.
12 46 USC §740.

Phillip A. Bühler

Angelegenheiten. Dies gilt für die Entstehung der seerechtlichen Vorschriften über den Abschluss von Verträgen und Abkommen, die anerkannten Grundsätze der vorrangigen Kompetenz des Bundesgesetzgebers und der Einheitlichkeit des **internationalen und zwischen(bundes)staatlichen Handels.** In einigen eingeschränkten Bereichen mögen auch die Bundesstaaten seerechtliche Vorschriften erlassen haben, die nicht mit den Bundesgesetzen in Konflikt stehen. Dies ist hauptsächlich bei umweltrechtlichen Vorschriften und speziellen individuellen Schadensersatzansprüchen der Fall.

12   In materieller Hinsicht regeln Bundesgesetze den Transport von Waren,[13] Zurückbehaltungs- und Pfandrechte bei Schiffskäufen,[14] die Vorgehensweise bei Verletzungen und Tod von Amerikanischen Seemännern,[15] Todesfälle auf hoher See,[16] Verletzungen und Tod von Stauern und Hafenarbeitern,[17] Schiffsicherheitsvorschriften,[18] Verschmutzung der Meere und Umweltschäden,[19] sowie zahlreiche weitere Vorschriften. In prozessualer Hinsicht bestehen spezielle Verfahrensregeln für Verfahren unter der *admiralty*-Gerichtsbarkeit der Bundesgerichte, die unten ausführlich erläutert werden.[20] Der US Code enthält das vom US-Kongress erlassene Bundesrecht. Die meisten Gesetze erlauben die Verkündung von Regelungen und Vorschriften zur Durchführung und Vollstreckung der Bundesgesetze. Diese Regelungen und Vorschriften befinden sich in der **Sammlung für Bundesverordnungen**[21] [*US Code of Federal Regulations*], der unter der gesetzlich geregelten Kompetenz mehrerer Bundesbehörden verkündet wurde.

3. Die Übernahme von Verträgen und Abkommen

13 Weil viele Bereiche des materiellen Seerechts aus internationalen Abkommen und Verträgen entstanden sind, bilden diese nach wie vor eine wichtige Quelle des US-Seerechts.[22] Wie noch deutlich werden wird, beruhen viele der Kerngebiete des US-Seerechts auf Bundesgesetzen, die verkündet wurden, um Abkommen und Verträge in das Bundesrecht zu inkorporieren. Auf der Grundlage der Prinzipien des Völkerrechts und fortgeschrieben im Wiener Übereinkommen über das Recht der Verträge[23], müssen Verträge oder Abkommen, die nicht **selbstausführend** [*self-executing*] sind, durch

---

13 46 USC §§30701–30707; 46 USCS §30701 (früher 46 USC §§1301 ff.).
14 46 USC §§31301 ff.
15 46 USC §688.
16 46 USC §§30301 ff.
17 33 USC §§901–950.
18 Zahlreiche Vorschriften in Titel 46 USC.
19 *Siehe* Aufzählung in Abschnitt E dieses Kapitels.
20 *Siehe* Abschnitt G dieses Kapitels.
21 *Siehe* Kapitel 1.A.I.1, „Die Verwendung des Wortes ‚code'."
22 Vergleiche die Anwendung der Abkommen in US Schiedsgerichtbarkeit, Kapitel 4.C.I.
23 U.N. Doc. A/CONF. 39/27, abgedruckt in 8 I.L.M. 679 (1969).

den US-Kongress mithilfe von **Durchführungsgesetzen** in anwendbares Recht umgesetzt werden, sobald sie durch den Senat, gemäß seiner verfassungsmäßigen Autorität, ratifiziert wurden. Als Beispiel lässt sich der *Carriage of Goods by Sea Act* von 1936 anführen, der nach der Verabschiedung der Den Haager Regeln erlassen wurde.[24]

Es gibt zudem auch Fälle in denen ein internationales Abkommen von den 14 USA nicht unterschrieben oder ratifiziert und welches trotzdem teilweise oder vollständig Teil des US-Seerechts geworden ist. Eines der jüngsten Beispiele ist das UN-Seerechtsübereinkommen von 1982, das in Abschnitt F beleuchtet wird. Bestimmte Abschnitte sind als **Prinzipien des *Ius Cogens*** Teil des internationalen Rechts, da sie weitgehend von den maritimen Staaten anerkannt wurden. Dies ist im US-Recht nicht der Regelfall, denn die meisten Abkommen, die nicht durch die USA ratifiziert wurden (beispielsweise die Hamburger Regeln, sowie Ergänzungen zum Den Haag-Visby-Übereinkommen über die Frachtschifffahrt), wurden nicht anerkannt.

4. Das allgemeine Seerecht und *Common Law* im Bundesrecht

Die umfangreichste Quelle des materiellen Seerechts sind Gerichtsentscheidungen 15 und die dazugehörigen Begründungen. Diese bilden das sog. **allgemeine Seerecht** [*General Maritime Law – GML*]. Das allgemeine Seerecht hat seine Ursprünge in gewohnheitsrechtlichen Prinzipien, die aus frühen englischen Entscheidungen, Verträgen und selbst historischen Rechtsquellen mit Bezug zum Seerecht zusammengestellt sind. Im *Common Law*-System stellen Gerichtsurteile in allen Rechtsgebieten regelmäßig den umfangreichsten Teil des materiellen Rechts dar. Trotzdem besteht prinzipiell kein „generelles" ***Common Law* auf Bundesebene**.[25] Vielmehr entsteht durch die Gerichte der Einzelstaaten das **materiell-rechtliche *Common Law***. Wenn gemäß Artikel III der US-Verfassung ein Bundesgericht die originäre Gerichtsbarkeit über einen zivilrechtlichen Streitgegenstand hat, weil die Parteien aus unterschiedlichen Einzelstaaten oder dem Ausland kommen [*diversity jurisdiction*], muss das Bundesgericht üblicherweise das materielle Recht desjenigen Staates anwenden, in dem es seinen Sitz hat.

Das Seerecht stellt eine nahezu einzigartige Ausnahme zu dieser Grundstruktur 16 dar. Aus Gründen der **Uniformität** und des **Vorrangs des Bundesrechts** folgen die Gerichte dem Fallrecht, das unter anderem die Auslegung von Bundesgesetzen bestimmt, welche einen Großteil des gesamten Seerechts ausmachen. In den Bereichen des Seerechts, die nicht durch Bundesgesetze geregelt sind, besteht eine Fülle von gerichtlichen Entscheidungen. Selbst wenn gesetzliche Regelungen existieren, wie beispielsweise im Fall der unter dem *Jones Act* geregelten Rechtsbehelfe für verletzte Seeleute, gelten noch zusätzliche oder weitere Rechtsbehelfe unter dem rich-

---

24 Siehe Abschnitt B dieses Kapitels.
25 *Erie Railroad v. Tompkins*, 304 U.S. 64 (1938).

Phillip A. Bühler

terlich entwickelten **allgemeinen Seerecht**. Die Gerichte ziehen nicht nur Präzedenzfälle aus ihrer eigenen Gerichtsbarkeit [Bezirksrevisionsgerichte oder Bezirksgerichte] heran. Ebenso können Urteile anderer Bundesgerichte in seerechtlichen Fällen zitiert werden, obwohl ein Gericht nicht verpflichtet ist Präzedenzrechtsprechung, die außerhalb seiner eigenen Jurisdiktion ergangen ist, zu folgen. Hierdurch entstehen auch regelmäßig Konflikte zwischen den Urteilen der verschiedenen Bundesgerichte.[26] Außerdem ziehen Gerichte auch die Rechtsprechung von Gerichten des Vereinigten Königreichs, Kanada, Australien oder anderen *Common Law*-Jurisdiktionen heran, wenn sie Fragen der traditionellen seerechtlichen Angelegenheiten entscheiden müssen, die nicht im US-Recht geregelt sind.

17   In seltenen Fällen gelten auch die Entscheidungen von bundesstaatlichen Gerichten als **Präzedenzfälle**. Im Regelfall gilt dies jedoch lediglich innerhalb der eigenen Gerichtsbarkeit, wenn keine gegenteiligen bundesgerichtlichen Urteile vorliegen und der Fall nicht unter die sachliche Zuständigkeit eines Bundesgerichts fällt.

18   Die beste und umfassendste Quelle für seerechtliche Entscheidungen ist die Sammlung *American Maritime Cases*. Diese Entscheidungssammlung wird seit 1924 veröffentlicht und enthält nicht nur alle Fälle, die auch in den allgemeinen Entscheidungsbänden enthalten sind, sondern auch viele unveröffentlichte Urteile von Gerichten des Bundes oder der Bundesstaaten, einige schiedsrichterliche Urteile und selbst relevante Entscheidungen aus dem Ausland. Die Sammlung existiert sowohl in gedruckter als auch in elektronischer Form und ist über Lexis und Westlaw verfügbar.

II. Vorrang des Bundesrechts und Uniformität

19 Zwei der bedeutsamsten Prinzipien, aufgrund derer sich die vorrangig bundesgesetzliche Natur des Seerechts in den Vereinigten Staaten erfassen lässt, sind der **Vorrang des Bundesrechts** und das Prinzip der **Uniformität**. Durch den **Vorrang des Bundesrechts** wird festgelegt, dass Gesetze, deren Regelungsbereich aufgrund einer **verfassungsrechtlichen Kompetenznorm** ausschließlich unter die Zuständigkeit des Bundes fällt, auch lediglich durch Bundesgesetze, Richtlinien, Verordnungen sowie das bundesgerichtliche Fallrecht geregelt werden dürfen. Alle Gesetze, die den internationalen Handel, die nationale Verteidigung, den Handel zwischen den Einzelstaaten und ähnliches regeln, stehen ausschließlich der Kompetenz des Bundes zu. Daher dürfen die Bundesstaaten keine Gesetze zur Regelung dieser Gebiete erlassen. Dies ist nahezu für das gesamte Seerecht der Fall, unter anderem, weil Seehandel seiner Natur nach fast immer international oder zwischen-

---

26 Im selben Gerichtszug sind immer die Urteile des obersten Gerichtshofs oder des jeweiligen Bezirksrevisionsgericht anwendbar und vorrangig.

Phillip A. Bühler

staatlich ist und alle schiffbaren Gewässer in den USA als Bereich des zwischenstaatlichen und internationalen Handels mitgeregelt werden. Der **Vorrang des Bundesrechts** wird u. a. daran deutlich, dass es den Einzelstaaten untersagt ist, formelle oder materielle Gesetze zur Regelung der Aktivitäten in den **schiffbaren Gewässern der USA**, einschließlich der **Binnengewässer,** die sich auf dem Territorium eines Einzelstaates befinden, zu erlassen, wenn diese mit dem Bundesrecht im Konflikt stehen würden. Das Bundesrecht regelt die Materie so abschließend, dass für die Staaten keine Notwendigkeit besteht es zu ergänzen.[27] So gelten Bundesgesetze wie beispielsweise der *Death on the High Seas Act* als ausschließliche Regelung, die die Anwendung oder den Erlass einzelstaatlichen Rechts auf einem traditionell seerechtlichen Gebiet nicht zulässt.[28] Der Erlass von Gesetzen durch die Einzelstaaten ist allerdings dann erlaubt, wenn diese nicht in einem direkten Konflikt mit dem Bundesrecht stehen.[29]

Das Prinzip der **Uniformität** geht mit dem Prinzip des **Vorrangs des Bundes-** 20 **rechts** einher. Das Fallrecht bestätigt die Grundannahme, dass die Gesetze, die den **Seehandel** regulieren, einheitlich sein müssen. Dadurch soll dieser zentrale Wirtschaftsbereich verbindlich gestaltet und Rechtssicherheit für die Beteiligten geschaffen werden. Der Grundstein für dieses Konzept wurde vom obersten Gerichtshof 1916 gelegt: „Das allgemeine Seerecht bildet in der Form, in der es von den Bundesgerichten angewendet wird, einen integralen Teil des Bundesrechts, das auf alle Fälle, die unter die *admiralty-* oder seerechtliche Zuständigkeit fallen, anwendbar ist. [...] Insofern können Gesetze der Bundesstaaten nicht gültig sein, wenn [...] dadurch materiell den Inhalten des allgemeinen Seerechts widersprochen wird oder die Harmonie und Uniformität ebendieses Rechts im Hinblick auf die internationalen oder zwischenstaatlichen Beziehungen gestört wird.“[30] Es wäre zum Beispiel unmöglich für Handelsschiffe, internationalen oder zwischenstaatlichen Handel zu treiben, wenn jeder Staat unterschiedliche oder widersprechende Gesetze im Hinblick auf Schiffsbetrieb, Schifffahrtssicherheit, Besatzung oder die Regulierung von Wasserwegen erlassen würde. Dieses Konzept wurde auf die Natur und den Umfang von Schadensersatzansprüchen unter dem Seerecht ausgeweitet.[31]

---

27 Siehe grds. *California v. ARC America Corp.*, 490 U.S. 93 (1989); *Fidelity Fed. Sav. & Loan Ass'n. v. de la Cuesta*, 458 U.S. 141 (1982).

28 *Offshore Logistics, Inc. v. Tallentire*, 477 U.S. 207, 91 L.Ed.2d 174, 106 S.Ct. 2485 (1986).

29 *Askew v. The American Waterways Operators, Inc.*, 411 U.S. 325, 36 L.Ed.2d 280, 93 S.Ct. 1590 (1973).

30 *Southern Pacific Co. v. Jensen*, 244 U.S. 205, 215–16 (1916). Das Urteil in *Jensen* wurde über die Jahre kritisiert und hinterfragt, und das Konzept der Uniformität steht dem Erlass von staatlichen Gesetzen, die seerechtliche Regelungsbereiche betreffen, nicht entgegen (s.o.). Trotzdem wird das grundlegende Konzept der Uniformität nach wie vor respektiert.

31 Siehe das wegweisende Urteil in *Miles v. Apex Marine*, 495 U.S. 19 (1990), in dem entschieden wurde, dass der Kongress bei Erlass aller Gesetze zu den Verletzungen bzw. dem Tod von Seeleuten

Phillip A. Bühler

21   US-Gerichte halten weiterhin vehement an dem Konzept der Uniformität fest und unterbinden gesetzgeberische oder gerichtliche Versuche, von diesem anerkannten Konzept abzuweichen.[32]

III. Weitere Angelegenheiten der bundesgesetzlichen Seerechtsgerichtsbarkeit: Anwendung des Bundesprozessrechts unter Regelung 9 (h), der *Savings to Suitors*-Vorschrift und des Föderalismus

22 Das Gesetz, unter dem den Bundesgerichten die Zuständigkeit für Fälle unter der *admiralty*-Gerichtsbarkeit zuerkannt wird, ist 28 USC § 1333, das auf das Gerichtsverfassungsgesetz von 1789 zurückgeht. Dieses Gesetz enthält die folgende Vorschrift:

23   Die *District Courts* haben die **originäre Zuständigkeit**, vorbehaltlich der Gerichte der Bundesstaaten für

> (1) Alle zivilrechtlichen Fälle, die der *admiralty*- oder seegerichtlichen Zuständigkeit unterfallen, wobei den Klägern in allen Verfahren **weitergehende Ansprüche vorbehalten werden**.
>
> (2) Unter dem Prisenrecht in die Vereinigten Staaten eingebrachtes Gut und alle Verfahren, die auf die Verurteilung wegen unter Prisenrecht beschlagnahmten Eigentums gerichtet sind.

24 Auf der Grundlage dieser **ausschließlichen Gerichtsbarkeit** enthält die bundesrechtliche **Zivilprozessordnung** [*Federal Rules of Civil Procedure, FRCP*], nach der sich alle zivilgerichtlichen Rechtsstreitigkeiten bestimmt, eine Regelung, welche die Geltendmachung spezieller Materien regelt. Diese Regelung 9 (h) betrifft Ansprüche aus dem Seerecht oder der *admiralty*-Gerichtsbarkeit. Die Vorschrift lautet folgendermaßen:

> (h) Ansprüche aus Seerecht oder *admiralty*-Gerichtsbarkeit
> (1) Wie bezeichnet. Unterliegt ein Abhilfeanspruch der *admiralty*-Gerichtsbarkeit oder der seegerichtlichen Zuständigkeit und darüber hinaus aus anderen Gründen der sachlichen Zuständigkeit eines Gerichts, darf das Plädoyer den Rechtsbehelf aufgrund der Rules 14 (c), 38 (e) und 82 sowie der *Supplemental Rules for Admirality or Maritime Claims and Asset Forfeiture Actions* als unter die *admiralty*- oder seerechtliche Zuständigkeit fallend geltend machen. Ein Anspruch,

---

die Absicht hatte, die Schadensersatzansprüche auf den tatsächlichen Schaden zu begrenzen (und keinen Strafschadensersatz o. ä. zu erlauben). Versuche, diese Auslegung zu erweitern, um umfassenderen Schadensersatz für alle persönlichen Verletzungen zu gewähren waren Gegenstand zäher Verhandlungen.

32 Die *Maritime Law Association* der USA unterstützt diesen Ansatz sehr. Ein ständiges Komitee der Gesellschaft ist für die Uniformität zuständig und hat in mehreren entscheidenden zweitinstanzlichen Verfahren *Amicus Briefs* eingereicht, in denen es um Uniformität ging.

Phillip A. Bühler

der ausschließlich als unter die *admiralty-* oder seerechtliche Zuständigkeit fallend erkennbar ist, wird aus diesen Gründen der *admiralty-* oder seerechtlichen Zuständigkeit zugeordnet.

(2) Bezeichnung zur Revision. Ein Fall, der einen der *admiralty-* oder seerechtlichen Gerichtsbarkeit unterfallenden Anspruch enthält, gilt gemäß diesem Unterabschnitt (h) der *admiralty-*Gerichtsbarkeit nach 28 U.S.C. § 1292 (a)(3).

Diese Vorschrift stellt die Grundlage für einen Antrag unter den *Supplemental Rules* 25 *for Certain Admirality and Maritime Claims* dar, der in Abschnitt G im Einzelnen besprochen wird. Diese Vorschrift wurde aufgrund der verfassungsrechtlichen Garantie der **ausschließlichen *admiralty*-Gerichtsbarkeit,** den Regelungen des Gerichtsverfassungsgesetzes von 1789 und dessen Folgegesetzen erlassen.[33] Ein Fall, der unter dieser Vorschrift dem Gericht vorgelegt und im Anfangsplädoyer so benannt wird, ist damit der ***admiralty*- und Seegerichtsbarkeit** zugeordnet, sodass alle Spezialregelungen und Prinzipien anwendbar sind, die in diesem Kapitel erläutert werden.

Das Gerichtsverfassungsgesetz von 1789 schuf die erste der zwei Voraussetzun- 26 gen der *admiralty*-Gerichtsbarkeit, „Lokalität" oder „Lexus"[34] (siehe oben, I). Die zweite Voraussetzung heißt „Nexus" und erfordert, dass der Gegenstand „einen materiellen Zusammenhang zu traditionell maritimen Vorgängen hat."[35] Beide Voraussetzungen müssen erfüllt sein, damit ein Gericht das Verfahren gemäß den Regeln der *admiralty*-Gerichtsbarkeit entscheiden kann.

Praxistipp

Ein Verfahren gemäß den Regeln der *admiralty*-Gerichtsbarkeit vor den Bundesgerichten hat mehrere Vorteile. Unter anderem wird die bundesrechtliche Zivilprozessordnung angewandt, und in den meisten Fällen wird der Fall nicht vor Geschworenen verhandelt (wie unten näher dargelegt wird). Verfahren vor den Bundesgerichten sind in der Regel strukturierter als vor den einzelstaatlichen Gerichten. Dies betrifft insbesondere das **Offenlegungsverfahren** [*discovery*], das wesentlich umfangreicher sein kann als in den meisten anderen Rechtssystemen. Die Antragspraxis vor den Bundesgerichten beruht stärker auf schriftlichen Anträgen als in den einzelstaatlichen Gerichten und erfordert dementsprechend eine ausführliche Vorbereitung. Bundesrichter sind häufig erfahrener im Umgang mit seerechtlichen Thematiken, da sie häufiger mit dieser Materie zu tun haben, als die einzelstaatlichen Gerichte. Die Prozesse sind somit stringenter. All diese Elemente wirken zum Vorteil einer gut vorbereiteten und differenziert argumentierenden Partei. Es ist entscheidend, dass im Falle einer Klage, die unter die *admiralty*-Gerichtsbarkeit fällt, Regelung 9 (h) in den Schriftsatz aufgenommen wird und darüber hinaus hinreichend dargelegt wird, dass der Streitgegenstand auch unter die **sachliche Zuständigkeit** des Bundesgerichts fällt. Einen Mandanten zu verteidigen, gegen den ein seerechtliches Verfahren in einer anderen Gerichtsbarkeit angestrengt wird, oder

---

33 USC §1333.
34 Ausführlich erklärt in *Executive Jet Aviation v. City of Cleveland*, 409 U.S. 249 (1972).
35 *Sisson v. Ruby*, 497 U.S. 358 (1990); *Foremost Ins. Co. v. Richardson*, 457 U.S. 668 (1982).

Phillip A. Bühler

dessen Verfahren der *admiralty*-Gerichtsbarkeit entzogen werden soll, erfordert eine sorgfältige Auseinandersetzung mit allen einschlägigen Vorschriften und Gesetzen.

27 Die gesetzmäßige Ausnahme von der Ausschließlichkeit der bundesgerichtlichen Zuständigkeit über seerechtliche Streitgegenstände, ist die **Savings to Suitors-Vorschrift** des 28 U.S.C. § 1333(1). Unter dieser kann ein Kläger sich dazu entscheiden, einen seerechtlichen Fall vor dem Gericht eines Einzelstaates geltend zu machen, sofern dieses Gericht die Zuständigkeit in Bezug auf die **Parteien** und den **Streitgegenstand** innehat. Dies gilt üblicherweise in Fällen von Körperverletzung oder Tötung, die außerhalb der seegerichtlichen Zuständigkeit von den Gerichten der Einzelstaaten unter Anwendung ihrer Gesetze entschieden werden. Diese Ausnahme ist ausschließlich prozessualer Art und es gab bereits eine Fülle von Anwendungsfällen. Daher ist eine umfangreiche Sammlung von Auslegungsansätzen bezüglich der Frage entstanden, wo die Grenzen der Entscheidungskompetenz der einzelstaatlichen Gerichte über seerechtliche Streitfragen liegen. Diese kritische Angelegenheit ist insbesondere im Hinblick auf Ansprüche in Körperverletzungs- oder Tötungsfällen umstritten, da in den meisten Verfahren der *admiralty*-Gerichtsbarkeit in Bundesgerichten keine Geschworenen-Prozesse stattfinden, was im Folgenden näher erläutert wird. In den Gerichten der Einzelstaaten bestünde hingegen in den entsprechenden zivilrechtlichen Prozessen ein Recht auf einen Geschworenen-Prozess nach dem *Common Law*.

28 Das grundsätzliche Verhältnis zwischen **Föderalismus und *admiralty*-Gerichtsbarkeit**, welches bereits Gegenstand ganzer Abhandlungen ist,[36] hängt mit der Frage zusammen, bis zu welcher Grenze die Einzelstaaten Gesetze mit einem **seerechtlichem Gegenstand** erlassen dürfen. Die Gesamtschau einer ebenso umfangreichen Sammlung von Gerichtsurteilen und Auslegungsvorschlägen ergibt, dass die Einzelstaaten insofern Gesetze zur Regelung des Seehandels erlassen dürfen, als dass sie nicht mit dem entsprechenden Bundesrecht im Widerspruch stehen, es aufheben oder beeinträchtigen. Diese Kompetenz wird teilweise als **maritime but local-Prinzip**[37] bezeichnet. In vielen Fällen, wie beispielsweise bei Gesetzen, die Navigations- oder Schiffprüfungsvorschriften enthalten, ist das Bundesrecht so umfassend, dass jegliches Recht der Einzelstaaten unwirksam ist und als Verletzung der ausschließlichen Kompetenz der Bundesgerichte und des US-Kongresses gilt. Jedenfalls sind die Gerichte der Einzelstaaten, selbst wenn im Zuge der Anwendung der **Savings to Suitors-Vorschrift** bestimmte seerechtsbezogene Zivilklagen ihrer Zuständigkeit unterfallen, an die Anwendung des Bundesrechts gebunden. Dies ist nur dann nicht der Fall, wenn der Gegenstand nicht bundesgesetzlich geregelt ist. Inso-

---

36 *Siehe Robertson, Admiralty and Federalism, Mineola:* The Foundation Press, 1970.
37 *Wilburn Boat Co. v. Fireman's Fund Ins. Co.,* 348 U.S. 310, 75 S.Ct. 368, 99 L.Ed. 337 (1955).

Phillip A. Bühler

fern wird ein Gericht eines Einzelstaates, selbst wenn ein Kläger vor diesem eine Körperverletzung geltend macht, die seiner Gerichtsbarkeit unterliegt, wahrscheinlich die einheitlichen Gesetze zu seerechtlichen Personenschäden, v.a. den *Jones Act* und das *GML*, anwenden.

IV. *In Rem*- und *Quasi In Rem*-Gerichtsbarkeit

Die allgemeine Regel für die Bestimmung der **richtigen Partei** eines Verfahrens im US-Gerichtssystem ist, dass die Partei **Rechtpersönlichkeit** haben muss, also eine natürliche oder juristische Person ist, die fähig ist, Rechte und Pflichten zu tragen. Unternehmen oder andere juristische Personen, wie etwa Regierungsbehörden, können Rechtspersönlichkeit besitzen. Im *Common Law* der USA können Dinge oder Eigentumsgegenstände in der Regel nicht Beklagte eines Verfahrens sein (mit einigen Ausnahmen der Enteignung durch Zivilgerichte oder bei zollrechtlichen Verfahren etc.). Trotzdem können unter dem Seerecht Eigentumsgegenstände wie Schiffe, Schiffsladungen und andere maritime Gegenstände verklagt werden und so zur Partei eines Gerichtsverfahrens werden. Sie werden *in rem* (als Sache) verklagt. Wenn sich die Klage dahingegen gegen eine Person oder ein Unternehmen, also etwa den Eigentümer des Schiffes oder die Charterfirma, richtet, muss diese *in personam* (als Person) verklagt werden. Diese Art der Gerichtsbarkeit gewinnt häufig im Zusammenhang mit **Pfandrechten** [*liens*] an Bedeutung (siehe Abschnitt C.), wodurch ein Schiff selbst als Verpflichteter neben seinem Eigentümer oder Charterer verklagt werden kann. | 29

Schiffe, Ladung und andere maritime Sachen können auch als **Sicherheiten** in seerechtlichen Verfahren oder Schiedsgerichtsverhandlungen eingebracht werden, wenn diese Verfahren in einem anderen Gerichtsstand geführt werden. In diesem Fall kann eine Klage gegen das Pfandrecht *quasi in rem* erhoben werden, sodass entweder der im örtlichen Zuständigkeitsbereich unauffindbare Eigentümer verklagt wird oder eine Sicherheit geleistet wird, regelmäßig in Form einer Geldsicherheit, die zur Auslösung des arretierten oder beschlagnahmten Gegenstandes hinterlegt wird. Solche **vorgerichtlichen Sicherheiten** und Klagen gegen „**das Res**", oder das in Frage stehende Eigentum, sind in anderen Rechtssystemen möglicherweise üblich, stellen jedoch in den USA außerhalb der *admiralty* eine Neuerung dar. Detaillierte Regelungen für *in rem* und *quasi in rem*-Klagen werden in Abschnitt G dieses Kapitels erläutert. | 30

Praxistipp

Die praktische Seite der Verfolgung einer *in rem* oder *quasi in rem*-Sache erfordert, dass das Schiff oder die Sache, die „arretiert" werden soll, gefunden werden muss. Die entsprechenden Vorschriften werden in Abschnitt G näher erläutert. In den meisten Fällen gilt, ebenso wie für eine *in personam*-Klage, dass der Klagegegner nicht im Voraus von der Klageerhebung benachrichtigt werden

Phillip A. Bühler

muss. Dies geschieht erst, nachdem eine **Ex-Parte-Anhörung** vor einem Bundesgericht oder einem Amstrichter [*magistrate judge*] stattgefunden hat, der einen **Arrest** [*warrant of arrest or attachment*] erlässt, der dann üblicherweise von einem **United States Marshal** durchgesetzt wird. All diese Schritte müssen von der Klägerpartei in Gang gesetzt und koordiniert werden. Insbesondere in solchen Fällen, in denen ein Schiff oder ein anderer beweglicher Gegenstand beschlagnahmt werden soll ist eine besonders frühe Benachrichtigung erforderlich, damit die Sache das Gebiet der gerichtlichen Zuständigkeit nicht verlässt, bevor das Arrestverfahren beendet ist. Dies setzt eine frühzeitige Benachrichtigung des Rechtsanwalts voraus, um die Verfahren vorzubereiten und durchzuführen, da dieser wiederum das Gericht, die Justizvollzugsbehörde und andere Beteiligte frühzeitig informieren muss.

V. Geschworenenprozesse unter der Seerechtsgerichtsbarkeit

31 Ein Thema, das möglicherweise im kontinentaleuropäischen Recht am wenigsten bekannt ist, ist das der Geschworenen-Prozesse im Zivilverfahren. Die US-Verfassung sieht ein Recht auf Durchführung des Prozesses vor Geschworenen für „Prozesse nach *Common Law*"[38] vor. Trotzdem gilt mit einigen Ausnahmen, dass ein solches Recht in seerechtlichen Verfahren nicht besteht.[39] Dies gilt als anerkannter Rechtsbrauch in der US-Jurisprudenz, da das Seerecht ursprünglich als vom *Common Law* separates Rechtsgebiet verstanden wurde. Diese Auffassung fand auch in Regelung 38 (e) der bundesrechtlichen Zivilprozessordnung ihren kodifizierten Ausdruck:

> „(e) Ansprüche nach *Admirality* und Seerecht. Diese Vorschriften sollen nicht dahingehend ausgelegt werden, dass ein Recht auf einen *Geschworenen*-Prozess in einem Verfahren, das nach Regelung 9 (h) der *Admirality*- und Seegerichtsbarkeit unterliegt, begründet wird."

32 Diese Grundregel kennt jedoch einige Ausnahmen. Die bereits dargelegte "*Savings to Suitors*"-Vorschrift beispielsweise, erlaubt es Rechtsbehelfe bei einzelstaatlichen Gerichten, an denen ein Geschworenen-Prozess zulässig ist, geltend zu machen. Einige Bundesgesetze, wie etwa der *Jones Act*[40] und die Vorschriften über die Region der Großen Seen,[41] sehen ein Recht auf einen Geschworenen-Prozess vor. Ein Anspruch, der zulässigerweise vor einem Bundesgericht aufgrund einer anderen Zuständigkeit – beispielsweise *diversity*[42] oder *federal question*[43] – geltend gemacht wird, enthält auch das Recht auf einen Geschworenen-Prozess. Derselbe Anspruch würde nicht das Recht auf einen Geschworenen-Prozess enthalten, wenn er unter

---

38 US Const., Amendment VII.
39 *Craig v. Atlantic Richfield Co.*, 19 F.3d 472 (9th Cir. 1994).
40 46 USC §688.
41 28 USC §1873.
42 28 USC §1332.
43 28 USC §1331.

Regelung 9 (h) geltend gemacht würde, wie bereits oben erläutert. Die Frage der gerichtlichen Zuständigkeit ist also hochkomplex und gleichzeitig von großer Bedeutung für das Verfahren.

Praxistipp

Die Tücken der US-*Geschworenen*-Verfahren sollten bekannt sein, nicht nur in Bezug auf seerechtliche Angelegenheiten. Aus der Perspektive eines Beklagten, insbesondere in Körperverletzungs- oder Tötungsfällen sollte ein Geschworenen-Prozess nach Möglichkeit vermieden werden. Die Qualität und Zuverlässigkeit der Geschworenen ist von Bundesstaat zu Bundesstaat und sogar von Stadt zu Stadt sehr unterschiedlich. Im Seerecht werden in Körperverletzungs- und Tötungsfällen in einigen bekannten Gerichtsbezirken regelmäßig hohe Strafen verhängt, in anderen Bezirken wiederum wird ausgesprochen mild verurteilt. Dies ist bei Streitfällen über Ladung, Kollisionen oder andere seerechtliche Ansprüche unerheblich, weil diesbezüglich keine Geschworenen-Verfahren stattfinden. Gleichwohl ist es am besten, sich vor Ort über die Frage beraten zu lassen, ob ein Geschworenen-Prozess vermieden werden sollte und wenn dies nicht möglich ist, welche potentiellen Risiken und Kosten drohen.

B. Internationaler Gütertransport auf dem Seeweg

In diesem Abschnitt wird der rechtliche Rahmen für den internationalen Güter- 33
transport auf dem Seeweg behandelt.

I. Die Kodifikation der Den Haag-Visby-Regeln

Praktiker, die bereits mit dem internationalen Gütertransport auf dem Seeweg oder 34
dem Seeschifffahrtsrecht zu tun hatten, sollten mit dem Übereinkommen vom
28. August 1924 zur Vereinheitlichung von Regeln über **Konnossemente** [*Bills of
Lading*], üblicherweise als „Den Haager Regeln" bezeichnet, vertraut sein.[44] Die Den
Haager Regeln wurden 1968 durch die Visby-Regeln ergänzt und modifiziert.[45] Eine
weitere Änderung, die allerdings nicht so einheitlich wie die ersten beiden umgesetzt wurde, waren die Hamburger Regeln.[46] Die Den Haager Regeln gelten, besonders im Zusammenspiel mit den Visby-Regeln als ein universelles Regime für den
internationalen Gütertransport auf See mithilfe von Frachtbriefen. Aus praktischen
Gründen galt dieses Regime während der letzten einhundert Jahre beinahe uneinge-

---

44 51 Stat. 233; T.S. No. 931; 120 U.N.T.S. 155 (In den USA am 29.12.1937 in Kraft getreten).
45 2 (U.N.) Register of Texts, ch.2. In Kraft getreten in elf Ländern am 23. Juni 1977.
46 Förmlich: UN-Übereinkommen vom 31. März 1978 über die Beförderung von Gütern auf See, UN
Doc. A/CONF. 89/14 (1978), abgedruckt (engl.) in 17 ILM 608 (1978).

Phillip A. Bühler

schränkt, obwohl mittlerweile die realistische Möglichkeit besteht, dass es im 21. Jahrhundert ersetzt werden könnte (s. u.).

35   Auch die USA haben sich diesem Regelwerk angeschlossen, allerdings unter der wichtigen Einschränkung, dass nur die ursprünglichen Den Haager Regeln von 1924 gelten. Diese wurden durch den Erlass des *Carriage of Goods by Sea Act* (COGSA) von 1936 in US-Recht umgesetzt.[47] Bis dahin war das erste und einzige Gesetz, das sich mit dem gewöhnlichen Frachtverkehr befasste, der *Harter Act* von 1893.[48] Es mag zunächst verwirren, dass der *Harter Act* von 1893 wirksam blieb, nachdem die Den Haager Regeln/*COGSA* 1936 in Kraft traten. Das liegt daran, dass die Den Haager Regeln zu dem Zeitpunkt, an dem sie durch den *COGSA* umgesetzt wurden, nur für den gewöhnlichen internationalen Frachtverkehr von und zu Häfen der USA galten. Die Vorschriften des *COGSA* (und damit der Den Haager Regeln) sind nicht auf den Handel entlang den Küsten und den Frachtverkehr zwischen verschiedenen Häfen der USA anwendbar, insbesondere nicht auf US-Außengebiete wie Puerto Rico, den Jungfraueninseln und diverse pazifischen Inseln.

36   Diese Regel kann allerdings abbedungen oder modifiziert werden, wenn der *COGSA* im Rahmen eines Frachtbriefs oder Frachtvertrags angewandt wird, insbesondere wenn er sich aus sich selbst heraus nicht auf ausländische Frachtverkehre bezieht. Diese Unterscheidung ist ein Resultat aus der protektiven Gesetzgebung in Bezug auf innerstaatlichen Handel (US-interne Hafentransporte). Ebenso ergibt sich aus den US-**Kabotage-Gesetzen,** die durch den *Jones Act*[49] umgesetzt wurden, ein spezielles Regelungswerk für die Beförderung jeglicher Güter zwischen US-Häfen, das auf, in den USA gebaute und unter US-Flagge stehende, Schiffe mit einer US-Besatzung und Eigentümern beschränkt ist.

37   Praktisch gesehen sind die materiellen Wirkungen des *COGSA* und des *Harter Acts* nahezu identisch.[50] Interessant für ausländische Rechtsanwälte könnten die Unterschiede zwischen der Gesetzesumsetzung der ursprünglichen Den Haager Regeln und den Regeln zum Gütertransport sein. Die Regeln zum Güterverkehr gelten unter den erweiterten Übereinkommen (Visby und Hamburg, möglicherweise inzwischen auch Rotterdam, s. u.) in Deutschland und den meisten anderen europäischen Ländern.

---

47 46 U.S.C.S. § 30701, vormals 46 U.S.C. §§ 1301 ff.
48 46 U.S.C. § 30701–30707.
49 46 U.S.C. § 55102 ff., dieselben Einschränkungen gelten für den Transport von Passagieren.
50 Die grundlegenden Unterschiede zwischen *COGSA* und *Harter Act* liegen in den unterschiedlichen Voraussetzungen für Exkulpationsklauseln in Frachtbriefen, und der Harter Act enthält keine Einschränkung für die Haftung für verlorene Fracht.

Phillip A. Bühler

II. Eine Zusammenfassung des *Carriage of Goods by Sea Act*

Der *COGSA* ist auf **Transportunternehmen** anwendbar, die einen **Frachtvertrag** 38
mit einem Verlader durch das Ausstellen eines **Konnossements,** oder eines anderen Vertragsdokuments, eingehen. Er ist anwendbar für den Transport mit Handelsschiffen auf dem Seeweg, wobei der Zeitraum der Anwendbarkeit nach dem
"Tackle-to-Tackle"-Grundsatz bestimmt wird. Danach beginnt der Zeitraum der
Anwendbarkeit, wenn das Schiff mit der Fracht beladen ist und endet, wenn die
Fracht im Zielhafen vom Schiff gelöscht worden ist.[51] Es ist zu beachten, dass im US-
Recht Konnossemente häufig eine sogenannte **Himalaya-Vorschrift** enthalten.
Hierdurch können Bestimmungen, Bedingungen und Limitierungen des Konnossements, die beispielsweise auch den *COGSA* per Verweisung einbeziehen können,
privatrechtlich erweitert werden auf andere Parteien des Transportprozesses, wie
zum Beispiel Beladungsdienstleister, Lagerbetriebe und Fernfahrer. So erstreckt
sich der Geltungsbereich des Frachtbriefs auf alle Teile des **intermodalen Güterverkehrs,** auch über den Transport auf dem Seeweg hinaus. Da **intermodale Konnossemente** [*through-B/Ls*] heutzutage der Regelfall sind, ist diese Praxis weithin
anerkannt (selbst vor der Verabschiedung der Rotterdamer Regeln).

Der *COGSA* sieht vor, dass der Frachtführer vor bzw. bei Beginn der Fahrt dazu 39
verpflichtet ist, unter Beachtung der im Verkehr erforderlichen **Sorgfalt** [*due dilligence*] das Schiff **seetüchtig** zu machen, eine ausreichende Besatzung bereitzuhalten, das Schiff ausreichend auszurüsten, sorgfältig die Ladung an Bord zu bringen,
sie während der Fahrt sicher zu verstauen und nach der Fahrt wieder sorgfältig zu
löschen. Weiterhin muss er alle Handlungen vornehmen, die unter dem **Sorgfaltsmaßstab** geboten sind. Einer der wichtigsten Aspekte des *COGSA* sind die **Rechte
und Immunitäten,** die dem Frachtführer zugesprochen werden. Dieser Teil des
COGSA und der Den Haager Regeln führte zu einer drastischen Ersetzung der davor
geltenden nationalen Regeln, die den Güterverkehr auf dem Seeweg vor 1924 sehr
unterschiedlich regelten. Während das englische Seerecht beispielsweise zunächst
dem Frachtführer erlaubte, Haftungsausschlüsse für Verlust und Beschädigung in
die Frachtverträge aufzunehmen, galt der Frachtführer im alten US-Recht quasi als
Bürge oder Versicherer des Gutes. Mit dem *COGSA* entstand also ein gesetzlicher
Kompromiss, der einen Schritt in Richtung der Vereinheitlichung des internationalen Güterverkehrs bedeutete.

Gemäß § 4 des *COGSA* haftet der Frachtführer nicht für Verlust oder Beschädi- 40
gung, die aus der **Seeuntüchtigkeit** des Schiffes resultieren, es sei denn, dass sie
darauf zurückzuführen sind, dass es der Frachtführer unter **Nichtbeachtung der**

---

51 Diese Tatsache ist einer der Hauptgründe dafür, dass die Rotterdamer Regeln verabschiedet
wurden. Im Zeitalter des intermodalen Güterverkehrs sind die Verträge auf alle Aspekte des Gütertransports anwendbar, insbesondere die Teilstrecken, die über den Schiffstransport hinausgehen.

Phillip A. Bühler

im Verkehr erforderlichen Sorgfalt versäumt hat, das Schiff seetüchtig zu machen. Die **Beweislast hinsichtlich der Einhaltung der Sorgfaltspflichten** liegt also beim Frachtführer. Außerdem haftet der Frachtführer nicht für die folgenden Risiken, wenn er beweisen kann, dass er **nicht fahrlässig** gehandelt hat:

a. Nautisches Verschulden des Kapitäns oder der Besatzung
b. Feuer, das nicht durch Fahrlässigkeit entstanden ist[52]
c. Gefahren der See
d. Höhere Gewalt
e. Kriegerische Handlungen
f. Handlungen von Staatsfeinden
g. Festnahmen oder Beschlagnahmen aufgrund von Gerichtsverfahren
h. Quarantäne
i. Handlungen oder Unterlassungen des Schiffs- oder Frachteigentümers
j. Streik oder Aussperrung, es sei denn diese beruhen auf Handlungen des Frachtführers
k. Aufstände und politische Unruhen
l. Seenotrettung
m. Verdorbenes Gut oder andere inhärente Mängel der Ware
n. Unzureichende Verpackung
o. Unzureichende Kennzeichnung
p. Verborgene Mängel, die nicht durch sorgfaltsgemäße Untersuchung auffallen
q. Andere Gründe, die ohne einen Vertragsverstoß des Frachtführers, seiner Hilfspersonen oder anderer ihm zuzurechnender Personen entstehen.

41 Die in der *COGSA* enthaltene **Beweislast-Umverteilung** zwischen dem Frachtführer und dem Versender erscheint auf den ersten Blick recht komplex. Grundsatz ist, dass jeder einen Teil der Verantwortung trägt, bis die Mängel und die dadurch entstandenen Schäden abschließend festgestellt worden sind.

42 Ein weiterer sehr wichtiger Aspekt des *COGSA* ist, dass er eine auf 500 Dollar **pro Paket oder andere übliche Maßeinheit beschränkte (aber durchbrechungsfähige) Haftung** vorsieht, es sei denn, der Frachtführer verzeichnet einen darüber liegenden Wert im Frachtbrief und bezahlt zusätzliche Versicherungsgebühren. In der heutigen Praxis werden häufig solche **versicherten Konnossemente** ausgestellt und die Frachtführer bezeichnen routinemäßig den Wert der Ware bei der Übergabe. Was ein „Paket" im Sinne der Haftungsgrenze von 500 Dollar begründet, wurde über die Jahre im Rahmen zahlreicher Verfahren ausführlich verhandelt. Im

---

52 Darüber hinaus besteht ein gesondertes Gesetz über das Ausbrechen eines Feuers an Bord eines Schiffes (*Fire Statute*, 46 U.S.C. § 30504), durch welches die Schutzwirkung des *COGSA* insofern noch erweitert wird, als dass die Frachtführer für den Fall des Verlustes von Gütern noch weitergehend geschützt werden.

Phillip A. Bühler

Zeitalter des **Containerverkehrs** und der **versicherten Frachtbriefe** ist die Angelegenheit weniger relevant geworden. Die Versuche von Frachtführern, die Haftungsbeschränkung geltend zu machen, wurden von den Gerichten regelmäßig abgelehnt. Dies ist insofern berechtigt, als dass der Betrag nicht mehr zeitgemäß ist und die Den Haager Regeln mehrfach überarbeitet wurden.

Ein weiterer besonderer Fallstrick des *COGSA*, auf den es zu achten gilt, ist die **43** Tatsache, dass die **Verjährungsfrist,** für die Geltendmachung von Ansprüchen wegen Beschädigung oder Verlust der Ladung, nicht unter einem Jahr liegen darf. Da in den meisten Fällen der Frachtvertrag in Form des Konnossements geschlossen wird, konkretisieren die Frachtführer in der Regel die Verjährungsfrist in diesem Dokument, unabhängig davon, ob der *COGSA* kraft einer Verweisung eingebunden ist oder von selbst Geltung entfaltet. In fast allen Fällen wählen die Frachtführer die kürzeste zulässige Frist – also ein Jahr ab dem Zeitpunkt des Verlustes oder der Kenntnis des Verlustes. In den USA gelten in den meisten zivilrechtlichen Verfahren Verjährungsfristen von drei bis fünf Jahren (sowohl in den Einzelstaaten als auch vor den Bundesgerichten). Eine einjährige Frist ist daher vergleichsweise sehr kurz bemessen. Die **Verjährungsfrist ist gerichtsverbindlich; wird sie nicht eingehalten, ist die Klage unzulässig. Der Kläger erhält in diesem Fall keine Entschädigung und kann gegen die Entscheidung auch nicht in Revision gehen.** Siehe auch Abschnitt G.

Abschließend soll noch ein Aspekt des *COGSA* hervorgehoben werden, der ei- **44** nen entscheidenden Faktor für die Veränderung der seerechtlichen Praxis in den USA darstellt. Die Vorschrift erlaubt eine **Wahl des Gerichtsstands** für Rechtsstreitigkeiten im Falle des Verlustes der Ladung. Die US-Gerichte sind traditionell sehr ablehnend, wenn es darum geht, die Entscheidung von in den USA entstehenden Streitigkeiten durch ausländische Gerichte zu erlauben und fast ebenso kritisch bezüglich der Anwendung von ausländischem Recht auf diese Streitigkeiten. Der *COGSA* wurde so ausgelegt, dass er die Rechtsprechung aller Konflikte vor US-Gerichten unter Anwendung des US-Rechts vorsieht. In den letzten Jahren haben die Gerichte ihren Ansatz bezüglich beider Kriterien gelockert, indem sie das grundlegende Recht der Parteien auf **Vertragsfreiheit** anerkannt haben, insbesondere hinsichtlich der **Wahl des Gerichtsstands** und des **anwendbaren Rechts**, wenn zumindest eine **vergleichbare Verhandlungsmacht** der Parteien besteht. Ein weiterer Durchbruch war diesbezüglich die Entscheidung des obersten Gerichthofs in der Sache Sky Reefer.[53] In diesem Urteil erkannte das Gericht das Recht der Parteien an, ein Schiedsgerichtsverfahren außerhalb der USA (in diesem Fall in London) durchzuführen, um einen Konflikt über einen Frachtbrief beizulegen.[54] Die Sky Ree-

---

53 *Vimar Seguros y Reaseguros v. M/V SKY Reefer*, 515 U.S. 528, 115 S.Ct. 2322, 132 L.Ed.2d 462 (1995), s. auch Abschnitt C.
54 Id.

Phillip A. Bühler

fer-Entscheidung hatte zur Folge, dass die Anzahl der Gerichtsverfahren wegen Streitigkeiten über Frachtgüter in den US-Gerichten erheblich sank. Zu einem nicht geringen Maß wegen der hohen Verfahrenskosten in US-Gerichten entscheiden sich nun viele Parteien für eine Beilegung außerhalb der USA, wo die Zahl darauf spezialisierter Schiedsgerichtsstände beständig zunimmt.

III. Weitere auf den internationalen Güterverkehr anwendbare US-Gesetze

45 Über den *Harter Act* und den *COGSA* hinaus ist auch der **Pomerene Act** [*US Federal Bill of Lading Act*] auf Konnossemente anwendbar.[55] Dieses Gesetz folgt im Wesentlichen dem Internationalen Übereinkommen zur Regelung von Konnossementen und Frachtbriefen, das die im Frachtverkehr zwischen den USA und anderen Ländern ausgestellten Konnossemente regelt. Materiell ist freilich das allgemeine Seerecht (*GML*) anwendbar, um die Vorschriften dieser Gesetze auszulegen und wird außerdem hilfsweise herangezogen, wo Belange des internationalen Frachtverkehrs nicht erfasst werden. Es ist anzumerken, dass die USA außerdem die sogenannten *INCOTERMS*, die internationalen Handelsklauseln anerkennen, die in die meisten Handelsverträge als Transport- und Lieferbedingungen einbezogen sind.[56]

IV. Die Rotterdam Regeln als möglicher Ersatz des *COGSA*

46 Da die USA die Änderungen der Den Haager Regeln durch die Visby- und Hamburger Regeln nicht übernommen haben, schien der *COGSA* in den 1980er Jahren schon veraltet und nicht mehr in Übereinstimmung mit den Gesetzen vieler anderer großer maritimer Staaten. In den USA wurden daher auf Drängen mehrerer Organisationen materielle Erweiterungen des *COGSA* angestrebt. Dies wurde außerdem durch die Veränderungen des internationalen Handels, insbesondere der **Container-Revolution** vorangetrieben, durch welche die Versendung von **Stückgut** nahezu abgeschafft wurde und **intermodale Konnossemente** [*Intermodal Bills of Lading*] sowie andere Arten von **Frachtverträgen** eingeführt wurden. Während viele Vertreter der Seehandelsindustrie die Änderungen befürworteten, wurde ein Kompromiss in einigen Angelegenheiten nicht erreicht. Von den 1990ern bis in die 2000er versuchten die Vertreter der Industrie und die *Maritime Law Association*, den US-Kongress zum Handeln zu bewegen, was allerdings erfolglos blieb.

---

55 46 U.S.C. §§ 80101–80116.

56 *Vgl., Incoterms 2000: ICC Official Rules for the Interpretation of Trade Terms*, Paris: ICC Pub., 1999.

Phillip A. Bühler

Gleichzeitig fand auf internationaler Ebene eine Debatte über Neuerungen der **47** Den Haager-Visby-Regeln durch *UNCITRAL* statt. Nach mehr als zehn Jahren der Verhandlungen und Entwürfe verabschiedeten die Vereinten Nationen 2009 die Rotterdam Regeln.[57] Durch das Übereinkommen (formell die *Convention on Contracts for the International Carriage of Goods Wholly or Partly by Sea*) wurde ein neues internationales Regime erschaffen, das nicht nur die Entwicklung des **Container-handels** berücksichtigt, sondern auch ein Haftungsmodell für die multi-modale Versendung von Fracht von **Tür-zu-Tür** [*door to door*] vorsieht. Das traditionelle Haftungsmodell hat dahingehend den Zeitraum von der Be- bis zur Entladung des Schiffes [*tackle-to-tackle*] berücksichtigt. Obwohl die Rotterdam Regeln bereits 2009 von der Generalversammlung der Vereinten Nationen verabschiedet und unmittel-bar danach von den erforderlichen zwanzig Staaten unterzeichnet wurden, wurden die Beitritts- und Ratifikationsurkunden noch nicht alle hinterlegt, sodass sie noch nicht in Kraft getreten ist. Einige Staaten, darunter die USA, haben das Übereinkom-men noch nicht unterzeichnet, geschweige denn ratifiziert. Obwohl also die große Hoffnung bestand, dass die USA durch die Rotterdam Regeln endlich den *COGSA* erweitern würden, ist bis dato noch keine Änderung in Sicht.

Für den Fall, dass die USA die Rotterdam Regeln übernehmen oder den *COGSA* **48** durch ein formelles Gesetz erweitern, werden die folgenden Veränderungen des Den Haager Systems erwartet:

1. Einbeziehung des intermodalen Frachtverkehrs nach dem Tür-zu-Tür-Modell anstelle des *Tackle-to-Tackle*-Modells
2. Erhöhung der Haftungsgrenze auf (derzeit) 875 Sonderziehungsrechte (ca. $1.385,00) oder drei Sonderziehungsrechte pro Kilogramm (ca. $4,75)
3. Neue Vorschriften über Schadensersatz bei Lieferverzug
4. Abschaffung des „navigatorischen Verschuldens" als Exkulpationsgrund
5. Ersatz der einjährigen, durch eine zweijährige Klagefrist
6. Ausweitung der Vorzüge und Beschränkungen auf alle „maritim leistenden Par-teien" unabhängig von einer Himalaya- Vorschrift. Erweiterte Möglichkeit, zur Wahl des Gerichtsstands
7. Erweiterte Schiedsstandsklausel
8. Haftungsübernahme für Deckladung
9. Beweislastverschiebungen

---

[57] U.N. Doc. A/RES/63/122 (Dec. 11, 2008). Volltext (engl.) unter: www.uncitral.org/uncitral/en/ uncitral_texts/transport_goods/2008rotterdam_rules.html.

Phillip A. Bühler

C. Seerechtliche Verträge und Pfandrechte

49 Für Rechtsanwälte, deren Mandanten ein wirtschaftliches Interesse an Güterverkehr, Schiffsbetrieb, Bau, Reparatur und Bestückung haben, stehen mehrere Vertragsarten zu Wahl, um **Sicherheitsforderungen** auf Schiffe oder Fracht geltend zu machen. Diese Vertragsarten bestehen in unterschiedlichen Formen in jedem Rechtssystem. Das US-Recht enthält aber Elemente, die sich nicht nur von den kontinentaleuropäischen Rechtssystemen unterscheiden, sondern sogar von Ländern, in denen *Common Law* gilt und deren Seerecht ebenso in großen Teilen dem englischen System entstammt. Es ist daher lohnenswert, sich einen groben Überblick über diese wichtige Gebiete zu verschaffen. Außerdem haben die USA sich in den letzten Jahren zunehmend der Anwendung ausländischen Rechts geöffnet, die Schiedsgerichtsbarkeit als Ersatz für Gerichtsverfahren anerkannt und selbst weite, flexible Ansätze zur Wahl des anwendbaren Rechts, des Gerichtsstands sowie der Einbeziehung von Schiedsvorschriften in Verträgen entwickelt.

50 Es besteht umfangreiches Fallrecht und eine große Zahl von wissenschaftlichen Arbeiten zu zwei Aspekten dieses Themas – Charterverträge und seerechtliche **Pfandrechte** [*maritime liens*]. Im Folgenden sollen sie nur sehr grundlegend dargestellt werden.[58]

I. Zuständigkeit für seerechtliche Verträge

51 Die Bestimmung der *admiralty*-Zuständigkeit für Verträge bestimmt sich nach anderen Parametern als die Zuordnung bei Delikts- und Unfallschadenshaftung. Auf schiffbaren Gewässern stellt beispielsweise der Standort kein vernünftiges Kriterium für die Bestimmung der Zuständigkeit dar. Stattdessen „erstreckt sich die Zuständigkeit der *admiralty*-Gerichtsbarkeit [...] auf alle Verträge [...] welche die Navigation, die Geschäftstätigkeit oder den Handel auf See betreffen."[59] Der oberste Gerichtshof lehnte eine englische Regel ab, welche die *admiralty*-Gerichtsbarkeit nur auf solche Verträge beschränkte, die auf See geschlossen wurden oder dort auszuführen sind und betonte, dass das entscheidende Kriterium die Natur und der sachliche Inhalt des Vertrags sei. Die Zuständigkeit sei zu bejahen, wenn ein Vertrag maritime Dienstleistungen oder Transaktionen betrifft.[60] Man kann sich vorstellen, dass hinsichtlich der Frage, ob ein Vertrag „maritim" ist und der *admiralty*-Gerichts-

---

58 *Siehe z. B.* Poor, *Poor on Charter Parties and Ocean Bills of Lading* (5th Ed.), N.Y: Mathew bender & Co.; Wilford, *Time Charters*, London: *Lloyds of London Press*; Cooke, *Voyage Charters*, London: Lloyds of London Press; Tetley, *Maritime Liens and Claims* (2d Ed.), *s. o.*

59 DeLovio v. Boit, 7 Fed.Cas. 418 (C.C.D. Mass. 1815).

60 *New England Mutual Marine Ins. Co. v. Dunham*, 78 U.S. (11 Wall.) 1, 20 L.Ed. 90 (1871).

Phillip A. Bühler

barkeit unterliegt, zahlreiche Rechtsstreite geführt wurden, was zu einem umfangreichen Fallrecht in dem Bereich geführt hat.

Die Gerichte beschäftigen sich mit dem Sinn und Zweck des jeweiligen Vertrags 52 und untersuchen, ob dieser Zweck in Verbindung mit einem Schiff und dem Seehandel oder dem **Schiffsbetrieb in schiffbaren Gewässern** steht. Wenn beispielsweise ein Vertrag die Bestückung eines Schiffs mit Kraftstoff und Proviant regelt, erfüllt er deutlich die Voraussetzung „maritim", gleiches gilt für Charterverträge (siehe unten). Während allerdings Verträge über die Reparatur eines Handelsschiffes ebenso „maritim" sind,[61] gilt dies nicht für einen Vertrag über den Bau eines Schiffes.[62] Letzteres ist der Fall, da ein solcher Vertrag der Steuerung des Schiffes nur vorgelagert ist.[63] Die Gerichte müssen in Zweifelsfällen häufig auf die **Präzedenzrechtsprechung** zurückgreifen, um festzustellen, ob ein Vertrag die Voraussetzungen erfüllt. In solchen Fällen erlaubt die *admiralty*-Gerichtsbarkeit die Anwendung des Seerechts mit einigen Vorteilen, wie beispielsweise die Einbeziehung seerechtlicher Pfandrechte (siehe unten) und die dazugehörigen Verfahren.

II. Gerichtsstandsvereinbarungen, Schiedsgerichtsbarkeitsvorschriften und Gerichtsstand *Non Conveniens*

Traditionell waren die USA stets sehr skeptisch, wenn es darum ging, sich in 53 US-Gerichten mit ausländischem Recht auseinanderzusetzen. Dies hat sich in den letzten Jahrzehnten verändert, zumindest, wenn es um **vereinbarte Vertragsvorschriften** ging. Ebenso waren viele Gerichte zunächst zurückhaltend, ausländischen vertraglichen Schiedsvorschriften und sogar **Gerichtsstandsvereinbarungen, die ein ausländisches Gericht** bestimmten zur Durchsetzung zu verhelfen. Insbesondere dann, wenn diese einen Fall gegen den Willen des Klägers der US-Gerichtsbarkeit entziehen würden, obwohl die personale und sachliche Zuständigkeit in den USA gegeben war. Diese Haltung begann vor mehr als einem halben Jahrhundert zu erodieren, jedenfalls hinsichtlich seerechtlicher Streitigkeiten vor Bundesgerichten.

1. Gerichtsstandsvereinbarungen

Prinzipiell wenden US-Gerichte, zumindest auf Bundesebene, sowohl **Rechtswahl-** 54 **vereinbarungen über ausländisches Recht** (wodurch ausländisches Recht in US-

---

61 *New Bedford Dry Dock Co. v. Purdy*, 258 U.S. 96, 42 S.Ct. 243, 66 L.Ed. 482 (1922).
62 *People's Ferry Co. v. Beers*, 61 U.S. (20 How.) 393, 15 L.Ed. 961 (1858) stellte fest, dass der Vertrag an Land geschlossen wurde und auch an Land durchzuführen war.
63 *J.A.R. Inc. v. M/V Lady Lucille*, 963 F.2d 96 (5th Cir. 1992).

Phillip A. Bühler

Gerichten angewandt wird) als auch **Gerichtsstandsvereinbarungen** an, sofern zwei Voraussetzungen gegeben sind. Zunächst muss eine Partei, wenn sie den Rechtsstreit an ein ausländisches Gericht verlegen will, beweisen, dass dieses Gericht eine, mit der US-Gerichtsbarkeit vergleichbare Rechtsprechungskompetenz besitzt. Zweitens darf der Vertrag weder **übervorteilend** oder **erdrückend** (im Sinne eines **Knebelungsvertrags**) sein, noch dürfen die Parteien derart ungleichmäßige Verhandlungspositionen haben, dass eine Partei der Klausel gegen ihren Willen zustimmen musste. Das Urteil, durch welches die Anwendbarkeit von Gerichtsstandsvereinbarungen in seerechtlichen Verträgen zugelassen wurde, war M/S BREMEN v. Zapata Off-Shore Co.[64], wo es um einen Schleppvertrag ging. Indem die Gerichte im Fall von seerechtlichen Verträgen auch ausländische Gerichtsstandsklauseln zulassen, entsprechen sie damit dem US-Prinzip der Vertragsfreiheit (im Gegensatz dazu sind die Gerichte strenger, wenn es um Arbeitsverträge der Besatzung etc. geht).

Praxistipp

Es ist wichtig, dass Gerichtsstandsvereinbarungen sorgfältig und vollständig formuliert sind, um ihre Durchsetzbarkeit zu garantieren. Es gibt Präzedenzrechtsprechung über den genauen Wortlaut, der verwendet werden sollte, damit eine Gerichtsstandsvereinbarung in Inhalt und Umfang klar, unzweideutig und durchsetzbar ist. Einfache Formulierungen wie „die Zuständigkeit über jegliche Streitigkeiten liegt bei den einzelstaatlichen Gerichten oder Bundesgerichten des Staates New York" sind mittlerweile nicht mehr ausreichend. Ficht eine Partei einen bestimmten Gerichtsstand an, gilt es, weit präziser zu sein. Dasselbe gilt, wenn die Anwendung von Recht bestimmt wird, das nicht das des gewählten Gerichtsstands ist.

---

2. Rechtsanwendungsklauseln

55 US-Gerichte haben sich – zumindest auf Bundesebene – zuletzt sehr dahingehend geöffnet, dass sie ausländisches Recht insbesondere in solchen Situationen anwenden, wenn die Parteien sich auf die Anwendung eines spezifischen Rechts schriftlich geeinigt haben. In Fällen, in denen keine Übereinkunft getroffen wurde, kann eine Partei dies trotzdem beantragen, sofern es logisch erscheint. Das ist beispielsweise der Fall, wenn es sich um einen geschäftlichen Rechtsstreit handelt, bei dem sich große Teile der Aktivitäten im Ausland zugetragen haben, der aber aus anderen Gründen unter die US-Zuständigkeit fällt. Die Entscheidung des Gerichts wird sich nach wie vor auf den Sachverhalt und die Fakten des Falles stützen. Ebenso wie bei der Wahl des Gerichtsstands müssen einige Voraussetzungen vorliegen, damit das

---

64 407 U.S. 1, 32 L.Ed. 2d 513, 92 S.Ct. 1907 (1972).

Phillip A. Bühler

anwendbare Recht im Konfliktfall bestimmt werden kann.[65] Die bundesrechtliche
Zivilprozessordnung enthielt ursprünglich eine formelle Methode für die Annahme
ausländischen Rechts. Dies kann jedoch mittlerweile kraft einer Vielzahl von Ansätzen zugelassen werden, insbesondere durch die Heranziehung von Gutachten ausländischer Sachverständiger oder einer Einführung der US-Anwälte in das jeweilige
ausländische Recht.

3. *Forum non conveniens*

Dieses grundlegende Prinzip für die Entziehung oder Ablehnung eines Falles in den 56
US-Gerichten sieht vor, dass in Fällen, in denen ein anderer, besser geeigneter Gerichtsstand (insbesondere im Ausland) besteht, dieser gewählt werden kann. Dieses
Konzept ist sowohl in Bundesgerichten als auch den Gerichten der Einzelstaaten für
Zivilsachen weithin akzeptiert, gilt allerdings im Seerecht schon sehr lange. Der entscheidende Fall war Gulf Oil Corp. V. Gilbert.[66] Der oberste Gerichtshof entwickelte
darin einen mehrstufigen Interessentest, der eine Abwägung vorsieht, damit bestimmt werden kann, ob der Fall (bei Fehlen einer vertraglichen Gerichtsstandsvereinbarung) vor einem US-Gericht bleiben oder verwiesen werden sollte. Die dafür
wichtigeren „**privaten Interessen der Verhandlungsparteien**" drehen sich unter
anderem um die Fragen, wie viel Aufwand für die Parteien für das Erreichen des
gewählten Gerichtsstands erforderlich ist, wie schwierig die Erlangung von Beweisen vor Ort ist und ob eine Anwesenheitspflicht für eine Partei besteht, die sich
weigert, anzureisen und wie die damit verbundenen Kosten abzuwickeln sind. Weitergehend von Interesse für die Parteien ist, ob die Möglichkeit besteht, die Gerichtsgebäude vorher zu besichtigen, sowie „alle anderen praktischen Probleme,
durch welche der Prozess eines Falles vereinfacht, beschleunigt oder vergünstigt
wird."[67] Das „**öffentliche Interesse**" bezieht die folgenden Erwägungen mit ein:
Administrative Schwierigkeiten des Gerichts oder eine hohe Belastung des Gerichts
wegen einer Vielzahl von Anträgen, anderweitige Auslastung des Gerichts, örtliche
Entfernung von Personen, die von dem Verfahren betroffen sind, sowie die Vertrautheit des beauftragten Gerichtes mit dem anzuwendenden Recht.[68] Darüber hinaus wird in Fällen, in denen ein Antrag auf Verweisung an ein ausländisches Gericht vorliegt, vom Gericht erwartet, dass es analysiert, wie sich die Anwendung des
US-Recht beziehungsweise des ausländischen Rechts auf die Streitfrage auswirken,

---

65 *Laritzen v. Larsen*, 345 U.S. 571, 73 S.Ct. 921, 97 L.Ed. 1254 (1953); *Hellenic Lines v. Rhoditis*, 398
U.S. 306, 90 S.Ct. 1731, 26 L.Ed.2d 252 (1970).
66 330 US 501, 67 S.Ct. 839, 91 L.Ed. 1055 (1947).
67 330 U.S. S. 508.
68 330 U.S. S. 509.

Phillip A. Bühler

was schon für sich genommen eine umfassende Prüfung darstellt.[69] Die Anwendung des US-Rechts würde selbstverständlich traditionell gegen die Verweisung oder Aussetzung des US-Gerichtsstands sprechen.

4. Schiedsgerichtsbarkeitsklauseln

57 Die Durchsetzbarkeit ausländischer Schiedsgerichtsbarkeitsklauseln für die Anwendung seerechtlicher Vertragsstreitigkeiten wurde in der Entscheidung *Sky Reefer*[70] anerkannt. Das Gericht erkannte die Durchsetzbarkeit ausländischer Schiedsgerichtsbarkeitsklauseln für die Anwendung seerechtlicher Vertragsstreitigkeiten an. Vor diesem Urteil wurden **Konnossemente**, die Teile des *COGSA* einbezogen, als nicht durchsetzbar betrachtet, selbst wenn sie eine **Gerichtsstandsklausel** enthielten. Sogar kraft solcher Konnossemente wurden Verfahren nicht verwiesen, da die Gerichte den *COGSA* so auslegten, dass das Gesetz die US-Gerichtsbarkeit hinsichtlich aller darauf beruhenden Ansprüche vorsah. In Sky Reefer hat der oberste Gerichtshof festgestellt, dass eine Schiedsklausel in einem Konnossement, unabhängig davon, ob sie individualvertraglich vereinbart oder durch einen Chartervertrag einbezogen wurde, oder ob sie einen heimischen oder ausländischen Gerichtsstand wählt, gültig ist.[71] Nach diesem Urteil wurden Schiedsklauseln in den meisten Konnossementen aufgenommen und auch in anderen Vertragstypen wurde die Gerichtsbarkeit für Ansprüche auf Haftung für beschädigtes oder verlorenes Gut häufig ins Ausland verlagert. In letzter Zeit hat dies zu einem starken Rückgang derartiger Verhandlungen in den US-Gerichten geführt und diese Ansprüche sind beinahe aus der seerechtlichen Praxis der US-Gerichte verschwunden.

58 Der *Federal Arbitration Act*[72] begünstigt die Vereinbarung von Schiedsklauseln in seerechtlichen Verträgen und es hat bis jetzt noch keine entgegenstehenden Verbote außerhalb des *COGSA* gegeben.

5. Tickets für Passagierschiffe

59 Ein vielfach mit Prozessen belegtes Gebiet des Seerechts sind die **Gerichtsstandsvereinbarungen,** die in den Tickets von Kreuzfahrtschiffen enthalten sind. Die meisten größeren Kreuzfahrtunternehmen haben ihre Führungszentren oder gar ihre Hauptverwaltung in Miami, dem größten Kreuzschifffahrts-Hafen der Welt. Daher legen die meisten dieser Ticketklauseln die einzelstaatlichen Gerichte oder Bundesgerichte von

---

69 *Laritzen v. Larsen, s. o.; Hellenic Lines v. Rhoditis, s. o.* Beide dieser Fälle enthalten eine Liste der Faktoren, die für die Bestimmung des anwendbaren Rechts entscheidend sind.
70 *Vimar Seguros y Reaseguros v. M/V Sky Reefer,* 515 U.S. 528, 115 S.Ct. 2322, 132 L.Ed.2d 462 (1995).
71 Id.
72 9 U.S.C. Sec. 1 ff.

Phillip A. Bühler

Miami als **ausschließlichen Gerichtsstand,** für alle Ansprüche aus dem Kreuzschiff-fahrtsvertrag fest. Eingeschlossen sind hiervon auch Ansprüche von Passagieren aus Verletzungen gegen die körperliche Unversehrtheit und das Leben. Dies geht darauf zurück, dass die Unternehmen andernfalls in verschiedenen Gerichten überall in den USA oder weltweit (vorbehaltlich des *Forum Non Conveniens*-Einwands) verklagt werden könnten, da Kunden aus aller Welt Tickets erwerben. Außerdem haben die meisten der Kreuzfahrt-Unternehmen ein eigenes hausinternes Justiziariat, das sich mit den regelmäßig entstehenden Rechtsstreitigkeiten auseinandersetzt.

Während man ein vorformuliertes Kreuzfahrt-Ticket im US-Recht intuitiv als 60 einen klassischen Knebelungsvertrag einordnen würde, da die Verhandlungsposi-tionen eines großen Kreuzfahrtunternehmens und eines einzelnen Passagiers sehr unterschiedlich sind, haben die Gerichte interessanterweise konsistent die Durch-setzbarkeit der ausschließlichen Gerichtsstandsvereinbarungen in diesen Verträgen bejaht.[73]

III. Charterverträge

Verträge, die zur Überlassung eines Schiffes geschlossen werden, werden schon seit 61 den frühen Tagen des internationalen Seeverkehrs verwendet. Die folgenden For-men dieses Vertragstyps sind im US-Recht anerkannt und unterscheiden sich in wichtigen Punkten hinsichtlich des Haftungsmaßstabs, sowie der umfassten Pflich-ten von Schiffseigentümern und Charterern nach US-Seerecht. Diese Haftungsrege-lungen unterscheiden sich möglicherweise von denjenigen, die in anderen Rechts-systemen auf derartige Verträge anwendbar wären.

Außerdem muss beachtet werden, dass im modernen Güterfrachtverkehr die 62 Mehrzahl der Schiffe üblicherweise von einer Reihe von **Charterern und Unter-charterern** betrieben wird. In Einzelfällen kann ein Geschäft verschiedene Ebenen von **Charterern, Unterchartern und Unter-Unterchartern** umfassen oder letztendlich sogar als **gemeinschaftliche Fracht** deklariert werden. Im Folgenden werden die verschiedenen Arten von Charterverträgen sowie deren Auswirkungen im US-Recht erläutert.

1. *Demise* Charter

Bei dieser Art des Chartervertrags geht es um die Überlassung eines unbemannten 63 Schiffes [engl. auch ***bareboat charter***]. Im US-Rechtsjargon gilt der Charterer als **Eigentümer *pro hac vice***. Unter einem *Demise* Chartervertrag erhält der Charterer

---

73 *Carnival Cruise Lines, Inc. v. Shute*, 499 U.S. 585, 111 S.Ct. 1522, 113 L.Ed.2d 622 (1991).

Phillip A. Bühler

den vollen Besitz und umfassende Kontrolle über das Schiff und muss seine eigene Besatzung, Ausstattung mit Treibstoff, Verpflegung etc. bereitstellen. Der Charterer hat in diesem Fall auch die vollständige Kontrolle über das Schiff und ist nicht nur für die Festlegung der Routen und der durchgeführten Handelsgeschäfte verantwortlich (diese Vereinbarungen können Gegenstand anderer Chartervertragstypen sein). Er trägt darüber hinaus auch die Verantwortlichkeit für den kompletten Unterhalt und den Betrieb des Schiffes, insbesondere der Anstellung der Besatzung. Die praktisch einzige Pflicht des überlassenden Schiffseigners ist die Bereitstellung eines **seetüchtigen** Schiffes bei **Vertragsbeginn** [*initial seaworthiness*]. Das bedeutet, dass der eingetragene Eigner sicherstellen muss, dass alle **verborgenen Mängel,** die ihm bekannt sind, beseitigt wurden und das Schiff in einem seetüchtigen Zustand an den Charterer übergeben wird. Die Feststellung der **Seetüchtigkeit** bestimmt sich nach der **allgemeinen Verkehrsauffassung eines vernünftigen und umsichtigen Eigners.** Ein kommerziell typischer *Demise* Chartervertrag (wie etwa *BARECON* von *BIMCO*) enthält in der Regel auch Konkretisierungsvorschriften hinsichtlich dieser Pflichten.

64   Sobald das Schiff in den Besitz des *Demise* Charterers übergegangen ist, obliegen ihm zusätzlich zu den Privilegien eines Eigentümers auch besondere Pflichten. Der *Demise* Charterer trägt die Haftung für nahezu alle Aspekte des Schiffsbetriebs, als wäre er der eingetragene Eigner. Das bedeutet, dass er für Frachtverlust oder Frachtschäden, Körperverletzung, **Kollisionen/Allisionen,** und anderen durch Navigation oder den regelmäßigen Betrieb entstehenden Schäden Dritter, sowie für Umweltgefährdungen haftet. Ebenso kann der *Demise* Charterer, dessen Rechtsstellung einem Pachtvertrag ähnelt, für die allermeisten Verletzungen von internationalen oder US-Regelungen haftbar gemacht werden. Dies betrifft u. a. die Nichtbeachtung von Sicherheitsvorschriften, Verschmutzungshandlungen und anderen gesetzlichen Vorschriften unter Bundes- oder einzelstaatlichem Recht. Die einzige verbleibende Haftungspflicht des eingetragenen Eigners in einer solchen Vertragskonstellation wäre das Risiko eines schadhaften Schiffes oder einer **bereits vorhandenen versteckten** Beschädigung, die der Eigner verschwiegen hat.

65   Da der *Demise* Charterer nahezu die gesamte Verantwortung eines eingetragenen Eigners übernimmt, erhält er auch bestimmte Privilegien, die das Recht diesem vorbehält. Besonders hervorzuheben ist dahingehend das sich aus dem *US Limitation of Liability Act*[74] ergebende Haftungsprivileg, das der unverklagte, gutgläubige Charterer ebenso wie der Eigner geltend machen kann.[75]

---

74   46 U.S.C. §§ 30501–30512.

75   Die Ausführungen zum *US Limitation of Liability Act* sprengen den Rahmen dieses Kapitels, aber dieses Rechtsgebiet geht ebenso auf das alte englische Seerecht zurück.

Phillip A. Bühler

2. Zeitcharter

Im Rahmen dieser Ausgestaltung des Chartervertrags mietet der Charterer das Schiff 66
für eine bestimmte Dauer. Unter den meisten Zeitcharterverträgen stellt der Eigner
allerdings die Besatzung und behält mehr Kontrolle über das Schiff als bei einem
Demise Charter. Ein Zeitcharterer kann üblicherweise die anzulaufenden Häfen festlegen und die Reiseroute bestimmen und hat die Pflicht, sich um die Versorgung des
Schiffes mit Kraftstoff, Verpflegung und anderen für den Betrieb erforderlichen
Notwendigkeiten zu kümmern. Dennoch kann der Zeitchartervertrag auch bestimmte Einschränkungen enthalten. Beispielsweise kann der Eigner zur Verantwortung
für den fahrlässigen Betrieb des Schiffes herangezogen werden, da die Besatzung im
Verantwortungsbereich des Eigners liegt und kraft ihres Arbeitsverhältnisses eine
Haftungsübernahme durch diesen vorliegt. Diese Tatsache ist für das US-Recht
entscheidend und geht auf das umfassende **deliktsrechtliche Haftungsregime**
sowohl des US-Seerechts als auch des *Common Law* der einzelnen US-Staaten im
Allgemeinen zurück. Um festzulegen, ob im Falle einer Schädigung von Hafenarbeitern, Besatzungsmitgliedern oder Dritten bzw. anderen Schiffen die Haftung beim
Zeitcharterer oder beim Eigner liegt, müssen Umfang und Inhalt der Kontrollpflich-
ten der beiden Parteien in Bezug auf das Schiff trennscharf festgelegt werden. Da
die Besatzungsmitglieder Angestellte des Reeders sind, haben sie diesem gegenüber
unter dem *Jones Act* (s. Abschnitt D, unten) einen Anspruch auf gesundheitliche
Pflege und Versorgung während ihrer Zeit auf See. Dies gilt ungeachtet der Tatsache, dass der Charterer den Betrieb des Schiffes bestimmt. Diese feinen Unterscheidungen werden in einer Fülle von Fallrecht untersucht.

3. Reisecharter

In vielerlei Hinsicht wird der Reisecharter sehr ähnlich wie der Zeitcharter behan- 67
delt. Unter einem Reisechartervertrag mietet der Charterer das Schiff für eine bestimmte Reise zwischen Häfen. Dies kann sowohl eine einzelne Fahrt, als auch mehrere Fahrten zwischen verschiedenen Häfen bedeuten. Abermals stellt in den meisten Reiseverträgen der eingetragene Eigner die Besatzung. Er behält bei dieser Form
jedoch noch mehr Kontrolle über das Schiff als in einem Zeitcharterverhältnis, was
auch daran liegt, dass ein Reisecharter regelmäßig eine kürzere Vertragsdauer hat
als ein Zeitcharter. In solchen Fällen trägt der Eigner ein größeres Haftungsrisiko als
der Charterer, der in einem gewissen Sinne lediglich „auf eine Fahrt mitkommt“.
Erneut sollten auch hier immer die besonderen Vertragsbestimmungen des Chartervertrags zu Rate gezogen werden, um Inhalt und Umfang der Privilegierungen und
Haftungsvereinbarungen zu bestimmen.

Phillip A. Bühler

4. *Slot* Charter

68 Da die meisten Güter heutzutage in Containern verfrachtet werden, ist der *Slot Charter* mittlerweile eine sehr übliche Form des Chartervertrags. Obwohl er nicht mit gemeinschaftlicher Fracht verwechselt werden sollte (s. u.), ermöglicht es diese Art des Chartervertrags dem Charterer, einen bestimmten Raum an Bord eines Containerschiffs für die Benutzung seiner Container zu mieten. Der Vertrag kann sich auf mehrere Reisen beziehen und die Verschiffung mehrerer Container über längere Zeiträume umfassen, je nach den Vertragsbestimmungen im Einzelnen. Unter diesen Umständen übernimmt der Charterer quasi keine Haftungsrisiken oder Verantwortung für jegliche Teilaspekte des Schiffsbetriebs, abgesehen von solchen Gefahren, die von der Ladung selbst ausgehen (wie beispielsweise in einer Situation, in der gefährliche Fracht andere Güter beschädigt oder Personal verletzt). Die einzigen Streitigkeiten, die aus einem *Slot Charter* erwachsen könnten, sind üblicherweise geschäftlicher Natur und oft mit Streitigkeiten zwischen dem Eigner und dem Charterer über die Erfüllung des Chartervertrags verbunden.

5. Raumcharter

69 Hinsichtlich der Vertragsziele und -zwecke ähnelt dieser Vertragstyp dem *Slot Charter*. In beiden Fällen mietet der Charterer weniger als das gesamte Schiff, möglicherweise einen kleinen Teil des Frachtraums, und trägt daher auch wenig Verantwortung für Handlungen oder Unterlassungen im ordnungsgemäßen Betrieb des Schiffes. Natürlich muss immer darauf geachtet werden, dass der Versender der Fracht stets für gefährliche Güter haftet, sofern durch seine Fracht Menschen oder Sachgüter verletzt werden. Praktisch relevant sind insbesondere Fälle, in denen die Fracht nicht ordnungs- und vorschriftsgemäß vor der Verschiffung verpackt oder als Gefahrgut gekennzeichnet wurde.

6. Gemeinschaftliche Fracht

70 Diese Bezeichnung umfasst den Transport von Gütern auf dem Seeweg an Bord eines Schiffes, das nicht im Eigentum des Versenders steht, keine der oben genannten Vertragskategorien darstellt und gewöhnlich unter die Bedingungen der *Bill of Lading* fällt. Die internationale Versendung von Gütern auf dem Seeweg, bei der US-Häfen angelaufen werden, insbesondere im intermodalen Frachtverkehr, unterliegt internationalen Übereinkommen und den US-Gesetzen (siehe Abschnitt B).

IV. Seepfandrechte

71 Das Recht der **Seepfandrechte** [*maritime liens*] ist ein weiterer Bereich des US-Seerechts, der aus dem englischen Recht stammt und dessen Entstehung weit in die

Phillip A. Bühler

Rechtsgeschichte zurückgeht. Dennoch sollten Juristen einmal mehr beachten, dass nach dem US-Seepfandrecht bestimmte Pfandrechte anerkannt sind und eine **Rangfolge** hinsichtlich der Geltendmachung vorgesehen ist, die sich stark von den Regelungen anderer kontinentaleuropäischer und *Common Law* Jurisdiktionen unterscheidet.

Ein Seepfandrecht ist eine Möglichkeit, sowohl **Sicherheiten** an einem Schiff zu 72 erlangen, als auch die Gerichtsbarkeit über bestimmte Ansprüche aus dem Schiffsbetrieb, aus Verträgen, die im Zusammenhang mit dem Schiff stehen, sowie deliktische Ansprüche gegen das Schiff selbst oder den Eigentümer, zu bündeln. Der Eigentümerbegriff bezieht in diesem Fall sowohl den eingetragenen Eigner als auch den Charterer ein, der sich unter Umständen durch den Chartervertrag zur Übernahme eines Seepfandrechts verpflichtet hat.

Seepfandrechte beruhen im US-Recht im Wesentlichen auf zwei Quellen. Die 73 erste ist der *Commercial Instruments and Maritime Lien Act*.[76] Zweitens existiert ausführliches Fallrecht, das seine Wurzeln teilweise noch im englischen Recht hat und im Fall des Fehlens entgegenstehender US-Regelungen fort gilt.

Die USA sind nicht Partei der 1926 oder 1967 geschlossenen Übereinkommen 74 über Seepfandrechte und haben daher die **Rangordnungen der Seepfandrechte** im Rahmen dieser Übereinkommen nicht übernommen. Die Rangordnung der verschiedenen Hypotheken und Pfandrechte im US-Recht wird maßgeblich durch Auslegung von den Gerichten bestimmt. Von mancher Seite wird angeführt, dass diese Auslegung verwirrend und nicht eindeutig sei.[77] Im Folgenden soll ein kurzer Überblick über die im US-Recht zur Verfügung stehenden Pfandrechte, ihrer Rangfolge nach, gegeben werden. Ebenso ist zu beachten, dass in denjenigen Fällen, in denen ein US-Gericht ein Seepfandrecht aufgrund eines auf ausländischem Recht beruhenden Anspruches bejaht, dieses Pfandrecht so entsteht, wie es das äquivalente Recht in der US-Rangfolge würde.[78] Seepfandrechte können nicht durch vertragliche Vereinbarungen entstehen (anders als die Durchsetzung eines auf Vertrag beruhenden Anspruches für die Erstattung **notwendiger Aufwendungen**).[79]

1. Liste typischer Seepfandrechte nach ihrer Rangfolge

Die **bevorzugte Schiffshypothek** [*preferred ship's mortgage*] nach dem *Ship Mort-* 75 *gage Act*[80], in der Regel eine ordnungsgemäß eingetragene Schiffshypothek, steht auf der höchsten Rangstufe, wenn in das Schiff vollstreckt wird. Die Schiffshypo-

---

76 46 U.S.C. § 31.301–31.343.
77 William Tetley, *Maritime Liens and Claims*, S. 620–621.
78 *Trinidad Foundry and Fabricating, Ltd v. M/V Cas Camilla*, 966 F.2d 613 (11th Cir. 1992).
79 *Newell v. Norton*, 70 U.S. 257 (1865).
80 46 USC §31301 ff.

Phillip A. Bühler

thek schließt die Verbindlichkeit sowie Zinsen und gegebenenfalls anfallenden Anwaltskosten mit ein, wenn dies im Hypothekenbrief aufgeführt ist. Dennoch sieht der *Ship Mortgage Act* auch andere Seepfandrechte vor, die im Rang selbst einer eingetragenen Schiffshypothek vorgehen können. Dies sind insbesondere solche Seepfandrechte, die die Besatzung und die **rechtmäßige Beschlagnahme** des Schiffes [*custodia legis*] betreffen, besonders wenn diese vor der Eintragung der Hypothek durchgeführt wurde. Folgende Rangfolge besteht bei den weiteren Seepfandrechten:

- Aufwendungen wegen *Custodia Legis*. Dies ist strenggenommen kein tatsächliches Seepfandrecht, jedoch sind hier die Kosten aufgeführt, die durch die Festsetzung oder Beschlagnahme des Schiffes, für die Durchsetzung einer Hypothek oder eines Seepfandrechts entstehen. Anwaltskosten sind hingegen nicht enthalten.
- Das Arbeitsentgelt der Kapitäne und der Besatzung des Schiffes.
- Pfandrechte für Ansprüche aus unerlaubter Handlung bei Personenschäden an der am Schiff beschäftigten Besatzung und Hafenarbeitern, sowie sonstigem Personal.
- Der Arbeitslohn von Hafenarbeitern, die unmittelbare Angestellte des Eigners, Betreibers oder deren Vertreter sind.
- Bergungslohn, einschließlich des vertraglich vereinbarten Bergungslohns.
- Pfandrechte an der Fracht gegen das Schiff im Falle einer **großen Havarie** [*salvage lien*].
- Ansprüche aus unerlaubter Handlung für Eigentumsverletzungen aus Kollisionen/Allisionen.

76 Schriftlich oder konkludent vereinbarte vertragliche Ansprüche, insbesondere für **notwendige Aufwendungen**. Es besteht umfangreiches Fallrecht zu der Frage, was eine notwendige Aufwendung auf einem Schiff umfassen muss, um ein Pfandrecht zu begründen. Im Allgemeinen bezieht dies alle Dienstleistungen oder Materialien ein, die zur Erhaltung oder Ausstattung des Schiffes getätigt werden. Das kann zum Beispiel Kraftstoff, Verpflegung, Ausstattung, Ersatzteile und Reparaturen umfassen. Aufgrund solcher vertraglicher Ansprüche entstehen besonders oft Seepfandrechte und entsprechende Vollstreckungsklagen. Auch wenn die Aufwendungen durch einen ausländischen Ausstatter vorgenommen wurden oder in einem ausländischen Hafen, wird der Anspruch gleichwohl aus dem Seepfandrecht bei US-Gerichten durchgesetzt.

77 Seepfandrechte können sich auch aus anderen Quellen ergeben. Während Seepfandrechte aufgrund von **notwendigen Aufwendungen** sehr breit gefasst sind, gibt es Fälle in denen Zollagenten, Schleusenbetreiber und weitere Dritte, die scheinbar nicht vom Aufwendungsbegriff umfasst sind, dennoch Aufwendungsersatz gegen das Schiff geltend machen können. Der Umfang dieses Kapitels erlaubt eine eingehendere Auseinandersetzung mit den möglichen Grundlagen für Seepfandrechte leider nicht, es existiert aber ausführliches Fallrecht zu dieser Frage.[81]

Praxistipp

Es ist sehr wichtig, dass der Anspruchssteller mit der Geltendmachung seines Seepfandrechts nicht zögert. Dies gilt unabhängig davon, ob er der Hypothekengläubiger, ein geschädigtes Besatzungsmitglied oder ein Lieferant ist, oder ob er Aufwendungen getätigt hat. Für geschäftliche Anspruchsteller gilt, dass ein Eigner, der es versäumt hat, für abgenommene Güter oder Dienstleistungen zu zahlen, wahrscheinlich bereits anderen Verpflichtungen nicht nachkommen konnte. Die eigenen Ansprüche sollten daher schnell geltend gemacht werden, um sich nicht hinter anderen Anspruchstellern einreihen zu müssen. Obwohl bestimmte Prioritäten geregelt sind, bestehen in diesem Bereich nach wie vor Unklarheiten und Herausforderungen. Eine Schiffshypothek auf ein in den USA registriertes Schiff sollte unmittelbar auf dem Hypothekenbrief verzeichnet werden, um die Priorität zu erhalten und andere mögliche Pfandrechtsinhaber zu informieren. Besatzungsmitglieder oder Dritte, die unbezahlte Löhne oder Schmerzensgeldansprüche aus Körperverletzung geltend machen, sollten ebenso in Betracht ziehen, dass ihre Ansprüche – obwohl sie möglicherweise eine hohe Priorität in der Rangfolge einnehmen – leerlaufen könnten, wenn ein Eigner insolvent wird und ihr einziger Anspruch gegen das Schiff *in rem* ist. Bis zu Beginn des gerichtlichen Verfahrens erlangen sie vom Bestehen oder Nichtbestehen anderer Ansprüche nicht unbedingt Kenntnis. In praktischer Hinsicht trägt der Pfandrechtsgläubiger, der als erster die Klage erhebt, die höheren Verfahrenskosten, da nachfolgende Anspruchsteller einfach dem Verfahren beitreten können. Dieser Preis ist allerdings verhältnismäßig gering, wenn der Anspruch eine erhebliche Höhe hat.

---

2. Seepfandrechte auf Fracht

Unter bestimmten Umständen kann auch die verschiffte Fracht mit Seepfandrechten 78 belastet werden, die im Zuge eines *in rem*-Verfahrens durchgesetzt werden. Ein Eigner oder Frachtunternehmer, der den Transport des Gutes vertraglich vereinbart hat, erhält ein Pfandrecht an der Fracht, um im Falle der Nichtzahlung die **Frachtgebühr** zu erhalten. In einigen Fällen kann das Pfandrecht auch geltend gemacht werden, wenn der Versender die Lagerkosten, Zölle oder andere fällige Gebühren des Transportes nicht bezahlt. Trifft beispielsweise der Eigentümer der Fracht nicht die nötigen Vorkehrungen für die Löschung und Verladung der Fracht im Zielhafen, ist der Eigner möglicherweise dazu gezwungen, bis zur Lösung des Problems, die Fracht auf seine Kosten zu lagern. Für dergleichen Fälle hat der Reeder ein Pfandrecht, aus dem er die Kosten der Unterstellung und andere anfallende Aufwendun-

---

81 Für eine gute Übersicht über internationale Seepfandrechte und die Rechtslage in den USA sowie einen Vergleich der unterschiedlichen Regimes *siehe* William Tetley, *Maritime Liens and Claims* (2nd Ed.), Montreal: Int'l Shipping Pub., 1998.

Phillip A. Bühler

gen, insbesondere **verzugsbedingte Liegegebühren** [*demurrage*], zahlen kann.[82] Es gibt auch hierzu umfangreiches Fallrecht.

D. Allgemeiner Überblick über potentielle Ansprüche und Zuständigkeitsfragen in Bezug auf unerlaubte Handlungen auf ausländischen Seeschiffen und gegenüber ausländischer Besatzung und Passagieren

79 Die USA sind dafür bekannt, eines der umfangreichsten **Haftungsregimes für unerlaubte Handlungen** [*tort*] zu haben, sowohl hinsichtlich der potentiellen Haftbarkeit der Parteien, als auch in Bezug auf die Natur und den Umfang zulässiger Schadensersatzansprüche. Unternehmen, die sich in den USA geschäftlich betätigen, sollten sich dieses Haftungsrisikos bewusst sein. Hiervon bildet auch das Seerecht keine Ausnahme. Die Rechtsprechung in diesem Bereich, insbesondere die Entscheidungsbegründungen der Gerichte, sind sehr umfangreich. Der folgende Abschnitt wird lediglich diejenigen Aspekte der US-Gerichtsbarkeit zusammenfassen, die Schiffe betreffen, die unter ausländischer Flagge fahren, einer ausländischen Reederei gehören oder deren Besatzung oder Passagiere nicht aus den USA sind.

I. Ansprüche der Besatzungsmitglieder

80 Im US-Recht gelten Besatzungsmitglieder schon lange als „des Schutzes des *admiralty*-Rechts besonders bedürftig",[83] und aufgrund der gefährlichen Natur ihrer Beschäftigung haben sie besondere Ansprüche. Dies geht auf die Zeiten zurück, in denen Schifffahrt noch mit Segelschiffen betrieben wurde und Arbeitsverhältnisse noch keine Lohnpflicht oder Sicherheits- und Kündigungsschutzvorschriften enthielten.

81 Grundsätzlich stehen ihnen dreierlei Ansprüche zu: aus Körperverletzung, Tötung und zusätzlichen Rechten. Einige werden im Folgenden kurz erörtert.

---

82 *Siehe Osaka Shosen Kaisha v. Pacific Export Lumber Co.*, 260 U.S. 490 (1923); *Arochem Corp. v. Wilomic, Inc.*, 962 F.2d 496 (5th Cir. 1992); *California & Eastern S.S. Co. v. 138000 Feet of Lumber*, 23 F.2d 95 (D. MD. 1927).
83 *Robertson v. Baldwin*, 165 U.S. 275 (1897).

Phillip A. Bühler

1. *Jones-Act*[84]

Dieses frühe Gesetz erlaubt im Falle einer Körperverletzung oder einer Tötung die **82** Klageerhebung durch Besatzungsmitglieder gegen ihren Arbeitgeber. Dieser Anspruch tritt an die Stelle des anderweitig einschlägigen *Common Law*-Anspruches aus Fahrlässigkeit. Dieser gesetzliche Rechtsbehelf unterscheidet sich stark von den anderen Ansprüchen, die das US-Recht Arbeitnehmern gegen ihre Arbeitgeber zugesteht (typischerweise in Form **begrenzter Ausgleichsregelungen,** die durch bundesstaatliches Recht geregelt werden) und ermöglichte es den Besatzungsmitgliedern, eine Reihe von Schadensersatzansprüchen gegen die Reederei geltend zu machen, die über die üblichen Ausgleichsregelungen hinausgehen. Ein weiterer wichtiger Aspekt des *Jones Act* ist, dass das Gesetz einen sehr viel **niedrigeren Beweismaßstab** vorsieht, um die Fahrlässigkeit des Arbeitgebers nachzuweisen.[85] Dieser Maßstab ist sehr viel arbeitnehmerfreundlicher als der üblicherweise im US-Deliktsrecht angewandte Maßstab, der „**die Zweifel überwiegende Beweise**" erfordert. Der niedrigere Beweismaßstab des US-Seerechts ist nur eine Stufe höher als eine reine **Gefährdungshaftung,** da er von dem klagenden Arbeitnehmer lediglich fordert, dass dieser ein „**Fünkchen von Fahrlässigkeit**" des Reeders nachweisen kann.

2. Seeuntüchtigkeit nach dem allgemeinen Seerecht

Zusätzlich zu den Ansprüchen aus dem *Jones Act* können die Besatzungsmitglieder **83** ihren Arbeitgeber auch verklagen, wenn die Rechtsgutsverletzung mit darauf beruht, dass das Schiff **nicht seetüchtig** ist. Die ersatzfähigen Schadenspositionen ähneln denen, die auch unter dem Jones Act geltend gemacht werden können, aber als **Haftungsmaßstab** ist hier erforderlich, dass der Kläger „**die Zweifel überwiegende Beweise**" vorlegt.

3. Medizinische Pflege- und Behandlungskosten

Ein weiterer einzigartiger Aspekt des US-Seerechts ist das **Recht der medizini-** **84** **schen Pflege- und Behandlungskosten** [*maintenance and cure*]. Diese durch die Rechtsprechung entwickelten Grundsätze sollten einen Ersatz für ein arbeitsrechtliches Entschädigungsregime darstellen, da diese Art der Kompensationsregelungen zur Zeit des frühen Seerechts noch nicht bestand. Die Kosten der gesundheitlichen Pflege und Behandlung von Krankheiten müssen durch den Reeder verschuldensunabhängig übernommen werden. Dies erfordert, dass er alle medizinischen Kosten für kranke oder verletzte Besatzungsmitglieder übernimmt, bis „**die bestmögliche**

---

84 46 USC §688.
85 *Davis v. Hill Engineering, Inc.*, 549 F.2d 314 (5th Cir. 1977).

Phillip A. Bühler

Besserung" eingetreten ist.[86] **Pflegekosten** umfassen Beträge, die oftmals durch Tarifverträge festgelegt werden oder gerichtlich bestimmbar sind und für die Unterbringung und den Unterhalt aufkommen, bis das Besatzungsmitglied wieder gesund ist. Dieser Betrag wird teilweise als Ersatz für die Bereitstellung der Kabinen und Lebensmittel gesehen, die dem Besatzungsmitglied zur Verfügung gestellt würden, wenn es weiterhin arbeiten könnte. Zahlt der Arbeitgeber die Kosten der medizinischen Pflege und Behandlung nicht, kann er zur **Zahlung von Strafschadensersatz** [*punitive damages*] verurteilt werden. Da hierbei die Höhe nicht begrenzt ist, kann es zu sehr hohen Beträgen kommen. Die Geltendmachung von Entschädigungen mit Strafcharakter ist im Seerecht jedoch sehr selten.

4. Lohnansprüche der Besatzung

85 Nach dem US-Seerecht hat der Reeder oder Charterer, der Arbeitgeber der Besatzung ist, hinsichtlich des Arbeitslohns eine Entgeltfortzahlungspflicht im Krankheitsfall, bis die Überfahrt beendet ist. Werden diese Löhne nicht bezahlt, droht Zuerkennung dreifachen Schadenersatzes oder eine Entschädigung mit Strafcharakter.

5. Klagen gegen Dritte nach dem allgemeinen Seerecht

86 Besatzungsmitglieder können auch Dritte verklagen, wenn diese ihre Verletzung oder Erkrankung verursacht haben. Dafür ist der übliche Verschuldensmaßstab des allgemeinen Seerechts anwendbar.

87   Die oben genannten Rechtsbehelfe stehen grundsätzlich US-Besatzungsmitgliedern auf US-Schiffen zu. Die meisten dieser Rechte können, abhängig von den Umständen, auch von ausländischen Besatzungsmitgliedern auf ausländischen Schiffen geltend gemacht werden. Einige dieser Rechte können vertraglich eingeschränkt werden, beispielsweise, wenn von Arbeitnehmer und -geber eine Rechtswahl- oder Gerichtsstandsklausel vereinbart wird. Es besteht die verständliche Sorge, dass die USA zum Wunschgerichtsstand ausländischer Besatzungsmitglieder werden könnten, die die verlockenden Möglichkeiten des umfangreichen US-Deliktsrechts und großzügige Schadenersatzsummen nutzen wollen. Dass diese Begünstigung nicht missbraucht wird, soll durch Gegenansprüche und die *forum non conveniens*-Doktrin sichergestellt werden, die eingreifen, wenn ein Besatzungsmitglied oder Schiff keinerlei Bezug zu den USA als Gerichtsstand vorweisen kann. Wenn ein Kläger als Besatzungsmitglied eines unter ausländischer Flagge stehenden Schiffs eine Verletzung erleidet und daraufhin einen Anspruch vor einem US-Gericht geltend

---

86 Dieser Zustand wird definiert als einer, in dem sich das Befinden nicht weiter verbessert, sodass Palliativmedizin nicht mehr erforderlich ist.

Phillip A. Bühler

macht, wird diese Klage daran gemessen, ob ein „minimaler gerichtlicher Bezug"[87] besteht. Dieser Frage hat sich auch der Gesetzgeber gewidmet. So wurden ausländischen Arbeitnehmern auf Offshore-Bohrinseln verboten, ihre Ansprüche in den USA geltend zu machen, wohingegen dies für US-Bürger unter dem *Outer Continental Shelf Lands Act* möglich ist.[88]

II. Rechtsanwendungsklauseln in Arbeitsverträgen

Die meisten Besatzungsmitglieder schließen Arbeitsverträge ab. Viele dieser Verträge enthalten Gerichtsstandsvereinbarungen, die ausländische Gerichtsstände und/ oder die Anwendbarkeit ausländischen Rechts für die Geltendmachung sowohl deliktischer als auch beschäftigungsbezogener Ansprüche aus dem Arbeitsvertrag bestimmen. Wie oben in Abschnitt C erläutert, werden solche Klauseln von US-Gerichten grundsätzlich angewandt, wenn sie zulässig formuliert sind. Der traditionell starke Schutz, der der Berufsgruppe der Seeleute gewährt wird, macht die Durchsetzung einer Rechtswahlklausel, die ausländisches Recht anwendbar machen würde, schwierig. Die US-Gerichte sind in dieser Frage uneins, sodass einige Gerichte solche Vertragsvereinbarungen für **„zumutbar"** [*reasonable*] für den Kläger erachten, während andere grundsätzlich keine Gerichtsstandsvereinbarungen zulassen. Liegen sowohl eine Gerichtsstands- als auch eine Rechtsanwendungsvereinbarung vor, untersuchen die Gerichte gewichtige Faktoren wie die Fähigkeit des Klägers, in der ausländischen Gerichtsbarkeit bzw. dem Rechtssystem vergleichbare Ersatzansprüche zu erhalten und die Zugangsmöglichkeit zum gewählten Gerichtsstand. Die **Doktrin des *forum non conveniens*** ist auch hier anwendbar (vgl. oben Abschnitt C).

III. Rechtsbehelfe von anderen Arbeitnehmern und Passagieren

Personen, die nicht Besatzungsmitglieder sind, sondern insbesondere Passagiere, Hafenarbeiter, Beladungspersonal und Mechaniker, haben Ansprüche aus dem allgemeinen Seerecht, um im Falle einer fahrlässigen Verletzung oder des Todes gegen das Schiff vorgehen zu können. Dieser Rechtsbehelf erfordert lediglich die US-gerichtliche Zuständigkeit über das Schiff und die Erfüllung des **allgemeinen Fahrlässigkeitsmaßstabs** oder die Darlegung von **„den Zweifel überwiegenden Beweisen"**. Einige Besonderheiten gelten für diese Arten von Anspruchssteller auf einem unter ausländischer Flagge segelnden Schiff.

88

89

---

87 *Hellenic Lines v. Rhoditis*, *s. o.* Siehe Abschnitt C II oben.
88 43 U.S.C. § 1331 ff.

Phillip A. Bühler

1. Ausländische Arbeiter (bspw. Mechaniker)

90 Diese Gruppe kann nicht-seemännische Arbeiter umfassen, die Reparaturen oder Umbauten an einem Schiff durchführen [die sogenannte *riding crew*]. Üblicherweise unterliegen ihre Arbeiten einem Vertrag, der eine Gerichtsstandsvereinbarung und/oder eine Rechtsanwendungsklausel enthält. Dennoch gilt für diese Gruppe von Personal, dass sie – abhängig von ihrem Aufenthaltsstatus – möglicherweise auch Ansprüche des allgemeinen Seerechts geltend machen können, wenn sie in Gewässern des US-Territoriums Arbeiten durchführen. Gegebenenfalls sind sogar Ansprüche wegen fahrlässiger Rechtsgutsverletzung aus dem Recht der jeweiligen Bundesstaaten zulässig. Allerdings sind diese Ansprüche eher selten, da diese Gruppe von Arbeitern in der Regel auf hoher See tätig wird (hauptsächlich aufgrund der strengen einwanderungsrechtlichen Vorschriften der USA).

2. Hafen- und Beladungspersonal

91 Die Ansprüche von Hafen- und Beladungspersonal bestimmen sich nach dem *Longshore and Harbor Worker's Compensation Act*.[89] Grundsätzlich regelt dieses Gesetz die **Ausgleichsansprüche** zwischen den Arbeitnehmern und dem Beladungsunternehmen oder dem Betreiber der Reparaturwerft. Darüber hinaus werden auch Schadensersatzansprüche gegen Eigner, Charterer, Betreiber und andere in Abschnitt 905 (b) erfasste Dritte, die nicht Arbeitgeber des Anspruchsstellers sind, zugelassen. Sie unterliegen einem regulären Fahrlässigkeitsmaßstab, der es aber dem hiervon erfassten Arbeiter erlaubt, gemäß diesen Vorschriften sowohl vollen Schadensersatz gegen den Arbeitgeber geltend zu machen, als auch Schadensersatz von den o.g. Dritten zu verlangen. Im Grunde ist dies eine Art der Anspruchsdopplung, obwohl sich die Versicherung des Arbeitgebers, welche die Ansprüche erfüllt, üblicherweise Pfandrechte an jeglichen Ersatzleistungen an den verletzen Arbeiter durch Dritte sichert.

3. Passagiere

92 Passagiere, die auf einem Schiff unter einer ausländischen Flagge reisen, unterliegen den Rechtsanwendungs- und Rechtsstandsvereinbarungen ihres Tickets (siehe oben Abschnitt C). In den US-Hoheitsgewässern können sie auch Ansprüche aus dem allgemeinen Seerecht der USA oder sogar aus Gesetzen von Einzelstaaten geltend machen, die nicht dem allgemeinen Seerecht widersprechen, sofern sie die gerichtliche Zuständigkeit bezüglich des Eigners begründen können.

---

89 33 U.S.C. §§ 901–950.

Phillip A. Bühler

IV. Gesetz über den Tod auf hoher See

Der *Death on High Seas Act*[90] (*DOHSA*) enthält ein Klagerecht für den Fall, dass eine 93
Person – unabhängig davon, ob sie Mitglied der Besatzung, Passagier oder Dritter
ist – auf hoher See, mindestens drei Seemeilen von der Küste jedweden Einzelstaates oder Außengebiets der USA entfernt, zu Tode kommt. Die Haftungsregelung basiert auf Fahrlässigkeitshaftung, oder im Fall des Todes eines Besatzungsmitgliedes
auf der Frage, ob das Schiff seeuntüchtig war. Der *DOHSA* schließt die Anwendung
jeglichen einzelstaatlichen Rechts und des allgemeinen Seerechts aus. Daher stellt
dieses Gesetz die, gegenüber jeglichen einzelstaatlichen Gesetzen, welche Ansprüche aus widerrechtlicher Tötung beinhalten, ausschließliche Anspruchsgrundlage für Todesfälle an Bord von Schiffen auf der hohen See außerhalb der Anschlusszone der USA dar.

V. Ausländische Arbeitnehmer auf Offshore-Ölplattformen, Bohrschiffen und Fischverarbeitungsschiffen

Diese Arten seerechtlicher Arbeitsverhältnisse enthalten eigene Besonderheiten 94
hinsichtlich des anwendbaren Rechts und der Zuständigkeit. Feste Offshore-Ölbohrplattformen unterliegen einem hybriden Rechtssystem, das teilweise durch den
Outer-Continental Sockel Land's Act geregelt wird.[91] Für Plattformen, die auf dem
außerkontinentalen Sockel jenseits der **territorialen Gewässer** der USA fixiert
sind, kann die Anwendung bundesstaatlicher Rechtsbehelfe für Verletzungen und
Todesfälle auf Ölplattformen zusätzlich zu Gesetzen wie dem *DOHSA* zulässig sein.
Dennoch gilt im Falle von Ölbohrplattformen, die wie Schiffe behandelt werden,
und auf denen Angestellte seerechtlich gesehen Schiffsbesatzung sind, eine Sondervorschrift des *Jones Act*. Sie verbietet in diesem Fall die Anwendung auf Nicht-
US-Bürger und Nicht-Bewohner, die auf diesen Plattformen arbeiten.

Fischverarbeitungsschiffe werden wiederum anders behandelt, wenn sie unter 95
ausländischer Flagge stehen und das Personal, selbst wenn es die US-Staatsbürgerschaft hat, einen Arbeitsvertrag nach ausländischem Recht abgeschlossen hat. In
zahlreichen Urteilen haben US-Gerichte festgestellt, dass das US-Recht weder anwendbar, noch dessen Gerichte für derartige Streitigkeiten zuständig sind, es sei
denn, die Parteien des Arbeitsverhältnisses haben eine **enge Verbindung zu den
USA**. Wenn diese Schiffe jedoch stationäre Plattformen sind bleibt das Seerecht un-

---

90 46 U.S.C. §§ 30301–30308.
91 Id.

anwendbar, weil das Personal von Fischverarbeitungsschiffen dann nicht als „See-leute" gilt.[92]

Praxistipp

Da der Umfang dieses Kapitels begrenzt ist, soll an dieser Stelle eine kurze Zusammenfassung der möglichen Schadensersatzansprüche nach den verschiedenen Haftungsregimes für Körperverlet-zungen und Tod genügen. Die ersatzfähigen Schadenspositionen sind im Seerecht grundsätzlich begrenzter als im *Common Law* der meisten US-Bundesstaaten. Dennoch übersteigen sie zumeist das, was in den meisten anderen Ländern gefordert werden kann. Aus diesem Grund ist es vorteil-haft, ein Gerichtsverfahren in den USA nach Möglichkeit zu vermeiden. Gute Verträge mit Besat-zungsmitgliedern und anderen ausländischen Arbeitnehmern, deren Gerichtsstand außerhalb der USA liegt, sind ratsam, selbst wenn es im Einzelfall fraglich bleibt, ob diese Vereinbarungen letzt-endlich umgesetzt werden können. Ausländische Unternehmen sollten vermeiden, in den USA un-nötigerweise rechtliche Präsenzen zu unterhalten, um sich nicht des *forum non conveniens*-Ein-wands auszusetzen oder anderweitig die Zuständigkeit der US-Gerichtsbarkeit über sich oder ihre Schiffe begründen. Wenn Besatzungsmitglieder aus gesundheitlichen Gründen in den USA an Land gebracht werden, muss zwar aus humanitären Gründen zunächst alles Nötige getan werden, um der Person medizinische Hilfe zu gewähren. Sobald aber die Heilung ein Maß erreicht hat, das eine Rückreise ermöglicht, sollte sie in ihr Heimatland oder an einen anderen Ort zurückgebracht wer-den, an dem ausreichende medizinische Versorgung zugänglich ist, um den möglichen Zugriff eines Klägers zu verhindern. Dies spart hohe Kosten und den Aufwand, die Zuständigkeit der US-Gerichte in Frage zu stellen.

VI. Strafrechtliche Zuständigkeit und Vollzug auf Schiffen unter ausländischer Flagge

96   Obwohl es auf den ersten Blick nicht so scheint, als würde dies in den Regelungsbe-reich der unerlaubten Handlungen der Seegerichte fallen, haben die USA sich ent-schieden dafür stark gemacht, dass auch US-Strafrecht angewandt wird, wenn eine Person auf einem Schiff unter ausländischer Flagge auf hoher See verletzt oder getö-tet wird. Von Gerichten wurde die Anwendung des US-Strafrechts und damit sogar die Möglichkeit der Todesstrafe, anerkannt, wenn jemand auf einem ausländischen Schiff einen Mord begeht und das Schiff daraufhin einen US-Hafen anläuft. Diese Regelung besteht seit Langem und beruht auf dem Grundsatz, dass auf jedes Schiff, das sich in US-Gewässern befindet, das US-Recht anwendbar ist.[93] Dasselbe würde selbstverständlich auch für die Anwendung anderer Strafgesetze, etwa für Delikte wie Beleidigung, Raub, Vergewaltigung, oder sogar den unerlaubten Besitz von Be-

---

92 Abhängig von den Tatsachen im Einzelnen unterscheiden sich die Ergebnisse diesbezüglich, vgl. *Wells v. Arctic Alaska Fisheries Corp.*, 1991 AMC 449 (W.D. WA. 1990) und *The 2R-3*, 18 F.2d 122 (W.D. WA. 1927).
93 *Wildenhus's Case*, 120 U.S. 1 (1887); *United States v. Jho*, 534 F.3d 398 (5th Cir. 2008).

Phillip A. Bühler

täubungsmitteln gelten. Insbesondere auch dann, wenn sich das Schiff auf hoher See befindet.[94] Die Strafgerichtsbarkeit erstreckt sich auf das gesamte territoriale Gebiet der USA, das momentan bis zur 12-Seemeilen Linie reicht und für viele Delikte auch die Ausschließliche Wirtschaftszone (bis zu 200 Seemeilen) einbezieht. Zahlreiche Strafgesetze erweitern die Vollzugsgewalt der Bundesbehörden, wie beispielsweise der Küstenwache oder der Zollbehörden, auch in Bezug auf die Durchsetzung von Fischerei-, Betäubungsmittel- und weiteren Gesetzen.

E. Internationales und US-See-Umweltrecht

Auf dem Gebiet des See-Umweltrechts haben die USA möglicherweise mehr als in **97** allen anderen Rechtsgebieten internationale Übereinkommen und Standards rezipiert. Es ist eher selten, dass die USA eine so hohe Zahl von internationalen Verträgen und Übereinkommen in einem Bereich unterschreibt und ratifiziert. Einige Bundesstaaten haben zur Umsetzung dieser Verträge Gesetze erlassen, aber zusätzlich besteht im Bundesrecht ein umfassendes Regelwerk bezüglich umweltrechtlicher Belange im Seerecht, die teilweise sogar über die Anforderungen der internationalen Übereinkommen hinausgehen.

Befasst man sich mit der Anwendung der internationalen Übereinkommen und **98** dem inländischen Recht sollte beachtet werden, dass einige Normen des internationalen Rechts unmittelbar Geltung haben, während andere für ihre Durchsetzung die Verabschiedung eines Umsetzungsgesetzes erfordern.

I. Die grundlegende Gesetzgebung zur Meeresverschmutzung – Bundeswasserverschmutzungsverhütungs- und Bundeswasserschutzgesetz

Das erste umfassende Gesetz über Gewässerverschmutzung wurde von den USA **99** 1948 umgesetzt, bereits wesentlich vor der Umsetzung des *MARPOL* (s. u.). Dieses erste Gesetz wurde daraufhin 1961, 1966, 1970, 1972, 1977 und 1987 (ob die Neuerungen des *OPA* '90 im Jahre 1990 dazu zählen ist umstritten, s. u.) wesentlich erweitert. Aus diesem Grund stellt es die Grundlage der seerechtlichen Umweltschutzvorschriften in den USA dar und soll zuerst erörtert werden.

Der *Federal Water Pollution Prevention and Control Act* (*PWCPA*)[95] wurde aus- **100** führlich erweitert und erhielt seine aktuelle Form, in der die Meeresverschmutzung in Abschnitt 311 geregelt ist, im Jahr 1970. Der *FWCPA* ist eine umfassende bundes-

---

94 Id.
95 33 U.S.C. §§ 1251 ff.

Phillip A. Bühler

rechtliche Regelung, welche die unautorisierte oder unerlaubte Absonderung von Schadstoffen (dieser Begriff wird definiert) verbietet und daran Säuberungspflichten und hohen Strafen knüpft. Das Gesetz gilt in allen schiffbaren Gewässern der USA und umfasst damit sowohl Binnengewässer als auch die Hoheitsgewässer und die ausschließliche Wirtschaftszone (AWZ). Durch die Verabschiedung des *Clean Water Acts*[96] wurde der *FWCPA* 1977 erweitert und seither sind beide Gesetze zusammen als *Clean Water Act* bekannt.

II. *MARPOL 73/78*

101 Das Internationale Übereinkommen zur Verhütung der Meeresverschmutzung durch Schiffe (*MARPOL 72/78*) ist das erste umfassende internationale Übereinkommen, das die Meeresverschmutzung durch Schiffe reguliert. Es wurde 1973 unterschrieben und in Kraft gesetzt und 1978 durch ein Protokoll erweitert. Es folgten mehrere kleinere Protokolle.

102 In den USA ist das Ausführungsgesetz des *MARPOL* der *Act to Prevent Pollution From Ships*.[97] Da die USA bereits zuvor den *Clean Water Act* erlassen hatten, der bereits im Wesentlichen den Anforderungen des *MARPOL* entsprach, führte die separate innerstaatliche Umsetzung des *MARPOL* eher zur Bestätigung der Anwendbarkeit des Übereinkommens auf alle Schiffe unter US-Flagge an jedem Ort in der Welt, sowie auf alle Schiffe jedweder Nationalität innerhalb der ausschließlichen Wirtschaftszone und den Hoheitsgewässern der USA. Seerechtler auf der ganzen Welt sollten mit den Bedingungen des *MARPOL* vertraut sein, die in den USA und weltweit für US-Schiffe gelten und im Wesentlichen mit dem ohnehin anwendbaren US-Recht gleichlaufen.

III. Gesetz über die umfassende Behandlung von Umweltfragen, Entschädigung und Haftpflicht

103 Der *Comprehensive Environmental Response, Compensation and Liability Act (CERCLA)*[98] wurde 1980 erlassen. Normalerweise gilt auch der *Clean Water Act* als Teil von *CERCLA*, obwohl bei praktizierenden Seerechtlern der *CERCLA* hauptsächlich als für Verschmutzung von Küsten relevant gilt und daher üblicherweise keine Anwendung auf die Durchsetzung maritimer Interessen über den *Clean Water Act* hinaus hat. Der *CERCLA* ist auf alle Küstenanlagen anwendbar, wie beispielsweise Hafen-

---

96 33 U.S.C. §§ 1281 ff. Vergleiche Kapitel 14.C.II für die Anwendung im Umweltbereich.
97 33 U.S.C. §§ 1901 ff.
98 42 U.S.C. §§ 9601 ff. Vergleiche Kapitel 14.C.II für die Anwendung im Umweltbereich.

Phillip A. Bühler

terminals, Reparaturwerften und die dazugehörigen Anlagen. Die Eigentümer und Betreiber solcher Anlagen sollten mit den zusätzlichen Anforderungen an die Verschmutzung durch Küstenanlagen vertraut sein. Unter anderem sieht *CERCLA* eine Gefährdungshaftung für die Behebung von Verschmutzungsschäden vor, oftmals sogar dann, wenn diese bereits bestanden oder durch den vorigen Betreiber einer Anlage verursacht wurden. Dies führt dazu, dass der Unterhalt bzw. das Eigentum einer Küstenanlage ohne gründliche Nachforschungen und *due diligence* im Vorfeld des Erwerbs sehr risikoreich ist und potentiell katastrophale Kosten und Haftungspflichten nach sich ziehen kann, sodass ein guter Versicherungsschutz ratsam ist.

IV. Gesetz über die Ölverschmutzung von 1990

Das Gesetz über die Ölverschmutzung von 1990 (*OPA* '90)[99] wurde nach der Havarie **104** der *Exxon Valdez* in Alaska im Jahre 1989 erlassen. *OPA* '90 gilt in der Literatur und aus gesetzgeberischer Perspektive als Ergänzung des *Clean Water Acts*, wird aber in der Praxis als separates Gesetz behandelt. Die Neuregelungen des *OPA* '90 gelten für alle Schiffe, Küstenanlagen und andere Seeverkehrsinteressen und verbieten die Absonderung von Schadstoffen in die **schiffbaren Gewässer** der USA, einschließlich der AWZ und der Hoheitsgewässer. *OPA* '90 ist damit möglicherweise das wichtigste, umfassendste und detaillierteste Seeverschmutzungsgesetz der USA. Im Folgenden werden kurz einige wichtige Aspekte vorgestellt.

„Verantwortliche Parteien" sind die Reeder, Betreiber oder *Demise*-Charterer ei- **105** nes Schiffes oder eines anderen Meeresbauwerks. *OPA* '90 sieht letztendlich eine **Gefährdungshaftung** vor, die sowohl die Kostenübernahme als auch Strafzahlungen kostenunabhängig der verantwortlichen Partei zuschreibt. Die einzigen Einreden gegen die volle Haftung gemäß diesen Regelungen sind Emissionen, die ausschließlich aufgrund von höherer Gewalt, Kriegshandlungen, Fahrlässigkeit der Vereinigten Staaten oder erwiesenermaßen der Fahrlässigkeit eines Dritten entstanden sind.

Nach *OPA* '90 unterliegt die verantwortliche Partei den folgenden Pflichten und **106** Strafen:
a. Kostenübernahme für die Entfernung und Säuberung – Die Nichtvornahme der unmittelbaren Behebung des Schadens, Entfernung der emittierten Schadstoffe und Säuberung kann dazu führen, dass diese Handlungen durch die US-Bundesregierung vorgenommen werden müssen, was zu angemessen erhöhten Kosten und zusätzlichen zivilrechtlichen Strafen führt.

---

[99] 33 U.S.C. §§ 2700 ff.

b. Zivilrechtliche Strafen – Pro Emission wird eine Strafe von $10.000 oder weniger erhoben, sowie **zusätzlich** $25.000 pro Tag oder $1.000 pro ausgelaufenem Barrel Öl. Das Verfahren, in dem die Strafzahlungen unter *OPA* '90 festgelegt werden, wurde kürzlich umfassend von einem Bundesbezirksgericht in seinem Urteil zur Verschmutzung des Golfs von Mexiko durch die *Deep Water Horizon* erläutert.[100]

c. Zivilrechtliche nach *OPA* '90 behebbare Schäden umfassen die folgenden Kategorien:

    i. Schäden an natürlichen Ressourcen – dieses komplexe Gebiet erfasst üblicherweise die Heranziehung von Meeresbiologen, Chemikern und anderen Spezialisten, um den Wert der betroffenen Ressource zu bestimmen, die nicht zwingend im Eigentum Privater stehen müssen. Der Vorgang des sogenannten *Natural Ressource Damage Assessment* (*NRDA*) ist ein relativ unüberschaubares Verfahren, in dem in den USA eine in gewissem Sinne pseudo-wissenschaftliche Methode entwickelt wurde, durch die Ressourcen wie Korallen, Pflanzen, Fische etc. ein bestimmter Wert zugeschrieben wird. Dies bezieht die Feststellung des Wertverlustes mit ein, der durch die Entziehung der öffentlichen Nutzungsmöglichkeit entsteht, aber versucht gleichzeitig, den Ressourcen selbst einen Wert zuzuordnen und darüber hinaus die Kosten der Wiederherstellung zu bestimmen. Die US-Gerichte bestehen vehement auf die Schadensbehebung oder den Ersatz der zerstörten Ressourcen, was zu horrenden Kosten führen kann.

    ii. Zerstörung oder Beschädigung von Sach- und Grundeigentum – Dies schließt sowohl Wertersatz für die Zerstörung von beweglichem und unbeweglichem Eigentum als auch Ersatz der Reparatur-, Ersatz und Reinigungskosten ein.

    iii. Verlust der Nutzungsmöglichkeit

    iv. Verlust von Erlösen, Steuern, Lizenzgebühren, Mieteinnahmen, oder andere Nettogewinnen von Bundesbehörden oder Behörden der Bundesstaaten und regionalen Gebietskörperschaften.

    v. Verlust des Erlöses und der Ertragsfähigkeit von beweglichen oder unbeweglichen Eigentumsgegenständen oder natürlichen Ressourcen.

    vi. Zusätzliche Kosten, die einer öffentlichen Stelle des Bundes, des Bundesstaates oder der regionalen Gebietskörperschaft durch die Emission verursacht wurden.

---

100 *Deep Water Horizon*, 2015 AMC 29 21 (E.D. LA 2015).

Phillip A. Bühler

Für Ansprüche aus dem *OPA* '90 sind die Schutzvorschriften des *Limitation of Liabi-* **107**
lity Acts[101] ausdrücklich ausgeschlossen. Stattdessen enthält das Gesetz eine finanzielle Haftungsgrenze.[102] Diese bemisst sich folgendermaßen:

Bei Einhüllen-Tankschiffen mit einer Bruttoraumzahl von über 3.000 BRZ **108**
übersteigt die Haftungssumme nicht $3.500 pro BRZ oder $25.845.600, bei unter
3.000 BRZ nicht $3.200 pro BRZ, oder $7.048.800.

Bei Doppelhüllen-Tankschiffen mit einer Bruttoraumzahl von über 3.000 BRZ **109**
übersteigt die Haftungssumme nicht $2.200 pro BRZ oder $18.745.600, bei unter
3.000 BRZ nicht $2.200 pro BRZ, oder $4.699.200.

Bei Nicht-Tankschiffen übersteigt die Haftungssumme nicht $1.100 pro BRZ **110**
oder $939.800.

Bei Tiefseehäfen, Küstenanlagen und den dazugehörigen motorisierten Fahr- **111**
zeugen, Schienenfahrzeugen und Pipelines übersteigt die Haftungssumme nicht
$633.850.000.

Die Haftung bleibt jedoch auch unter dieser Vorschrift unbeschränkt, wenn die **112**
Emission durch grobe Fahrlässigkeit der verantwortlichen Partei oder durch einen
Verstoß gegen eine bundesrechtliche Sicherheits-, Bau- oder Betriebsvorschrift entstanden ist. Die Regelungen des *OPA* '90 erlauben auch die zusätzliche Verhängung
von Entschädigungen mit Strafcharakter bei grober Fahrlässigkeit.

OPA '90 legt außerdem allen Schiffen, die US-Häfen anlaufen, finanzielle Haf- **113**
tungspflichten auf. Es wird vorausgesetzt, dass bei der zuständigen Behörde ein
ausgefülltes Formular eingereicht wird, das insbesondere Nachweise über eine ausreichende Versicherung enthält, die eine Deckung der o.g. Kosten ermöglicht. Da
ein Großteil der Hochsee-Ladung heutzutage durch P&I-Versicherungen abgedeckt
ist, bieten diese als Teil des globalen Netzwerks von *Protection & Indemnity Clubs*
die nötige finanzielle Sicherheit. Die finanziellen Haftungspflichten sind problematisch für kleinere Schiffe, die dergleichen Standard-Versicherungen oftmals nicht
haben. Es ist allerdings zu beachten, dass die einzelnen Bundesstaaten weiterhin
ihre eigenen Gesetze und Vorschriften erlassen können, die höhere Haftsummen als
die des *OPA* '90 vorsehen.

Abschließend entstand durch die Verabschiedung des *OPA* '90 der *Oil Spill Lia-* **114**
bility Trust Fund. Dieser Treuhandfonds wird durch Gebühren und besonders durch
Strafzahlungen finanziert, die nach dem *OPA* '90 verhängt werden. Der Fonds ist für
die Durchführung der Schadensbeseitigung bei Ölkatastrophen vorgesehen, bei denen ein Verantwortlicher entweder nicht gefunden wird, oder er die nötigen Mittel
nicht aufbringen kann. Wenn ein Schiffseigentümer, -betreiber oder ein Dritter im
Falle einer Ölkatastrophe Reinigungshandlungen vornimmt und später beweisen

---

101 46 U.S.C. §§ 30501–30512.
102 33 U.S.C. § 2704(c).

kann, dass er nicht die verantwortliche Partei war, kann er Aufwendungsansprüche gegen den Fonds geltend machen. Dieses Vorgehen ist jedoch sehr komplex.

V. Internationales Übereinkommen über die zivilrechtliche Haftung für Schäden durch Ölemissionen

115 Dieses Übereinkommen [*International Convention on Civil Liability for Oil Pollution Damage (CLC)*] wurde 1969 verabschiedet, trat 1975 in Kraft und wurde durch ein Protokoll von 1992, das 1996 in Kraft trat, wesentlich erweitert. Dem Übereinkommen traten die *Fund Convention* von 1971 und das *IOPC-Fund*-Protokoll von 1992 an die Seite.[103] Dieses Regelungsregime sieht eine **Gefährdungshaftung** für alle Schäden vor, die durch die Emission von Öl durch ein Schiff entstehen. Gegen diese Haftung ist eine Verteidigung nur eingeschränkt möglich. Das Übereinkommen ist einer der wenigen seerechtlichen Umweltverträge, den die USA nicht ratifiziert haben. Dennoch sind die Regelungen des *OPA '90* und anderen innerstaatlichen Gesetzen inhaltlich effektiv weitgehender als die Regelungen dieses Übereinkommens, einschließlich der Einschränkung von Haftungserleichterungen. In dieser Frage ist das Haftungsregime des *OPA '90* sogar noch strenger als das des *CLC*.

VI. Internationales Übereinkommen über die Handhabe von Interventionen auf hoher See bei Ölverschmutzungen[104]

116 Dieses Übereinkommen erlaubt es Küstenstaaten, jenseits ihrer territorialen Grenzen zur Verhinderung, Begrenzung oder Beseitigung von drohenden Ölschäden an ihrer Küste tätig zu werden. Die USA ratifizierten dieses Übereinkommen 1974.

VII. Übereinkommen über die Verschmutzung auf hoher See durch Absonderung von Abfall und anderem[105]

117 Wie der Name schon sagt, verbietet dieses Übereinkommen die Emission von Schmutz oder Schadstoffen, die nicht Öl sind. Dieses Übereinkommen wurde von den USA ebenfalls 1974 verabschiedet.

---

103 Alle Texte dieser Übereinkommen (engl.) unter www.imo.org/en/about/conventions/list.
104 Text dieses Übereinkommens (engl.) unter www.imo.org/en/about/conventions/list.
105 Id. Bekannt als „*Anti-Dumping*-Konvention."

Phillip A. Bühler

VIII. Abfallgesetz[106]

Dieses innerstaatliche Gesetz stellt den Nachfolger der *Anti-Dumping*-Konvention **118** dar und bezieht sich auf Abfall und Vergiftungen, die nicht Öl sind.

IX. Gesetz über die Absonderung von Abfall auf hoher See[107]

Dieses Gesetz soll die Absonderung von Abfall, einschließlich Plastik, auf der ho- **119** hen See verhindern und stellt ebenfalls eine innerstaatliche Regelung anknüpfend an das *Anti-Dumping*-Übereinkommen dar.

X. Übereinkommen über Ballastwasser[108]

Dieses Übereinkommen ist eines der wichtigsten jüngst abgeschlossenen interna- **120** tionalen Übereinkommen und wurde innerhalb der letzten Jahre ausführlich in der Gemeinschaft maritimer Staaten diskutiert. Es wurde abgeschlossen, um das immer drängendere Problem invasiver Arten zu regeln, die durch die Entladung von Ballastwasser-Tanks von Schiffen im internationalen Handelsverkehr in Gewässer gelangen, in denen sie nicht heimisch sind. Die USA haben unter diesem Problem sehr gelitten, besonders im Gebiet der Großen Seen und sind daher sehr darum bemüht, dieses Übereinkommen umzusetzen. Es wurde 2004 geschlossen, tritt aber nicht in Kraft, bevor es nicht durch mindestens 30 Staaten, die insgesamt 35% des globalen Schiffshandels repräsentieren, ratifiziert wurde. Das Übereinkommen sieht umfangreiche Klagemöglichkeiten für die Kontrolle des Problems vor und hat sich zum Ziel gesetzt, die Bedrohung durch invasive Arten zu minimieren und auf lange Sicht gänzlich zu beseitigen.

XI. Ballastwassergesetz[109]

Dieses Gesetz wurde 2009 verabschiedet und trat Anfang 2016 in Kraft. Es regelt die **121** Behandlung von Ballastwasser aller Hochseeschiffe, die US-Gewässer befahren. Durch dieses Gesetz wird effektiv das Ballastwasser-Übereinkommen umgesetzt.

---

106 33 U.S.C. § 407.
107 33 U.S.C. § 1401 ff.
108 International Convention for the Control and Management of Ship's Ballast Water and Sediments, Text (engl.), unter: www.imo.org/en/about/conventions/list.
109 16 U.S.C. § 4701.

Phillip A. Bühler

XII. Annex VI des *MARPOL*-Übereinkommens – Luftverschmutzung durch Schiffe

122 Ein weiterer neuer Aspekt, der im US-Recht umfangreich geregelt wird ist die Luftverschmutzung durch Schiffe. Interessanterweise haben viele Einzelstaaten, v.a. Kalifornien, schon entsprechende Gesetze erlassen, bevor die USA in diesem Bereich aktiv geworden sind. Durch Annex VI des *MARPOL*-Übereinkommens werden umfassende Obergrenzen für Emissionen, Anforderungen an Gaswäscher und andere Anti-Emissionsinstrumente, sowie Emissionsgrenzen für alle Handelsschiffe durchgesetzt.[110]

XIII. Bundesimmissionsschutzgesetz[111]

123 Das Bundesimmissionsschutzgesetz [*Clean Air Act*] wurde 1963 erlassen und 1970, 1977 und 1990 wesentlich erweitert. In seiner aktuellen Form enthält es Vorschriften, die speziell auf Emissionen von Handelsschiffen, deren Bruttoraumzahl 400 übersteigt anwendbar sind. Mit diesem Bundesgesetz sollen die Anforderungen des Annex VI des *MARPOL*-Übereinkommens umgesetzt werden. Allerdings ist anzumerken, dass bereits einige Bundesstaaten, v.a. Kalifornien, Regelungen erlassen haben, die zusätzliche oder strengere Regeln als die des *Clean Air Acts* oder *MARPOL* enthalten. Anders als in anderen Rechtsgebieten gilt im See- und Umweltrecht nicht der Grundsatz, dass bundesgesetzliche Regelungen den Gesetzen der Einzelstaaten zwingend vorgehen. Dies gilt freilich nur solange die Regelungen nicht zueinander im Widerspruch stehen und die einzelstaatlichen Regelungen die des Bundes ergänzen.

XIV. Andere anwendbare seeumweltrechtliche Gesetze

124 Es gibt einige weitere Bundesgesetze, die den Seehandel und die Meeresumwelt beeinflussen. Die große Menge an einzelstaatlichen Vorschriften würde den Umfang dieses Kapitels übertreffen und wird daher hier außenvorgelassen. Nahezu alle Bundesgesetze auf dem Gebiet des Umweltrechts und die entsprechenden Verordnungen haben potentiell Auswirkungen auf maritime Gebiete, zumindest im Küstenbereich und in Binnengewässern.

125 Um nur ein Beispiel zu nennen: Der *Park System Resource Protection Act*[112] sieht eine **Gefährdungshaftung** für jegliche Schädigungen an maritimen Parkanlagen

---

110 Text des MARPOL-Übereinkommens, insbesondere Annex VI und ausführliche Kommentierung unter www.imo.org/en/ourwork/enviroment/pollutionprevention/pollution.
111 42 U.S.C. §§ 7401–7671.
112 54 U.S.C. § 100721.

Phillip A. Bühler

vor, die dem Haftungsregime des *OPA* '90 ähnlich sind. Die USA haben entlang ihrer Küsten eine große Zahl von Meeresparks und Meeresschutzgebieten. Viele dieser Anlagen reichen über die US-Hoheitsgewässer hinaus und bis weit in die AWZ hinein. Diese Parkanlagen und Schutzgebiete bringen die Anwendung des *PSRPA* ins Spiel. Ein Schiff, das beispielsweise in einem Park- oder Schutzgebiet strandet und dadurch Korallenriffe, Seegräser, historische Schiffswracks oder andere „Ressourcen" des Parks beschädigt, unterliegt der **Gefährdungshaftung** für die **Behebung** des Schadens, der anfallenden Reparaturen oder dem Ersatz der Ressourcen. Dem Schiff können auch hohe Strafen auferlegt werden.[113] Ebenso wie die meisten Bundesumweltgesetze beinhaltet auch dieses eine Quasi-Gefährdungshaftung, sodass der *Limitation of Liability Act* von 1851 nicht anwendbar ist,[114] und somit wenige bis keine Einspruchsmöglichkeiten bestehen. Viele dieser Bundesgesetze enthalten keine eigenen finanziellen Haftungsgrenzen, wie sie beispielsweise in dem *OPA* '90 vorgesehen sind, was ein hohes Risiko der ausufernden Gefährdungshaftung im Falle einer Ressourcenschädigung bedeutet.

Praxistipp

Ein beunruhigender Trend in den USA ist die Kriminalisierung bei Verstößen gegen Umweltgesetze. Dies beschränkt sich keineswegs auf seerechtliche Vorschriften, sondern stellt ebenso ein hohes Risiko für Personen und Unternehmen in anderen Rechtsbereichen dar. Selbst bei unbeabsichtigten Öllecks kann die Anwendung zahlreicher Bundes- und einzelstaatlicher Gesetze von den Vollzugsbehörden als Grund zur Festnahme und zur strafrechtlichen Verfolgung führen. Betroffen hiervon können sowohl einfaches Arbeitspersonal, als auch Führungskräfte großer Unternehmen sein, denen hohe Strafgebühren und Beseitigungskosten drohen. Aus diesem Grund ist es in jedem Fall bei signifikanten Vorkommnissen im umweltrechtlichen Bereich ratsam, auch kompetente strafrechtliche Beratung, sowohl für individuelle Arbeitnehmer, als auch das Unternehmen heranzuziehen, wenn die Ermittlungsbehörden drohen, eine strafrechtliche Untersuchung einzuleiten. Selbst dies ist mittlerweile problematisch, da viele US-Behörden, wie beispielsweise die Küstenwache, die Umweltbehörde und die Zoll- und Grenzschutzbehörden, routinemäßig „Ermittlungen" vornehmen, die zwar ihrem Wesen nach zunächst behördlich sind, jedoch zu strafrechtlichen Ermittlungen führen können. Die Ermittler kündigen einen solchen Perspektivenwechsel jedoch oftmals nicht im Voraus an. Dieses Thema würde in seiner Gänze ein eigenes Kapitel benötigen, daher lohnt es sich, im Falle von umweltschädigenden Unfällen auf sowohl zivil- als auch strafrechtliche Verfahren vorbereitet zu sein.

---

113 *In Re: Tug Allie-B*, 114 F.Supp.2d 1301 (M.D. FL. 2000); *Tug Allie-B V. U.S.*, 273 F.3d 936 (11th Cir. 2001).
114 Id.

Phillip A. Bühler

F. Die US-Anwendung des Seerechtsübereinkommens

126 Keine Erörterung der Anwendung internationaler seerechtlicher Übereinkommen in den Vereinigten Staaten darf das UN-Seerechtsübereinkommen (1982) außer Acht lassen.[115] Das Seerechtsübereinkommen (*UNCLOS*) stellt eine umfassende internationale Rechtsordnung für die Nutzung der Ozeane dar. Obwohl die USA das Übereinkommen unterschrieben haben, ist es bis dato nicht ratifiziert worden. *UNCLOS* war in den letzten dreißig Jahren Gegenstand einer sehr hitzigen politischen Debatte in den USA. Teilweise wurde das Übereinkommen im Senat mit positiven Erwartungen hinsichtlich der Ratifikation diskutiert. Tatsächlich haben sich die meisten Vertreter maritimer Interessen, insbesondere Schifffahrtsbetreiber, Eigentümer von Küstenanlagen, Gewerkschaften sowie die *Maritime Law Association* gemeinsam für die Ratifikation eingesetzt. Anscheinend stellen die Vorschriften zum Tiefseebergbau den Haupt-Hinderungsgrund für die Ratifikation dar. Diese wird von vielen Rechtswissenschaftlern und Interessenvertretern als Verzicht der USA auf ihre souveränen Interessen an den eigenen Ressourcen gedeutet. Andere sorgen sich um drohende Souveränitätsverluste aufgrund der gefühlten „internationalen Kontrolle" der Nutzung und Bewirtschaftung ozeanischer Ressourcen. Auf der anderen Seite enthält *UNCLOS* starke Freiheiten hinsichtlich des Schiffsverkehrs, die von den USA sogar in fremden Gewässern, insbesondere in Meerengen und anderen eingeschränkt befahrbaren internationalen Gewässern schon durchgesetzt wurden. Aus diesem Grund befürworten die meisten Interessenvertreter die Ratifikation des Übereinkommens.

127 Während der Senat die Ratifikation aber gerade nicht bestätigt, sondern sogar davon Abstand nimmt, deutete die US-Regierung bereits in den 1980er Jahren an, dass sie die Ratifizierung vorantreiben würde, sobald die Differenzen in Bezug auf die Vorschriften zum Tiefseebergbau zufriedenstellend beigelegt worden seien. 1983 veröffentlichte Präsident Reagan eine Bekanntmachung, in der er eine ausschließliche Wirtschaftszone der USA in Übereinstimmung mit *UNCLOS* verkündete.[116] 1988 erklärte er in einer weiteren Bekanntmachung, dass eine neue 12-Seemeilen-Zone bestimmt wurde, die sich ebenso nach den Richtlinien in *UNCLOS* bestimmt.[117] Der Verfasser dieses Textes hat tatsächlich erfolgreich auf der Grundlage von *UNCLOS* in US-Verwaltungs- und Gerichtsverfahren freie Navigationsbestimmungen durchgesetzt, sodass diese die innerstaatlichen Regelungen verdrängt haben. Einer interessanten Meinung zufolge soll die Freiheit des Schiffsverkehrs, die Anwendung von umweltschützenden Gesetzen im Bereich von US-Meeresschutzgebieten und maritimen Park-

---

115 Text (engl.) unter: http://www.un.org/Depts/los/convention_agreements/convention_over view_convention.htm.

116 Presidential Proclamation 5030, March 10, 1983.

117 Presidential Proclamation 5928, Dec. 27, 1988.

Phillip A. Bühler

anlagen verdrängen, sofern diese sich über die Hoheitsgewässer hinaus erstrecken. Als Begründung lässt sich anführen, dass UNCLOS den friedlichen Schiffsverkehr von Nicht-Kriegsschiffen durch die Hoheitsgewässer fremder Staaten zulässt.

Die *Maritime Law Association* überwacht streng das Ratifikationspotential des **128** Seerechtsübereinkommens, aber im gegenwärtigen Stadium bestehen dahingehend keine großen Hoffnungen. Dennoch sprechen die Tatsache, dass viele *UNCLOS*-Vorschriften, v.a. bezüglich des freien Schiffsverkehrs, von den USA bereits anerkannt und angewendet werden, sowie die Ratifizierung durch die Mehrzahl der maritimen Staaten, dafür, dass die Regelungen des Übereinkommens effektiv **Jus Cogens** darstellen. Sie wären somit anerkanntes internationales Gewohnheitsrecht geworden, an das auch die USA gebunden sind.

G. Bundesprozessrecht für seerechtliche Verfahren

Dieser Abschnitt verdeutlicht die Besonderheiten des Bundesprozessrechts hinsicht- **129** lich seerechtlicher Verfahren.

I. Ergänzende Regelungen für bestimmte seerechtliche Ansprüche

Die Bundesprozessrechtsordnung, nach der sich alle Gerichtsverfahren in den Be- **130** zirksgerichten der USA richten,[118] enthält einen speziellen Abschnitt, die **Ergänzende Regelungen für bestimmte** *admiralty-* und Seerechts-Ansprüche [*Supplemental Rules for Certain Admirality and Maritime Claims*]. Diese Vorschriften regeln zahlreiche spezielle seerechtliche Prozesse, besonders die der *in rem* oder *quasi in rem*-Gerichtsbarkeit über Schiffe, Fracht, Material, Bankkonten und andere Vermögenswerte bzw. „nicht-personale" Parteien, die dem Seerecht eigen sind.

Regelung A dieser Vorschriften regelt ihren Anwendungsbereich und ist im We- **131** sentlichen eine Zusammenfassung und ein Inhaltsverzeichnis der speziellen seerechtlichen Vorschriften.

Regelung B regelt *in personam*-Klagen für dinglichen Arrest und Forderungs- **132** pfändungen, außerdem werden die anwendbaren Formen der vorgerichtlichen Sicherheiten aufgelistet, die zwar in kontinentaleuropäischen Rechtssystemen bekannt sein mögen, aber im US-Recht nicht so weit verbreitet sind. Diese Regelung ist im Zusammenspiel mit anderen Vorschriften und angesichts der temporären Natur vieler Vereinbarungen im Seerecht *lex specialis*. Es spiegelt auch das Bedürfnis wi-

---

118 Vgl. Titel 28 des United States Codes.

Phillip A. Bühler

der, im Vorfeld eines Gerichtsverfahrens ausreichende Sicherheiten an beweglichen Gegenständen zu erhalten. Dieses Konzept ist sonst im US-Recht eher unüblich.

133   Regelung C betrifft *in rem*-Klagen, hauptsächlich im Hinblick auf die Durchsetzung von Seepfandrechten (siehe Abschnitt C). Ebenso enthält sie detaillierte Vorschriften für die Klageerhebung zur Durchsetzung dieser Pfandrechte.

134   Regelung D regelt possessorische, petitorische und Teilungsklagen, die wiederum Möglichkeiten darstellen, Sicherheiten an maritimen Gegenständen zu erhalten, um seerechtliche Vertragsansprüche durchzusetzen.

135   Regelung E enthält strenge prozessuale Vorschriften für *in rem*- und *quasi in rem*-Klagen, insbesondere hinsichtlich der Art der Beschwer, des Verfahrens, und der Beschlagnahme und Herausgabe von Eigentumsgegenständen durch ein gerichtliches Urteil.

136   Regelung F enthält spezifische Vorschriften für Klagen, die auf Haftungsprivilegierung oder -begrenzung gerichtet sind. Dies betrifft Verfahren unter dem US-Recht, auf die der *Limitation of Liability Act* von 1851 anwendbar ist.[119] Da dieses Konzept in vielen *Common Law*-Rechtssystemen bekannt ist und auch von internationalen Übereinkommen aufgegriffen wird,[120] wurde es in diesem Kapitel nicht weitergehend ausgeführt.

Praxistipp

Wie im Praxistipp zum Abschnitt der *in rem*- und *quasi in rem*-Zuständigkeit erwähnt (Abschnitt A. IV), können die speziellen *admiralty*-rechtlichen Vorschriften hinsichtlich der *in rem*- und *quasi in rem*-Zuständigkeit sich überschneiden. Die tatsächliche Durchführung einer solchen Klage erfordert die Anwendung vielschichtiger Regelungswerke und ein weites Ermessen des Bundesgerichts. Da das Schiff oder der Eigentumsgegenstand des *in rem*-Klage Beklagten beweglich ist, muss den Rechtsanwälten hinreichend zeitlicher Vorlauf gegeben werden, um die verfügbaren Rechtsbehelfe erfolgreich geltend zu machen.

II. Lokale Regelungen der Bundesgerichte erster Instanz für Seerecht

137 Zusätzlich zu den oben genannten ergänzenden Regelungen haben viele Bezirksgerichte in den USA, hauptsächlich diejenigen, die in Küstengebieten liegen, spezielle standortspezifische Regelungen für *admiralty*-Verfahren erlassen. Jedes Bezirksgericht in den USA kann seine eigenen Prozessvorschriften erlassen, die gemeinsam mit den *Federal Rules of Civil Procedure* angewandt werden. In einigen Gerichtsbezirken bestehen nur wenige zusätzliche Vorschriften, während sie in anderen recht

---

119 46 U.S.C. §§ 30501–30512.
120 Convention on Limitation of Liability for Maritime Claims (1976), Text (engl.) unter: www.imo.org/en/about/conventions.

Phillip A. Bühler

umfangreich sein können. In fast allen Fällen betreffen diese Regelungen abschlie-
ßend Details der Verfahrensführung, die zusätzlich zu den *Admiralty Supplemental
Rules* beachtet werden müssen. Oftmals geht es auch um Kleinigkeiten, wie etwa
Formatierungsvorschriften hinsichtlich des Plädoyers oder den Umfang und den
Inhalt eines Antrags auf Bestellung einer Sicherheit im *in rem*-Verfahren. Insofern
sind die Regeln nicht strenger als die der *Supplemental Rules*, sondern fügen lediglich Vorschriften hinzu. Dies zeigt, wie sich in US-Gerichten viele prozessrechtliche
Ebenen überlappen können, die durchaus auf *admiralty*-Verfahren anwendbar sein
können, obwohl das materielle Recht bundesweit einheitlich geregelt ist.

III. Seerechtliche Verjährungsvorschriften und die Doktrin der Verwirkung

Die zeitlichen Grenzen, in denen eine Klage zur Klärung einer Streitigkeit im US-See- **138**
recht erhoben werden kann, unterscheiden sich von den Klagefristen in den meisten
anderen US-Rechtsgebieten. Letztere werden in der Regel durch individuelle Vorschriften der Bundesstaaten geregelt und bestimmen sich je nach der materiellen
Rechtsfrage. Durchaus können sie sich je nach Bundesstaat unterscheiden. Diese
Verjährungsvorschriften sehen grundsätzlich vor, dass je nach Art des Anspruches (vertraglich, deliktisch oder anderer Art) die Klagemöglichkeit nach vier bis
sechs Jahren verjährt ist.

Die Falle, die auch US-Anwälte, die im Seerecht nicht bewandert sind, oftmals **139**
übersehen, ist, dass seerechtliche Verjährungsfristen oft kürzer sind. Einige seerechtliche Gesetze sehen konkrete Fristen oder eine Mindestfrist vor, wie beispielsweise das Recht der Körperverletzungen auf See und der *COGSA* (s. o.). Es ist zu beachten, dass Ansprüche wegen Körperverletzung, wie beispielsweise aus dem
LHWCA, üblicherweise nach drei Jahren verjähren, was kürzer ist, als die bundesstaatlich oder bundesrechtlich geregelten Verjährungsfristen für diese Anspruchs-
art. Darüber hinaus besteht für unerlaubte Handlungen auf See die *Uniform Statute
of Limitations for Maritime Torts*.[121] Dieses Gesetz ist auf viele Ansprüche anwendbar,
die keine eigene Verjährungsfrist haben und sieht für diese eine Frist von drei Jahren vor.

Zuletzt wenden die *admiralty*-Gerichte der USA die **Doktrin der Verwirkung** **140**
[*laches*] an. Dieses Prinzip basiert auf dem **Billigkeitsrecht** [*equity*], das von einer
Zeitspanne ausgeht, die nach Zumutbarkeitserwägungen bestimmt wird und nicht
gesetzlich festgeschrieben ist. Der Anspruch einer Partei ist verjährt, wenn sie ihn
nach dieser Zeit nicht geltend gemacht hat.[122] Ebenso werden die Umstände des spezifischen Falles berücksichtigt. Jedoch sieht die Doktrin vor, dass das Gericht auch

---

121 46 U.S.C. § 30106.
122 *The Key City*, 81 US. 653 (1871).

Phillip A. Bühler

Gesetze, die für ähnliche Sachlagen bestimmte Fristen festlegen, bei seiner Abwägung in Betracht ziehen muss. Angesichts dessen, dass die meisten **Verjährungsfristen** im Seerecht drei Jahre oder weniger betragen, gilt für Fälle, auf welche die Doktrin angewandt wird, dass eine Dreijahresfrist das Höchstmaß der Zumutbarkeit bedeutet. Einige Ansatzpunkte der *Equity*-Abwägung sind die vorübergehende Natur von Arbeitsverhältnissen im Seehandelsbetrieb, sowie der Fahrtenplan eines Schiffes. Auch andere Umstände, die eine **lange Verjährungsfrist** problematisch erscheinen lassen, wenn Beweismittel für die Geltendmachung eines Anspruches gesammelt werden müssen, müssen bei der Abwägung berücksichtigt werden. Anwälten wird aus diesen Gründen in jedem Fall dazu geraten, Ansprüche jeweils möglichst umgehend geltend zu machen.

Kapitel 6
Verträge – Entwurf und Inhalt

Literaturverzeichnis

Anderson, Mark und **Warner**, Victor, *Drafting and Negotiating Commercial Contracts*, 2. Auflage (2007). **Adoranti**, Frank, *The Managers Guide to Understanding Commonly Used Contract Terms: Boilerplate Clauses*, 2. Auflage (2010). **Bortolotti**, Fabio, *Drafting and Negotiating International Commercial Contracts* (2008). **Butt**, Peter und **Castle**, Richard, *Modern Legal Drafting*, 2. Auflage (2007). **Fox**, Charles M., *Working with Contracts*, 2. Auflage (2008). **Stark**, Tina L., *Drafting Contracts*, 1. Auflage (2007).

A. Einleitung

Für jeden in Deutschland praktizierenden Anwalt im 21. Jahrhundert ist die Ausei- 1
nandersetzung mit vertraglichen Vereinbarungen in englischer Sprache unausweichlich. Ein solides Arbeitswissen über das Entwerfen von englischsprachigen Verträgen
in den USA ist daher unerlässlich. Dieses Kapitel soll einen Leitfaden für die Struktur
und die Begrifflichkeiten solcher Verträge geben. Dafür wird ein typischer Vertrag in
seine einzelnen Bestandteile eingeteilt, um diese jeweils zu erläutern. So soll der mo-
nolithische Charakter eines Vertrages zugänglicher und sowohl das Entwerfen als
auch das Modifizieren von Vertragsdokumenten erleichtert werden.

Das Ziel dieses Kapitels ist es somit, zu erläutern, wie und warum englische Ver- 2
träge so entworfen und aufgebaut sind, wie sie es sind und den Lesern Werkzeuge
an die Hand zu geben, durch die das Entwerfen von Verträgen einfacher und effizienter wird.

B. Erstellung des Vertragskopfs: Exordium, Präambel und Überleitungsformulierungen

Zunächst untersuchen wir den üblicherweise *front of the contract* genannten Ver- 3
tragskopf. Dieser umfasst die **Einleitungsklausel** [*exordium*], die **Präambel** [auch
recitals genannt], und **Überleitungsformulierungen** [*transitional language/words
of agreement*]. Diese Elemente legen den Gegenstand der Einigung fest, erörtern ihren Zweck und erklären, dass die Parteien den folgenden Vereinbarungen zustimmen. Der Zweck des Vertragskopfes ist es, sowohl zu den Vertragsparteien als auch
zu ihrem Vertragsverhältnis Hintergrundinformationen zu geben.

Von vornherein sollte man sich bewusst sein, dass diese Vereinbarungen unter 4
dem *common law* keine materiellen Teile des Vertrags darstellen. Alle Abschnitte
oberhalb der Überleitungsformulierungen (dazu näher, s. u.) sind vielmehr Hinter-

Keith E. Wilder

https://doi.org/10.1515/9783899498103-006

grundinformationen über die Vereinbarung zwischen beiden Parteien. Daher sollte bei dem Entwerfen eines Vertrags darauf geachtet werden, dass materielle Vereinbarungen zwischen den Parteien nicht oberhalb der Überleitungsformulierungen verortet sind.

I. Das Exordium/Die Einleitungsklausel

5 Hier ein Beispiel einer traditionellen und gut formulierten Einleitungsklausel, die in der Fachsprache *exordium* genannt wird.

Beispiel

MERGER AGREEMENT

This merger agreement is dated August 15, 20XX, and is between Alcove Enterprises, Inc., a Delaware corporation ("<u>Alcove</u>") and Triad Manufacturing, a California corporation ("Triad").

6 Sowohl im Titel als auch im ganzen Vertrag wird das Wort "*agreement*" und nicht etwa "*contract*" genutzt. Im Vertragstext selbst muss "*agreement*" nicht großgeschrieben werden, soweit lediglich auf den Vertragstext verwiesen wird. Umfasst die Vereinbarung mehrere Dokumente oder bezieht sie sich auf ein Vertragsverhältnis, das in einem gesonderten Dokument festgehalten wurde, sollte der Begriff "*agreement*" im Erklärungsabschnitt definiert und "*agreement*" durchgehend großgeschrieben werden. Der Titel der Vereinbarung sollte außerdem das Vertragsverhältnis deutlich benennen (hier: "*Merger Agreement*"), um es von anderen Vereinbarungen abzugrenzen. Zugleich sollte der Titel nicht zu lang oder zu umständlich sein. Der Vertragstitel sollte zum ersten Satz „heruntergezogen" werden, in dem genau der Titel als einleitende Formulierung verwendet wird (hier: "*This <u>merger agreement</u>*"). Die Großschreibung muss nicht übernommen werden. Vielmehr sollte im ersten Satz sowohl aus grammatikalischen als auch ästhetischen Gründen Kleinschreibung verwendet werden.

7 Der erste Satz sollte mit "*this*" beginnen, damit der Satzbau von Anfang an deutlich wird. Ebenso sollte die Formulierung "*is dated*" verwendet werden, um dem Satz ein Prädikat zu verleihen. Diese Formulierung ist auch einfacher und deutlicher als "*made*" oder "*is entered into*". Im nächsten Abschnitt werden die akkurate Datierung des Vertragstextes sowie die Relevanz der korrekten Wortwahl und Form noch genauer ausgeführt. Der Begriff "between" sollte eher als das mittlerweile veraltete "*between and among*" oder "*by and between*" verwendet werden. Während früher davon ausgegangen wurde, dass sich "*between*" auf zwei Parteien und "*among*" auf drei oder mehr Parteien bezieht, ist heute akzeptiert, dass mit der Formulierung "*between*" jede Anzahl von Parteien gemeint sein kann. Diese Unterscheidung wurde daher in der modernen Vertragsgestaltung abgeschafft.

Keith E. Wilder

Die Namen der Parteien sollten gänzlich in Großbuchstaben geschrieben sein **8** und vor der Rechtsform und deren Sitz stehen. Dies dient dazu, die Haftungssituation der am Vertrag beteiligten Parteien zu erfassen, und Fragen der Gerichtsbarkeit sowie generell das Verhältnis der Parteien zueinander für den Leser verständlicher zu machen. Der weit verbreitete, moderne Entwurfsstil schreibt vor, dass die Adressen der Parteien nicht im *exordium*, sondern in einem **separaten Abschnitt** [*notification section*] im Vertragskörper (der weiter unten in diesem Kapitel behandelt wird) erscheinen sollen. Dadurch soll das *exordium* übersichtlicher und einheitlicher werden.

Nach der Rechtsform der Parteien sollte der Name der Parteien so erscheinen, **9** wie er im Vertragstext benutzt wird. Da Parteibezeichnungen oftmals lang und umständlich sind (z.B. *"Alcove Enterprises, Inc."*), wird normalerweise eine Kurzform verwendet (z.B. *"Alcove"*). Diese Kurzform sollte in Anführungszeichen, unterstrichen und Klammern gesetzt werden. Außerdem ist es vorzugswürdig, die Bezeichnungen der Parteien zu übernehmen, anstatt abstrakte rechtliche Begriffe wie Pächter/Verpächter, Gläubiger/Schuldner, Abtretender/Abtretungsempfänger etc. zu verwenden, die zu unnötiger Verwirrung führen könnten.

II. Datierung des Vertrags

Die genaue Zeit, zu der ein Vertrag vollziehbar wird, kann wesentliche rechtliche **10** Auswirkungen haben. Die Datierung des Vertrags ist deshalb von zentraler Bedeutung. Der Zeitpunkt des Inkrafttretens kann beispielsweise die Vertragspflichten, Vertretungsklauseln und Gewährleistungsabreden beeinflussen. Daher geben in der *Common Law*-Tradition bestimmte Konventionen vor, wie der Parteiwille in Bezug auf Vertragsdaten zum Ausdruck kommen soll. Soll ein Vertrag zum Beispiel unverzüglich in Kraft treten, nachdem er von beiden Parteien am selben Termin unterschrieben worden ist, ist das Datum, das im *exordium* auftaucht gemäß der modernen Vertragsgestaltungskonvention das Datum des Inkrafttretens. Um Verwirrung auszuschließen, sollte dieses grundsätzlich das einzige Datum sein, das im Vertrag erscheint. Die Parteien sollten daher ihre Unterschriften nicht mit einem Datum versehen.

Oftmals unterschreiben die Parteien den Vertrag jedoch nicht zur selben Zeit. **11** Dies ist insbesondere im *Common Law* häufig der Fall, da eine notarielle Beglaubigung oft nicht erforderlich ist. Diese zeitversetzen Unterschriften liegen oft in logistischen Aspekten oder unerwarteten Verspätungen begründet oder sollen Geltungslücken überbrücken. Traditionellerweise spiegeln Verträge im englischsprachigen Rechtsraum diese Diachronie der Vertragsunterzeichnung wieder, indem die Einleitung den Passus *"The agreement is dated as of..."* also „Die Vereinbarung datiert ab dem ..." (Hervorhebung durch Verf.) enthält, der dann wiederum auf das Datum verweist, an dem der Vertrag in Kraft treten soll. So gelten alle vertraglichen Pflich-

Keith E. Wilder

ten, Vertretungsregelungen und Gewährleistungen als zu diesem Zeitpunkt entstanden.

Praxistipp

Wenn am Anfang des Vertrags die Phrase *"is dated"* verwendet wird, zeigt dies an, dass die Parteien den Vertrag am genannten Datum unterschrieben haben und die vertraglichen Vereinbarungen ab diesem Zeitpunkt gelten.

Wenn der Vertragskopf allerdings die Phrase *"is dated as of"* enthält, heißt dies, dass eine oder mehrere der Parteien den Vertrag nach diesem Datum unterschrieben haben, aber wollen, dass der Zeitpunkt des Inkrafttretens der Vereinbarung der dort bezeichnete ist. Dies ist besonders wichtig, um die Verjährung von Vertretungs- und Gewährleistungsansprüchen mit einzuschließen.

---

12 Beim Abfassen eines Vertrags mit einem *"as of"*-Datum, sollten Sie das tatsächliche Unterzeichnungsdatum an einer anderen Stelle des Vertrags anführen. Dies könnte unter anderem aus steuerlichen Gründen relevant werden. Außerdem verstehen nicht alle Parteien, die mit englischsprachigen Verträgen zu tun haben, die Bedeutsamkeit des Ausdrucks *"as of"*. Daher wird geraten, in internationalen Verträgen aus Vorsicht das *"as of"*-Unterschrifts-Datum in einem abschließenden Absatz wie folgt zu erwähnen:

To evidence the parties' agreement to this agreement's provisions, the parties have executed and delivered this agreement on January 1, 20XX, but as of the date set forth in the exordium.

---

13 Zu guter Letzt gibt es auch Situationen, in denen die Parteien einen Vertrag schließen wollen, der erst zu einem späteren Zeitpunkt wirksam werden soll. In dieser Situation sollten die Parteien es vermeiden, überhaupt ein Datum in das *exordium* aufzunehmen. Eher sollten sie eine „*effective date*-Klausel" in den Vertrag einbauen, die örtlich getrennt und deutlich als solche betitelt ist, um es den Parteien zu erleichtern, sie schnell und einfach zu finden.

Beispiel

Wenn Sie einen Vertrag entwerfen, der vor dem Inkrafttreten unterschrieben wird, nutzen Sie das folgende Format:

STOCK PURCHASE AGREEMENT

This stock purchase agreement is between Alcove Enterprises, Inc., a Delaware corporation ("Alcove") and Triad Manufacturing, a California corporation ("Triad").

(und dann im Vertragstext)

Effective Date. *This agreement is effective as of December 1, 20XX.*

Keith E. Wilder

Das Ziel dieser drei Versionen – Angabe des gegenwärtigen, früheren oder späteren 14
Datums – ist es, zu signalisieren, welche Option die Parteien in der jeweiligen Situation gewählt haben. So wird sichergestellt, dass Mehrdeutigkeit oder Verwirrung bezüglich der Vertretungsregelungen, Haftungsregelungen oder anderer fristabhängiger Vertragsabreden ausgeschlossen ist. Grundsätzlich gilt es, mehrdeutige oder widersprüchliche Datumsangaben zu vermeiden.

III. Die Präambel

Die meisten Verträge enthalten unabhängig von ihrer Länge und Komplexität eine 15
Anzahl von Absätzen, die sich an den Titel anschließen. Diese werden **Präambel** [*preamble* oder *recitals*] genannt. Die Gerichte verwenden die Präambel, um die Parteiinteressen auszulegen. Sie enthalten Hintergrundinformationen, welche die Parteien als relevant erachten und stellen überdies eine Einleitung für den Vertragstext dar. Es ist zu beachten, dass in der Präambel keine Bestimmungen in Form von *recitals* stehen, die tatsächlich Vertretungsregeln oder materielle Abreden darstellen (s. o.).

Ebenso wie die eröffnenden Argumente in einem *Common Law*-Prozess nicht als 16
Beweise gelten, sondern eher eine orientierende Übersicht darstellen, so ist auch die Präambel eher eine Einleitung ohne materiellen Gehalt. Deshalb sollten in der Präambel keine Einzelheiten zu den Rechten und Pflichten der Parteien geregelt werden. Außerdem sollte die Präambel nicht durch eine Verweisung im Vertragstext einbezogen werden (*"incorporated by reference"*).

Es gibt vier gängige Arten von Präambeln. Die erste ist das **context recital**, wel- 17
che die Umstände beschreiben, unter denen der Vertrag geschlossen wurde. Die zweite Variante ist das **purpose recital**, die in groben Zügen anzeigt, welches Ziel die Parteien mit dem Vertragsschluss erreichen wollen. Die dritte Kategorie sind die **concurrent transaction recitals**, die verwendet werden, wenn zwischen den Parteien mehrere Verträge zur gleichen Zeit geschlossen werden. Die letzte und möglicherweise relevanteste Kategorie sind die **substantive recitals**, die das Gericht auf einen bestimmten Rechtsbehelf hinweisen, indem sie beispielsweise die Einzigartigkeit des Vertragsinhalts hervorheben und so den Weg für eine billigkeitsgerichtliche Abhilfe ebnen. Diese Art der Präambel kann auf das besondere Verhältnis zwischen den Parteien oder die Eigenheiten der Leistung eingehen und der interessengerechten Auslegung dienen. Sofern Uneinigkeiten bestehen, gilt als Auslegungsmaxime die Berücksichtigung des Parteiwillens.

Bezüglich des Aufbaus der Präambel gilt erneut: Einfachheit, Klarheit und Logik 18
sind gefragt. Das Ziel ist es, die Präambel klar und lesbar zu formulieren und dabei eher auf die übliche Paragraphenstruktur, als auf Nummerierungen zurückzugreifen. Man liest immer noch häufig Präambeln, die mit *"WITNESSETH"* und *"WHEREAS"* beginnen. Diese nun als archaisch geltenden Formulierungen hatten

Keith E. Wilder

ihre Daseinsberechtigung in den vergangenen Jahrhunderten der englischsprachigen Vertragsgeschichte, in der Vereinbarungen oftmals handgeschrieben wurden. Um zu vermeiden, dass durch Manipulation der Interpunktion die Bedeutung des Vertrags geändert werden konnte, bestanden die Verträge nur aus einem einzigen Satz, der oftmals mehrere Seiten lang war. Um den Textfluss zu unterbrechen und die Texte zu strukturieren, wurden Worte wie *"WITNESSETH"* und *"WHEREAS"* an verschiedenen Stellen als Referenzpunkte hervorgehoben.

19 Offensichtlich ist durch die Paragraphenstruktur, die Verwendung von Interpunktion und den einfachen Zugang zu Druckmaschinen die Verwendung dieses Stils überflüssig geworden. Nichtsdestotrotz wird diese Art der Formulierung in Verträgen noch heute verwendet, weil die Tradition von Juristengeneration zu Juristengeneration weitergegeben wird und noch immer einen sehr anwaltlichen Eindruck macht. Trotzdem sollte sie vermieden werden.

IV. Die Überleitungsformulierungen/*words of agreement*

20 Um eine deutliche Abgrenzung zwischen der Einleitung und dem „rechtlich bindenden" Abschnitt des Vertrags vorzunehmen, verwendet der *Common Law*-Vertrag die **Überleitungsformulierungen** [*transitional language* oder *words of agreement*]. Auch dieser Vertragsabschnitt wurde ursprünglich von historisch-juristischem Fachjargon bestimmt. So war es beispielsweise üblich, den Passus *"know all men by these presents"* oder *"Now, therefore, in consideration of the premises and mutual promises herein contained, the parties hereby agree as follows..."*[1] zu gebrauchen. Statt diese altertümlichen Formen zu verwenden, sollten moderne Stilvorgaben für die Vertragsgestaltung angewandt werden.

---

1 Das *Common Law* erfordert für einen wirksamen Vertrag ein Angebot, eine Annahme und eine **Austausch-** oder **Gegenleistung** (*Consideration*). Obwohl *Consideration* ein sehr komplexes Rechtskonzept ist, lässt es sich als „verhandelter Austausch" zusammenfassen. Der Gedanke hinter der obenstehenden Formulierung war, dass eine gerichtliche Durchsetzung des Vertrags wahrscheinlicher wäre, wenn die Parteien versicherten, dass er unter *"good consideration"* entstanden war. Trotzdem haben die Gerichte wiederholt entschieden, dass lediglich die Aussage, dass seine angemessene Gegenleistung vereinbart wurde, nicht ausreicht, um die Voraussetzung der *Consideration* zu erfüllen. Trotz einer solchen Aussage kann der Vertrag also unwirksam sein. Da die Formulierung keine rechtliche Sicherheit gewährt, sollte sie folglich vermieden werden.

Keith E. Wilder

Praxistipp

Wenn der Vertrag einen Abschnitt mit *recitals* enthält, sollte die Einleitung wie folgt aussehen:

Accordingly, the parties agree as follows:
– oder –
The parties therefore agree as follows: (Hervorhebung des Autors)

Wenn der Vertrag keine *recitals* enthält, sollte die Einleitung lediglich das Folgende enthalten:

The parties agree as follows:

Die *recitals* sollten unmittelbar auf das *exordium* folgen und vor dem Definitionenabschnitt stehen.
So wird klargestellt, dass die Hintergrundinformationen abgeschlossen sind und ab wo der materielle Vertragsinhalt beginnt.

Indem Sie diese einfachen und logischen Entwurfstechniken auf Ihre Einleitungs- 21 klausel, die Präambel und die Überleitungsformulierungen anwenden, stimmt der **einleitende Teil** [*front of the contract*] Ihres englischsprachigen Vertrags mit den aktuellen stilistischen Anforderungen an Vertragsentwürfe überein. Durch die Anwendung in Ihrer täglichen Arbeit werden Sie schnell eine einfache Struktur entwickeln, mit der Sie sowohl Einheitlichkeit als auch Klarheit in Ihre Verträge bringen.

C. Den Vertragskörper entwerfen

Der Vertragstext enthält die ausgehandelte Parteivereinbarung in der Form einer 22 schriftlichen Einigung. Alle Einzelheiten eines oftmals langen, detaillierten Verhandlungsprozesses zu Papier zu bringen, ist eine schwierige Aufgabe. Das gilt besonders in einer fremden Sprache und gerade auch, weil sich die ungeschriebenen Regeln der Gestaltung und Anwendung nicht immer unmittelbar von selbst erschließen. Dieser Abschnitt soll Ihnen daher die wesentlichen Kenntnisse und Werkzeuge vermitteln, um Ihre Vereinbarung in einem verbindlichen, schriftlichen Vertrag festzuhalten.

I. Definition verwendeter Begriffe

Englischsprachige Verträge sind berühmt – oder berüchtigt – für ihre ausführlichen 23 Definitionsabschnitte. Während sie auf den ersten Blick oft schwerfällig wirken, haben sie einen essentiellen Zweck, nämlich den, das Lesen des Vertrags selbst zu vereinfachen. Dieser Abschnitt wird einige der grundlegenden Standards erklären, die beim Schreiben eines Definitionsabschnitts beachtet werden sollten.

Keith E. Wilder

24 Der Definitionsabschnitt sollte in alphabetischer Reihenfolge aufgebaut sein und alle Begriffe enthalten, von denen die Parteien denken, dass sie für eine akkurate Auslegung des Parteiwillens relevant sein könnten. Darum enthält dieser Abschnitt normalerweise Fachbegriffe, die für diese bestimmte Vereinbarung einzigartig sind, Ausdrücke, die den Vertrag lesbarer machen oder bestimmte Erklärungen, die von der üblichen Bedeutung eines Wortes abweichen. Nicht im Definitionsabschnitt auftauchen sollten gängige Definitionen von Rechtsbegriffen oder Ausdrücke der Alltagssprache. Die Liste sollte der Verdeutlichung und Abgrenzung von Begriffen vorbehalten sein, deren Benutzung in dem Vertrag von ihrer üblichen Verwendung abweicht.

25 Die generelle Formulierung jeder Definition hängt davon ab, wie oft der jeweilige Begriff in dem Vertrag vorkommt.[2] Wenn ein Begriff wiederholt auftaucht, sollte er folgendermaßen strukturiert im Definitionsabschnitt auftauchen: (Definierter Begriff) *"means"* (Definition). Wenn er hingegen nur einmal verwendet wird, kann die Definition im Vertragstext enthalten bleiben und mit einem Querverweis zum entsprechenden Vertragsabschnitt, in dem die Begriffserklärung zu finden ist, wie folgt im Definitionsabschnitt erscheinen: (Definierter Begriff) *"has the meaning assigned to it in"* (Vertragsabschnitt).

26 Zu beachten ist zudem, dass Worte, die im Definitionsabschnitt erklärt werden, im Vertragstext großgeschrieben werden müssen. Dadurch wird dem Leser signalisiert, dass das Wort im Kontext der Vereinbarung eine bestimmte Bedeutung hat, die von der gewöhnlichen Verwendung des Wortes oftmals abweicht. Wenn der Verfasser des Vertrags dies nicht beachtet, läuft er Gefahr, dass Verwirrung oder Missverständnisse entstehen. Wenn die tatsächliche gewollte Bedeutung vom Leser verkannt wird, kann dies schwerwiegende Konsequenzen für die Parteien haben.

II. Die korrekte Verwendung von „rechtswirksamer Sprache"

27 Für das Entwerfen eines Vertrags ist es von zentraler Bedeutung, ein Verständnis für **„rechtswirksame Sprache"** [*operative language*] zu entwickeln; dies sind jene Begriffe, durch die Rechte, Pflichten und Privilegien der Vertragsparteien begründet werden. Wenn Sie die Verwendung dieser Sprache beherrschen, werden Sie nicht nur jegliche ausgehandelte Vereinbarungen in einen wasserdichten Vertrag umwandeln können, sondern zusätzlich die Formulierungen und Strukturen von alltäglich verwendeten Musterverträgen erheblich verbessern.

28 Ein erwähnenswerter Unterschied zwischen der deutschen und der US-Rechtskultur ist der voneinander abweichende Umgang mit Wortwiederholungen in der

---

2 Zur Anwendung dieser Definition im Arbeitsrecht, vergleiche Kapitel 8.D und Kapitel 8.E.I.

Keith E. Wilder

Rechtssprache. In der deutschen Rechtskultur sind Autoren dazu angehalten, neue Worte zu verwenden, wenn eine Idee häufiger im Verlauf des Dokuments wiederkehrt. Im Gegensatz dazu halten sich US-Anwälte an die *Golden Rule of Drafting*, die besagt, dass niemals die Wortwahl verändert werden soll, wenn die Bedeutung gleichbleibt, und dass die Wortwahl immer verändert werden soll, wenn die Bedeutung sich verändert. Im Lichte dieser Regel ist es wichtig, dass ein Ausdruck, der einen bestimmten Rechtsgedanken vermittelt, nicht nur konsistent, sondern auch ausschließlich dazu verwendet wird, diesen Rechtsgedanken zu beschreiben. Folglich ist es eine Schlüsselvoraussetzung für einen effektiven Schreibstil, Begriffe konsistent zu verwenden, auch wenn dadurch aus deutscher Perspektive stilistisch unschöne Dopplungen auftreten.

1. Die richtige Verwendung des Wortes *shall*

Das bei der Vertragsgestaltung wohl am häufigsten falsch verwendete und falsch 29 verstandene Wort ist *shall*. Anwälte verwenden dieses Wort häufig willkürlich, um dem Vertrag einen Anschein von Gesetzmäßigkeit und Formalität zu geben. Im Ergebnis führt dies jedoch nur zu Verwirrung und Mehrdeutigkeit, da *shall* in widersprüchlichen Zusammenhängen innerhalb ein und desselben rechtlichen Dokuments auftaucht.

Das Wort *shall* wird normalerweise auf zwei Weisen verwendet – die eine ist 30 richtig, die andere unrichtig. Zunächst wird hier die richtige Verwendung erläutert: *shall* soll ausschließlich genutzt werden um vertragliche Pflichten einer oder beider Parteien zu beschreiben. Wenn *shall* so verwendet wird, darf ausschließlich der Name einer oder beider Vertragsparteien davorstehen. Zum Beispiel: "*The Buyer shall...*", "*The Seller shall...*", "*The Parties shall...*", etc. Dagegen wird das Wort unrichtig verwendet, wenn es als Ersatz für *is, is to, should, is required to*, etc. benutzt wird. Zum Beispiel: "*The products shall...*", "*The agreement shall...*", "*The merger shall...*" etc. Dementsprechend hat die moderne US-Vertragspraxis diese Ansicht aufgenommen und sieht vor, dass *shall* in englischsprachigen Verträgen ausschließlich verwendet werden soll, um Pflichten von Parteien zu signalisieren.

Checkliste

Um die richtige Verwendung des Wortes *shall* von der unrichtigen abgrenzen zu können, bietet sich die folgende Checkliste an:

Shall wird in einem Vertrag richtig verwendet, wenn
1) der Name einer der unterzeichnenden Vertragsparteien vor dem Wort steht.
2) das Verb, das in Verbindung mit *shall* auftaucht, eine Pflicht beschreibt. Daher sollte der Satz die folgende Struktur haben:

[Partei] *shall* [verpflichtendes Verb]

Keith E. Wilder

Unrichtig: *Seller shall receive* (Empfangspflichten existieren nicht; eher besteht ein Recht darauf.)

Richtig: *Seller shall deliver* (eine Lieferpflicht existiert.)

3) Ein einfacher, aber nicht zu unterschätzender Weg, ein „gutes *shall*" von einem „schlechten *shall*" zu unterscheiden, ist es, *shall* schlicht durch **"has an obligation to"** zu ersetzen. Wenn *shall* durch diesen Ausdruck ersetzt wird und der Satz noch immer logisch, grammatikalisch und von der rechtlichen Bedeutung her sinnvoll ist, wurde *shall* korrekt zur Beschreibung einer vertraglichen Pflicht verwendet.

Weitere Beispiele:

Richtig: *Seller* **shall** *deliver* = *Seller* **has an obligation** *to deliver*
Buyer **shall** *pay* = *Buyer* **has an obligation to** *pay*

Spiegelbildlich dazu gilt die folgende Faustregel: Wenn der Satzbaustein *"has an obligation to"* als Ersatz von *shall* grammatikalisch, rechtlich oder logisch keinen Sinn ergibt, dann muss *shall* durch *is, is to be, are* oder *are to be* ersetzt werden. Alternativ kann der Satz umgestellt werden, um eine Verpflichtung zu beschreiben:

Unrichtig: *The computer* **shall...** = *The computer* **has an obligation to...** Diese Formulierung ist unlogisch, da der Computer keine vertragliche Pflicht haben kann.

Richtig: *The Computer* **is to...** ; *The Computers* **are to...**

---

31 Ein weiterer weit verbreiteter Anwendungsfehler in Verträgen ist der Folgende: *"The Buyer* **shall be entitled to.**" Dies impliziert die folgende Annahme: *"The Buyer* **has an obligation to** *be entitled to"*, was allerdings bedeuten würde, dass der Käufer verpflichtet ist, ein Recht auf etwas zu haben, was offensichtlich keinen Sinn ergibt. Entweder besteht eine Pflicht oder es besteht ein Recht. Eine Pflicht ein Recht zu haben ist dagegen ein Widerspruch in sich. Mithin muss das Wort *"shall"* gestrichen und ausschließlich *entitled to* verwendet werden, wenn ein Recht aus dem Vertrag gemeint ist.

Checkliste

Wenn ein Vertrag den Begriff *shall be* oder *shall have* enthält, ist die Benutzung dieses Begriffes in den folgenden Fällen falsch:

Unrichtig:
The Seller **shall be** *exempt...* = Der Verkäufer hat eine Pflicht, ausgenommen zu sein. Aber eine Partei kann logisch nicht dazu verpflichtet sein, von etwas ausgenommen zu sein.

Richtig:
The Seller **is** *exempt...*
– oder –
The Seller **is entitled to** *an exemption...*

Keith E. Wilder

Ebenso ist die Benutzung von *shall* nach den Gepflogenheiten moderner Vertragsgestaltung falsch, wenn vor *shall* eine Partei genannt wird und anschließend eine Form des Verbs *to have* (folglich als Hilfsverb) Verwendung findet.

Unrichtig:
The Party shall have obtained permission from the shareholders...
(Wenn eine Bedingung gemeint ist.)

Richtig:
The Party must obtain permission from the shareholders...

Unrichtig:
Either Party shall have the right to terminate...
(Wenn Ermessensbefugnis gemeint ist.)

Richtig:
Either Party may terminate...

Wenn Sie sich an diese Regeln beim Gebrauch des Wortes *shall* halten, werden Ihre 32 englischsprachigen Verträge akkurater und prägnanter formuliert sein.

2. Die richtige Verwendung der Worte *will* und *must*

Darüber hinaus ist auch die richtige Verwendung der Worte *will* und *must* essentiell. 33 Die Grundregel besagt, dass für die Benennung von Pflichten im Vertrag immer *shall* verwendet werden sollte. Manchmal enthalten Verträge zusätzlich Vereinbarungen, die nicht unbedingt vertragliche Pflichten begründen. Diese werden durch Worte wie *must* oder *will* erkennbar gemacht. Dieser Abschnitt behandelt die Frage, wann und wie diese Worte in englischsprachigen Verträgen verwendet werden sollten.

Das Wort *will* sollte aus mehreren Gründen im Allgemeinen in englischsprachi- 34 gen Verträgen vermieden werden. Erstens ist es ein zu schwaches Verb, um Verpflichtungen zu beschreiben. Im Englischen impliziert "I will" nicht etwa eine Leistungsbereitschaft, sondern lediglich einen Verweis auf eine mögliche zukünftige Handlung. Zweitens verstößt das Wort *will* an sich geradezu gegen die *Golden Rule of Drafting*, die besagt, **dass niemals die Wortwahl verändert werden soll, wenn die Bedeutung gleichbleibt, und dass die Wortwahl immer verändert werden soll, wenn die Bedeutung sich verändert.** Da das Wort *will* ein wesentlicher Grundbaustein der Zukunftsform im Englischen ist, sollte es diesem Zweck vorbehalten bleiben und nicht etwa zur Beschreibung von Pflichten verwendet werden.

Ein weiterer Grund, aus dem das Wort *will* nicht in englischsprachigen Verträ- 35 gen vorkommen sollte, ist, dass diese – anders als in der grammatikalisch flexibleren deutschen Rechtssprache – immer in der **Gegenwartsform** formuliert werden sollten. Dies geht darauf zurück, dass der „Vertrag im *Common Law* immer spricht". Dieses Sprichwort verweist auf die in angloamerikanischen Rechtssystemen verbrei-

Keith E. Wilder

tete Überzeugung, dass der Vertrag nicht „jetzt" verfasst wird, um zukünftige Begebenheiten zu bestimmen, sondern vielmehr ein lebendiges Dokument ist, dessen Inhalt gerade in dem Moment verwirklicht wird, in dem die vereinbarten Rechte übertragen werden und die Leistungen geschuldet sind. Der Gebrauch der Zukunftsform ist daher in englischsprachigen Verträgen nicht erforderlich, sodass auch *will* aus den eben genannten Gründen nicht verwendet werden muss.

36   Anders als das Wort *will* spielt das Wort **must** eine wichtige, wenn auch begrenzte Rolle im modernen Vertragsenglisch. Während *must* allgemein als zu stark erscheinen mag, um eine vertragliche Pflicht durchgehend zu beschreiben, kann seine Verwendung hilfreich sein, um besondere Schwerpunkte auf einzelne Pflichten zu legen. Ein *must* kann folglich ein „normales" *shall* ersetzen, wenn der Verfasser es besonders betonen möchte. Im übertragenen Sinne ist ein *must* ein fettgedrucktes, rotes und unterstrichenes *shall*. Da dies aber im Vertragstext unpassend wäre, wird von einer derartigen Hervorhebung abgesehen und stattdessen das zu betonende *shall* durch *must* ersetzt.

37   Rechtlich gesehen sollten Pflichten erfüllt werden, unabhängig davon, ob sie durch *shall* oder *must* beschrieben werden. Sowohl aus Auslegungs- als auch praktischen Gründen ist die etwas prominentere Bezeichnung der Vertragspflichten aber durchaus sinnvoll. Da Ansprüche entstehen, aber auch durch Fristablauf oder Verwirkung untergehen können, ist es wichtig, der Partei, die potentiell von einem Rechtsverlust betroffen sein wird, dies deutlich zu machen. In solchen Zusammenhängen wird daher häufig eher *must* als *shall* verwendet.

38   Die am weitesten verbreitete und nützlichste Verwendung von *must* in modernen englischsprachigen Verträgen ist der Eintritt einer Bedingung für die Auslösung eines Anspruchs, der untergeht, wenn bestimmte Kriterien nicht befolgt oder erfüllt werden. Wenn ich beispielsweise einen Versicherungsvertrag abschließe und jemand mein Fenster zerstört, deckt die Versicherung üblicherweise den Schaden unter der Bedingung, dass ich den Verursacher des Schadens innerhalb von 30 Tagen nach dem Schadenseintritt anzeige und mindestens drei schriftliche Kostenvoranschläge für die Reparatur einreiche. Ich habe also durch eine bestimmte Begebenheit (die Bedingung) einen Anspruch, der jedoch untergehen kann, sofern bestimmte Voraussetzungen nicht erfüllt werden. *Must* wird also verwendet, um die vereinbarten Fristen für die Erfüllung bestimmter Voraussetzungen und die Voraussetzungen selbst hervorzuheben und damit die Gefahr des Anspruchsuntergangs besonders zu verdeutlichen.

39   In der aktuellen Vertragspraxis wird diese Art von Vertragslage folgendermaßen aufgebaut:

Keith E. Wilder

Praxistipp

Das Wort *must* sollte in Verträgen verwendet werden, um

1. einen besonderen Schwerpunkt auf eine wichtige Pflicht zu legen (z. B. Vertraulichkeitsvereinbarungen, Wettbewerbsverzicht, Verzicht auf Offenlegung etc.),
2. zu betonen, dass bestimmte Voraussetzungen erfüllt werden müssen, bevor ein Recht übergeht:

"*If/When* (auslösende Bedingung) (Partei) *must* (Kriterien 1, 2, 3) (Frist)"

Der oben beschriebene Versicherungsvertrag könnte beispielsweise folgendermaßen aussehen:

If the car is damaged, the policy holder **must** *provide three written estimates, in writing,* (auslösende Bedingung) (Partei) (Voraussetzung) *within* (Frist) *60 days.*

3. Die richtige Verwendung der Wendung *entitled to*

In den meisten Vertragsverhältnissen haben die Parteien sowohl Pflichten als auch 40 Rechte. Die Wendung **entitled to** wird in englischsprachigen Verträgen verwendet, um Rechte zu signalisieren. Für jede Pflicht besteht ein korrespondierendes Recht der Gegenpartei. Daher haben die folgenden Sätze genau die gleichen Konsequenzen:

> *Seller shall deliver....*
> *Buyer is entitled to receive...*

Ein Vertrag könnte also ausschließlich verpflichtende Formulierungen ("*duty lan-* 41 *guage*") also *shall* enthalten, oder lediglich Rechte formulieren ("*rights language*"), also ausschließlich mit *entitled to* formuliert sein. Allerdings ermöglicht die Verwendung von *shall* es, Sätze positiv und weniger schwerfällig zu formulieren, deshalb ist diese Variante vorzuziehen.

Angesichts dessen, dass zwar die Möglichkeit beider Formulierungen besteht, 42 aber eine der anderen vorgezogen wird, steht die Frage im Raum, warum überhaupt jemals die Formulierung *entitled to* verwendet werden sollte. Die Antwort liegt nicht in den sprachlichen Feinheiten, sondern in der Psychologie des Vertrags. Indem eine Partei ein Recht aus einem Vertrag erhält, wird ihr auch rhetorisch eine Berechtigung verliehen. Dies kann zum Beispiel für Verbraucher- oder Arbeitsverträge wichtig sein, da es den Parteien verdeutlicht, dass die Vereinbarung auf der Gegenseitigkeit der Leistungen beruht. So ist es beispielsweise sinnvoller, Gewährleistungsklauseln in Verbraucherverträgen so zu formulieren, dass der Verbraucher einen Anspruch auf Mängelgewährleistung hat, als dem Unternehmer eine Pflicht zur Gewährleistung zuzuschreiben. Ebenso könnte in einem arbeitsvertraglichen Kontext eher das Recht des Kommissionärs auf die Zahlung der Kommission betont

Keith E. Wilder

werden, als die Pflicht des Unternehmers, diese auszuzahlen. Obwohl diese strategische und bewusste Verwendung von *entitled to* in der Vertragssprache einen sehr feinen Unterschied darstellt, kann sie weitreichende positive Auswirkungen auf das Verhältnis der Parteien haben.

Praxistipp

Die Verwendung der Phrase *entitled to* in Vertragsvereinbarungen betont die Berechtigung und Befugnis der Gegenpartei.

---

4. Die richtige Verwendung des Wortes *may*

43 Vertragsbeziehungen regeln Rechte, Pflichten und **Privilegien.** Privilegien sind Rechte ohne eine korrespondierende Pflicht. Ein Privileg überträgt einer Partei also Ermessensbefugnisse. In englischsprachigen Verträgen werden diese Befugnisse durch *may* ausgedrückt. Manchmal wird *may* im einfachen, grammatikalischen Sinne verwendet, stellt also eine Wahlmöglichkeit dar. Von der Perspektive des Vertragsautors ist *may* insofern relevant, als dass es der privilegierten Partei erlaubt, einseitig zu handeln und Entscheidungen zu treffen. Beispielsweise erlaubt der Satz *"The Seller may replace or refund..."* dem Verkäufer, einseitig zu entscheiden, welche Art der Erfüllung er in dem konkreten Fall ausübt, während der Käufer keine diesbezüglichen Mitspracherechte hat.

44   Indem Sie als Verfasser eines Vertrags *may* zugunsten Ihres Mandanten verwenden, erlauben Sie ihm also, einseitige Entscheidungen im Rahmen der Vereinbarung zu treffen, sobald das Vertragsverhältnis vollzogen wird. Dies kann der privilegierten Partei eines gut verfassten Vertrags wesentliche Befugnisse verleihen.

Praxistipp

Die Verwendung des Wortes *may* in Vertragsvereinbarungen begründet einseitige Privilegien und Ermessensbefugnisse. Daher lohnt es sich, bei dem Verfassen und Korrigieren von Verträgen darauf zu achten, wie viele *may*-Klauseln die jeweiligen Parteien durch den Vertrag erhalten. Es sollte versucht werden, für den eigenen Mandanten möglichst viele dieser Privilegien durchzusetzen.

D. Die Schlussvorschriften entwerfen: Vorformulierte Vertragsklauseln

45 Nach diesem kurzen Abriss der operativen Sprache in englischsprachigen Verträgen werden wir uns nun einem anderen wesentlichen Bestandteil der Vertragspraxis zuwenden: den **vorformulierten Vertragsklauseln** [*boilerplate provisions*]. Der Begriff *boilerplate* wird oft zur Beschreibung solcher Vertragsbedingungen verwendet, die in mehreren Verträgen standardmäßig verwendet werden. Diese Vorschrif-

ten sind teils auch wie eine Landkarte, da sie den Parteien zeigen, wie der Vertrag als rechtliches Dokument, das von den verhandelten Einzelvereinbarungen losgelöst ist, zu verstehen ist.

Diese Organisationsfunktionen sind meist am Vertragsende zu finden, oftmals **46** unter der Überschrift *Miscellaneous* oder *Administrative Provisions*. Viele Rechtsanwälte, die häufig mit Verträgen zu tun haben, neigen dazu, diese Standardvorschriften als unwichtig abzutun. Ihr Inhalt sollte allerdings nicht unbesehen als bekannt vorausgesetzt und Ihre Relevanz sollte nicht unterschätzt werden.

Während englischsprachige Verträge im Zuge der Entwicklung des Englischen **47** zur Verkehrssprache im internationalen Geschäftsverkehr an globaler Relevanz gewonnen haben, war es nur eine Frage der Zeit, wann sich die Vertragstheorie des *Common Law* dieser internationalen Rolle anpassen würde. Dort gilt seit jeher die Auslegungsregel, dass jeder Vertrag sein eigenes, abgeschlossenes rechtliches Universum kreiert. Für US-Anwälte sehen viele deutsche Verträge aus wie eine akademische Arbeit, da sie so viele Verweise enthalten. Angloamerikanische Verträge verweisen regelmäßig nicht auf Gesetze und Rechtsvorschriften, die das allgemeine Vertragsrecht außerhalb der Vereinbarung selbst betreffen. Zwar gelten die allgemeinen Regeln des *Common Law*, aber die Parteien können davon abweichen. Tun sie dies nicht, gilt ihr Schweigen als Zustimmung zu deren Anwendung. Darum ist der Vertag selbst oft das einzige Dokument, auf das verwiesen wird. Aus diesem Grund sind englischsprachige Verträge für die neuen Herausforderungen des transnationalen Handels ausgezeichnet gerüstet, da ihre Wirkung nationale jurisdiktionelle Grenzen einfach überschreitet. Der Vertrag selbst ist und war traditionell sein eigener rechtlicher Referenzrahmen und kann daher von Einzelstaat zu Einzelstaat wandern.

Daher ist es von zentraler Bedeutung, dass Rechtsanwender, die mit englisch- **48** sprachigen Verträgen in Berührung kommen, die üblichen vorformulierten Vertragsbedingungen kennen und diese identifizieren können. Vor allem aber müssen sie auch in der Lage sein zu merken, wenn sie fehlen, unzureichend formuliert sind oder nachteilige Klauseln für ihre Mandanten oder sie selbst enthalten. Ohne diese Vertragsbestimmungen haben die Parteien selbst wenig Einfluss darauf, wie der Vertrag von einem Gericht oder Schiedsgericht ausgelegt wird. Außerdem sind regelmäßig wesentliche Geschäftsbelange in den Bestimmungen versteckt. Falsche oder fehlende Formulierungen können deshalb zu Problemen führen. Indem Sie die geschäftlichen und rechtlichen Auswirkungen der vorformulierten Vertragsklauseln verstehen, werden Sie auch lernen, wie sie genutzt und modifiziert werden können.

Keith E. Wilder

I. Standardmäßige vorformulierte Vertragsbedingungen

49 Im Folgenden einige wichtige Fälle der vorformulierten Vertragsbedingungen:

1. Salvatorische Klauseln

50 Kaum eine Partei will, dass ein gesamter Vertrag unwirksam wird (d. h. nicht länger rechtlich bindend ist), wenn eine einzelne Bestimmung nicht rechtlich durchsetzbar ist. Um dieses Problem zu vermeiden, enthalten Verträge in der Regel eine Vereinbarung, die vorsieht, dass die unwirksamen Vertragsteile aus dem Vertrag „herausgeschnitten" werden, sodass der restliche Inhalt weiterhin wirksam bleibt. Eine typische **salvatorische Klausel** [*severability clause*] liest sich wie folgt:

Beispiel

The invalidity, in whole or in part, of any term of this agreement does not affect the validity of the remainder of the agreement.

2. Vollständigkeitsklauseln

51 Oft gehen Verträge aus langen Verhandlungen hervor, die von viel Schriftverkehr zwischen den Parteien geprägt sind. Um den Lesern eines Vertrags zu verdeutlichen, dass dieser die abschließende Vereinbarung der Parteien enthält, wird oftmals eine **Vollständigkeitsklausel** [*merger/integration/zipper clause*] eingefügt. Insbesondere erfüllt diese Klausel in der Theorie des *Common Law* den wichtigen Zweck, sicherzustellen, dass der Vertrag nicht durch das Hinzufügen **mündlicher Erklärungen** [*parol evidence*] verändert oder ergänzt wird.

Beispiel

This agreement signed by both parties constitutes a final and exclusive written expression of all the terms of this agreement and is a complete and exclusive statement of those terms.

Praxistipp

1. Beim Entwerfen einer Vollständigkeitsklausel ist es hilfreich, die vertragliche Vereinbarung als *final and exclusive* zu beschreiben, um deutlich zu machen, dass die Parteien sich über den abgeschlossenen Charakter der Vereinbarung einig sind.
2. Wenn mehrere Vereinbarungen gleichzeitig unterschrieben werden, sollte ein definierter Begriff verwendet werden, um auf die Gesamtheit aller Vereinbarungen zu verweisen, z. B. *Transaction Documents*.
    –   Die Vollständigkeitsklausel sollte aufzeigen, dass die Dokumente in ihrer Gesamtheit die abgeschlossene Parteivereinbarung konstituieren.

Keith E. Wilder

- Es sollte sichergestellt werden, dass jede einzelne der anderen Vereinbarungen eine eigene Vollständigkeitsklausel enthält, die genauso wie die der Primärvereinbarung formuliert ist.

3. *Force Majeure*-Klausel

Die *Force Majeure*-Klausel, auch bekannt als „**Höhere Gewalt**" [*Act of God*], schützt 52
beide Parteien davor, aufgrund von Umständen, die außerhalb ihres Machtbereichs
liegen, für vertragsbrüchig befunden zu werden.

Beispiel

Force Majeure. *Deliveries may be suspended by either party in case of acts of God, war, riots, fire, explosion, flood, strike, lockout, injunction, inability to obtain fuel, power, raw materials, labor, containers, or transportation facilities, accident, breakage of machinery or apparatus, national defense requirements, or any cause beyond the control of such party, preventing the manufacture, shipment, acceptance, or consumption of a shipment of the goods or of a material upon which the manufacture of the goods is dependent.*

4. Abänderungs- und Verzichtsklausel

Die Parteien können den Vertrag nach Vertragsschluss grundsätzlich jederzeit 53
verändern. Dies führt aber oftmals zu großen Problemen, insbesondere, wenn ein
Vertrag mündlich verändert wird. Treten im Nachhinein Probleme zwischen den
Parteien auf, kann diese mündliche Abrede sowohl schwer zu beweisen, als auch
schwer zu widerlegen sein. Um dieses Problem zu vermeiden, enthalten die meisten Verträge eine **Abänderungs- und Verzichtsklausel** [m*odification and waiver clause*].

Beispiel

All Modifications and Waivers to be in Writing. This contract may be modified or rescinded only by writing signed by both of the parties.

5. Rechte- und Pflichtenübertragung an Dritte

Im *Common Law* können Dritten vertraglich sowohl **Rechte** [*assign rights*] als auch 54
Pflichten übertragen [*delegate duties*] werden. Die Vertragsparteien müssen vertraglich eine Drittwirkung ausschließen, sofern sie dies vermeiden möchten. Solche Ausschlussvereinbarungen zu Rechte- und Pflichtenübertragung sind die am häufigsten vorkommende Art der standardmäßig vorformulierten Vortragsbestimmungen. Wenn Sie mit solchen Vereinbarungen zu tun haben, sollten Sie beachten, dass sowohl die Übertragung von Rechten als auch von Pflichten umfasst

Keith E. Wilder

ist. Berechtigung und Verpflichtung sind zwei unterschiedliche rechtliche Konzepte und sollten daher gesondert behandelt werden.

Beispiele

Either Seller or Buyer may assign its rights under this agreement.
  Buyer or Seller may not delegate its duties under this agreement without the written permission of the other party.

---

55 **Klauseln zum Verbot der Rechteübertragung** [*anti-assignment provisions*] sind, wie der Name schon sagt, Vereinbarungen, welche die Abtretung von Rechten an Dritte ausschließen. Solche Vereinbarungen gehen oft mit **Klauseln zum Verbot der Pflichtenübertragung** [*Anti-Delegation Provisions*] einher, um sicherzustellen, dass die Parteien ausschließlich miteinander und nicht mit Dritten kontrahieren. Klauseln zum Verbot der Rechteübertragung erfordern zu ihrer Durchsetzbarkeit detailgetreue, sorgfältig formulierte Vertragsbestimmungen, was eine häufige Fehlerquelle darstellt. Um jeglichen Problemen aus dem Wege zu gehen, sollte die Klausel so formuliert werden, dass die **Übertragung von Rechten unter dem Vertrag** ausgeschlossen wird [*prohibit an assignment of rights under the agreement*]. Wenn die Klausel lediglich die **Vertragsübertragung** [*the assignment of the agreement*] verbietet, werden Gerichte dies als Klausel zum Verbot der Pflichtenübertragung lesen. Für eine wirksame Klausel zum Verbot der Rechteübertragung, die jegliche Rechtsübertragung unwirksam macht, müssen Sie nicht nur das **Recht** [*right*] zur Übertragung, sondern auch die **Ermächtigung** [*power*] dazu ausschließen.

56   Klauseln zum Verbot der Pflichtenübertragung sind im Gegensatz zu Klauseln zum Verbot der Rechteübertragung, grundsätzlich durchsetzbar und einfach zu verfassen. Sie sollten eine Vereinbarung in das Vertragsdokument aufnehmen, die besagt, dass keine der Parteien die Pflicht zur Erfüllung übertragen darf [*delegate performance*]. Verwenden Sie das Wort **"*performance*"** und nicht "*duty.*" *Performance* ist weitergehend, da sowohl Pflichten als auch Bedingungen hiervon umfasst sind.

6. Rechtswahlklausel

57 Die Festlegung des anwendbaren Rechts ist von außerordentlicher Bedeutung für den internationalen Vertragsverkehr. Um dies zu verdeutlichen, nehmen Parteien normalerweise eine **Rechtswahlklausel** [*Choice of Law Provision*] in den Vertrag auf.

Beispiel

Die Parteien eines Vertrags zwischen einem kalifornischen und einem kanadischen Unternehmen bestimmen die Anwendbarkeit des kalifornischen Rechts:

Keith E. Wilder

The validity, interpretation, and performances of this Agreement is controlled by and construed under the laws of the State of California, as if performed wholly within the state of California and without giving effect to the principles of conflict of law.

Bei Handelsgeschäften innerhalb der USA legen die Parteien oft fest, dass das Recht **58** der Bundesstaaten New York oder Delaware auf den Vertrag anwendbar sein soll, obwohl die Transaktion keine Verbindung zu den beiden Bundesstaaten hat. Der Verfasser des Vertrags sollte ermitteln, ob das Recht des in Frage stehenden Bundesstaates gut ausgebildet und damit vorhersehbar ist. Delaware und New York beispielsweise haben sehr hoch entwickelte und gefestigte Gesellschaftsrechtssysteme. Das Recht eines Bundesstaates kann anwendbar sein, obwohl die Transaktion keine Verbindung zu dem jeweiligen Bundesstaat hat. Als einzige Voraussetzung muss die Höhe der geschäftlichen Transaktionen bestimmte gesetzliche Schwellenwerte erreichen. Außerdem sollten Sie einschätzen, ob das entsprechende Recht des Bundesstaates günstig oder ungünstig für die Vertragsparteien und die Art der vereinbarten Inhalte ist.

7. Wahl des Gerichtsstands

Diese Klausel legt nicht fest, welches Recht anwendbar ist, sondern welches Gericht **59** die aus dem Vertrag erwachsenden Streitfälle anhören soll. Diese Zuständigkeit wird auch **Gerichtsbarkeit** [*jurisdiction*] genannt. Bei internationalen Verträgen oder Verträgen, deren Parteisitze weit voneinander entfernt sind, ist diese Klausel von Bedeutung. Eine Vereinbarung über den Gerichtsstand, in der das anwendbare Recht wiedergespiegelt wird erhöht die Chance, dass die Anwendbarkeitsvereinbarung durchgesetzt wird.

Beispiel

Jurisdiction. Any legal suit, action or proceeding arising out of or relating to this Agreement shall be commenced in a federal court in the state of Colorado, and each party hereto irrevocably submits to the non-exclusive jurisdiction and venue of any such court in any such suit, action or proceeding.

II. Sekundäre vorformulierte Vertragsbedingungen

Die folgenden Vereinbarungen sind oft, aber nicht zwangsläufig Bestandteil von **60** englischsprachigen Verträgen.

1. Rechtsnachfolger und Abtretungsempfänger

Diese Klauseln kommen sehr häufig in Handelsverträgen vor und betreffen die Kon- **61** sequenzen der Übertragung von Rechten oder Pflichten:

Keith E. Wilder

Beispiel

Successors and Assigns. This agreement binds and benefits the parties and their respective successors and assigns.

---

62 Diese Vereinbarung wird zu Klarstellung verwendet, ob mit der Rechteübertragung auch Pflichten übertragen werden sollen. Die Einbeziehung von **Rechtsnachfolger** [*successor*] und **Abtretungsempfänger** [*assign*] in die Vertragsvereinbarung macht zum einen das Erfordernis einer ausdrücklichen Erwähnung überflüssig, da sie den Abtretungsempfänger dazu verpflichtet im Sinne des Parteiinteresses zu handeln. Zum anderen wiederholt die Klausel die Regel des *Common Law*, dass die nicht-abtretende Partei die Vorteile aus ihrer Erfüllungsleistung an den Rechtsnachfolger weitergeben muss.

2. Kündigung

63 Nahezu alle Verträge enthalten Kündigungsregelungen. Diese beinhalten nicht nur die Adressen, an welche die Kündigungen geschickt werden sollen, sondern auch Klauseln, in denen das Risiko des Nichtzugangs der Kündigung geregelt wird. In den USA enthalten Kündigungsregelungen normalerweise die Abrede, dass die Kündigung drei Tage nach dem Einwurf in einen Briefkasten der US-Post als zugegangen gilt. Das bedeutet, dass die Kündigung, selbst wenn sie verloren geht, drei Tage nach dem Absenden ihre Wirkung gegen den Empfänger entfaltet. Das Risiko der Nichtzustellung liegt also bei dem Empfänger. Da dies zu unbilligen Ergebnissen führen kann, bestehen viele Vertragsparteien darauf, dass das Zustellungsrisiko beim Versender liegen sollte. Um dies zu erreichen, muss eine etwaige Vertragsbestimmung dahingehend formuliert sein, dass die Kündigung erst mit Zugang ihre Wirksamkeit entfaltet.

64 Eine gut formulierte Kündigungsvereinbarung sollte die Art und Weise der Kündigung benennen (E-Mail, Fax, persönlich, Post, etc.). Es ist zu beachten, dass viele vertragliche Vereinbarungen den normalen Postverkehr ausdrücklich ausschließen, da er als unzuverlässig gilt. Wenn der normale Postverkehr in der Vereinbarung gestattet ist, sollte spezifiziert werden, dass die Kündigung per Einschreiben mit Rückschein gesendet werden muss. Zuletzt sollte die Vereinbarung festlegen, wie die Parteien ihre Postadresse in dem Vertrag ändern können.

3. Vertragsausfertigungen

65 Es ist üblich, **mehrere Ausfertigungen** [*counterparts*] einer bestimmten vertraglichen Vereinbarung zu erstellen. Die Parteien haben ein berechtigtes Interesse daran, dass alle ausgefertigten Exemplare gleichermaßen gültig sind, da sie ein dupliziertes Original des Vertrags sind, den die Parteien unterschrieben haben.

Keith E. Wilder

Beispiel

Counterparts. This agreement may be executed in one or more counterparts, each of which is an original, and all of which constitute only one agreement between the parties.

Verfasser verwenden diese Klausel, um Transaktionen voranzutreiben, bei denen 66 nicht alle Vertragsparteien für die Unterzeichnung anwesend sind. Außerdem wird sie genutzt, um mehrere Originale erstellen zu können, sodass alle Parteien eine vollständige Version erhalten. Eine gut formulierte Ausfertigungsklausel besagt auch, dass die Ausfertigungen „lediglich *eine* Vereinbarung treffen". Das bedeutet, dass jede Partei lediglich einen Satz von Versprechen leistet, obwohl möglicherweise mehrere wirksame Originale des Vertrages entstanden sind.

4. Verzicht auf einen Geschworenenprozess

Die US-Verfassung und die Verfassungen vieler Bundesstaaten gewähren das Recht 67 auf einen Geschworenen-Prozess. Der Verzicht auf den Geschworenen-Prozess ist zwar möglich, wird von dem angerufenen Gericht allerdings genau untersucht. Der Verfasser einer Ausschlussklausel muss also besonders sorgfältig vorgehen, damit das prüfende Gericht deutlich erkennen kann, dass die Parteien wissentlich und willentlich auf dieses Recht verzichtet haben.

Es gibt einige Leitlinien, welche die Wahrscheinlichkeit erhöhen, dass ein Ge- 68 richt dem Verzicht auf einen Geschworenen-Prozess zustimmt. Generell ist es ratsam, die Verzichtserklärung als letzte allgemeine Klausel in den Vertrag aufzunehmen, direkt vor den Unterschriften der Parteien, die den Abschluss des Vertrags bilden. Der Grund dafür ist, dass die Verzichtserklärung nicht mitten im Vertragstext zwischen anderen Ansprüchen versteckt werden soll. Um weiterhin die Wichtigkeit der Klausel zu betonen ist es hilfreich, in der Überschrift der Klausel ausdrücklich zu schreiben, dass damit auf einen Geschworenen-Prozess verzichtet wird. Anders als in anderen Teilen des Vertrags ist es auch ratsam, fett gedruckte Buchstaben und eine größere Schriftgröße zu verwenden. Wenn möglich sollten beide Parteien auf den Geschworenen-Prozess verzichten.

Zuletzt sollte die Verzichtserklärung bei Parteien, die natürliche Personen sind, 69 am Seitenrand paraphiert werden und eine unterschriebene Erklärung des Anwalts, mit dem Inhalt, dass eine Belehrung über die Bedeutung und die Konsequenzen des Verzichts stattgefunden hat, angefügt werden.

Praxistipp

Enthält eine Geschäftshandlung mehrere einzelne Vereinbarungen als Teil einer Transaktion, sollte die Verzichtserklärung in jeder Vereinbarung gleich formuliert sein.

Keith E. Wilder

E. Fazit

70   Durch die systematische Erklärung der Zwecke, Strukturen und Formulierungen der verschiedenen Abschnitte des Vertrages sollte der Leser ein tieferes Wissen über das Wie und Warum der englischsprachigen Vertragsgestaltung und -strukturierung erhalten haben. Unabhängig von dem jeweiligen Inhalt der vertraglichen Einigung, ob es um Arbeits-, Schadenersatzrecht oder Fusionen bzw. Übernahmen geht, bleiben die fundamentalen Bausteine von englischsprachigen Verträgen unverändert.

71   Der Vertragskopf legt den Grundstein für das Verhältnis zwischen den Parteien. Im *exordium* werden die Parteien und ihre Rechtsform sowie das Datum, an dem der Vertrag wirksam werden soll, genannt. Ein geübter Anwalt kann schnell und einfach den rechtlichen Status der Parteien und ihr Haftungsrisiko feststellen. In Form einer aussagekräftigen Präambel können die Parteien knapp und schnell ihre Vision der vertraglichen Beziehung skizzieren.

72   Der Hauptteil des Vertrags, sofern er sorgfältig erstellt ist, ermöglicht es dem Verfasser, die rechtliche Infrastruktur zu schaffen, auf der die ausgehandelte Vereinbarung in konkrete Form gegossen wird. Durch einen sauber strukturierten Definitionsabschnitt und die richtige Großschreibung kann der Verfasser sicherstellen, dass die Vereinbarung selbst ein konsistentes, schlankes und auf die Bedürfnisse seiner Mandanten abgestimmtes Dokument wird. Durch die sachgerechte Anwendung scheinbar unwichtiger Worte wie *shall, must, entitled to* und *may* können die vertraglichen Pflichten, Rechte und Privilegierungen der betroffenen Parteien herausgearbeitet werden. So entsteht ein kompaktes und verständliches Dokument, das den Bedürfnissen und Wünschen des Mandanten entspricht.

73   Zuletzt garantieren die Standardklauseln am Ende des Vertrags, dass dieser – unabhängig von den Inhalten im Einzelnen – mit den Vorstellungen der Parteien über das anwendbare Vertragsrecht übereinstimmt. Indem der Verfasser diese Vereinbarungen modifiziert und anpasst, kann er sicherstellen, dass der Vertrag im Streitfall wie gewünscht ausgelegt und durchgesetzt wird.

Keith E. Wilder

Kapitel 7
Der *Back-to-Back*-Vertrag – Die Entstehung eines neuen Vertragstyps

Literaturverzeichnis

Cushman, Robert F. und **Loulakis**, Michael C. (eds.), *Design-Build Contracting Handbook*, Aspen Publishers (2001). **Farnsworth**, Allan, **Young**, William F. und **Sanger**, Carol, *Contracts, Cases and Materials*, 6. Auflage, New York, NY: Foundation Press (2001). **Gary**, T. Bart, "Incorporation by Reference and Flow-Down Clauses," *The Construction Lawyer*, 10, 3 (1990). **Lordi**, Antonio, "Sulla ragionevolezza dei termini di pagamento nella subcontrattazione," *Contratto e impresa* (2001). **Markovits**, Daniel, *Contract Law and Legal Methods*, Foundation Press (2012). **Noone**, Michael und **Benson**, Robert E., "The "Pay-When-Paid" Dilemma," *The Colorado Lawyer*, Vol. 25, N. 11/79 (1996). **Hill**, William M. und **McCormack**, Mary-Beth, "Pay-If-Paid Clauses: Freedom of Contract or Protecting the Subcontractor from Itself?" *The Construction Lawyer*, (2011). **Zons**, Jörn, "The Minefield of Back-to-Back Subcontracts," *Construction Law International*, 5, 1 (2010).

Die französischen Zivilgesetze sind oft schwer verständlich,
aber jeder kann sie lesen; nichts, auf der anderen Seite,
ist obskurer und ungewohnter für den Uneingeweihten als eine Gesetzgebung,
die nur auf Präzedenzfällen beruht.[1]

A. Die Prinzipien der *Klarheit* und *Transparenz* und der *Spiegelbarkeit*

Im Baugeschäft und bei anderen großen Vertragsschlüssen[2] ist es üblich, dass die 1 Parteien sich darüber einigen, die Geschäftsbedingungen aus dem Hauptvertrag herauszunehmen[3] und in einem Untervertrag zu regeln. Dafür einigen sich die Ver-

---

1 Alexis de Tocqueville, *Democracy in America* (1835, 1840) 277.
2 Meine Studie untersucht hauptsächlich private Bauverträge. Öffentliche Aufträge und ihre Eigenheiten sind vom Umfang dieser Arbeit nicht umschlossen.
3 Die Literatur über *Back to Back*-Verträge (oder „*Flow Down*-Verträge") ist in den Vereinigten Staaten und über sie hinaus recht umfangreich obwohl sie eher bestimmte Einzelprobleme behandelt statt generelle Konzepte und Prinzipien des *Back to Back*-Vertrages zu erläutern. Als grundsätzlichen Hinweis auf die Einbeziehung von Vertragsbedingungen durch Verweisung und „*Flow Down*"-Klauseln siehe Robert F. Cushman, Michael C. Loulakis (eds), Design-Build Contracting Handbook, 296 (Aspen Publishers, 2001); T. Bart Gary, *Incorporation by Reference and Flow-Down Clauses*, in The Construction Lawyer, 10, 3, 1990, 44 et seq.; Michael Noone und Robert E. Benson, *The "Pay-When-Paid" Dilemma*, in The Colorado Lawyer, Vol. 25, N. 11/79, 1996, 79 et seq.; William

Antonio Lordi

https://doi.org/10.1515/9783899498103-007

tragspartner, dass die **Geschäftsbedingungen** [*terms and conditions*] und weitere technische Einzelheiten des Hauptvertrages auf die Zuliefererverträge übergehen sollen, sofern der Vertrag zustande kommt.

2   Die diesem Vorgehen zugrundeliegende Strategie ist deutlich: Der **Bauunternehmer** [*contractor*] versucht durch die Einbeziehung der Geschäftsbedingungen in den Untervertrag, das Geschäftsrisiko aus dem Hauptvertrag auf seine **Subunternehmer** [*sub-contractor*] zu verlagern. Dabei ordnet er ihnen jeweils das Risiko zu, das sich aus dem Umfang ihrer Arbeit ergibt.

3   Dieser Aufsatz verfolgt zwei Ziele. Auf der praktischen Seite illustriert er die Hauptprobleme und die Lösungsansätze der Gerichte und Gesetze. Aus einem theoretischen Blickwinkel betrachtet er die Hauptmerkmale dieses, meiner Meinung nach, neu entstandenen Vertragstyps. Die Vorteile der Anerkennung des *Back-to-Back*-Vertrags als neuer Vertragstyp liegen darin, dass wir grundlegende Prinzipien und Regeln herausarbeiten können, die auf diese Verträge anwendbar sind. So werden der Anwendungsbereich sowie die Grenzen der Durchsetzbarkeit von *Back-to-Back*-Klauseln deutlich erkennbarer.

4   Eine der Schwierigkeiten der Forschung in diesem Feld ist die uneinheitliche Terminologie. Verschiedene Autoren benennen das Thema unterschiedlich, entweder als *Back-to-Back*-Verträge[4] oder als Unterverträge, als Einbeziehung durch Verweisung im Primärvertrag auf den Untervertrag oder als *Flow-Down*-Klauseln des Hauptvertrags in den Subvertrag. Die Zahlungsmodalitäten bestimmter Unterverträge werden von Studien durch einen Vergleich von *Pay-when-Paid*- mit *Pay-if-Paid*-

---

M. Hill und Mary-Beth McCormack, *Pay-If-Paid Clauses: Freedom of Contract or Protecting the Subcontractor from Itself?*, in *The Construction Lawyer*, 2011, 26 et seq.; Jörn Zons, *The Minefield of back-to-back subcontracts, Part 1*, in *Construction Law International*, 5, 1, 2010, 11 et seq.; Id., *The Minefield of back-to-back subcontracts, Part 2*, in *Construction Law International*, 5, 2, 2010, 21 et seq. Ich habe dieses Thema bereits in einem Artikel über die Zahlungsbedingungen in Zuliefererverträgen im Hinblick auf italienisches Baurecht und Rechtsvergleichung behandelt, siehe Antonio Lordi, *Sulla ragionevolezza dei termini di pagamento nella subcontrattazione*, in *Contratto e impresa*, 2001, 717 et seq.

4 In *Oceaneering Intern., Inc. v. Cross Logistics, Inc.*, Slip Copy (2013) 2013 WL 3229664 wird der *Back-to-Back*-Vertrag definiert. Oceaneering und Cross gingen eine *Back-to-Back*-Vereinbarung in Form eines Untervertrags (dem "*Back to Back*") ein. Der *Back-to-Back*-Vertrag enthielt die folgenden Regelungen: "3 1. Der Eigentümer (Cross) wird als Subunternehmer des Charterers (Oceaneering) in Übereinstimmung mit den einschlägigen Geschäftsbedingungen des Hauptvertrags ... auf dem *Back to Back*-Prinzip beruhend tätig. 2. „*Back to Back*" bedeutet, dass zwischen dem Charterer und dem Eigentümer dieselben Rechte, Pflichten, Gewährleistungen und Beschränkungen gelten wie zwischen der Gesellschaft (Mariner) und dem Unternehmer (Oceaneering) im Hauptvertrag und den dazugehörigen Ergänzungen bestimmt wurde. Die Bestimmungen des Hauptvertrags werden *mutatis mutandis* angewandt, während „*Charterer*" durch „Gesellschaft" und „Eigentümer" durch „Unternehmer" ersetzt wird.

Antonio Lordi

Vereinbarungen behandelt. Andere wiederum setzen einen Schwerpunkt auf öffentlich-rechtliche Aufträge, die durch öffentliches Vergaberecht geregelt werden.[5]

Mit dem *Back-to-Back*-Vertrag versucht der Unternehmer grundsätzlich die folgenden Probleme zu lösen: 1) Das Ausführungsrisiko, das aus dem Umfang des Zulieferervertrags resultiert. 2) Das Risiko des Zahlungsverzugs oder der Nichtzahlung des **Bestellers/Bauherren** [*owner*]. 3) Das Risiko des Leistungsverzugs und der Vertragsstrafe. 4) Das Risiko der Bestellungsänderung. 5) Das Risiko des zufälligen oder wirtschaftlich profitableren Vertragsbruches, sowohl bezogen auf den Hauptvertrag als auch auf den Untervertrag. **5**

Checkliste

Bei der Verhandlung eines *Back-to-Back*-Vertrags sollten die Parteien sorgfältig auf die Risikoverteilung in den folgenden Bereichen achten:
1) Das Ausführungsrisiko, das aus dem Umfang des Zulieferervertrags resultiert.
2) Das Risiko des Zahlungsverzugs oder der Nichtzahlung des Bestellers.
3) Das Risiko des Leistungsverzugs und der Fälligkeit von Vertragsstrafen im Subvertrag.
4) Das Risiko der Bestellungsänderung.
5) Das Risiko des zufälligen oder wirtschaftlich profitableren Vertragsbruches.

Wie kann der Unternehmer diese Risiken angemessen und rechtswirksam verteilen? Mit anderen Worten geht es um die Frage, ob die *Back-to-Back*-Bestimmungen des Untervertrages durchsetzbar sind. Dies sind die Hauptthemen, mit denen sich Anwälte, Rechtswissenschaftler und Gesetzgeber beschäftigen. **6**

Aus einem vertragstheoretischen Blickwinkel ist ein *Back-to-Back*- oder *Flow-Down*-Vertrag schwer zu rechtfertigen. Wenn ein Vertrag auf der Einigung der Parteien beruht – ihrem Rechtsbindungswillen – sollte sich der Inhalt der Vereinbarung nur auf dasjenige beziehen, was zwischen den Parteien konkret vereinbart wurde. Im *Back-to Back*-Vertrag verweisen die Parteien allerdings auf externe Inhalte, die nicht per Definition ihrem Willen entsprungen sind. **7**

Wenn ein *Back-to-Back*-Vertrag umstritten ist, stellt sich oftmals die Frage, ob die *Back-to-Back*-Vereinbarung gegen eine Partei durchsetzbar ist, obwohl diese nicht am Verhandlungs- und Entscheidungsprozess beteiligt war. **8**

Dieser Themenkomplex ist das sogenannte **Problem der eingeschränkten Zustimmung** [*limited consent problem*] bei *Back-to-Back*-Verhandlungen und dem daraus entstehenden Vertrag. Jedenfalls ein Teil des Untervertrages beruht nicht auf dem gegenseitigen Einvernehmen der Parteien: Derjenige Teil nämlich, der durch den Verweis auf den Hauptvertrag einbezogen wird. Die Parteien, die dessen Inhalte formuliert haben, sind nur teilweise Parteien des *Back-to-Back*-Vertrags, da einige Vereinbarun- **9**

---

5 Siehe Fußnote 2.

Antonio Lordi

gen des Untervertrags aus dem Hauptvertrag „hinunterfließen". In dieser Hinsicht ist der Subunternehmer gezwungen, die Inhalte des Hauptvertrags zu übernehmen [*content-taker*], ohne ihren Inhalt durch Verhandlungen beeinflussen zu können.[6]

10 Ein weiteres Problem des *Back-to-Back*-Vertrags ist die „Durchsetzbarkeit der Rechte und Rechtsbehelfe des Unternehmers", die in den Untervertrag übernommen werden. Kann der Unternehmer diese gegenüber dem Subunternehmer ausüben, selbst wenn der Besteller keine Rechte gegenüber dem Unternehmer bezüglich des Untervertrags geltend gemacht hat? Oft widerstrebt es den Parteien, festzulegen, dass der Unternehmer einen gewissen Rechtsbehelf ausschließlich dann geltend machen kann, wenn der Besteller diesen gegenüber dem Unternehmer geltend gemacht hat (z. B. Vertragsstrafen). Nichtsdestotrotz ist es unbillig, dem Unternehmer bestimmte Rechte zuzusprechen, ohne, dass es zu der entsprechenden Situation zwischen dem Besteller und Unternehmer gekommen ist. Dies gilt jedoch nur, sofern dieser Fall nicht konkreter durch die Parteien vertraglich bestimmt ist.

Praxistipp

Die Parteien können in dem Vertragsabschnitt über Vertragsstrafen des Untervertrags die folgende Ausschlussklausel festlegen:

„Die Parteien vereinbaren, dass der Subunternehmer nur für die Zahlung von Vertragsstrafen an den Unternehmer haftet, wenn der Besteller solche Vertragsstrafen gegen den Unternehmer mit Bezug auf den Arbeitsbereich des Subunternehmers festsetzt und eintreibt."

"It is agreed that Subcontractor shall only be responsible for the payment of liquidated damages to Contractor, if Owner assesses and collects liquidated damages from Contractor with respect to the Scope of Work of the Subcontractor."

---

11 Nach der Untersuchung der einschlägigen Regelungen und den im Folgenden besprochenen Fällen werde ich die Hauptmerkmale dieses neuen Vertragstyps darstellen und die wichtigsten Fragen erläutern, die bei der Verhandlung eines *Back-to-Back*-Vertrags beachtet werden sollten. Außerdem werde ich Lösungsvorschläge vorstellen und ausführen, wo noch Forschungsbedarf besteht.

12 Insbesondere werde ich eine Theorie des *Back-to-Back*-Vertrags vorstellen, die auf zwei Prinzipien basiert: Dem Prinzip von „Klarheit und Transparenz" und dem Prinzip der „Spiegelbarkeit". Das Ziel dieser Prinzipien ist es, die beiden oben dargestellten Probleme aufzulösen. Das Klarheits- und Transparenzprinzip erfordert, dass der Unternehmer während der Ausführung des Auftrags den Subunternehmer über die ver-

---

6 Die Begriffe *"Content-Taker"* und *"Content-Maker"* sind von den Formulierungen *"Term-Maker"* und *"Term-Takers"* aus der Terminologie der Knebelverträge (*Contracts of Adhesion*) bekannt (siehe Daniel Markovits, Contract Law and Legal Methods, Foundation Press 2012, at 1268). Meine Absicht ist es nicht, zu implizieren, dass die *Back-to-Back*-Verträge wie Knebelverträge reguliert werden sollte, aber bestimmte Aspekte sind vergleichbar, insbesondere bezüglich des Einigungsprozesses.

Antonio Lordi

tragsgemäße Durchführung des Hauptvertrags informiert.[7] Das Prinzip der Spiegelbarkeit erfordert, dass der Unternehmer bestimmte Ansprüche und Gestaltungsrechte gegen den Subunternehmer geltend machen kann, die aus dem Hauptvertrag eigentlich als Rechte des Bestellers hervorgehen. Dies soll allerdings nur dann zulässig sein, wenn der Besteller ebendiese Rechte gegen den Unternehmer geltend gemacht hat.

B. Entwerfen des *Back-to-Back*-Vertrags: Die Risikoverteilung in *Back-to-Back*-Verträgen

Dieser Abschnitt hat den Vertragsentwurf zum Gegenstand, insbesondere im Hinblick auf die Risikoverteilung zwischen den Parteien.

I. Ausführungsrisiko

Die größte Sorge eines Unternehmers ist die ordentliche Ausführung des Arbeitsumfangs, die er mit dem Besteller vereinbart hat. Dafür ist es aus der Sicht des Unternehmers erforderlich, dass der *Back-to-Back*-Vertrag Verweise auf alle Dokumente enthält, die der Subunternehmer bei der Vertragsdurchführung beachten muss. Der Unternehmer muss alle dafür relevanten Inhalte zur Verfügung stellen. 13

Alle *Back-to-Back*-Verträge enthalten eine sog. *Mutatis Mutandis*[8]-Klausel: „Der Subunternehmer unterliegt gegenüber dem Unternehmer denselben Verpflichtungen und Haftungen, denen der Unternehmer dem Besteller gegenüber aus dem Hauptvertrag unterliegt, soweit sich diese auf die von diesem Untervertrag erfassten Arbeiten beziehen. Umgekehrt unterliegt der Unternehmer gegenüber dem Subunternehmer den Verpflichtungen und Haftungen, denen der Besteller gegenüber dem Unternehmer nach den Geschäftsbedingungen des Hauptvertrags unterliegt, soweit sich diese auf die von diesem Untervertrag erfassten Arbeiten beziehen." 14

[*"Subcontractor shall assume toward Contractor the same obligations and responsibilities that Contractor assumes toward Owner under the Prime Contract insofar as they relate to the Work of this Subcontract Agreement. Conversely, Contractor shall* 15

---

7 Es reicht nicht aus, dass der Unternehmer dem Subunternehmer die AGB und andere Zusatzdokumente des Hauptvertrags zukommen lässt. Vielmehr ist ein kontinuierlicher Aufwand des Unternehmers erforderlich, um den Subunternehmer auf dem Laufenden über den Inhalt und die Ausführung des Hauptvertrags zu halten.

8 Dieser lateinische Ausdruck bedeutet, dass „die nötigen Veränderungen vorgenommen wurden." Siehe Fußnote 5. Der Ausdruck *Mutatis Mutandis* wird oft am Ende des Vertrags eingefügt, vergl. z.B. *Kiewit Offshore Services , Ltd v. Daewoo*, 2005 WL 6459468 (S.D.Tex.) (Exhibit) United States District Court, S.D. Texas article 8 Terms and Conditions of the Main Contract *"All terms and conditions of Main Contract shall be applied to this Subcontract* Mutatis Mutandis *as far as applicable"*.

Antonio Lordi

assume toward Subcontractor the obligations and responsibilities Owner assumes toward Contractor under the terms and provisions of the Prime Contract insofar as they relate to the Work of this Subcontract."]

16   „In Bezug auf die hauptvertraglichen Pflichten ersetzt der Begriff ‚Subunternehmer' den Begriff ‚Unternehmer' und der Begriff ‚Unternehmer' ersetzt den Begriff ‚Besteller' mit allen entsprechenden, im Kontext erforderlichen Anpassungen."

17   [*"With respect to the Prime Contract obligations, the term "Subcontractor" shall be deemed substituted for "Contractor", and "Contractor" for "Owner" and any other corresponding changes made whenever the context may require".*]

18   Das Problem dieser Klausel ist, dass daraus nicht hervorgeht, ob der Unternehmer Rechtsbehelfe gegen den Subunternehmer gelten machen kann, wenn diese nicht im Verhältnis zwischen Besteller und Unternehmer geltend gemacht wurden.

19   Wenn beispielsweise eine Vertragsstrafe Teil des Hauptvertrags ist, ist fraglich, ob der Unternehmer diese gegen den Subunternehmer geltend machen kann, selbst wenn der Besteller sie nicht gegen den Unternehmer bezüglich einer Vertragsverletzung des Untervertrags vorgebracht hat.

20   In der Praxis sollten die Parteien, sofern sie eine *Mutatis Mutandis*-Klausel in den Vertrag aufgenommen haben, sorgfältig verhandeln, wie und in welchen Fällen die Bedingungen des Hauptvertrags auf den Untervertrag anwendbar sein sollen. Nichtsdestotrotz sollte aus meiner Sicht als allgemeine Regel gelten, dass die dem Unternehmer zur Verfügung stehenden Rechtsbehelfe stets spiegelbildlich auch dem Besteller aus dem Hauptvertrag zustehen sollten.[9]

Beispiel

Grundsätzlich enthält die Klausel über den Arbeitsumfang den folgenden Wortlaut:
„Die Vertragsurkunde besteht aus dem Bestellervertrag, einschließlich aber nicht beschränkt auf Geschäftsbedingungen, Sonderbedingungen, allgemeine Anforderungen, technische Spezifikationen, Vertragzeichnungen sowie jedweder anderer Urkunden, die Teil des Vertrags sind."
    [*"The Contract Documents consist of Owner's Contract including, but not limited to, the Contract Terms and Conditions, Special Conditions, General Requirements, Technical Specifications, Contract Drawings, and any other documents that are part of the Contract."*]

Oder
„[...], der Untervertrag soll all solche Anforderungen aus dem Vertrag einbeziehen, soweit sie auf den Subunternehmer Anwendung finden, sowie die zusätzlichen Geschäftsbedingungen und Zeit-

---

9 So sollte beispielsweise die Geltendmachung und der Vollzug von Vertragsstrafen dem Unternehmer nicht zustehen, wenn dies nicht auch aus dem Hauptvertrag heraus geschehen ist; das Gleiche gilt für ordentliche Kündigungen, die m.E. nicht zulässig sind, wenn der Besteller sie nicht gegenüber dem Unternehmer ausgesprochen hat; auch **Ausführungsanweisungen über Vertragsänderungen** [*directive to execute a change order*] dürfen dem Subunternehmer nicht entgegengehalten werden, sofern der Besteller sie nicht gegenüber dem Unternehmer geltend gemacht hat.

Antonio Lordi

planungsanforderungen, die gegebenenfalls erforderlich sind, um dem Unternehmer die Einhaltung der Anforderungen des Vertrags sinnvoll zu ermöglichen. Zu diesem Zweck sind der Vertrag und seine Vertragsdokumente wesentlicher Bestandteil dieses Untervertrags."

[*"[...], the Subcontract shall incorporate all such requirements from the Contract as they apply to the Subcontractor as well as additional terms and conditions and schedule requirements as may be necessary in order to reasonably ensure Contractor's ability to meet the requirements of the Contract. To this purpose, the Contract and its Contract Documents are integral parts of this Subcontract."*]

Oder

„[...], der Subunternehmer übernimmt im Rahmen der Lieferung und Dienste die vollständige qualitative, finanzielle und rechtliche Haftung für die Lieferung und Dienste im selben Umfang, wie der Unternehmer die Haftung gegenüber dem Besteller für den Gesamt-Arbeitsbereich zu übernehmen hat."

[*"[...], the Subcontractor accepts, for the Supply and Services, complete technical, quality, financial and legal responsibility for the Supply and Services to the same extent as the Contractor must accept responsibility to the Client for the overall scope of work."*]

II. Risiko des Zahlungsverzugs oder der Nichtzahlung: *Pay-when-Paid-* und *Pay-if-Paid*-Klauseln

Der Unternehmer versucht mit der Zahlungsklausel das Risiko der Nichtzahlung von 21 Beträgen, die sich aus dem Untervertrag ergeben, auf den Subunternehmer abzuwälzen. Wie im nächsten Abschnitt des Artikels deutlich werden wird, wurden die *Pay-if-Paid-* bzw. *Pay-when-Paid*-Klauseln von den Gesetzgebern unterschiedlich aufgenommen. Grundsätzlich sind in *Back-to-Back*-Verträgen zwei verschiedene Arten von Zahlungsklauseln zu unterscheiden: Die *Pay-when-Paid-* und die *Pay-if-Paid*-Klauseln.

Durch *Pay-when-Paid*-Klauseln wird der Zahlungszeitpunkt konkretisiert. Diese 22 Klauseln sollten keine Bedingung für die Zahlung formulieren.[10] Dagegen verlagert eine *Pay-if-Paid*-Klausel das Risiko der Nichtzahlung vom Besteller auf den Subunternehmer, indem sie die Zahlung im Subverhältnis unter die Bedingung der Zahlung des Bestellers an den Unternehmer stellt.

---

10 Vgl. *Lemoine Co. of Alabama, LLC v. HLH Contractors, Inc.*, 62 So. 3d 1020 (Ala. 2010): „Die Auslegung [einer *Pay-when-Paid*-Klausel, vergl. die in Para. 4 abgedruckte] ergibt, dass sie seitens [des Bestellers] eine absolute Zahlungsverpflichtung vorsieht; und weiterhin ergibt die Formulierung ‚innerhalb von dreißig (30) Tagen nach der letzten Vornahmen der vereinbarten (a), (b), (c), (d)‘ bei vernünftiger Betrachtung, dass die Vertragsparteien den Zahlungszeitpunkt festlegen und nicht etwa die Zahlung an eine Bedingung knüpfen wollten."

Antonio Lordi

Beispiel

Beispiel für eine *Pay-if-Paid*-Klausel:
„Der Subunternehmer erkennt an, dass der Erhalt der Zahlung des Bestellers durch den Unternehmer, eine Vorbedingung der Verpflichtung des Unternehmers zur Zahlung an den Subunternehmer ist, unabhängig von Gründen für eine Nichtzahlung durch den Besteller, gleich ob sie auf ein Verschulden von Besteller, Unternehmer, Subunternehmer oder einen sonstigen Grund zurückzuführen ist. Innerhalb von dreißig (30) Kalendertagen nach Erhalt der jeweiligen Zahlungen hat der Unternehmer dem Subunternehmer die Beträge für dessen Arbeit auszuzahlen."

[*"Subcontractor acknowledges that Contractor's receipt of payment from the Owner is a condition precedent to Contractor's obligation to pay Subcontractor, regardless of the reason for Owner's nonpayment, whether attributable to the fault of Owner, Contractor, Subcontractor, or to any other cause. Within thirty (30) calendar days after receipt of each payment, Contractor shall pay to Subcontractor the amounts of Subcontractor's work."*]

Beispiel für eine *Pay-when-Paid*-Klausel:
„Es gilt als vereinbart, dass der Unternehmer vom Besteller von Zeit zu Zeit Zahlungen für eingesetzte Materialien und Ausrüstung und für Arbeit, die entsprechend der Bedingungen der Vertragsdokumente, geleistet wurde, erhält. Innerhalb von dreißig (30) Kalendertage nach Erhalt solcher Zahlungen, jedenfalls aber bis spätestens sechzig (60) Kalendertage nach Rechnungsstellung durch den Subunternehmer, hat der Unternehmer dem Subunternehmer die Gegenwerte von dessen Arbeit zu erstatten, wie sie sich aus der Zahlung des Bestellers ergeben oder vom Unternehmer für die durch den Subunternehmer eingesetzten Materialien und Ausrüstung oder durch diesen geleistete Arbeit bestimmt wurden."

[*"It is understood that Contractor shall receive payments from Owner from time to time for materials and equipment furnished and work performed in accordance with the terms of the Contract Documents. Within thirty (30) calendar days after receipt of each such payment, and in any event no later than sixty (60) days after presentation of an invoice by the Subcontractor, Contractor shall pay to Subcontractor the values of Subcontractor's work as reflected in the Owner's payment or determined by Contractor to represent material and equipment furnished or work performed by Subcontractor."*]

III. Risiko des Leistungsverzugs und der Fälligkeit von Vertragsstrafen im Untervertrag

23 Im Hinblick auf einen möglichen, vom Subunternehmer verursachten, Leistungsverzug, kann der Unternehmer Vertragsstrafen in derselben Höhe und mit derselben Obergrenze gegen den Subunternehmer geltend machen, wie es dem Besteller aus dem Hauptvertrag gegen ihn selbst zusteht. Andererseits müssen die Höhe der Vertragsstrafen sowie die Kappungsgrenze aus der Perspektive des Subunternehmers proportional zu seinem Arbeitsaufwand sein. Für den Unternehmer gilt, dass die maximale und tatsächliche Höhe der Vertragsstrafe, die der Besteller gegen ihn geltend macht, sich aus dem Hauptvertrag ergeben. Dies gilt auch wenn sie sich auf Leistungsstörungen beziehen, die der Subunternehmer zu verschulden hat. Daher liegt es im Interesse des Subunternehmers, dass die gleichen Regelungen über Ver-

Antonio Lordi

tragsstrafen auch im Verhältnis zwischen ihm und dem Subunternehmer gelten. Allerdings stehen diese Konditionen wertmäßig außer Verhältnis zu dem Umfang des Untervertrags. Aus diesem Grund liegt es nicht im Interesse des Subunternehmers, der Übernahme der Vertragsstrafen aus dem Hauptvertrag zuzustimmen.[11]

Praxistipp

Die Klagbarkeit von Vertragsstrafen des Unternehmers gegenüber dem Subunternehmer könnten wie folgt beschränkt werden:

„Es wird vereinbart, dass der Subunternehmer nur zur Zahlung von Vertragsstrafen an den Unternehmer verpflichtet ist, wenn der Besteller seinerseits Vertragsstrafen vom Unternehmer ansetzt und eintreibt."

IV. Risiko der Bestellungsänderung

Die Bestellungsänderungsklauseln in einem *Back-to-Back*-Vertrag kennen zwei 24 verschiedene Arten der Änderung: Solche, die aus dem Hauptvertrag hervorgehen und solche, die sich ausschließlich auf den Subvertrag beziehen. Die Hauptgegenstände der Bestellungsänderungsklausel sind folgende: 1) Die Fristbestimmungen für die Änderungserklärung. 2) Die Transparenz der Verhandlungsprozesse hinsichtlich des Bestellers. Und 3) Das Recht des Unternehmers, Anweisungen für zusätzliche Arbeiten zu geben, selbst wenn der Besteller diese nicht selbst gegeben hat. Soweit die Änderungen vom Besteller ausgehen, ist es von zentraler Bedeutung, dass der Subunternehmer Einblicke in den Änderungsprozess bekommt. Der Unternehmer muss dem Subunternehmer alle erforderlichen Schritte mitteilen, um die Bestellungsänderung erfolgreich umzusetzen, sodass Verzug und Anspruchspräklusion verhindert werden. Die Fristregelungen des *Back-to-Back*-Vertrags sollten sorgfältig mit denen des Hauptvertrags verglichen werden, um sicherzustellen, dass der Subunternehmer ausreichend Zeit hat, die Vertragsänderungen zu formulieren und sie mit dem Besteller abzustimmen. Hinsichtlich der Anweisungen für andere oder zusätzliche Arbeiten gilt, dass sie nicht Bestandteil des *Back to Back*-Vertrags werden sollen, solange sie nicht aus dem Hauptvertrag stammen. Hinsichtlich der Bestellungsänderungs-Klauseln tauchen wieder Probleme auf, die bereits in der Einleitung genannt wurden: Das Problem der **eingeschränkten Zustimmung** [*limited consent*] und das Problem der Einklagbarkeit von Rechten des Unternehmers. Diese beiden Problemkomplexe sollten immer im Blick behalten werden, wenn es um

---

11 Beispielsweise könnte ein Hauptvertrag im Wert von $1 Mrd. geschlossen werden, der daraus entstehende Untervertrag dagegen nur $50 Mio. wert sein. Wenn der Hauptvertrag eine Höchstgrenze von 20% für Vertragsstrafen vorsieht, wird durch *Flow-Down* der Subunternehmer auf bis zu $200 Mio. haften müssen.

Antonio Lordi

Back-to-Back-Verträge geht. Die Betrachtung der Bestellungsänderungsklauseln bietet indessen eine hervorragende Möglichkeit, zu einem Verständnis dieser Aspekte und zu Lösungsansätzen zu gelangen.

25   Der Subunternehmer hat weder positive Kenntnis von den potentiellen Änderungen des Hauptvertrags, noch kann er darüber Kenntnis erlangen. Seine eingeschränkte Zustimmung zum Hauptvertrag muss durch absolute Transparenz seitens des Unternehmers ausgeglichen werden. Es reicht daher nicht aus, faire Fristregelungen zu vereinbaren. Der Unternehmer muss den Subunternehmer hinsichtlich der Durchführung des Projektes auf dem Laufenden halten und die Bestellungsänderungen in enger Kooperation vorbereiten, sowie Vorschläge mit dem Besteller verhandeln. Eine einseitige Regelung wäre m. E. nicht sachgerecht, da sie es dem Unternehmer erlauben würde, autonom über die Geltendmachung von Rechtsbehelfen gegenüber dem Subunternehmer zu entscheiden ohne eine korrespondierende Anweisung vom Besteller erhalten zu haben. Die Möglichkeit des Unternehmers, Rechtsbehelfe gegenüber dem Subunternehmer geltend zu machen, sollte sich stets spiegelbildlich an der Durchsetzbarkeit des Hauptvertrags orientieren.

V. Risiko des zufälligen oder wirtschaftlich profitableren Vertragsbruches

26   Auch bei diesem Themenkomplex spielen Transparenz und Parallelität bzw. Spiegelbarkeit eine große Rolle. Problematisch ist, dass es im Interesse des Unternehmers liegt, im Untervertrag die Möglichkeit der ordentlichen Kündigung oder der Kündigung wegen Zahlungsunfähigkeit unabhängig vom Bestand des Hauptvertrags zu regeln. Dies sollte nicht zulässig sein, da dadurch der Unternehmer aus einem Vertrag doppelte Rechte erhält. Im Falle einer Zahlungsunfähigkeit des Subunternehmers sollte es dem Unternehmer nicht gestattet sein, diesen zu verklagen, solange der Besteller keine Rechtsmittel gegen den Unternehmer einlegt. Dasselbe gilt für die ordentliche Kündigung. Der Unternehmer sollte kein selbstständiges Kündigungsrecht gegenüber dem Subunternehmer haben, solange der Besteller nicht beabsichtigt, dem Unternehmer wegen der im Untervertrag vereinbarten Leistungen zu kündigen.

C. Durchsetzbarkeit der *Back-to-Back*-Bestimmungen

27   Die wichtigste Gerichtsentscheidung im Hinblick auf die Durchsetzbarkeit von *Back-to-Back*-Bestimmungen ist *Guerini Stone Co. v P.J. Calin Const. Co.*[12]

---

12 240 U.S. 264 (1916).

Antonio Lordi

In diesem Fall verklagte ein Subunternehmer den Hauptunternehmer auf Scha- 28
densersatz, weil dieser den Untervertrag aufgrund eines vom Besteller verschuldeten Verzuges gekündigt hatte. Der Unternehmer wandte ein, dass die Verzögerung
aus dem Kreis des Bestellers stamme und er selbst durch den Hauptvertrag und die
Berechtigung des Bestellers, Änderungen vorzunehmen oder die Arbeiten auszusetzen, gebunden sei.

Das Urteil des obersten Gerichtshofs gab dem Subunternehmer Recht: 29

„[...] der Verweis im Untervertrag auf die technischen Zeichnungen und Einzelheiten folgte offensichtlich dem Zweck, den Arbeitsumfang und die Arbeitsweise des Subunternehmers zu
bestimmen. Unter Nichtbeachtung einzelner Gegenmeinungen (s. *Shaw v First Baptist Church*,
44 Minn. 22, 24, 46 N. W. 146; *Avery v Ionia County*, 71 Mich. 538, 546, 547, 39 N. W. 742; *Stein v
McCarthy*, 120 Wis. 288, 295, 97 N. W. 912) ist es in unseren Augen gerechtfertigt, für Unter-
träge, wie auch für andere ausdrückliche, schriftliche Vereinbarungen[13], einen Verweis auf ein
externes Dokument als Einbeziehung dieses Dokuments in den Vertrag zu deuten. Erfolgt die
Einbeziehung zu einem bestimmten Zweck, ist auch die Einbeziehung nur auf diesen Zweck
bezogen.
Im vorliegenden Fall war der Verweis auf die technischen Zeichnungen und Einzelheiten nicht
nur für einen spezifischen Zweck bestimmt, sondern der Untervertrag enthielt außerdem die
ausdrückliche Verpflichtung des Unternehmers (Beklagter), alle Arbeiten und Materialien, die
nicht Teil dieses Vertrags sind, so zur Verfügung zu stellen, dass sie den Fortschritt des Bau-
vorhabens nicht verlangsamen. Bei der Anwendung dieser Vereinbarung auf die Tatsachen des
Falles hatte der Subunternehmer der Vereinbarung zugestimmt, das Fundament so zu erstellen, dass der Kläger es ohne Verzug bebauen konnte. Dies steht im Widerspruch zu der Annahme, dass die Parteien einen vollständigen Rechtsmittelverzicht des Subunternehmers im
Falle eines vom Besteller verschuldeten Verzuges vereinbart hatten.
Daher entscheiden wir, dass der Hauptvertrag nicht als Beweismittel gegen den Kläger herangezogen werden kann, es sei denn, um zu zeigen (sofern er dies tatsächlich zeigt), auf welche
technischen Zeichnungen und Einzelheiten im Untervertrag verwiesen wurde; das Urteil des
Richters, das die Anwendbarkeit des Hauptvertrags auf den Leistungsverzug des Klägers bejah-
te, sodass er verpflichtet war, für den durch die Verwaltung verschuldeten Verzug zu haften,
war fehlerhaft.“

Diese Entscheidung verdeutlicht, dass es für eine Bindung des Subunternehmers an 30
den Hauptvertrag nicht ausreicht, lediglich allgemein auf diesen zu verweisen. Mit
anderen Worten muss der Unternehmer offen mit dem Subunternehmer kommunizieren, welche Bestimmungen des Hauptvertrags er in den Untervertrag aufnehmen
will und zusätzlich die Zustimmung des Subunternehmers dafür einholen.

---

13 *Woodruff v. Hough*, 91 U. S. 596, 602, 23 L. ed. 332, 335; *Neuval v. Cowell*, 36 Cal. 648, 650; *Man-
nix v. Tryon*, 152 Cal. 31, 39, 91 Pac. 983; *Moreing v. Weber*, 3 Cal. App. 14, 20, 84 Pac. 220; *Short v.
Van Dyke*, 50 Minn. 286, 289, 52 N. W. 643; *Noyes v. Butler Bros.* 98 Minn. 448, 450, 108 N. W. 839;
Modern Steel Structural Co. v. English Constr. Co. 129 Wis. 31, 40, 41, 108 N. W. 70.

Antonio Lordi

31   In *U.S. Steel Corp. v Turner Const. Co*[14] war fraglich, ob die im Hauptvertrag enthaltene Gerichtsstandsvereinbarung durch Verweis auch im Untervertrag galt und deshalb der Subunternehmer durch die Entscheidung des Unternehmers, den Bundesstaat New York zum Gerichtsstand zu machen, gebunden war.

32   Das Gericht entschied zu Gunsten des Subunternehmers wie folgt:

> „U.S. Steel wendet ein, dass sie nicht durch die Gerichtsstandsvereinbarung gebunden ist, da diese lediglich im Hauptvertrag auftaucht und sich ausschließlich auf Streitigkeiten zwischen IBM und Turner bezieht. U.S. Steel argumentiert weiter, dass lediglich die Bestimmungen des Hauptvertrags, die sich auf die Art und Weise der im Subvertrag vereinbarten Arbeit beziehen, durch Verweis auf den Hauptvertrag in den Untervertrag einbezogen werden. Sie behauptet weiterhin, dass aus dem New Yorker Vertragsrecht hervorgeht, dass alle zusätzlichen, nicht damit zusammenhängenden Vorschriften des Hauptvertrags, wie u.a. die Gerichtsstandsvereinbarung, nicht in den Untervertrag einbezogen wurden und daher nicht für sie bindend sind. Im Recht des Bundesstaats New York richten sich die Anwendbarkeit und der Umfang einer Gerichtsstandsvereinbarung nach der objektiven Auslegung des konkreten Wortlautes und nicht etwa nach der subjektiven, nicht-öffentlichen Absicht der Vertragsparteien.[15] Gerichte, die ähnliche Vertragsbestimmungen ausgelegt haben, entschieden bei analoger Tatsachenlage, dass der Subunternehmer vorbehaltlich einer ausdrücklichen Abweichung nur an diejenigen Vereinbarungen des Hauptvertrags gebunden ist, die den Umfang, die Qualität, den Charakter und die Art und Weise seiner Arbeit betreffen. Hauptvertragsbestimmungen, die sich nicht explizit auf die Arbeit des Subunternehmers beziehen, wie z.B. eine *Dispute*-Klausel, welche die Beilegung von Zahlungsstreitigkeiten zwischen dem Besteller und dem Unternehmer regelt, werden nicht durch den Verweis Teil des Untervertrags.[16]"

33 Diese Entscheidung bestätigt erneut das Prinzip der Transparenz, welches oben beschrieben wurde. Mangels einer zweifelsfreien und deutlichen Offenlegung der Bestimmungen des Hauptvertrags und der ausdrücklichen Zustimmung des Subunternehmers können diese nicht auf den Untervertrag angewandt werden. Das Transparenzprinzip erfordert, dass der Unternehmer dem Subunternehmer deutlich macht, welche Bestimmungen des Hauptvertrags er übernimmt und in den Untervertrag einfügt. Auf diese Weise kann der Subunternehmer sie überprüfen und ausdrücklich zustimmen.

34   In *Plum Creek Wastewater Authority v Aqua-Aerobic Systems, Inc.*[17] stand zur Debatte, ob der Subunternehmer durch eine Gerichtsstandsvereinbarung aus dem

---

14 560 F.Supp. 871 (1983).

15 *City of New York v. Pullman, Inc.*, 477 F.Supp. 438, 442 (S.D.N.Y.1979).

16 *Washington Metropolitan Area Transit Authority v. Norair Engineering Corporation*, 553 F.2d 233, 235, (D.C.Cir.1977); *John W. Johnson, Inc. v. Basic Construction Company*, 429 F.2d 764, 775 (D.C. Cir.1970); *United States v. Fryd Construction Corporation*, 423 F.2d 980, 983 (5th Cir.1970); *Caldwell v. United States for John H. Moon*, 407 F.2d 21 (5th Cir.1969); *United States for the Use of B's Company v. Cleveland Electric Company*, 373 F.2d 585, 588 (4th Cir.1967)".

17 597 F.Supp.2d 1228.

Antonio Lordi

Hauptvertrag gebunden war. Dennoch entschied das Gericht, dass die *Flow-Down-*Klausel des Hauptvertrags ausdrücklich und unzweideutig war. Diese Entscheidung bestätigt, dass der Subunternehmer an die Bestimmungen des Hauptvertrags gebunden ist, sofern der Unternehmer transparent handelt.

> „[...] Gerichtsstandsvereinbarungen, die von aufgeklärten Parteien vereinbart werden und den Ort und die Gerichtsbarkeit verbindlich oder freiwillig vereinbaren, sind grundsätzlich wirksam und müssen durchgesetzt werden, es sei denn, eine Partei kann begründen, dass die Durchführung im vereinbarten Gerichtsstand unter den gegebenen Umständen unzumutbar ist.
>
> [...] *Flow-Down-*Klauseln sind dazu bestimmt, diejenigen Bestimmungen des Hauptvertrags in den Untervertrag aufzunehmen, die für die Durchführung des Untervertrags von Bedeutung sind"[18]. Diese Klauseln bewirken, dass „die Rechte und Pflichten des Bestellers gegenüber dem Unternehmer entsprechend zwischen dem Unternehmer und dem Subunternehmer gelten sollten. Überdies sollen die Rechtsverhältnisse vom Subunternehmer über den Unternehmer entsprechend zum Besteller wirken"[19].

Weiterhin zitierte das Gericht *Topro Services, Inc. v McCarthy Western Construc-* **35** *tors, Inc.*[20]:

> „[Das Gericht] entscheidet, dass unter dem Recht des Bundesstaates Arizona – welches den ausdrücklichen Willen der Parteien erfordert, dass ein anderes Dokument per Verweis Vertragsbestandteil werden soll – die Gerichtsstandsvereinbarung des Hauptvertrages nicht für den Subunternehmer bindend war. Das Gericht begründet dies wie folgt: 1) Der Wortlaut der *Flow-Down-*Klausel im Subvertrag, in der der Subunternehmer sich [an den Unternehmer] insofern bezüglich der Ausführung der vereinbarten Arbeit bindet, wie [der Unternehmer] durch den Hauptvertrag zwischen ihm und dem Besteller gebunden ist' – macht deutlich, dass der Subunternehmer zu den gleichen Konditionen arbeitet, zu denen sich der Unternehmer gegenüber dem Besteller verpflichtet hat; 2) Der Hauptvertrag erfordert vom Unternehmer, dass er ‚Bestimmungen, die den Gerichtsstand und Prozessvoraussetzungen betreffen [...] in alle Unterverträge übernimmt, und lediglich die veränderten Vertragsparteien deutlich macht'; und 3) Der Untervertrag enthielt keine ausdrückliche Bestimmung, durch die die Bedingungen des Hauptvertrags in ihrer Gesamtheit bzw. die einzelne Gerichtsstandsvereinbarung Vertragsbestandteil geworden sind"[21].

---

18 *U.S. ex rel. Quality Trust, Inc. v. Cajun Contractors, Inc.*, 486 F.Supp.2d 1255, 1263 (D.Kan.2007) (zitiert *United Tunneling Enterprises, Inc. v. Havens Const. Co.*, Inc., 35 F.Supp.2d 789, 794–795 (D.Kan.1998)).
19 *United Tunneling v. Havens Const.*, 35 F.Supp.2d at 795 (*zitiert* R. Cushman, *The Construction Industry Formbook*, § 5.08 (1979)); *s. auch Industrial Indemnity Co. v. Wick Construction Co.*, 680 P.2d 1100, 1103 (Alaska 1984).
20 827 F.Supp. 666, 667 (D.Colo.1993).
21 "Id.; siehe auch ADT Security Services v. Apex Alarm, 2006 WL 650166 (D.Colo.2006)(nicht veröffentlicht)(Nichtanwendung der Flow Down-Klausel des Hauptvertrags wegen deren Wortlaut, da der Untervertrag eine widersprüchliche Gerichtsstandsvereinbarung enthielt); *U.S. Steel Corp. v. Turner Const. Co.*, 560 F.Supp. 871, 873 (S.D.N.Y.1983)".

Antonio Lordi

36 Ein weiterer Fall über Gerichtsstandvereinbarungen ist *Scott Co. of California v U.S. Engineering Co.*[22] Hier hatte das Gericht über die Frage zu entscheiden, ob „der konkrete Wortlaut eines Untervertrags im Baugeschäft ausreicht, um durch Verweisung eine Bestimmung des Hauptvertrags in dem Subunternehmervertrag wirksam werden zu lassen, und falls ja, ob die Gerichtsstandsvereinbarung durchsetzbar ist. Das Gericht entscheidet, dass die Bestimmung wirksam Teil des Untervertrags geworden und durchsetzbar ist.“

37 Diese Entscheidung ist auch von dem Prinzip der Klarheit und Transparenz geprägt:

> „Der Verweis des Untervertrags auf den Hauptvertrag ist klar und unzweideutig. Absatz 2 des Untervertrags sieht vor, dass der Subunternehmer die vereinbarte Leistung in Übereinstimmung mit dem Hauptvertrag zu erfüllen hat. Dies gilt sowohl einschließlich aller Pläne, Zeichnungen und Spezifikationen, als auch hinsichtlich zusätzlichen und speziellen Vereinbarungen, Erweiterungen und allen anderen Dokumenten und Instrumenten, auf die im ersten Subvertrag und/oder dem Hauptvertrag verwiesen wird. Alle Dokumente, die der Hauptvertrag enthält, sind hiermit Teil des Untervertrags und werden im Folgenden als ‚Vertragsdokumente‘ bezeichnet.“[23]

38 Der Verweis auf den Hauptvertrag in Absatz 6 des Untervertrags ist ebenso deutlich.

D. Gesetzliche Regelungen

39 Viele Bundesstaaten haben mittlerweile häufig wiederkehrende Probleme aus dem Bereich der *Back-to-Back*-Verträge gesetzlich geregelt.[24] Das bekannteste Beispiel sind die *Pay-if-Paid*- und *Pay-when-Paid*-Klauseln. Die *Pay-when-Paid*-Klausel konkretisiert den Zeitpunkt der Zahlung, ohne sie Gegenstand einer bestimmten Bedingung zu machen.[25] Andererseits verschiebt eine *Pay-if-Paid*-Klausel das Risiko der Nichtzahlung vom Unternehmer auf den Subunternehmer.

40 Mit den wenigen Ausnahmen New York, Kalifornien, Massachusetts, North Carolina und South Carolina gilt grundsätzlich das Prinzip, dass *Pay-if-Paid*-Klauseln durchsetzbar sind, solange dies dem ausdrücklichen Willen der Parteien ent-

---

22 1994 WL 519493 (N.D.Cal.1994). See also *Dynamic Drywall, Inc. v. Walton Construction Co., LLC* 2007 WL 164351 (D.Kan.2007).
23 Hervorhebungen durch den Autor.
24 Eine gute und unterhaltsame Zusammenfassung ist William M. Hill und Mary-Beth McCormack, *Pay-If-Paid Clauses: Freedom of Contract or Protecting the Subcontractor from Itself?*, in *The Construction Lawyer*, 2011, 26 et seq.
25 Siehe *Lemoine Co. of Alabama, LLC v. HLH Contractors, Inc.*, 62 So. 3d 1020 (Ala. 2010) cit.

spricht.[26] Diese Auslegung entspricht den Prinzipien der Transparenz und Spiegel-barkeit, die, wie ich im Rahmen dieses Kapitels versucht habe deutlich zu machen, die Grundlage des *Back to Back*-Vertrags darstellen.

Massachusetts, North Carolina und South Carolina haben die Verwendung von *Pay-if-Paid*-Klauseln gesetzlich verboten.[27] In anderen Bundesstaaten haben Gerichte ähnlich entschieden.[28]   41

In North Carolina[29] beispielsweise enthält § 22C-2 der North Carolina General Statutes die folgende Bestimmung: 42

> „Die Leistung eines Subunternehmers im Einklang mit den Vertragsbestimmungen ermächtigt ihn zur Geltendmachung der Zahlungen von der Vertragspartei, mit der er den Vertrag ge-schlossen hat. Die Zahlung des Eigentümers oder Bestellers ist keine Bedingung für die Zah-lung an den Subunternehmer und die Zahlung des Unternehmers an einen Subunternehmer ist keine Bedingung für die Zahlung an einen anderen Subunternehmer. Eine entgegenstehende Vereinbarung ist nicht durchsetzbar."

In Massachussetts sind *Pay-if-Paid*-Klauseln grundsätzlich nicht durchsetzbar: 43

> „Eine Vertragsbestimmung in einem Bauvertrag, welche die Zahlung an eine Person, die das Bauvorhaben ausführt, unter die Bedingung der Zahlung einer dritten, nicht am Vertrag betei-ligten Person stellt, ist unwirksam und nicht durchsetzbar."

---

26 William M. Hill and Mary-Beth McCormack cit. p. 29: „der Wortlaut sollte ausdrücklich die Ver-einbarung des Unternehmers und des Subunternehmers und ihren gemeinsamen Rechtsbindungs-willen zeigen, das Insolvenzrisiko auf den Subunternehmer zu verschieben. Mindestens sollte der Wortlaut besagen, dass ‚Zahlungen des Bestellers eine Bedingung für die Zahlungen des Unterneh-mers an den Subunternehmer sind,'".

27 Massachussetts Prompt Pay Act, M.G.L. c. 149, sec. 29E (2010). N.C. Gen. Stat. §22C-2 (1987); S.C. Code. Ann. §29-6-230 (2009).

28 Auch Gerichte in New York und Kalifornien haben die *Pay-if-Paid*-Klauseln für unzulässig und nicht durchsetzbar erklärt, da sie gegen das öffentliche Interesse verstoßen. Siehe z.B. *West-Fair Elec. Contractors v. Aetna*, 78 F.3d 61 (2d Cir. 1996): „Das Revisionsgericht des Staates New York entschied, dass *Pay-when-Paid*-Klauseln eher als tatsächliche Bedingung fungieren, statt lediglich einen Zeitplan für die Ausschüttung der Zahlungen darzustellen, nach dem der Subunternehmer auf die Zahlungen des Bestellers an den Unternehmer warten muss. Da der Anspruch des Subunter-nehmers auf Zahlung des vereinbarten Lohns von dieser unsicheren Begebenheit abhängig ist, und da ein Subunternehmer das bestellte Pfandrecht nicht geltend machen kann, solange die Schuld nicht fällig und durchsetzbar ist (s. z.B: *In re Schiavone Constr. Co.*, 181 A.D.2d 580, 581 N.Y.S.2d 322 (1st Dep't 1992)), stellt die *Pay-when-Paid*-Klausel effektiv einen Verzicht Coppolas auf die Durch-setzbarkeit seines Pfandrechts dar. Das Revisionsgericht des Staates New York schloss daraus, dass dieses Ergebnis dem New York Lien Law widerspricht, das den Verzicht auf jegliche Rechte aus dem Lien Law verbietet. Daher schloss das Gericht, dass seine *Pay-when-Paid*-Klausel, die das Insolvenz-risiko des Bestellers vom Unternehmer auf den Subunternehmer verschiebt, dem öffentlichen Recht des Staates New York in der Form des Lien Law widerspricht". *West-Fair Elec. Contractors v. Aetna*, 87 N.Y.2d 148 at 159 (Ct. App. 1995).

29 Hinweis bei William M. Hill und Mary-Beth McCormack, S. 28.

Antonio Lordi

44 Diese Bestimmung ist auf private Bauvorhaben anwendbar (Sec. 29E (e)). Dennoch sieht das Gesetz zwei Ausnahmen vor:

> „(1) Dies gilt nicht für solche Zahlungen, die die dritte Person nicht vornimmt, weil die Person, die das Bauvorhaben durchführt, die vereinbarte Leistung nicht fristgemäß erbracht hat und trotz Mahnung und Nachfristsetzung, bei Verträgen ohne Firstvereinbarung nach einer Frist von 14 Tagen, nicht nacherfüllt hat; oder (2) solche Zahlungen, die die dritte Person nicht vornimmt, weil sie insolvent ist oder 90 Tage nach der Fälligkeit der Zahlung insolvent geworden ist; dies setzt aber voraus, dass die Person, die die Zahlung durchsetzt, (i) gemäß Kapitel 254 die Kündigung erklärt hat und sofern kein direktes Vertragsverhältnis zum Unternehmer besteht, auch diesem innerhalb der in Kapitel 254 festgelegten Frist seine Identität offenlegt, d. h. bevor sie die erste Zahlung geltend macht, nachdem die Person die Ausführung des Vertragsinhalts am Erfüllungsort begonnen hat und das darauf bestehende Pfandrecht noch nicht geltend gemacht hat; (ii) innerhalb der in Kapitel 243 festgelegten Frist eine Auflistung der fälligen Zahlungen einreicht und ein Zivilprozess zur Pfändung der vertraglich vereinbarten Gegenstände einleitet; sowie (iii) alle zumutbaren rechtlichen Schritte unternimmt, um die Zahlung des Entgelts von der Person zu erwirken, mit der sie in direktem Kontakt stand. Dies ist nicht erforderlich, sofern eine begründete Vermutung besteht, dass die Klage nicht zum Erhalt der Zahlung führen wird."

45 Die *ratio legis* dieser Vorschriften zeigt den Trend, der auch in New York und Kalifornien vorherrscht: Es soll vermieden werden, dass der Subunternehmer das Insolvenzrisiko oder das Risiko der Nichtzahlung trägt. Dieses Risiko sollte angesichts des Vertragsgesamtwerts bei dem regulären Unternehmer liegen.

E. Ein neuer Vertragstyp

46 Nach dieser kurzen Analyse lässt sich ein neuer Vertragstypus mit den folgenden Merkmalen bestimmen: Der *Back-to-Back*-Vertrag ist ein Untervertrag einer Hauptvereinbarung mit einer generellen *Mutatis Mutandis*-Klausel und mehreren Bestimmungen, die durch Verweise die Normen des Hauptvertrages in den Untervertrag einbeziehen.

47 Dieser Vertragstyp[30] ist in der US-amerikanischen Gerichtsbarkeit grundsätzlich anerkannt, obwohl es hinsichtlich der *Pay-if-Paid*-Klauseln Ausnahmen gibt. Diese

---

30 S.E. Allan Farnsworth, William F. Young, Carol Sanger, *Contracts, Cases and Materials*, 6. Edition, New York, NY, Foundation Press 2001, S. 26. Auflistung von fünf verschiedenen Vertragskategorien: Kaufverträge, Immobilienkaufverträge, Bauverträge, Arbeitsverträge und familienrechtliche Verträge. Fußnote b fügt „Andere Arten von Verträgen ... einschließlich Franchise- und Lieferverträge, Verlagsverträge und öffentlich-rechtliche Verträge" hinzu.

Antonio Lordi

verschieben das Risiko der Nichtzahlung des Bestellers auf den Subunternehmer.[31]

Das Leitmotiv der Rechtsprechung macht es (mit den oben genannten Ausnahmen) zur Voraussetzung, dass der Unternehmer ausdrücklich und offen hinsichtlich der Bedingungen aus dem Hauptvertrag handelt, die er in den Untervertrag aufnehmen will (Prinzip der Klarheit und Transparenz). Weiterhin erfordern die Gerichte, dass der Unternehmer lediglich diejenigen Rechte und Rechtsbehelfe gegenüber dem Subunternehmer geltend macht, die der Besteller ihm gegenüber vorgebracht hat. Dies bezieht sich auch auf den Umfang der geltend gemachten Ansprüche, der lediglich die im Untervertrag geregelten Inhalte betreffen soll (Prinzip der Spiegelbarkeit). **48**

Diese beiden Einschränkungen sollten das Problem der eingeschränkten Zustimmung und das Problem der Durchsetzbarkeit der Rechte des Unternehmers mildern. Sofern die Gerichte nicht bestimmte Risikoverschiebungen ausdrücklich verbieten, kann der Unternehmer alle Rechte und Ansprüche aus dem Hauptvertrag in den Untervertrag übernehmen, sofern sie den Umfang, die Qualität, den Charakter und die Art und Weise der vertraglich vereinbarten Arbeit betreffen. **49**

Im Übrigen wäre eine vertiefte monographische Analyse des *Back-to-Back*-Vertrags zur Rechtsfortbildung wünschenswert. Diese sollte nicht lediglich die Hauptprinzipien des *Back-to-Back*-Vertrags, sondern auch eine übergeordnete Einordnung dieser neuen Vertragsart in einem größeren Kontext enthalten. Zudem sollten die Auswirkungen über die USA hinaus, aus einem rechtsvergleichenden Blickwinkel betrachtet werden, der andere Rechtssysteme und internationale Verträge miteinbezieht. **50**

---

31 Neben der oben beschriebenen Auflistung der Vertragstypen zitieren E. Allan Farnsworth, William F. Young, Carol Sanger, *Contracts, Cases and Materials*, 6. Edition, New York, NY, Foundation Press 2001 auf S. 676, in Fußnote 2 *Wm R. Clarke Corp. V. Safeco Insurance Co.* 15 Cal..4th 882 (1997): Das Gericht entschied, „dass *Pay-if-Paid*-Klauseln wie die oben besprochene dem öffentlichen Interesse dieses Bundesstaates widersprechen und daher nicht durchsetzbar sind, weil sie einen unzulässigen indirekten Rechtsverzicht auf die Rechte des Subunternehmers enthalten. Diese Rechte sind von der Verfassung geschützt und das Pfandrecht des Subunternehmers ist dazu bestimmt, ihn im Falle der Insolvenz des Bestellers zu schützen." Das Gericht erinnert weiter daran, dass „das oberste Gericht in New York entschieden hat, dass eine echte *Pay-if-Paid*-Klausel in Subunternehmerverträgen im Baugewerbe nichtig ist, da sie gegen das öffentliche Interesse verstößt." (*West-Fair Elec. v. Aetna Cas. & Sur. Co.* (1995) 87 N.Y.2d 148, 157, 661 N.E.2d 967, 971, 638 N.Y.S.2d 394, 398.) In Illinois, North Carolina und Wisconsin wurden *Pay-if-Paid*-Klauseln gesetzlich für nichtig und nicht durchsetzbar erklärt. (770 Ill. Comp. Stat. Ann. 60/21; N.C. Gen. Stat. §22C–2 (1991); Wis. Stat., §779.135.).

Antonio Lordi

Kapitel 8
Verschwiegenheitspflichten und Wettbewerbsverbote im Arbeitsrecht

Literaturverzeichnis

Bales, Richard A., **Hirsch**, Jeffrey M. und **Secunda**, Paul M., *Understanding Employment Law* (2007). GOLD, Michael Evan, *An Introduction to Labor Law*, 3. Auflage (2014). **Rothstein**, Mark, **Liebman**, Lance and **Yuracko**, Kimberly, *Employment Law Cases and Materials*, Concise 8. Auflage (2015). **Twomey**, David, *Labor and Employment Law: Text & Cases*, 15. Auflage (2012).

A. Einleitung

1 Jedes Unternehmen muss seine Vermögenswerte schützen. Heute sind immaterielle Vermögenswerte wichtiger denn je – eine wichtige Position darunter nehmen vertrauliche Geschäftsinformationen, sowie Betriebs- und Geschäftsgeheimnisse ein.

2 Der Verlust dieser Vermögensgegenstände stellt dauerhaft ein Risiko vieler Unternehmen dar. Schätzungsweise die Hälfte aller Arbeitnehmerinnen und Arbeitnehmer haben nach Beendigung des Arbeitsverhältnisses Kenntnis von vertraulichen Geschäftsinformationen ihrer ehemaligen Arbeitgeber.

3 Der rechtliche Schutz solcher vertraulichen Geschäftsinformationen in den USA hat zwar ein hohes Niveau, stellt sich jedoch zugleich historisch als komplexe Materie dar. Die Rechtsquellen dieses Schutzes, die unterschiedlichen Ansprüche und Rechtsschutzmöglichkeiten haben bis noch vor kurzem die aufmerksame Studie einer oder mehrerer Rechtsordnungen der einzelnen amerikanischen Bundesstaaten erforderlich gemacht.

4 Ein neues, im Mai 2016 verabschiedetes Bundesgesetz verspricht, die Uneinheitlichkeiten in diesem Rechtsgebiet zu verringern und eine einheitlichere Anwendung zu fördern. Dennoch sollten Anwältinnen und Anwälte daneben das Recht der einzelnen Bundesstaaten beachten, wenn sie Mandanten in den entsprechenden Prozessen beraten.

Patrick Sorek
https://doi.org/10.1515/9783899498103-008

B. Interessenausgleich des Schutzes vertraulicher Geschäftsinformationen und persönlicher Freiheit

Dieses Kapitel beschreibt die rechtlichen Grundzüge des Schutzes von vertraulichen 5 Geschäftsinformationen in den USA. Für das Verständnis dieses Schutzsystems ist es jedoch wichtig, sich die gegenläufigen Interessen zu vergegenwärtigen. Insbesondere der hohe gesetzliche Schutz des Eigentums in der Form der vertraulichen Geschäftsinformationen steht in einem starken Konflikt mit den stark geschützten individuellen Rechten der Arbeitnehmerinnen und Arbeitnehmer, Fähig- und Fertigkeiten voll auszuschöpfen.

Die persönlichen Freiheiten der Arbeitnehmerinnen und Arbeitnehmer bein- 6 halten das fundamentale Menschenrecht darauf, die eigene Beschäftigung frei zu wählen. Über die Bedeutung als persönliche Freiheit hinaus ist sie auch ein zentraler Bestandteil des Wirtschaftssystems; Experten schätzen Arbeitnehmerfreizügigkeit ohne Einschränkungen vonseiten früherer Arbeitgeber als einen treibenden Faktor sowohl für den Umfang als auch die Geschwindigkeit von Innovation in der gesamten Wirtschaft ein.

Außerdem haben Arbeitnehmer und Arbeitnehmerinnen wertvolle persönliche 7 Eigenschaften – Entschlossenheit, Sorgfalt, Enthusiasmus, Hingabe, Problemlösungs-Kompetenzen, Neugier, ein guter Humor und Teamfähigkeit – die niemals Teil des wirtschaftlichen Vermögens des Arbeitgebers sein können. Durch den Einsatz unzulässiger Wettbewerbsverbote können diese Qualitäten der Gefahr einer Beschränkung ausgesetzt sein.

Die Vergegenwärtigung dieser widerstreitenden Interessen ist bei der Be- 8 trachtung des rechtlichen Schutzes vertraulicher Geschäftsinformationen in den USA entscheidend. Die Kenntnis des dargestellten Spannungsverhältnisses erleichtert auch die Nachvollziehbarkeit des von Bundesstaat zu Bundesstaat teils erheblich abweichenden Schutzniveaus vertraulicher Geschäftsinformationen als einen der wichtigsten Punkte dieses Kapitels. Um die bestmögliche Beratung des Mandanten zu ermöglichen, ist es von zentraler Bedeutung, die Schutzbestimmungen desjenigen Bundesstaates zu kennen, in dem das Unternehmen die Verletzung des Betriebs- oder Geschäftsgeheimnisses geltend machen will.

C. Mehrdeutige Rechtssprache

Die verwendeten Begrifflichkeiten erschweren als weiterer grundlegender Faktor die 9 Arbeit in diesem Rechtsgebiet. Es gibt keine einheitliche Rechtsquelle, in der alle für dieses Gebiet relevanten Rechtsbegriffe geregelt sind. So verwenden Praktiker und Gerichte oft gleiche Begrifflichkeiten mit einem unterschiedlichen Verständnis und tragen so zu Rechtsunsicherheit bei.

Patrick Sorek

10   In diesem Kapitel wird unter den Begriff **vertrauliche Geschäftsinformationen** [*confidential business information*] eine weite Beschreibung all jener Informationen gefasst, die ein Unternehmen schützen wollen könnte. Betriebs- und Geschäftsgeheimnisse sind unter diesen wohl die bekannteste Kategorie.

11   Der Schutz von Betriebs- und Geschäftsgeheimnissen ist ein Teilbereich des Immaterialgüterrechts.[1] Dieses Schutzgut wurde zunächst im *Uniform Trade Secrets Act* (1985) behandelt, ist aber auch aktuell durch seine Legaldefinition im *Defend Trade Secrets Act* (2016) wieder in den Fokus gerückt. Der aufmerksame Rechtsanwender sollte nichtsdestotrotz berücksichtigen, dass der Begriff vertraulicher Geschäftsinformationen teilweise auch weiter ausgelegt wird und daher im *Common Law* auch weitere Informationen schutzfähig sein können. Außerdem können Unternehmen bestimmte Informationen durch Vertrag als vertraulich festlegen, ohne dabei unter die gesetzliche Begriffsdefinition zu fallen. Bei einer Verletzung einer dahingehenden vertraglichen Pflicht ist eine Klage wegen Vertragsverletzung möglich.

D. Definition des Betriebs- und Geschäftsgeheimnisses

12 Die bekannteste Form der vertraulichen Geschäftsinformationen sind Betriebs- und Geschäftsgeheimnisse. Nach der gängigen Definition fallen darunter
   (1) Informationen, die für das betroffene Unternehmen einen Wert darstellen, beispielsweise in Form eines Wettbewerbsvorteils; und
   (2) zu deren Geheimnisschutz das Unternehmen einen gewissen Aufwand betreibt.[2]

13 Betriebs- und Geschäftsgeheimnisse können nahezu jede Form annehmen: Umfasst sind beispielsweise Formeln, Programme, Zeichnungen, Geräte, bestimmte Fertigungsprozesse oder bestimmte Zusammenstellungen bzw. Kompositionen. Das Geheimnis muss der Natur seines Inhaltes nach nicht technisch sein. Das bekannteste Beispiel eines solchen Geheimnisses ist die Kundenliste, die durch die Vertriebsabteilung von Unternehmen erstellt wird und kundenspezifische Daten enthält, welche der Vertrieb im Rahmen seiner Arbeit gesammelt hat.

14   Die Definition der vertraulichen Geschäftsinformationen wird durch eine Negativabgrenzung zu nicht geschützten Informationen deutlicher. So sind öffentliche Informationen nicht von der Definition umfasst. Es ist demnach wenig wahrscheinlich, gerichtlichen Schutz betreffend öffentlich zugänglichen Kundendaten zu erhalten. Teilweise bringen Arbeitnehmer und Arbeitnehmerinnen Informationen in das neue Arbeitsverhältnis mit ein, die sie selbst durch eigene Forschung oder durch

---

1 Vergl. Kapitel 11.
2 Siehe z. B. 12 Pa. Cons. Stat. Ann. § 5302.

Patrick Sorek

selbstständige Tätigkeiten erarbeitet haben. Auch diese Informationen werden regelmäßig nicht als Betriebs- oder Geschäftsgeheimnis eingestuft.

Allerdings sind selbst diese Unterscheidungen schwer abzugrenzen. So kann **15** auch eine Sammlung von öffentlich zugänglichen Informationen geschützt sein, wenn das Unternehmen nachweist, dass es aus dem spezifischen Zusammenhang dieser öffentlich zugänglichen Informationen zu anderen firmeninternen, vertraulichen Daten einen Wert schöpft.[3]

E. Drei rechtliche Schutzebenen vertraulicher Geschäftsinformationen (aus vier Rechtsquellen)

Der Schutz vertraulicher Geschäftsinformationen wird als wesentlicher Faktor eines **16** funktionierenden Wirtschaftssystems verstanden. Er wird durch drei unterschiedliche, teilweise überschneidende Schutzebenen gewahrt: Verträge (I), Gesetze (II) und das *Common Law* (III).

Eine vierte Rechtsquelle stellt seit 2016 der bundesrechtliche *Defend Trade Sec-* **17** *rets Act* dar. Dieser ergänzt die einzelstaatlichen Schutzregelungen. Diese unterschiedlichen Rechtsquellen werden im Folgenden erläutert.

I. Vertragsrecht

Der Schutz von Betriebs- und Geschäftsgeheimnissen vor der Veröffentlichung **18** durch ehemalige Arbeitnehmer und Arbeitnehmerinnen wird in Arbeitsverträgen meist durch (1) **Geheimhaltungsvereinbarungen** [*non-disclosure, or confidentiality*] und (2) **nachvertragliche Wettbewerbsverbote** [*non-competition*] gewährleistet. Diese vertraglichen Vereinbarungen werden gewöhnlich unter dem Begriff der *restrictive covenants* zusammengefasst. Es ist vertretbar, diesen zwei Teilbereichen mit dem Schutz vertraulicher Geschäftsinformationen ehemaliger Arbeitgeber den gleichen Schutzgegenstand zuzuschreiben. Viele Praktiker und teils auch die Rechtsprechung sind der Ansicht, dass Wettbewerbsverbotsvereinbarungen, also die vertragliche Verpflichtung eines Arbeitnehmers oder einer Arbeitnehmerin kein Arbeitsverhältnis bei einem Konkurrenzunternehmen einzugehen, uneingeschränkt gelten. Es ist allerdings unwahrscheinlich, dass Wettbewerbsverbote tatsächlich von den meisten Gerichten uneingeschränkt ohne weitere Prüfung durchgesetzt werden. Stattdessen ist davon auszugehen, dass die meisten Gerichte zuerst eine Abwägung dahingehend vornehmen, ob durch das neu eingegangene Arbeitsver-

---

3 Siehe z.B. *Thomas & Betts Corp. v. Richards Mfg. Co.*, 342 Fed. App'x 754, 760 (3d Cir. 2009).

Patrick Sorek

hältnis tatsächlich nachweisbar die Veröffentlichung vertraulicher Geschäftsinformationen des ehemaligen Arbeitsgebers droht.[4]

19   Arbeitnehmerinnen und Arbeitnehmer davon abzuhalten, ein Arbeitsverhältnis mit einem Konkurrenzunternehmen einzugehen, ist eine zweckdienliche und rechtlich zulässige Methode, um Wettbewerbsdruck zu verringern. Um allerdings sicherzustellen, dass die Einschränkungen rechtmäßig sind, wird ein Gericht prüfen, ob die Beschränkung den Schutz eines **berechtigten geschäftlichen Interesses** [*legitimate business interests*] bezweckt. Berechtigte geschäftliche Interessen umfassen Betriebs- und Geschäftsgeheimnisse, vertrauliche Geschäftsinformationen, den **ideellen Firmenwert** [*goodwill*] und im Rahmen des Arbeitsverhältnisses erworbene einzigartige, außergewöhnliche Fähigkeiten.[5]

20   Kann der frühere Arbeitgeber beweisen, dass vertrauliche Geschäftsinformationen von dem früheren Arbeitnehmer oder der früheren Arbeitnehmerin innerhalb des neuen Arbeitsverhältnisses verwendet wurden, ist die Wahrscheinlichkeit hoch, dass ein Gericht dem Arbeitgeber Schadensersatz zuspricht. Die erforderlichen Beweise stammen oftmals von (ehemaligen) Kunden, die beispielsweise mit dem ehemaligen Arbeitnehmer oder der ehemaligen Arbeitnehmerin den Geschäftspartner gewechselt haben.

21   Sofern der ehemalige Arbeitgeber die Betroffenheit von berechtigten geschäftlichen Interessen nicht nachweisen kann, ist es unwahrscheinlich, dass ein Wettbewerbsverbot gerichtlich bestätigt wird. War beispielsweise der frühere Arbeitnehmer oder die frühere Arbeitnehmerin im Vertrieb tätig und wird beim neuen Arbeitgeber im Personalwesen eingesetzt, wird es dem Arbeitgeber nicht gelingen, sein berechtigtes geschäftliches Interesse nachzuweisen, da vertriebsinterne Informationen durch die Tätigkeit im Personalbereich grundsätzlich nicht betroffen sind. In einem solchen Fall besteht eine hohe Wahrscheinlichkeit der gerichtlichen Einordnung der Vertragsbestimmung als ausschließlich wettbewerbsverringernd. Diese Art der Beschränkung ist unzulässig und wird voraussichtlich vor Gericht keinen Bestand haben.[6]

1. Gegenleistung

22 Ein zentraler Aspekt bei der Gestaltung von Beschränkungsbestimmungen in Arbeitsverträgen ist, dass die Arbeitgeberseite eine **Gegenleistung** [*consideration*] einbringt. Dieses Konzept meint den Austauschcharakter der Vereinbarung, der auch bei der Knüpfung an ein bestimmtes Verhalten des Arbeitnehmers oder der Arbeitnehmerin gewahrt ist.

---

4 *Siehe z. B. Hess v. Gebhard & Co.*, 808 A.2d 912, 920–21 (Pa. 2002).
5 Ebd.
6 Ebd.

Patrick Sorek

Zu Beginn eines Arbeitsverhältnisses umfasst die Gegenleistung die Gesamtheit 23
von Entgeltzahlung, Boni und Vorteilen, die der Arbeitnehmerinnen und Arbeitnehmer erhält, wenn er die neue Beschäftigung antritt. Wünscht der Arbeitgeber
während der Dauer des Arbeitsverhältnisses eine Vertragsänderung, muss die Gegenleistung neu bestimmt werden, selbst wenn die Änderung sich zu Gunsten der
Arbeitnehmerinnen und Arbeitnehmer auswirkt. Diese Regeln gehören zu den
Grundsätzen des Vertragsrechts und bilden ein Gegengewicht zu den strengen Aus-
legungsmaßstäben, an denen die Gerichte arbeitsvertragliche Beschränkungsbestimmungen messen. Diese sind notwendig und grundsätzlich rechtmäßig, werden
aber teils als Hindernis einer effizienten und funktionsfähigen freien Marktwirtschaft betrachtet. Wird von Arbeitnehmerinnen und Arbeitnehmer eine neue Leistung verlangt, ist dafür im Gegenseitigkeitsverhältnis auch eine neue Leistung des
Arbeitgebers erforderlich.

Die neu zu bestimmende Gegenleistung, die im Austausch für eine neue Be- 24
schränkungsbestimmung vereinbart wird, kann viele Formen haben. In Betracht
kommt zunächst die Zahlung eines höheren Arbeitsentgelts, in welchem der Kom-
pensationscharakter für die Verkürzung der Arbeitnehmerrechte deutlich wird.

Checkliste

Andere Arten der Gegenleistung sind unter anderem
- die Erhöhung von nicht-monetären Vorteilen,
- eine Beförderung,
- neue Verantwortungsbereiche oder
- die Inaussichtstellung einer Erhöhung des Arbeitsentgelts ohne dabei eine bindende Abrede darzustellen.[7]

---

2. Grundbegriffe typischer Beschränkungsbestimmungen

Typische vertragliche Beschränkungsbestimmungen betreffen drei Themen: Um- 25
fang (1), Dauer (2) und Ort (3). Der **Umfang** betrifft die Arten der Informationen, die
vom Betriebs- oder Geschäftsgeheimnis umfasst sind. Dies wird in der Bestimmung
üblicherweise weit ausgelegt. Die entsprechenden Informationen finden sich wieder
als Definitionen im **Gesetz zur Vereinheitlichung von Betriebs- und Geschäftsgeheimnissen** [*Uniform Trade Secrets Act*]. Umfasst sind Formeln, Programme, Geräte, bestimmte spezielle Fertigungsprozesse, Software, Zusammenstellungen von
Informationen und Listen. Die **Dauer** beschreibt den Zeitraum, innerhalb dessen der
ehemalige Arbeitnehmer oder die ehemalige Arbeitnehmerin die Betriebs- und Geschäftsgeheimnisse vertraulich behandeln muss, oder in dem er kein Beschäfti-

---

7 Siehe z.B. Wainwright's Travel Svc. v. Schmolk, 500 A.2d 476, 478 (Pa. Super. 1985).

Patrick Sorek

gungsverhältnis mit einem Konkurrenzunternehmen eingehen darf. Der **Ort** bezieht sich auf den abgegrenzten territorialen Bereich, in welchem den ehemaligen Arbeitnehmerinnen und Arbeitnehmer eine Beschäftigungsaufnahme nach dem Austritt aus dem Beschäftigungsverhältnis untersagt ist.

26   Die Angemessenheit einer zeitlichen und räumlichen Begrenzung einer solchen Vertragsbestimmung muss im Lichte der betroffenen Geschäftsinteressen beurteilt werden. Angesichts dessen, dass viele Unternehmen weltweit mit komplexer, spezifischer Software arbeiten, kann die örtliche Beschränkung global und für mehrere Jahre gelten. Der Schutz, den beispielsweise die Kundenliste eines regionalen Versicherungsunternehmens genießt, ist hingegen tendenziell in ihrer Beschränkung zeitlich und örtlich wesentlich überschaubarer (beispielsweise hier ein zweijähriges Beschäftigungsverbot im Umkreis von 100 Kilometern).

Praxistipp 1

Es ist zulässig, das Recht eines einzelnen Bundesstaats, das zur Auslegung des Vertrags herangezogen werden soll [*choice of law*] und den Gerichtsstand [*choice of forum*] vertraglich festzulegen. Diese Klauseln sollten bei der Vertragsgestaltung Berücksichtigung finden.

Praxistipp 2

Eine praktische Erwägung betreffend des vertraglichen Schutzes von Betriebs- und Geschäftsgeheimnissen betrifft die Frage, ob die Vereinbarung als alleinstehendes Dokument ausgestaltet werden soll. Auch möglich ist die Einbeziehung in einen anderen Vertrag, beispielsweise den Arbeitsvertrag, der Regelungen zu Vergütung, Sonderzahlungen, Laufzeit etc. enthält. Die Form der Vereinbarung sollte letztlich für die Durchsetzbarkeit der vertraglichen Einschränkungsbestimmung keine Rolle spielen. Ein eigenständiges Dokument kann unter Umständen aber die Relevanz der betroffenen Regelung hervorheben und potentielle Unklarheiten bei der Auslegung eines umfangreichen Vertragsdokuments vermeiden. Allerdings sollte auch die Aufnahme von Beschränkungsklauseln in einen umfassenderen Vertrag der Durchsetzbarkeit der Beschränkungen bei sorgfältiger Gestaltung nicht schaden.

Praxistipp 3

In einigen Bundesstaaten haben Gerichte die Möglichkeit, unzulässige vertragliche Beschränkungsbestimmungen zu streichen und so neu zu formulieren, dass sie im Rahmen des geltenden Rechts durchsetzbar sind. Beschränkungsklauseln sollten daher Bestimmungen enthalten, die vorsehen, dass ein Richter – soweit in der zuständigen Gerichtsbarkeit statthaft – die unzulässigen Teile der Klauseln umformulieren kann, um sie in dieser Gerichtsbarkeit im Rahmen des geltenden Rechts anwenden zu können.

Patrick Sorek

II. Gesetzliche Regelungen

Bis 2016 war das Vertragsrecht im Hinblick auf Betriebs- und Geschäftsgeheimnisse **27**
Regelungsgegenstand des Rechts der einzelnen Bundesstaaten. Um der Rechtsunsicherheit bei bis zu 50 verschiedenen Regelungen für den gleichen Regelungsgegenstand entgegenzuwirken, wurde das **Gesetz zur Vereinheitlichung von Betriebs-
und Geschäftsgeheimnissen** [*Uniform Trade Secrets Act*] von 47 Bundesstaaten
verabschiedet (alle außer New York, Massachusetts und North Carolina). Das **Gesetz zur Vereinheitlichung von Betriebs- und Geschäftsgeheimnissen** ist ein
Gesetz, das von Spezialisten auf diesem Gebiet entworfen wurde und von allen zu-
stimmenden Bundestaaten mit gleichem Inhalt einheitlich angewandt wird.[8]

Checkliste

Die einzelstaatlichen Umsetzungsgesetze zum *Uniform Trade Secrets Act* enthalten Abschnitte, in
denen
- die Begriffe **Betriebs- und Geschäftsgeheimnis** [*trade secret*] und **widerrechtliche Verwendung**
  [*misappropriation*] definiert werden,
- einstweiliger Rechtsschutz und Unterlassungsansprüche geregelt werden,
- Schadensersatzansprüche geregelt werden,
- die Übernahme der Anwaltskosten in Fällen von vorsätzlicher widerrechtlicher Verwendung
  und arglistiger Täuschung geregelt wird,
- den Gerichten ermöglicht wird, die umstrittenen Betriebs- und Geschäftsgeheimnisse auch
  während der Verhandlungen vertraulich zu behandeln, und
- die beabsichtigte Auswirkung des Umsetzungsgesetzes auch auf andere Gesetze dargelegt
  wird.

Einige Bundesstaaten verbieten die Vereinbarung übermäßig beschränkender Ver- **28**
tragsbestimmungen. So hat beispielsweise Oregon die Durchsetzung von Wettbewerbsverboten durch den Erlass zahlreicher arbeitnehmerfreundlicher Bestimmungen eingeschränkt.[9] Auch Kalifornien legt Beschränkungsbestimmungen zunehmend
arbeitnehmerfreundlich aus, indem die Gerichte jegliche Beschränkungsbestimmung
für nichtig erklären, die nicht ausdrücklich gesetzlich zugelassen ist.[10] Der Schutz von
Betriebs- und Geschäftsgeheimnissen stellt hier eine anerkannte Ausnahme dar. Auch
Louisiana und Alabama haben strenge Ansätze zur Einschränkung von Wettbewerbsverboten entwickelt.[11] Aufgrund dieser Unterschiede zwischen den Bundesstaaten ist

---

8 *Siehe z.B. Pennsylvania's Uniform Trade Secrets Act*, 12. Pa. Cons. Stat. Ann. §§ 5301–5308. Der
Uniform Trade Secrets Act ist unter http://uniformlaws.org/shared/docs/trade%20secrets/utsa_
final_85.pdf abrufbar.
9 O.R.S. § 653.295.
10 Cal. Bus. & Prof. Code § 16600.
11 La. Rev. Stat. § 23:921(A)(1); Ala. Code § 8-1-190(a).

Patrick Sorek

es unerlässlich, eingehend das Recht des jeweiligen Bundesstaates zu untersuchen, in dem die Betriebs- und Geschäftsgeheimnisse geführt werden.

III. *Common Law* und die Doktrin der unvermeidbaren Aufdeckung [*inevitable disclosure*]

29 Sollten weder vertragliche Vereinbarungen noch geschriebenes Recht den streitigen Sachverhalt hinreichend berücksichtigen, kann das *Common Law* zur Anwendung kommen. Darunter fallen u.a. widerrechtliches Handeln, das nicht vertraglich oder gesetzlich verboten ist oder Fälle, in denen das Unternehmen einen abweichenden Rechtsbehelf fordert, wie beispielsweise die Haftung eines anderen Beklagten. Das *Common Law* ist Richterrecht, das im Rahmen der *Stare Decisis*-Doktrin durch das Gerichtssystem einheitlich angewendet wird.

30 Mit der zunehmenden vertraglichen und gesetzlichen Regelungsdichte von Verstößen gegen Verschwiegenheitspflichten des ehemaligen Arbeitnehmers oder der ehemaligen Arbeitnehmerin hat das *Common Law* jedoch an praktischer Relevanz verloren. Nichtsdestotrotz hat es nach wie vor eine Auffangfunktion betreffend der Ahndung von rechtswidrigem Verhalten. Ansprüche aus dem *Common Law* sind unter anderem auf die Wiedergutmachung von unlauterem Wettbewerb und vorsätzlichen Störungen von Vertragsbeziehungen gerichtet.[12]

31 Eine Grundlage für jedes funktionsfähige Justizsystem ist das Prinzip, dass dem Anspruchssteller die Beweislast zufällt, und nicht lediglich aufgrund von Anschuldigungen oder Vermutungen Ansprüche durchgesetzt werden können. Der Bereich der vertraulichen Geschäftsinformationen gilt allerdings als derart empfindlich und bedeutsam, dass in einigen Einzelstaaten Ansprüche auch ohne den Beweis aktiven Fehlverhaltens gerichtlich durchgesetzt werden können. Dann muss der ehemalige Arbeitgeber lediglich beweisen, dass aufgrund der Natur der neuen Position der Arbeitnehmerinnen und Arbeitnehmer unvermeidbar die substantielle Bedrohung der Offenbarung eines Betriebs- oder Geschäftsgeheimnisses in der Zukunft besteht. Diese Vermutungsregelung nennt sich die **Doktrin der unvermeidbaren Aufdeckung** [*inevitable disclosure*].[13]

32 Wettbewerber wollen in der Regel Arbeitnehmer und Arbeitnehmerinnen mit bestimmten Arbeitserfahrungen oder Kenntnissen abwerben, um deren Expertise für sich zu gewinnen. Wenn diese Kenntnis oder Expertise vertrauliche Geschäftsinformationen darstellt, kann das Zustandekommen des Arbeitsverhältnisses gerichtlich unterbunden werden. Diese Möglichkeit steht dem ehemaligen Arbeitgeber in einigen Bundesstaaten selbst dann zu, wenn keine Beweise dafür vorliegen, dass

---

12 Siehe z.B. *Air Products and Chemicals, Inc. v. Johnson*, 442 A.2d 1114, 1119–1120 (Pa. Super. 1982).
13 Siehe z.B. *Bimbo Bakeries USA, Inc. v. Botticella*, 613 F.3d 102, 113 (3d Cir. 2010).

Patrick Sorek

die ehemalige Arbeitnehmerin oder der ehemalige Arbeitnehmer tatsächlich geschützte Informationen verbreitet hat. Kann der ehemalige Arbeitgeber nachweisen, dass die neue Position der Arbeitnehmerin oder des Arbeitnehmers die Annahme begründet, es würden unausweichlich aufgrund der Anforderungen des Arbeitsverhältnisses, willentlich oder nicht, bestimmte geschützte Informationen offenbart, kann gerichtliches Einschreiten bereits gerechtfertigt sein. Auf diese Weise kann ein kollusives Zusammenwirken zwischen ehemaliger Arbeitnehmerin oder ehemaligem Arbeitnehmer und neuem Arbeitgeber verhindert werden.

Anwältinnen und Anwälte sollten sich darüber im Klaren sein, dass die **Doktrin der unvermeidbaren Aufdeckung** nur in einigen Bundesstaaten anwendbar ist. Sie gilt nach wie vor in Pennsylvania, aber beispielsweise nicht in Kalifornien.[14] Andere Bundesstaaten wiederum haben Argumentationsmuster gegen die Anwendung der **Doktrin der unvermeidbaren Aufdeckung** entwickelt, die denen der kalifornischen Gerichte ähneln.[15] 33

F. Lückenloser Schutz vertraulicher Geschäftsinformationen aufgrund von Überschneidungen der Schutzbereiche

Viele Unternehmen haben die Sorge, dass die Beschränkungsbestimmungen in Arbeitsverträgen nie in Kraft getreten sind, unvollständig sind oder veralten. Hilfreich ist hier der Hinweis, dass selbst ohne vertraglich vereinbarte Beschränkungsbestimmungen möglicherweise gesetzlicher Schutz sowie Schutz aufgrund des *Common Laws* für vertrauliche Geschäftsinformationen besteht. 34

G. Verteidigungsmöglichkeiten von Unternehmen gegen Klagen wegen widerrechtlicher Verwendung von Geschäftsgeheimnissen

Klagen wegen der widerrechtlichen Verwendung von Betriebs- oder Geschäftsgeheimnissen kann ein Unternehmen am besten dadurch begegnen, vertrauliche 35

---

14 *Siehe z.B. Schlage Lock Co. v. Whyte*, 101 Cal. App. 4th 1443 (2002); *Globespan Inc. v. O'Neill*, 151 F. Supp. 2d 1229 (C.D. Cal. 2001); *Bayer Corp. v. Roche Molecular Sys.* Inc., 72 F. Supp. 2d 1111 (N.D. Cal. 1999).

15 *Siehe z.B. Saturn Sys., Inc. v. Militare*, 252 P.3d 516, 526–27 (Colo. App. 2011) (Colorado); *Tubular Threading, Inc. v. Scandaliato*, 443 So.2d 712, 715 (La. Ct. App. 1983) (Louisiana); *LeJeune v. Coin Acceptors, Inc.*, 849 A.2d 451, 471 (Md. 2004) (Maryland); *Gov. Tech. Servs., Inc. v. IntelliSys Tech. Corp.*, 1999 WL 1499548, 1 (Va. Cir. Ct.) (Virginia).

Patrick Sorek

Geschäftsinformationen gar nicht erst von der Arbeitnehmerin oder vom Arbeitnehmer einzufordern oder zu verwenden.

36   Um die Unschuld des neuen Arbeitgebers im Streitfall zu beweisen, ist es hilfreich, eine entsprechende schriftliche Erklärung der Arbeitnehmerin bzw. des Arbeitnehmers zum Zeitpunkt der Einstellung vorlegen zu können.

Checkliste

Eine neue Arbeitnehmerin oder ein neuer Arbeitnehmer sollte folgendes schriftlich bestätigen:
–   Es werden kein vertraulichen Geschäftsinformationen in das neue Arbeitsverhältnis eingebracht,
–   es erfolgte keine Aufforderung oder Anweisung zur Offenbarung vertraulicher Geschäftsinformationen und
–   es erfolgte eine Ermahnung, dass bei der Offenlegung von vertraulichen Geschäftsinformationen früherer Arbeitgeber die Kündigung droht.

---

37   In diesem Sinne müssen Anwältinnen und Anwälte, die Unternehmen in Fällen widerrechtlicher Verwendung vertraulicher Geschäftsinformationen vertreten, typischerweise abwägen, ob es sinnvoller ist, einzig gegen die frühere Arbeitnehmerin bzw. den früheren Arbeitnehmer vorzugehen oder außerdem den neuen Arbeitgeber verklagen. Dies hängt immer von der Beweislage ab. Jeder Streit muss auf Tatsachen- und Rechtsebene angemessen begründet sein, um eine erfolgsversprechende Klage zu erheben. Der Kläger sollte also nicht frühere Angestellte oder Unternehmen wegen illegalen Verhaltens verklagen, wenn keine Tatsachen bekannt sind, die ein solches Verhalten als bereits aufgetreten oder unmittelbar bevorstehend vermuten lassen.

38   Die Entscheidung, ob gegen den neuen Arbeitgeber vorgegangen werden sollte, ist also davon abhängig, ob er nachweisbar von der Verwendung vertraulicher Geschäftsinformationen eines anderen Unternehmens weiß oder diese sogar fördert. In vielen Fällen handelt der Angestellte ohne Kenntnis des neuen Arbeitgebers missbräuchlich. Kommt jedoch später ans Licht, dass der neue Arbeitgeber eine aktive Rolle beim Fehlverhalten des Arbeitnehmers oder der Arbeitnehmerin gespielt hat, kann er nachträglich als Beklagter in die Klage aufgenommen werden.

H. Rechtsbehelfe

39   Der rechtliche Schutz von Betriebs- und Geschäftsgeheimnissen ist eines der wenigen Rechtsgebiete, in denen der Kläger **vorläufigen Rechtsschutz** [*interim relief*] erhalten kann, bevor ein Gericht ein abschließendes Urteil fällt. Erneut wird hier die Wichtigkeit, die das Recht dem Schutz von Betriebs- und Geschäftsgeheimnissen zuschreibt, deutlich.

Patrick Sorek

Es gibt zwei Formen des vorläufigen Rechtsschutzes: (1) Die **einstweilige Ver-** 40
fügung [*temporary restraining order (TRO)*]; und (2) den **vorläufigen Unterlas-**
sungsanspruch [*preliminary injunction*]. Wie bei fast allen Aspekten des Rechts der
Betriebs- und Geschäftsgeheimnisse bestehen feine Unterschiede und Abstufungen
zwischen diesen Rechtsbehelfen im Recht der Bundesstaaten. Das Bundesrecht bietet eine verlässliche Orientierungshilfe zur Unterscheidung dieser zwei Rechtsbehelfe. Eine TRO beruht auf dem Beweis des unmittelbaren und unersetzbaren Schadens. Sie kann ohne die Beteiligung der Gegenpartei erteilt werden.[16] Eine solche
Anordnung läuft automatisch nach 14 Tagen ab, sofern sie nicht aus einem wichtigen Grund verlängert wird.[17]

Ein vorläufiger Unterlassungsanspruch folgt einem ähnlichen Schema, wird 41
aber erst nach einer Anhörung über die bis zu dem Zeitpunkt vorgebrachten Beweise in der Sache gewährt. Eine solche Anhörung und die zeitlich begrenzte Beweiserhebung werden in einem beschleunigten Verfahren durchgeführt, dessen Dauer
vom erwarteten Schaden durch Zeitablauf abhängig ist. Geschehen täglich oder wöchentlich Fälle widerrechtlicher Verwendung von Betriebs- und Geschäftsgeheimnissen, wird innerhalb von zwei bis vier Wochen eine Anhörung anberaumt werden.
Manchmal stimmt die beschuldigte Partei der Einhaltung des Status Quo während
der Zeit vor der Anhörung zu, wodurch mehr Zeit für die Beweisaufnahme und Vorbereitung der Anhörung bleibt.

Checkliste

Die Partei, die einen vorläufigen Unterlassungsanspruch geltend macht, muss typischerweise die
Erfüllung von vier Voraussetzungen beweisen[18]:
1. Unmittelbarer und durch Geldersatz nicht behebbarer Schaden,
2. Erfolgsaussichten der Hauptsache,
3. Schaden des Klägers überwiegt den potentiellen Schaden aller anderen betroffenen Parteien,
   sofern der Unterlassungsanspruch gewährt wird,
4. Unterlassungsanspruch liegt im öffentlichen Interesse.

Durch das Eilrechtsschutzverfahren ist es in einigen Bundesstaaten sogar möglich, 42
einer Führungskraft die Weiterbeschäftigung bei einem neuen Arbeitgeber zu unter-
sagen, wenn diese im Besitz von vertraulichen Geschäftsinformationen ist.

Schadensersatz in Geld ist auch für die widerrechtliche Verwendung von ver- 43
traulichen Geschäftsinformationen erlangbar. Die Höhe des Schadensersatzes kann
auf verschiedene Weisen berechnet werden, beispielsweise mit Hilfe des entgange-
nen Gewinns des Klägers oder unzulässiger Gewinne des Beklagten.

---

16 Siehe z. B. Federal Rule of Civil Procedure 65(b).
17 Ed.
18 Siehe z. B. *Bimbo Bakeries USA, Inc. v. Botticella*, 613 F.3d 102, 109 (3d Cir. 2010).

Patrick Sorek

44   Korrespondierend zum vorläufigen Unterlassungsanspruch ist es auch möglich, einen **dauerhaften Unterlassungsanspruch** [*permanent injunction*] gegen jegliche Verwendung von widerrechtlich verwendeten Geschäftsinformationen durch die beklagte Partei geltend zu machen. Dafür muss der Kläger nachweisen, dass die widerrechtlich verwendeten Informationen auch weit in der Zukunft hinein noch von Wert sind.

I. Das Gesetz zum Schutz von Betriebs- und Geschäftsgeheimnissen – die erste bundesgesetzliche Regelung

45 Im Mai 2016 verabschiedete der US-Kongress das bundesrechtliche **Gesetz zur Verteidigung von Betriebs- und Geschäftsgeheimnissen** [*Defend Trade Secrets Act* (DTSA)].[19] Jede Prüfung des Schutzes von Betriebs- und Geschäftsgeheimnissen sollte dieses neue Gesetz einbeziehen.

46   Wie oben beschrieben, war der Schutz von Betriebs- und Geschäftsgeheimnissen durch das einzelstaatliche Recht 50 verschiedener US-Bundesstaaten geregelt, obwohl er grundsätzlich einem einheitlichen Muster folgte. Mittlerweile stellt der DTSA Betriebs- und Geschäftsgeheimnisse unter bundesgesetzlichen Schutz, der durch ein einheitliches Bundesgerichtssystem durchgesetzt wird. Dies hat neben einer einheitlichen Rechtsprechung zur Folge, dass der Rechtsweg zu den Bundesgerichten allen Klägern offensteht. Durch die Verabschiedung dieses Gesetzes hat der US-Kongress das Schutzniveau von Betriebs- und Geschäftsgeheimnissen dem von Patenten, Warenzeichen und Urheberrechten angeglichen.

47   Es ist zu beachten, dass der DTSA nicht etwa das Recht der einzelnen Bundesstaaten ersetzt. Dieses ist vielmehr weiterhin parallel anwendbar.[20] Die Bundesgerichte werden bei der frühen Rechtsprechung zum DTSA aller Voraussicht nach bei dessen Auslegung und Anwendung umfassend Anleihen bei den Entscheidungen der Gerichte der Einzelstaaten machen.

48   Einer der Hauptgründe für diese Annahme ist, dass viele der im DTSA verwendeten Begriffe nach dem Vorbild des **Gesetzes zur Vereinheitlichung von Betriebs- und Geschäftsgeheimnissen** geschaffen wurden. Die Definition von Betriebs- und Geschäftsgeheimnissen[21], sowie die verfügbaren Rechtsbehelfe des DTSA sind denen des UTSA sehr ähnlich. Auch die Unterlassungsansprüche gegen Offenbarung und die Schadensersatzansprüche sind dem **Gesetz zur Vereinheitlichung**

---

19 Siehe 18 U.S.C. §§ 1832–33; 1835–36; 1838–39.
20 18 U.S.C. § 1838.
21 18 U.S.C. § 1839(3).

Patrick Sorek

von Betriebs- und Geschäftsgeheimnissen nachgebildet.[22] Geldansprüche können in drei verschiedenen Formen auftreten:
(1) Tatsächliche Einbußen des Klägers,
(2) Unverdiente Gewinne des Beklagten, sogenannte ungerechtfertigte Bereicherungen oder
(3) Angemessene Lizenzgebühren.

Entschädigungen mit Strafcharakter [*punitive damages*] und Anwaltskosten sind **49** bei vorsätzlicher Schädigung einklagbar.[23]

Ein Kläger kann nach dem DTSA einen Einzelbeklagten nicht an dem Eintritt in **50** ein Arbeitsverhältnis hindern.[24] Hier wird wieder die Abwägung zwischen dem Schutz der Betriebs- und Geschäftsgeheimnisse und der Freiheit des Einzelnen, ein Arbeitsverhältnis seiner Wahl einzugehen, deutlich. Der DTSA schützt auch Whistleblower, die wiederholtes Fehlverhalten ihrer Arbeitgeber den Behörden melden. Sie können nicht nach diesem Gesetz verklagt werden.[25]

Weiterhin sind auch noch einige andere Eigenschaften des DTSA allgemein er- **51** wähnenswert. Das Gesetz folgt nicht der *Inevitable Disclosure*-Doktrin. Bei tatsächlicher oder drohender widerrechtlicher Verwendung liegt folglich die Beweislast beim alten Arbeitgeber.

Die umstrittenste Vorschrift des DTSA ist die Klausel zur *Ex-Parte*-Beschlagnah- **52** me, welche die missbräuchliche Offenbarung von Betriebs- und Geschäftsgeheimnissen vermeiden soll.[26] Diese Vorschrift ist ungewöhnlich, aber nicht einzigartig. Solche Ansprüche können auch durch Urheberrechtsverletzungen ausgelöst werden.[27] Aus drei Gründen ist zu erwarten, dass die Klausel nicht häufig angewendet werden wird. Zunächst ist sie unbestimmt im Hinblick auf die der Beschlagnahme unterfallenden Vermögensgegenstände. Weiterhin sind die zu beachtenden beweisrechtlichen und prozessualen Anforderungen extrem hoch. Drittens besteht ein Erstattungsanspruch für Beklagte, deren Vermögen zu Unrecht beschlagnahmt wurde.

J. Ausblick

Anwältinnen und Anwälte sollten aus mehreren Gründen besondere Aufmerksam- **53** keit auf den Schutz von vertraulichen Geschäftsinformationen legen.

---

22 18 U.S.C. § 1836 (b)(3).
23 U.S.C. § 1835 (b)(3)(C).
24 18 U.S.C. §§ 1836 (b)(3)(A)(i)(I).
25 18 U.S.C. §§ 1833 (b).
26 18 U.S.C. §§ 1836 (b)(2).
27 17 U.S.C. § 503.

Patrick Sorek

54   Ein großer Teil des Rechts der Betriebs- und Geschäftsgeheimnisse in den USA wurde während einer Zeit entwickelt, zu der Datenverarbeitung mit Bleistiften, Millimeterpapier und Schreibmaschine vorgenommen wurde. Heutzutage ist die Fähigkeit von Unternehmen, Daten zu sammeln, weiterzuverarbeiten und zu analysieren in Umfang und Komplexität stark angestiegen. Allerdings führt eben diese Technologie, durch die Unternehmen vertrauliche Geschäftsinformationen entwickeln, auch dazu, dass Arbeitnehmerinnen und Arbeitnehmer diese Informationen einfacher missbrauchen können. Praktikern kommt daher die wichtige Rolle zu, Unternehmen dabei zu unterstützen, diese Informationen zu schützen, was Innovationsprozesse fördert.

55   Auf der Arbeitnehmerseite müssen Anwältinnen und Anwälte wachsam die Rechte der ausscheidenden Angestellten schützen, welche für den Lebensunterhalt elementar sein können. Arbeitnehmerinnen und Arbeitnehmer könnten zu Unrecht Ziel ihrer ehemaligen Arbeitgeber werden, um Wettbewerb zu reduzieren.

Patrick Sorek

Kapitel 9
Einkommensbesteuerung und Buchprüfung

Literaturverzeichnis

Greenaway, Thomas, "Choice Of Forum In Federal Civil Tax Litigation," 62 *Tax Law*. 311 (2008–09). **Haig**, Robert L., *Commercial Litigation in New York State Courts*, 4. Auflage, Eagan, MN: Thomson Reuters, (2015). **Henchman**, Joseph und **Sapia**, Jason, "Local Income Taxes: City and County-Level Income and Wage Taxes Continue To Wane," Fiscal Fact, Tax Foundation. No. 280, 31 (August, 2011). **Internal Revenue Service** "Attorney Audit Technique Guide" (März 2011). Verfügbar unter: https://www.irs.gov/businesses/small-businesses-self-employed/attorneys-audit-technique-guide-chapter-1. **Internal Revenue Service**, *Publication 556: Examination of Returns, Appeal Rights, and Claims for Refund* (September, 2013). **Internal Revenue Service**, *Audit Guide Techniques*. Verfügbar unter: https://www.irs.gov/businesses/small-businesses-self-employed/audit-techniques-guides-atgs. **Internal Revenue Service**, *Data Book* (2015). **Morgan**, Douglas, et al., *Budgeting for Local Governments and Communities*. New York: Routledge (2015).

A. Einleitung – Ein horizontales System der Einkommensbesteuerung

Dieses Kapitel soll einen Überblick über die Einkommensbesteuerung in den Vereinigten Staaten bieten. Die Abschnitte A und B konzentrieren sich dabei auf das materielle Einkommensteuerrecht, sowie auf die Jurisdiktionen in den Vereinigten Staaten, die zur Erhebung und Einziehung einer Einkommensteuer ermächtigt sind. Abschnitt C soll sich ausschließlich auf die Einkommensteuer des Bundes und deren Erhebung fokussieren, mit besonderer Schwerpunktsetzung auf die Verfahren, die die **Bundessteuerbehörde** [*Internal Revenue Service* (*IRS*)] anwendet, wenn sie einerseits die Richtigkeit von Steuererklärungen überprüft oder andererseits einen Fehler oder eine andere Unzulänglichkeit bei der Steuererstattung an den Steuerpflichtigen feststellt. Weitere Erläuterungen werden sich mit dem Recht des Steuerpflichtigen befassen, gegen von der *IRS* getroffene Beschlüsse in Revision zu gehen. **1**

In den Vereinigten Staaten ist die Bundesregierung nicht die einzige Ebene innerhalb der föderalen Ordnung, die zur Erhebung und Einziehung von Steuern ermächtigt ist.[1] Die föderale Struktur der Vereinigten Staaten wird als horizontaler Föderalismus bezeichnet.[2] Das heißt, dass die Bundesregierung nicht immer auf **2**

---

[1] Der US-Kongress ist durch den sechzehnten Zusatz zur US-Verfassung ermächtigt, eine Einkommensteuer zu erheben.

[2] Kirk W. Junker, LEGAL CULTURE IN THE UNITED STATES – AN INTRODUCTION. Oxon: Routledge, 2016, 215; siehe Kapitel 1.B.III.a für eine ausführlichere Erläuterung des horizontalen Föderalismus.

P. Matthew Roy

https://doi.org/10.1515/9783899498103-009

bundesstaatlicher Ebene geltende Gesetze verdrängen oder ausstechen kann. Folglich sind Bundesstaaten als einzelne Souveräne innerhalb des Bundes der Vereinigten Staaten befugt, ihren Bürgern neben den von der Bundesregierung erhobenen Steuern eigene Steuern aufzuerlegen. Daher kann Einkommen insgesamt auf drei staatlichen Ebenen besteuert werden: auf Bundes-, bundesstaatlicher und auf der als „lokal" bezeichneten Ebene.

3   Insgesamt 44 Bundesstaaten erheben derzeit eine Steuer auf persönliches Einkommen.[3] Im Gegensatz dazu erheben die meisten Regierungsbezirke oder Städte (Kommunen, Gemeinden oder Ortschaften) keine Steuern auf Einkommen. Dennoch erhebt eine wesentliche Zahl größerer Städte in den Vereinigten Staaten irgendeine Art von Steuern auf Einkommen sowie andere Arten von Steuern, die sich nicht strikt an der jährlichen Einkommenshöhe ausrichten, sondern an die Beteiligung an Betätigungen innerhalb der Stadtgrenzen anknüpfen.[4] Gemeinden leiten ihre Steuerhoheit aus der jeweiligen bundesstaatlichen Gesetzgebung ab – das heißt, dass der jeweilige Bezirk, die Stadt oder eine andere Gebietskörperschaft von ihrer bundesstaatlichen Gesetzgebung ermächtigt sein muss, um eine bestimmte Steuer erheben zu können. Es ist daher möglich, dass ein Steuerzahler auf drei Ebenen der Bundesstruktur der Vereinigten Staaten der Besteuerung unterliegt: auf Bundesebene, bundesstaatlich und lokal.

B. Bundesstaatliche und gemeindliche Einkommensbesteuerung

4 Das Ausmaß, zu dem ein Steuerzahler seinem Bundesstaat Steuern auf sein Einkommen zahlen muss, variiert abhängig davon, ob der Steuerzahler **Einwohner** des die Steuer erhebenden Bundesstaates ist.

I. Einwohner- versus Nicht-Einwohner-Besteuerung auf bundesstaatlicher Ebene

5 Die Bestimmung, wer im steuerlichen Sinne Einwohner ist, kann zuweilen komplex sein. Diese Erörterung soll einen generellen Überblick über Einwohner- und Nicht-Einwohner-Besteuerung geben. Die Feinheiten der Wohnsitzbestimmung würden den Rahmen der Erläuterungen sprengen.

---

3 Http://taxfoundation.org/article/state-individual-income-tax-rates-and-brackets-2015 (zuletzt abgerufen 31.5.2016).
4 Die *City of Pittsburgh, Pennsylvania* zum Beispiel erhebt eine Berufsberechtigungssteuer (*Occupation Privilege Tax*), bei der es sich um eine jährliche Pauschalabgabe handelt, zu zahlen von jeder Person, die innerhalb der Stadtgrenzen arbeitet.

P. Matthew Roy

Einwohnerschaft erfordert allgemein, dass der Steuerzahler **ansässig** [*domici-* 6
led] ist oder seinen **Wohnsitz** [*domicile*] innerhalb des die Steuer erhebenden Bundesstaates hat. Der Bundesstaat New York beispielsweise unterwirft die Steuerzahler der vollen Steuerpflicht auf ihr insgesamt erwirtschaftetes Einkommen (egal wo
dieses Einkommen erzielt wurde), wenn sie **Einwohner** und ansässig im Bundesstaat sind, einen **ständigen Aufenthaltsort** [*permanent place of abode*] im Bundesstaat unterhalten und mehr als 183 Tage im Jahr in New York verbringen.[5] In Kalifornien ist ein Einwohner eine Person, die unter anderem im Bundesstaat **ansässig**
ist.[6] Virginia, Pennsylvania und Massachusetts, als weitere Beispiele, definieren den
Einwohner alle in weitestgehend der gleichen Art wie New York. Das Steuerrecht
jedes dieser Bundesstaaten nimmt Bezug auf den ständigen Aufenthaltsort, Wohnsitz und die Anwesenheit innerhalb des Bundesstaates an mehr als 183 Tagen.[7]

Im Hinblick auf die Besteuerung auf bundesstaatlicher Ebene: der oberste Ge- 7
richtshof hat schon sehr früh geurteilt, dass unter der Verfassung der Vereinigten
Staaten Nicht-Einwohner nur verpflichtet werden dürfen **bundesstaatliche Einkommensteuer** auf Einkommen zu zahlen, die aus Quellen gezogen wurden, die in
Verbindung zu dem Bundesstaat stehen.[8] Weiterhin können, wenn Nicht-Einwohner
verpflichtet sind Steuern auf Teile ihres persönlichen Einkommens zu zahlen, diese
Beträge der Verrechnung mit Beträgen unterfallen, die bereits an den Heimat-Bun-
desstaat gezahlt wurden. Daher beeinflusst die Einstufung des Steuerzahlers als
Einwohner oder Nicht-Einwohner in der einzelstaatlichen oder gemeindlichen Jurisdiktion den Steuerbetrag, den der Steuerzahler schuldet. Auf gemeindlicher Ebene besteht auf Seiten des Steuerzahlers allgemein keine Verpflichtung zur Zahlung
von Einkommensteuer an die Kommune, wenn der Steuerzahler nicht als Einwohner eingestuft ist. Wenn der Steuerzahler beispielsweise in New York City arbeitet,
dort aber nicht wohnt, ist der Steuerzahler nicht zur Zahlung der Einkommensteuer

---

5 NY Tax L § 605 (2014). *Siehe auch* New York Tax Bulletin TB-IT-690 (15. Dezember 2011). Verfügbar unter: https://www.tax.ny.gov/pdf/tg_bulletins/pit/b11_690i.pdf (zuletzt abgerufen 2.6.2016).
6 *Siehe* State of California Franchise Tax Board, "FTB Publication 1031, Guidelines for Determining
Resident Status – 2013" (2013). „**Wohnsitz** ist für Steuerzwecke definiert als der Ort, an dem man
sich selbst und seine Familie freiwillig ansiedelt, nicht allein für einen bestimmten oder eingeschränkten Zweck, sondern mit dem vorliegenden Entschluss, ihn zu seiner tatsächlichen, festen,
dauerhaften Heimat und Hauptniederlassung zu machen. Es ist der Ort, an den man, wann immer
man abwesend ist, zurückzukehren beabsichtigt." Verfügbar unter: https://www.ftb.ca.gov/forms/
2013/13_1031.pdf (zuletzt abgerufen 3.6.2016).
7 Das Recht von Massachusetts bestimmt: (f) „**Einwohner**" (*Resident*) oder „**Bewohner**" (*Inhabi-
tant*), (1) jede natürliche Person die im Gemeinwesen ansässig ist, oder (2) jede natürliche Person die
nicht im Gemeinwesen ansässig ist, aber einen ständigen Aufenthaltsort im Gemeinwesen unterhält
und insgesamt mehr als einhundertdreiundachtzig Tage des Steuerjahres im Gemeinwesen ver-
bringt, einschließlich teils innerhalb und teils außerhalb des Gemeinwesens verbrachten Tagen.
Mass. Gen. Laws Ann. ch. 62, § 1 (West).
8 *Shafer v. Carter*, 252 U.S. 37 (1920); *siehe auch* NY Tax L. § 631 (2014).

P. Matthew Roy

von New York City verpflichtet.[9] Wenn man als Einwohner klassifiziert ist, muss man Steuern auf **alle Einkünfte** aus jedweder Quelle zahlen.

8   Lokale Jurisdiktionen sind darauf bedacht, Steuern niedrig zu halten, um diejenigen, die in der Ortschaft arbeiten, dazu zu ermutigen, auch in der Ortschaft zu wohnen. Viele Steuerzahler – speziell jene mit hohen Einkommen – treffen bewusst Wohnsitzentscheidungen anhand ihrer potentiellen Belastung durch bundesstaatliche und lokale Steuern. Viele Steuerzahler arbeiten in New York City, entscheiden sich aber, z.B. in New Jersey oder Connecticut zu leben, um weniger bundesstaatliche und städtische Steuern zu zahlen. Die verschiedenen Bundesstaaten gestalten ihre Steuerpolitik folglich in diesem Sinne. Oft wird von den einzelstaatlichen Gesetzgebungsorganen das Argument angeführt, dass hohe Steuern ihre Einwohner dazu zwingen, in andere Bundesstaaten mit niedrigeren Steuern umzuziehen. Große Bundesstaaten wie Florida und Texas haben daher speziell in Anbetracht dieser Vorstellung keine Einkommensteuer. Das Ausmaß, welches für die Wahl des persönlichen Wohnsitzes von Bedeutung ist, soll hier nicht eingehender behandelt werden. Es ist allerdings zu beachten, dass Bundesstaaten ganz allgemein oftmals Steuerpolitik als Mittel nutzen, um zu beeinflussen, wer auf ihrem jeweiligen Gebiet wohnt oder Geschäfte tätigt und, daraus folgend, Steuern zahlt und Umsatz zum Staatshaushalt beiträgt. Zudem bieten einzelne Bundesstaaten, beispielsweise für Unternehmen, oft speziell ermäßigte Steuersätze an, um sie in den Staat zu locken oder vom Wegzug aus diesem abzuhalten.[10] Hier können wir sehen, dass die Bundesstaaten mittels ihres jeweiligen Steuerrechts aktiv miteinander konkurrieren.

Praxistipp

Sowohl der *IRS* als auch viele gemeindliche Steuerbehörden veröffentlichen hilfreiche Steuerleitfäden, die auf eine „nutzerfreundlichere" Art geschrieben sind. Auf bundesstaatlicher Ebene veröffentlicht zum Beispiel **die Abteilung für Steuerzahlerberatung des New Yorker Steuer- und Finanzamtes** [*Department of Taxation and Finance – Taxpayer Guidance Division*] **Steuerblätter** [*tax bulletins*][11] zu verschiedenen Themen, wie „ständiger Aufenthaltsort". Diese Mitteilungsblätter enthalten oft nützliche Beispiel-Fallszenarien, die dazu dienen, eine bestimmte Steuervorschrift oder einen Fachbegriff verständlicher zu erklären. Materialien des *IRS* werden nachfolgend vertieft behandelt.

---

9 Dies unterliegt Ausnahmen. Nicht-ortsansässige Arbeitnehmer der City of New York müssen die Einkommensteuer von *New York City* zahlen.

10 Mehr über die Bemühungen von Connecticut, die Schweizer Bank UBS vom Umzug nach Manhattan abzuhalten, in Bezug auf den "Preis" den der Gouverneur von Connecticut zu zahlen bereit war und die *"Goodies"*, die von New York geboten wurden, siehe "Part 14: A Desperate Drive to Save UBS," *Connecticut Post*, 31. Dezember 2011. Verfügbar unter: http://www.newstimes.com/local/article/Part-14-A-desperate-drive-to-save-UBS-2402508.php (zuletzt abgerufen 2.6.2016).

11 Solche Steuerblätter an sich sind keine verbindlichen Rechtsquellen; allerdings sind sie persuasive insofern als sie die Rechtsauslegung der Behörde widerspiegeln. *Siehe* z.B. TB-ST-140 (03/10) bei 5. Siehe auch N.Y.Prac., Com. Litig. in New York State Courts § 117:3 (4. Aufl.).

P. Matthew Roy

II. Einkommensbesteuerung auf lokaler Ebene

„Lokal" ist ein Oberbegriff für Regierungsebenen, die in der staatlichen Hierarchie **9** des US-Bundessystems niedriger angesiedelt sind. Kommunalregierungen handeln aufgrund von Befugnissen, die Ihnen von dem Bundesstaat, in dem sie liegen, zur Erfüllung ihrer Aufgaben verliehen wurden. Sie sind der bundesstaatlichen Regierung und der Bundesregierung untergeordnet. Allgemein zählen dazu solche auf Kreisebene oder darunter: Bundesstaat, Landkreis, Stadt, Stadtteil oder Dorf, Schulbezirk. Allerdings muss man sich darüber bewusst sein, dass die Hierarchie kommunaler Regierungen von Bundesstaat zu Bundesstaat ebenso variiert wie die verschiedenen Bezeichnungen, die örtliche Regierungskörperschaften tragen. Connecticut zum Beispiel hat keine Regierungskörperschaften auf Kreisebene, wohingegen die Landkreise in den meisten anderen Bundesstaaten auf einer ganzen Reihe von Gebieten Befugnisse haben. Zudem können lokale Körperschaften abhängig vom jeweiligen Bundesstaat unterschiedlich heißen. Pennsylvania und New Jersey etwa haben *"townships"*.[12] Die Landkreise von Louisiana werden als *"parishes"* bezeichnet.

Seit 2011 erhoben die meisten Kommunen in den Vereinigten Staaten keine Ein- **10** kommensteuer. 2011 waren es lediglich 4.943 Kommunen in 17 Bundesstaaten, von denen insgesamt über 23 Million Personen betroffen waren.[13] Steuern auf persönliches Einkommen haben verschiedene Bezeichnungen: **Erwerbseinkommensteuer** [*earned income tax*], **Lohnsteuer** [*wage tax*], **persönliche Einkommensteuer** [*personal income tax*] etc. Sie werden entweder direkt dem Steuerzahler auferlegt oder von dessen Arbeitgeber erhoben.[14] Wie auch auf der bundesstaatlichen Ebene, unterscheidet die Erhebung einer lokalen Steuer allgemein zwischen Einwohnern und Nicht-Einwohnern. Mithin werden Nicht-Einwohner mit einem niedrigeren Satz besteuert als Einwohner. Der Grundgedanke dahinter ist, dass Nicht-Einwohnern nicht dieselbe Menge an kommunalen Diensten zuteilwird, wie Einwohnern der Ortschaft.

Lokale Einkommensteuern wurden um die Zeit der **Weltwirtschaftskrise** [*Great* **11** *Depression*] eingeführt. Bis zu dieser Zeit hatten sich Ortschaften zur Haushaltsfinanzierung allgemein auf Grundsteuern verlassen. Aufgrund des landesweiten substantiellen Einbruchs der Immobilienwerte zu jener Zeit wandten sich viele Gemeinden anderen Einkommensquellen zu, um die Gemeindeverwaltung zu finanzieren

---

12 Das US-Statistikamt hat den sehr hilfreichen Leitfaden "Individual State Descriptions: 2012" veröffentlicht, der beschreibt, wie Kommunalverwaltungen innerhalb jedes Bundesstaats strukturiert sind. Verfügbar unter: http://www2.census.gov/govs/cog/2012isd.pdf (zuletzt abgerufen 2.6.2016).
13 Joseph Henchman und Jason Sapia, "Local Income Taxes: City and County-Level Income and Wage Taxes Continue to Wane," Fiscal Fact, Tax Foundation. No. 280, 31. August 2011. 1.
14 *Ebd.*

P. Matthew Roy

und sahen die Einkommensteuern als Lösung, um die kommunalen Einnahmen zu erhöhen.[15] Die eingeführten lokalen Einkommensteuern sind üblicherweise ein gewisser Prozentsatz vom angepassten Bruttoeinkommen des Steuerzahlers und werden in jedem Zahlungszeitraum automatisch vom Lohn oder Gehalt des Steuerzahlers einbehalten. Wenn der Steuerzahler ein Unternehmen ist, werden lokale Einkommensteuern (oft als Körperschafts- oder **Unternehmenssteuern** – *corporation taxes* oder *business taxes* – bezeichnet) allgemein auf Vierteljahresbasis als geschätzte Steuerzahlung entrichtet. Die abschließende Berechnung der geschuldeten lokalen Einkommensteuer ist generell in der bundesstaatlichen Einkommensteuererklärung des Steuerzahlers enthalten.

C. Bundeseinkommenbesteuerung

12 Die **Bundesabgabenordnung** [*Internal Revenue Code*] (spannt ein recht weites Netz in Bezug darauf, wer eine Einkommensteuererklärung [*income tax return* – umgangssprachlich auch *"return"* genannt] bei der Bundessteuerbehörde, der für die Einziehung von nach Bundesrecht geschuldeten Steuern zuständigen Bundesbehörde, einreichen muss.

I. Wer zahlt in den Vereinigten Staaten Bundeseinkommensteuer?

13 Bürger der Vereinigten Staaten müssen eine Einkommensteuererklärung für erzieltes Einkommen einreichen, unabhängig davon, wo es erzielt wurde. Die Pflicht zur Zahlung von Bundessteuern ist daher, neben anderen Faktoren, an die Staatsbürgerschaft gebunden. So muss zum Beispiel auch ein US-Amerikaner, der in Deutschland lebt und arbeitet, eine Steuererklärung beim *IRS* abgeben, die aufzeigt, wie viel er im Ausland verdient hat. Wenngleich die Möglichkeit besteht, dass ein hoher Prozentsatz solchen im Ausland erwirtschafteten Einkommens von der Besteuerung in den Vereinigten Staaten befreit wird, muss man sich des Umstands bewusst bleiben, dass es immer noch bei der Pflicht zur Offenlegung solchen Einkommens gegenüber der Bundesregierung bleibt. Das Versäumnis, im Ausland erwirtschaftetes Einkommen zu melden, führt zu erheblichen Strafen und möglichen strafrechtlichen Konsequenzen für den Steuerzahler.

14 Außer US-Bürgern sind auch alle anderen natürlichen Personen, die Einkommen in den Vereinigten Staaten erwirtschaften, unabhängig von der Staatsbürgerschaft, ebenso wie Unternehmen, die in den Vereinigten Staaten Geschäfte tätigen,

---

15 Douglas Morgan, et al. Budgeting for Local Governments and Communities. New York: Routledge, 2015. S. 171.

gesetzlich zur Abgabe einer Einkommensteuererklärung bei der Bundessteuerbehörde verpflichtet. Die Einkommensteuererklärung enthält eine Berechnung des **angepassten Bruttoeinkommens** [*adjusted gross income (AGI)*] des Steuerzahlers. Ausländische Gesellschaften, die Einkünfte aus in den Vereinigten Staaten durchgeführten Geschäften erzielen, müssen ebenfalls Steuern auf derartiges Einkommen zahlen.[16] Die für das Jahr anfallende Steuer basiert auf dem angepassten **Bruttoeinkommen**. Dies ergibt sich rechnerisch, wenn das vom Steuerzahler verdiente Einkommen (Bruttoeinkommen) gemeldet wird und alle auf den Steuerzahler anwendbaren Umstände, wie etwa Abzüge, Amortisationen und Abschreibungen, Steuergutschriften etc. berücksichtigt und diese Beträge vom Bruttoeinkommen abgezogen werden, was nachfolgend noch eingehender erläutert wird.

Im Hinblick auf die Bundeseinkommensteuer sind Steuerzahler allgemein verpflichtet, eine **Einkommensteuererklärung** zu erstellen und bis etwa zum 14. April jeden Jahres dem *IRS* einzureichen. Der Steuerzahler muss dem Bund sämtliches innerhalb des **Veranlagungszeitraums** [*tax period*], der in der Regel mit dem Kalenderjahr übereinstimmt, verdientes Einkommen angeben. Daher meldet eine beim *IRS* am 14. April 2016 abgegebene Steuererklärung Einkommen, das der Steuerzahler zwischen dem 1. Januar 2015 und dem 31. Dezember 2015 verdient hat. Der Steuerzahler ist verantwortlich für die Berechnung seiner Steuer und für die Übermittlung der nötigen Formulare an den *IRS* (zusammengenommen bilden diese Formulare die Einkommensteuererklärung des Steuerzahlers). Wenn der Steuerzahler dies versäumt, wird der Bundessteuerbehörde basierend auf den Informationen, die er aus verschiedenen Quellen erhalten hat, letztendlich eine Steuererklärung für den Steuerzahler erstellen. Dies ist für den Steuerzahler allerdings niemals ratsam, da die Angaben, die der *IRS* hat höchstwahrscheinlich ungenau sind. Die Erstellung der Einkommensteuererklärung durch den *IRS* für den Steuerzahler wird aller Voraussicht nach zu einer höheren Steuerlast für den Steuerzahler führen. Zudem könnten den Steuerzahler Strafen in Form einer **Einreichungsversäumnis-** [*failure-to-file*] oder **Zahlungsversäumnis-** [*failure-to-pay*] Strafe treffen.

15

Praxistipp

Verlängerungen der Abgabefrist stehen grundsätzlich jedem Steuerzahler auf rechtzeitigen Antrag offen. Außerhalb der Vereinigten Staaten lebende Steuerzahler können sogar Anspruch auf eine zusätzliche zweimonatige Verlängerung haben (Abgabedatum 15. Dezember). WICHTIG: alle geschuldeten Steuern sind gleichwohl am 15. April fällig. In bestimmten Fällen kann eine Verlängerung der Zahlungsfrist für die geschuldeten Steuern gewährt werden, aber bis zur Zahlung laufen auf den Betrag Zinsen in der Höhe eines durch den *IRS* bestimmten Satzes.

---

16 28 U.S.C. § 882.

P. Matthew Roy

16 Eine Mehrheit der Steuerzahler erstellt und übersendet seine Steuererklärungen zwar ohne professionelle Unterstützung. Steuerzahler können aber auf eine Vielzahl von Lösungen zurückgreifen, die bei der Einhaltung der Anforderungen für die Bundeseinkommensteuererklärung helfen. Dabei wenden sich die Steuerzahler zumeist an einen **Steuerberater** [*tax preparer*]. Der Begriff des Steuerberaters umfasst sowohl eine Anzahl großer Steuerberatungsanbieter, die bundesweit operieren, als auch Online-Steuerberatungsplattformen. Die Erstellung auch einer eher einfachen Steuererklärung kann für den Steuerzahler recht kostspielig werden, da es keine gesetzlich festgelegte Gebührentabelle gibt, die die Gebührenvereinbarung zwischen Steuerberater und Kunden regelt; hingegen herrscht hier Vertragsfreiheit und es steht den Parteien frei, die Gebühr nach ihren Wünschen auszuhandeln. Die meisten Steuerzahler haben recht einfache steuerliche Sachlagen: sie arbeiten typischerweise für einen einzelnen Arbeitgeber, der die Einkommensteuer vom regelmäßigen Gehaltsscheck des Steuerzahlers einbehält und die einbehaltenen Beträge den jeweiligen Finanzämtern übermittelt. Zum Abschluss des Veranlagungszeitraums übersendet der Arbeitgeber dem Steuerzahler eine Abrechnung, die das Jahreseinkommen des Arbeitnehmers und die vom Arbeitgeber einbehaltenen Steuern ausweist. Der Steuerzahler oder sein Steuerberater verwenden dieses Formular, um seine Steuern zu berechnen.

17 Weiterhin sind vom Begriff des Steuerberaters auch **zertifizierte Bilanzbuchhalter** [*certified public accountants (CPAs)*] erfasst, die von dem Bundesstaat, in dem sie tätig sind, zugelassen sein müssen. Das Zulassungsverfahren umfasst eine Prüfung und die Einreichung eines Antrags in dem Bundesstaat, in dem der CPA praktizieren will. Zertifizierte Bilanzbuchhalter führen viele Dienstleistungen für ihren Mandanten aus, wie normale Buchführung und Rechnungslegung, *Compliance*-Arbeit mit staatlichen Stellen im Namen des Steuerzahlers und Erstellung von Steuererklärungen. Unter anderem müssen zertifizierte Bilanzbuchhalter die **Grundsätze ordnungsgemäßer Buchführung** [*generally accepted accounting principles (GAAP)*] beherrschen.

18 Es ist auch anzumerken, dass Steueranwälte sich selten als Steuerberater betätigen. Obgleich sie den Steuerzahler beraten und gegebenenfalls eng mit dem Buchhalter ihres Mandanten zusammenarbeiten, beteiligen sie sich selten an der eher administrativen und technischen Aufgabe, im Namen des Steuerzahlers Steuererklärungen auszufüllen und an den *IRS* zu übermitteln. Zudem schließen die Regeln der Berufshaftung, die in den meisten Bundesstaaten auf Anwaltskanzleien Anwendung finden, Anwälte allgemein davon aus, mit anderen Berufsträgern als Anwälten Büroräume zu teilen oder sich mit ihnen zusammenzuschließen. Die Regelungen sollen interdisziplinäre Kooperationen zwischen Anwälten und Nicht-Anwälten verhindern.[17] Daher wird man in den USA keine Steueranwälte und Buchhalter oder

---

17 *Siehe* z. B. N. Y. Rules of Prof'l Conduct R. 5.8(a).

P. Matthew Roy

andere steuerberatende Berufsträger finden, die im selben Büro zusammenarbeiten, wie dies evtl. in Deutschland der Fall ist.

II. Definition des Bruttoeinkommens nach der Bundesabgabenordnung

Der *IRS* spannt ein weites Netz im Hinblick darauf, wer Bundeseinkommensteuer **19** zahlen muss. Ebenso weitgehend sind seine Regelungen dahingehend, was als Einkommen gilt und daher dem Bund mitgeteilt werden muss. § 61 der Bundesabgabenordnung definiert „Bruttoeinkommen" als „alles Einkommen, gleich aus welcher Quelle bezogen". Der Oberste Gerichtshof der Vereinigten Staaten hat den Begriff Bruttoeinkommen überdies als „jeden Vermögenszuwachs"[18] definiert. Das heißt als allgemeine Regel, dass jede Bereicherung, die der Steuerzahler auf irgendeinem Wege erzielt, der Besteuerung auf Bundesebene unterworfen ist. Wie wir allerdings nachfolgend sehen werden, unterliegt dies auch Ausnahmen.

Der Steuerzahler muss dem *IRS* generell während des Veranlagungszeitraums **20** verdientes Einkommen zumindest melden. Ob das Einkommen letztendlich auch versteuert werden muss, stellt eine andere Frage dar. Das durch den Steuerzahler gemeldete Einkommen könnte zum Beispiel mit anderen Abzügen verrechnet werden. Allerdings ist der Steuerzahler in einigen Sonderfällen nicht einmal verpflichtet, solches Einkommen überhaupt zu melden. Die beachtenswertesten Ausnahmen zum Meldeerfordernis umfassen die beim Tod einer Person aufgrund einer Lebensversicherungspolice an einen Begünstigten ausbezahlten Erträge,[19] durch Schenkung oder Erbschaft erlangte Vermögenswerte,[20] aus bundesstaatlichen oder gemeindlichen Anleihen bezogene Zinsen[21] oder aufgrund von körperlichen Verletzungen oder Krankheit gezahlte Entschädigungen.[22] Daher müssen alle vom Steuerzahler erhaltenen Gelder dem *IRS* gemeldet werden, wenn es keine ausdrückliche Ausnahme von diesem Erfordernis gibt.

III. Durchsicht und Prüfung von Bundessteuererklärungen durch den *IRS*

Ein Blick in die neuesten Statistiken zeigt, dass der *IRS* üblicherweise die vom Steu- **21** erzahler eingereichte Steuererklärung ohne weitere Untersuchungen annimmt. Seit 2015 untersuchte und beanstandete der *IRS* von den 191.857.005 eingereichten Er-

---

18 Siehe *Commissioner v. Glenshaw Glass Co.*, 348 U.S. 426, 431–33 (1955).
19 26 U.S.C. § 101(a).
20 26 U.S.C. § 102(a).
21 26 U.S.C. § 103(a).
22 26 U.S.C. § 104.

klärungen lediglich 0.7%.[23] Dieser Prozentsatz steigt allerdings abhängig sowohl von der Art der Bundessteuererklärung als auch dem Betrag des erklärten Einkommens.

Abb. 1: *IRS* Prüfung nach Einkommensniveau

Größe des angepassten Bruttoeinkommens [1]	Im Kalenderjahr 2014 eingereichte Erklärungen (Prozent von Gesamt)	Prüfungsabdeckung im Steuerjahr 2015 (Prozent)
Alle Steuererklärungen	**100,00**	**0,84**
Kein angepasstes Bruttoeinkommen	1,76	3,78
$1 bis unter $25.000	38,51	1,01
$25.000 bis unter $50.000	23,23	0,50
$50.000 bis unter $75.000	13,13	0,47
$75.000 bis unter $100.000	8,42	0,49
$100.000 bis unter $200.000	11,15	0,64
$200.000 bis unter $500.000	3,08	1,54
$500.000 bis unter $1.000.000	0,48	3,81
$1.000.000 bis unter $5.000.000	0,21	8,42
$5.000.000 bis unter $10.000.000	0,01	19,44
$10.000.000 oder mehr	0,01	34,69

Quelle: Internal Revenue Service Data Book, 2015 bei 27

1. Kriterien der Auswahl einer Steuererklärung zur Prüfung

22 Um die Einhaltung der anwendbaren Steuergesetze zu gewährleisten, prüft der *IRS* Bundeseinkommensteuerbescheide allgemein, um sicherzustellen, dass sich die vom Steuerzahler gemachten Angaben mit den aus anderen Quellen erhaltenen Informationen decken. Der *IRS* betreibt hierzu einen sogenannten **Dokumentenabgleich** [*document matching*] und vergleicht die Steuererklärung des Steuerzahlers mit Informationen, die er aus anderen Quellen, wie Arbeitgeber, Auftraggeber, Banken, Maklerfirmen, Pensionskassen etc. erhält. Die Informationen die von diesen Zahlern geliefert werden, werden zum verdienten Einkommen in Form von Gehältern, Bankzinsen, Dividenden, Kapitalerträgen, Pensionszahlungen etc. in Beziehung gesetzt. Wenn ein Zahler mehr als $600,00 innerhalb eines Veranlagungszeitraums an einen Empfänger zahlt, ist er generell verpflichtet, dem Steuerzahler ein Formular für seine Unterlagen zu senden, das den Zahlbetrag ausweist. Der Zahler muss den an den Steuerzahler ausgezahlten Betrag auch dem *IRS* melden.[24]

---

23 *Internal Revenue Service Data Book*, 2015 bei 23.
24 Diese Formulare sind eine Abwandlung des 1099 Formulars.

P. Matthew Roy

Der *IRS* wendet Stichproben und Computer-Screening-Programme an, um Steu- 23
erklärungen nach dem Zufallsprinzip für eine weitergehende Überprüfung auszuwählen.[25] Im Hinblick auf die Screening-Programme weisen diese Programme jeder
Steuererklärung eine Bewertung (Score) zu, die auf durch den *IRS* eingeführten Kriterien basiert. Je höher die Bewertung, desto wahrscheinlicher wird die Steuererklärung einer zusätzlichen Überprüfung unterzogen. Die Bewertung wird von vielen
unterschiedlichen Faktoren beeinflusst; es gibt bestimmte in Steuererklärungen
enthaltene Angaben, die den *IRS* typischerweise alarmieren, wie zum Beispiel überproportional hohe Abzugsbeträge, die für einen Kleinunternehmer oder Freiberufler
geltend gemacht werden.[26]

Wie vorstehend dargelegt, wählt der *IRS* Steuererklärungen für eingehendere 24
Überprüfungen auf Grundlage von Informationen aus, die besondere Aufmerksamkeit erwecken. Das heißt, dass in der Steuererklärung enthaltene Angaben die
Wahrscheinlichkeit der Auswahl dieser Steuererklärung durch den *IRS* für weitere
Untersuchungen erhöhen. Beispiele für solche Angaben sind etwa die Meldung
eines Nettoverlustes für aus einem Unternehmen erwirtschaftete Einkommen,
passives Einkommen oder die Meldung einer hohen Anzahl an Abzügen. Es ist zu
beachten, dass es kein für den *IRS* erforderliches Mindestmaß an Grund gibt, eine
Steuererklärung einer intensiveren Kontrolle zu unterwerfen. Der *IRS* kann eine
Steuererklärung auch aufgrund eines unbegründeten Verdachts zur Überprüfung
auswählen, etwa weil der Steuerzahler in einem bestimmten Beruf tätig ist. Diejenigen etwa, die im Gastronomie-Gewerbe arbeiten (Kellnerinnen, Kellner, Köche
etc.), werden häufig gesonderter Überprüfung unterzogen, weil sie oftmals einen
erheblichen Anteil ihres Einkommens in Form von baren Trinkgeldern einnehmen. Der *IRS* prüft mit höherer Wahrscheinlichkeit die Steuererklärung von jemandem, der in einer Branche arbeitet, in der Transaktionen in bar abgewickelt
werden, da der *IRS* in der Vergangenheit regelmäßig festgestellt hat, dass Steuerzahler, die in dieser spezifischen Branche arbeiteten, ihr Einkommen zu gering
angegeben haben.

Um bestimmte Branchen und Berufe besser zu verstehen, gibt der *IRS* umfas- 25
sende Publikationen heraus, die als **Leitfäden zur Steuerprüfungstechnik** [*Audit
Technique Guidelines (ATG)*] bezeichnet werden und Anweisungen an *IRS*-Mitarbei-
ter darüber enthalten, wann und wie sie Prüfungen vornehmen sollen. Diese Leitfä-

---

25 IRS Publication 556, "Examination of Returns, Appeal Rights, and Claims for Refund" bei 2 (September 2013). Dieses Verfahren wird als Discriminanz-Index-Funktion bezeichnet.
26 Wenn ein Individuum eher als selbständiger Unternehmer den als Angestellter arbeitet, wird er
allgemein eine Vergütung erhalten, bei der Einkommensteuer, Sozial- und Krankenversicherungs-
steuern nicht vom Arbeitgeber einbehalten werden Des Weiteren ist es dem selbständigen Unternehmer durch die IRS Regelungen erlaubt, „geschäftsbezogene" Unkosten abzuziehen.

P. Matthew Roy

den bieten einen Einblick in Themen und Buchhaltungsmethoden, die bestimmten Branchen oder Berufen eigen sind. Die Leitfäden werden auch von Steuerzahlern und Steuerfachleuten gleichermaßen zu Rate gezogen, um ein Verständnis davon zu erlangen, wie der *IRS* funktioniert.[27] Die in den Leitfäden enthaltenen Texte beinhalten Informationen dazu, wie der Steuerzahler in einer bestimmten Branche oder Tätigkeit Einkommen erhält, welche Buchhaltungsmethoden üblicherweise in der Branche eingesetzt werden, die verschiedenen Gesellschaftsformen der in der Branche Tätigen und welche Arten interner Kontrollen typisch für die Beschäftigung der Branche sind. Um Untersuchungen des *IRS* glatter ablaufen zu lassen, führen die Leitfäden die *IRS*-Mitarbeiter des Weiteren in die innerhalb der Branche gängige Terminologie ein.

26   Die *IRS*-Leitfäden zur Steuerprüfungstechnik erläutern auch „mögliche Probleme", die in einer bestimmten Branche oder Tätigkeit verbreitet sein können. In Bezug auf die Tätigkeit von Anwälten etwa, hat der *IRS* eine *Audit Technique Guideline* herausgegeben, um *IRS*-Mitarbeitern Orientierungshilfe hinsichtlich der Umstände zu geben, über die sie sich bewusst sein sollten, wenn sie die Steuererklärungen praktizierender Anwälte prüfen. Unter anderem verrät der Leitfaden den *IRS*-Mitarbeitern, wie Anwälte vergütet werden (die verschiedenen Gebührenvereinbarungen mit ihren Mandanten), wie ihre internen Dokumentationskontrollen aussehen und wie Anwälte ihr Einkommen zu gering melden können. Der Leitfaden erläutert weiter das Anwaltsgeheimnis und sein Wechselspiel mit *IRS*-Anforderungen an spezielle Zahlungsunterlagen, einschließlich Buchführungsunterlagen, die einen Mandantennamen und von ihm erhaltene Zahlungen oder Auslagen offenbaren. *IRS*-Mitarbeiter konsultieren den Leitfaden, um zu bestimmen, wie sie vorgehen müssen, wenn ein Anwalt die Übergabe von Unterlagen an den *IRS* unter Berufung darauf verweigert, dass diese dem Anwaltsgeheimnis unterlägen. Zudem enthält der Leitfaden Fundstellen von anwendbarem Fallrecht, in Bezug auf Auskunftsanfragen des *IRS*, zu Informationen die möglicherweise dem Anwaltsgeheimnis unterliegen. Der Leitfaden skizziert zudem, wie Anwälte ihre Bankkonten führen und welche Anforderungen die bundesstaatlichen Anwaltskammern hinsichtlich anwaltlicher Behandlung von Mandantengeldern stellen. Da die anwaltlichen Verhaltensvorschriften auf bundesstaatlicher Ebene geregelt sind, raten die Leitfäden *IRS*-Mitarbeitern an, zusätzliche Schritte zu unternehmen, wie etwa die Kontaktaufnahme mit der jeweiligen bundesstaatlichen Anwaltskammer, um ein besseres Verständnis der verschiedenen bundesstaatlichen Vorschriften zu erlangen, die anwaltliche Buchführung und Verhalten allgemein regeln. Die Leitfäden weisen *IRS*-Mitarbeiter an,

---

27 *Siehe* z. B. IRS, *Audit Guide Techniques.* Verfügbar unter: https://www.irs.gov/businesses/small-businesses-self-employed/audit-techniques-guides-atgs (zuletzt abgerufen 12.7.2016).

P. Matthew Roy

alle der hierin angesprochenen Aspekte zu bedenken, wenn sie Unterlagen von Anwälten anfordern.[28]

Praxistipp

Der *IRS* bietet sowohl Steuerzahlern als auch Steuerfachleuten Hilfestellungen in vielfältiger Form an. Die geläufigsten *IRS*-Veröffentlichungen sind *"Regulations"*, *"Revenue Rulings"*, *"Revenue Procedures"*, *"Private Letter Rulings"* sowie *"Technical Advice Memoranda"*.

Regulation: Die vielleicht wichtigste *IRS*-Hilfestellung. Verordnungen werden vom *IRS* und vom *Department of Treasury* (Bundesfinanzministerium) erlassen, geben Orientierungshilfe hinsichtlich der Steuergesetzgebung und werden oft von den Gerichten zitiert.

Revenue Ruling: Eine amtliche Auslegung der Bundesabgabenordnung durch den *IRS*.

Revenue Procedure: Eine amtliche Verlautbarung eines Verfahrens, das die Rechte oder Pflichten von Steuerzahlern nach der Bundesabgabenordnung tangiert.

Private Letter Ruling: Eine schriftliche Antwort des *IRS* auf eine Anfrage eines Steuerzahlers, dass das Recht auf den Einzelfall des Steuerzahlers auslegt und anwendet. Private Letter Rulings haben keine Präzedenzwirkung, allerdings werden sie von Steuerfachleuten als Orientierungshilfe herangezogen, um eine Vorstellung davon zu erhalten, wie der *IRS* eine ähnliche steuerliche Sachlage werten könnte, die ihren Mandanten betrifft.

Technical Advice Memorandum: Durch die Dienststelle des *IRS*-Chefjustiziars zur Verfügung gestellte Orientierungshilfe hinsichtlich Verfahrensfragen, die während eines Prüfungsverfahrens aufkommen.

Wenn der *IRS* beschließt, eine Steuererklärung zu überprüfen, führt er die Untersuchungen unter Verwendung einer der folgenden vier Methoden durch: Korrespondenzuntersuchungen, Bürountersuchungen, Felduntersuchungen und Lohnsteuerprüfungen. Die gängigste vom *IRS* verwendete Prüfungsmethode ist die Korrespondenzuntersuchung, bei der der *IRS* dem Steuerzahler eine schriftliche Mitteilung schickt, dass er mit der Steuererklärung des Steuerzahlers nicht einverstanden ist. Der Steuerzahler hat dann Gelegenheit, auf das Auskunftsverlangen des *IRS* zu reagieren. Korrespondenzuntersuchungen werden postalisch durchgeführt und sind abgeschlossen, wenn sich entweder der Steuerzahler den Erkenntnissen des *IRS* anschließt oder er sich ihnen nicht anschließt und der *IRS* durch Versendung des sogenannten **30-Tage-Briefs** ins nächste Stadium des Verfahrens übergeht.

---

28 *Siehe allgemein "Attorney Audit Technique Guide – Chapter 1,"* Internal Revenue Service (March 2011). Verfügbar unter: https://www.irs.gov/businesses/small-businesses-self-employed/attorneys-audit-technique-guide-chapter-1 (zuletzt abgerufen 18.7.2016).

P. Matthew Roy

2. Mandantenvertretung in einer Steuerprüfungssituation

28 Vor der Erörterung der weiteren Schritte im Prüfungsprozess, soll hier kurz das Thema Mandantenvertretung vor dem *IRS* angesprochen werden. Wenn sich der *IRS* zur weiteren Untersuchung der Einkommensteuererklärung des Steuerzahlers entschließt, ist der Steuerzahler bei der Kommunikation mit dem *IRS* gut beraten, sich von jemandem vertreten zu lassen, der zum Auftreten vor dem *IRS* zugelassen ist. Solche Vertreter werden als **vom Bund autorisierte Steuerpraktiker** [*federally authorized tax practitioners*] bezeichnet.[29] Vom Bund autorisierte Steuerpraktiker umfassen Buchhalter, Steuerberater, Versicherungsmathematiker, Schätzer, Anwälte und Berufsträger, die zur Vertretung eines Klienten vor dem *IRS* zugelassen sind und dementsprechend den Pflichten unterliegen, die ihnen die Verordnungen des Department of Treasury auferlegen.[30] Es versteht sich von selbst, dass diese Praktiker besser dafür gerüstet sind, steuerbezogene Themen mit dem *IRS* zu erörtern und auf deren Anfragen zu reagieren, als die Mehrheit der Laien oder derjenigen ohne Spezialkenntnisse der Feinheiten des Steuerrechts oder der *IRS*-Verfahren.

29 Jedoch sind nicht alle Steuerpraktiker gleich. In Bezug auf die Beantwortung von *IRS*-Auskunftsersuchen können Steuerberater und Buchhalter sehr wohl geeignete Vertreter des Steuerzahlers sein, weil sie allgemein sowohl mit der Terminologie, den Formularen und Verfahren des *IRS*, als auch mit den Grundlagen der Besteuerung und Buchhaltung vertraut sind. Steuerzahler können sich darauf verlassen, dass solche Steuerberater und Buchhalter den *IRS* mit zusätzlichen Informationen versorgen oder Fragen bezüglich der Erstellung der Einkommensteuererklärung beantworten können – speziell in den Anfangsstadien der Untersuchung einer Steuererklärung durch den *IRS*. Aber obgleich Steuerberater und zertifizierte Buchhalter versiert in Buchhaltungsmethoden und der formalen Erstellung von Einkommensteuererklärungen sind, fehlt ihnen das erforderliche Steuerrechtswissen, um kompetente Vertreter des Steuerzahlers zu sein, wenn ernstere Streitigkeiten zwischen Steuerzahler und *IRS* entstehen. Dies ist insbesondere dann der Fall, wenn der *IRS* die Steuererklärung des Steuerzahlers anzweifelt und offensichtlich wird, dass Meinungsverschiedenheiten zwischen Steuerzahler und *IRS* bezüglich der steuerlichen Behandlung bestimmter Posten in der umstrittenen Steuererklärung nach der Bundesabgabenordnung auftreten. Steueranwälte, insbesondere die auf Steuerforensik spezialisierten, haben nicht nur ein besseres Verständnis der Bundesabgabenordnung sondern auch besondere Erfahrung in der Anwendung von Verfahren, die zur Revision gegen Entscheidungen des *IRS* zu Gebote stehen. Sie haben auch ein besseres Verständnis der dem Steuerzahler zur Verfügung stehen-

---

29 *Siehe* 31 U.S.C. § 330.
30 *Siehe* z. B. IRS Rundschreiben 230, das Regelungen enthält, die für die Praxis von Vertretern vor dem IRS gelten.

P. Matthew Roy

den Möglichkeiten für den Fall, dass unmittelbare Verhandlungen mit dem *IRS* nicht zu den vom Steuerzahler gewünschten Ergebnissen führen.

Wenn die vom *IRS* geforderten zusätzlichen Steuern ein Niveau erreichen, das **30** fünf bis zehn Prozent des Bruttoeinkommens des Steuerzahlers überschreitet, wird die Hinzuziehung eines Steueranwaltes unentbehrlich. Es versteht sich von selbst, dass, wenn der *IRS* strafrechtliche Anklage gegen den Steuerzahler erhebt, der Steuerzahler einen im Steuerstrafrecht versierten Anwalt beauftragen muss, um ihn zu verteidigen. Vertretung durch einen Anwalt ist besonders wichtig im steuerstrafrechtlichen Ermittlungsverfahren, weil sich das Anwaltsgeheimnis des *Common Law*s voll auf Verfahren zur Revision gegen *IRS*-Steuerbeschlüsse erstreckt. Der Mandant ist nicht in gleichem Maße durch das Anwaltsgeheimnis geschützt, wenn er sich entscheidet, sich von einem vom Bund autorisierten Steuerpraktiker vertreten zu lassen, der nicht Anwalt ist.[31]

Die **Musterregelungen für die Berufshaftung** [*model rules of professional* **31** *responsibility* – *"model rules"*][32] der US-Anwaltskammer enthalten Beschränkungen des Ausmaßes, in dem Anwälte in jedem Rechtsgebiet sich als Experten oder Spezialisten auf dem jeweiligen Feld betätigen dürfen. Die Musterregelungen sind von der Mehrheit der US-Bundesstaaten übernommen worden.[33] Andere Bundesstaaten haben die Musterregelungen übernommen, aber Änderungen vorgenommen oder nur einzelne der Vorschriften übernommen. Unter einer Mehrheit der bundesstaatlichen Regeln der Berufshaftung darf sich ein Anwalt nur als Experte oder Spezialist in einem bestimmten Rechtsgebiet bezeichnen, wenn er von einer durch eine geeignete bundesstaatliche Behörde anerkannten oder durch die US-Anwaltskammer akkreditierten Organisation als Spezialist zertifiziert wurde.[34] Anwälte dürfen allerdings annoncieren, dass sie auf einem speziellen Rechtsgebiet tätig sind, wenn sie nicht zusätzlich andeuten, auf dem Gebiet Experten zu sein. Daher ist es auf der Suche

---

31 *Siehe* 26 U.S.C. 7525. § 7525 regelt, dass im Hinblick auf Steuerberatung derselbe Common Law Vertraulichkeitsschutz im selben Ausmaß Anwendung auf die Kommunikation zwischen Steuerzahler und vom Bund autorisierten Steuerpraktiker findet, zu dem solche Kommunikation auch dem Anwaltsgeheimnis unterfiele. Derartiger Schutz **darf aber nicht** in Steuerstrafsachen oder Steuerverfahren vor einem Bundesgericht gewährt werden.

32 Die Musterregelungen werden von der US-Anwaltskammer (*American Bar Association* – einer privaten aber einflussreichen Organisation) den Bundesstaaten als Empfehlungen bekanntgegeben. Da die Zulassung, Regulierung und das Disziplinarrecht der Anwälte weitgehend auf bundesstaatlicher Ebene geregelte Materien sind, ist Zweck der Musterregelungen der Versuch, das Recht auf bestimmten Gebieten zu vereinheitlichen, das heißt, Abweichungen zwischen den Bundesstaaten zu reduzieren.

33 *Siehe* American Bar Association, CPR Policy Implementation Committee, "Variations of the ABA Model Rules of Professional Conduct – Rule 7.4: Communication of Fields of Practice and Specialization." (November 2015). Verfügbar unter: http://www.americanbar.org/content/dam/aba/admi nistrative/professional_responsibility/mrpc_7_4.authcheckdam.pdf (zuletzt abgerufen 18.1.2016).

34 *Siehe* Musterregelungen für die Berufshaftung § 7.4(d)(1).

nach kompetenter Beratung in Steuersachen generell nicht schwierig, Anwälte zu finden, die sich als auf dem Gebiet der Steuerforensik tätig ausweisen. Alle aktiven Anwälte,[35] die Mitglied einer bundesstaatlichen Anwaltskammer sind, sind berechtigt vor dem *IRS* aufzutreten. Steueranwälte sind ferner auch bei dem US-Finanzgerichtshof zugelassen.[36]

3. Der 30-Tage-Brief

32 Wenn der *IRS* und der Steuerzahler im anfänglichen Stadium der Prüfung der Steuererklärung keine Einigung darüber erzielen können, wie ein oder mehrere bestimmte Posten in einer Steuererklärung steuerlich zu behandeln sind, wird der *IRS* dem Steuerzahler den sogenannten **30-Tage-Brief** [*30 Day Letter*] zusenden. Dieser Brief heißt *30 Day Letter*, weil er dem Steuerzahler 30 Tage Zeit einräumt, um auf die Festlegungen, die der die Steuererklärung des Steuerzahlers untersuchende *IRS*-Beamte getroffen hat, zu antworten. Der 30-Tage-Brief geht einher mit Ausfertigungen des durch *IRS*-Beamte erstellten Prüfberichts, und fordert den Steuerzahler auf, Stellung zu den durch den *IRS* vorgeschlagenen Änderungen an der Steuererklärung zu nehmen. Wenn der Steuerzahler den Feststellungen des *IRS* zustimmt, muss er den *IRS* über seine Zustimmung benachrichtigen und die zusätzlich anfallende Steuer übermitteln. Wenn der Steuerzahler anderer Meinung ist, kann er Revision einlegen, die von der **Revisionsstelle** [*appeals office*] des *IRS* angehört wird. Abhängig von dem durch den *IRS* festgesetzten Betrag, kann es erforderlich sein, dass der Steuerzahler eine schriftliche **Revision** beim *IRS* einreicht, die nicht nur den Gegenvorschlag des Steuerzahlers enthalten muss, sondern auch eine Erläuterung des anwendbaren, die Position des Steuerzahlers unterstützenden, Rechts. In Fällen, in denen die Höhe der zusätzlichen durch den *IRS* festgesetzten Steuer geringer als $25.000,00 ist, sind Steuerzahler berechtigt, einen **Bagatellfall-Antrag** [*small case request*] zu stellen, der nicht die Einreichung eines formalen Einspruchs erfordert.

33   Wenn der Steuerzahler den durch den *IRS* getroffenen und im 30-Tage-Brief dargelegten Feststellungen nicht zustimmt und ordnungsgemäß die erforderlichen Unterlagen einreicht, die die Gründe für seine Revision darlegen, geht die Sache vor die Revisionsstelle des *IRS*. Hier kommuniziert der Steuerzahler mit einer unabhängigen Revisionsstelle und hat Gelegenheit, sich mit Vertretern der Revisionsstelle zu treffen, um die umstrittenen Themen weitergehend zu diskutieren. Spätestens an diesem Punkt wird die Rechtsvertretung des Steuerzahlers notwendig, weil der

---

35 „Aktiv" heißt in diesem Zusammenhang das der Anwalt vollberechtigt (*in good standing*) ist, das heißt, dass er gegenwärtig die Anforderungen der bundestaatlichen Anwaltskammer erfüllt, in der er praktiziert und er nicht suspendiert oder mit einem Berufsverbot belegt ist.
36 Der Finanzgerichtshof ist ein Bundesgericht, das ausschließlich mit Revisionen gegen *IRS*-Beschlüsse befasst ist.

P. Matthew Roy

Rechtsanwalt das bessere Verständnis davon hat, was genau der *IRS* vom Steuerzahler fordert. Üblicherweise können die meisten Probleme gelöst werden, nachdem die Parteien die Gelegenheit zu einem Treffen und der Klärung der *IRS*-Forderungen hatten. Der *IRS* betrachtet Streitigkeiten mit Steuerzahlern grundsätzlich als durch Einigung behebbar. Wenn der Steuerzahler und die *IRS*-Revisionsstelle eine Einigung über die umstrittenen Punkte erzielen, versendet der *IRS* eine Mitteilung über die Entscheidung der Revisionsstelle der Bundessteuerbehörde *(NODA)*, die die abschließende Entscheidung des Falles darlegt. Wenn noch Streitfragen verblieben sind, die nicht durch den *IRS* und den Steuerzahler bereinigt werden konnten, sendet der *IRS* dem Steuerzahler eine **statutarische Mängelmitteilung** [*statutory notice of deficiency* – auch *90 day letter*].[37]

4. Der 90-Tage-Brief und Gerichtsstandswahl bei Revision gegen *IRS*-Festsetzungen

Der 90-Tage-Brief verkörpert die abschließende Festsetzung des vom Steuerzahler 34 geschuldeten Betrags durch den *IRS*. Von Steuerpraktikern wird er auch als das Ticket des Steuerzahlers zum Finanzgerichtshof bezeichnet. Dies liegt daran, dass der Steuerzahler die administrative Entscheidung des *IRS* erst formell vor den US-Finanzgerichtshof bringen kann, ohne zuvor die vom *IRS* festgesetzte Steuerschuld bezahlt zu haben, wenn der 90-Tage-Brief ergangen ist. Wie der Name des Schriftstücks nahelegt, hat der Steuerzahler 90 Tage Zeit, seine Revision beim Finanzgerichtshof einzureichen. Viele Steuerzahler erhalten einen 90-Tage-Brief, weil sie es versäumen, geeignet auf frühere Informationsersuchen des *IRS* zu reagieren. Deshalb ist es auch an diesem Punkt für den Steuerzahler noch nicht zu spät, eine kompetente Vertretung zu Rate zu ziehen und sich in Gespräche mit dem *IRS* zu begeben. In diesem Stadium allerdings wird es der Steuerzahler statt mit der Revisionsstelle des *IRS* mit der Dienststelle des *IRS*-Chefjustiziars zu tun haben. Die Dienststelle des *IRS*-Chefjustiziars besteht aus Rechtsanwälten mit erheblicher Steuer- und Prozesserfahrung.

Schon während der Gespräche mit dem *IRS*-Chefjustiziar sollte eine Revision 35 beim US-Finanzgerichtshof eingereicht werden. An dieser Stelle ist allerdings auch zu beachten, dass der US-Finanzgerichtshof nicht der einzige **Gerichtsstand** ist, bei dem der Steuerzahler eine Revision gegen eine durch den *IRS* getroffene Festsetzung einreichen kann. Es ist ein attraktiver Gerichtsstand, weil der Steuerzahler die Entscheidung des *IRS* anfechten kann, ohne zunächst den Betrag an den *IRS* zahlen zu müssen, den dieser fordert. Diese Option bietet geringer begüterten Steuerzahlern die Gelegenheit, auch ohne zusätzliche finanzielle Belastung im Vorfeld eine

---

37 26 U.S.C. § 6212.

Anhörung vor einem Gericht zu bekommen. Steuerzahler können allerdings auch einfach den geschuldeten Betrag zahlen, dann Beschwerde bei einem **Bezirksgericht erster Instanz des Bundes** [*Federal District Court*] oder dem **obersten Bundesverwaltungsgericht** [*Court of Federal Claims*] einreichen, und Rückerstattung des an den *IRS* gezahlten Betrages begehren. Daher können die Steuergerichtsverfahren generell in zwei Kategorien aufgeteilt werden: **Vorauszahlungsklagen** [*prepayment actions*] und **Rückerstattungsprozesse** [*refund suits*].[38] Der Steuerzahler hat im Allgemeinen zwei Auswahlmöglichkeiten: er kann den geschuldeten Betrag vorab zahlen, auch wenn er glaubt, dass die festgesetzte Summe unrichtig ist, und dann auf Rückzahlung klagen. Dies unterbricht das Auflaufen von Zinsen auf den geschuldeten Betrag und beendet das Revisionsverfahren beim *IRS*. Oder der Steuerzahler kann durch den behördlichen Revisionsweg beim *IRS* voranschreiten und abschließend eine Revision beim US-Finanzgerichtshof einreichen, um die Festsetzung der zusätzlichen Steuerschuld durch den *IRS* anzugreifen.

36   Neben der finanziellen Lage des Steuerzahlers gibt es viele weitere Faktoren, die die Entscheidung des Steuerzahlers, gegen eine *IRS*-Festsetzung in Revision zum US-Finanzgerichtshof zu gehen oder einen Prozess auf Rückerstattung des gezahlten Betrags bei einem Gericht erster Instanz anzustrengen, beeinflussen werden. In bestimmten Fällen hat der Steuerzahler zum Beispiel keine Wahl, da die vorliegende Art von Steuerstreitigkeit nur vor einem bestimmten Gericht verhandelt werden kann.[39] Der Steuerzahler kann hingegen auch recht häufig die verschiedenen Umstände, die in seinem Fall einschlägig sind, abwägen und wählen, was er für die vorteilhafteste Lösung hält. Diese Erwägungen werden allgemein als **Analyse zur Gerichtsstandswahl** [*choice-of-forum analysis*] bezeichnet und müssen von einem kompetenten Anwalt angestellt werden.

37   Die Mehrheit der Steuerfälle wird vor dem **US-Finanzgerichtshof** [*US Tax Court*] verhandelt.[40] Der US-Finanzgerichtshof ist ein Gericht der nationalen Jurisdiktion und hält seine Verhandlungen rotierend in den meisten Bundesstaaten über das Jahr hinweg ab. Da es sich um ein Gericht der nationalen Jurisdiktion handelt, sind die Präzedenzfälle, die auf die vorliegenden Fakten in einem Steuerfall vor dem US-Finanzgerichtshof anwendbar sind, durch die gesamten Vereinigten Staaten hinweg dieselben. Ein Steuerzahler in Los Angeles unterfällt denselben verbindli-

---

38 Thomas Greenaway, *Choice of Forum in Federal Civil Tax Litigation*, 62 Tax Law. 311, 312 (2008–09).

39 So hat z.B. nur der US Finanzgerichtshof die Befugnis, die Ablehnung eines Zinsnachlasses seitens des IRS zu überprüfen. IRC §6404(h). Fehlerhafte erhebungsmaßnahmen hingegen können nur vor ein Bundesbezirksgericht gebracht werden. IRC §7426. Siehe auch Thomas Greenaway, *Choice of Forum in Federal Civil Tax Litigation*, 62 Tax Law. 311, 314–16 (2008–09).

40 Siehe Verwaltungsamt der US-Gerichte, Bundesgerichtliche Fallbelastungs-Statistiken, Anhang, Tabellen C-2 & C-4, verfügbar unter http://www.uscourts.gov/Statistics/FederalJudicialCaseload Statistics.aspx (zuletzt abgerufen 1.8.2016).

P. Matthew Roy

chen Präzedenzfällen wie ein Steuerzahler im ländlichen Alaska. Die vorliegenden Fakten in einem Verfahren vor dem US-Finanzgerichtshof werden von einem Richter statt Geschworenen entschieden. Das heißt, dass der Steuerzahler erwarten kann, dass die Sache von einem Richter entschieden wird, der Experte in den Feinheiten des Bundessteuerrechts ist.

Man vergleiche das zuvor Dargestellte mit einer vor einem Bezirksgericht erster **38** Instanz des Bundes erhobenen Klage. Die Bundesgerichte in Vereinigten Staaten sind in sogenannte **Gerichtsbezirke** [*circuits*] gegliedert, bei denen es jeweils ein **US-Revisionsgericht** [*United States Court of Appeals*] gibt. Jeder Gerichtsbezirk ist wiederum in Distrikte untergliedert, von dem jeder einen *Federal District Court* hat – das Prozessgericht erster Instanz. Gerichte erster Instanz sind sogenannte Artikel III Gerichte, weil sich ihre Rechtsprechungsbefugnis aus Artikel III der US-Verfassung und aus Kongress-Recht ableitet.[41] Ein Bundesbezirksgericht erster Instanz ist nur an in drei Gerichten gefällte Präzedenzfälle gebunden: solche des Obersten Gerichtshofs der Vereinigten Staaten, des Revisionsgerichts, in dessen Bezirk das Bundesbezirksgericht erster Instanz gelegen ist, und durch die von ihm selbst gesprochenen Präzedenzurteile. Tatsachenfragen in einem Verfahren vor einem Bundesbezirksgericht erster Instanz können von Geschworenen entschieden werden, die sich nicht notwendig aus Experten in Steuersachen zusammensetzt, wenn die Parteien dies so wünschen.

Die Regeln des Sachvortrags und des Offenlegungsverfahrens unterscheiden **39** sich in einem Bundesbezirksgericht erster Instanz insoweit, als dass ein Schwerpunkt auf Zusammenarbeit der Parteien und Übereinkommen zu den erheblichen Tatsachen gelegt wird, wenn man vor dem US-Finanzgerichtshof verhandelt.[42] Viele der typischen Beweismittel, wie etwa eidesstattliche Aussagen, kommen im Verfahren vor dem US-Finanzgerichtshof weniger häufig zum Einsatz.

Checkliste

Im Hinblick auf die Gerichtsstandswahl für Prozesse in Steuersachen sollten die folgenden Erwägungen vom steuerlichen Rechtsbeistand berücksichtigt werden:
- **Finanzielle Lage des Mandanten:** Dies ist die wahrscheinlich wichtigste Erwägung. Wenn der Mandant nicht über die Mittel verfügt, den *IRS* vorab zu bezahlen und dann auf Erstattung zu verklagen, ist die Prozessführung vor dem US-Finanzgerichtshof die einzige geeignete Option, die ihm zu Gebote steht. Es ist allerdings anzumerken, dass durch die Zahlung der festgesetzten Steuerschuld, das Anfallen von Zinsen auf den geschuldeten Betrag unterbrochen wird.

---

41 Thomas Greenaway, *Choice of Forum in Federal Civil Tax Litigation*, 62 Tax Law. 311 (2008–2009).
42 Thomas Greenaway, *Choice of Forum in Federal Civil Tax Litigation*, 62 Tax Law. 311 (2008–2009).

P. Matthew Roy

- **Verfristung:** Wenn der Steuerzahler die Frist zur Beantwortung des *90-Tage-Briefs des IRS* nicht eingehalten hat, kann er sein Recht zur Revision vor dem US-Finanzgerichtshof verwirkt haben.
- **Vorzugswürdigkeit des Gerichtsstands:** Abhängig von den spezifischen steuerlichen Themen des Falls, sollte der Rechtsbeistand alle als anwendbar in Frage kommenden Präzedenzfälle prüfen, um zu bestimmen, ob die Prozessführung an einem bestimmten Gerichtsstand seinem Mandanten Vorteile bietet.
- **Streitbeilegung und Klageverfahren:** Der Anwalt sollte bedenken, dass die Zivilverfahrensregeln des Bundes eine aktivere Rolle des Gerichts in Vergleichsgesprächen vorsehen, als dies bei den Regelungen für den US-Finanzgerichtshof der Fall ist. Verfahren vor dem US-Finanzgerichtshof sind von der übergreifenden Vorstellung geleitet, dass die Parteien sich in einem mit Blick auf die materielle Sachlage des Falls größtmöglichen Maß einigen (übereinstimmen) sollen. Richter am US-Finanzgerichtshof missbilligen lange Prozesse oder die Einführung von Beweismitteln, denen nicht von den Parteien zugestimmt wurde.

40 Wie vorstehend bereits dargelegt, versucht die Dienststelle des Chef-Justiziars die meisten Steuerstreitigkeiten mit Steuerpflichtigen beizulegen. Allerdings bestehen Vergleichsverhandlungen nicht einfach aus Vorschlägen und Gegenvorschlägen in der Form eines Kuhhandels. *IRS*-Anwälte stellen immer wieder klar, dass Vergleichsverhandlungen auf der Grundlage des auf den fraglichen Steueraspekt anwendbaren Rechts stehen müssen. Es muss eine solide Grundlage für die Anerkennung der vom Steuerzahler vorgeschlagenen steuerlichen Behandlung seitens des *IRS* geben. Hierbei ist entscheidend, dass der Anwalt die vom *IRS* geforderten Unterlagen zur Verfügung stellt und mit tragfähigen rechtlichen Argumenten erwidert. Dies scheint recht selbstverständlich zu sein, aber Praktiker sollten nicht in der Annahme prozessieren, dass der *IRS*-Justiziar nach einem langen Revisionsverfahren Angebote zur Beilegung eines Falles unterbreiten wird, schlicht um seine Prozessführungslast zu verringern oder seinen Dienstplan zu entlasten. Die Haupterwägung bei der Entscheidung, ob man sich im Hinblick auf eine bestimmte Rechtsfrage einigen sollte, ist die sogenannte **Prozessrisikoanalyse** [*hazard of litigation analysis*], das heißt die Abwägung, ob der *IRS* glaubt, in einem Punkt zu obsiegen, wenn die Sache durch ein Gericht entschieden wird. Wenn der *IRS* nicht glaubt, in einem bestimmten Punkt Recht bekommen zu können, wird er allgemein eher versuchen, eine Einigung in der Sache zu erzielen. Wenn er überzeugt ist, bei einem Punkt richtig zu liegen, ist davon auszugehen, dass er bei dem Punkt nicht zum Zweck einer schnellen Einigung nachgeben wird.

41 Daher ist es für den Anwalt ratsam, eine gründliche Befragung des Mandanten durchzuführen und dabei alle für die umstrittenen Themen einschlägigen Unterlagen und Protokolle vom Mandanten einzuholen. Der Anwalt muss gegenüber dem Mandanten hervorheben, dass die Zusammenarbeit bei Anfragen entscheidend ist, da rasche Erfüllung der *IRS* Ersuchen das Revisionsverfahren verkürzt und das Entgegenkommen zwischen dem Steuerzahler und dem *IRS* fördert.

42 Sobald der 90-Tage-Brief beim Steuerzahler eingegangen ist, sollte der Anwalt beim US-Finanzgerichtshof vorstellig werden, was das Gericht davon in Kenntnis setzt, dass der Anwalt als Prozessbevollmächtigter des Mandanten handelt und das

Revisionsverfahren in Gang setzt. Während dieser Zeit können sich der Steuerzahler und die Dienstelle des Chef-Justiziars weiterhin treffen und an Gesprächen beteiligen in Bezug auf die *IRS* Festsetzung der Steuerschuld des Steuerzahlers. Wenn der Steuerzahler und die Dienstelle des Chef-Justiziars in der Lage sind, eine Einigung zu erzielen, alle materiellen Tatsachen vereinbart haben und bereit sind formell in einen Vergleich einzutreten, wird die Dienststelle des Chef-Justiziars eine Vereinbarung erstellen, die beim US-Finanzgerichtshof eingereicht werden kann. Des Weiteren wird sie die Steuerschuld neu berechnen und dem Steuerzahler mitteilen. Es ist anzumerken, dass die Dienststelle des Chefjustiziars nicht notwendigerweise den geschuldeten Betrag auf der Basis eines Vergleichs zur Bequemlichkeit des Steuerzahlers neu berechnen wird. Der *IRS*-Anwalt wird dies nur aufgrund der Annahme tun, dass eine Übereinkunft erreicht wurde. Der Rechtsbeistand sollte daher unabhängig davon die neue Steuerschuld auf der Grundlage der Diskussionen mit dem *IRS* berechnen, um die Zustimmung des Mandanten zu sichern, den Fall dieser Lösung zuzuführen. Wenn andererseits der Steuerzahler und die Dienststelle des Chef-Justiziars nicht in allen materiellen Fragen übereinstimmen, müssen beide generell ein vorprozessuales Memorandum beim US-Finanzgerichtshof einreichen, das die ausstehenden Punkte darlegt, die vom Gericht zu entscheiden sind.

5. Fazit – Vergleich mit der Dienstelle des *IRS* Chef-Justiziars

Wie allgemein im Zivilprozess endet die große Mehrheit der Streitigkeiten zwischen **43** dem *IRS* und dem Steuerzahler mit Vergleich und geht nicht ins streitige Verfahren vor dem Gericht.[43] Daher sollte dieses Kapitel nicht die Feinheiten der Prozesspraxis vertiefen, weder vor dem US-Finanzgerichtshof, noch vor anderen Steuersachen befassten Bundesgerichten. Falls und wenn sich eine Streitigkeit zwischen dem Steuerzahler und dem *IRS* vorgerichtlich im Vergleich regelt, sollte der Rechtsbeistand im Namen des Mandanten einen Zahlungsplan mit dem *IRS* aufstellen. Er muss den Steuerzahler auch dahingehend beraten, dass die rechtzeitige Einreichung, aller Steuererklärungen während des Tilgungszeitraums verpflichtend ist und er sich auch ansonsten an die Bedingungen des Tilgungsplans halten muss. Wenn der Steuerzahler dies versäumt, kann der *IRS* versuchen, den Vergleich durch Erhebung einer Abgabe auf Vermögensgüter oder Bankkonten des Steuerzahlers zu vollstrecken.

---

43 Siehe John H. Langbein, *The Disappearance of Civil Trial in the United States*, 122 Yale L.J. 522, 522 (2012). Seit den 1930er Jahren ist der Prozentsatz von Zivilrechtsfällen, der in Bundesgerichten bei Prozessabschluss entschieden wurde, unter 2% gefallen.

P. Matthew Roy

Kapitel 10
Gemeinnützige Organisationen
["nonprofit organizations"]

Literaturverzeichnis

Blazek, Jody, *Tax Planning and Compliance for Tax-Exempt Organizations: Rules, Checklists, Procedures*, 5. Auflage (2012). **Cafardi**, Nicholas P. & **Cherry**, Jaclyn Fabean, *Tax Exempt Organizations: Cases and Materials*, 3. Auflage (2014). **Fishman**, James & **Schwarz**, Stephen, *Taxation of Nonprofit Organizations*, Cases and Materials, 4. Auflage (2015). **Hopkins**, Bruce R., *The Law of Tax-Exempt Organizations*, 11. Auflage (2015). **Hopkins**, Bruce R., & **Blazek**, Jody, *Private Foundations: Tax Law and Compliance*, 4. Auflage (2014). **Worth**, Michael J., *Nonprofit Management: Principles and Practice*, 3. Auflage (2016).

A. Einleitung

1 Als ausländischer Anwalt, der sich in den Vereinigten Staaten geschäftlich betätigt, mag man überrascht sein, wenn man auf den dritten Bereich amerikanischer Organisationen, nämlich den **„gemeinnützigen Sektor"** [*nonprofit sector*], trifft. Es ist keine Übertreibung, dass **gemeinnützige Organisationen** [*nonprofit organizations* oder einfach *"nonprofits"*] vorherrschend sind im täglichen Handel, bei Wohltätigkeitsspenden und dabei die Regierung in der Erfüllung ihrer Kernkompetenzen entlasten, sowie die persönlichen Interessen der Einzelnen erweitern. Tatsächlich stieg im Jahre 2015 das Spendenaufkommen in den Vereinigten Staaten auf einen Rekordstand von 358,4 Milliarden US-Dollar.[1] In diesem Kapitel werden die am weitest verbreiteten Formen gemeinnütziger Organisationen vorgestellt, ihre Struktur erläutert, sowie Best-Practice-Beispiele für ihre Führung und Tipps für die ordnungsgemäße Geschäftsleitung gegeben.

2 Ein ausländischer Anwalt, der Untersuchungen zum Wirtschaftsrecht in den USA anstellt, muss sich immer der hohen Wahrscheinlichkeit bewusst sein, dass dieses auch Aspekte des gemeinnützigen Sektors umfasst. Autoren wie Wayne Carrol haben bereits Bücher auf Deutsch über die Strukturierung von US-Unternehmen veröffentlicht.[2] Dieses Kapitel hingegen versucht noch einen Schritt weiter zu gehen. Es will dem deutschen Anwalt das einzigartige Regelungssystem vorstellen, das sich mit gemeinnützigen Organisationen befasst. Es soll herausgestellt werden, dass diese Organisationen, ungeachtet des Begriffs „gemeinnützig", immense Vermögens-

---

1 HOLLY HALL, THE CHRONICLE OF PHILANTHROPY, PHILANTHROPY SURGES 5.4% TO RECORD $358 BILLION, SAYS "GIVING USA," (2015), https://www.philanthropy.com/interactives/giving-usa-2015.
2 *Siehe* Wayne J. Carroll, US-Recht für Geschäftsleute (Wiley, 2003).

Ryan Kraski
https://doi.org/10.1515/9783899498103-010

werte kontrollieren, erheblichen politischen Einfluss haben und signifikante wissenschaftliche und kulturelle Entwicklungen anstoßen. Ihr Gemeinnützigkeitsstatus geht mit einer Reihe von Vorzügen und Nachteilen einher, auf die später noch im Detail eingegangen werden soll.

Die **Bundessteuerbehörde** (*Internal Revenue Service*, nachfolgend "*IRS*") ist den   3 meisten in der Sphäre der Besteuerung ein Begriff, aber der *IRS* ist ein administratives und kein gesetzgebendes Organ. Einleitend ist anzumerken, dass die Befugnis des Bundes zur Erhebung einer Einkommensteuer aus dem 16. Zusatz zur US-Verfassung hergeleitet wird. Der Großteil der vom US-Kongress erlassenen Bundessteuergesetzgebung findet sich im *Internal Revenue Code* (nachfolgend "*IRC*") unter Titel 26 des *United States Code* (26 USC). Eine weitere Rechtsquelle, die *Treasury Regulations* (z.B. 26 CFR), werden auch als **Bundessteuerverordnungen** [*federal tax regulations*] bezeichnet. Sie dienen dazu die offizielle, rechtsverbindliche *IRC*-Auslegung des US-Finanzministeriums bereitzustellen. Zudem veröffentlicht der *IRS* regelmäßig durch das Steuer-Amtsblatt *Internal Revenue Bulletin* (nachfolgend "*IRB*") **Steuerentscheidungen**, **Steuerverfahren**, **Mitteilungen** und **Bekanntmachungen**, um steuerliche Orientierungshilfen anzubieten. Zwar haben *IRB*-Veröffentlichungen keine Gesetzeskraft, sie dienen aber als zitierfähige Präzedenzfälle. Desweiteren kann das **Fallrecht** [*case law*], als die wichtigste gewohnheitsrechtliche Rechtsquelle, weiterhelfen. Es sollte aber jeweils nur dann als Präzendenz angebracht werden, wenn die Fakten des vorliegenden Falles mit denen des zitierten übereinstimmen.

Dieser „dritte Sektor" (neben dem „staatlichen" und „privaten" Sektor) besteht   4 aus 1) gemeinnützigen Organisationen, 2) steuerbefreiten Organisationen, 3) Wohltätigkeitsorganisationen und 4) privaten Stiftungen. Sie sind nach der sie kontrollierenden Regelungsdichte zu differenzieren. Dabei ist der Begriff der gemeinnützigen Organisation der allgemeinste und unterliegt den geringsten Regularien. Die weiteren vorgenannten Kategorien zeichnen sich durch jeweils ansteigende Regelungsdichte aus. *Nonprofit organizations* existieren in vielen verschiedenen Formen und mit diesen Formen gehen oft Variationen dazu einher, wie sie in Übereinstimmung mit dem *IRC* zu führen sind.

B. Unterscheidung zwischen den Typen von gemeinnützigen Organisationen

Einen Profit zu erwirtschaften bedeutet für ein Unternehmen üblicherweise am Ende   5 eines bestimmten Veranlagungszeitraums mehr Einnahmen als Ausgaben gehabt zu haben. Bei normalen **„gewinnorientierten"** [*for-profit*] Gesellschaften, werden diese Überschüsse üblicherweise an die Anteilseigner ausgeschüttet. Die Bezeichnung **gemeinnützig** [*nonprofit*] heißt nicht, dass eine Firma nicht mehr Einnahmen als Ausgaben haben soll. Vielmehr bedeutet „gemeinnützig", dass diese Organisationen anstelle der Ausschüttung der Einnahmeüberschüsse an die Teilhaber, ihre überschüssigen Vermögenswerte einbehalten und für künftige gemeinnützige Aktivitäten verwenden müssen. Dieser **Nichtausschüttungszwang**[3] soll unten noch vertieft thematisiert werden.

6   Eine **steuerbefreite Organisation** ist von der Bundeseinkommensteuer befreit. Nutzen wir die Gelegenheit, hier einmal die Unterscheidung zwischen einzelstaatlichen Steuern und Bundessteuern in den Blick zu nehmen. Wenn eine Organisation von der einen Steuer ausgenommen sein kann, muss das keinen Einfluss auf anderweitige Besteuerung haben. Die bekanntesten steuerbefreiten Organisationen sind in Abschnitt 501 (c)(3) *IRC* zu finden. Abschnitt 501 (c)(3) besagt:

> Gemeinnützige Organisationen sind „Gesellschaften und jegliche **öffentliche Wohlfahrts-fonds** [*community chests*], Fonds oder Stiftungen, die ausschließlich zu religiösen, wohltätigen, wissenschaftlichen, literarischen oder Bildungszwecken, Zwecken der technischen Überwachung oder dazu, den nationalen oder internationalen Breitensport zu fördern (jedoch nur, wenn kein Teil seiner Aktivitäten die Bereitstellung von Sportstätten oder -ausrüstung umfasst) oder für die Prävention von Gewalt gegenüber Kindern oder Tieren eingerichtet sind und betrieben werden, von deren Nettoeinkünfte kein Teil dem Nutzen eines privaten Anteilseigners oder Individuums zugutekommt, und von deren Aktivitäten es kein wesentlicher Teil ist, Propaganda zu betreiben oder anderweitig zu versuchen, Gesetzgebung zu beeinflussen (außer, wenn in Unterabschnitt (h) anders geregelt) und die sich nicht an politischen Kampagnen im Interesse von (oder gerichtet gegen) Bewerber für öffentliche Ämter beteiligen oder in diese eingreifen (einschließlich der Veröffentlichung oder Verbreitung von Stellungnahmen)"[4].

7   Allgemein gesagt enthält Abschnitt 501 (c) die meisten Ausnahmen des *IRC* in zahlreichen verschiedenen Ausgestaltungen. Weitere Ausnahmen finden sich zudem in Abschnitt 501 (d) (apostolische Organisationen), Abschnitt 501 (e) (gemeinnützige Krankenhaus-Genossenschaften), Abschnitt 501 (f) (gemeinnützige Investmentfonds für das Bildungswesen), Abschnitt 527 (Politische Organisationen) und Abschnitt 528 (Grundeigentümer-Verbände).

8   Es steht noch eine weitere Gruppe steuerbefreiter Organisationen zur Verfügung, die anderen Zwecken dient. Die meisten der vorgenannten Organisationsformen dienen dem **Gemeinwohl**. Organisationen wie Abschnitt 501 (c)(2) Titelhalter-Unternehmen, Abschnitt 501 (c)(5) Gewerkschaften, landwirtschaftliche und gartenbauliche Organisationen, Abschnitt 501 (c)(6) Unternehmervereinigungen, Abschnitt 501 (c)(7) Sozialvereine und Abschnitt 501 (c)(8) **gemeinnützige Hilfs-vereine** [*fraternal benefit society*] sind Beispiele für **Versicherungsvereine auf Gegenseitigkeit** [*mutual benefit organizations*]. Diese Organisationen sind auf das Wohl ihrer Mitglieder ausgerichtet, erhalten aber Steuerbefreiungen auf der Grund-

---

3 *Siehe* Hansmann, *The Role of Nonprofit Enterprise*, 89 Yale L.J. 835 (1980).
4 26 USC § 501 (West).

Ryan Kraski

lage der Theorie, dass sie den Staat um jene Pflichten entlasten, an denen sie sich beteiligen.

Praxistipp

Wenn eine gemeinnützige Organisation mitgliedschaftlich strukturiert ist, muss sie eine korrekte und aktuelle Liste der **stimmberechtigten Mitglieder** führen. Die Liste sollte aus Compliance-Gesichtspunkten immer auf dem neuesten Stand gehalten werden, was nicht zuletzt auch eine wichtige Rolle für Mitgliedervergünstigungen spielt. Stellen Sie sicher, dass eine solche Aktualisierung immer vor dem Versand der Benachrichtigungen zu Vorstandswahlen erfolgt.

Beachten Sie, dass durch diese Vorschriften jegliche **Privatzuwendungen** oder Erträge für Anteilseigner und Einzelpersonen beschränkt sind. Und während diese Abschnitte Organisationen von der Bundeseinkommensteuer ausnehmen, können die Organisationen immer noch anderen Formen der Besteuerung durch den Bund unterliegen, wie beispielsweise der Einkommensteuer auf Fremdgeschäfte.[5] Der Status der Steuerbefreiung wird durch den Nachweis eines steuerprivilegierten Zwecks in einer (*IRS*-)Steuererklärung erlangt. Dieser Nachweis muss mit einer der *IRC*-Ausnahmen korrespondieren. Um den Status der Steuerbefreiung nach Erlangung zu behalten, muss eine Gruppe jedes Jahr eine *IRS*-Steuererklärung einreichen. Sollte die Einreichung der jährlichen Erklärung an die *IRS* versäumt werden, führt das für die Gruppe zum Verlust des steuerbefreiten Status.   **9**

Wohltätige Organisationen stellen eine weitere Unterkategorie dar, deren Voraussetzungen noch enger auszulegen sind als die vorherigen. Alle in Abschnitt 501 (c)(3) genannten Kategorien mit Ausnahme der technischen Überwachungsvereine werden als wohltätige Organisationen angesehen. Die Bezeichnung „wohltätig" stammt aus Abschnitt 170 im *IRC*. Dieser Abschnitt enthält einen Querverweis auf die Gruppen des Abschnitts 501 (c)(3), mit Ausnahme der technischen Überwachungsvereine und begründet einen **Einkommensteuerabzug** für Spender, die wohltätige Zuwendungen getätigt haben. Obwohl dies einen außerordentlichen Anreiz für wohltätige Spenden schaffen würde, werden diesen Gruppen die Möglichkeiten der Einflussnahme auf die Regierung beschränkt. Ihnen ist die Beteiligung am politischen Wahlkampf verboten und sie unterliegen, wie alle *nonprofit organizations*, dem Nichtausschüttungszwang.   **10**

Private Stiftungen schließlich dienen denselben Zwecken wie die anderen, in Abschnitt 501 (c)(3), aufgeführten Gruppen und werden durch einen oder wenige Stifter kontrolliert. Historisch kam es bei privaten Stiftungen immer wieder zu Problemen mit Großstiftern, die exzessive Kontrolle ausübten und sich folglich selbst begünstigten. Daher unterliegen solche Privatstiftungen heute der striktesten Re-   **11**

---

5 26 USC § 511-14.

gulierung aller gemeinnützigen Organisationen. Die *IRC*-Regelungen, die Privatstiftungen betreffen, finden sich in den Abschnitten 507–509. Eine einleitende Rechtsvermutung in Abschnitt 508 (b) setzt bis zum Nachweis des Gegenteils voraus, dass
jede, der in Abschnitt 501 (c)(3) genannten Gruppen, eine private Stiftung ist. Die
Abschnitte 509 (a)(1)-(4) zählen die Elemente auf, die zur Widerlegung der Vermutung notwendig sind:

1) Die Organisation passt in eine allgemein anerkannte Kategorie öffentlich unter-
stützter Wohltätigkeitsorganisationen;

2) sie erhält ein hinreichend hohes Maß an öffentlicher Unterstützung, um sich
öffentliche Aufmerksamkeit und Beachtung zu verdienen;

3) oder, sie verbindet sich selbst eng genug mit einer öffentlich unterstützten
Wohltätigkeitsorganisation um als „unterstützende Organisation" gelten zu
können.

12 Die vierte Unterkategorie differenziert technische Überwachungsvereine. Diese können nicht in der Rechtsform einer Privatstiftung errichtet werden, denn sie sind wegen der Unfähigkeit steuerlich abzugsfähige Spenden zu vereinnahmen, ihrer Natur
nach nicht wohltätig. Jene Gruppen, die diese Rechtsvermutung nicht überwinden
können, gelten als private Stiftungen. Sie unterliegen folglich der Verbrauchssteuer
auf Investmenteinkommen,[6] einer Steuer auf In-sich-Geschäfte,[7] einer Steuer auf das
Versäumnis, eine Mindestanlagenmenge auf wohltätige Zwecke zu verteilen,[8] einer
Steuer auf exzessive Inhaberschaft von gewinnorientierten Anteilen,[9] einer Steuer
auf Hochrisikoanlagen[10] und einer allgemeinen Steuer zur Behebung des Miss-
brauchs eines steuerbefreiten Status.[11]

C. Struktur gemeinnütziger Organisationen

13 Ein „Gründer" oder eine Person die eine gemeinnützige Organisation ins Leben ruft,
steht bei der Einrichtung dieser Organisation vor zahlreichen Strukturierungsop-
tionen. Letztendlich ist der angegebene Zweck der gemeinnützigen Organisation
entscheidend für die Wahl der Struktur. Eine gemeinnützige Organisation kann
entweder als **nichtinkorporierte Gesellschaft** [*unincorporated corporation*], **Wohltätigkeits-Treuhand** [*charitable trust*] oder **gemeinnützige Gesellschaft** [*nonprofit*

---

6 26 USC § 4940.
7 26 USC § 4941.
8 26 USC § 4942.
9 26 USC § 4943.
10 26 USC § 4944.
11 26 USC § 4945.

Ryan Kraski

corporation] angemeldet werden. Jeder Einzelstaat hat unterschiedliche Regelungen in Bezug auf diese Strukturen, also sind jeweils immer die Statuten, Verordnungen und Gesetze des betreffenden Bundesstaats heranzuziehen. Des Weiteren ist die vorgeschriebene Rechtsform, ebenso wie im Fall von gewinnorientierten Unternehmen, die eines Einzelunternehmens oder einer Personengesellschaft; keine von beiden kann gemeinnützig sein. Um eine juristische Person in eine gemeinnützige Organisation umzuwandeln, müssen alle Formalien nach dem *IRC* erfüllt sein.

Praxistipp

Die meisten Einzelstaaten stellen alle für die Gründung oder Umwandlung einer gemeinnützigen Organisation erforderlichen Formulare und hilfreiche Informationen über ihre Websites zur Verfügung. Verwenden Sie den Suchbegriff *"Department of State"* oder *"Secretary of State"* in Verbindung mit dem Namen des jeweiligen Bundesstaats in welchem das Anmeldeverfahren gesucht wird. Die Website des **Justizministers** [*attorney general*] des jeweiligen Bundesstaats kann auch eine wertvolle Hilfe bei der Suche nach Informationen, zur Gründung von gemeinnützigen Organisationen oder zu den Anmeldungserfordernissen sein.

Nichtinkorporierte Vereinigungen sind die am losesten strukturierte Form gemein- 14
nütziger Organisationen. Sie genießen daher auch ein relativ geringes Maß an rechtlichem Schutz. Eine nichtinkorporierte Vereinigung kann schlicht eine Gruppe von Personen sein, die sich nicht in irgendeiner spezifischen rechtlichen Struktur organisiert haben. Oftmals fangen gemeinnützige Gesellschaften auf diese Art an. In der *Start-up*-Phase, bevor die Vereinigungen Interesse daran entwickeln, Zeit und Ressourcen in „Papierkram" und rechtliche Beantragungen zu investieren, versuchen sie häufig, hauptsächlich Interesse zu erwecken. Obwohl nur erforderlich ist, sich eine Verfassung oder Satzung zu geben, um einen Status nach Abschnitt 501(c)(3) zu beantragen, gewährt die Überschreitung dieser Schwelle noch keinen individuellen Haftungsschutz. Oft können Einzelmitglieder in persönliche Haftung für die Schulden ihrer Vereinigung genommen werden und haben ihrerseits gegen die Vereinigung keine Klagemöglichkeit. Nichtinkorporierte Vereinigungen können Eigentum halten und erwerben und Verträge schließen, was aber kein automatisch entstehendes Recht ist. Die Gesetze des jeweiligen Einzelstaates müssen ihnen diese Befugnisse vielmehr einräumen.

Die Idee des **Wohltätigkeits-Treuhandfonds** [*charitable trust*] ist ein Produkt 15
des *Common Law*. Ein solcher Fonds wird begründet, wenn ein **Stifter** [*settler* oder *trustor*] einem Treuhänder **Besitztümer** [die *res*] übergibt, damit dieser darüber wacht, dass die Besitztümer zu dem vom Stifter festgelegten wohltätigen Zweck eingesetzt werden. Typischerweise führt bei privaten Treuhandstiftungen ein Versäumnis der genauen Bestimmung des Begünstigten (also der Person(en) die Leistungen erhalten sollen) zu einem rechtlichen Scheitern des Versuchs der Treuhandgründung. Vielfach wurden aber Wohltätigkeits-Treuhandstiftungen im Gewohnheitsrecht anders behandelt. Man kann Besitztümer einer unbestimmten Gruppe z. B. „der

Ryan Kraski

Öffentlichkeit" übergeben, ohne dass die Treuhand scheitert. Das Gewohnheitsrecht erfordert kein Schriftstück zur Errichtung einer Treuhand, aber um als steuerbefreite Stiftung im Sinne von *IRC* 501(c)(3) eingeordnet zu werden, muss sich eine Wohltätigkeits-Treuhand für eine *IRS*-Steuerbefreiung mit einem nach *IRC* anerkannten wohltätigen Zweck anmelden. Dieses Dokument, das beim *IRS* einzureichen ist, soll den Stifter sowie auch den Gegenstand der Besitztümer, den Treuhänder, den angestrebten wohltätigen Zweck, die Verwaltungs- und Auszahlungs-Richtlinien, mögliche Nachfolgetreuhänder, die angestrebte Bestandsdauer der Treuhand, sowie Richtlinien für ihre Auflösung bezeichnen. Die allgemeinen Verbote nach Abschnitt 501(c)(3), in Bezug auf Privatzuwendungen und bestimmte politische Betätigungen, finden Anwendung. Wenn der Fonds als Privatstiftung ausgestaltet ist, muss er alle entsprechenden Formalien erfüllen. Schließlich hat „die Öffentlichkeit" als unbestimmte Klasse, keine Klagebefugnis in Bezug auf die Umsetzung der Wohltätigkeits-Treuhand. Diese Rolle kommt vielmehr dem Justizminister des jeweiligen Einzelstaats zu.

16   *Nonprofit organizations* sind die am häufigsten genutzte Rechtsform für gemeinnützige Organisationen. Die Erfordernisse für ihre Gründung und ihr nachfolgendes Bestehen, werden durch die Gesetze des Bundesstaats festegelegt, in dem sie gegründet wurden. Im Regelfall allerdings haben gemeinnützige Gesellschaften viele Gemeinsamkeiten mit gewinnorientierten. Aus diesem Grund kann das einzelstaatliche, gesellschaftsrechtliche Fallrecht unter bestimmten Umständen auch auf gemeinnützige Organisationen angewandt werden. Aber, wie stets in *Common Law*-Systemen, muss man bei der Argumentation zur Anwendbarkeit oder Nichtanwendbarkeit des entlehnten Rechts genau zwischen den Zwecken gewinnorientierter und gemeinnütziger Organisationen unterscheiden.

17   Gemeinnützige Gesellschaften unterliegen einem höheren Maß an Regulierung und Formalitäten, als nichtinkorporierte Vereinigungen und die Wohltätigkeits-Treuhand. Mit der Überwindung dieser weiteren bürokratischen Hürde geht der Nutzen einer höheren Flexibilität bei den Tätigkeiten gemeinnütziger Gesellschaften einher. Jeder Bundesstaat legt die Errichtungsanforderungen fest. Die **Gründungsurkunde** [*articles of incorporation*] muss beim *Secretary of State*, oder in manchen Fällen, beim *Secretary of the Commonwealth*, eingereicht werden. Die Urkunde beinhaltet Name und Anschrift der gemeinnützigen Gesellschaft, Namen und Anschriften der Gründer, das Datum, die Angabe, ob die Gesellschaft Mitglieder haben soll, Namen und Anschriften des ursprünglichen Vorstands, sowie den Zweck der Organisation. Der Zweck muss in Einklang mit einem gemeinnützigen Ziel des Bundesstaats stehen. Das heißt er darf weder gesetzeswidrig, noch kommerzieller Natur sein. Auch ist eine Satzung zu entwerfen, die die Binnenstruktur der gemeinnützigen Gesellschaft regelt, die aber, anders als bei normalen Gesellschaften, im Regelfall nicht beim Bundesstaat einzureichen ist. Erst wenn eine gemeinnützige Gesellschaft die Zustimmung des Einreichungsstaats zur Gründungsurkunde erhalten hat, ihre Gründung öffentlich bekanntgegeben ist, einen Satzungsentwurf erstellt und eine Vorstandsversammlung zur Satzungsratifizierung abgehalten hat, darf sie ein Formular 1023 (Organisationen nach Abschnitt 501(c)(3)) oder Formular 1024 (andere Typen von Organisationen) nach Abschnitt 501(c)) beim *IRS* einreichen und damit eine Befreiung von Bundessteuern beantragen.

Praxistipp

Freiwillige Helfer sind rechtlich betrachtet Gehilfen der gemeinnützigen Organisation und ihre Fahrlässigkeit wird der Gesellschaft zugerechnet. Allein die Unentgeltlichkeit der Freiwilligendienste entlastet die gemeinnützige Organisation nicht. Der Vorstand sollte Sorge dafür tragen, dass freiwillige Helfer ausgebildet und beaufsichtigt werden. Auch kann es sinnvoll sein zu prüfen, ob die Gesellschaft hinreichend versichert ist und ob die Versicherung die freiwilligen Helfer umfasst.

D. Einschränkungen gemeinnütziger Organisationen

Auch wenn sich gewinnorientierte und gemeinnützige Gesellschaften in vielem **18** ähneln, bestehen einige deutliche Unterschiede zwischen den beiden Formen. *Nonprofit organizations*, die daran gehindert sind ihre Einnahmenüberschüsse auszuschütten, müssen auf anderem Wege über diese verfügen. So darf z.B. eine gewinnorientierte Gesellschaft typischerweise Überschusseinkünfte an Anteilseigner, Mitglieder, Direktoren, Geschäftsführer oder Treuhänder in Form von Dividenden auskehren. Der den gemeinnützigen Organisationen auferlegte **Nichtausschüttungszwang** erfordert hingegen, dass Überschusseinkünfte zur Förderung des wohltätigen Zwecks der Organisation zu verwenden sind und dass den Entscheidungsträgern kein persönlicher Gewinn zufließen darf.[12] Da die Einzelstaaten ihnen zubilligen, sich in Gesellschaftsform oder als juristische Person zu strukturieren, können gemeinnützige Gesellschaften, anders als freiwillige Zusammenschlüsse, verklagt werden, Verträge schließen und haben bei Kreditgebern höhere Bonität. Wie gewöhnliche Gesellschaften, agieren auch die Vorstände gemeinnütziger Gesellschaften in einer treuhänderischen Funktion.[13] Zudem sind die einzelstaatlichen Generalstaatsanwälte, anders als bei der Wohltätigkeits-Treuhand, gegenüber gemeinnützigen Gesellschaften normalerweise nur in denjenigen Fällen zur Anklage legitimiert, in denen Mitglieder ein eklatantes oder strafbares Verhalten an den Tag gelegt haben. Einige der Beschränkungen für gemeinnützige Organisationen entspringen dem Gewohnheitsrecht, andere dem *IRC* selbst.

Eine wesentliche gewohnheitsrechtliche, vonseiten der Rechtsprechung auferlegte, Beschränkung gemeinnütziger Organisationen, ist das Verbot des Geschäfts- **19**

---

12 Hansmann, *The Role of Nonprofit Enterprise*, 89 Yale L.J. 835 (1980); Hansmann, *Reforming Nonprofit Corporation Law*, 129 U. Pa. L. Rev. 497 (1981).
13 Fiduziarische Beziehungen werden nachfolgend eingehender erklärt.

Ryan Kraski

betriebs zu einem gesetzeswidrigen oder gegen die öffentliche Ordnung verstoßenden Zweck. Gesetzwidrigkeit ist eindeutig; Aktivitäten die gegen das Gesetz verstoßen, erhalten keine *IRS*-Steuerbefreiung. Organisationen hingegen, die sich zum Ziel setzen, das Gesetz auf gesellschaftspolitischem Weg zu ändern, können eine Steuerbefreiung erlangen, wie etwa im Fall des Abschnitts 501(c)(4): soziale Wohlfahrtsorganisationen, deren Zweck die Einwirkung auf die Politik ist. Des Weiteren können Organisationen, die gegen die öffentliche Ordnung verstoßen, keine Steuerbefreiung erhalten und ihre Unterstützer keine Steuerabzüge nach Abschnitt 170 geltend machen. Verstöße gegen die öffentliche Ordnung sind nicht notwendigerweise gleichzusetzen mit Gesetzesverstößen. So betreffen z. B. die meisten Fälle von Verstößen gegen die öffentliche Ordnung Privatschulen, die mit staatlichen Vergünstigungen oder direkter Finanzierung unterstützt werden und beabsichtigen einen nach Rassen getrennten Unterricht einzuführen. Während es eine Störung der öffentlichen Ordnung ist, private Segregation zu unterstützen, ist die private Segregation an und für sich kein Gesetzesverstoß.

Praxistipp

Wenn man wohltätige Spenden tätigt und seinen zulässigen Steuerabzug ausrechnet, kategorisiert Abschnitt 170 die Spendenarten und korrespondierenden, prozentual möglichen Abzüge von der Steuerschuld des Spenders. Eine Einzelperson, die für einen gemeinnützigen Verein oder eine privat betriebene Stiftung spendet, kann Abzüge von bis zu 50% ihres angepassten Bruttoeinkommens geltend machen. Spender für langfristige Kapitalzuwachsvermögen können einen Abzug von 30% erhalten. Nichtmonetäre Zuwendungen, wie etwa geschätzte Kreditsicherheiten, können einen 20%-igen Abzug bewirken. Und Gesellschaften können einen Abzug von 10% auf ihr Einkommen vor Steuern erhalten. Wenn Zuwendungen die vorgegebenen Abzugsgrenzen überschreiten, können die Überschussbeträge übertragen und die nachfolgenden fünf Jahre über geltend gemacht werden.

---

20 Wenngleich eng mit dem nachstehend behandelten „Operational Test" verbunden, ist die **Kommerzialitätsdoktrin** [*commerciality doctrine*][14] ein Produkt des *Common Law*. Nirgends im *IRC* wird den gemeinnützigen Organisationen ausdrücklich die wirtschaftliche Betätigung untersagt. Das nächstliegende gesetzliche Erfordernis entspringt dem Erfordernis aus dem *IRC*, dass gemeinnützige Organisationen ausschließlich zur Erfüllung ihres erklärten und befreiten Zwecks agieren. Hieraus haben die Gerichte eine nicht-einheitliche Kommerzialitätsdoktrin geschaffen. Das Grundprinzip ist, dass sie es missbilligen, wenn eine *nonprofit organization* einen steuerbefreiten Status erlangt, obwohl es im Wettbewerb mit gewinnorientierten Unternehmen steht und dabei ähnliche Produkte oder Dienste anbietet. Einige Gerichte wählen einen quantitativen Ansatz und erachten 20% kommerzielle Einkünf-

---

14 26 USC § 7.01 *et seq.*

Ryan Kraski

te als eine „substanziell nicht-befreite Betätigung", während andere Gerichte 10% für „nicht substanziell" befinden. Trotz des Versuchs einer klaren Grenzziehung wies der *Tax Court* die Auffassung zurück, dass man mit weniger als 10% kommerziellen Einkünften in jedem Fall auf der sicheren Seite sei. Qualitativere Ansätze wurden von anderen Gerichten entwickelt. Dort wurde das Augenmerk vor allem darauf gelegt, ob eine *nonprofit organization* mit gewinnorientierten Unternehmen konkurriert, Dienste unter Anschaffungs- bzw. Herstellungskosten anbot, eine übermäßige Menge an Gewinnen einfuhr, oder kommerziell für Produkte geworben hat.

E. IRS-Berechtigungstests zur Steuerbefreiung

Über die gewohnheitsrechtlichen Anforderungen an Steuerbefreiungen hinaus, hat 21 der *IRC* vier Tests geschaffen, die zur Befreiung von der Bundeseinkommensteuer berechtigen: den **organisationsbezogenen Test** [*organizational test*], den **betriebsbezogenen Test** [*operational test*], den **Privatzuwendungstest** [*private inurement test*] und den **Test zu politischer Betätigung** [*political activities test*]. Diese Tests sind in Abschnitt 501(c)(3) niedergelegt und können vom *IRS* selbst oder von den Gerichten angewandt werden. Der *IRS* wird die Tests, insbesondere den organisationsbezogenen Test, bei der Prüfung in Betracht ziehen, ob eine Person zu einer Steuerbefreiung berechtigt ist. Andererseits kommen alle diese Tests zur Anwendung durch die Gerichte, wenn eine gewährte Steuerbefreiung vom *IRS* angefochten wurde.

Beginnen wir mit dem ***organizational test***: das Gründungsdokument einer Or- 22 ganisation, sei es der Gesellschaftsvertrag, der Stiftungsvertrag einer Wohltätigkeitstreuhand oder eine Vereinssatzung, muss diese Organisation zu einem wohltätigen Zweck einrichten. Genauer gesagt, muss das Gründungsdokument den steuerbefreiten Zweck der Organisation spezifizieren, der im Einklang mit einem der von Abschnitt 501(c)(3) vorgegebenen Zwecke stehen muss. Das Dokument muss auch festschreiben, dass sich die Organisation nur an steuerbefreiten Betätigungen beteiligen und nicht befreite Aktivitäten allenfalls in einem unerheblichen Maß betreiben wird. Allgemein muss angezeigt werden, dass kein Lobbyismus stattfinden wird, mit Ausnahme des Falls, dass eine Wahl entsprechend Abschnitt 501(h) getroffen wird, nach der begrenzte Lobby-Tätigkeiten zulässig sind. Das Dokument muss erkennen lassen, dass die Organisation sich nicht an politischem Wahlkampf beteiligen wird, weder für noch gegen einen Kandidaten. Private Stiftungen sind verpflichtet, zusätzliche Maßnahmen, in der von Abschnitt 508(e) vorgeschriebenen Weise, zu ergreifen. Zu guter Letzt muss das Dokument auch einen befreiten Zweck enthalten, dem die Vermögenswerte der Organisation im Fall der Auflösung oder Beendigung zufließen können. Im Grunde setzt das Bestehen des ***organizational tests*** voraus, dass alle erforderlichen „Zauberworte" im Gründungsdokument der Organisation enthalten sind.

Ryan Kraski

23   Über die „vier Säulen" eines Gründungsdokuments hinaus fordert der ***operational test*** die Gerichte zur Untersuchung der Betätigungen steuerbefreiter Organisationen auf. Abschnitt 501(c)(3) verlangt, dass steuerbefreite Organisationen „ausschließlich" zu einem steuerbefreiten Zweck arbeiten. Der *IRS* hat in der Folge „ausschließlich" als „vorrangig" ausgelegt. Falls irgendeine der Hauptbetätigungen einer steuerbefreiten Organisation, der Förderung nichtsteuerbefreiter Zwecke dient, besteht sie den *operational test* nicht. Sie kann hingegen den *operational test* noch erfüllen, wenn die Betätigungen zur Förderung eines nichtsteuerbefreiten Zwecks „unerheblich" sind. Wenn ein Gericht eine nichtbefreite Betätigung prüft und diese als erheblich erachtet, hebt es die Steuerbefreiung der Organisation auf. Wie bereits erwähnt steht die *commerciality doctrine* in enger Beziehung zum *operational test*. Gerichte erwägen oft, ob den Betätigungen der steuerbefreiten Organisation eine gewisse „kommerzielle Färbung" oder Gewinnerzielungsabsicht anhaftet und ziehen dies als einen Anhaltspunkt dafür heran, ob sie an nichtsteuerbefreiten, gewinnorientierten Aktivitäten teilnimmt. Entsprechend haben Gerichte auch ermittelt, ob steuerbefreite Organisationen **„angemessen"** [*commensurate*], in einer der Befreiung entsprechenden Weise, mit ihren Resourcen gewirtschaftet haben. Wenn die Mittel übermäßig, etwa an Berater und Spendenbeschaffer, ausgegeben werden und nicht für den wohltätigen Zweck, kann die Gemeinnützigkeit nach dem *operational test* ebenfalls ausgeschlossen werden. Schließlich fordert der *operational test* noch, dass steuerbefreite Organisationen niemanden „privat begünstigen" sollen. Sie bestehen zum Wohl der Allgemeinheit und eine Privatzuwendung an eine kleine oder begrenzte Gruppe kann die Organisation in Konflikt mit dem *operational test* bringen.

Praxistipp

Wenn eine gemeinnützige Organisation eine wesentliche Änderung ihrer Mittelausgaben vornehmen möchte, sollte ihrer Leitung angeraten werden, auf diesem Gebiet spezialisierten Rechtsrat in Anspruch zu nehmen. Einzelne Bundesstaaten fordern eine vorherige Erlaubnis durch das jeweilige Justizministerium in solchen Umverteilungsfällen, insbesondere wenn treuhänderisch gebundene Mittel betroffen sind.

---

24   Der dritte *IRC*-Test für Steuerbefreiungen ist der **Privatzuwendungstest** [*private inurement test*]. Dieser ist nicht zu verwechseln mit dem Begriff des **privaten Nutzens** [*private benefit*], bei dem es einer Organisation misslingt, eine hinreichend große öffentliche Gruppe zu begünstigen. Der Privatzuwendungstest verbietet vielmehr die Zuwendung der Vermögenswerte der Organisation an private Teilhaber oder Einzelpersonen. Diese beiden Gruppen umfassen auch "*Insider*" einer Organisation, wie etwa Vorstände, Geschäftsführer, die im Vorstand oder anderswo in Kontrollfunktion agieren. Dass dieser Tests nicht erfüllt wird, kann am besten durch den Nachweis dargelegt werden, dass eine Überschneidung von Kontrolle und Nutzziehung innerhalb der befreiten Organisation besteht. Privatzuwendungen tre-

ten üblicherweise im Rahmen von Geschäftsabschlüssen der Organisation mit den eigenen Geschäftsführern, Mitgliedern, Vorständen oder deren Familienmitgliedern auf. Wenn diese Personen niedrig verzinste- oder zinslose Darlehen von der Organisation erhalten, oder für Waren oder Dienste unverhältnismäßig hoch vergütet werden, kann die Organisation ihre Befreiung verlieren. Allerdings verbietet dies nicht jegliche Geschäfte von Insidern mit der Organisation, es erfordert nur, dass die Austausche in einer vernünftigen, fairen und **marktüblichen** [*"arm's-length"*] Weise durchgeführt werden.

Praxistipp

Der *IRS* erlegt die Last der ordnungsgemäßen Dokumentation den steuerbefreiten Organisationen auf. Ein Versäumnis ordnungsgemäßer Dokumentation über Transaktionen, kann zu einer Rechtsvermutung führen, dass die Organisation den Nachweis, nicht an Privatzuwendungen beteiligt gewesen zu sein, nicht erbringen kann. Wenn die Organisation diese Beweislast nicht überwinden kann, kann dies zum Verlust der Steuerbefreiung führen.

Vor 1996 war die einzige Abhilfemöglichkeit des *IRS* im Falle privater Zuwendungen, auf die zuweilen als **Überschussnutzen** [*excess benefit*] Bezug genommen wird, die Steuerbefreiung einer Organisation aufzuheben. Überschussnutzen wird im *IRC* definiert als „jegliche Transaktion in der ein wirtschaftlicher Nutzen durch eine entsprechende, steuerbefreite Organisation direkt oder indirekt einer ausgeschlossenen Person, oder zur Verwendung durch diese, zur Verfügung gestellt wird, wenn der Wert des zur Verfügung gestellten wirtschaftlichen Nutzens den Wert der **Gegenleistung** [*consideration*] übersteigt,[15] (einschließlich der Leistungserbringung) die für die Zuverfügungstellung solcher Nutzen vereinnahmt wird."[16] Dies wurde als zu drakonisch wahrgenommen. Daher wurde *IRC* Abschnitt 4958 eingeführt, um **mittelschwere Sanktionen** zu implementieren, was dem *IRS* erlaubt Gruppen zu bestrafen, ohne ihre Befreiung völlig aufzuheben. Mittelschwere Sanktionen zielen auf Organisationen ab, die in unangemessener Weise „ausgeschlossene Personen" begünstigen. Eine **ausgeschlossene Person** [*disqualified person*] ist jemand, der innerhalb der letzten fünf Jahre wesentliche Kontrolle über eine Organization ausgeübt hat (oder einer von dessen Familienmitgliedern). Die Zahlung einer exorbitant hohen Vergütung an einen leitenden Angestellten, kann durch eine

25

---

15 *Consideration*, ein Vertragsgestaltungskonzept des *Common Law*, gibt es so im deutschen Rechtssystem nicht. Das *Oxford English Dictionary* definiert es als „[A]lles, was als Ausgleich oder Gegenwert für etwas betrachtet wird, das man zum Nutzen eines Anderen tut oder unternimmt; speziell im Vertragsrecht, ‚etwas das hinzugeben oder zu tun versprochen wird, im Gegenzug für das Versprechen.' Dies kann seinerseits ein Versprechen sein. Kein Versprechen ist ohne Gegenleistung vollstreckbar, außer wenn es in einer gesiegelten Urkunde niedergelegt ist."
16 26 USC § 4958(c)(1)(A).

Ryan Kraski

„*safe harbor*"-Regel legitimiert sein, wenn sie im Vorfeld als feste vertragliche Zahlung angelegt war, oder wenn die Geschäftsführungsvergütung von einem internen Kontrollgremium im Voraus bewilligt war. In Fällen von Überschussnutzen, in denen der Betreffende nicht einem "*safe harbor*" unterfällt, muss die ausgeschlossene Person Steuern auf 25% des erhaltenen Überschussnutzens entrichten. Dies ist im Wesentlichen ein „Warnschuss" für die Organisation, um den Überschussnutzen innerhalb des Veranlagungszeitraums zu beheben. Wenn dies versäumt wird, wird sie mit einem zusätzlichen Satz von 200% auf den Überschussnutzen besteuert. Der Geschäftsführer der Organisation kann auch einer Steuer von 10% auf den Überschussnutzen unterworfen werden, es sei denn sein Verhalten war nicht vorsätzlich oder hatte eine sachliche Rechtfertigung.

26   Der vierte und abschließende Test für Steuerbefreiungen ist der **Test zu politischer Betätigung.** *IRC* Abschnitt 501(c)(3) verbietet Organisationen, an politischen Aktivitäten in Form von **Wahlstimmenwerbung** und **Lobbyismus** teilzunehmen. Wahlstimmenwerbung ist direkte Teilnahme an einem Wahlkampf, um einen bestimmten Kandidaten entweder zu unterstützen oder ihm entgegenzutreten. Man muss zwischen Wahlstimmenwerbung und Lobbyismus unterscheiden, weil Wahlstimmenwerbung streng verboten ist, wohingegen Lobbyismus bis zu einem geringen Grad zulässig sein kann.[17] Lobbyismus bezieht sich auf einen Versuch der Einflussnahme auf Gesetzgebung. Lobbyismus kann in zwei verschiedenen Formen auftreten: „direkter" und „Basis-" Lobbyismus. Direkter Lobbyismus betrifft Bemühungen, Gesetzgebung im Wege direkten Kontakts mit an der Gesetzgebung Beteiligten zu beeinflussen. Als generelle Regel aber dürfen Organisationen Untersuchungen und Diskussionen breiter sozialer, wirtschaftlicher und vergleichbarer Probleme veröffentlichen, ohne sich Sorgen machen zu müssen, dass dies als entweder direkter oder **Basis-Lobbyismus** [*grassroots lobyying*] eingestuft wird.[18]

27   Basis-Lobbyismus bedeutet, sich in einem Versuch der Beeinflussung der Gesetzgebung an die Öffentlichkeit zu wenden und sie zu veranlassen, Kontakt zu ihren Abgeordneten aufzunehmen. Dies ist auch bekannt als Lobbyismus vom Typus „Aufruf zum Handeln". Zu beachten ist hierbei, dass der *IRS* eine Annahme geschaffen hat, dass bestimmte Werbungen in Massenmedien, die innerhalb von zwei Wochen vor einer Abstimmung über hochpolitisierte Gesetzgebungsgegenstände ge-

---

17 Dies ist das seit Februar 2017 geltende Recht. Obgleich Kirchen erheblich geringeren Berichtspflichten unterliegen und ihre Spender für die Spenden zu steuerlichen Abzügen berechtigt sind, vericht die Regierung von Präsident Trump unermüdlich die Ansicht, dass die Redefreiheit religiöser Gruppen in verfassungswidriger Weise durch das Verbot der politischen Betätigung eingeschränkt sei. Dies ist ein Indiz der Bereitschaft der Regierung Präsident Trumps, entweder eine Verfügung (*executive order*) zu erlassen, die Vollstreckungsmaßnahmen seitens des *IRS* gegenüber Religionsgemeinschaften ausschließt oder einen vom US-Kongress erstellten Gesetzesentwurf mit derselben Wirkung zu unterzeichnen.
18 26 CFR § 56.4911-2(c)(2).

Ryan Kraski

schaltet werden, als Basis-Lobbyismus angesehen werden, wenn die Werbung einen bestimmten Blick auf die Gesetzgebungsmaterie präsentiert und sich entweder ausdrücklich auf das Gesetzgebungsverfahren bezieht, oder die Öffentlichkeit dazu ermutigt ihre Abgeordneten zu kontaktieren. Die Organisation kann den Gegenbeweis führen, dass diese Art von Werbung eine typischerweise von ihr betriebene war und nicht gezielt im zeitlichen Vorfeld der heiklen Abstimmung geschaltet wurde.[19]

Der *IRC* definiert „Rechtsvorschriften" als „Gesetze, Gesetzesvorlagen, Beschlüsse oder ähnliche Gegenstände des US-Kongresses, jedes bundesstaatlichen Gesetzgebungsorgans, jedes Gemeinderats oder ähnlicher regierender Gremien, oder der Öffentlichkeit im Wege eines Referendums, einer Initiative, eines Verfassungszusatzes oder eines ähnlichen Verfahrens."[20] Üblicherweise werden Versuche, von der vollziehenden oder rechtsprechenden Gewalt verkündete Regeln zu beeinflussen, nicht als Versuch der Einflussnahme auf Gesetzgebung angesehen. Andererseits sind Versuche, Einfluss auf die politische Ernennung von Richtern oder Vollzugsbeamten durch die Legislative zu nehmen, Lobbyismus. Die Tätigkeiten von Organisationen, die unparteiische Analysen, Studien oder Forschungsergebnissen zu gegenwärtiger oder künftiger Gesetzgebung publizieren, werden nicht als Lobbyismus angesehen. Auch werden die technische Beratung für Regierungsbehörden, die Kommunikation mit Gesetzgebungsgremien, die Auswirkungen auf den Rechtsstatus der Organisation betreffen, sowie die Kommunikation mit gutgläubigen Mitgliedern einer Organisation zu Gesetzgebung, die Auswirkungen auf die Organisation haben wird, allesamt als Ausnahmekategorien angesehen und stellen keine die „Gesetzgebung beeinflussenden Aktivitäten" dar. Abschließend gibt es noch eine Auffangkategorie für Kommunikation mit Regierungsbeamten, die kein direkter Lobbyismus ist oder zum Zweck der Beeinflussung von Gesetzgebung erfolgt. **28**

Wie schon erwähnt, kann Lobbyismus zulässig sein, wenn er nur bis zu einem **29** unerheblichen Grad betrieben wird. Dies ist der Standard, den Organisationen nach *IRC* Abschnitt 501(h) „wählen" dürfen. Dieser Abschnitt regelt einen *safe harbor* für alle Organisationen nach *IRC* Abschnitt 501(c)(3), mit Ausnahme von Kirchen, ihre unterstützenden Organisationen und private Stiftungen, was bestimmte Lobbyismus-Ausgaben ermöglicht. Die Wahl, unter den *IRC* Abschnitt 501(h) zu fallen, erfordert, dass eine Wohltätigkeitsorganisation das Formular 5768 beim *IRS* einreicht. Diese Wahl geht mit einem erhöhten Maß an Berichtspflichten einher. Eine Wohltätigkeitsorganisation muss in der Folge jährlich mit der Einreichung des Formulars 990 Auskunft erteilen.[21] Einmal eingereicht, bleibt die Wahl des *IRC* Abschnitt 501(h) für jedes nachfolgende Steuerjahr bestehen, bis die Wahl zurückgenommen wird.

---

19 26 CFR § 56.4911-2(b)(5)(ii).
20 26 CFR § 1.501(c)(3)-1.
21 *Siehe* IRS Formular 990.

Bei Rücknahme während eines bestimmten laufenden Steuerjahres wird diese zum Beginn des nächsten Steuerjahres wirksam.

30   Der *IRC* enthält einen gestaffelten Tarif. Verboten sind hiernach Lobbyismus-Ausgaben von mehr als 20 Prozent der ersten $500.000 Ausgaben, die für steuerbe-freie Zwecke verwendet werden sollen. Auf die nächsten $500.000 werden 15 Prozent Lobbyismus-Ausgaben gestattet und schließlich 10 Prozent auf die dritten $500.000. Jenseits dieser Summen dürfen Lobbyismus-Ausgaben nur noch fünf Prozent im des für steuerbefreite Zwecke verwendeten Geldes betragen. Die absolute Kappungsgrenze für Lobbyismus-Ausgaben sind $1.000.000 und bei Basis-Lobbyismus 25 Prozent aller Lobbyismus-Ausgaben.[22] Wenn die Lobbyismus-Ausgaben einer Wohltätigkeitsorganisation die zulässigen Beträge übersteigen, muss sie eine Verbrauchssteuer in Höhe von 25 Prozent des Überschussbetrages entrichten. Wenn ihre Lobbyismus-Ausgaben über einen Vierjahreszeitraum hinweg den für sie zuläs-sigen Betrag um 50 Prozent überschreiten, wird dies als erheblicher Lobbyismus gewertet und die Organisation verliert ihre Steuerbefreiung.[23]

Praxistipp

Um diese Prozentwerte zu analysieren, sind die Ausgaben einer Organisation für steuerbefreite Zwecke zu berechnen, indem man die Beträge und entstandenen Kosten bestimmt, die zur Erfüllung ihres steuerbefreiten Zwecks gezahlt wurden. Hierbei sind Gehälter, Verwaltungskosten, lineare Abwertungsaufwände so wie auch Lobbyismus-Kosten zu berücksichtigen. Interne Spendeneinwer-bungskosten, z.B. Zahlungen an angestellte Spendensammler, müssen miteinbezogen werden, Spendeneinwerbungsausgaben an Dritte und Kapitalaufwendungen hingegen sollten keine Berück-sichtigung als Ausgaben für steuerbefreite Zwecke finden.[24]

---

31   Wie zuvor erwähnt, ist **Wahlstimmenwerbung** für Organisationen, die unter *IRC* Abschnitt 501(c)(3) fallen, streng verboten. Jegliche Beteiligung an Wahlkampfkam-pagnen, für oder gegen einen Kandidaten, ist ein Verstoß gegen den *political activi-ties test*. Der gängigste Wahlstimmenwerbungs-Verstoß ist der Versuch der „Wäh-lererziehung", bei der veröffentlichte Informationen nicht neutral sind und dadurch unzulässigerweise einen Wahlkampf beeinflussen können. Zur Klärung hat der *IRS* im Jahr 2007 folgende Umsatzregelung erlassen,[25] in denen 21 Beispielfälle aufge-führt sind, in denen Organisationen im Sinne des *IRC* Abschnitt 501(c)(3) sich an Wahlstimmenwerbung beteiligt haben.

---

22 26 USC § 4911(c)(2).

23 Auch nach dem Verlust des steuerbefreiten Status, soll von der Organisation im Steuerjahr, in dem ihre Steuerbefreiung aufgehoben wurde, die Zahlung einer fünfprozentigen Verbrauchssteuer auf ihre Lobbyismus-Ausgaben gefordert werden.

24 IRC § 4911(e); 26 C.F.R. § 56.4911-4.

25 Rev. Rul. 2007-41 (IRS RRU), 2007-25 I.R.B. 1421, 2007-1 C.B. 1421, 2007 WL 1576989.

Ryan Kraski

Beispiele 1

Die ersten beiden Situationen betreffen **Wählerbeteiligungs-Tätigkeiten** [*voter participation activities*], die zulässig sein können, wenn sie auf unparteiische Weise ausgeübt werden:

<u>Situation 1</u>: B, eine Organisation im Sinne des Abschnitts 501(c)(3), die Gemeindebeteiligung fördert, stellt einen Stand auf einer **Landesmesse** [*state fair*] auf, an dem sich Bürger für die Wahl registrieren können. Die Schilder und Banner in und um den Stand herum führen nur den Namen der Organisation, das Datum der nächsten anstehenden landesweiten Wahl und den Hinweis auf die Möglichkeit sich zu registrieren. Es wird kein Hinweis auf einen Kandidaten oder eine Partei gegeben, weder von den freiwilligen Standbetreuern, noch durch die am Stand erhältlichen Materialien. Eine Ausnahme hiervon stellen die offiziellen Wähler-Registrierungsformulare dar, die den Registranten die Auswahl einer Parteizugehörigkeit erlauben. B beteiligt sich mit dem Betrieb dieses Wählerregistrierungsstands nicht an politischer Wahlkampfbeeinflussung.

<u>Situation 2</u>: C ist ebenfalls eine Organisation im Sinne des Abschnitts 501(c)(3), die die Öffentlichkeit über Umweltfragen unterrichtet. Kandidatin G kandidiert für das bundesstaatliche Parlament und ein wichtiges Element ihres Auftritts ist, die Umweltpolitik des Amtsinhabers infrage zu stellen. Kurz vor der Wahl organisiert C eine Telefonkampagne, um registrierte Wähler in dem Bezirk anzurufen, in dem Kandidatin G sich zur Wahl stellt. In den Telefongesprächen berichtet der Vertreter von C dem Wähler von der Wichtigkeit von Umweltthemen und befragt ihn zu seiner Haltung in diesen Fragen. Wenn der Wähler mit der Position des Amtsinhabers übereinzustimmen scheint, bedankt sich der Vertreter von C bei dem Wähler und beendet den Anruf. Wenn der Wähler der Position der Kandidatin G zuzustimmen scheint, erinnert der Vertreter von C den Wähler an die anstehende Wahl, betont die Wichtigkeit an dieser teilzunehmen und bietet an, eine Beförderung zum Wahllokal zur Verfügung zu stellen. C beteiligt sich an politischer Wahlkampfbeeinflussung, wenn sie diese „Geh-zur-Wahl"-Fahrten durchführt.

Beispiele 2

Die nächsten vier Situationen betreffen die **Tätigkeiten individueller Führung** [*individual leadership activities*] der Organisation:

<u>Situation 3</u>: Präsident A ist der Geschäftsführer von Krankenhaus J, einer Organisation im Sinne des Abschnitts 501(c)(3) und in der Gemeinde wohlbekannt. Mit Zustimmung von fünf prominenten Führungspersönlichkeiten der Gesundheitsindustrie, einschließlich Präsident A, die Kandidat T persönlich unterstützen, veröffentlicht Kandidat T eine ganzseitige Anzeige in der örtlichen Tageszeitung, in der auch Namen der fünf Führungspersönlichkeiten aufgelistet werden. Präsident A wird in der Anzeige als der Geschäftsführer des Krankenhauses J benannt. Die Anzeige besagt: „Titel und Zugehörigkeit jeder Einzelperson werden ausschließlich zu Zwecken der Identifikation genannt." Die Anzeige wird durch das Wahlkampf-Komitee des Kandidaten T bezahlt. Da die Anzeige nicht durch das Krankenhaus J finanziert und auch nicht anderweitig in Publikationen des Krankenhauses J aufgenommen wurde und die Unterstützung durch Präsident A in einer persönlichen Funktion erfolgt, begründet sie auch keine Wahlkampfbeeinflussung durch das Krankenhaus J.

<u>Situation 4</u>: Präsident B ist der Rektor der Universität K, einer Organisation im Sinne des Abschnitts 501(c)(3). Universität K veröffentlicht einen monatlichen Alumni-Newsletter der an alle Alumni der Universität verteilt wird. In jeder Ausgabe hat Präsident B eine Kolumne mit dem Titel „Meine Ansichten". Im Monat vor der Wahl erklärt Präsident B in der Kolumne, „Es ist meine persönliche Mei-

Ryan Kraski

nung, dass Kandidat U wiedergewählt werden sollte". Für diese eine Ausgabe bezahlt Präsident B aus eigener Tasche den Kostenanteil des Newsletters, der der Kolumne zugeordnet werden kann. Auch wenn er einen Teil der Kosten des Newsletters übernommen hat, ist der Newsletter eine offizielle Publikation der Universität. Da die Unterstützung in einer offiziellen Veröffentlichung der Universität K erschienen ist, begründet dies Wahlkampfbeeinflussung durch die Universität K.

Situation 5:. Pastor C ist Pastor der Kirche L, einer Organisation im Sinne des Abschnitts 501(c)(3) und in der Gemeinde wohlbekannt. Drei Wochen vor der Wahl, nimmt er an einer Pressekonferenz im Wahlkampf-Hauptquartier von Kandidat V teil und äußert, dass Kandidat V wiedergewählt werden sollte. Pastor C sagt nicht, dass er im Namen der Kirche L spreche. Von seiner Unterstützung wird auf dem Titelblatt der örtlichen Tageszeitung berichtet und er wird in dem Artikel als der Pastor der Kirche L benannt. Weil Pastor C die Unterstützung weder in offizieller Kirchenfunktion noch in einer offiziellen Publikation der Kirche ausgeübt oder anderweitig Mittel der Kirche eingesetzt und auch nicht geäußert hat, dass er als Vertreter der Kirche L handele, begründen seine Handlungen keine Wahlkampfbeeinflussung durch die Kirche L.

Situation 6: Vorsitzender D ist Vorstandsvorsitzende von M, einer Organisation im Sinne des Abschnitts 501(c)(3), die die Öffentlichkeit zu Themen des Naturschutzes unterrichtet. Während einer ordentlichen Versammlung von M kurz vor der Wahl, sprach Vorsitzender D zu einer Reihe von Themen, einschließlich der Wichtigkeit der Stimmangabe in der anstehenden Wahl und schloss mit den Worten „Es ist wichtig, dass Sie alle Ihre Pflicht bei der Wahl erfüllen und für Kandidat W stimmen". Da die Bemerkungen von Vorsitzendem D, die seine Unterstützung für Kandidat W erkennen lassen, während einer offiziellen Versammlung der Organisation gemacht wurden, begründen sie politische Wahlkampfbeeinflussung durch M.

Beispiele 3

Die nachfolgenden drei Situationen betrachten einen Bewerber auf ein öffentliches Amt, der bei Wohltätigkeitsforen auftritt und spricht:

Situation 7: Präsident E ist der Präsident der Gesellschaft N, einer historischen Gesellschaft, die eine Organisation im Sinne des Abschnitts 501(c)(3) ist. Im Vormonat der Wahl lädt Präsident E die drei Kongresskandidaten für den Bezirk, in dem die Gesellschaft N sitzt, ein jeweils einzeln, auf den in drei aufeinanderfolgenden Wochen abgehaltenen ordentlichen Versammlungen, vor den Mitgliedern zu sprechen. Jedem Kandidaten wird die gleiche Möglichkeit eingeräumt, Fragen der Mitglieder aus einer breiten Auswahl an Themen anzusprechen und aufzugreifen. Die Gesellschaft N gibt lediglich die Eckdaten zu jede der Ansprachen der Kandidaten bekannt und die jeweilige Einführung von Präsident E zu jedem der Kandidaten enthalten weder Kommentare zu deren Qualifikationen, noch einen Hinweis auf eine Präferenz für irgendeinen der Kandidaten. Die Handlungen der Gesellschaft N begründen keine politische Wahlkampfbeeinflussung.

Situation 8: Die Umstände sind dieselben wie in Situation 7 außer, dass statt drei Kandidaten, vier im Rennen sind und dass einer der Kandidaten die Einladung zum Auftritt ablehnt. In die Werbung, die die Daten für jeder der Ansprachen der Kandidaten ankündigt, nimmt die Gesellschaft N eine Aussage auf, dass die Reihenfolge der Sprecher nach dem Zufallsprinzip bestimmt wurde und dass der vierte Kandidat die Auftrittseinladung der Gesellschaft abgelehnt hat. Präsident E wiederholt dieselbe Aussage in seinen Eröffnungsanmerkungen, bei jeder der Versammlungen, auf der einer

Ryan Kraski

der Kandidaten spricht. Die Handlungen der Gesellschaft N begründen keine politische Wahlkampf-beeinflussung.

Situation 9: Pastorin F ist die Pastorin der Kirche O, einer Organisation im Sinne des Abschnitts 501(c)(3). Am Sonntag vor der Novemberwahl, lädt Pastorin F Senatskandidat X ein, vor Ihrer Gemeinde beim Gottesdienst zu predigen. Während seiner Anmerkungen sagt Kandidat X „Ich bitte Sie nicht nur um Ihre Stimmen, sondern auch um Begeisterung und Hingabe, um Ihre Bereitschaft sich besonders einzusetzen, um an diesem Dienstag eine sehr hohe Wahlbeteiligung zu erzielen". Pastorin F lädt keinen anderen Kandidaten ein, während des Senatswahlkampfes vor ihrer Gemeinde zu sprechen. Da diese Betätigungen während des offiziellen Gottesdienstes stattfinden, sind sie der Kirche O zuzuschreiben. Durch selektive Bereitstellung von Kircheneinrichtungen, die es dem Kandidaten X erlauben, im Sinne seiner Wahlkampagne zu sprechen, begründen die Handlungen der Kirche O politische Wahlkampfbeeinflussung.

Beispiele 4

Die nächsten vier Situationen betreffen Bewerber für öffentliche Ämter, die auf Wohltätigkeitsveranstaltungen als öffentliche Personen auftreten:

Situation 10: Die historische Gesellschaft P ist eine Organisation im Sinne des Abschnitts 501(c)(3). Die Gesellschaft P hat ihren Sitz in der Landeshauptstadt. Präsident G ist der Präsident der Gesellschaft P und billigt üblicherweise die Anwesenheit jedes Regierungsbeamten, der in einer Versammlung zugegen ist. Während des Landeswahlkampfes zur Gouverneurswahl nimmt Vize-Gouverneur Y, ein Kandidat, an einer Versammlung der historischen Gesellschaft teil. Präsident G billigt die Anwesenheit des Vize-Gouverneurs wie üblich, indem er sagt, „Wir freuen uns, heute Abend Vize-Gouverneur Y bei uns begrüßen zu dürfen." Präsident G nimmt in seiner Begrüßung keinerlei Bezug auf die Kandidatur des Vize-Gouverneurs oder die Wahl. Gesellschaft P hat sich durch das Handeln von Präsident G nicht an politischer Wahlkampfbeeinflussung beteiligt.

Situation 11: H ist die Vorstandsvorsitzende von Krankenhaus Q, einer Organisation im Sinne des Abschnitts 501(c)(3). Das Krankenhaus Q baut einen neuen Gebäudeflügel an. Vorsitzende H lädt den Kongressabgeordneten Z, den Vertreter des Bezirks, in dem das Krankenhaus Q liegt, zur Grundsteinlegungsfeier für den neuen Flügel ein. Der Kongressabgeordnete Z kandidiert zu dieser Zeit für die Wiederwahl. Vorsitzende H nimmt in ihren einleitenden Worten keinen Bezug auf die Kandidatur des Kongressabgeordneten Z oder auf die Wahl. Auch Kongressabgeordneter Z nimmt auf seine Kandidatur oder die Wahl keinen Bezug und wirbt auch nicht für Wahlkampfspenden, während er am Krankenhaus Q ist. Krankenhaus Q hat sich nicht an einer Wahlkampfkampagne beteiligt.

Situation 12: Universität X ist eine Organisation im Sinne des Abschnitts 501(c)(3). X gibt regelmäßig einen Alumni-Newsletter heraus. Einzelne Alumni sind eingeladen, Neuigkeiten über sich selbst einzusenden, die in jeder Ausgabe des Newsletters abgedruckt werden. Nach dem Erhalt eines Update-Briefs von Alumnus Q, druckt X das Folgende: „Alumnus Q, Abschlussjahrgang 'XX, kandidiert für das Bürgermeisteramt von Metropolis." Der Newsletter enthält außer dieser Tatsachenaussage keinen Bezug auf diese Wahl oder auf die Kandidatur des Alumnus Q. Universität X hat sich nicht an einer Wahlkampfkampagne beteiligt.

Situation 13: Bürgermeister G wohnt einem Konzert bei, welches das Symphonieorchester S, eine Organisation im Sinne des Abschnitts 501(c)(3), im Stadtpark gibt. Das Konzert ist kostenlos und für

Ryan Kraski

die Öffentlichkeit zugänglich. Bürgermeister G steht als Kandidat zur Wiederwahl und das Konzert findet nach den Vorwahlen und vor der allgemeinen Wahl statt. Während des Konzerts spricht der Vorstandvorsitzende von S die Menge an und sagt, „Ich freue mich, Bürgermeister G hier heute Abend zu sehen. Ohne seine Unterstützung wären diese kostenlosen Konzerte im Stadtpark nicht möglich. Wir werden seine Hilfe brauchen, wenn wir wollen, dass diese Konzerte auch nächstes Jahr stattfinden, also unterstützen Sie bitte Bürgermeister G im November, so wie er uns unterstützt hat." Als Ergebnis dieser Anmerkungen hat sich das Symphonieorchester S im Rahmen politischer Wahlkampfbeeinflussung betätigt.

Praxistipp

Öffentliche Äußerungen im Namen einer gemeinnützigen Organisation sollten nur in Einklang mit einem internen Verfahren getätigt werden, das gewährleistet, dass ihr Inhalt und Timing der gemeinnützigen Organisation nicht schadet.

Beispiele 4

Die folgenden drei Situationen unterscheiden zwischen zulässigen **Sachaussagen** [*issue advocacy statements*] und unzulässiger Wahlstimmenwerbung:

Situation 14: Universität O, eine Organisation im Sinne des Abschnitts 501(c)(3), erstellt und finanziert kurz vor einer Wahl, in der Senator C für die Nominierung in einer Parteivorwahl kandidiert, eine ganzseitige Zeitungsanzeige, die in mehreren auflagenstarken Zeitungen im Bundestaat V veröffentlicht wird. Senator C vertritt den Bundesstaat V im US-Senat. Die Anzeige besagt, dass Abschnitt 24, eine im US-Senat zur Entscheidung anstehende Gesetzesvorlage, für Einwohner des Bundesstaats V zusätzliche Möglichkeiten erschlösse, ein College zu besuchen, dass sich aber Senator C in der Vergangenheit vergleichbaren Maßnahmen entgegengestellt habe. Die Anzeige endet mit der Aussage „Rufen Sie Senator C an oder schreiben Sie ihm, um ihn aufzufordern, für Abschnitt 24 zu stimmen." Bildungsfragen wurden nicht als Thema aufgeworfen, um Senator C von seinen Gegnern abzuheben. Abschnitt 24 ist zur Abstimmung im US-Senat vor der Wahl terminiert, kurz nach dem Datum an dem die Anzeige in den Zeitungen erscheint. Auch wenn die Anzeige kurz vor der Wahl erscheint und die Position von Senator C zu diesem Thema als gegensätzlich zu der Position von O kennzeichnet, hat die Universität O nicht gegen das Verbot politischer Wahlbeeinflussung verstoßen, weil die Anzeige nicht die Wahl oder die Kandidatur von Senator C erwähnt und keine Bildungsthemen zur Abgrenzung von Senator C von seinen Gegenkandidaten aufgebracht wurden. Zudem beziehen sich das Timing der Anzeige und die Kennzeichnung von Senator C direkt auf konkret gekennzeichnete Gesetzgebung, die die University O unterstützt. Außerdem erscheint die Anzeige unmittelbar bevor im US-Senat eine Abstimmung über eben diese Gesetzgebung angesetzt ist. Entscheidend hierfür ist auch, dass der benannte Kandidat, Senator C, ein Amtsinhaber ist, der zur Abstimmung über diese Gesetzgebung berechtigt ist.

Situation 15: Organisation R, eine Organisation im Sinne des Abschnitts 501(c)(3), die die Öffentlichkeit zur Frage der Notwendigkeit verbesserter öffentlicher Bildung unterrichtet, produziert und finanziert einen Radiowerbespot, der die Erhöhung staatlicher Zuschüsse zur öffentlichen Bildung im Bundesstaat X vorantreiben soll, was eine gesetzgeberische Befassung erfordert. Gouverneur E ist der Gouverneur des Bundesstaats X. Die Radiowerbung wird zuerst auf mehreren Radiosendern im Bundesstaat X gesendet, beginnend kurz vor einer Wahl in der Gouverneur E ein Kandidat zur Wiederwahl ist. Die Werbung ist nicht Teil einer laufenden Serie von im Wesentlichen ähnlichen

Ryan Kraski

Sachbeiträgen durch die Organisation R zum selben Thema. Die Werbung zitiert zahlreiche Statistiken, die darauf hinweisen, dass die öffentliche Bildung im Bundesstaat X unterfinanziert ist. Während die Werbung sich nicht zur Position von Gouverneur E in Bezug auf die Finanzierung des öffentlichen Bildungswesens einlässt, endet sie mit: „Erzählen Sie Gouverneur E, was Sie über unsere unterfinanzierten Schulen denken." In öffentlichen Auftritten und gedruckten Wahlkampfmaterialien hat der Gegenkandidat von Gouverneur E, die Finanzierung des öffentlichen Bildungswesens zum Thema seiner Kampagne gemacht. Er hat sich dabei auf das Veto von Seiten des Gouverneurs E gegen eine Einkommensteuererhöhung im Vorjahr fokussiert, die der Erhöhung der Finanzmittel für den öffentlichen Bildungssektor dienen sollte. Zu der Zeit in der die Werbung geschaltet ist, steht keine Abstimmung zu Gesetzesvorhaben oder eine sonstige größere Gesetzgebungstätigkeit zur staatlichen Finanzierung des öffentlichen Bildungswesens im Bundesstaat X an. Die Organisation R hat gegen das Verbot politischer Wahlkampfbeteiligung verstoßen, da die Anzeige Gouverneur E benennt und kurz vor einer Wahl erscheint, für die Gouverneur E kandidiert. Darüberhinaus ist sie nicht Teil einer laufenden Reihe, im Wesentlichen ähnlicher Sachbeiträge, der Organisation R zum selben Thema und sie ist zeitlich nicht darauf abgestimmt mit einem von Wahlen unabhängigen Ereignis, wie etwa einer Gesetzgebungsabstimmung, oder einem anderen größeren Gesetzgebungsvorhaben zu diesem Thema, zusammenzufallen. Zudem nimmt sie eine Position zu einem Thema ein, das der Gegenkandidat zu seiner Abgrenzung von Gouverneur E genutzt hat.

Situation 16: Kandidat A und Kandidat B sind Kandidaten für den Landessenat im Bezirk W des Bundesstaats X. Das Thema der Finanzierung eines neuen Nahverkehrsprojekts in Bezirk W durch Bundesstaat X ist ein zentrales Thema im Wahlkampf. Beide Kandidaten haben sich zu diesem Thema geäußert. Kandidat A befürwortet die Finanzierung des neuen Nahverkehrsprojekts. Kandidat B lehnt das Projekt ab und unterstützt stattdessen die Finanzierung des Highway-Ausbaus durch Bundesstaat X. P ist der geschäftsführende Vorstand von C, einer Organisation im Sinne des Abschnitts 501(c)(3), die die Gemeindeentwicklung im Bezirk W fördert. Auf der jährlichen Spendengala von C im Bezirk W, die im Vormonat der Wahl im Bundesstaat X stattfindet, hält P eine längere Rede über Gemeindeentwicklungsthemen, die auch Verkehrsthemen umfasst. P erwähnt weder die Namen der Kandidaten, noch die einer politischen Partei. Zum Abschluss der Ansprache jedoch macht P folgende Aussage, „Auf diejenigen unter Ihnen, denen die Lebensqualität im Bezirk W wichtig ist und die die wachsende Verkehrsbelastung beschäftigt, kommt im nächsten Monat eine wichtige Entscheidung zu. Wir brauchen neue Nahverkehrsmittel. Mehr Highway-Finanzierung wird nichts bewirken. Sie haben die Macht, die Verkehrsüberlastung abzubauen und Ihre Lebensqualität im Bezirk W zu erhöhen. Setzen Sie diese Macht ein, wenn Sie zur Wahlurne gehen und Ihre Stimme bei der Wahl Ihres Senators abgeben." C hat durch die Bemerkung von P, der in offizieller Funktion für C aufgetreten ist, gegen das Verbot der politischen Wahlkampfbeeinflussung verstoßen. Indem P eine Position zu einem Thema bezogen hat, das ein prominentes Wahlkampfthema ist und die Kandidaten voneinander unterscheidet. Zudem hat er seine Stellungnahme kurz vor der Wahl getätigt.

Beispiele 5

Situationen 17 und 18 betreffen die gleiche Bereitstellung von Gütern und Dienstleistungen an politische Wahlkampfkampagnen:

Situation 17: Museum K ist eine Organisation im Sinne des Abschnitts 501(c)(3). Ihr gehört ein historisches Gebäude mit einer großen Halle, die sich gut für die Abhaltung von Festessen und Empfängen eignet. Über mehrere Jahre hat das Museum K die Halle Mitgliedern der Öffentlichkeit gegen Mietzahlung zugänglich gemacht. Es sind Standardentgelte auf Grundlage der Teilnehmeranzahl

Ryan Kraski

festgesetzt und eine Reihe unterschiedlicher Organisationen haben die Halle bereits angemietet. Das Museum K vermietet die Halle nach dem Windhundverfahren. Kandidat P mietet die Gesellschaftshalle des Museums K für eine Spendengala. Die Wahlkampfkampagne von Kandidat P bezahlt das Standardentgelt für die Veranstaltung. Das Museum K ist durch die Vermietung der Halle an Kandidat P, zur Ausrichtung einer Spendengala, nicht in politische Wahlkampfbeeinflussung involviert.

Situation 18: Das Theater L ist eine Organisation im Sinne des Abschnitts 501(c)(3). Es führt eine Adressliste aller Abonnenten und Unterstützer. Das Theater L hat seine Adressliste noch nie an Dritte verliehen. Das Theater L wird vom Wahlkampfkomitee des Kandidaten Q angesprochen, der sich für eine Erhöhung der Finanzierung der Künste stark macht. Das Wahlkampfkomitee des Kandidaten Q bietet an, die Adressliste des Theaters L zu einem Entgelt zu leihen, das mit einem solchen vergleichbar ist, welches andere, ähnliche Organisationen erheben. Das Theater L verleiht seine Adressliste dem Wahlkampfkomitee des Kandidaten Q. Das Theater L lehnt Anfragen der Wahlkampfkomitees anderer Kandidaten ab. Das Theater L hat sich dadurch an politischem Wahlkampf beteiligt.

Beispiele 6

Die verbleibenden Situationen betreffen schließlich die wohltätige Nutzung von Websites für politische Zwecke:

Situation 19: M, eine Organisation im Sinne des Abschnitts 501(c)(3), unterhält eine Website und postet einen unvoreingenommenen, unparteiischen Wählerleitfaden, der in Übereinstimmung mit den sich aus Rev. Rul. 78–248 ergebenden Prinzipien erstellt wurde. Für jeden in dem Wählerleitfaden behandelten Kandidaten, nimmt M einen Link zu jeweiligen Wahlkampf-Website des betreffenden Kandidaten auf. Die Links zu den Kandidaten-Websites sind in durchgehend neutraler Weise für jeden Kandidaten dargestellt, mit einem Text, der besagt „Weitere Informationen über Kandidat X finden Sie auf [URL]". M hat sich nicht an politischem Wahlkampf beteiligt, weil die Links zu dem ausschließlichen Zweck bereitgestellt werden, Wähler zu informieren und in neutraler, unvoreingenommener Weise präsentiert werden, die alle Kandidaten für ein bestimmtes Amt umfasst.

Situation 20: Krankenhaus N, eine Organisation im Sinne des Abschnitts 501(c)(3), unterhält eine Website, die Informationen wie Listen des medizinischen Personals, Anfahrtsskizzen und Beschreibungen der besonderen angebotenen Gesundheitsprogramme, größeren Forschungsprojekte und andere an die Gemeinschaft gerichteten Programme enthält. Auf einer Seite der Website beschreibt das Krankenhaus N sein Behandlungsprogramm für eine bestimmte Krankheit. Am Ende der Seite folgt ein Abschnitt mit Links auf andere Websites, die mit „Weitere Informationen" überschrieben ist. Diese Links umfassen Links zu anderen Krankenhäusern, die Behandlungsprogramme für diese Krankheit haben, Forschungsorganisationen, die an spezifischen Heilungsmöglichkeiten forschen sowie Artikel über Behandlungsprogramme. Dieser Abschnitt enthält auch einen Link zu einem Artikel auf der Website von O, einer großen landesweiten Zeitung, die das Behandlungsprogramm von N für die Krankheit lobt. Die Seite auf der sich der Artikel auf der Website von O befindet, enthält keinen Bezug zu irgendeinem Kandidaten oder zu einer Wahl und hat keine direkten Links zu Informationen über Kandidaten oder Wahlen. An anderer Stelle auf der Website von O gibt es eine Seite, die die von O veröffentlichen Leitartikel anzeigt. Mehrere der Leitartikel unterstützen Kandidaten einer noch ausstehenden Wahl. Das Krankenhaus N hat sich durch die Schaltung des Links zum Artikel auf der Website von O nicht an politischem Wahlkampf beteiligt, da der Link zum ausschließlichen Zweck bereitgestellt wurde, die Öffentlichkeit über die Programme von Krankenhaus

Ryan Kraski

N zu unterrichten und weder der Kontext des Links noch die Beziehung zwischen Krankenhaus N und O, oder die Anordnung der Links, die von der Website des Krankenhauses N zu der Unterstützung auf der Website von O indizieren, dass das Krankenhaus N irgendeinen Kandidaten befürwortet oder ablehnt.

Situation 21: Die Kirche P, eine Organisation im Sinne des Abschnitts 501(c)(3), betreibt eine Website, die Informationen wie Lebensläufe ihrer Pastoren, Gottesdienstzeiten, Einzelheiten zu Programmen für Gemeindemitglieder und zu Aktivitäten ihrer Gemeindemitglieder enthält. B, ein Gemeindemitglied der Kirche P, kandidiert für einen Sitz im Stadtrat. Kurz vor der Wahl veröffentlicht die Kirche P die folgende Mitteilung auf ihrer Website, „Lassen Sie B, Ihrem Gemeindemitbruder, bei der Stadtratswahl am Dienstag ihre Unterstützung zuteilwerden." Die Kirche P hat sich im Interesse von B an politischem Wahlkampf beteiligt.[26]

Praxistipp

Bei Ausübung einer bestimmten Tätigkeit, die in den „Graubereich" eines bundesstaatlichen Gesetzes oder des IRC fallen könnte, sollte Vorständen geraten werden, spezialisierten Rechtsrat zu suchen, um sicherzustellen, dass es keine Probleme im Hinblick auf ihren steuerbefreiten Status gibt.

Als Abhilfemaßnahme für Wahlstimmenwerbung werden Verbrauchssteuern nach Abschnitt 4955 auf unzulässige politische Ausgaben erhoben. Die Verbrauchssteuer wird anfänglich gegen die Organisation mit einem Satz von zehn % auf die politischen Ausgaben und mit 2,5% gegen den Controlling-Leiter der Organisation erhoben, der willentlich diesen Ausgaben zugestimmt hat. Wenn es die Organisation innerhalb jenes Veranlagungszeitraums nicht schafft, die unzulässigen Ausgaben zu korrigieren, dann soll sie mit zusätzlichem Satz von 100% und das Management mit einem Satz von 50% besteuert werden.[27] In Fällen „eklatanter" politischer Ausgaben, kann der IRS eine Zivilklage vor einem erstinstanzlichen Gericht erheben, um einen Unterlassungstitel zu erlangen, der fortdauernde oder künftige politische Einflussnahme verhindert.[28] Zudem kann der IRS in diesen eklatanten Fällen unverzüglich das Steuerjahr der Organisation abschließen und sofortige Zahlung der Verbrauchssteuern verlangen.[29] In noch extremeren Fällen kann der IRS einer Wohltätigkeitsorganisation den steuerbefreiten Status aberkennen.

32

---

26 Rev. Rul. 2007-41 (IRS RRU), 2007-25 I.R.B. 1421, 2007-1 C.B. 1421, 2007 WL 1576989.
27 26 USC § 4955.
28 26 USC § 7409.
29 26 USC § 6852.

F. IRC Abschnitt 527 Politische „Aktions"-Gruppen

33 Der bekannte Begriff *Superpac* ist zum Synonym im Bereich Wahlen in den USA geworden. *Superpacs* sind Organisationen, die nach *IRC* Abschnitt 527 gegründet wurden. Ihre vorrangige, steuerbefreite Funktion ist es „die Auswahl, Nominierung, Wahl, oder Ernennung einer Person zu einem Staatsamt des Bundes, eines Bundestaats oder einem lokalen öffentlichen Amt, oder einem Amt in einer politischen Organisation oder die Wahl von Präsidentschafts- oder Vize-Präsidentschafts-Wahlmännern zu beeinflussen."[30] Es mag nach der vorangegangenen Erörterung über Verbote in Bezug auf Lobbyismus und Wahlstimmenwerbung überraschen, dass eine solche Organisation eine „steuerbefreite" Tätigkeit sein kann. Es gibt jedoch auch bestimmte Nachteile für Organisationen gemäß Abschnitt 527. Obwohl diese zwar keine Bundeseinkommensteuer auf Einkünfte aus politischen Zuwendungen, Mitgliedschaftsbeiträgen, Erträgen aus Spendensammlungen und Erträgen aus Bingospielen zu zahlen brauchen, müssen sie dennoch Bundeseinkommensteuer auf ihre Bruttoeinkünfte aus anderen Quellen zahlen. Zudem können, was besonders hervorzuheben ist, Zuwendungen an *superpacs* nicht steuerlich als Spenden abgesetzt werden.[31] Angesichts der hochpolitisierten Natur von *Superpacs* ist es besonders angezeigt, sich vor irgendwelchen Schlussfolgerungen über die aktuelle Kasuistik auf diesem Gebiet eingehend zu informieren.

G. Einkommensteuer auf Fremdgeschäft

34 Bei Ausübung steuerbefreiter Tätigkeiten ist es möglich, dass sich Organisationen von Zeit zu Zeit an Aktivitäten beteiligen, die typischerweise als gewinnorientiert angesehen werden. Aus diesem Grund hat der US-Kongress die **Einkommensteuer auf Fremdgeschäft** [*unrelated business income tax* – "UBIT"] geschaffen, um „Handel oder Geschäfte, deren Durchführung nicht wesentlich mit der Ausübung oder Leistung der wohltätigen, Bildungs- oder anderer Zwecke oder Funktionen solcher Organisationen verbunden ist, welche die Grundlage ihrer Befreiung nach Abschnitt 501 begründen" zu besteuern.[32] Dies ist eine Heilungsmöglichkeit für Verstöße, die als wesentliche Geschäftsaktivitäten angesehen werden, die aber nicht hinreichend anstößig sind, um die Aufhebung der Steuerbefreiung der Organisation zu rechtfertigen. Stattdessen werden die Fremdaktivitäten aus dem übrigen Teil des Einkommens heraus **fragmentiert**, sodass nur der herausgelöste Anteil der Überschuss-*UBIT*-Steuer unterfällt.

---

30 26 USC § 527 (e)(2).
31 26 USC § 527 (d)(3).
32 26 USC § 513 (a).

Ryan Kraski

H. Auflösung gemeinnütziger Organisationen

Es gibt viele mögliche Gründe, für die Auflösung einer gemeinnützigen Organisa- 35
tion. Wenn sie beispielsweise ihren Zeck bereits erreicht hat, kann dies ein Grund
sein, sich freiwillig aufzulösen oder sich mit einer anderen gemeinnützigen Organisation zusammenzuschließen. Zum anderen könnten sie in finanzielle Schwierigkeiten geraten und dadurch zur Auflösung gezwungen werden. Die Gesetze der
Bundesstaaten, in denen die gemeinnützige Organisation ihren Sitz hat, regeln die
Leitlinien für die Auflösung. Wie bereits zuvor im Rahmen der Erfordernisse des
organizational test dargelegt, muss die Organisation einen Plan zur Verteilung ihrer
Vermögenswerte haben, der im Gesellschaftsvertrag enthalten ist. Bei Beantragung
der freiwilligen Liquidation nach dem *Bankruptcy Code* verlangt die Mehrheit der
Bundesstaaten, dass der Vorstand per formellem Beschluss für die Auflösung
stimmt, Mitglieder und Vorstand einem Auflösungsplan zustimmen, Gläubiger mit
hinreichend zeitlichem Vorlauf zur Begleichung von Verbindlichkeiten benachrichtigt werden und die Organisation nach der Auflösung nur noch die zu Abwicklung
erforderlichen Aktivitäten ausübt.[33]

Die Art der Organisation, ob sie zu öffentlichem oder zu gegenseitigem Nutzen 36
bestimmt ist, spielt auch eine Rolle bei der Bestimmung, wohin die verbleibenden
Vermögenswerte transferiert werden. Wenn eine Organisation dem öffentlichen
Nutzen dient, müssen verbleibende Vermögenswerte auf andere, ähnliche Wohltätigkeitsorganisationen übertragen werden. Organisationen mit beiderseitigem
Nutzen können Vermögenswerte bei der Auflösung an ihre Mitglieder verteilen, wie
in den Gründungsdokumenten der Organisation vorgesehen.[34] Bei der Bestimmung
der nachfolgenden wohltätigen Empfängerorganisation, haben die Gerichte bislang
überwiegend den Maßstab angewandt, dass der Nachfolger sich „in Aktivitäten engagiert, die im Wesentlichen ähnlich mit denen der aufgelösten Gesellschaft sind."[35]
Des Weiteren wenden die Gerichte für die Wohltätigkeits-Treuhand zumeist die
Cy Pres-Doktrin an, wenn ein ursprünglicher Zweck unmöglich oder untauglich
wird. *Cy Pres* ist eine gewohnheitsrechtliche Regel, die zur Anwendung kommt, um
Vermögenswerte einer Verwendung neu zuzuordnen, die „so nah wie möglich" (*cy
pres*) an der Ursprungsintention liegt, wenn diese ursprüngliche Intention nicht eng
auf das in der Stiftungsurkunde Aufgelistete begrenzt ist.[36]

Als Alternative zur Auflösung kann eine Organisation auch eine **Umwandlung** 37
durchführen. Es gibt vier mögliche Methoden der Umwandlung einer gemeinnützi-

---

33 Siehe allgemein 11 USC § 303(a).
34 In re Los Angeles County Pioneer Soc., 257 P.2d 1, 13 (CAL. 1953).
35 *Matter of Multiple Sclerosis Service Organization of New York, Inc.*, 68 N.Y.2d 32, 43–44 (N.Y., 1986).
36 Restatement (Second) of Trusts § 381 (1959).

gen in eine gewinnorientierte Organisation, die Investoren und Anteilseignern weit mehr Möglichkeiten einräumen, um an ihren Aktivitäten teilzunehmen. Zunächst gibt es die **Umwandlung am Platz** [*conversion in place*], die in einer Handvoll Rechtsordnungen zulässig ist und bei der der Gesellschaftsvertrag lediglich ergänzt wird, damit die Gesellschaft gewinnorientiert arbeiten kann und die Fähigkeit erlangt, Aktien zu emittieren. Zweitens kann eine gemeinnützige Organisation ihre Vermögensgüter zu einem fairen Marktwert an ein gewinnorientiertes Unternehmen **verkaufen** [*sell-off*]. Dieser Verkauf führt zur vollen Inhaberschaft seitens des gewinnorientierten Unternehmens. Die sich ergebenden Einnahmen des gemeinnützigen Unternehmens müssen für wohltätige Zwecke eingesetzt werden. Üblicherweise werden in diesen Fällen Stiftungen eingerichtet. Drittens kann eine gemeinnützige Organisation mit einer anderen juristischen Person fusionieren [*merger*]. Und schließlich kann eine *nonprofit organization* auch eine **Ausgliederungsumwandlung** [*drop-down conversion*] vollziehen, in welcher sie im Austausch gegen Aktien all ihre Vermögensgüter und Verbindlichkeiten an eine ihrer alleinigen Töchter überträgt. Dies führt entweder zur Bildung einer neuen gewinnorientierten Organisation, einer Privatstiftung oder einer Organisation im Sinne des *IRC* § 501 (c)(4).[37]

I. Die Leitung von gemeinnützigen Organisationen

38 Die Führungsstruktur einer nichtinkorporierten Gesellschaft ergibt sich aus ihrer Satzung oder anderer Gründungsdokumente. Die rechtliche Beziehung der Mitglieder und der Geschäftsführung der Gruppe bestimmt sich vorrangig nach dem **Recht der Stellvertretung** [*agency*].[38] Die rechtlichen Befugnisse einer Treuhand werden durch die Treuhandurkunde oder per Satzung einem Treuhänder übertragen.[39] Der einem Begünstigten vonseiten des Treuhänders geschuldete Sorgfaltsmaßstab ist

---

37 Bradford Gray, *Conversions of Nonprofit Health Plans & Hospitals*, in: AN OVERVIEW OF THE IS-SUES AND THE EVIDENCE IN CONVERSION TRANSACTIONS: CHANGING BETWEEN NONPROFIT AND FOR-PROFIT FORM (National Center on Philanthropy & the Law 1996), 53; Thomas Silk, *Conversions of Tax-Exempt Nonprofit Organizations: Federal Tax Law and State Charitable Law Issues*, 13 Exempt Org. Tax Rev. 745, 746 (1996), 745–46.

38 Henry B. Hansmann, *Reforming Nonprofit Corporation Law*, 129 U. Pa. L. Rev. 479, 509–538 (1981); siehe http://legal-dictionary.thefreedictionary.com/agency (das die Vertretung als „eine durch Vertrag oder Gesetz geschaffene, einvernehmliche Beziehung definiert, in der eine Partei, der Geschäftsherr, einer anderen Partei, dem Vertreter, die Befugnis einräumt im Namen und unter der Kontrolle des Geschäftsherrn mit Dritten zu verhandeln. Eine Vertretungsbeziehung ist ihrer Natur nach treuhänderisch und Handlungen und Erklärungen des Vertreters gegenüber einem Dritten binden den Geschäftsherrn.").

39 Austin Wakeman Scott et al., *Scott and Scher on Trusts* § 18.1, at 1266 (5. Aufl. 2006 und Ergänzung 2009).

Ryan Kraski

verhältnismäßig höher, als derjenige, den ein Vorstandsmitglied einer gemeinnützigen Gesellschaft der Organisation oder der Öffentlichkeit schuldet. Gemeinnützige Gesellschaften werden durch ihren Vorstand geleitet. Das Recht, das diese Beziehung regelt, entstammt hauptsächlich bundesstaatlichen Gesetzen und dem Fallrecht. Vorstandsmitglieder unterliegen bei der Ausübung ihrer Aufsichtsfunktion über die Gesellschaft fiduziarischen Pflichten.

Diese **fiduziarischen Pflichten** erfordern, dass **Treuhänder** (und im Fall von gemeinnützigen Gesellschaften: Vorstandsmitglieder) einzig im Interesse ihrer **Geschäftsherrn** oder Organisationen handeln. Treuhänder müssen die vorherige Zustimmung ihres Geschäftsherrn einholen, wenn sie aus ihren Transaktionen persönlichen Gewinn verbuchen wollen. Treuhänder müssen sich auch aller Konflikte zwischen eigenen Interessen und denen ihres Geschäftsherrn enthalten.[40] Genauer gesagt schulden Treuhänder ihren Geschäftsherrn Sorgfalt, Loyalität und Gehorsam. 39

Die „Sorgfaltspflicht" eines Vorstandsmitglieds erfordert, dass es angemessen informiert ist, sich an Entscheidungen beteiligt und dabei nach Treu und Glauben handelt. Bei der Einholung von Informationen wird von einem Vorstandsmitglied nicht erwartet, dass es (zugerechnetes) Wissen von allem haben muss. Vielmehr kann sich das Vorstandsmitglied auf Informationen verlassen, die von zuverlässigen und kompetenten Mitgliedern der Organisation stammen. Blindes Vertrauen auf andere steht allerdings nicht im Einklang damit, sich angemessen informiert zu halten.[41] Ein berühmter Fall, *Smith v. Van Gorkom*,[42] führt näher aus, was auch als die *Business Judgement Rule* bekannt ist. Diese Regel erfordert, dass Vorstandsmitglieder über Angelegenheiten nach sorgfältiger Abwägung entscheiden, sich auf wichtige Entscheidungen gebührend vorbereiten, sich an Diskussionen im Vorfeld der Entscheidung beteiligen, schriftliche Protokolle dieser Diskussionen vorhalten, Expertenrat zu größeren Transaktionen einholen und die Qualität hausinterner Informationen sicherstellen. Diese Regel erlaubt Führungskräften, auf Informationen beruhende und vernünftige Risiken bei der Führung ihrer Organisationen einzugehen. 40

Praxistipp

Wenn ein Vorstandsmitglied versucht, in Übereinstimmung mit der Business Judgement Rule informierte Entscheidungen zu fällen, sollten die Aktivitäten schriftlich nachverfolgbar sein. Um unter den Schutz dieser Regel zu fallen, bestehen gutberatene Vorstände darauf, schriftliche Berichte und professionellen Rat zu erhalten, bevor sie wichtige Entscheidungen treffen.

---

40 EUGENE TEMCHENKO, CORNELL UNIVERSITY LAW SCHOOL LEGAL INFORMATION INSTITUTE, FIDUCIARY DUTY, (2016), https://www.law.cornell.edu/wex/fiduciary_duty.
41 Daniel L. Kurtz, Board Liability: Guide for Nonprofit Directors 29 (1988).
42 488 A. 2d 858, 874–75 (Del. 1985).

Ryan Kraski

Praxistipp

Vorstandmitglieder und Geschäftsführer sollten einen Ausdruck folgender Unterlagen vorhalten:
- Kalender der Versammlungen und Veranstaltungen der gemeinnützigen Organisation;
- Den Gründungsvertrag und die Satzung;
- Die Leitlinien der gemeinnützigen Organisation;
- Eine Liste der Vorstandsmitglieder (einschließlich Präsidien und Komitees) und anderer wichtiger Kontakte mit Adressen, Rufnummern und E-Mail-Adressen;
  Die Regularien der gemeinnützigen Organisation zu Interessenkonflikten;
  Jegliche schriftlichen Offenlegungen, die ein Direktor in Zusammenhang mit den Regularien zu Interessenkonflikten evtl. getätigt haben kann.

---

41 Die einer Organisation geschuldete **Loyalitätspflicht** verlangt allgemein, dass Geschäftsführer im Wohle der Organisation und nicht in dem eigenen oder dem eines Dritten handeln.[43] Im Rahmen der Loyalitätspflicht sind Interessenkonflikte nicht *per se* verboten, es ist nur erforderlich, dass bei Bestehen eines Konflikts zwischen einem Geschäftsführer und der Organisation, er oder sie dem Vorstand den Konflikt schriftlich offenlegen und ihn einer interessenneutralen Vorstandsprüfung unterwerfen muss.[44] Geschäftsführer dürfen sich bei Erlangung privilegierter organisationsbezogener Information nicht an einer widerstreitenden persönlichen Transaktion beteiligen und Vorteil aus dieser **Unternehmensgelegenheit** [*corporate opportunity*] ziehen. Geschäftsführer sind daher zur Offenlegung jeder ihrer persönlichen Transaktionen verpflichtet, die sie ersichtlich mit ihrer Loyalitätspflicht in Konflikt bringen könnte.[45]

42 Die **Gehorsamspflicht** schließlich verlangt von allen Geschäftsführern das Handeln im Einklang mit den Gründungsdokumenten der Organisation, deren Zweck und der Verwendung der Spendenmittel im Sinne dieses Zwecks. Dies führt erneut zurück auf den *organizational test* und seine Voraussetzung, dass die Organisation einen geeigneten wohltätigen Zweck in ihren Gründungsdokumenten aufführt. Die Organisation muss sich ihres wohltätigen Zwecks bewusst sein, ebenso wie der Verpflichtung, alle notwendigen Schritte zu unternehmen, um einen gemeinnützigen oder steuerbefreiten Status aufrechtzuerhalten. Auch obliegt dem Vorstand die Aufgabe der Festsetzung von Beträgen für die Geschäftsführervergütungen nach den Maßstäben einer **umsichtigen Person** [*prudent person*].[46] Da Begünstigte dieser Organisationen oftmals die Öffentlichkeit ist, sind die Justizminis-

---

43 Section of Business Law, Guidebook for Directors of Nonprofit Corporations 19, 29 (George W. Overton/Jeannie Carmedelle Frey, Hrsg., 2003).
44 Jordan v. Duff & Phelps, Inc., 815 F.2d 429, 440 (7th Cir. 1987).
45 Section of Business Law, Guidebook for Directors of Nonprofit Corporations 19, 34 (George W. Overton/Jeannie Carmedelle Frey, Hrsg., 2003).
46 Restatement (Third) Trusts § 90.

Ryan Kraski

terien des jeweiligen Bundesstaats zuständig für die rechtliche Durchsetzung dieser Pflichten.[47]

J. Zusammenfassung

Nach der Lektüre dieses Kapitels sollten Sie besser vertraut sein mit den einschlägi- **43** gen Rechtsquellen in Bezug auf gemeinnützige Organisationen, ihren Strukturen, den Unterschieden zu gewinnorientierten Organisationen und den Tests, denen sie unterworfen sind. Dieses Kapitel versucht so präzise und allgemein informativ wie möglich zu sein. Es ist jedoch zu beachten, dass dieses Kapitel keinesfalls eine allumfassende Abhandlung über gemeinnützige Organisationen sein kann. Es ist im Gegenteil dazu eher eine detaillierte Einführung in die, mit gemeinnützigen Organisationen in Verbindung stehenden, Themen. Die Ausführungen können als Ausgangspunkt für weitere Nachforschung und Erschließung der konkreten Aspekte dienen.

Abschließend gilt zu erkennen, dass der „dritte Sektor" in den Vereinigten Staa- **44** ten sich fortwährend und exponentiell ausdehnt. Wohltätiges Spenden und Ehrenamt sind in der US-Kultur tief verwurzelt; sie sind die Saat, die die ersten amerikanischen Entdecker und Grenzbewohner gesät haben. Beginnend in diesen Anfangstagen, durch die Industrialisierung des Landes hindurch und bis in die Jetztzeit, wurden die Gesetze kontinuierlich weiterentwickelt, um Rechtsstrukturen für dieses Wohltätigkeits- und Ehrenamtswesen bereitzustellen. Diese besondere Rechtskultur, die auch in der Rechtsstruktur des Landes ihren Widerhall findet, ist die Verkörperung des individuellen Engagements und der Teilhabe daran, sich gesellschaftlichen Problemen zu stellen.

---

[47] Rob Atkinson, *Unsettled Standing: Who (Else) Should Enforce the Duties of Charitable Fiduciaries?*, 23 Iowa J. Corp. L. 655 (1988).

Ryan Kraski

Kapitel 11
Schutz und Durchsetzung geistiger Eigentumsrechte in den Vereinigten Staaten – Eine Einführung

Literaturverzeichnis

Bessen, James, **Ford**, Jennifer & **Meurer**, Michael J., "The Private and Social Costs of Patent Trolls," 11(45) *Boston University School of Law Working Paper* 1 (2011), http://papers.ssrn.com/sol3/papers.cfm?abstract_id=1930272. **Chien**, Colleen V., "From Arms Race to Marketplace: The New Complex Patent Ecosystem and Its Implications for the Patent System," 62 *Hastings Law Journal* 297 (2010). **Glass**, Ira & Chicago Public Media, "When Patents Attack!," *This American Life* audio podcast, episode 441 (July 22, 2011). **Goldstein**, Richard W. & **Pentcheva**, Donika P., *AIPLA: 2015 Report of the Economic Survey* (2015). **Jones**, Ashby, "When Lawyers Become 'Trolls'," *Wall Street Journal*, January 23, 2012, http://www.wsj.com/articles/SB10001424052970203750404577173402442681284. **Rich**, Giles S., "Laying the Ghost of the 'Invention' Requirement," 1 *AIPLA Quarterly Journal* 26 (1972). **Risch**, Michael, "Patent Troll Myths, 42 *Seton Hall Law Review* 457 (2012). **Roberts**, Jeff John, "Patent Trolls Hurt R&D Say Scholars in Letter to Congress," *Gigaom*, March 2, 2015, https://gigaom.com/2015/03/02/patent-trolls-hurt-rd-say-scholars-in-letter-to-congress/. **Witherspoon**, John F. ed., *Non-Obviousness – The Ultimate Condition of Patentability* (1980).

A. Einleitung

1   Dieses Kapitel gibt einen Überblick über das US-Immaterialgüterrecht – insbesondere hinsichtlich des Schutzes und der Durchsetzung geistiger Eigentumsrechte.

2   Das US-Immaterialgüterrecht kennt vier verschiedene Regimes: **Urheberrecht** [*copyright*], **Patentrecht** [*patent law*], **Marken- und Schutzrechte** [*Trademark*] und **Betriebs- und Geschäftsgeheimnisse** [*trade sec*rets]. Anders als in verschiedenen anderen Ländern ist industrielles Design kein geschütztes geistiges Eigentum *sui generis*, ebenso sind **Urheberpersönlichkeitsrechte** [*moral rights*] oder *droit d'auteur* im US-Recht stark begrenzt.

3   Je nach der Natur des betroffenen Rechts können Immaterialgüterrechte in den Vereinigten Staaten (a) ausschließlich auf Bundesebene, (b) ausschließlich auf der einzelstaatlichen Ebene; oder (c) auf sowohl einzelstaatlicher als auch Bundesebene erteilt und durchgesetzt werden. So sind beispielsweise Urheberrecht und Patentrecht jeweils Gebilde des nationalen Rechts und können somit ausschließlich von der Bundesregierung erteilt und im Bundesgerichtssystem durchgesetzt werden. Dagegen können *Schutzmarken* sowohl auf der Bundes- als auch auf der einzelstaatlichen Ebene eingetragen und durchgesetzt werden. Geschäftsgeheimnisse sind grundsätzlich nicht zulassungsfähig, aber die Rechte daran können vor Bundes- oder einzelstaatlichen Gerichten durchgesetzt werden.

Jacob H. Rooksby
https://doi.org/10.1515/9783899498103-011

Im Folgenden werden die zentralen Prinzipien erläutert, die bei der Erlangung **4** von geistigen Eigentumsrechten in den USA von Belang sind und die verschiedenen Möglichkeiten dargestellt, die zu ihrer Durchsetzung zur Verfügung stehen. Das Kapitel setzt den Schwerpunkt auf das US-Recht, und behandelt daher nicht die internationalen Verpflichtungen der USA aus Verträgen, die u. U. die Anerkennung von im Ausland erworbenen Immaterialgüterrechten erfordern. Die Kosten der Durchsetzung von Immaterialgüterrechten in den USA sind angegeben, sofern dies für die Darstellung sinnvoll erscheint.

Die Relevanz von Immaterialgüterrechten in den USA nimmt mit der Entwick- **5** lung hin zur Wissensökonomie stetig zu, da sich der Fokus hierzulande immer mehr auf Hightech-Produkte und -Dienstleistungen und immer weniger auf traditionelle Verarbeitungsmethoden und Waren richtet. Daher sollte das grundsätzliche Verständnis dafür, wie Immaterialgüterrechte in den USA erteilt und verwertet werden von Interesse für jedes deutsche Unternehmen sein, das sich in den USA geschäftlich betätigen will.

B. Voraussetzungen der Immaterialgüterrechte

Die US-Verfassung ermächtigt den US-Kongress, „den Fortschritt von Kunst und **6** Wissenschaft dadurch zu fördern, dass Autoren und Erfindern für beschränkte Zeit das ausschließliche Recht an ihren Publikationen und Entdeckungen gesichert wird".[1] Durch diese Klausel kann der US-Kongress Gesetze über Urheber- und Patentrecht verabschieden. Die einzelnen Staaten haben keine eigenen Urheberrechtsgesetze und sind von der Entwicklung eigenständiger Schutzsysteme ausgeschlossen.

I. Urheberrecht

Durch den **Urheberrechtgesetz** [*Copyright Act*] **von 1976** wurden die Merkmale des **7** modernen Urheberrechts in den USA begründet. Durch dieses Gesetz wurden die zuvor strikten Formalitäten für den Erhalt von Urheberrecht drastisch gelockert. Nun gilt für Werke, die ab dem 1. Januar 1978 geschaffen wurden, dass jedes Werk, das die Voraussetzungen erfüllt, direkt bei Erstellung automatisch unter Urheberrecht-Schutz steht. Der Autor muss das Urheberrecht weder anmelden, noch Gebühren bezahlen oder das ©-Symbol verwenden, um urheberrechtlichen Schutz zu genießen. Trotzdem muss er das Werk beim **Bundesamt für Urheberrecht** [*US*

---

1 US-Verfassung, Artikel I, Abschnitt 8, Satz 8.

Jacob H. Rooksby

Copyright Office] anmelden, wenn er seine Urheberrechte vor Gericht durchsetzen will.

Praxistipp

Die Benutzung des ©-Symbols in den USA ist nicht geregelt. Jeder Autor kann den Vermerk an einem Werk verwenden, das seiner Meinung nach ein Original ist, ohne es zuvor (oder jemals) anmelden zu müssen. Werke, die ab dem 1. Januar 1978 ohne © veröffentlicht wurden, können trotzdem urheberrechtlich geschützt sein, da das Symbol für diese Werke lediglich eine deklaratorische Wirkung hat.

---

8   Ein Urheberrecht schützt in den USA jeden **originären Ausdruck** [*original expression*], der in einem **körperlichen Medium** [*tangible medium*] festgelegt ist. *Körperliche Medien* schließen traditionelle Medien, etwa Buchseiten oder Leinwände mit ein, aber auch digitale Medien, wie Film oder Mikrochips. Das Körperlichkeits-Kriterium bedeutet lediglich, dass sich der Ausdruck nicht verflüchtigen darf, wie es beispielsweise bei einer spontanen, nicht aufgenommenen Rede der Fall ist. Vielmehr muss der Ausdruck in einem Medium festgehalten werden. Somit genießen Literatur, Musik, Theaterstücke, Choreographien, Bilder, Grafiken, Skulpturen, bewegte Bilder und audiovisuelle sowie architektonische Werke alle potentiell urheberrechtlichen Schutz.[2]

9   Die US-Bundesgerichte legen, wie auch das Bundesamt für das Urheberrecht in Washington DC, seit langer Zeit die Konturen des Urheberrechts aus. Beispielsweise haben die Gerichte festgestellt, dass ausschließlich originäre Ausdrücke urheberrechtlichen Schutz genießen, und nicht etwa Fakten oder Ideen. In einigen Ausnahmen kann jedoch der Ausdruck einer Idee mit der Idee selbst „verschmelzen", sodass es lediglich eine einzige Möglichkeit gibt, der Idee Ausdruck zu verleihen. In diesem Fall ist kein urheberrechtlicher Schutz verfügbar.

10   Titel, Slogans und kurze Sätze sind nicht urheberrechtfähig, da ihnen die erforderliche Originalität fehlt. Nichtsdestotrotz können gewisse alltägliche Ausdrücke schutzfähig sein, wie etwa E-Mails, Werbeanzeigen und Satzungen, da das Urheberrecht nicht zwischen wertvollen und weniger wertvollen Werken diskriminiert.

11   Es ist ein wichtiges Prinzip des US-Urheberrechts, dass ein hoher Aufwand nicht zwingend in Urheberrechtschutz mündet. Diese „Fleissarbeit-Doktrin" [*sweat of the brow doctrine*] entstand in einem berühmten Fall vor dem Obersten Gerichtshof, in dem ein Unternehmen versuchte, urheberrechtlichen Schutz für ein von ihm erstelltes Telefonverzeichnis zu erwirken.[3] Obwohl das Gericht den Aufwand und die Kosten, die die Erstellung des Verzeichnisses erforderte, zur Kenntnis nahm, stellten die

---

2 17 USC § 102(a).
3 *Feist Publications, Inc. v. Rural Telephone Service Co.*, 499 U.S. 340 (1991).

Jacob H. Rooksby

Richter fest, dass diese Faktoren für die Feststellung einer Berechtigung eines Urheberrechts irrelevant sind, da ausschließlich die Originalität des Werks entscheidend ist. Weil die Zusammenstellung der Daten in dem Verzeichnis keine Neuerung war (die alphabetische Auflistung von Namen und Telefonnummern ist üblich), wurde dem Unternehmen der Schutz versagt.

Statt eines einzelnen Rechts ist das Urheberrecht eher ein **Bündel an Rechten**, 12 die jeweils unabhängig voneinander vergeben oder lizensiert werden können. Das Bündel umfasst die sechs Rechte, das Werk zu reproduzieren, auszustellen, Vervielfältigungen zu verbreiten, Abwandlungen des Werkes herzustellen und das Werk aufzuführen bzw. Tonaufnahmen durch digitale Übertragung öffentlich wahrnehmbar zu machen. Die Phrase „alle Rechte vorbehalten" [*all rights reserved*] impliziert, dass sich der Eigentümer alle Rechte an dem Werk selbst vorbehalten hat. Dies stellt die Standardvermutung im US-Urheberrecht dar.

Ein Urheberrecht genießt in den USA zeitlich sehr langen Schutz. Für Werke, 13 die nach dem 1. Januar 1978 hergestellt wurden, besteht der Schutz für die Lebenszeit des Autors und weitere 70 Jahre danach. Demnach wäre ein Werk, das im Jahr 2000 geschaffen wurde, bis zum Lebensende des Autors und weitere 70 Jahre geschützt. Diese Geltungsdauer kann nicht erneuert werden und beginnt automatisch mit der Festsetzung der Originalwerke [*fixation of the original expression*], unabhängig von einer Gebührenzahlung oder einer Anmeldung. Wegen der langen Schutzdauer des Urheberrechts besteht die grundsätzliche Annahme, dass vor kurzem veröffentlichte Werke noch geschützt sind. Dies ist allerdings nicht der Fall, wenn der Rechtsinhaber das Werk in die **Gemeinfreiheit** [*public domain*] entlässt.

Bestimmte Werke werden oftmals einer juristischen Person zugerechnet, ob- 14 wohl sie von einer natürlichen Person geschaffen worden sind. Diese Werke sind **Unternehmensurheberrecht** [*corporate copyrights*] und auch als **Lohnarbeit** [*"work made for hire"* (*WMFH*)] bekannt. Unter *WMFH* werden auch Werke gefasst, die durch Angestellte im Rahmen ihrer Beschäftigung entstehen. So gehören beispielsweise die Urheberrechte an einer betriebsinternen Notiz nicht dem Angestellten, sondern dem Arbeitgeber als *WMFH*. Die Geltungsdauer von Urheberrechten, die als *WMFH* entstehen ist länger als die von Einzelautoren und beträgt 120 Jahre ab der Herstellung, oder 95 Jahre ab der Veröffentlichung, je nachdem was zuerst eintritt.

Praxistipp

Registrierte US-Urheberrechte sind online unter http://www.urheberrecht.gov zu finden. Auch Urheberrechtsanmeldungen können über die Website eingereicht werden – dies ist auch ohne Anwaltszulassung möglich.

Wie oben erwähnt ist die Eintragung des Urheberrechts optional. Urheberrechte 15 können unabhängig davon, ob sie eingetragen sind, lizensiert und übertragen wer-

Jacob H. Rooksby

den, obwohl eine Eintragung trotzdem bestimmte Vorteile mit sich bringt. Auf der Website des Bundesamts für das Urheberrecht gibt es die Möglichkeit, sich ohne Beteiligung eines Rechtsanwaltes anzumelden. Die Kosten betragen $35 bis $85 pro Werk.[4] Autoren müssen eine Ausfertigung des zu veröffentlichenden Werks an das Bundesamt für das Urheberrecht senden, obwohl dies nur sehr reduziert überprüft wird. Keinesfalls werden beispielsweise Romane gelesen, um sicherzustellen, dass jedes einzelne Wort darin original ist. Letztlich stellt das Bundesamt für das Urheberrecht nur fest, dass Werke wie Romane grundsätzlich urheberrechtlichen Schutz genießen und erteilt daraufhin eine **Eintragungsbestätigung** [*registration certificate*] auf der Grundlage der Anmeldung des Autors. Die Eintragungsbestätigung ergeht in der Regel innerhalb von sechs Monaten nach Antragsstellung, kann aber durch Zuzahlungen beschleunigt werden. Insbesondere im Hinblick auf den Vollzug der Urheberrechte ist eine Anmeldung des Urheberrechts vorteilhaft. Diese Aspekte werden in Abschnitt III eingehender ausgeführt.

16   Abschließend noch ein Hinweis auf das Gemeingut in den USA. Werke, die keinem Urheberrecht mehr unterliegen, (z.B. weil die Urheberrechte abgelaufen sind) oder nie Gegenstand von Urheberrecht waren (z.B. Werke, deren Autor die US-Regierung ist oder nichtoriginale Werke), sind Gemeingut, und damit allgemein verwertbar. Es gibt jedoch keine zentrale Sammlung von Werken, die Gemeingut sind, was die Bestimmung des urheberrechtlichen Status von älteren Werken oftmals erschwert. In der Realität ist Vorsicht bei der Verwendung von unlizenzierten Werken angebracht, obwohl in vielen Fällen *fair use*[5] anwendbar ist. Diese Fälle werden in Abschnitt III vertiefter ausgeführt.

Praxistipp

Den urheberrechtlichen Status von Werken zu bestimmen, insbesondere wenn sie vor dem 1. Januar 1978 geschaffen wurden, kann kompliziert sein. Die *Cornell University* stellt kostenlose und sehr hilfreiche Materialien für diese Bestimmung unter http://urheberrecht.cornell.edu/resources/publicdomain.cfm zur Verfügung. Das Unternehmen LimitedTimes bietet einen ähnlichen Service an, indem es Informationen über die Schutzdauer bestimmter Werke kostenlos zur Verfügung stellt unter: http://www.limitedtimes.com/.

---

4 Der Preis variiert je nachdem, ob die Anmeldung in Papierform oder Online ergeht, und wie komplex der Sachverhalt ist. Mehr Informationen auf http://urheberrecht.gov/about/fees/html.

5 Anmerkung des Übersetzers: Die Doktrin des *fair use* besagt, dass bestimmte, nicht-autorisierte Nutzungen von urheberrechtlich geschütztem Material zulässig sind, sofern sie zum Zwecke der Kritik, Stellungnahme, Berichterstattung, Bildung und Wissenschaft erfolgen. Ob *fair use* vorliegt wird im Einzelfall anhand verschiedener Kriterien entschieden.

Jacob H. Rooksby

II. Patentrecht

Die Rechtsgrundlage für Patenrecht ist dieselbe Klausel der US-Verfassung, die den 17
US-Kongress auch zur Gesetzgebung im Urheberrecht ermächtigt. Über 50 Jahre
lang war das anwendbare Patentrecht das Patentgesetz (1952); dieses Gesetz wurde
im Zuge des Gesetzes für Erfindungen in Amerika [*America Invents Act (AIA)*] ausführlich ergänzt und aktualisiert. Durch den *AIA* wurden Elemente *sui generis* im
US-Patentrecht abgeschafft, um die Konformität mit internationalen Normen zu erhöhen. Die tiefgreifendste Veränderung betraf die Erteilung von Patentrechten. Bevor der *AIA* verabschiedet wurde, wurden Patentrechte an den ersten Erfinder erteilt, selbst wenn diese Person nicht als erster ein Patent auf die Erfindung
anmeldete. Dieses Erfinderprinzip [*first-to-invent feature*] war für die USA einzigartig
und bestand in keiner anderen Industrienation. Unter dem *AIA* werden Patente an
den ersten Erfinder, der ein Patent anmeldet, vergeben, obwohl es gewisse Sicher-
heitsklauseln gibt, die beispielsweise eine „**absolute Neuheit**" nicht zwingend erfordern. Die einzelnen Bundesstaaten haben keine Patentgesetze und sind auch davon ausgeschlossen, eigene Anmeldesysteme zu entwickeln.

Das US-Patentrecht kennt drei Patentformen: **Gebrauchsmuster** [*utility*], **Ge-** 18
schmacksmuster [*design*] und **Pflanzen** [*plant*]. Am weitesten ist das Gebrauchsmusterpatent verbreitet, durch das die Bundesbehörde dem Bewerber ein begrenz-
tes Monopol für einen neuen, nützlichen und „**nichtoffensichtlichen**" Prozess,
eine Maschine, Fertigung oder Stoffzusammensetzung, oder jegliche neue, nützliche Verbesserung eines dieser Abläufe oder Gegenstände garantiert. Im Austausch
muss der Erfinder dem **US-Amt für Patente und Warenzeichen** [*US Patent und
Trademark Office (USPTO)*][6] seine Erfindung offenlegen. Der Beweis der Neuheit,
Nützlichkeit und Nichtoffensichtlichkeit einer Erfindung sind die primären Hinder-
nisse im Bewerbungsprozess um ein Gebrauchsmusterpatent. In den letzten Jahren
ist es allerdings zunehmend schwieriger geworden, das *USPTO* davon zu überzeugen, dass die in Frage stehende Erfindung tatsächlich als Gegenstand eines Patentrechts geeignet und nicht etwa verbotene Materie ist.[7] Nicht patentierbar sind beispielsweise Naturgesetze, abstrakte Ideen und natürlich auftretende Phänomene.

Das Neuheitserfordernis besagt lediglich, dass die offengelegte Erfindung neu 19
sein muss. Patente werden nicht für alte Erfindungen vergeben, und die Regelungen
über den Zeitraum, in dem ein Erfinder seine Entdeckung patentieren lassen kann,

---

6 35 USC § 101.

7 Die jüngste Rechtsprechung des Obersten Gerichtshofs zu dieser Frage ist u.a. *Mayo Collaborati-
ve Services v. Prometheus Laboratories, Inc.*, 566 U.S. 1289 (2012), *Association for Molecular Pathology
v. Myriad Genetics*, 599 U.S. __ (2013), und *Alice Corp. v. CLS Bank International*, 573 U.S. __ (2014).

Jacob H. Rooksby

bevor er das Recht darauf abschließend verliert, sind streng.[8] Typischerweise ist das Zeitfenster ein Jahr nach Erst-Offenlegung. Das bedeutet, dass der Erfinder ab dem Zeitpunkt der Veröffentlichung einer Erfindung, beispielsweise auf einer Konferenz oder in einem Artikel, ein Jahr Zeit hat, um seine Erfindung patentieren zu lassen (d.h. absolute Neuheit ist nicht erforderlich). Wenn dieser Zeitraum nicht eingehalten wird, sind die Patentrechte des Erfinders dauerhaft verwirkt. Öffentliche Bekanntgaben werden unter dem *AIA* unterstützt, denn sie bestimmen den **vorherigen Stand** [*prior art*], der die Neuheit jedes nachfolgend eingereichten Patentantrags widerlegt, der dieselbe Erfindung für sich in beansprucht.

Praxistipp

Patentrechte gelten für 20 Jahre ab dem Antragsdatum (für *Utility-* und *Plant*-Patente), oder 15 Jahre ab Erlassdatum (Designpatente). Die *USPTO*-Website unterhält eine öffentlich zugängliche Datenbank aller US-Patente unter www.uspto.gov/patent/.

---

20 Das Nützlichkeitserfordernis ist einfacher zu erfüllen, da der Bewerber lediglich beweisen muss, dass die Erfindung nützlich ist. Dies bedeutet nicht, dass ihre tatsächliche Benutzung bewiesen werden muss. Sehr selten werden Patentanmeldungen abgelehnt, weil das Nützlichkeitskriterium nicht erfüllt wird.

21 Das am Schwierigsten zu erfüllende Kriterium, auch die „ultimative Voraussetzung der Patentfähigkeit" genannt, ist die Anforderung der Nichtoffensichtlichkeit.[9] Die Nichtoffensichtlichkeit folgt ungenauen Regeln, die im Kern bedeuten, dass solche behaupteten Erfindungen nicht patentfähig sind, die nicht hinreichend erfinderisch sind, selbst wenn sie neu und nützlich sind. Das Nichtoffensichtlichkeitskriterium trägt der Tatsache Rechnung, dass einige Fortschritte in bestimmten Fachgebieten ausgeblieben sind, nicht etwa, weil sie unerforscht oder unerforschbar sind. Vielmehr sind im Patentrechtsjargon einige Fortentwicklungen auch für Menschen mit durchschnittlichem Fachwissen **sich offensichtlich zur Erprobung aufdrängend** (*obvious to try*), da solche Weiterentwicklungen auf der Nutzung bekannter Techniken beruhen. Weiterentwicklungen dieser Art sind nicht patentier-

---

8 35 USC § 102. Die Neuheitsvoraussetzungen sind noch strenger wenn der Erfinder internationalen Patentschutz in solchen internationalen Jurisdiktionen erwirken will, in denen absolute Neuheit verlangt wird. Eine öffentliche Bekanntgabe der Erfindung des Bewerbers *vor* der Anmeldung beim Patentamt bedeutet in der Regel, dass der Erfinder davon ausgeschlossen wird, in ausländischen Rechtssystemen ein Patent zu erhalten.

9 Giles S. Rich, "Laying the Ghost of the 'Invention' Requirement," 1 *AIPLA Quarterly Journal* 26 (1972) (der die Nichtoffensichtlichkeit „das Herz des Patent Systems und die Rechtfertigung für die Patentrechte" nennt); *Non-Obviousness – The Ultimate Condition of Patentability* (John F. Witherspoon ed., 1980).

Jacob H. Rooksby

bar, da sie nicht signifikant erfinderisch genug eingeschätzt werden, um Patentschutz zu verdienen.

Patentprüfer in der *USPTO* untersuchen existente Publikationen – Patente, wissenschaftliche Literatur, Verträge und ähnliches – um den Wissensstand in einem bestimmten Feld zu erfassen (diese Dokumente bilden insgesamt die o.g. vorherigen Stand bzw. den eingeführten Kenntnisstand auf dem Fachgebiet). Anschließend untersuchen sie, ob die vorgestellte Erfindung des Bewerbers im Lichte des aktuellen Kenntnisstandes nichtoffensichtlich ist.[10] Der Kenntnisstand wird nicht am Wissen von ausgewiesenen Experten gemessen, sondern vielmehr am Wissen einer „Person mit durchschnittlicher Kenntnis des Faches"[11], einer imaginären aber theoretisch objektiven Konstruktion. Das Ziel der Nichtoffensichtlichkeitsanforderung ist es, die Öffentlichkeit dadurch zu schützen, dass man eine Grenze zwischen den „Dingen die es wert sind, die Öffentlichkeit durch ein exklusives Patent in Verlegenheit zu bringen, und die, die es nicht wert sind" zieht, um es mit den Worten des ehemaligen US-Präsidenten Thomas Jefferson auszudrücken.[12] **22**

Das Gebrauchsmusterpatent ist ab dem Zeitpunkt der Erteilung nur für mindestens 20 Jahre gültig, vorausgesetzt, dass der Eigentümer nach 3,5, 7,5 und 11,5 Jahren die von der *USPTO* geforderten Gebühren zum Erhalt entrichtet. Der Bewerbungsprozess der *USPTO* ist teuer und sehr streng. Die durchschnittlichen Anwaltskosten, um ein Gebrauchsmuster Patent vorzubereiten und zu **verfolgen** [*prosecuting*] (d.h. eine Bewerbung durch den Prozess hindurch zu begleiten), betragen zwischen $10.000 und $13.000, je nach Komplexität des Themengebiets und dem Kanzleistandort (d.h. Kanzleien in größeren Städten sind grundsätzlich teurer, ebenso wie Patente auf Pharmazeutika). Anträge, die die gesetzlichen Anforderungen nicht erfüllen, werden abgelehnt. Für gewährte Patente vergehen i.d.R. drei bis vier Jahre zwischen Antragseinreichung und Erteilung. Patentbeantragungen setzen verschiedene Offenlegungen voraus, aber eigentlich sind die Inhalte des Patentrechts von zentraler Bedeutung für den Erfinder, da sie die spezifische Erfindung von Nutzungen, Produktionen, Importen, Verkäufen oder Verkaufsangeboten ohne Einwilligung des Rechteinhabers abgrenzen, die vom rechtmäßigem Erfinder aufgrund der Patenterteilung verboten werden können.[13] **23**

Das zweithäufigste Patent, dessen Relevanz in den letzten Jahren – besonders in der High-Tech-Industrie – angestiegen ist, ist das Geschmacksmuster bzw. Geschmacksmusterpatent, das jeden neuen, originalen und verzierenden Teil eines Artikels oder Herstellungsprozesses schützt. Geschmacksmusterpatente haben (im Gegensatz zu den Gebrauchsmustern, die typischerweise mehrere Ansprüche bün- **24**

---

10 35 USC § 103.
11 Diese *"**Person Having Ordinary Skill In The Art**"* wird üblicherweise mit **PHOSITA** abgekürzt.
12 Thomas Jefferson, letter to Isaac McPherson, August 13, 1813.
13 35 USC § 271.

Jacob H. Rooksby

deln) nur einen Patentanspruch von 15 Jahren ab Patenterteilung und es fallen keine Aufrechterhaltungsgebühren an.[14] Geschmacksmusterpatente kosten lediglich $180 pro Anmeldung und einschließlich der anfallenden Rechtskosten insgesamt im Schnitt nur ca. $1.800. Von der Form von Kleiderbügeln und Pferdesätteln, dem Design von Küchengeräten und ornamentalen Griffen auf Silberbesteck bis hin zu Eigenschaften eines Smartphones kann alles durch ein Geschmacksmusterpatent geschützt werden.

25   Die dritte Art eines US-amerikanischen Patents ist das Pflanzenpatent. Pflanzenpatente honorieren die Entdeckung einer neuen, seltenen Art von sich ungeschlechtlich vermehrenden Pflanzen. Der Schutz von Pflanzenpatenten beträgt 20 Jahre ab der Beantragung. Diese Patente beschützen das Recht des Eigentümers, andere von der Vermehrung, dem Verkauf oder der Nutzung der patentierten Pflanze auszuschließen.

Praxistipp

Patentanwälte [*patent attorney*] oder **Patentvertreter** [*patent agent*] entwerfen typischerweise Patentanmeldungen. Beide Berufsgruppen sind Mitglieder der ***patent bar*** und ermächtigt, Mandanten vor dem *USPTO* zu vertreten. Patentanwälte unterscheiden sich von Patentvertretern darin, dass erstere einen Studienabschluss in Rechtswissenschaften haben und mindestens in einem US-Bundesstaat anwaltlich praktizieren dürfen. Patenvertreter arbeiten oft im Auftrag von Patentanwälten und haben typischerweise niedrigere Gebühren. Allerdings können sie zu patentrechtlichen Fragen im Anmeldeprozess keine Stellungnahmen abgeben.

---

26   Eine weit verbreitete Redensart im US-Patentrecht besagt „*the name of the game is the claim*".[15] **Ansprüche** [*claims*] sind das zentrale Element eines jeden Patents, da sie die genauen Charakteristika der vom *USPTO* patentierten Erfindung enthalten. Ein Patent zu entwerfen bedeutet im Kern, Ansprüche zu formulieren, was eine einzigartige Kombination aus Kunst und Wissenschaft darstellt. Die dafür zuständige Person muss äußerst vertraut mit der betroffenen Fachrichtung sein, aber ebenso wissen, wie die Erfindung des Bewerbers auf eine passende und vorteilhafte Weise dargestellt werden kann. Trotzdem besteht ein großer Teil der Patente nicht aus Ansprüchen, sondern eher aus schriftlichen Berichten über den Platz der konkreten Erfindung im jeweiligen Fachbereich.

27   Patentansprüche sind gezählt und die meisten Patente enthalten mehrere Ansprüche, obwohl es auch Ausnahmen gibt, die bloß einen Anspruch enthalten. Weit formulierte Ansprüche sind meist bessere, da sie den Schutz des Patentinhabers

---

14 Die Schutzdauer beträgt für Design-Patente, die ab dem 13. Mai 2015 erteilt wurden, 15 Jahre. Für Patente, die vor diesem Datum erteilt wurden beträgt die Schutzdauer 14 Jahre.
15 Giles S. Rich, "The Extent of the Protection and Interpretation of Claims-American Perspectives," 21 *Int'l Rev. Indus. Prop. & Urheberrecht L.*, 497, 499 (1990).

Jacob H. Rooksby

vergrößern.[16] Patentprüfer des *USPTO* versuchen daher oft, Ansprüche während des Anmeldeprozesses einzuengen. Es sind die Ansprüche in bereits erteilten Patenten, die sich interessierte Parteien durchsehen, wenn sie sich einen Überblick über den Stand der Wissenschaft verschaffen wollen. Das Wissen über bereits erteilte Patente ermöglicht es, herauszufinden, ob tatsächliche oder geplante Handlungen die Aufmerksamkeit eines Patenteigentümers erwecken werden. Auch Patentanwälte schauen sich Ansprüche in erteilten Patenten an, um herauszufinden, ob die für ihre Mandanten geplanten Patentanträge auf demselben Fachgebiet mit diesen kollidieren. Entsprechend formulieren sie die Patentanträge, um das Ablehnungsrisiko auszuschließen.

III. Die Schutzmarke

Anders als Urheberrechte und Patente, die von Bundesgesetzen geschützt werden, unterliegen **Schutzmarken** [*Trademarks*] sowohl dem *Common Law* der Bundesstaaten als auch den Bundesgesetzen. Schutzmarken unterscheiden sich auch darin von Urheberrechten und Patenten, dass ihre Schutzdauer potenziell unendlich sein kann, da Eigentümer von geschützten Marken an diesen Rechte haben, solange sie sie nutzen. Auf der Bundesebene entspringt der Schutz von Marken der Ermächtigung des US-Kongresses, den Handel zwischen den Bundesstaaten zu regulieren. Markenrechte sind dem Handel zugehörige Rechte, da sie Verbraucher vor Unsicherheit über die Herkunft von Produkten und Dienstleistungen am Markt schützen sollen. **28**

Anders als in vielen anderen Ländern ist die Nutzung in den USA eine Voraussetzung des Schutzes durch eine Schutzmarke. Das *Common Law* wirkt nicht zugunsten von Marken, die nicht genutzt werden und Schutzmarken-Zulassungen werden, ungeachtet der administrativen Ebene, nicht erteilt, wenn die in Frage stehende Marke nicht genutzt wird. Letztendlich ist die Anmeldung einer Marke auf Bundes- oder bundesstaatlicher Ebene keine zwingende Voraussetzung für die Geltendmachung einer Markenverletzung, da das *Common Law* Schutz immer dort gewährt, wo die Marke genutzt wird. Wenn also eine Marke beispielsweise nur in zwei **29**

---

16 Breite Ansprüche tragen allerdings auch Risiken mit sich. Eine unabhängige Voraussetzung der Patentierbarkeit ist, dass eine *PHOSITA* die Erfindung ohne unverhältnismäßiges Experimentieren verwenden kann, 35 USC § 112. Dieses sog. **Ermöglichungskriterium** [*enablement requirement*] ist darauf gerichtet, sicherzustellen, dass die Öffentlichkeit den vollen Kenntnisprofit aus der Erfindung erhält, im Austausch dafür, dass sie dem Erfinder das limitierte Schutzrecht zugesteht. Breite Patente drohen daher, im Verfahren als ungültig erklärt zu werden, sofern nicht alle Ansprüche geltend gemacht werden.

Jacob H. Rooksby

Bundesstaaten genutzt wird, ist die Schutzzone des Rechtsinhabers, vorbehaltlich früherer Ansprüche, auf diese zwei Bundesstaaten beschränkt.

30   Obwohl das Nutzungserfordernis streng ist, sind die Kriterien für markenrechtlichen Schutz eher weit. Unter dem bundesrechtlichen **Lanham**-Gesetz von 1946, das das Fundament für große Teile des Markenrechts legte, ist „jedes Wort, Name, Symbol oder Gerät, oder jede Kombination dieser" geeignet, Schutzgegenstand zu bilden, so lange es Herkunftsangaben enthält, Ware und/oder Dienstleistungen beschreibt und diese Ware und/oder Dienstleistung von anderen unterscheidet.[17] Die geltenden bundesstaatlichen Gesetze und das *Common Law* reflektieren diese Erfordernisse. Problematisch ist, dass die Marke die Herkunft indizieren muss, und nicht lediglich als Beschreibung eines Produktes oder einer Dienstleistung dient. Die Herkunftsangabe bedeutet, dass ein Gattungsbegriff wie etwa *"apple"* keine geschützte Marke für eine Apfelsorte werden kann, da effektiver Schutz zwangsläufig bedeuten würde, dass andere von dem Gebrauch des Wortes zur Beschreibung ihres Produktes ausgeschlossen werden. Aber *"apple"* kann eine Herkunftsbeschreibung sein, wenn es in Verbindung mit etwas anderem genutzt wird als der essbaren Frucht. Kurz gesagt ist **Unterscheidungskraft** [*distinctiveness*] gefragt.

Praxistipp

Die ® und ™ Symbole, die für Schutzmarken verwendet werden, sind weithin bekannt. Ausschließlich vom *USPTO* registrierte Markeninhaber dürfen das ® Symbol in Verbindung mit ihrer Marke in den USA benutzen. Die Nutzung des ™ Symbols hingegen ist nicht reguliert. Jeder, der Rechte an einem speziellen Wort, Satz oder Symbol in Anspruch nimmt, kann das ™ Symbol in Verbindung mit diesen nutzen, obwohl die Verwendung des Symbols nicht automatisch Rechte an den Nutzer überträgt. ᔆᴹ ist dem ™ ähnlich und steht für *service mark*. *Schutzmarken* beziehen sich technisch gesehen auf Produkte (z. B. Geldbörsen) und nicht auf Dienstleistungen (z. B. Werbedienste), aber in den USA ist es üblich, *Schutzmarken* als generelle Begriffe für sowohl Waren und Dienstleistungen zu verwenden, oder mit *mark* auf eine Schutzmarke und/oder eine Dienstleistungsmarke zu verweisen.

---

31   Schutzmarken bestehen häufig nur aus Wörtern, oder aus Wörtern und Designmerkmalen. Aber auch Elemente wie Farben, Gerüche oder Töne können Marken im rechtlichen Sinne sein. In der Terminologie des Markenrechts sind Rechte an Dingen wie Farben möglich, wenn die begehrte Marke „**ohne Gebrauchswert**" [*"nonfunctional"*] ist – das heißt, dass kein wettbewerblicher Druck für Dritte besteht, die Farbe zu nutzen. Dieser wettbewerbliche Druck unterscheidet sich je nach Gebrauch. Dies lässt sich am Beispiel der Farbe Orange in Orangenlimonade erklären: Hätte Fanta exklusive Nutzungsrechte an der Farbe Orange, wie sie in Orangenlimonade vorkommt, *würden* konkurrierende Unternehmen einen nicht unerhebli-

---

17 15 USC § 1127.

Jacob H. Rooksby

chen, nicht auf ihrem Ruf basierten Nachteil erleiden, weil Konsumenten von Orangenlimonade naturgemäß erwarten, dass sie orange ist. Sie wollen sogar, dass sie orange ist. Wenn Wettbewerber die Limonade nicht orange färben könnten, weil Fanta das Orange der Limonade markenrechtlich geschützt hätte, würden sie aus Gründen weniger Orangenlimonade verkaufen, die nichts mit dem Ruf ihres Produktes zu tun haben. Schwarze Orangenlimonade hat schlichtweg nicht den gleichen Reiz auf Konsumenten. Daher ist die Farbe Orange im Zusammenhang mit Orangenlimonade funktional und nicht Gegenstand von Markenschutz in den USA. In anderen Kontexten allerdings – beispielsweise als Farbe einer Schmuckdose – könnte Orange ein schutzberechtigtes Unterscheidungsmerkmal sein.[18]

Praxistipp

In den USA registrierte Marken sind einfach auf der *TESS*-Datenbank unter http://www.uspto.gov/Trademarks-application-process/search-Trademark-database zu finden. Auch die Anmeldung einer Marke erfolgt online. Obwohl es nicht erforderlich ist, eingetragener Anwalt zu sein, um eine Anmeldung einzureichen, wird rechtliche Vertretung empfohlen. Die Dauer einer Anmeldung beträgt in der Regel, wenige **vorläufige Ablehnungen** [*„office actions"*] oder Einwendungen Dritter eingerechnet, 12 bis 18 Monate.

Um die Reichweite des Schutzes einer Schutzmarke zu bestimmen, ist es erforderlich, **32** zu bestimmen, wie eine Marke genutzt wird. Beispielsweise gewährt das Registrierungssystem der US-Bundesregierung der *Apple Inc.* keine exklusiven Rechte an dem Wort *"apple"* für alle denkbaren Produkte und Dienstleistungen. Stattdessen richten sich die Markenrechte an dem Wort nach deren Nutzung. Die Eintragungsurkunden des *USPTO* enthalten eine Liste der Waren und/oder Dienstleistungen, bezogen auf die Marke die genutzt wird und geschützt ist, und der Inhaber des Rechts ist in seiner Nutzung der Marke auf die in der Urkunde genannten Nutzungsweisen beschränkt. Das *USPTO* erwartet von Antragstellern, dass sie zusätzliche Informationen während des Anmeldeprozesses bereitstellen, wie etwa das Datum, an dem die Marke zum ersten Mal im Handel des in Frage stehenden Produkts verwendet wurde. Außerdem muss ein Exemplar der Marke – ein Beweis dessen, wie sie tatsächlich benutzt wird – eingereicht werden, bevor das *USPTO* die Eintragung bewilligt.

Die Schutzbereiche des *Common Law*, des Bundesrechts und des bundesstaatli- **33** chen Markenrechts überlagern sich auf sehr komplizierte Weise. Letztendlich stehen dem ersten Nutzer einer Marke bestimmte Schutzrechte in Bezug auf die Nutzung dieser an einer Ware oder Dienstleistung zu. Ein früherer inländischer Nutzer der Marke an einer bestimmte Ware oder Dienstleistung hat allerdings übergeordnete

---

[18] Farben als solche können unter US-Recht niemals Unterscheidungsmerkmale sein, aber erlangen einen Unterscheidungswert, sofern die Farbe eine „sekundäre Bedeutung" hat. *Qualitex Co. v. Jacobson Products Co.*, 514 US 159 (1995).

Jacob H. Rooksby

Rechte. Diese übergeordneten Rechte des Erstnutzers gewähren ihm die vermutete Erlaubnis, die Nutzung der Marke in neue geographische Regionen innerhalb der USA (allerdings nicht in neue Produktmärkte) auszuweiten. Die übergeordneten Rechte werden allerdings beschränkt, wenn ein Zweitnutzer die Marke auf Bundes- oder bundesstaatlicher Ebene anmeldet. Eine solche Erlaubnis gibt dem Eigentümer Bundes- oder bundesstaatliche Rechte, die Marke zu nutzen, die geographisch nur durch die Nutzung von dritter Seite beschränkt wird, die seiner Eintragung zeitlich vorausgehen.

34   Viele Inhaber von Markenrechten ziehen es vor, die Marke auf Bundesebene eintragen zu lassen, obwohl die Eintragung in einem Bundesstaat einfacher und günstiger zu erlangen ist. Die Eintragung auf Bundesebene, die zur Erhaltung alle zehn Jahre erneuert werden muss, sofern die Marke weiterhin genutzt wird und die erforderlichen Einreichungen an das *USPTO* gemacht wurden, hat mehrere Vorteile gegenüber der Anmeldung in einem Bundesstaat. Zunächst stellt sie einen widerlegbaren Beweis der Gültigkeit, der Inhaberschaft, und der exklusiven Rechte zur Nutzung der Marke im Handel mit den umfassten Waren und/oder Dienstleistungen dar.[19] Zweitens gewährt die Eintragung auf Bundesebene einen widerlegbaren Beweis der Nutzung der Marke in allen 50 Staaten der USA, ungeachtet dessen, ob sie tatsächlich in allen Staaten genutzt wurde. Drittens gilt durch die Eintragung auf Bundesebene, dass Nutzer bundesweit zurechenbare Kenntnis dieses konkreten Markenschutzes erlangen. Dieser Vorteil bedeutet, dass spätere Anwender der Marke so behandelt werden, als hätten sie Kenntnis von der privilegierten Rechtsstellung des Erstnutzers gehabt. Viertens besteht die Möglichkeit, dass die Marke bei einer bundesweiten Eintragung nach fünf Jahren ununterbrochener Nutzung unanfechtbar wird. **Unanfechtbarkeit** [*incontestability*] bedeutet, dass die Eintragung schlüssige Beweiskraft für das ausschließliche Nutzungsrecht der Marke im zwischenstaatlichen Handel mit den erfassten Gütern und Dienstleistungen hat. Dies ist ein wertvoller Vorteil für eine Firma, wenn sie ihre Markenregistrierung einsetzen möchte, um einen höheren Wert des Unternehmens in einem Verkauf oder einer Akquisition zu begründen.

35   Ungeachtet dessen, welches Schutzniveau gewährt wird – im *Common Law* ausschließlich nutzungsbasiert, oder auf Grundlage der Eintragung und Nutzung auf Bundes- bzw. bundesstaatlicher Ebene – die grundlegende Theorie hinter dem Markenschutz ist in den USA dieselbe. Schutzmarken reduzieren den Suchaufwand der Verbraucher, indem sie es ihnen ermöglichen, diejenigen Waren und Dienstleistungen schnell zu identifizieren, die von einem Produzenten stammen, den sie als qualitätsstark empfinden oder mit ihm in Verbindung stehen.[20] Dieses Effizienzziel be-

---

19 15 USC § 1057(b).
20 *Abercrombie & Fitch Co. v. Hunting World*, 537 F.2d 4 (2d Cir. 1976).

Jacob H. Rooksby

lohnt letztendlich stetige und nachhaltige Investitionen in eine unterscheidbare Marke und bietet ein Mittel zur Qualitätskontrolle für Verbraucher.

Um die Unterscheidbarkeit einer Marke zu beurteilen, kennt das US-Markenrecht 36 einen Gesamtzusammenhang, innerhalb dessen Marken im Verhältnis zu ihren Nutzungen eingeordnet werden. Vereinfacht dargestellt sind einige Schutzmarken stärker als andere. Das *USPTO* evaluiert Zulassungsanträge, um sicherzustellen, dass lediglich unterscheidbare Marken zugelassen werden. Kategorisierungen von Marken sind beispielsweise generisch, deskriptiv, hinweisend, willkürlich oder ausgedacht. Marken die als hinweisend, willkürlich oder ausgedacht gelten, werden als unterscheidungskräftig und eintragungsfähig angesehen. Gattungsbegriffe können nie eingetragen werden, und wenn eine Marke jemals zu einem Gattungsbegriff wird, kann sie ihren Markenschutz verlieren.[21] Marken, die eher deskriptiv sind, können nicht zugelassen werden, es sei denn es besteht eine „**sekundäre Bedeutung**" – ein Identifikationsmerkmal, das sich von der deskriptiven Bedeutung unterscheidet – auf dem Markt. Deskriptive Marken können grundsätzlich keine Schutzmarkenfunktion erfüllen, da diese Dritte dabei einschränken könnte, eine Eigenschaft oder ein Charakteristikum ihres Produktes akkurat zu beschreiben. Hinweisende Marken liegen zwischen deskriptiven und willkürlichen Marken auf der Unterscheidbarkeitsskala. Diese Arten von Marken weisen auf die Ware oder Dienstleistung hin, ohne sie genau zu beschreiben. Da das Verhältnis zwischen der Marke und der Ware/Dienstleistung nur mit einem gewissen Denkaufwand klar wird, gilt die Marke als unterscheidbar. *London Fog* als Regenmantelmarke ist beispielsweise eine hinweisende Schutzmarke.

Praxistipp

Marken, die im Wesen unterscheidbar sind und unmittelbar angemeldet werden können, sind das Gegenteil von solchen Marken, die lediglich deskriptiv sind und erst zugelassen werden, wenn sie eine „sekundäre Bedeutung" aufweisen. Die folgende Liste gibt Beispiele für einige Marken und wie sie im Hinblick auf das Unterscheidbarkeitskriterium im Kontext von Äpfeln kategorisiert werden würden.

Generisch: APFEL
Deskriptiv: LECKER
Hinweisend: VERBOTEN
Willkürlich: LEHRBUCH
Ausgedacht: MOSETOWA

---

21 Dieses Phänomen nennt sich „**Generizid**" [*Genericide*] und geschieht gelegentlich. Historische Beispiele von Schutzmarken, die ihren Schutz in den USA verloren haben und nun als generisch gelten, da sie nun eine Produktgruppe repräsentieren, wie z. B. „*Escalator*", „*Aspirin*" oder „*Trampoline.*" Diese Marken wurden Opfer ihres eigenen Erfolges.

Jacob H. Rooksby

37 Die stärkste Marke auf der Unterscheidbarkeitsskala ist die ausgedachte Marke, also geprägte Begriffe, die im englischen keine andere Bedeutung haben als die einer Schutzmarke. Zwei Beispiele sind „Exxon" und „Kodak". Ausgedachte Markennamen genießen den stärksten Schutz, da jede Verwendung durch Dritte im Handel eine potentielle Rechtsverletzung darstellt. Das kommt daher, dass Menschen generell ausgedachte Markennamen nicht als etwas anderes als Markennamen identifizieren können, sodass die Nutzung durch verschiedene Firmen den Konsumenten oftmals verwirrt. Fantasiemarken sind die stärksten Marken, aber auch am schwierigsten zu entwickeln, da es sehr aufwändig und kostenintensiv ist, einen Wiedererkennungswert zu generieren.

38 Wer beim *USPTO* eine Eintragung beantragt, muss die Waren und/oder Dienstleistungen, die geschützt werden sollen, anhand von bestimmten internationalen Klassifikationsmerkmalen spezifizieren. Bei der Antragstellung untersucht ein Sachbearbeiter die beantragte Marke und prüft, ob die Marke tatsächlich durch den Bewerber genutzt wird, ob sie unterscheidbar ist und ob eine identische Marke in der gleichen Klasse oder einer betroffenen Markenklasse existiert. Der Prüfer durchsucht das offizielle Verzeichnis eingetragener Marken, führt aber auch Internetrecherchen durch, um herauszufinden, ob evtl. ähnliche, nichtregistrierte Marken benutzt werden. Die Existenz einer identischen Marke präkludiert nicht zwingend die Möglichkeit des Bewerbers die Marke anzumelden, da dieselbe Marke von mehreren Eigentümern angemeldet werden kann, solange sich die Produkte deutlich unterscheiden. Wenn der Prüfer jedoch feststellt, dass sich die Produkte ähneln, kann eine Ablehnung die Folge sein.

39 Antragsteller haben die Möglichkeit, Ablehnungen der Prüfer anzufechten. Angenommen, es ergehen wenige Ablehnungen (und der Antragsteller kann die Einwände entkräften), kann davon ausgegangen werden, dass der Antragsteller eine Eintragungsurkunde des *USPTO* innerhalb von 12 bis 18 Monaten nach der Antragseinreichung erhält. Wenn jedoch ein Markenprüfer hinreichend überzeugt ist, dass ein Antrag die Eintragungskriterien erfüllt, wird nicht unmittelbar eine Eintragungsurkunde ausgestellt. Vor der Ausstellung der Eintragungsurkunde muss jeder Antrag ein Stadium durchlaufen, während dessen er für evtl. Widerspruchserhebung veröffentlicht wird. Das USPTO veröffentlicht alle Anträge deren Eintragung sie erwägt in der *Official Gazette*, einer staatlichen Publikation, die vorwiegend von Anwälten für Schutzmarken gelesen wird. Dritte, die glauben, dass sie einen Schaden durch die Eintragung einer Marke durch das USPTO erleiden, haben 30 Tage ab dem Erscheinungsdatum Zeit, um sich formgerecht gegen die anstehende Zulassung zur Wehr zu setzen, indem sie **Widerspruch** [*opposition*] einlegen. Widerspruch und andere behördliche Rechtsbehelfe werden ausführlicher in Abschnitt C erläutert.

Praxistipp

Obwohl Personen ohne Rechtsbeistand vor dem *USPTO* auftreten können, entscheiden sich die meisten dafür, einen Markenanwalt zu beauftragen. Diese berechnen durchschnittlich $1,719 für einen normalen Schutzmarken-Antrag, je nachdem, wo sie ihren Kanzleisitz haben, wo sie praktizieren und wie komplex die Beantragung ist.[22] Die Kosten steigen merklich, wenn ein Widerspruch eingelegt wird. Das *USPTO* erhebt nur niedrige Gebühren für eine erneute Prüfung von Anträgen – $275 bis $350 pro Klasse. Bewerbungen werden dann teuer, wenn der Bewerber Schutz in mehreren Klassen begehrt.

Inhaber von Schutzmarken-Eintragungen auf Bundesebene müssen Einreichungen 40 beim *USPTO* tätigen und in regelmäßigen Abständen Gebühren entrichten, um die Eintragung aufrechtzuerhalten. Der erste dieser Zeitpunkte liegt zwischen dem fünften und sechsten Jahr nach Eintragung, als nächstes zwischen dem neunten und zehnten und danach jedes zehnte Jahr. Zu jedem dieser Zeitpunkte, muss der Einzutragende bestätigen dass die eingetragene Marke immer noch im Handel genutzt wird. Marken die nicht länger genutzt werden, fallen der Löschung anheim, wenn Dritte einen **Löschungsantrag** [*cancellation action*] beim *TTAB* einreichen (diese Anträge, auch **Löschungsverfahren** [*cancellation proceedings*] genannt, werden in Abschnitt C behandelt). Dritte ergreifen diese Maßnahme oft, wenn eine Schutzmarken-Eintragung für eine Marke besteht, von der sie glauben, dass sie nicht länger genutzt wird und die gleichwohl von einem Markenprüfer als Eintragungshindernis in ihrem Eintragungsverfahren einer gleichen oder ähnlichen Marke angeführt hat.

IV. Betriebs- und Geschäftsgeheimnis

Das Recht der Betriebs- und Geschäftsgeheimnisse schützt Informationen, die ökono- 41 mischen Wert daraus ziehen, dass sie nicht allgemein bekannt sind und Gegenstand sinnvoller Geheimhaltungsbemühungen sind. Gängige Beispiele für Geschäftsgeheimnisse sind Formeln, technologische Informationen, Businesspläne, Kundenlisten, Marketingstrategien, Techniken, Muster und ähnliches. Traditionellerweise waren Betriebs- und Geschäftsgeheimnisse Gegenstand des Rechts der einzelnen US-Bundesstaaten, wobei 46 Staaten einem einheitlichen Gesetz, dem **Gesetz zur Vereinheitlichung von Betriebs- und Geschäftsgeheimnissen** [*Uniform Trade Secrets Act*], folgten, das den Schutzbereich der Betriebs- und Geschäftsgeheimnisse sowie die Missbrauchsformen definiert. Im Ergebnis ist das Recht der Betriebs- und Geschäftsgeheimnisse bundesstaatenübergreifend sehr ähnlich. Nichtsdestotrotz unterschrieb Präsident Obama 2016 das **Gesetz zur Verteidigung von Betriebs- und Geschäftsgeheimnissen** [*Defend Trade Secrets Act (DTSA)*], durch das auf Bundes-

---

22 Richard W. Goldstein & Donika P. Pentcheva, *AIPLA: 2015 Report of the Economic Survey* (2015), pp. I-76–I-80.

Jacob H. Rooksby

ebene eine Anspruchsgrundlage für den Schutz vor Missbrauch von Betriebs- und Geschäftsgeheimnissen geschaffen wurde.[23] Seither können Inhaber von Betriebs- und Geschäftsgeheimnissen in den USA gegen die widerrechtliche Verwendung ihrer Betriebs- und Geschäftsgeheimnisse sowohl vor Bundes- als auch vor bundesstaatlichen Gerichten vorgehen, ohne vorher den Rechtsweg erschöpfen zu müssen.

42   Betriebs- und Geschäftsgeheimnisse werden im US-Recht dauerhaft geschützt, ohne dass ihre behördliche Eintragung erforderlich ist. Dies gilt allerdings nur, soweit der Gegenstand des Geheimnisses seinen ökonomischen Wert daraus schöpft, dass er nicht weithin bekannt ist (d.h. der Wert entsteht durch die Geheimhaltung) und soweit er unter vernünftigen Anstrengungen geheim gehalten wird. In der Realität bestehen nicht alle Betriebs- und Geschäftsgeheimnisse unendlich. Manchmal wollen die Inhaber nicht mehr den Aufwand und die Kosten für die weitere Geheimhaltung tragen, sodass sie es preisgeben. In anderen Fällen verliert ein Geheimnis seinen ökonomischen Wert durch veränderte Marktbedingungen, oder jemand findet es durch zulässige **Rekonstruktion** [*reverse engineering*] heraus. Wenn ein Konkurrent zulässige Mittel wie etwa *reverse engineering* verwendet, um ein Geheimnis herauszufinden, liegt kein Klagegrund für den Inhaber vor. Ebenso wenig liegt kein Klagegrund für den Inhaber vor, dessen Geheimnis von einem Dritten unabhängig herausgefunden wird, ohne dass er es rekonstruiert.

43   Angesichts dieser Eigenschaften hat das Recht der Betriebs- und Geschäftsgeheimnisse wichtige Schnittstellen zum Patentrecht. Patente können als Anreiz verstanden werden, Erfinder dazu zu bringen, ihre Erfindungen nicht als Betriebs- und Geschäftsgeheimnisse schützen zu lassen, sondern durch Patent. Ohne staatlichen Schutz würden Erfinder ihre wirtschaftlich gewinnbringenden Entdeckungen wahrscheinlich nie im Detail veröffentlichen, sondern die genauen Informationen geheim halten. An dieser Stelle wird das Patentrecht relevant. Der Staat bietet Innovatoren einen Anreiz ihre wertvollen Geheimnisse der Öffentlichkeit preiszugeben. Im Austausch für die Offenlegung einer neuen, nützlichen und nichtoffensichtlichen Erfindung, die so beschrieben wird, dass eine Person mit durchschnittlichen Kenntnissen des Fachs sie ohne unverhältnismäßiges Ausprobieren benutzen kann, erhält der Erfinder ein privates Schutzrecht durch den Staat in Form eines Patents, das es ihm zugesteht, die Erfindung unter Ausschluss Dritter für eine begrenzte Zeit zu nutzen. Ohne diesen Anreiz würden Erfinder ihre besten Ideen und Entdeckungen horten, sie nie mit der Öffentlichkeit teilen und effektiv als Betriebs- und Geschäftsgeheimnisse hüten. Wenn sie sie teilen, um Patentschutz dafür zu erwirken, können andere diese Lehren in weitere Innovationen integrieren und auch die Öffentlichkeit profitiert davon. Selbstverständlich wählen selbst im Angesicht des Patenschutzes viele Innovatoren den Schutz des Betriebs- und Geschäfts-

---

23 18 USC § 1836.

Jacob H. Rooksby

geheimnisses, und Informationen können diesem Schutz auch unabhängig davon unterliegen, ob sie für ein Patent nutzbar wären oder nicht.

C. Vollzug von Immaterialgüterrechten

Die Inhaber von Immaterialgüterrechten können ihre Rechte gegen Dritte durch- **44** setzen, die diese verletzen, oder versuchen, sich gegen immaterialgüterrechtliche Ansprüche, die ihnen von Dritten entgegengehalten werden, zu wehren. Zunächst können **Schreiben zur Unterlassungsanordnung** [*cease-and-desist letters*] aufgesetzt werden, um die mutmaßliche Rechtsverletzung zu beenden, oder es werden direkt ein gerichtliches Verfahren oder ein behördlicher Rechtsbehelf angestrengt. Dieser Abschnitt erläutert die Möglichkeiten der Inhaber von Immaterialgüterrechten in allen vier Bereichen.

I. Gerichte

Die Bundesgerichte sind der ausschließliche Gerichtsstand für Fälle von Urheber- **45** recht- und Patentverletzungen, während Verletzungen von Schutzmarken und der Missbrauch von Betriebs- und Geschäftsgeheimnissen sowohl auf bundesstaatlicher als auch auf Bundesebene entschieden werden können. US-Gerichte sind jedoch ausschließlich für die Durchsetzung von Urheberrechts und Patenten, die in den USA eingetragen wurden, sowie für Schutzmarken und Betriebs- und Geschäftsgeheimnisse die in den USA genutzt werden, zuständig und entscheiden nicht über Fragen, die die Nutzung oder Eintragung außerhalb der USA betreffen. In diesem Abschnitt werden relevante Themen für Bundes- und bundesstaatliche Gerichtsverfahren im Immaterialgüterrecht erläutert.

Praxistipp

Immaterialgüterrechtliche Verfahren jeder Art sind sehr teuer in den USA. Eine Umfrage bei *IP*-Anwälten, die in den USA praktizieren, ergab 2014, dass die durchschnittlichen Prozesskosten je nach Fall und geforderter Schadenersatzhöhe wie folgt sind:

Fallgruppe	Schadenersatzhöhe	Prozesskosten[24]
Urheberrechtverletzung	Weniger als $1.000.000	$325.000
Urheberrechtverletzung	$1.000.000 bis $10.000.000	$663.000

---

24 Alle Abbildungen von Richard W. Goldstein & Donika P. Pentcheva, *AIPLA: 2015 Report of the Economic Survey* (2015), pp. I-105–I-173.

Jacob H. Rooksby

Fallgruppe	Schadenersatzhöhe	Prozesskosten
Urheberrechtverletzung	$10.000.000 bis $25.000.000	$1.057.000
Urheberrechtverletzung	Mehr als $25.000.000	$1.901.000
Patentverletzung	Weniger als $1.000.000	$873.000
Patentverletzung	$1.000.000 bis $10.000.000	$2.164.000
Patentverletzung	$10.000.000 bis $25.000.000	$3.543.000
Patentverletzung	Mehr als $25.000.000	$6.341.000
Schutzmarkenverletzung	Mehr als $1.000.000	$354.000
Schutzmarkenverletzung	$1.000.000 bis $10.000.000	$670.000
Schutzmarkenverletzung	$10.000.000 bis $25.000.000	$1.057.000
Schutzmarkenverletzung	Mehr als $25.000.000	$2.078.000
Missbrauch eines Betriebs- und Geschäftsgeheimnisses	Weniger als $1.000.000	$516.000
Missbrauch eines Betriebs- und Geschäftsgeheimnisses	$1.000.000 bis $10.000.000	$1.238.000
Missbrauch eines Betriebs- und eschäftsgeheimnisses	$10.000.000 bis $25.000.000	$1.991.000
Missbrauch eines Betriebs- und Geschäftsgeheimnisses	Mehr als $25.000.000	$3.956.000

1. Urheberrecht

46 Eine Verletzung des Urheberrechts liegt vor, wenn ein Dritter ohne Erlaubnis oder Lizenz die exklusiven Rechte des Rechteinhabers in Anspruch nimmt.

47 Zwar ist die Eintragung des Urheberrechts optional, allerdings ist die Eintragungsurkunde des **Urheberrechtamts** [*Copyright Office*] Voraussetzung dafür, um im Klageweg gegen eine Urheberrechtverletzung vorzugehen. Daher ist die Erlangung einer Eintragungsurkunde für routinierte Kenner des Systems, wie beispielsweise Filmstudios oder Verlage, eine Selbstverständlichkeit, um ihre Geschäftsinteressen zu schützen. Die schnelle Eintragung eines Werkes nach Erstellung bringt Vorteile für den Rechteinhaber, wie z. B. den Anspruch auf Ersatz der Anwaltskosten und **gesetzlichen Schadenersatz** [*statutory damages*]. Dies gilt für den Inhaber des Urheberrechts, der sein Werk entweder drei Monate nach der Erstveröffentlichung oder einen Monat, nachdem er von der Rechtsverletzung Kenntnis erlangt hat, eintragen lässt, je nachdem, was früher eintritt.[25]

---

25 17 USC § 412.

Jacob H. Rooksby

Gesetzliche Schadenersatzansprüche unterscheiden sich von kompensatori- **48** schen Schadenersatzansprüchen. Gesetzliche Schadenersatzansprüche werden auf der bloßen Grundlage einer Rechtsverletzung gewährt, ohne dass der Kläger einen tatsächlichen Schaden nachweisen muss. Dies kann schwierig sein – Expertengutachten sind in der Regel erforderlich und deren Meinungen unterscheiden sich häufig, wenn es um das Ausmaß des tatsächlich erlittenen Schadens geht (z.B. ist manchmal die Höhe des geforderten Schadenersatzes zu spekulativ). Letzen Endes entscheiden die Geschworenen über die angemessene Höhe des Schadenersatzes, wobei auch bei dieser Entscheidung viel Raum für Zufall und die Argumentation der Anwälte offensteht. Zum Vergleich werden gesetzliche Schadenersatzansprüche – wie der Name schon sagt – durch das Gesetz festgeschrieben: Nicht weniger als $750 oder mehr als $30.000 können pro unrechtmäßig verwendetem Werk verlangt werden, je nachdem, was das Gericht als rechtmäßig empfindet.[26] Die Obergrenze von $30.000 kann auf $150.000 erhöht werden, wenn das Gericht feststellt, dass die Verletzung vorsätzlich erfolgt ist.

Obwohl Schadenersatz-Normen im Urheberrecht abseitig wirken mögen, sind **49** sie in Wahrheit ein großer Gewinn für die Inhaber von Urheberrechts. Das liegt daran, dass viele Urheberrechte keinen hohen Wert an sich haben und ihre Verletzung zu gesetzlichen Schadenersatzansprüchen führen können. Die Inhaber von Urheberrechten verlassen sich oftmals auf die Abschreckungswirkung des gesetzlichen Schadenersatzes um potentielle Rechtsverletzungen abzuwenden.

Um mit einer urheberrechtlichen Klage erfolgreich zu sein muss der Kläger be- **50** weisen, dass der Beklagte Zugang zu dem urheberrechtlich geschützten Werk hatte und dass sein Werk dem des Klägers **„substantiell ähnlich"** ist. Die **Geschworenen** [*jury*] und nicht ein Richter entscheiden, ob das Ähnlichkeitskriterium im Einzelfall erfüllt ist. Der Beklagte kann versuchen, darzulegen, dass er das zur Rede stehende Werk unabhängig vom Werk des Klägers geschaffen hat – im Kern besagt die Argumentation, dass Ähnlichkeiten zwischen den Werken purer Zufall sind. Theoretisch könnten auch zwei Menschen, die vollständig unabhängig voneinander arbeiten, substantiell ähnliche oder sogar identische Werke hervorbringen. Wenn dies der Fall ist, ist das später veröffentlichte Werk keine Urheberrechtsverletzung des ersten Werkes. In der Realität geschieht dies jedoch selten.

Eine übliche Verteidigung gegen den Vorwurf der Urheberrechtsverletzung ist, **51** dass der unlizenzierte Gebrauch des Werkes, von Seiten des Beklagten, durch die gesetzliche Doktrin der **lauteren Nutzung** [*fair use*] gedeckt ist. Das Konzept des *fair use* hat zum Ziel, Bewegungsfreiraum für andere Autoren im kreativen Umfeld zu schaffen, das oft von Urheberrechts übermäßig beschränkt wird. Die Doktrin erkennt an, dass einige bestimmte unlizenzierte Nutzungen eines Werkes erforderlich

---

26 17 USC § 504.

Jacob H. Rooksby

sind, damit Autoren fremde, geschützte Werke kommentieren, kritisieren oder auf eine andere Art benutzen können, die dem gesellschaftlichen Diskurs dient. Viele dieser Nutzungen sind nicht zum Vorteil des Rechtsinhabers. Dieser könnte es vielmehr entschieden vorziehen, dass sein Werk überhaupt nicht benutzt werden darf, ohne dass eine Lizenzgebühr entrichtet wird. Ohne die *fair use*-Doktrin hätten Urheber immer die Oberhand, da sie entscheiden könnten, zu welchen Bedingungen und Zielen andere ihr Werk nutzen könnten. Einige Nutzungen, selbst sozial erwünschte, könnten so von den Rechteinhabern verboten werden.

Praxistipp

Fair use ist eine wichtige Doktrin, die oft im Zusammenhang mit der versuchten Durchsetzung von Urheberrechten einhergeht. Definitiv sind nicht alle unlizenzierten Nutzungen von geschützten Werken fair, aber ebenso wenig stellt jede unlizenzierte Nutzung eine Urheberrechtsverletzung dar. Gerichte entscheiden oft, dass unlizenzierte Nutzungen fair und damit keine Rechtsverletzungen sind, wenn (1) die Nutzung die Intention des ursprünglichen Werks transformiert, indem es ihm eine neue Bedeutung zuschreibt, (2) das Werk seiner Natur nach feststellend-beschreibend und nicht hoch schöpferisch ist; (3) eine minimale Nachahmung involviert ist, obwohl trotzdem Zugang zum Original erforderlich ist, damit andere verstehen, dass der zweite Autor das Original kommentiert; und/oder (4) die Nutzung keinen Einfluss auf einen bestehenden, lizenzierten Markt hat.

52 Der Gedanke der **lauteren Nutzung** [*fair use*] ist in Abschnitt 107 des **Urheberrechtsgesetzes** niedergelegt. Die Norm enthält vier nicht ausschließliche Kriterien, die die Gerichte bei der Entscheidung darüber beachten müssen, ob eine behauptete Urheberrechtsverletzung lautere Nutzung ist oder nicht. Diese Kriterien sind (1) Zweck und Charakter der Nutzung, (2) die Natur des urheberrechtlich geschützten Werks, (3) die Menge und Erheblichkeit des genutzten Teils im Verhältnis zum ganzen geschützten Werk; und (4) die Wirkung der Nutzung auf den potentiellen Markt bzw. den Wert des Originals.[27] Die Auswahl und Gewichtung dieser Faktoren ist einzelfallabhängig und keiner der Einzelfaktoren ist allein entscheidend.

53 Andere Formulierungen in der *fair use*-Vorschrift deuten an, dass gewisse Nutzungen vermutlich bevorzugt werden, u. a. Nutzungen „zu Zwecken wie Kritik, Kommentar, Nachrichten-Berichterstattung, Unterricht (inklusive mehrerer Ausgaben für die Nutzung im Klassenraum), Wissenschaft oder Forschung", obwohl unklar ist, welches Gewicht der Nutzung in diesen Fällen zukommen soll. Einige Gerichte haben sich bei der Anwendung dieser vermutlich bevorzugten Kriterien jedoch sehr zurückgehalten.

54 Weil lautere Nutzung eine rechtliche Festlegung ist, deren Durchsetzung im Verfahren zeit- und geldaufwändig ist, gibt es weniger wegweisende Rechtspre-

---

27 17 USC § 107.

Jacob H. Rooksby

chung dazu, was lauterer Nutzung in den USA ausmacht, als man erwarten würde. Überreaktionen von Rechteinhabern, die zu Rechtsunsicherheit für potentielle lauterer Nutzer führen, sind daher in denjenigen Fällen sehr verbreitet, in denen Autoren ungenehmigt und unlizenziert die geschützten Werke Dritter nutzen wollen.

2. Patentrecht

Eine Rechtsverletzung liegt vor, wenn jemand eine patentierte Erfindung in einem 55 Produkt oder einem Prozess verwendet, ohne vorher eine Erlaubnis oder Lizenz des Erfinders einzuholen. Gerichtsprozesse über Patentverletzungen können ausschließlich vor Bundesgerichten angestrengt werden. Revisionsverfahren zu diesen Entscheidungen werden vom **Bundesrevisionsgericht** [*United States Court of Appeals for the Federal Circuit (CAFC)*], einem Fachgericht, das im Jahre 1982 gegründet wurde, verhandelt. Dieses Gericht ist das einzige Bundesrevisionsgericht, das aufgrund eines Sachgegenstandes und nicht geographischer Zuständigkeit geschaffen wurde. Das *CAFC* hat seinen Sitz in Washington DC und ist ausschließlich zuständig für Revisionsverfahren in Patentrechtssachen. Aufgrund seiner Autorität im Bereich des Patentrechts haben Entscheidungen des *CAFC* einen hohen Präzendenzwert für die Auslegung von US-patentrechtlichen Prinzipien.

Patente genießen einen hohen Stellenwert im Verfahren. Jemand der ohne Er- 56 laubnis ein patentrechtlich geschütztes Produkt herstellt, kann zu Schadenersatzzahlungen verurteilt werden. Dieser Schadenersatz richtet sich typischerweise nach den fälligen Lizenzgebühren und wird vom Gericht festgestellt, es sei denn, dass der Patentinhaber überzeugend nachweisen kann, dass ihm aufgrund der Patentverletzung Gewinn entgangen ist. Der mutmaßliche Täter kann auch dazu verpflichtet werden, die Rechtsverletzung zu unterlassen.

Die US-Rechtsprechung verzeichnet in den letzten Jahren einen Anstieg der 57 Verfahren in Patentsachen, teilweise durch Prozesse, die von Unternehmen, deren einzige oder Haupteinnahmequelle die Durchsetzung von Patentansprüchen ist [*"patent trolls"*], angestrengt werden.[28] Diese Firmen haben typischerweise keine Angestellten und stellen weder eigene Produkte her, noch bieten sie sonstige Dienstleistungen an. Viele stehen diesen Patenttrollen abwertend gegenüber, da durch diese Einrichtungen die Früchte der Innovation nicht an die Öffentlichkeit gelangen und die Gesellschaft Milliarden Dollar an sie verliert. Obwohl sie keine Produkte herstellen oder verkaufen, können Patenttrolle die Veröffentlichung neuer Produkte solange hinauszögern, bis Markteinsteiger sie auszahlen oder sich recht-

---

28 Jeff John Roberts, "Patent Trolls Hurt R&D Say Scholars in Letter to Congress," *Gigaom*, March 2, 2015, https://gigaom.com/2015/03/02/patent-trolls-hurt-rd-say-scholars-in-letter-to-congress/.

Jacob H. Rooksby

lich gegen die von den Firmen angestrebte Patentrechtsverletzung wehren.[29] Für andere wiederum sind Patenttrolle effiziente Innovatoren, die Patentmärkte kreieren, indem sie das Patentsystem ausnutzen, um Geldzahlungen von Markteinsteigern zu erhalten.[30] Wie auch immer man Patenttrolle und ihre undurchsichtigen Geschäftsmodelle bewertet, sie sind jedenfalls ein unbestrittene Element des „komplexen, heterogenen Patent-Ökosystem" der USA.[31]

58   Die Gerichte müssen in patentrechtlichen Streitigkeiten Ansprüche aus einem Patent auslegen, so dass die Geschworenen die patentierte Erfindung verstehen und die geschützten Eigenschaften mit dem vermeintlich kopierten Produkt oder der Tätigkeit vergleichen kann. Gerichte legen streitige Anspruchsterminologien in einem frühen Stadium des Verfahrens aus, der sogenannten *"Markman"*-Anhörung, die nach einem Fall des Obersten Gerichtshofs benannt ist, in dem diese Vorgehensweise begründet wurde.[32] In *Markman*-Anhörungen werden Beweise analysiert, die dem Gericht helfen sollen, die umstrittenen Begriffe des jeweiligen Patents zu definieren und den Anspruchsinhalt herauszuarbeiten. Diese Festlegung des Anspruchsinhaltes ist wichtig, da so feststellbar ist, ob die Handlung des behaupteten Rechteverletzers in den streitigen Schutzbereich fällt oder nicht. Oftmals ändert sich die Vergleichshaltung nach der Gerichtsentscheidung in der *Markman*-Anhörung, da eine günstige Entscheidung über den umstrittenen Anspruchsinhalt die Wahrscheinlichkeit erhöht, dass das Gericht den Eingriff durch den Beklagten bejaht.

59   Technisch gesprochen stellt die Verletzungshandlung einen Eingriff in den vom Patent geschützten Anspruch dar und nicht ins Patent selbst. Dies ist darauf zurückzuführen, dass eine Verletzungshandlung seitens des Beklagten auch nur einen oder mehrere Ansprüche eines Patents verletzten könnte, und nicht alle. Umfasst ein Patent ein bestimmtes Merkmal, das ein Konkurrent ohne Erlaubnis in seinem Produkt verwendet, wird gesagt, dass dieses Produkt den Patentanspruch **liest** [*reads*], d.h. verletzt. Dieselbe Bedeutung hat die Redewendung, dass der Patentanspruch das Produkt des Konkurrenten **abdeckt** [*covers*].

60   Patentverletzungen sind im Grunde Gefährdungsdelikte. Das bedeutet, dass die Kenntnis des Beklagten von dem Patent, seine Gedanken über die Gültigkeit des

---

29 *Siehe* z.B. Colleen V. Chien, "From Arms Race to Marketplace: The New Complex Patent Ecosystem and Its Implications for the Patent System," 62 *Hastings L. J.* 297 (2010); Ira Glass & Chicago Public Media, "When Patents Attack!," *This American Life* audio podcast, episode 441 (July 22, 2011); James Bessen, Jennifer Ford, & Michael J. Meurer, "The Private and Social Costs of Patent Trolls," 11(45) *Boston University School of Law Working Paper* 1 (2011), http://papers.ssrn.com/sol3/papers.cfm?abstract_id=1930272.
30 Michael Risch, "Patent Troll Myths," 42 *Seton Hall Law Review* 457 (2012); Ashby Jones, "When Lawyers Become 'Trolls'," *Wall Street Journal*, January 23, 2012, http://www.wsj.com/articles/SB10001424052970203750404577173402442681284.
31 Chien, 2010, p. 355.
32 *Markman v. Westview Instruments, Inc.*, 517 U.S. 370 (1996).

Jacob H. Rooksby

Patents, oder seine Absichten, irrelevant für die abschließende Beurteilung der Frage sind, ob er das Patent verletzt hat.[33] Richter haben einen Entscheidungsspielraum, wenn es darum geht, erhöhte Schadenersatzsummen festzusetzen, wenn der Angeklagte vom Patent des Klägers wusste, sich aber vorsätzlich für die Fortführung der verletzenden Tätigkeit entschieden hat.

3. Die Schutzmarke

Eine Klage gegen Markenverletzungen hat den Zweck, Irreführung auf dem Markt zu verhindern. Die Feststellung der Geschworenen, ob eine **wahrscheinliche Verbraucherirreführung** [*likelihood of consumer confusion*] vorliegt, ist der Kern des Klagegrundes, und Kläger können ihre Ansprüche nach dem *Lanham*-Gesetz dann vor ein Bundesgericht bringen, wenn ihre Marke vom *USPTO* zugelassen ist.[34] Nach dem *Lanham*-Gesetz kann gegen jegliche Nutzung eines „Worts, Ausdrucks, Namens, Symbols, Geräts oder jeder Kombination dieser [...], die wahrscheinlich **Irreführung** [*confusion*], Irrtümer oder eine Täuschung über die Zugehörigkeit, Verbindung oder Assoziation einer Person mit einer anderen Person, oder über die Herkunft, finanzielle Förderung oder die Genehmigung der Produkte, Dienstleistungen oder kommerziellen Aktivitäten einer anderen Person erzeugt" geklagt werden.[35] Früher haben die Gerichte von den Klägern gefordert, darzulegen, dass bezüglich des Ursprungs des in Frage stehenden Produkts oder der Dienstleistung, eine Verwechslung bei den Konsumenten vorlag. Mit der Zeit wurde der Umfang und die Art der Verwechslung, die im Wege der Klage geltend gemacht werden kann, von den Gerichten weiter aufgefasst und das *Lanham*-Gesetz wurde vom US-Kongress entsprechend erweitert. So können nun Gerichte beispielsweise Ansprüche erwägen, die auf dem Argument beruhen, dass die Nutzung des Werkes durch den Anspruchsgegner die Konsumenten dazu verleitet zu denken, dass der Beklagte mit dem Kläger durch ein Unterstützungs- oder Näheverhältnis verbunden ist, selbst wenn die Verbraucher wissen, dass das fragliche Produkt vom Beklagten stammt.[36]

61

---

33 Das US-Patentrecht erkennt eine Ausnahme bei experimentellen Nutzungen an, diese sind keine Patentverletzung. Die einzige Ausnahme ist sehr restriktiv und erfasst lediglich die Nutzung patentierter Erfindungen „zu Unterhaltungszwecken, um die spielerische Neugier zu befriedigen, oder streng philosophische Nachforschungen anzustellen". *Roche Products., Inc. v. Bolar Pharmaceutical Company*, 733 F.2d 858, 863 (Fed. Cir. 1984). Nicht einmal unlizenzierte Nutzungen von Forschern an Universitäten in einem akademischen Zusammenhang ist als „experimentelle Nutzung" ausgenommen. *Madey v. Duke University*, 307 F.3d 1351 (Fed. Cir. 2002).
34 Alternativ können sie vor einem bundesstaatlichen Gericht klagen, je nachdem welche Ansprüche im bundesstaatlichen Recht bestehen.
35 15 USC § 1125(b).
36 Verwirrung, die nach dem Verkaufszeitpunkt stattfindet (*"post-sale-confusion"*) kann vor manchen Gerichten geltend gemacht werden. Das gleiche gilt für *"initial-interest confusion"* oder die

62   Jedes Revisionsgericht auf Bundesebene hat bestimmte Faktoren festgesetzt, die in Wahrscheinlichkeits- oder Unsicherheitsanalysen einbezogen werden sollten. Die Faktoren, sowie deren Gewichtung in der Anwendung, unterscheiden sich je nach Gericht. Typische Faktoren sind beispielsweise: Das Ausmaß der Ähnlichkeit zwischen der Marke des Klägers und der des mutmaßlichen Rechteverletzers in Bezug auf Aussehen, Klang, Erscheinung und Bedeutung. Das Maß der Verbundenheit zwischen den beiden Produkten oder Dienstleistungen, die Überschneidung der Handelskanäle, die beide Parteien für ihre jeweiligen Produkte in Anspruch nehmen. Die Voraussetzungen, unter denen typische Verbraucher eine grundlegende Kaufentscheidung treffen (z.B. ein Kind, das einen Impulskauf tätigt, gegenüber einem erfahreneren Einkäufer, der eine abgewogenere Kaufentscheidung trifft). Die Anzahl und der Charakter ähnlicher Marken, die bei einander ähnelnden Waren eingesetzt werden und der Umfang, in dem Beweise für eine tatsächliche Verbraucherirreführung vorhanden sind (z.B. Verbraucher, die beim Unternehmen des Angeklagten anrufen, um Informationen über das Produkt des Klägers zu erhalten). Wenn es wahrscheinlich ist, dass eine Verwechslung auftritt, wird die Schutzmarkenverletzung festgestellt und Unterlassungs- sowie geldliche Entschädigungsansprüche können zugunsten des Klägers geltend gemacht werden.

63   Bei Schutzmarkenverletzungen muss immer sorgfältig berücksichtigt werden, auf welche Art und Weise der Beklagte die Marke verwendet. Während das Schutzmarkenrecht, anders als das Urheberrecht, keine gesetzliche *fair use*-Doktrin kennt, erkennen die Gerichte doch an, dass einige unlizenzierte Nutzungen von geschützten Marken erlaubt sein müssen, vorausgesetzt, dass sie keine Unsicherheit bei den Verbrauchern hervorrufen. Beispielsweise erlauben die Gerichte Wettbewerbern, dass sie gegenseitig Bezug auf ihre Produkte nehmen, um sie wahrheitsgemäß zu vergleichen. So ist es beispielsweise zulässig, wenn ein Cerealienproduzent auf sein Produkt schreibt, dass es „weniger Zucker als *Kellogg's Frosted Flakes* enthält". Dafür ist keine vorherige Genehmigung von Kellogg's erforderlich, sofern die Behauptung wahr ist. Ebenso dürfen Journalisten, Autoren und andere Kommentatoren Markennamen in ihren Arbeiten erwähnen (wie z.B. der Name *"Kellogg's Frosted Flakes"* in diesem Absatz), ohne vorher die Erlaubnis des Markeninhabers einzuholen, sofern hierdurch keine Verwechslung im Handel entsteht.

Theorie, dass die Marke des Anspruchsgegners Konsumenten dazu verleitet, im ersten Moment unsicher über die Autorenschaft, Finanzierung, Genehmigung oder Verbindung zwischen dem Produkt des Anspruchsgegners und dem des Kläger zu sein, selbst wenn diese Verwirrung zum Zeitpunkt des Kaufes vergeht.

Jacob H. Rooksby

4. Betriebs- und Geschäftsgeheimnis

Das Verfahren im Recht der Betriebs- und Geschäftsgeheimnisse ist ein Gebiet, das 64
im US-Rechtssystem zunehmend an Bedeutung gewinnt. Ein Klagegrund für widerrechtliche Verwendung eines Betriebs- und Geschäftsgeheimnisses besteht, wenn
jemand unlautere Mittel anwendet, um an ein Betriebs- und Geschäftsgeheimnis zu
gelangen, es ohne die Zustimmung des Berechtigten offenlegt, oder zur Zeit der Offenlegung wusste oder wissen musste, dass das Geheimnis unter eine Schweige-
pflicht fiel, bzw. es von jemandem erhalten hat, der einer solchen unterlag. Der
DTSA, ebenso wie die Gesetze anderer Bundesstaaten, definieren **unlautere Mittel**
[*improper means*] auf die gleiche Weise. Gängige Beispiele für unlautere Mittel sind
u. a. Diebstahl, Bestechung, Fehldarstellung, Spionage und Vertragsbruch. Rekonstruktion – also das Kaufen, Auseinandernehmen und Untersuchen eines Produktes – stellt kein unlauteres Mittel, zum Zweck der widerrechtlichen Verwendung
eines Betriebs- und Geschäftsgeheimnisses dar.

Dem Inhaber eines Betriebs- und Geschäftsgeheimnisses, das sich widerrecht- 65
lich angeeignet wurde, stehen eine Reihe von Rechtsbehelfen zu. Dazu zählen einstweilige Verfügungen, kompensatorischer Schadenersatz für tatsächliche Verluste,
Schadenersatz aus ungerechtfertigter Bereicherung, angemessene Lizenzgebühren,
Schadensersatz mit Strafcharakter, dreifacher Schadenersatz sowie Anwaltskos-
tenerstattung in Fällen von mutwilligem Missbrauch.

Die *DTSA* bietet einen Rechtsbehelf, den einzelstaatliche Rechte im Bereich der 66
Betriebs- und Geschäftsgeheimnisse nicht bereithalten, die sog. *Ex-Parte*-**Pfändung** [*ex parte civil seizure*]. Diese sieht vor, dass Gerichte unter außergewöhnlichen
Umständen die Beschlagnahme von Eigentum des Beklagten anordnen können,
selbst wenn dieser noch keine Möglichkeit zur Anhörung oder Vertretung vor Gericht hatte. Dieser Rechtsbehelf wurde ins Gesetz aufgenommen, um Handlungs-
möglichkeiten in Fällen zu haben, in denen Angestellte versuchen, mit Betriebs-
und Geschäftsgeheimnissen ihrer Arbeitgeber das Land zu verlassen. Wenn das
Gericht eine solche Maßnahme anordnet, beschlagnahmen Bundesvollzugsbeamte
die betroffenen Gegenstände und verwahren diese bis auf weitere gerichtliche Anordnung. Das Gesetz sieht vor, dass das Gericht innerhalb von sieben Tagen eine
Anhörung zur Pfändung anberaumen muss. Die Partei, die die Pfändung fordert,
muss für den Fall eines Schadens aus unrechtmäßiger oder fehlerhafter Beschlagnahme eine Sicherheit beim Gericht hinterlegen. Die *DTSA* ist so jung, dass noch
unklar ist, inwiefern die *Ex-Parte*-Pfändung für Fälle praktikabel ist, in denen es um
die Wiedererlangung von gestohlenen Betriebs- und Geschäftsgeheimnissen geht.

Jacob H. Rooksby

II. Behördliche Rechtsbehelfe

67 Das *USPTO* ist relevant für bestimmte Rechtsbehelfe in Patent- und Schutzmarksachen. Dieser Abschnitt gibt eine Übersicht über die grundlegenden behördlichen Rechtsbehelfe vor dem *USPTO*.

Praxistipp

2014 betrugen die Anwaltskosten für Parteien, die eine **Revision nach Erteilung** [*Post-Grant Review* (*PGR*)] oder ein *Inter-Partes Review* (*IPR*) zur Entscheidung bis zur Prozess- **und Beschwerdekammer für Patentsachen** [*Patent Trial and Appeal Board* (*PTAB*)] brachten, $334.000. Für Parteien, die an Markenwiderspruchs- oder Löschungsverfahren bis zur Entscheidung beteiligt waren, betrugen sie durchschnittlich $138.000.[37]

---

1. Patentrecht

68 Das *USPTO* stellt vielseitige Möglichkeiten zu Verfügung, mit denen die Gültigkeit vergebener Patente angefochten werden kann, was die Kosten einer Beteiligung im Patentsystem tendenziell erhöht. Insbesondere schuf die *AIA* zwei neue Verfahren für **Streitigkeiten nach der Zulassung** [*post-grant challenges*], die vor der **Prozess- und Beschwerdekammer für Patentsachen** [*Patent Trial and Appeal Board (PTAB)*] gehört werden: (1) **Revision nach Erteilung** [*Post-Grant Review* (*PGR*)] und (2) *Inter Partes Review* (*IPR*).

69 *PGRs* können für die Anfechtung von Ansprüchen aus Patenten zum Einsatz kommen, deren Erteilung ab dem 16. März 2013 beantragt wurde. Angesichts der üblichen Dauer von drei Jahren, die das Zulassungsverfahren bei Patenten regelmäßig in Anspruch nimmt, sind die ersten im *PGR*-Verfahren anfechtbaren Patente gerade erst vergeben worden. *PGRs* müssen innerhalb von neun Monaten ab der Erteilung des Patents eingeleitet werden. Das *USPTO* gewährt ein solches Verfahren lediglich, wenn der Antragssteller nachweisen kann, dass mindestens ein Anspruch im angefochtenen Patent mit großer Wahrscheinlichkeit nicht schutzfähig ist. Die offiziellen Beantragungskosten für ein *PGR* betragen $12.000, hierbei sind die Anwaltskosten nicht mit eingerechnet. Weitere $18.000 werden nach der Verfahrenseinleitung fällig. In *PGRs* können Patentansprüche gelöscht werden, wenn sie die Voraussetzungen der Patentierbarkeit nicht erfüllen.

70 Im Gegensatz dazu sind *IPRs* kompaktere Rechtsbehelfe. In diesen nimmt das *USPTO* ausschließlich Fragen zum Neuheits- und Nichtoffensichtlichkeitskriterium an. *IPRs* können nicht in den ersten neun Monaten nach der Zulassung eingeleitet werden, aber danach unbegrenzt, solange das Patent gilt. Das Verfahren steht seit

---

[37] Richard W. Goldstein & Donika P. Pentcheva, *AIPLA: 2015 Report of the Economic Survey* (2015), pp. I-139 & I-154.

Jacob H. Rooksby

dem 16. September 2012 zur Verfügung. Das *USPTO* wird einen Antrag auf ein *IPR* nur dann annehmen, wenn der Beschwerdeführer darlegen kann, dass er mit hinreichender Wahrscheinlichkeit in mindestens einem Anspruch im angefochtenen Patent obsiegen wird.

Die Antragsgebühr für ein *IPR* beträgt $9.000, zzgl. Anwaltskosten. Hier werden 71 nach der Verfahrenseinleitung weitere $14.000 fällig. Im Juni 2016 bestätigte der Oberste Gerichtshof, dass *USPTO*-Entscheidungen über die Gewährung eines *IPR* abschließend sind und vor keinem anderen Gericht Gegenstand der Revision sein können.[38] Zudem bestätigte er, dass das *USPTO* Patente in *IPR*-Verfahren anhand eines Standards überprüfen sollte, der die Nichtigerklärung vereinfacht (d.h. die Ansprüche sollen der „weitest sinnvollen Auslegung" unterzogen werden, und nicht etwa nur dem bloßen Wortlaut nach, wie es in bundesgerichtlichen Verfahren üblich ist).

Ein Hauptmerkmal dieser Verfahren nach der Patenterteilung ist, dass Entschei- 72 dungen vom *USPTO* innerhalb einer Frist von 12 Monaten nach der Eröffnungsentscheidung ergehen müssen. Da dieses Zeitfenster die normale Bearbeitungszeit in Bundesgerichten unterschreitet, haben sich *PGRs* und *IPRs* als attraktive und kostenbewusste Methoden erwiesen, um die Gültigkeit von Patenten anzufechten, ohne ein Bundesgericht in Anspruch zu nehmen. Dies gilt besonders für Branchen, die häufig ein Interesse daran haben, Patente, die rentable Breitenprodukte betreffen, für nichtig erklären zu lassen, so wie beispielsweise die Branche der generischen Pharmazie.

2. Die Schutzmarke

Die Prozess- und Revisionskammer für Schutzmarken [*Trademark Trial and* 73 *Appeal Board (TTAB)*] verhandelt hauptsächlich zwei behördliche Verfahrensarten: (1) Widersprüche und (2) Löschungsanträge. Jegliche Dritte, die glauben, dass ihre Rechte durch eine im Amtsblatt bekanntgegebene Marke verletzt wurden, können innerhalb einer 30-tätigen Frist Widerspruch einlegen. Es gibt verschiedene Widerspruchsgründe gegen solche Eintragungen. Der am weitesten verbreitete Grund ist, dass der Widerspruchsführer befürchtet, dass die einzutragende Marke mit seiner verwechselt werden könnte. Wenn die Parteien den Streit nicht nach der Einleitung des Widerspruchsverfahrens beilegen, geht der Widerspruch in das Offenlegungsverfahren und schließlich in den Prozess über, in dem das *TTAB* eine Entscheidung über die Eintragungsfähigkeit der Marke trifft. Die Einreichung eines Widerspruchs kostet $300 pro Klasse.

---

38 *Cuozzo Speed Technologies, LLC v. Lee*, 579 U.S. __ (2016).

Jacob H. Rooksby

74   Die Löschung von Marken, die bereits eingetragen und gültig, sowie in Verwendung sind, kann von Dritten aus verschiedenen Gründen angestrebt werden. Insbesondere bei Markenanmeldungen des Antragsstellers ist diese Strategie üblich, wenn ein Markenprüfer eine bestehende Marke als Ablehnungsgrund anführt. In diesem Fall reicht der Antragsteller einen Löschungsantrag ein, in der Hoffnung, die blockierende Eintragung so zu beseitigen. Im Erfolgsfall ist der Weg für die Durchführung seiner beantragten Eintragung dann frei.

75   Bestimmte Gründe für die Einreichung eines Löschungsantrags bestehen während der gesamten Gültigkeit der Eintragung einer Schutzmarke. Diese schließen ein, dass der Inhaber der eingetragenen Marke diese aufgegeben hat, dass sie ein Gattungsbegriff oder geographisch irreführend ist oder dass die Marke einen Gegenstand hat, der im Ganzen funktional ist. Weitere Gründe für die Stellung eines Löschungsantrags können nur innerhalb der ersten fünf Jahre nach der Eintragung geltend gemacht werden. Diese umfassen die Verwechslungswahrscheinlichkeit zwischen verschiedenen Marken, dass die Marke lediglich deskriptiv ist und dass der Inhaber die Marke zum Zeitpunkt der Eintragung nicht im guten Glauben genutzt hat. Ein Löschungsantrag kostet $300 pro Klasse.

D. Zusammenfassung

76 Immaterialgüterrecht ist eines der komplexeren und dynamischeren Rechtsgebiete des US-Rechts. Während bestimmte Wahrnehmungen des US-Immaterialgüterrechts internationalen Normen folgen, sind andere US-spezifisch und aufgrund des Einflusses des *CAFC*, des *USPTO* und des US-Richterrechts entstanden. Insbesondere das Patentrecht entwickelt sich fortlaufend weiter und viele Besonderheiten des *AIA* reifen erst noch heran. Der Oberste Gerichtshof hat in den letzten fünf Jahren ebenfalls ein Interesse für Immaterialgüterrecht entwickelt und oftmals Aspekte des Immaterialgüterrechts neugeordnet oder aufgehoben, die zuvor als grundlegend betrachtet worden waren.

77   Deutsche Unternehmen, die sich in den USA geschäftlich betätigen wollen, sind gut beraten, sich mit den Grundmerkmalen des US-Immaterialgüterrechtes, wie sie in diesem Kapitel skizziert wurden, vertraut zu machen. Vorausschauende Planung und Vorbereitung sind unerlässlich, um Überraschungen zu vermeiden und den Schutz von Immaterialgütern in den USA sicherzustellen, bevor es zu spät ist.

Jacob H. Rooksby

Kapitel 12
Lebensmittelrecht: Verwirklichung von Nahrungsmittel-Selbstbestimmung in lokalen nachhaltigen Nahrungssystemen[1]

Literaturverzeichnis

Hanley, Nick, **Shogren**, Jason und **White**, Ben, *Environmental Economics in Theory and Practice*, 2nd ed., Palgrave Macmillan (2007). **Johnson**, Renée, **Aussenberg**, Randy Alison und **Cowan**, Tadlock, *The Role of Local Food Systems in U.S. Farm Policy*, Congressional Research Service (Summary) (12. März 2013), verfügbar unter https://www.fas.org/sgp/crs/misc/R42155.pdf. **Kaltsas**, Christopher, Harmony at the Farm: „Rediscovering the "Community" in Community Supported Agriculture," 56 Wm. & Mary L. Rev. 961, 981 (2015). **Ristino**, Laurie, und **Steier**, Gabriela, „Losing Ground: A Clarion Call for Farm Bill Reform to Ensure a Food Secure Future," 42 Colum. J. Envtl. L. 59 (2016). **Roberts**, Michael, *Food Law in The United States*, Cambridge University Press (2016). **Richardson**, Jesse, Jr. & **Geyer**, L. Leon, „Ten Limitations to Ponder on Farm Limited Liability Companies," 4 *Drake J. Agric. L.* 197 (1999). **Steier**, Gabriela und **Patel**, Kiran (Hrsg.), *International Food Law And Policy* (2016). **Steier**, Gabriela und **Patel**, Kiran (Hrsg.), *International Farm Animal, Wildlife And Food Safety Law* (2016). **US Food and Drug Administration** and FSMA Final Rule on Produce Safety (undatiert), verfügbar unter http://www.fda.gov/Food/GuidanceRegulation/FSMA/ucm334 114.htm.

A. Einleitung

Angesichts der Ausbreitung von **genetisch modifizierten Organismen** [*genetically* 1 *modified organisms – GMOs*], von Ausbrüchen im Bereich der **Lebensmittelsicherheit** wie etwa E.coli, Salmonellen oder Rinderwahn [*Bovine Spongiform Encephalopathy (BSE)*], und der vieldiskutierten Transatlantischen Handels- und Investitionspartnerschaft [*Trans-Atlantic Trade and Investment Partnership (TTIP)*], hat das **Lebensmittelrecht** in den USA und Deutschland beispiellose Popularität erlangt. Verbraucher in Deutschland werden sich ernährungspolitischer Belange auch in den Vereinigten Staaten bewusst und Rechtspraktiker geraten in den Sog medialer Aufmerksamkeit für lebensmittelrechtliche Themen. Das Lebensmittelrecht bildet jedoch keine einheitliche Rechtsmaterie.

---

1 Die Autorin dankt Professor Elizabeth Boepple für ihren Rat und ihre großzügige Unterstützung.

Gabriela Steier

https://doi.org/10.1515/9783899498103-012

I. Lebensmittelrecht in den USA

2 Ungeachtet des Bestehens des **Bundesgesetzes über Lebensmittel, Arzneimittel und Kosmetika** [*Federal Food, Drug and Cosmetics Act (FFDCA)*] erstreckt sich das Lebensmittelrecht über eine Vielzahl von Rechtsdisziplinen wie das Umwelt-, Verwaltungs-, Gesellschafts-, Immaterialgüter- und Völkerrecht.

3   Lebensmittelrecht erstreckt sich über alle drei Zweige staatlicher Gewalt.

      Legislative: Allein im Bundesrecht gibt es mindestens fünf große Gesetze, die lebensmittelbezogene Materien beherrschen: Das **Gesetz über gefährdete Tierarten** [*Endangered Species Act (ESA)*], das **Bundesgesetz für Insektizide, Fungizide und Rodentizide** [*Federal Insecticide, Fungicide, and Rodenticide Act (FIFRA)*], das **Bundesimmissionsschutzgesetz** [*Clean Air Act (CAA)*], den **Wasserschutzgesetz** [*Clean Water Act (CWA)*][2] und das **Verwaltungsverfahrensgesetz** [*Administrative Procedure Act (APA)*]. Zusätzlich zu diesen Kodifikationen hat jeder der 50 Bundesstaaten irgendwie geartete **Lebensmittelvorschiften, Etikettierungserfordernisse** und andere Regelungen, derer sich Praktiker in diesen Bereichen bewusst sein sollten.

4   **Exekutive:** Bundes- und einzelstaatliche Behörden vollziehen die vorgenannten Gesetze und Verordnungen. So setzt beispielsweise die **Umweltschutzbehörde** [*Environmental Protection Agency (EPA)*] fest,[3] welche Lebensmittel sicher angebaut werden können. Das **Landwirtschaftsministerium** [*US Department of Agriculture (USDA)*] bestimmt, ob Landwirte auf sichere Art und Weise bestimmte Feldfrüchte wie etwa *GMOs* anbauen können, und die **Zulassungsstelle für Lebens- und Arzneimittel** [*Food and Drug Administration (FDA)*] befasst sich damit, welche Lebensmittel sicher verzehrt werden können. Obwohl diese Behörden noch weiter untergliedert und die Materie aufgrund von Überschneidungen der Regelungskompetenzen dieser Behörden und von ausgesprochen ineffizienten Systemredundanzen weit komplizierter sind, als sie hier ohnehin schon erscheinen, soll eine Erörterung dieser Komplexitäten nicht Gegenstand dieses Kapitels sein. Vielmehr sollte man sich darüber bewusst sein, dass die Bundesstaaten ebenfalls Behörden wie etwa **Gesundheitsministerien** haben, die eine Reihe lebensmittelbezogener Gesetze vollziehen.

5   **Jurisdiktion:** Im *US-Common Law*-System setzt das **Fallrecht** [*case law*] fest, wie verschiedene Gesetze auszulegen sind. Im Wege von **Verfahren** [*litigation*] helfen Anwälte, Lücken der anderen beiden Gewalten zu schließen, indem sie klarstellen, wie (und wie nicht) lebensmittelrechtliche Vorschriften auszulegen und zu verstehen sind und zwingen so die Behörden zur Erfüllung ihrer gesetzlichen Aufgaben. Präzedenzfälle können von jedem Gericht kommen, und ein wachsender

---

2 Vergl. Kapitel 14.
3 Vergl. Kapitel 14.

Gabriela Steier

Bestand solcher lebensmittelrechtlichen Fälle ist die Basis für dieses relativ junge Rechtsgebiet.

In diesem neuen und innovativen Rechtsgebiet gibt es zahlreiche divergierende **6** Fronten. Kurz gefasst beherrscht auf der einen Seite die Lebensmittelindustrie den globalisierten Markt und wandelt Gras- und Weideland in agrarindustrielle Flächen um. Auf der anderen Seite stemmen sich einige wenige nordöstliche und nordwestliche Bundesstaaten zunehmend gegen die Übernahme amerikanischen Bodens durch Unternehmen. Die **Bewegung zur Förderung regionaler Lebensmittel** [*local food movement*] als solche ist eine Antwort auf den *GMO*-Vorstoß der Industrie. Viel-kritisierte *GMOs* werden in der Regel auf riesigen Flurstücken in **Monokulturen** angebaut – üblicherweise Mais, Soja oder Weizen, die hochgradig abhängig sind von Pestiziden, Düngern, Herbiziden, künstlicher Bewässerung und ressourcenaufwändiger Bewirtschaftung. Diese Praktiken tragen erwiesenermaßen zur **Erderwärmung, Treibhausgas-Emission, Bodenerosion** und Versiegen von Trinkwasser ebenso bei, wie zu wirtschaftlicher Instabilität, Lebensmittelunsicherheit und Landflucht. Die wenigen federführenden Großunternehmen zentralisieren die Landwirtschaft und dominieren die Nahrungssysteme durch diese nicht nachhaltige landwirtschaftliche Praxis. Widerstand erfahren sie von lokalen Nahrungssystemen, die die Nahrungsmittel-Selbstbestimmung zurückfordern und Kleinbauern ermutigen, als ganzheitliche Landeigner organische und unterschiedliche Getreide zu pflanzen und so die **Agrobiodiversität** zu unterstützen. Die Einzelheiten werden hier nicht weiter thematisiert, aber man sollte beachten, dass auf jedem Schritt des Weges vom „**Acker bis zum Teller**" Juristen beteiligt sind.[4]

Wenn sich Juristen der Bedeutung ihrer Arbeit im Nahrungssystem bewusst **7** sind, können sie Ihre Mandanten besser vertreten. Ein Ansatzpunkt ist **Nahrungsmittel-Selbstbestimmung**, die eine fortschrittliche Denkart für diejenigen Anwälte schafft, die die rechtlichen Werkzeuge, die ihnen zur Verfügung stehen, nicht allein nutzen wollen, um ihren Mandanten zu helfen, sondern auch um größere gesellschaftliche Interessen wie Umweltschutz, Erhaltung der Artenvielfalt, Lebensmittelsicherheit und ökonomische Stabilität zu fördern. Im Folgenden wird ein Teil der Möglichkeiten erläutert, mit denen dies erreicht werden kann, um einen von vielen Ansatzpunkten für eine kreative Anwendung der Lebensmittelgesetze in den USA zu veranschaulichen. Daher wird für diejenigen Anwälte, für die die Regelungen eher eine Grundlage als eine Begrenzung sind, die nachfolgende Analyse veranschaulichen, wie das US-Lebensmittelrecht praktische Umsetzung finden kann.

---

4 Laurie Ristino und Gabriela Steier, "Losing Ground: A Clarion Call for Farm Bill Reform to Ensure a Food Secure Future," 42 Colum. J. Envtl. L. 59 (2016).

Gabriela Steier

II. Nahrungsmittel-Selbstbestimmung

8 **Nahrungsmittel-Selbstbestimmung** erlangt derzeit weite interdisziplinäre Aufmerksamkeit in den USA. Rechtswissenschaftler erklären, dass „der Begriff '*Food Sovereignty*' geprägt wurde, um die der Agrar- und Lebensmittel-Debatte inhärente Dimension politischer und ökonomischer Macht zu verdeutlichen und einen proaktiven Standpunkt zu beziehen, in dem man sie beim Namen nennt".[5] Die bekannte Organisation *La Via Campesina* hat wie folgt zur gestrafften Definition des Begriffs beigetragen: „**Nahrungsmittel-Selbstbestimmung**, gemeinhin definiert als das Recht von Nationen und Völkern, ihre eigenen Nahrungssysteme zu kontrollieren einschließlich ihrer Eigenmärkte, Produktionsweisen, Lebensmittelkulturen und Umwelt, ist als kritische Alternative zum vorherrschenden neoliberalen Model von Landwirtschaft und Handel aufgekommen."[6]

9 Nahrungsmittel-Selbstbestimmung ist auch ein Thema im globalen Handel, das in die nationale US-Wirtschaft zurückwirkt. In den USA ist „Nahrungsmittel-Selbstbestimmung aufgekommen, als eine alternative Vision für **Nahrungssysteme**, die sich von **Lebensmittel-Sicherheit** unterscheidet."[7] Auf internationaler Ebene ist Nahrungsmittel-Selbstbestimmung seit 1996 ein Themenschwerpunkt bei der **Welternährungsgipfel** [*World Food Summit*] und in den Verhandlungen der Welthandelsorganisation (*WTO*).[8] 2007 kamen 500 Vertreter aus über 80 Ländern in Mali zusammen, um die Erklärung von Nyeleni zu formulieren. Mit einer Zielsetzungsliste darüber, wie sich die Delegierten eine Welt mit besserer Nahrungsmittel-Selbstbestimmung vorstellten und einer Liste mit Faktoren, die Nahrungsmittel-Selbstbestimmung verringern, ist diese Erklärung zu einem Wegweiser für lokale Nahrungssysteme geworden.

10 Dementsprechend ist die Beziehung zwischen Nahrungsmittel-Selbstbestimmung und lokalen Nahrungssystemen nahezu direkt proportional. Nahrungsmittel-Selbstbestimmung nimmt mit der Unabhängigkeit und Dichte lokaler Nahrungssysteme zu. Einfacher gesagt genießen die umliegenden Gemeinden mehr Nahrungsmittel-Selbstbestimmung, wenn Kleinbauern ihr eigenes Schicksal und die Produktionsbedingungen selbst in der Hand haben. Im Gegenzug verlieren Verbraucher, die von diesen mehrstufigen Nahrungssystemen abhängig sind, an Nahrungsmittel-Selbstbestimmung, wenn große Agrarkonzerne die Lebensmittelproduktion beherrschen und zentralisieren.

---

5 Hannah Wittman, Annette Desmarais und Nettie Wiebe, *The Origins & Potential of Food Sovereignty* 1–14, 2, FOOD SOVEREIGNTY: RECONNECTING FOOD, NATURE AND COMMUNITY, 2010.
6 *Ebd.*
7 MICHAEL ROBERTS, FOOD LAW IN THE UNITED STATES 442 (Cambridge University Press 2016).
8 *Ebd.*

Gabriela Steier

In den USA ist die Nahrungsmittel-Selbstbestimmung allerdings auf dem Rück- 11
zug. Die Nyeleni-Organisation warnt mit Hinweis auf die Erklärung von Nyeleni aus
dem Jahr 2007 vor „der sogenannten Vereinnahmung von politikgestaltenden öffentlichen Räumen durch Privatunternehmen," wo „über Jahrzehnte hinweg, die
Zivilgesellschaft und soziale Bewegungen dafür gekämpft haben, diese Räume de-
mokratisch zu stärken, um die so dringend benötigte Nahrungsmittel-Selbstbestimmung der Bevölkerung zu erlangen.“[9] Mit anderen Worten: Die Vereinnahmung von
Nahrungssystemen durch Unternehmen bedroht lokale Nahrungssysteme und die
mittelständische Landwirtschaft. Dieses Problem fällt in den USA schmerzhaft auf
und wird von zahlreichen Behörden, Organisationen und Wissenschaftlern thematisiert. Während weltweit 70 Prozent der Nahrungsmittel von Kleinbauern produziert
werden, die mehr als die Hälfte der Gesamtbevölkerung ausmachen,[10] beherrschen
in den USA einige wenige Unternehmen den Markt. Als Teil einer wachsenden Bewegung zur Förderung regionaler Lebensmittel suchen mehr und mehr Kleinbauern Rechtsbeistand zur Wahrung ihrer Unabhängigkeit, ihrer wirtschaftlichen Stabilität und Nahrungsmittel-Selbstbestimmung. Dieses Kapitel hebt einige der
Hauptüberlegungen hervor, die Anwälte in den USA üblicherweise beachten, wenn
Sie für solche Mandanten arbeiten. Hier haben Juristen die einmalige Gelegenheit,
an vorderster Front der Bewegung zur Förderung regionaler Lebensmittel zu
kämpfen und nachhaltige und autarke Nahrungssysteme stärken zu helfen, die mittelständische Landwirtschaftsbetriebe einbeziehen, indem sie familien- und eigen-
geführte landwirtschaftliche Unternehmen unterstützen.

Checkliste

Die Delegierten die den Text der Erklärung von Nyeleni verhandelten, listeten als Ziele eine Welt auf,
in der …
- … alle Völker, Nationen und Staaten in der Lage sind, ihre eigenen Nahrungsproduktions-
Systeme und -Strategien zu bestimmen und jeden Einzelnen mit qualitativ hochwertiger, geeigneter, erschwinglicher, gesunder und kulturell angepasster Nahrung versorgen;
- … die Rolle und die Rechte der Frauen in der Lebensmittelproduktion sowie Repräsentation von
Frauen in allen Entscheidungsgremien gefördert und anerkannt wird;
- … alle Völker in jedem unserer Länder in der Lage sind, in Würde zu leben, ihren Lebensunterhalt mit ihrer Arbeit zu verdienen und nicht zur Migration gezwungen werden;
- … Nahrungsmittel-Selbstbestimmung als grundlegendes Menschenrecht betrachtet wird, anerkannt und umgesetzt durch Gemeinden, Völker, Staaten und internationale Körperschaften;
- … wir im Stande sind, ländliche Umgebungen, Fischpopulationen, Landschaften und Nahrungs-
traditionen zu erhalten und zu regenerieren, die auf ökologisch nachhaltiger Nutzung von Land,
Böden, Wasser, Meeren, Saaten, Viehbestand und aller anderen Artenvielfalten beruhen;

---

9 Nyéléni Newsletter Nr. 25 – Corporate governance of food systems, verfügbar unter *http://www.
nyeleni.org/spip.php?page=NWarticle.en&id_article=554* (zuletzt besucht 25.5.2016).
10 Lang und Heasman, *Food Wars*, 2. Aufl. 2016, bei 202.

Gabriela Steier

- ... wir die Verschiedenartigkeit von traditionellem Wissen, Nahrung, Sprache und Kultur sowie der Art, wie wir uns selbst organisieren und ausdrücken wertschätzen, anerkennen und respektieren;
- ... es echte und integrale Agrarreformen gibt, die Kleinbauern volle Rechte an ihrem Land garantieren, die Gebiete indigener Völker verteidigen und wiederherstellen, die den Zugang und die Kontrolle von Fischereigemeinschaften über ihre Fischgründe und Ökosysteme sichern, den Zugang und die Kontrolle von Weidegemeinschaften über Weideländer und Zugrouten achten, die eine angemessene Beschäftigung zu fairer Bezahlung und Arbeitnehmerrechte für alle sowie eine Zukunft für die Jugend auf dem Lande gewährleisten;
- ... Agrarreformen die Wechselbeziehung zwischen Produzenten und Konsumenten wiederbeleben und das Überleben der Gemeinschaft, soziale und wirtschaftliche Gerechtigkeit, ökologische Nachhaltigkeit und Achtung vor der örtlichen Autonomie und Führung mit gleichen Rechten für Frauen und Männer sichern;
- ... Agrarreformen das Recht auf Land und Selbstbestimmung für unsere Völker garantieren;
- ... wir unsere Länder und Gebiete friedlich und fair unter unseren Völkern teilen, gleich ob wir Kleinbauern, indigene Völker, handwerkliche Fischer, Viehhüter oder andere sind;
- ... im Fall von Natur- und menschengemachten Katastrophen und Nachkriegssituationen Nahrungsmittel-Selbstbestimmung als eine Art „Versicherung" den lokalen Wiederaufbau stärkt und negative Auswirkungen mildert;
- ... wir uns daran erinnern, dass Gemeinden, die von Katastrophen betroffen sind, nicht hilflos sind, sondern in der starke lokale Organisationen den Wiederaufbau in die Hand nehmen;
- ... die Macht der Menschen zur Entscheidung über ihr materielles, natürliches und spirituelles Erbe verteidigt wird;
- ... alle Völker das Recht haben, ihre Territorien vor Eingriffen transnationaler Unternehmen zu schützen ....[11]

III. Bundes- oder einzelstaatlicher Jurisdiktion lokaler Nahrungssysteme?

12 Als „eine fortwährende Quelle von Bestürzung und Verwirrung" merkt Juraprofessorin Lisa Heinzerling von der *Georgetown University* an, dass „15 verschiedene Bundesbehörden von sechs verschiedenen Einrichtungen auf Ministerialebene sich die Zuständigkeit für die Sicherheit und Transparenz unserer Nahrungsmittelversorgung teilen und dabei zusammen 35 verschiedene Bundesgesetze anwenden. Neun verschiedene Kongress-Ausschüsse spielen eine Rolle bei der Steuerung und Aufsicht der lebensmittelsicherheitsbezogenen Arbeit dieser Behörden. 51 verschiedene zwischenbehördliche Vereinbarungen sollen das gesetzgeberische Chaos zähmen."[12] Zu dieser undurchsichtigen regulatorischen Aufsicht auf Bundesebene kommen einzelstaatliche Gesetze, die das „regulatorische Durcheinander" weiter verkomplizieren.[13] Allein in Bezug auf **Lebensmittel aus heimischer Herstellung**

---

11 Nyeleni Declaration (27.2.2007), verfügbar unter http://www.nyeleni.org/IMG/pdf/DeclNyeleni-en.pdf (zuletzt besucht 25.5.2016).
12 Heinzerling, *unter* Anmerkung 3, bei 2 (interne Zitation ausgelassen).
13 *Ebd.* bei 3.

Gabriela Steier

trägt jedes der 50 lebensmittelrechtlichen Gesetzesäquivalente der Einzelstaaten Regeln bei, die kleine Lebensmittelhersteller davon abhalten, das lokale Nahrungssystem in Angriff zu nehmen und dadurch Bürgern Lebensmittel aus lokalem Anbau mit lokalem Geschmack vorenthält und der **heimischen Wirtschaft** die Vorzüge nimmt, die eine harmonisierte Gesetzgebung bieten kann. **Harmonisierung**, nicht Zersplitterung,[14] der Regulierung von Lebensmitteln aus heimischer Herstellung ist der Weg in Richtung Nahrungsmittel-Selbstbestimmung in den USA.

Daher stehen wir, was die Regulierung von **lokalen Nahrungssystemen** und **Nahrungsmittel-Selbstbestimmung** betrifft, einmal mehr der US-Version von kooperativem Föderalismus gegenüber, wie Junker in seinem Einleitungskapitel herausstellt. Schon seit dem Verfassungsstreit über selbstangebauten Weizen im Fall *Wickard v. Filburn*[15] hatte die Nahrungsmittel-Selbstbestimmung ihren Platz in der **Handelsklausel** [*commerce clause*] der Verfassung.[16] Nichtsdestotrotz schafft eine Vielzahl anderer rechtlicher Erwägungen Hürden für das Überleben von **landwirtschaftlichen Kleinbetrieben** im gegenwärtigen Markt. **13**

Es folgen die grundlegenden rechtlichen und taktischen Aspekte, in denen US-Anwälte ihre Mandanten, die als **lokale Lebensmittel-Kleinbetriebe** tätig sind oder tätig werden wollen, beraten müssen. Dieses Kapitel breitet, wenn auch nur kursorisch, eine Auswahl an progressiven und kreativen Ideen für praktizierende Anwälte mit dem ausgeprägten Wunsch aus, ein nachhaltiges und autarkes **Nahrungssystem**, eine **stabile Wirtschaft** und eine unabhängige **lokale Landwirtschaft** zu fördern. Dieses Kapitel ist keinesfalls abschließend – Überlegungen wie man landwirtschaftliche Kleinbetriebe durch das regulatorische Wirrwarr in den USA führt, könnten Bände füllen – aber es bietet eine solide Grundlage für diejenigen Kollegen, die ihr rechtliches Handwerkszeug in den Dienst kreativer und innovativer Lösungen für eine verbesserte Nahrungsmittel-Selbstbestimmung stellen wollen. **14**

B. Lebensmittelrechtler in der Bewegung zur Förderung regionaler Lebensmittel

Rechtsanwälte nehmen verschiedene Rollen in der Bewegung zur Förderung regionaler Lebensmittel ein und können wichtige Beiträge zur Verbesserung der Nahrungsmittel-Selbstbestimmung leisten. **15**

---

14 *Ebd.* bei 2.
15 317 U.S. 111 (1942).
16 U.S. Const. art. I, § 8, cl. 3.

Gabriela Steier

I. Die Rolle des US-Anwalts in der Bewegung zur Förderung regionaler Lebensmittel

16 So beschäftigt beispielsweise die Exekutive in den USA, also die Behörden, viele Juristen im regulatorischen Tagesgeschäft, wie vorstehend angemerkt. Die Lebensmittelbranche entsendet Lobbyisten, wiederum zumeist Juristen, um Einfluss auf die Entscheidungsträger in Washington, DC zu nehmen. Nahezu alle großen *nonprofit*-Organisationen,[17] Interessenverbände oder Umweltschutzorganisationen in den USA beschäftigen Juristen und Verbands-Syndizi als Politikanalysten und Prozessvertreter – diese Juristen helfen, die Präzedenzfälle im Lebensmittelrecht zu gestalten. An Universitäten sind Juristen tätig, wie etwa Professoren im Lebensmittelrecht, die angehende Berufsträger in den Feinheiten des Nahrungssystems unterrichten. Schließlich vertreten Juristen als Einzelanwälte und in größeren Kanzleien Mandanten, die direkt in der Bewegung zur Förderung regionaler Lebensmittel engagiert sind.

II. Rechtliche Werkzeuge für die Bewegung zur Förderung regionaler Lebensmittel

17 Was all diesen Juristen gemein ist, ist ein Kernverständnis rechtlicher Terminologie, statutarischer Grenzen, Mandantenerwartungen und bürokratischer Erfordernisse, das Einfluss auf die Nahrungsmittel-Selbstbestimmung hat. Um ein generelles Verständnis der Feinheiten lokaler Nahrungsmittelrechtssysteme und Rechtsaspekte der Belange der Nahrungsmittel-Selbstbestimmung aus Praktikersicht zu erlangen, ist der in Teil II folgende Überblick hilfreich.

1. Hofpacht

18 **Hofpachtverträge** [*farm leases*] erfüllen Funktionen, die die unmittelbare Vertragsbeziehung zwischen **Verpächter** [*lessor*] und **Pächter** [*lessee*] weit überschreiten. Die genauen Einzelheiten dazu, wie Pacht oder Hofpacht in den USA geregelt sind, sollen nicht Gegenstand dieses Kapitels sein. Faktisch kann der Anwalt die Regelungen im Hofpachtvertrag des Mandanten so gestalten, dass ihm das gewünschte Spektrum an Handlungsfreiheit ermöglicht wird. Der Pachtvertrag kann einen abschließenden **Erwerb** nach einigen Jahren vorsehen, angemessenen **Veräußerungsschutz** während der Pachtzeit vorsehen und die **Rechte und Pflichten** sowohl von **Verpächter** als auch **Pächter** während der Pachtzeit im Kontext der einzelstaatlichen wie auch lokalen **Bodennutzungs-** (*land use*) Beschränkungen

---

17 Vergl. Kapitel 10.

Gabriela Steier

erfassen. Indem er die nachfolgenden Erwägungen berücksichtigt, wird der praktizierende Anwalt in die Lage versetzt, den Hofpachtvertrag als Werkzeug zur Etablierung und Erhaltung von Nahrungsmittel-Selbstbestimmung für seine Mandanten und deren Gemeinschaften zu nutzen.

Die üblichen und grundlegenden Vertragsregelungen umfassen die Pachtdauer 19 [*lease term*], **Pfandsumme** [*deposit amount*], **Zuweisung der gezogenen Nutzen** [*utility payment allocation*], **Abtretungs- und Unterverpachtungserlaubnis** [*assignment and subletting permission*], Steuerangaben, Verlust oder Beschädigung von Mobiliar- und Grundbesitz, **Verzug** [*default*], **Kündigung** [*notice*], **Streitbeilegung** [*dispute resolution*] und **Enteignung** [*eminent domain*], so wie auch eine zweifelsfreie Bestimmung des zu verpachtenden Grundstücks. Beim üblichen Szenario, bei dem sich mehrere Mandanten mit dem Ziel zusammenschließen, einen landwirtschaftlichen Betrieb zu gründen, sollten Anwälte ihren Mandanten raten, den Hofpachtvertrag so zu strukturieren, dass ihre Interessen im Kontext einzelstaatlicher und lokaler Bodennutzungsbeschränkungen geschützt sind durch (a) eine langfristige **Pacht mit rollierender Laufzeit** [*rolling tenure lease*] und **Kaufoption**, (b) einem **flexiblen Finanzierungsplan** mit **Austauschoption** [*bartering option*], (c) der Spezifikation, dass **Verbesserungen** des Grundbesitzes vom abschließenden Kaufpreis in der Höhe abzugsfähig sind, in der sie den Grundstückswert steigern und (d) einen ganzheitlichen **Erhaltungsplan,** um das lokale, nachhaltige und organische Landwirtschaftsunternehmen des Mandanten für eine autarke Zukunft zu rüsten. Mit allem was hinter diesen Anforderungen zurückbleibt, erweisen sich weder der Mandant noch der Anwalt einen guten Dienst, da der Mandant potenziell auf ein Scheitern zusteuert und leichte Beute für einen Aufkauf durch große agrarindustrielle Unternehmen wird. Im Nachfolgenden werden einige Erwägungen angestellt, die für Anwälte hilfreich sein können, die die Nahrungsmittel-Selbstbestimmung durch Beratung ihrer Mandanten zur Struktur des Hofpachtvertrags verbessern wollen.

a) Laufzeitoptionen

Es gibt verschiedenste Laufzeitoptionen für Hofpachtverträge mit bestimmten Vor- 20 und Nachteilen, derer sich Anwälte bedienen können, um das beste Ergebnis für den Mandanten zu erzielen. Langfristige Pachtverträge beispielsweise reichen von fünf bis 99 Jahre und „ermöglichen es dem Pächter, Investitionen zur Verbesserung des Grundbesitzes zu begründen, auch wenn die Pacht selbst solche Verbesserungen nicht erfordern oder lohnen mag."[18] Der Vorteil langfristiger Pachtverträge ist Laufzeitsicherheit, die den „Pächtern das Vertrauen gibt, dass sie in der Lage sein werden, das Land lang genug bewirtschaften zu können, um die Nutzen solcher **nachhaltiger**

---

18 Land for Good, *A Landowner's Guide to Leasing Land for Farming: Chapter VII – Lease Agreements* S. 19 (undatiert).

Gabriela Steier

Praktiken wie etwa **Bodenerhaltung** und **Nährstoffsteuerung** einzufahren[...].“[19] Zudem können **langfristige Pachtverträge** Erhaltungsklauseln enthalten, „die **Bodenerosion** verringern, Bodennährstoffe aufbauen und Hofstrukturen erhalten.“[20]

21   Da die Parteien durch die Pachtlaufzeiten für einen ausgedehnten Zeitraum gebunden werden, sollten langfristige *Pachtverträge* allerdings eine Ausstiegsstrategie sowohl für den Grundeigentümer als auch für den Pächter enthalten.[21] Der Pachtvertrag sollte auch klarstellen, dass zwischen Verpächter und Pächter keine **Personengesellschaft** [*partnership*] begründet wird. Im Fall des Verpächterverzugs kann der Pächter **Verzugsanzeige** stellen, die eine dreißigtägige Frist für die **Nachholungsmöglichkeit** durch den Verpächter auslöst. Scheitert der Nachholungsversuch in der Pacht, wird der Pächter von seinen Pflichten entbunden und der Verpächter hat das **Pfand** zurückzugeben. Zudem sollte der Anwalt erwägen, Vorschriften zu Kündigung und **Streitbeilegung** aufzunehmen, um die Kostenlast für den Mandanten gegenüber dem Verpächter in allen Fällen abzufedern, die einen Rechtsstreit auslösen, wenn der Mandant wirtschaftliche Einbußen erleidet, einschließlich **Kulanz** [*good will*], die aus dem Verpächterverzug resultieren.

22   Schließlich können langfristige *Pachtverträge* auch eine **Kaufoption** enthalten – eine **Direktoption** [*straight option*] und eine **Vorkaufsoption** [*right of first refusal option*] – auch wenn der Eigentumsübergang bis zum Ablauf der **Pachtlaufzeit** aufgeschoben ist.[22] Gleichwohl hat der Pächter, der das Land schon bewirtschaftet, mit einer Kaufoption einen recht flexiblen Übergang, und der Kaufpreis kann über die Zeit festgeschrieben werden.[23]

23   Eine weitere Alternative zur Langzeitpacht hingegen ist eine **rollierende Pacht** [*rolling lease*], die sich automatisch erneuert, wenn der Landwirt den Verpächter nicht zum Ende der Pachtzeit von seinem **Ausstiegswunsch** in Kenntnis setzt.[24] Jede Vertragsregelung, die anzeigt, dass sich die Pacht nach dem Enddatum automatisch verlängert, indiziert eine rollierende Pacht. Der Vorteil derartiger Vereinbarungen ist, dass sie dem Landwirt erlaubt, sich dem Land über einen längeren Zeitraum zu widmen, einhergehend mit den vorgenannten Vorzügen der **Laufzeitsicherheit**.

24   Für diejenigen Mandanten, die sich nachhaltiger, organischer und autarker Bewirtschaftung verschrieben haben, mag die vergleichsweise langfristige rollierende Pacht mit Kaufoption vorzugswürdig sein, weil diese ihnen Zeit gibt, in der Gemeinde Fuß zu fassen und ihr Geschäft rund um Hof und Land aufzubauen. Jede langfris-

---

19 Drake Agricultural Law Center, *Sustainable Farm Leasing* 1–8, 2 (undatiert).

20 *Ebd.*; Muster-Erhaltungsklauseln sind aufgelistet in: Drake Agricultural Law Center, *Sustainable Farm Leasing* 1–8, 6–7 (undatiert).

21 Landowner's Guide, *unter* Anmerkung 15.

22 *Ebd.*

23 *Ebd.* bei 20.

24 *Ebd.* bei 19.

Gabriela Steier

tige Pacht von drei oder mehr Jahren Dauer mit einer Verlängerungs- und schließlich einer direkten Kaufoption, gibt solchen Mandanten mehr Laufzeitsicherheit und hilft ihnen zudem, einen Erhaltungsplan und nachhaltige Bewirtschaftungspraktiken zu implementieren und hierbei den Wert ihres Landes für den letztendlichen Erwerb zu steigern. Es gibt viele Wettbewerber und die Kaufoption sollte klar im Pachtvertrag ausgeführt sein, um sicherstellen zu können, dass der Mandant die Früchte seiner harten Arbeit einfahren kann und als Erster kaufberechtigt ist. Im Wesentlichen bewahrt eine Kaufoption mit Anrechnung der Pachtzahlungen auf den Kaufpreis den Mandanten teilweise vor einem **„Bieterkrieg"** mit anderen potentiellen Käufern und hält zugleich den Kaufpreis auf einem für sein Budget angemessenen Level.

Der Rat eines sorgfältigen Anwalts zur Struktur des Pachtvertrags hat großen **25** Einfluss auf die Fähigkeit des Mandanten, zentrales und unersetzliches Mitglied des lokalen Nahrungssystems in seinem Bundesstaat zu werden. Über den Pachtvertrag können Anwälte tatsächlichen Wandel im lokalen Nahrungssystem bewirken und ein nachhaltigeres Unternehmen mit einem außerordentlich positiven Welleneffekt für Umwelt und Wirtschaft (siehe unten Abschnitt (d)) fördern. Daher sollte der Anwalt dem Mandanten zum Abschluss eines langfristigen oder rollierenden Pachtvertrags mit Kaufoption und Erhaltungsplan raten, um ihm die besten Erfolgschancen zu sichern.

b) Pachtzins

Nach der Bestandsaufnahme des Grundstücks und seiner Veränderbarkeit[25] werden **26** die **Pachtzinsen** basierend auf „Lage, Bodenqualität, den Kräften von **Angebot und Nachfrage**, persönlichen Zielen [des Grundeigentümers] und Verhandlungen mit [...] Nachbarn angepasst."[26] Tatsächlich „werden die meisten Verträge auf einer Morgen-pro-Jahr-Basis erstellt"[27] und die **Barpacht** [*cash lease*] ist am häufigsten. In einer Barpacht-Vereinbarung trägt der Pächter das mit dem Betrieb des Hofs verbundene wirtschaftliche Risiko und zahlt jährlich oder monatlich einen Festbetrag.[28]

Ein anderer Weg der Bestimmung des Pachtzinses ist die **Anteilspacht** [*share* **27** *leases*], bei der sich Verpächter und Pächter das wirtschaftliche Risiko und Einbringungen teilen und die weitere, beispielsweise in New England zum Tragen kommende Vorzüge haben.[29] Hier „kann die Pacht als barwerter Anteil an Feldfrüchten

---

25 Heleba et al., *A Lease Agreements Guide for Landowners and Farmers*, University of Vermont Center for Sustainable Agriculture 1–8, 1 (undatiert).
26 *Ebd.*
27 *Ebd. bei* 2.
28 Landowner's Guide, *unter* Anmerkung 15 bei 20.
29 Landowner's Guide, *unter* Anmerkung 15 bei 21.

Gabriela Steier

oder Viehbestand gezahlt werden, die auf dem Gut produziert wurden."[30] Im Rahmen „der Anteilspacht werden sowohl die Herstellungskosten als auch die Erträge aus Feldfrüchten oder Viehbestand zwischen dem Grundeigentümer und dem Pächter aufteilt."[31]

28   Als Alternative ist die **flexible oder anpassbare Barpacht** [*flexible or adjustable cash lease*] eine Kombination aus Barpacht und Anteilspacht. Bei diesem Modell

> „setzen Grundeigentümer und Pächter eine „**Basis**"-Barpacht [*base*] fest, die niedriger ist, als die **direkte Barpacht**. Der Grundeigentümer erhält den Basisbetrag in bar plus einen Anteil an den tatsächlichen Erträgen des Bauern aus den Feldfrüchten. Wenn Produktion und Preise den Basisbetrag übersteigen, erhält der Grundeigentümer einen Anteil des Zuwachses. In einem schlechten Jahr erhält der Grundeigentümer jedenfalls den Basisbetrag garantiert. Die **flexible Barpacht** verringert für den Pächter das Risiko eines schlechten Jahres und belohnt den Grundeigentümer in guten Jahren."[32]

29   Von den zahlreichen anderen Pachtoptionen ist **Tauschhandel** [*bartering*] ein weiteres sehr verbreitetes Modell. Tauschhandel umfasst einen „Austausch eines Guts oder einer Dienstleistung gegen ein(e) andere(s) ohne den Einbezug von Geld."[33] Im Hofpacht-Kontext kann etwa als Tauschhandel gelten, das Land des Verpächters zu pflügen oder seinen Garten zu mulchen statt Pacht zu zahlen.[34] Solange die Bedingungen klar im Pachtvertrag definiert sind, kann Tauschhandel eine praktikable Option für Neu-Landwirte sein. Für viele Mandanten wird die flexible Barpacht mit Zuschüssen durch Tauschhandel die beste Option sein. Ein Anhang zum Pachtvertrag kann konkretisieren, bis zu welchem Maß die Parteien sich auf Abzüge von der monatlichen Pachtzahlung und Tauschhandelszuschüsse einigen.

30   Abschließend können Pachtzahlungen, wie vorstehend in Abschnitt (a) erwähnt, auch auf den Kaufpreis angerechnet werden. Eine solche Klausel in den Pachtvertrag aufzunehmen, hilft dem Mandanten dabei, für das Land zu bezahlen und zugleich seinen bloßen **Besitz** in **Eigentum** umzuwandeln, sobald er die **Erwerbsoption** entsprechend der Regelungen ausübt, die in der Kaufoptions-Klausel niedergelegt sind.

---

30 *Ebd.*
31 *Ebd.*
32 *Ebd.* bei 22.
33 BARTER, Black's Law Dictionary (10. Aufl. 2014).
34 Heleba, *unter* Anmerkung 22, bei 2.

Gabriela Steier

c) Verbesserungen oder Anbauten an Grundstücken

Bei Abschluss des Hofpachtvertrags sollten Verpächter und Pächter klar definieren, 31 wann **Verbesserungen** [*improvements*] und Anbauten zu **Zubehör** [*fixtures*] und dadurch zu einem Grundstücksteil werden und wann sie Sacheigentum des Pächters bleiben. Anwälten kommt die maßgebliche Aufgabe zu, ihre Mandanten über diese feinen Unterscheidungen zu belehren und sie sollten ihnen helfen, realistische Ziele für den Hofpachtvertrag zu setzen. Grundsätzlich ist Zubehör im US-Recht „ein Gegenstand, der, obwohl ursprünglich eine **bewegliche Sache** [*movable chattel*], durch Zufügung oder Verbindung bei der Landnutzung, als Teil des Grundstücks angesehen wird."[35] Ein **landwirtschaftliches Zubehör** [*agricultural fixture*] hingegen ist „auf dem Pachtgrund zu landwirtschaftlichen Zwecken wie Bodenbestellung oder Viehhaltung errichtet. Dieses Zubehör kann am Ende der Pacht entfernbar sein oder auch nicht."[36]

Im Vergleich hierzu ist eine Verbesserung „ein Zusatz zum [...] **Grundstück**, 32 gleich, ob dauerhaft oder nicht [...] welcher dessen Wert oder dessen Nutzbarkeit erhöht oder das Erscheinungsbild verbessert."[37] Im Zusammenhang mit der landwirtschaftlichen Pacht spielt es nicht nur eine Rolle, ob das Zubehör oder die Verbesserungen letztendlich dem Verpächter oder Pächter gehören, sondern „der Pachtvertrag sollte auch klarstellen, wer für Wartung und Reparaturen am Land und jeglichen Aufbauten zuständig ist, die vom Pachtvertag erfasst sind, wie etwa Zäune, Gebäude, Lagerbauten, Straßen und Bewässerungssysteme."[38] Zudem ist es aus steuerlichen Gründen wichtig zu „unterscheiden zwischen einer **abzugsfähigen Reparatur**, die ein **Aufwand** ist, der das Grundstück in ordnungsgemäßem, effizientem Betriebszustand erhält oder eine **Kapitalverbesserung**, die den Wert des Grundstücks **materiell** erhöht oder substantiell seine **Nutzungsdauer** verlängert."[39] Daher sind Zubehöre und Verbesserungen so zu bestimmen, dass sowohl Verpächter als auch Pächter die einschlägigen Steuervorschriften einhalten können und die Abzüge vornehmen können, zu denen sie berechtigt sind.

Wenn Anwälte landwirtschaftliche Pachtverträge für Kleinbauern erstellen, 33 sind oftmals die Bauernhäuser, Schuppen, Zäune, Ställe und ähnliches landwirtschaftliches Zubehör auf dem Land Teil des Grundstücks. Jegliche Anbauten oder Verbesserungen am Bauernhaus, die solche Mandanten errichten oder bezahlen, werden voraussichtlich mit dem Land verbunden bleiben und in das Eigentum des Grundeigentümers übergehen. Bei der Bemühung, seine Mandanten zur Verbesserung des Grundstücks zu ermutigen, insbesondere bei Kaufoption, und ihre Investi-

---

35 FIXTURE, Black's Law Dictionary (10. Aufl. 2014).
36 *Ebd.*
37 IMPROVEMENT, Black's Law Dictionary (10. Aufl. 2014).
38 Landowner's Guide, *unter* Anmerkung 15 bei 14.
39 *Ebd.* bei 15.

Gabriela Steier

tionen zu schützen, sollten Anwälte daher klarstellen, dass solche Verbesserungen des Grundstücks vom Kaufpreis in der Höhe abzugsfähig sind, in der sie den Wert des Grundeigentums steigern. Diese Zahlen werden sicherlich zu steuerlichen Zwecken bestimmbar sein und sollten auch in die Abzüge vom abschließenden Kaufpreis des Grundstücks eingerechnet werden – Einsparungen, von denen der Mandant profitieren kann.

d) Boden- und Landschutz und Erhaltungsplanung

34 Anwälte sollten ihre Mandanten ermutigen, von Beginn an hohe Standards für ihre Hofbetriebe zu setzen, was in deren eigenem Interesse für ein florierendes und langlebiges Geschäft ist. Der Pachtvertrag ist eine hervorragende Plattform hierfür und dazu, die Mandanten zu befähigen, die lokale, organische und nachhaltige Nahrungsmittelwirtschaft anzutreiben. Indem sie mit detaillierten Pachtbedingungen nachhaltige Bewirtschaftung fördern, können Anwälte ihren Mandanten dabei helfen, erfolgreich ganzheitliche **Landverwalter** [*stewards of the land*] und Vorbilder für die Gemeinschaft zu sein.

35 All diese Erwägungen beziehen sich auf lokale Nahrungssysteme, über die Anwälte ihre Mandanten unterrichten sollten. Professor Michael Roberts von der *University of California School of Law* (*UCLA*) fasst die Ziele lokaler Nahrungssysteme zusammen:

(1) Verbrauchern, die lokale Quellen fördern wollen, frische, hochwertige und gesunde Lebensmittel anbieten;

(2) über Bioanbau hinausgehen, um nachhaltige Nahrungssysteme zu erreichen;

(3) Landwirten dabei helfen, tragfähigen Lebensunterhalt zu entwickeln;

(4) positive Wirtschaftseffekte für die heimische Wirtschaft generieren;

(5) sozialen Gerechtigkeitsproblemen wie Nahrungswüsten in urbanen Gebieten abhelfen;

(6) die Entwicklung ländlicher Gebiete durch Umleitung von Umsätzen weg vom Zwischenhändler hin zum Landwirt unterstützen;

(7) den ökologischen Fußabdruck durch Verkürzung der Versorgungskette verringern, die für Verarbeitung und Transport von Lebensmittel benötigt wird;

(8) Nahrung auf transparentere Art anbieten;

(9) Lebensmittelsicherheit verbessern, indem die Gelegenheiten zu Verunreinigungen reduziert werden und

(10) den Verbrauchern die persönliche Verbindung mit den Bauern ermöglichen, die ihre Nahrungsmittel produzieren.[40]

---

40 Michael Roberts, *Food Law in the United States*, 386 (Cambridge University Press 2015, Kindle Edition) (interne Zitation ausgelassen).

Gabriela Steier

Obgleich das Spektrum der Ziele breit ist, können die Methoden zu ihrer Erreichung **36** auf die meisten Mandanten über den Pachtvertrag zugeschnitten werden und diese Mandanten an die vorderste Front der Bewegung zur Förderung regionaler Lebensmittel stellen, indem sie hochwertige Lebensmittel anbieten und die Gemeinschaft über die neuesten Entwicklungen nachhaltiger Lebensmittelproduktion unterrichten. Diese allgemeinen Ziele des Systems regionaler Lebensmittel stehen im Einklang mit den Unternehmensplänen vieler fortschrittlicher Mandanten, die schon viele der Anliegen der Systeme regionaler Lebensmittel erfüllen oder alternativ die Gelegenheit erhalten, diese Ziele zu erreichen, insbesondere wenn ihre Anwälte ihre Bemühungen unterstützen.

So gibt es zahlreiche Wege, diese Ziele über den Pachtvertrag zu erreichen, wie **37** etwa Erhaltungspläne und Zweckbestimmungen, und Anwälte sollten auch einige Sätze zu *Compliance*-Prüfungen, *Non-Compliance*-Bußgeldern oder Pfandrückzahlungen zur Sicherung der Einhaltung der vorbeschriebenen Aufträge hier aufnehmen. Allerdings kann es auch andere Anreize geben wie beispielsweise **Pachtzinsnachlässe**, wenn die Erzeugnisse von einer unabhängigen (nicht-staatlichen) Organisation, wie z.B. NOFA-MASS, als **organisch** [*organic*] oder **Freilandhaltung** [*free-range*] und **ohne Tierquälerei** hergestellt [*cruelty-free*] – für Geflügel oder **aus Weidehaltung** [*pastured*] – für Vieh **zertifiziert** werden kann.[41] Zusammenfassend: Wenn wir die höheren Erhaltungsplan-Standards eher als Fundament denn als Obergrenze nutzen, können vorausdenkende Anwälte ihre Mandanten befähigen, wahre Landverwalter zu sein.

Nichtsdestotrotz sollten Anwälte berücksichtigen, dass sich Ihre Mandanten **38** wirtschaftlich unter Druck gesetzt fühlen könnten, wenn sich ihre Finanzen nicht in Übereinstimmung mit ihren anfänglichen Zielen und Träumen von ihrem lokalen und nachhaltigen Unternehmen bringen lassen. Daher sollten Anwälte überlegen, wie man die Anreize im Pachtvertrag gestaltet, denn „Anreize sind der Schlüssel zwischen der Wirtschaft und einer besseren Umweltpolitik. Die Menschen haben weniger **Anreiz** gegenwärtig die Umwelt zu schützen, wenn die **sozialen Kosten** von anderen in der Zukunft getragen werden."[42] Indessen hat „[ein] Hersteller, der Profit jagt, keinen Anreiz, seine Emissionen im vom Rest der Gesellschaft gewünschten Maß zu beseitigen"[43], was sich speziell für Kleingewerbe mit erheblichen finanziellen Verantwortungen und Risiken, wie es für viele der Mandanten im Kontext dieses Kapitels zutreffen dürfte, bewahrheiten mag. Deshalb müssen Anwälte den Pachtvertrag sorgfältig so gestalten, dass ihren Mandaten hinreichend Bewegungs-

---

41 NorthEast Organic Farming Association (NOFA-MASS, verfügbar unter http://www.nofamass. org/programs/organic-certification (last accessesed March 21, 2016).
42 Nick Hanley, Jason Shogren and Ben White, *Environmental Economics in Theory and Practice* (2nd Ed., Palgrave Macmillan 2007), Chapter 4: Incentive Design bei 82.
43 *Ebd.*

Gabriela Steier

spielraum bei der Ausübung ihrer landwirtschaftlichen Arbeitsabläufe bleibt, aber gleichzeitig bestimmte umweltverschmutzende oder -verschwendende Praktiken einschränkt, die die Bodenressourcen erschöpfen oder die Umwelt schädigen könnten, was wiederum der harten Arbeit zuwiderliefe, die die Mandanten in das betreffende Land investieren. Infolgedessen wird der Hofpachtvertrag eine größere Wirkung haben als mittelbare Klarstellungen der Bedingung zwischen Verpächter und Pächter; es „verdeutlicht, wie die Gesellschaft wirtschaftliche Anreize in öffentlich-rechtlichen Entscheidungen nutzen kann, um private Motive mit sozialen Zielen zum Schutz der Umwelt in Einklang zu bringen."[44]

Praxistipp

Mithilfe versierter Rechtsberatung werden landwirtschaftliche Mandanten in die Lage versetzt, die Ressourcen auf ihrem Hof zu erhalten und einen positiven Beitrag zum Umweltschutz zu leisten. Die Nutzen sind weitreichend und haben das Potential, substantiell dazu beizutragen, den Ruf des Unternehmens des Mandanten zu wahren und seinen ideellen Geschäfts- und Firmenwert [*good will*] zu erhöhen. Darum sollten sich Anwälte in den USA nach Programmen umschauen, die finanzielle Unterstützung für ihre Mandanten zur Verfügung stellen. Wenn sie z.B. eine **nachgeordnete gemeinnützige Organisation** mit einem Schulungsprogramm für ihre Gemeinschaft zum Natur- und **Umweltschutz** schaffen, Feldexkursionen auf ihrem Gelände für Besucher und Camper anbieten, oder auch Schulungsmaterial erstellen, könnten die Mandanten Anspruch auf einen der zahlreichen Zuschüsse des Ministeriums für Landwirtschaft, Naturschutz und Forstwesen ihres Bundesstaates oder ähnlicher Einrichtungen haben.[45] Anwälte können auch vom Programm des **US-Landwirtschaftsministeriums** [*USDA – United States Department of Agriculture*] für **Ressourcen-** und Bodenfeuchte-Erhaltung[46] oder dem Programmen der **US-Umweltschutzbehörde** [*United States Environmental Protection Agency (EPA)*] nach dem Wasserschutzgesetz profitieren.[47] Derartige staatliche Förderungen und Zuschüsse können vielen Mandanten helfen, einen hohen Grad an Landverwalterschaft zu wahren. Jede der vorgeschlagenen Erhaltungsklauseln ist ausgerichtet auf diese Bundes- und bundesstaatlichen Programme und kann den Mandanten helfen, die Einhaltung von Umweltschutzgesetzen und die Qualifikation für Erhaltungsprogramme sicherzustellen. Folglich hat Ressourcenschutz, einschließlich Wasser- und Bodengesundheit, eine Reihe großartiger Vorzüge für die Mandanten und die Anwälte sind in der Position, sie auf diese hinzuweisen.

---

39 Als Juristen steht uns auch die Möglichkeit offen, einen Muster-Pachtvertag zu entwerfen, der anderen Landwirten und ihren Verpächtern helfen kann, umweltfreundliche Vereinbarungen abzuschließen, die sowohl die eigenen als auch die gesell-

---

44 *Ebd.*

45 Maine Department of Agriculture, Conservation and Forestry, Grants, verfügbar unter http://maine.gov/dacf/about/grants/index.shtml (zuletzt besucht 14.3.2016).

46 USDA-NRCS, *Environmental Improvement, Natural Watershed, Stewardship, and Easement Programs,* verfügbar unter http://www.nrcs.usda.gov/wps/portal/nrcs/main/national/programs/ (zuletzt besucht 24.3.2016).

47 EPA, *Water Conservation Plan Guidelines,* verfügbar unter https://www3.epa.gov/watersense/pubs/guide.html (zuletzt besucht 24.3.2016).

Gabriela Steier

schaftlichen Ziele einer nachhaltigeren und autarken Zukunft fördern. Einerseits haben wir im Wesentlichen die hervorragende Gelegenheit, unsere Mandanten darin zu unterstützen, lokal und regional eine Vorbildfunktion einzunehmen. Andererseits können wir unsere Ressourcen bündeln und diesen Mustervertrag als Vorlage für andere Kleinbauern etablieren, die Rechtsschutz im Angesicht des Marktdrucks benötigen. Angesichts des Umstands, dass der Naturschutztitel im US-Agrargesetz[48] dazu neigt, große agrarindustrielle Monokulturen, aufwandsintensive und oft nicht nachhaltige Anbaupraktiken zu begünstigen, können die Pachtverträge der Mandanten dazu dienen, der etablierten, agrarindustriellen „BigAg" Bewegung entgegenzuwirken und lokale, nachhaltige, gemeinschaftsbasierte Landwirtschaftsmodelle in den USA voranzubringen, indem wir die rechtliche Expertise beisteuern, um erfolgreiche Anbaumodelle in Übereinstimmung mit lokalen und bundesstaatlichen Gesetzen und Verordnungen aufzustellen.

2. Geschäftsstruktur

Die Beratung durch den Anwalt, wie der Mandant sein Geschäft rechtsförmlich 40 strukturieren sollte, kann den entscheidenden Unterschied ausmachen, ob für den Mandanten geeignete Haftungsbegrenzungen geschaffen werden oder er unnötigen rechtlichen und bürokratischen Lasten ausgesetzt wird. Auch wenn dieses Kapitel nicht in aller Breite die Grundtypen der Gesellschaftsformen in den USA erläutern kann, soll hier doch analysiert werden, ob eine (GmbH-ähnliche) *limited liability company* die geeignetere Unternehmensform zum Schutz vor Haftungsfällen und zur Beteiligung der vielen, in kleine und lokale landwirtschaftliche Unternehmung involvierten Personen an der Unternehmensführung und -inhaberschaft bietet oder ob eine Genossenschaft oder andere Gesellschaftsform besser geeignet ist. Hierbei ist der Blick immer auf die Etablierung von Nahrungsmittel-Selbstbestimmung als oberstes Ziel gerichtet. Des Weiteren untersucht dieses Kapitel die rechtlichen Implikationen der Geschäftspläne von landwirtschaftlichen Mandanten und welche rechtlichen Lösungsansätze im Lichte regulatorischer Auswirkungen und Politik auf lokaler, bundesstaatlicher und Bundesebene auf die landwirtschaftlichen Unternehmungen solcher Mandanten bestehen, die möglicherweise auch Agrotourismus einbeziehen. Wie auch bei den vorherigen Abschnitten, kann das Folgende allenfalls einen groben Eindruck der rechtlichen Erwägungen zu diesen Themen geben, weil eine umfassende Behandlung den Rahmen des Kapitels sprengen würde.

Verschiedene Gesellschaftsformen haben jeweils ihre Vorteile, die der Anwalt 41 nutzen kann, um die Gesamtgeschäftsstruktur auf den Bedarf *seiner* Mandanten zuzuschneiden. Den Mandanten sollte geraten werden, die Vorteile einer Gesell-

---

48 Laurie Ristino und Gabriela Steier, "Beyond Drought: A Clarion Call to Manage for Agriculture Systems Resilience and Ecological Health," *U. of Oregon School of Law, _J. Envtl. L. & Litig._* (2016).

Gabriela Steier

schaftsform zu nutzen, die sie vor individueller und persönlicher Haftung gemeinschaftlich und einzeln abschirmt und ihre jeweiligen Interessen schützt. Nimmt man beispielsweise ein Szenario an, bei dem fünf Mandanten mit übereinstimmenden Interessen einen Landwirtschaftsbetrieb gründen wollen und die einen Streitverzicht unterzeichnet haben, kann der Anwalt für jede der mit dem Landwirtschaftsbetrieb verbundenen Tätigkeitsfelder eine *limited liability company* (*LLC*) gründen und das Land als gemeinnütziges *Non-Profit*-Unternehmen organisieren. Dies ist nur eine von vielen verschiedenen Möglichkeiten und die jeweiligen Fakten jedes Einzelfalls bestimmen die beste Lösung, die jenseits dieses hypothetischen Falls zu wählen ist.

42   Wenn wir die Beispiel-Mandatskonstellation hingegen ausdehnen, ist auch die Situation vorstellbar, in der der Landwirtschaftsbetrieb mehrere Komponenten und jeder der fünf Mandanten unterschiedliche Verbindungen zu diesen Komponenten hat. Daher sollten Anwälte bedenken, dass eine gleichgewichtige Einbeziehung aller fünf hypothetischen Mandanten in jede der Tätigkeiten und Rechtspersönlichkeiten ihren Fokus ablenken und die Erfolgsaussichten verringern könnte. In jeder Gesellschaft „müssen Manager anstreben, die Kapitalrendite zu maximieren. Diese Verpflichtung, möglicherweise eine treuhänderische Verpflichtung, kann zum Verkauf von Grundeigentum und Investition der Erlöse in rentablere Investitionen oder zur Entwicklung der Immobilie für Wohn- oder Geschäftsbauzwecke zwingen,"[49] was potenzielle Konflikte hervorrufen kann, die den Ursprungszielen des Mandanten zuwiderlaufen. Deshalb kann es hilfreich sein, individuelle Stärken und Fachkunde der Mandanten auf einzelne Aspekte des Gesamtbetriebs zu konzentrieren, um dessen Rechtspersonen zu strukturieren und ihre Anstrengungen in Untereinheiten zu konzentrieren.

43   Um das Unternehmen des Mandanten in solche Rechtspersonen zu untergliedern, könnte der landwirtschaftliche Betrieb, das Grundstück als ein bewertbares Anlagegut selbst, das gemeinsam von allen fünf Mandaten zu gleichen Teilen geführt wird, als **gemeinnütziges Unternehmen** [*nonprofit* 501(c)(3) *organization* (*NPO*)] gegründet und eingetragen werden. Als solches kann die Land-*NPO* von *Fundraising*, Beantragung von Zuschüssen und **Steuererleichterungen** profitieren.[50] Jedenfalls sollten Anwälte ihren Mandanten anraten, dass der Hof keine Mittel umlegen darf,[51] sondern das eingeworbene Geld etwa genutzt werden kann, um die abschließende Kaufoption zu finanzieren, solange dies rechtlich entsprechend geregelt ist.

44   Im Wesentlichen könnte die Land-*NPO* als **nonprofit public charity** eingetragen werden, wenn sie Bildungskomponenten enthält und „das Land [...] ,ökologisch

---

49 Jesse J. Richardson, Jr. & L. Leon Geyer, Ten Limitations to Ponder on Farm Limited Liability Companies, 4 *Drake Journal of Agricultural Law*, 197, 201 (1999).

50 University of Vermont Extension, *Guide to Financing the Community Supported Farm* (undatiert).

51 Annette Higby, *Legal Structure of the Farm Business* 1–31 (undatiert).

Gabriela Steier

bedeutsam' ist."[52] Unter Umständen ist die für den Hof der betreffenden Mandanten fragliche Ackerfläche hinreichend groß, um für die Kommune oder den Bundesstaat insgesamt ökologisch bedeutsam zu sein. Mit anderen Worten: Die substanziellen Erhaltungsbemühungen der Mandanten, wenn sie dem vorgenannten Rat folgen, umfassende Erhaltungspläne aufzustellen, könnte Wildtieren und **Artenvielfalt** nutzen und sogar **Treibhausgase** durch **Kohlenstoffabsonderung** ausgleichen und dabei zwangsläufig dazu beitragen, dass der Hof als gemeinnütziges Unternehmen firmieren kann. Dementsprechend sollten Anwälte ihren Mandanten anraten, dass ihr Leitbild oder die „Zweckvorschrift in ihren Gesellschaftsverträgen einzigartig und eng umrissen sein muss"[53], was durch strenge Landverwaltungsziele erreicht werden kann.

Ergänzend zur vorgeschlagenen Land *NPO*, kann der gewandte Anwalt den Rest **45** des Unternehmens auch als *LLC* strukturieren, wie z.B. eine Gesellschaft mit Bildungs- und agritouristischen Zwecken. Um die Arbeit und Konzentration der Mandanten zu bündeln, sollten Gruppen von einem bis drei Mandanten als **leitende Partner**, fungieren und die verbleibenden Mandanten als **Partner**. Die „stillen" Mitglieder der *LLC*, also diejenigen, die nicht aktiv eingebunden sind, können durch Buchhaltung, allgemeine Aufsicht oder andere unterstützende Aufgaben am Geschehen beteiligt bleiben und helfen ein internes System von sog. *checks and balances* unter den Parteien zu errichten.

Ungeachtet der Rechtsform des Unternehmens können einige Arten von Haf- **46** tung kaum vermieden werden, wie etwa die Pflicht, das Grundstück als Darlehenssicherheit einbringen zu müssen oder auch persönliche Haftung für „Straftaten und *Umweltverstöße*."[54] Eine Vermengung von Geldmitteln oder eine Mischung persönlicher und geschäftlicher Gelder kann den Schleier der Gesellschaft durchstoßen und Mandanten persönlich haftbar machen. Daher sollte den Mandanten geraten werden, dass „jede landwirtschaftliche Tätigkeit hinreichend haftpflichtversichert sein sollte, um die Hauptanlage — das Land — vom Zugriff in Haftungsprozessen freizuhalten."[55] Schließlich sollten Anwälte die Gesellschaftsgründung in zwei Schritten bedenken: (1) Für ihre Mandanten als Pächter um ihr geschäftliches Ansehen, ihre Immaterialgüter und Arbeit zu schützen und danach (2) als Grundeigentümer, um das Grundstück über die *LLC* hinaus abzusichern.[56]

---

52 Christopher Kaltsas, *Harmony at the Farm: Rediscovering the "Community" in Community Supported Agriculture*, 56 *William and Mary Law Review*. 961, 981 (2015).
53 *Ebd.* bei 982.
54 Jesse J. Richardson, Jr. und L. Leon Geyer, *Ten Limitations to Ponder on Farm Limited Liability Companies*, 4 *Drake Journal of Agricultural Law* 197, 199-200 (1999) (interne Zitationen ausgelassen).
55 *Ebd.*
56 *Ebd.*

Gabriela Steier

3. Agrotourismus

47 Dieser Abschnitt erläutert die Vorzüge des **Agrotourismus** in der Landwirtschafts-branche und die Hilfestellungen, die Anwälte ihren Mandanten geben können, um Agrotourismus vom US-System der **Deliktshaftung** fernzuhalten.

48 Die Nutzen des Betriebs eines agritouristischen Hofs umfassen sozio-ökono-mische, strategische und ökologische Aspekte. „Es stecken Ehrlichkeit und Integri-tät und Leidenschaft und Herz darin", sagt Küchenchef Altiero vom Café Miranda in Maine, das seine Lebensmittel aus Rockland, Maine, bezieht, weniger als eine Meile entfernt.[57] Entsprechend findet Joel Salatin, Kleinbauer der durch Dokumentationen wie *Food, Inc.* bekannt wurde, dass Bildung und Unterhaltung eine „wichtige Di-mension der Zukunft amerikanischer Landwirtschaft sind."[58] Agrotourismus an sich ist definiert als „Praxis des Reisens in landwirtschaftlichen Gebieten, um Bauernhö-fe zu sehen und oft an landwirtschaftlichen Aktivitäten teilzunehmen"[59], und bietet sowohl Unterhaltung als auch Bildung.

49 Bereits vor 15 Jahren sagte das Landwirtschaftsministerium *USDA* voraus, dass der Agrotourismus-Sektor wachsen würde. Im Zensus landwirtschaftlicher Daten von 2007, den jüngsten erhältlichen Daten zu diesem Thema, findet sich denn auch die Zahl von 23.350 Agrotourismus-Höfen, mit organischen Höfen, besonders hoch konzentriert im Nordosten der USA.[60] Diversifizierte Kleinhöfe, wie der der Mandan-ten in diesem Kapitel, eignen sich bestens für Agri-Entertainment.

50 Anders als die Schweine-Großmästereien oder eine Mais-/Soja-Anlage, die Rohmaterial für die Industrie produziert, kann der Klein-Bauernhof das Bild eines früheren einfacheren Ideals von Landwirtschaft auf Menschenmaß wiedererstehen lassen. Die Hauptqualifikation des ländlichen Grundeigentümers, der seinen Le-bensunterhalt aus seinem Land über Agrotourismus bestreiten will, ist der Wunsch und die Fähigkeit, Touristen zu bewirten und ihre Erwartungen an einen Bauern-hofbesuch zu erfüllen.[61]

51 Es sprechen auch viele wirtschaftliche Gründe für den zunehmend beliebten Agrotourismus auf Klein-Bauernhöfen. Erstens hat der Forschungsdienst der *USDA* [*Economic Research Service (ERS)*] Daten veröffentlicht, aus denen sich die Feststel-

---

57 Farm to Table Restaurants – chapter 1, MAINE QUARTERLY, verfügbar unter http://maine quarterly.com/food/2/.

58 Katherine Adam, *Entertainment Farming & Agri-Tourism*, USDA-NCAT (Mar. 2001), verfügbar unter http://www.agmrc.org/media/cms/EntertainmentFarmingAgriTourismATTR_8681C2E7FDC64. pdf.

59 Agritourism, Merriam-Webster Online Dictionary, verfügbar unter http://www.merriam-webster.com/dictionary/agritourism.

60 Faqir Singh Bagi und Richard Reeder, *Farm Activities Associated With Rural Development Initia-tives*, USDA-ERS Report bei 7, 10 (Mai 2012), verfügbar unter http://www.ers.usda.gov/media/ 601606/err134_1_.pdf.

61 *Ebd.*

Gabriela Steier

lung ergibt, dass Klein-Bauernhöfe, die agritouristische Aktivitäten anbieten, grundsätzlich „besser geschult [und] besser beraten" sind.[62] Landesweit betätigen sich rund 65% aller ländlichen Kleinbauernhöfe in irgendeiner Form des Agrotourismus,[63] was zusätzlichen Marktdruck auf Mandanten ausübt, auf diesem Wachstumsmarkt anzutreten. Tatsächlich „schätzt die *USDA*, dass der Wert des Verkaufs lokaler Lebensmittel sich auf Betriebsebene auf 4.8 Milliarden US-Dollar in 2008 aufsummierte bzw. rund 1.6% des US-Markts für landwirtschaftliche Produkte ausmacht. Etwa 107.000 Höfe insgesamt betätigen sich in lokalen Nahrungssystemen oder rund 5% aller US-amerikanischen Höfe."[64] Daher ist die Verbindung lokaler landwirtschaftlicher Praktiken mit Agrotourismus ein idealer Mix, um dem Mandanten einen Wettbewerbsvorteil zu sichern.

Zweitens hat der Forschungsdienst des Bundeskongresses [*Congressional Research Service (CRS)*] im Vorfeld des Erlasses des letzten **Agrargesetzes** [*farm bill*] einen Bericht veröffentlicht, der zusammenfasst, dass lokale Nahrungssysteme im Verbund mit Agrotourismus wirtschaftliche Vorteile haben[65], indem sie **food miles reduzieren**, also die Strecke, die Lebensmittel vom Hersteller zum Verbraucher zurücklegen, und so den Ressourcenaufwand minimieren.[66] Tatsächlich „geht der weit überwiegende Großteil der im US-Nahrungssystem verbrauchten Energie (rund 80 Prozent) in Weiterverarbeitung, Verpackung, Transport, Lagerung und Aufbereitung von Lebensmitteln", aber lokale Lebensmittelsysteme kompensieren viele dieser Kosten.[67] Bemerkenswerterweise „nehmen Verbraucher Lebensmittel aus lokalem Anbau oft als frischer und hochwertiger im Vergleich zu anderen fertig erhältlichen Lebensmitteln wahr und glauben auch, dass der Kauf lokaler Lebensmittel lokale Landwirtschaften und/oder Landwirte unterstützen hilft, die bestimmte Produktionspraktiken nutzen, die als ökologisch nachhaltiger wahrgenommen werden."[68] Landwirte haben die Möglichkeit, diese positiven Effekte zur Schau zu stellen, indem sie Verbraucher auf ihre Höfe einladen. Dies hat auch ein erhebliches

52

---

62 *Ebd.* bei iii.
63 *Ebd.*
64 Renée Johnson, Randy Alison Aussenberg und Tadlock Cowan, *The Role of Local Food Systems in U.S. Farm Policy*, Congressional Research Service (Summary) (Mar. 12, 2013), verfügbar unter https://www.fas.org/sgp/crs/misc/R42155.pdf.
65 *Ebd.*
66 *Ebd.* („Local and regional food systems generally refer to agricultural production and marketing that occurs within a certain geographic proximity (between farmer and consumer) or that involves certain social or supply chain characteristics in producing food (such as small family farms, urban gardens, or farms using sustainable agriculture practices).")
67 ATTRA, *Reducing Food Miles*, verfügbar unter https://attra.ncat.org/attra-pub/farm_energy/food_miles.html.
68 Johnson et al., unter Anmerkung 47.

Direktmarketing-Potenzial, um die Gesamtprofitabilität anzukurbeln, während man das Geld am Ort hält, um die heimische Wirtschaft zu fördern.

53 Drittens bestärken verschiedene bundespolitische Maßnahmen den Agrotourismus und können den Mandanten beim Aufbau dieses Teils ihrer Unternehmen helfen. Das Bauernhofsicherheitsgesetz [*Farm Security Act*] von 2002 z.B. unterstützt „mehr wertschöpfende landwirtschaftliche Produktion"[69] und qualifiziert hierbei die Unternehmen der Mandanten für Zuschüsse aus dem *USDA*-Kreditbürgschaftsprogramm „Ländliche Entwicklung Wirtschaft und Industrie" [*Rural Development Rural Business and Industry (B&I)*] wie etwa die Prämierung organischer Anbaupraktiken.[70] Zudem berücksichtigt das Nahrungsmittel, Erhaltung und Energiespargesetz [*Food, Conservation, and Energy Act*] von 2008 „speziell Projekte für lokale oder regionale produzierte Lebensmittel."[71] Bekanntlich zielt die Aktion *Know Your Farmer, Know Your Food (KYF2)* des *USDA* darauf, „lokale und regionale Nahrungssysteme auszudehnen, und bedient sich ländlicher Entwicklungsprogramme und anderer Programme, die die Kleinbauernmärkte unterstützen."[72] Viel bedeutsamer ist allerdings, dass Mandanten Vorteile aus der positiven Assoziation mit lokalen Lebensmittel durch die angenommene Ähnlichkeit zu geographischen Indikatoren ziehen können, welche durch Agrotourismus weiter vermarktet und beworben werden kann, denn

> „die Nachfrage nach lokalen Lebensmitteln wird neben anderen gewünschten Merkmalen allgemein angetrieben von der vermuteten Qualität und Reputation eines Produkts, die oft damit assoziiert wird, wo oder wie das Produkt hergestellt wurde. Dabei werden lokale Lebensmittel ähnlich wahrgenommen wie Lebensmittel, die einen **geographischen Herkunftsnachweis** [*geographical indications – GIs*] tragen; gleichwohl sind *GIs* oft strenger definiert und können auch unter administrativen **Handelsmarken**-Strukturen registriert werden, die vom US-Patent- und Markenamt (*PTO*) geregelt werden."[73]

54 Mit geeigneter **Etikettierung** von **Lebensmittelspezialitäten** und lokalen Herkunftsnachweisen können Mandanten an den Vorzügen teilhaben, die das Rahmenwerk der *PTO* bietet.

55 Schließlich kann Agrotourismus aus dem US-System der deliktischen Haftung durch sorgfältige Wahl der Rechtsform, umfassende Versicherung und weite **Haftungsverzichte** [*waivers of liability*] herausgelöst werden. Wie vorstehend erwähnt,

---

69 *Ebd.* bei 1.

70 Jim Ochterski und Monika Roth, *Getting Started in Agritourism – chapter 5*, 1–19, 13 (undatiert), verfügbar unter http://www.uvm.edu/tourismresearch/agritourism/saregrant/getting_started_agritourism_cornellext.pdf.

71 Bagi und Reeder, *unter* Anmerkung 43 bei 2.

72 *Ebd.*

73 *Ebd.* bei 8.

Gabriela Steier

kann die Gründung einer *LLC* dem Mandanten helfen, einiges an Risiko zu beherrschen, wobei „vertragliche Verpflichtungen und Haftungen anstatt vom Hof von der *LLC* übernommen werden, [… sodass] sich Schulden aus einem verlorenen Prozess nur auf die geschäftlichen Vermögenswerte als Bestandteile der *LLC* erstrecken.“[74] Allerdings „kann ein Agrotourismusbetrieb gesonderte **Richtlinien** oder eine **Anlage** zu [den] bestehenden Hof-Richtlinien erfordern.“[75] Durch Haftungsverzichtsklauseln können Anwälte ihren Mandanten den Weg ebnen, sich auch darüber hinaus zu schützen, da ihre Kunden, die **Besucher** auf dem Hofgelände sind, auf ihr Klagerecht verzichten. Zusätzliche Absicherungen zur sinnvollen Schadensvermeidung für diese Besucher könnte ein „definierter und gekennzeichneter Hofbesucher-Bereich sein, der durch Hinweisschilder einen Besuchereingang, Besucherparkflächen und andere öffentliche Bereiche aufzeigen.“[76] Diese Abtrennung des Geländes wird die Bereiche für die Mandanten auch besser kontrollierbar machen, um zu vermeiden, dass Besucher Verletzungen oder Schäden erleiden. Daher „sollten alle anderen Zonen des Hofs mit Warnhinweisen gegen unerlaubten Zutritt gekennzeichnet werden, indem Formulierungen wie ‚Nur für Personal‘ und ‚Sperrbereich – Kein Zugang für Besucher‘ verwendet werden.“[77] Dies sind allerdings Informationen, die weder in den Pachtvertrag aufzunehmen sind, noch in Haftungsausschlüsse oder Versicherungspolicen. Gleichwohl sollten die Mandanten auch über die nicht-juristischen Werkzeuge unterrichtet werden, mit denen sie sich vor Haftung schützen können.

In Summe hat Agrotourismus eine Vielzahl von Vorzügen für kleinlandwirt- 56 schaftliche Mandanten, die von finanziellen Anreizen über öffentliche Förderungsprogramme, über Wettbewerbsfähigkeit bis zu wirtschaftlicher Stabilität reichen. Daher sollten Anwälte ihre Mandanten dazu ermutigen, den Agrotourismusaspekt ihres Unternehmens zu entwickeln und Rechtsbeistand zur optimalen Form und Umsetzung leisten.

4. Örtliche Bodennutzungsbestimmungen und bundesstaatliche Lizensierungs-/ Genehmigungserfordernisse

Unter gewissen Umständen werden durch den Betrieb öffentlicher Unterkünfte und 57 die agritouristischen Anstrengungen der Mandanten örtliche Nahrungsmittel-Selbstbestimmungsverordnungen und andere lokale oder bundesstaatliche Regulierun-

---

74 Adam, *unter* Anmerkung 41, bei 14.
75 *Ebd.*
76 Jim Ochterski und Monika Roth, *Getting Started in Agritourism* – chapter 5, 1–19, 13 (undatiert), verfügbar unter http://www.uvm.edu/tourismresearch/agritourism/saregrant/getting_started_agri tourism_cornellext.pdf.
77 *Ebd.*

gen ausgelöst, die dem beratenden Anwalt die Dinge erschweren. Ein Beispiel aus Maine veranschaulicht lehrreich, wie Bundes-, bundesstaatliche und lokale Vorschriften in diesem Kontext zusammenspielen.

Beispiel

2011 verabschiedete die Stadt Blue Hill, Maine die sogenannte „**Verordnung über lokale Lebensmittel und kommunale Selbstbestimmung**" [*Local Food and Community Self-Governance Ordinance* im Folgenden „Verordnung"], die vorschrieb, dass „Hersteller oder Weiterverarbeiter lokaler Lebensmittel in der Stadt Blue Hill von Zulassungspflichten und Aufsicht ausgenommen sind, vorausgesetzt, dass die Geschäftsvorgänge ausschließlich zwischen Hersteller oder Weiterverarbeiter und dem Kunden stattfinden, wenn die Lebensmittel für den Inlandsverbrauch bestimmt sind."[78] Auch wenn die Verordnung dahingehend fehlgedeutet werden könnte, dass einige Mandanten in Maine infolgedessen von bundesstaatlichen und Bundes-Zulassungserfordernissen befreit sind, hat die Verordnung tatsächlich keine praktischen Auswirkungen auf die Unternehmen der meisten Mandanten, weil sie von bundesstaatlichen und Bundesvorschriften, die sich mit der Materie befassen, ausgehebelt werden.

---

58 Das **Vorrangprinzip** [*preemption doctrine*] nach der Vorrang-Klausel [*supremacy clause*] der US-Verfassung[79] sorgt dafür, dass ein Bundesgesetz einen **einzelstaatlichen Rechtsakt** außer Kraft setzen kann oder dass ein einzelstaatlicher Rechtsakt die Umsetzbarkeit eines örtlichen Rechtsakts verhindern kann. Das heißt, dass örtliche **Verordnungen** verdrängt werden, sie können also nicht als geltendes örtliches Recht vollzogen werden, wenn der Bundestaat die in Frage stehende Gesetzgebung überflügelt. Es gibt mehrere Ebenen von Vorrangregeln, von dem höchsten Bereich des Bundes über die Bundesstaaten bis hinunter zu örtlichen oder kommunalen Ebenen. Wenn Konflikte zwischen diesen drei Gesetzesebenen auftreten, bricht Bundesrecht bundesstaatliches Recht und entsprechend bundesstaatliches Recht das kommunale Recht. Im Fall *State v. Brown* ging es um die Klage eines Milchbauern wegen Verstoßes gegen Lizensierungs- und Etikettierungsvorschriften für Milchprodukte. Der oberste Gerichtshof von Maine stellte hierbei fest, dass es für die Frage, ob Bundes- oder einzelstaatliches Recht die Verordnung verdränge, entscheidend ist, ob „der Bundestaat sich im Hinblick auf die Zulassung von Milchlieferanten und Lebensmittelbetrieben bereits ‚mit der Materie befasst' hat."[80]

59 Es erwies sich, das sich die Legislative von Maine mit der Materie durch Erlass von 7 MRSA § 1ff. befasst hatte, die Landwirtschaft und Tierhaltung regulieren und hierdurch die Verordnung verdrängte und diese irrelevant für das Unternehmen des Mandanten wurde. Insbesondere Teile 2 und 3 von Titel 7 regeln Zulassungserfordernisse für den Verkauf und die Lieferung von landwirtschaftlichen Erzeugnissen.

---

78 *State v. Brown*, 95 A.3d 82, 91 (2014) (§ 5.1 der Verordnung zitierend).
79 U.S. CONST. art. VI, § 3, cl. 2.
80 *Ebd.* (interne Zitation ausgelassen).

Gabriela Steier

Demzufolge ist der Titel 7 des Gesetzes von Maine der Verordnung gegenüber vorrangig und verdrängt die Regelung, dass einige Mandanten von Zulassungserfordernissen ausgenommen sind. Daher ist den Mandanten zu raten, alle von ihrem Bundesstaat erlassenen Vorschriften und Regulierungen zu befolgen und alle notwendigen Genehmigungen für Verkauf und Vertrieb ihrer Hoferzeugnisse einzuholen.

Anwälte, die Mandanten vertreten, die Lebensmittel und andere landwirtschaft- 60 liche Erzeugnisse verkaufen, welche auf ihren Klein-Bauernhöfen produziert oder weiterverarbeitet wurden, sollten das Fallbeispiel aus Maine im Gedächtnis behalten. Unter den fünfzig US-Bundesstaaten bestehen viele Unterschiede im Hinblick auf die jeweils geltenden **Lebensmittelgesetze** und Regelungen zur **Lebensmittelsicherheit**. Des Weiteren könnte sich Bundesrecht möglicherweise mit der Materie befasst haben oder bundesstaatliche Gesetze und Regelungen aushebeln – und in manchen Fällen kommunale Verordnungen komplett aufheben. Die anwaltliche Sorgfaltspflicht gebietet es, die jeweiligen Gegebenheiten genauestens zu prüfen und die Mandanten entsprechend zu beraten.

5. *Farm-to-Table*-Genehmigungen und Zulassungserfordernisse

Der *Farm-to-Table*-Weg [*vom Erzeuger auf den Tisch*] ist im Rahmen der Bewegung 61 zur Förderung regionaler Lebensmittel geprägt worden und wird durch ein ausgeklügeltes System von Genehmigungen, Zulassungen und anderen regulatorischen *Compliance*-Erfordernissen verkompliziert, derer sich der Anwalt bewusst sollte. Im Licht der enormen Menge an Vorschriften, die diese Materien regeln, ist das Folgende beschränkt auf die verbreitete Situation, dass der „Tisch" auf dem Bauernhof steht, auf dem die Lebensmittel hergestellt wurden, d.h. auf Höfe, die Vor-Ort-Verzehr anbieten oder lebensmittelverarbeitende Betriebe beherbergen.

Im *Farm-to-Table*-Restaurant liegt die Verantwortlichkeit zur Vermeidung von 62 Lebensmittelinfektionen beim Mandanten und bezieht sich auf jeden Schritt der Lebensmittelerzeugung und -verarbeitung. Vom Anwalt wird gefordert, diese Verantwortlichkeit zu betonen und sicherzustellen, dass der Mandant sie versteht. Laut **Lebensmittelgesetz** von Maine [*State of Maine Food Code*] und Bezug nehmend auf das Fallbeispiel aus dem vorherigen Abschnitt, „rufen Lebensmittelvergiftungen jedes Jahr ca. 48 Millionen Krankheitsfälle, 128.000 stationäre Krankenhausaufenthalte und 3.000 Todesfälle in den Vereinigten Staaten hervor" und „[d]ie jährlichen Kosten von Lebensmittelvergiftungen in Bezug auf Schmerz und Leid, verringerte Leistungsfähigkeit und Kosten medizinischer Versorgung betragen geschätzt zehn – 83 Milliarden US-Dollar."[81] Forschungen haben erwiesen, dass die Haupt-Hemm-

---

81 State of Maine Food Code (2013) bei v.

Gabriela Steier

nisse zur Einhaltung aller Sicherheitsvorkehrungen in kleinen Restaurants „Mangel an Vertrauen in die Lebensmittelsicherheitsgesetzgebung und -vollzugsbeamten, Mangel an Motivation, sich mit Gesetzen zur Lebensmittelsicherheit zu beschäftigen und Mangel an Kenntnissen und Verständnis"[82] sind. Daher müssen den Mandanten die Gesetze zur Lebensmittelsicherheit erläutert werden, sie müssen auf Inspektionen als Teil des ordentlichen Geschäftsbetriebs vorbereitet werden und motiviert werden, sich mit dem Lebensmittelgesetz ihres jeweiligen Bundesstaates zu befassen und sind mit Quellen zu versorgen, über die sie Wissens- und Verständnislücken füllen können. Nur wenn die Mandanten die zugrunde liegenden Aspekte erfassen und sich mit den rechtlichen Erwartungen an ihr Lebensmittelunternehmen vertraut machen, kann ihr nachhaltiges Unternehmen florieren.

63   In den meisten Fällen sind die Anforderungen an das *Farm-to-Table*-Restaurant der Mandanten zur Befolgung örtlicher und bundesstaatlicher Regelungen umfangreich und betreffen hauptsächlich das Lebensmittelgesetz auf bundesstaatlicher Ebene und das **Lebensmittelsicherheitsmodernisierungsgesetz** [*Food Safety Modernization Act (FSMA)*] im Bereich des Bundes. Unter anderem kann die Erzeugnisregel des *FSMA*[83] auf die Mandanten Anwendung finden, aber der Grad dieser Anwendung hängt von seinen durchschnittlichen jährlichen Umsätzen ab.[84] Da die Mandanten einen Hof betreiben und Lebensmittel weiterverarbeiten, werden sie aller Voraussicht nach zusätzlich die **Regelungen zu Vorsorgekontrollen** [*Preventive Controls Rule*] beachten müssen.[85] Beide dieser Vorschriften werden, jedenfalls anfänglich, auf die Mandanten nur als **Kleingewerbetreibende** [*small business*] mit leicht gelockerten Anforderungen Anwendung finden. Trotzdem müssen sie auf die Vielzahl der einzuhaltenden Regeln des *FSMA* aufmerksam gemacht werden.

Praxistipp

Als Hilfe für die Mandanten sind mehrere **Leitfäden** für die Branche erhältlich, die spezielle Vorschriften verständlich aufschlüsseln und erklären, wie der *FSMA* anzuwenden ist. Auf diese sollten Mandanten hingewiesen werden:[86]

---

82 Charlotte Yapp und Robyn Fairman, Factors affecting food safety compliance within small and medium-sized enterprises: implications for regulatory and enforcement strategies, 17 Food Control 42-51 (Elsevier 2006), verfügbar unter http://citeseerx.ist.psu.edu/viewdoc/download?doi=10.1.1. 468.7277&rep=rep1&type=pdf.
83 FDA, FSMA Final Rule on Produce Safety (undatiert), verfügbar unter http://www.fda.gov/ Food/GuidanceRegulation/FSMA/ucm334114.htm.
84 National Sustainable Agriculture Coalition, FSMA Flowchart (Nov. 2014).
85 FDA, FSMA Final Rule for Preventive Controls for Human Food (undatiert), verfügbar unter http://www.fda.gov/Food/GuidanceRegulation/FSMA/ucm334115.htm.
86 FDA, FSMA Rules & Guidance for Industry, verfügbar unter http://www.fda.gov/Food/ GuidanceRegulation/FSMA/ucm253380.htm

Gabriela Steier

- Sanitary Transportation of Human and Animal Food FDA-2013-N-0013 (April 2016);
- Accredited Third-Party Certification FDA-2011-N-0146 (November 2015);
- Standards for the Growing, Harvesting, Packing, and Holding of Produce for Human Consumption FDA-2011-N-0921 (November 2015);
- Current Good Manufacturing Practice and Hazard Analysis and Risk-Based Preventive Controls for Human Food FDA-2011-N-0920 (September 2015);
- Record Availability Requirements: Establishment, Maintenance, and Availability of Records FDA-2002-N-0153 (Formerly Docket No. 2002N-0277) (April 2014).

Schließlich müssen Anwälte ihre Mandanten auch über die zahlreichen *Compliance*- 64
Erfordernisse unterrichten. Sie sind dahingehend zu beraten, dass es ihnen, abhängig von den Lebensmittelgesetzen des jeweiligen Bundesstaates, aufgrund von Anlagenzulassungs- und Inspektionserfordernissen ggf. nicht erlaubt sein wird, Fleisch, Eier oder Molkereierzeugnisse aus eigener Anbautätigkeit anzubieten. Sie sollten dann erwägen, ihre Speisekarte zu reduzieren und einstweilen andere Stärken ihres Restaurants weiterzuentwickeln. Um ihr *Farm-to-Table*-Restaurant zu eröffnen, könnten einige Mandanten z.B. ein kleines wechselndes Menü in Betracht ziehen, hauptsächlich basierend auf ovo-vegetarischen Speisen, um das Image des progressiven und nachhaltigen Unternehmens auszubauen, das Einrichtungen der Bewegung zur Förderung regionaler Lebensmittel der Öffentlichkeit präsentieren.

6. Finanzierung kleiner Landwirtschaftsbetriebe

Mandanten treten zuweilen auch schon mit der Frage an den Anwalt heran, ob die 65
verschiedenen Finanzierungsmodelle, wie direkte **Verbraucherfinanzierung**, traditionelle **Hofdarlehen, kommunal geförderte Landwirtschaft** [*Community Supported Agriculture (CSA)*] oder **Finanzierung durch private Investoren** unterschiedliche rechtliche Auswirkungen auf ihre Betriebe haben und welche Modelle zu empfehlen sind. Dieser Abschnitt stellt einige Erwägungen für Praktiker in den USA heraus.

Direkte Verbraucherfinanzierung, traditionelle Hofdarlehen (*CSA*), oder Mittel- 66
beschaffung von privaten Investoren entfalten unterschiedliche Auswirkungen auf die Betriebe der Mandanten. Zunächst werden die Mandanten „ihre jährlichen Betriebsausgaben und geplanten mehrjährigen Kapitalinvestments getrennt feststellen müssen, um die beste Finanzierungsmöglichkeit zu ermitteln."[87] Landwirtschaftliche Mandanten „könnten eine große Menge eines geldwerten Darlehens für das erste Betriebsjahr und zudem eine bestimmte Menge jedes Jahr am Anfang der Saison benötigen."[88] Zudem werden kleinlandwirtschaftliche Mandanten alle Be-

---

[87] University of Vermont Centre for Sustainable Agriculture, Guide to Financing the Community Supported Farm bei iii (undatiert).
[88] *Ebd.*

Gabriela Steier

triebskosten innerhalb des laufenden Jahres abzahlen müssen und sollten die Hof-einnahmen dieses Zeitraums dafür verwenden,[89] während sie auch Profit erwirtschaften müssen, um die verschiedenen Aspekte ihres Unternehmens weiterzuentwickeln.

67   Ungeachtet der gewählten Finanzierungsoption oder der Kombinationen daraus sollten Anwälte „sicherstellen, dass sie Zeit und Ressourcen haben, um den Prozess von Anfang bis Ende angemessen ausführen und verwalten zu können."[90] Folglich müssen Anwälte jede Finanzierung so aufsetzen, dass die wirtschaftliche Autonomie ihrer Mandanten zu jeder Zeit erhalten bleibt und ihr Risiko reduzieren, dem verbreiteten Trend zum Opfer zu fallen, als landwirtschaftlicher Kleinbetrieb von einem großen Unternehmen aufgekauft und geschluckt zu werden. Diese Gefahr ist eine sehr reale, da „laut *Farm Aid* pro Woche ca. 330 Landwirte ihr Land endgültig verlassen müssen" und „viele Landwirtsfamilien ständig an der Schwelle des finanziellen Ruins stehen."[91] Der *Familienhof* und das lokale handwerkliche Flair sollten authentisch sein und nicht bloß eine Fassade für wahrhaft progressiv ausgerichtete Mandaten. Daher sollten Anwälte die Ideologie der Unternehmen ihrer Mandanten schützen.

68   So könnten Anwälte ihren Mandanten beispielsweise einen *Crowdfunding*-Plan vorschlagen, bei dem diese eine Rezeptsammlung oder eine Sammlung traditioneller Kürbis- oder Tomatenbilder erstellen, die sie den Anlegern als Gegenleistung „zurück" geben können. In diesem sogenannten **„spendenbasierten *Crowdfunding*,"** das „ein Weg ist, Mittel für ein Projekt zu beschaffen, indem man eine große Zahl von Beitragenden bittet, einen kleinen Betrag dafür zu spenden,"[92] kann viel Geld zusammengetragen werden. Ein großer Teil der Werbung erfolgt durch **Basisbewegungen** [*grassroot movements*] oder über soziale Medien. „Im Gegenzug können Unterstützer symbolische Entlohnungen erhalten, die in dem Maß im Prestige steigen, wie die Spendensumme steigt; für kleine Beträge könnte der Geldgeber im Einzelfall auch einmal nichts bekommen. Ebenso könnte man für Spenden auch **Wertmarken** [*tokens*] erhalten, für die man später Waren erhält, die mit den gespendeten Geldern produziert wurden, was zuweilen auch als Entlohnungs-*Crowdfunding* bezeichnet wird."[93] Im Grunde „gibt es fünf Typen von *Crowdfunding*: Finanzrendite-Kapital, Verbindlichkeiten, Lizenzgebühr, nichtfinanzielle Entlohnung

---

89 *Ebd.*

90 *Ebd.*

91 Michael Snyder, *The Family Farm Is Being Systematically Wiped Out Of Existence In America*, verfügbar unter http://theeconomiccollapseblog.com/archives/the-family-farm-is-being-systematically-wiped-out-of-existence-in-america (zuletzt besucht 27.4.2016).

92 Investopaedia, *Donation-based Crowd Funding*, verfügbar unter http://www.investopedia.com/terms/d/donationbased-crowd-funding.asp?o=40186&l=dir&qsrc=999&qo=investopediaSite Search (zuletzt besucht 27.4.2016).

93 *Ebd.*

Gabriela Steier

und Spende."[94] Es gibt offenkundig Kredit- und *Crowdfunding*-Unternehmen, die Höfen wirklich dabei helfen, nachhaltig auf kleinem Niveau zu wirtschaften, während sie ihre finanzielle Stabilität absichern.

Als weiterer Weg der Finanzierungssicherung bietet z.B. der *Maine Farmland* **69** *Trust* (*MFT*) Akonto-Darlehen „für einige oder alle Sofortzahlungen, die für die Sicherung des Darlehens einer kommerziellen Bank, *Farm Credit* oder *Farm Service Agency*"[95] gebraucht werden und Hauptkredite, „in denen *MFT* ein erstrangiges Darlehen gewährt, um dem Darlehensnehmer beim Erwerb eines landwirtschaftlichen Grundstücks zu helfen."[96] Darüber hinaus gewährt „*MFT* auch [kostenlose] Geschäftsplanungsdienste für Antragsteller."[97] Maine hat dazu noch den *Potato Marketing Improvement Fund*, kodifiziert in 01-001 CMR Chapter 31, § B. Dieser steht Höfen mit mehr als 50.000 US-Dollar Umsatz zur Verfügung und kann für Verbesserung, Gerätekauf und andere Hofentwicklungs-Initiativen verwendet werden. Diese einzelstaatlichen Finanzierungsmöglichkeiten – die von Bundesstaat zu Bundesaat variieren können – sollten vom Anwalt in Erwägung gezogen werden, um ihren Mandaten bei der eventuellen Streuung ihrer Darlehensquellen zu helfen.

Als spezieller Finanzierungsfall sind *CSAs* „Höfe deren finanzielle und soziale **70** Unterstützung von Personen oder Körperschaften aus umliegenden Gemeinschaften stammt", wobei eher gemeinsame Interessen als geographische Verbindungen die Gemeinschaft ausmachen.[98] Entsprechend ist die gemeinschaftliche Finanzierungsoption „Finanzkapital, das direkt zwischen Landwirten, Lebensmittelverarbeitern und Personen oder anderen Rechtspersönlichkeiten innerhalb ihrer Gemeinschaften ausgetauscht wird", wobei „Gemeinschaftskapital Human-, Umwelt- und Finanzkapital umfasst."[99] Mit anderen Worten: Diese Methode erfasst viele traditionell externalisierte Kosten, wie Gehaltskosten, Umweltabbau oder Gesellschaftswerte.

Der Slogan „Wo es einen durch die Gemeinschaft unterstützten Hof gibt, kann **71** es auch eine durch Höfe unterstützte Gemeinschaft geben"[100] gilt nach wie vor. Zwei mögliche Methoden, *CSA*-Anteile der Unternehmen der Mandanten zu verkaufen, sind Mitgliedschaften bzw. Abonnements oder alternativ mehrjährige *CSA*-Anteile. Mitgliedschafts- bzw. Abonnement-*CSA*-Anteile sind wie eine Vereinsmitgliedschaft oder wie eine Drei-Jahres-Mitgliedschaft strukturiert, die dem Mitglied einen An-

---

94 AgConnect, *Crowdfunding to Fund the Farm* (undatiert), verfügbar unter http://agconnectpa. org/news/crowdfunding-to-fund-the-farm/ (zuletzt besucht 27.4.2016).
95 Maine Farmland Trust, *Farmland Access Loan Program*, verfügbar unter https://www.maine farmlandtrust.org/farmland-access-new/farmland-access-loans/ (zuletzt besucht 27.4.2016).
96 *Ebd.*
97 *Ebd.*
98 University of Vermont Centre for Sustainable Agriculture, Guide to Financing the Community Supported Farm bei ii.
99 *Ebd.*
100 *Ebd.*

Gabriela Steier

spruch auf eine bestimmte Menge Lebensmitteln pro Monat gibt. „Eine weitere Mitgliedschaftsstufe könnte Rabatte für gesellschaftliche Ereignisse des Hofs oder Spezialitäten-Produkte eröffnen."[101] Die andere Option des mehrjährigen *CSA*-Anteils „erlaubt dem Kunden, Lebensmittel, die über mehr als eine Anbausaison hinweg erzeugt werden, vorab zu kaufen. Diese Anteile können zu einem beträchtlichen Preis erworben werden, z. B. für eintausend bis zehntausend US-Dollar oder mehr. Der hohe Betrag rechtfertigt sich durch den längeren Produktionszeitraum und dadurch, dass die erworbene Menge an Lebensmitteln eine viel höhere sein kann, als man in einer einzigen dreimonatigen Anbausaison verbrauchen kann."[102] Über diese Investitionen hätten die Kunden eine echte Beteiligung am Unternehmen des Mandanten inne und könnten Druck in Bezug auf Produktivität und Pünktlichkeit der Lieferung auf ihn ausüben. Gleichzeitig könnten sie durch Mundpropaganda und freiwillige Mitarbeit bei Veranstaltungen für besondere *CSA*-Anteilseigner helfen, die besondere Privilegien genießen, wie z. B. vierteljährliche Gemeinschafts-Events oder -Empfänge. Der sorgfältige Anwalt wird die Vor- und Nachteile im Rahmen eines Mandantengesprächs abwägen.

72   Insbesondere sollten Anwälte ihre Mandanten auch davor warnen, dass viele Arten von Anlageverträgen oder gar *CSA*-Anteile als **Kreditsicherheiten** angesehen werden und deshalb unter den *Securities Act* von 1933 und den *Securities Exchange Act* von 1934 fallen können.[103] Obwohl *CSA*-Anteile allgemein nur als Sicherheiten gelten können, wenn sie eher ein Mittel zur Gewinnerzielung für den Anteilseigner als eine echte Vorauszahlung für Lebensmittel sind"[104] sollte der Anwalt die Belehrung der Mandanten über Kreditsicherheiten auch in seine Empfehlungen für die Rechtsformwahl des Unternehmens einbeziehen, denn

> „allgemeine Gesellschafteranteile bzw. aktive Mitglieder und Geschäftsführer einer *Limited Liability Company* (*LLC*) haben das Recht, sich an der Geschäftsführung zu beteiligen. Sie unterscheiden sich darin wesentlich von eingeschränkten Anleger-Gesellschaftern bzw. passiven Mitgliedern der *LLC*, deren Anteile wahrscheinlicher als Kreditsicherheiten zu sehen sind. Je aktiver die **Partner einer *Limited*** im Betrieb sind, desto geringer die Wahrscheinlichkeit, dass ihre Geschäftstransaktionen mit der Rechtspersönlichkeit die Rechtsdefinition der Kreditsicherheit erfüllt."[105]

73   Direkte Verbraucherfinanzierung z. B., speziell wenn die Darlehen **nicht gesichert sind**, kann als Kreditsicherheit gelten und „durch öffentliche Aufsichtsbehörden auf Übereinstimmung mit den Verbraucherschutzbestimmungen überwacht wer-

---

101   *Ebd.* bei 42.
102   *Ebd.*
103   *Ebd.* bei 2.
104   *Ebd.* bei 3.
105   *Ebd.* bei 2.

Gabriela Steier

den, wie etwa dem Gesetz zur Transparenz in der Kreditvergabe [*Truth in Lending Act.*]"[106] Die anwaltliche Empfehlung könnte letztendlich lauten, dass die Mandanten einen Steueranwalt zu Rate ziehen und sich Unterstützung bei der Planung der Hofgeschäftsführung holen sollten, mit dem Ziel, einen robusten finanziellen Rahmen für ihr Unternehmen aufzustellen und geeignete Hoffinanzierungsstrukturen für die Langlebigkeit und Nachhaltigkeit ihres Hofs zu entwickeln und dabei zugleich die ökologische Integrität ihrer landwirtschaftlichen Ansprüche zu erhalten. Eine Kombination der vorgenannten Finanzierungsmodelle könnte den meisten Mandanten von Nutzen sein.

Im Gegenzug treten traditionelle Hofdarlehen, wie die durch das *USDA* angebo- **74** tenen, in verschiedensten Formen auf, wie in der nachstehenden Tabelle zusammengefasst:

Tabelle 1: *USDA-FSA* Leitfaden zu *FSA*-Hofdarlehen[107]

Darlehensart	Kurzbeschreibung
Kreditbürgschafts-Programm	Kreditbürgschaften werden von kommerziellen Kreditgebern wie etwa Banken, das *Farm-Credit*-System oder Kreditgenossenschaften erstellt und betreut. Die *FSA* sichert das Darlehen des Kreditgebers durch Bürgschaft bis zu 95 Prozent gegen Verlust ab. Die *FSA* ist für die Bewilligung aller geeigneten Darlehensbürgschaften und für die Aufsicht über die Tätigkeiten des Kreditgebers zuständig.
Direktdarlehens-Programm	Direktdarlehen werden von der *FSA* aus staatlichen Geldern erstellt und betreut. Die *FSA* hat ihren direkten Darlehensnehmern gegenüber die Verantwortung zur Darlehensberatung und -aufsicht. Sie hilft Antragstellern, die Angemessenheit ihres Grundstücks, der Einrichtungen, Maschinen und Ausstattung, finanzielle und herstellungsbezogene und Geschäftsleitung und Ziele zu bewerten.
Landvertrags-Bürgschafts-Programm	Landvertrags-Bürgschaften stehen Hofeigentümern offen, die Grundvermögen durch einen Landvertrag an einen neu einsteigenden oder sozial benachteiligten Landwirt verkaufen wollen.

Einer der Nachteile traditioneller Finanzierung sind die bürokratischen Hürden, die **75** zur Haftung für Kleinbauern führen können, wenn Darlehen zu steuerpflichtigem Einkommen werden. Dementsprechend wird ein Darlehen zu Einkommen, wenn es erlassen wird, da die Darlehenssumme nicht länger „Darlehenserträge" nach dem Steuergesetz sind. Die Mandanten sollten darauf hingewiesen werden, dass sie in

---

106 Business Dictionary, *Consumer Loan*, verfügbar unter http://www.businessdictionary.com/ definition/consumer-loan.html#ixzz472hnqXZJ (zuletzt besucht 27.4.2016).
107 Nach USDA-FSA, *Your Guide to FSA Farm Loans*, verfügbar unter http://www.fsa.usda.gov/ Internet/FSA_File/fsa_br_01_web_booklet.pdf (zuletzt besucht 27.4.2016).

Gabriela Steier

einer solchen Situation das Formular 1099 einreichen müssen, welches aber verschiedene Komplikationen etwa in der zeitlichen Planung mit sich bringt.[108] Zweitens könnten einige Darlehen von der **Bundessteuerbehörde** [*Internal Revenue Service (IRS)*] als Umsätze angesehen werden. Der *IRS* könnte z. B. der Auffassung sein, „dass einige Darlehens-Erträge in Wirklichkeit Verkaufserträge und damit zu versteuern sind."[109] Für Anwälte ist wichtig, sorgsam zu erwägen, wie die „Transaktion strukturiert" werden soll und „wie die Transaktion sich tatsächlich abspielt. Allgemein achten Gerichte auf Anzeichen, wie etwa ob ein Rechtstitel abläuft, wie die Parteien die Transaktion behandeln sowie auf den wahren Willen der Parteien."[110] Folglich muss man sich im US-Rechtssystem nicht nur darüber bewusst sein, wie das statutarische Rahmenwerk die Situation regelt, sondern auch wie örtliche und regionale Gerichte diese Gesetze und Regelungen auslegen. Es ist Aufgabe des Anwalts, seinen Mandanten entsprechend zu beraten und zu unterrichten, um zu vermeiden, ihn rechtlicher Fehlbehandlung auszusetzen.

7. Immaterialgüterrechtliche Aspekte

76 Zusätzlich zu den Hauptaspekten, die in diesem Kapitel dargestellt und untersucht werden, ist es wichtig mit den Mandanten folgende potenzielle Probleme anzusprechen, die ihr Vorhaben beeinflussen könnten. Diese umfassen das Immaterialgüterrecht, das **Lebensmittelsicherheits- und Modernisierungsgesetz** [*Food Safety and Modernization Act (FSMA)*], Organische Zertifizierung, Lebensmittel und Nährstoff-Etikettierung, Herstellung von Lebensmittelspezialitäten, Dokumentation, Gewährleistung und Lebensmittel- und Wasser-Prüfung. Manche dieser Aspekte sind nicht zeitaufwändig, wie nachstehend beschrieben, aber da jeder Aspekt die Unternehmensplanung der Mandanten beeinflussen kann, sollten sie ihnen bewusst gemacht werden.

77 Anwälte haben ihre Mandanten über den Schutz der **Immaterialgüter** und mögliche **Haftbarkeit** ihres Unternehmens aufzuklären. So könnten Mandanten in Betracht ziehen, ihren Unternehmensnamen und einige ihrer charakteristischen Obst-, Blumen oder Gemüsesorten durch **Schutzmarken** [*trademarks*] zu schützen. Solche Marken könnten beispielsweise auch als Bestandteil auf den Etiketten von Lebensmitteln aus heimischer Herstellung oder auf Zelten von Bauernmarktständen angebracht sein. Letztendlich würden sie den Parteien helfen, eine *Corporate Iden-*

---

108 Robert Wood, *When "Loans" Are Taxed As Income*, Forbes Magazin vom 26.9.2011, verfügbar unter http://www.forbes.com/sites/robertwood/2011/09/26/when-loans-are-taxed-as-income/#2ad 0900d354d (zuletzt besucht 27.4.2016).
109 *Ebd.*
110 *Ebd.*

Gabriela Steier

tity zu etablieren, die danach vom Urheberrecht geschützt wird.[111] Erstellen die Mandanten z.B. Kochbücher, Sammlungen mit lokalen Rezepten, Speisekarten, Websites mit Fotos ihrer Erzeugnisse, Güter mit Mehrwert, hofbezogene oder andere ihrem Unternehmen eigene Besonderheiten, Broschüren oder andere Werbematerialien, die kreativ und original sind, können sie dafür urheberrechtlichen Schutz anstreben. Die **Sorgfaltspflicht** erfordert allerdings eine vorherige Recherche, um abzusichern, dass diese vorgeschlagenen Urheberrechte und Marken nicht schon vergeben und in Gebrauch sind.[112] Verschiedene Werke der Parteien könnten auch patentfähig sein, z.B. Festtagskränze, Originalentwürfe von Vogelscheuchen oder Pflanzenkreuzungen und Setzlinge ihrer speziellen Züchtungen und anderer Pflanzen. Insbesondere Patente können aber kostenaufwändig sein und schaffen nur ein Negativrecht, d.h. sie verhindern Rechtsverletzungen. Demzufolge können die Parteien auch zu dem Schluss kommen, zunächst keine Patente zu beantragen, bevor diese nicht geschäftlich sinnvoll sind. Das US-Immaterialgüterrecht unterscheidet sich etwas von seinem deutschen Gegenstück, so dass sorgfältige Rücksprache mit einem ortsansässigen Rechtsberater angezeigt sein kann.

C. Fazit

Wenn Anwälte verstehen, wie die ihnen zur Verfügung stehenden Mittel, Gesetze, Regulierungen, Verordnungen, Präzedenzfälle und auch Rechtsdokumente (wie z.B. Pachtverträge) genutzt werden können, um sowohl den Mandanten zu helfen als auch dem Gemeinwohl zu dienen, werden sie unmittelbar befähigt, positiven Wandel herbeizuführen. Auf dem Gebiet des Lebensmittelrechts, dem rasant wachsenden Fallrecht, der sich fortwährend weiterentwickelnden Politik, wissenschaftlichem Literaturstreit und Verbrauchernachfrage in Verbindung mit Medienaufmerksamkeit, stehen Anwälte häufig staunend vor der sich ergebenden Aufgabenfülle. Daher ist es hilfreich, ganz am Anfang zu beginnen, indem man Kleinbauern dabei unterstützt, gesunde Lebensmittel für ihre lokalen Gemeinschaften anzubauen. Der sich daraus ergebende Welleneffekt ist massiv, da er die Nahrungsmittel-Selbstbestimmung fördert und so die lokale Wirtschaft gegen Übernahme durch Agrarunternehmen schützt. Von daher ist die Implementierung eines lokalen, nachhaltigen Lebensmittelrechts ein Eckpfeiler für das US-Lebensmittelrecht im Ganzen.

78

---

111 Tettlebaum et al., Farm and Food Law: A Legal Guide for Lawyers in the Legal Services Food Hub 1-93, 79 (undatiert).
112 *Ebd.*, bei 80.

Gabriela Steier

Kapitel 13
Besonderheiten des US-Einwanderungsrechts – Ein Blick von Innen

Literaturverzeichnis

Congressional Research Service, Temporary Protected Status: Current Immigration Policy and Issues (12. August 2016), https://www.fas.org/sgp/crs/homesec/rs20844.pdf. **Kurzban**, Ira J., *Immigration Law Sourcebook*, 14. Auflage (2014). **Legomsky**, Stephen H., *Immigration and Refugee Law and Policy*, 4. Auflage (2005). **U.S. Department**. of Health and Human Service, *The U.S. Refugee Resettlement Program – An Overview* (3. Dezember 2015), http://www.acf.hhs.gov/orr/resource/the-us-refugee-resettlement-program-an-overview. **U.S. Department** of Justice, *Attorney General And BIA Precedent Decisions* (19. Februar 2016), https://www.justice.gov/eoir/ag-bia-decisions. **U.S. Citizenship** & Immigration Service, *Executive Actions On Immigration* (15. April 2015), https://www.uscis.gov/immigrationaction. **U.S. Department** of Justice, *Immigration Court Practice Manual* (2016).

A. Einleitung

1 Das US-Einwanderungsrecht ist gekennzeichnet durch strenge Verfahren, komplizierte, mit voller Rechtskraft versehene Regularien, lange Warteschlangen und Verfahrensdauern sowie Unvorhersehbarkeit. Wenige Gebiete des US-Rechts sind so komplex, widersprüchlich, emotional aufgeladen und schwierig wie das Einwanderungsrecht. Selbst die Bundesgerichte erkennen an, dass das Einwanderungsrecht „lediglich der **Bundesabgabenordnung** [*Internal Revenue Code*] in Komplexität nachsteht".[1] Das Einwanderungsrecht ist ein Geschöpf politischer Kompromisse, widerstreitender Interessen und Ängste. So besteht nach wie vor eine dauerhafte Spannung zwischen denen, die in einer vereinfachten Einwanderung eine Förderung der Volkswirtschaft, Sicherheit und kulturellen Vielfalt sehen, und denen, die glauben, dass niedrigere Hürden der Zuwanderung die Werte gefährden.

2 Dieses Kapitel beginnt mit dem Ende einer Einwanderungsgeschichte eines Individuums: Dem Einbürgerungsverfahren in die USA. Anschließend wird ein kurzer Überblick zur Geschichte des US-Zuwanderungsrechts verschafft werden, sowie einleitend die am Zuwanderungsprozess beteiligten Behörden kurz vorgestellt. Danach führt das Kapitel in die wesentlichen Grundzüge des Verwaltungsrechts, dem *Administrative Law*, ein, und diskutiert die Bindungskraft im Einwanderungsrecht angewandter Rechtsquellen sowie die Kompetenzen der beteiligten Behörden.

---

1 Castro-O'Ryan v. INS, 821 F.2d 1415, 1419 (9th Cir. 1987).

Katherine M. Simpson
https://doi.org/10.1515/9783899498103-013

Vor diesem Hintergrund erforscht das Kapitel anschließend einige praktische 3
Grundlagen des US-Einwanderungsrechts und stellt einige der verschiedenen, verfügbaren Visa vor, welche für diejenigen erhältlich sind, die in die USA einreisen
wollen. Das Zuwanderungs- und Staatsbürgerschaftsgesetz, der **Immigration and
Nationality Act** [*INA*], unterscheidet zwischen **Einwanderungs-Visa** [*immigrant
visa*] und **Nicht-Einwanderungs-Visa** [*non-immigrant visas*], wobei die Zuordnung
abhängig davon ist, ob ein Ausländer einen dauerhaften oder nur vorübergehen-
den, zweckgebundenen Aufenthalt anstrebt. Dieser Abschnitt des Kapitels ist dementsprechend auch in zwei Unterabschnitte gegliedert: „Einwanderer" und „Nicht-
Einwanderer". Hierauf bezogen sind die Verfahren und Ziele, die der Identifikation
und dem Schutz von Flüchtlingen und Asylsuchenden in den US-Bundesstaaten
dienen.

Das Kapitel schließt mit den Ausführungen ab, dass trotz der Komplexität und 4
Unvorhersehbarkeit des US-Einwanderungsrechts sich mehrere hunderttausend
Menschen jährlich dafür entscheiden, die US-Staatsbürgerschaft zu beantragen und
viele mehr in den USA einen Aufenthaltsstatus mit dem ausdrücklichen Ziel erlangen, permanent zu bleiben.

Obwohl dieses Kapitel generelle Anmerkungen und Praxistipps zum Einwande- 5
rungsrecht enthält, sollten die Inhalte weder als rechtlicher Rat verstanden werden
noch eine tiefe Analyse zum Einwanderungsrecht ersetzen. Ein im Einwanderungsrecht erfahrener und spezialisierter Rechtsbeistand sollte konsultiert werden, bevor
einwanderungsrechtliche und erhebliche Diskussionen geführt werden.

B. Staatsbürgerschaft – Warum überhaupt US-Staatsbürger werden?

Die USA rühmen sich, ein Einwanderungsland zu sein. Der Trend zur Einwanderung 6
in die USA hält an. Zwischen 2001 und 2015 wurden jährlich durchschnittlich ca.
630.000 Menschen **eingebürgert** [*naturalized*], d.h. wurden zum US-Bürger.[2]

Die Vorschriften zur Einbürgerung stehen in Titel III des *INA*. Um eingebürgert 7
zu werden, muss die Person als "*lawful permanent resident*", ständig und rechtmäßig für eine bestimmte Dauer in den USA ansässig gewesen, 18 Jahre oder älter gewesen sein.[3] Der Antragsteller muss zur Einbürgerung seinen **„guten moralischen
Charakter"** sowie seine Verbundenheit gegenüber den Prinzipien der US-Verfassung, der öffentlichen Ordnung und der Zufriedenheit der Bevölkerung beweisen
und über grundlegende Kenntnisse der englischen Sprache, der US-Geschichte und

---

2 U.S. Citizenship & Immigr. Serv., Naturalization Fact Sheet (Nov. 6, 2015), https://www.uscis.
gov/news/fact-sheets/naturalization-fact-sheet.
3 Immigration and Nationality Act (INA), tit. III, 8 U.S.C. §§ 1401–1504 (2014).

Katherine M. Simpson

des politischen Systems verfügen.[4] Der Bewerber muss bereit sein, im Krisenfall Militärdienst oder Arbeit für den Staat zu leisten, sofern er dazu aufgefordert wird.[5] Die Einbürgerung ist abgeschlossen, wenn der Bewerber einen Treueeid gegenüber den USA leistet.[6]

8 Bedeutsam ist, dass die USA die **doppelte Staatsbürgerschaft** missbilligen. Wenn eine Person bei der Einbürgerung vereidigt wird, gibt sie die folgende Erklärung ab: „Ich erkläre hiermit von Eides statt, dass ich absolut und vollständig jeden Gehorsam und Treue gegenüber jedem ausländischen Herrscher, Potentaten, Staat oder einer ausländischen Herrschaft aufkündige und aufgebe, deren Untertan oder Bürger ich bislang gewesen bin [...]."[7] Trotzdem ist die doppelte Staatsbürgerschaft in den USA gesetzlich nicht verboten. Eingebürgerte Personen sind, außer den Einwanderungseid zu leisten, nicht verpflichtet, ihre frühere Staatsbürgerschaft in irgendeiner Weise aufzuheben oder einzuschränken. Ob der Eid zur Folge hat, dass die Person ihre ursprüngliche Staatsbürgerschaft verliert, resultiert aus dem Recht des ursprünglichen Herkunftsstaates und nicht aus dem US-Einbürgerungsrecht. Daher ist es in den USA für einen doppelten Staatsbürger auch nicht erforderlich, sich mit Eintritt der Volljährigkeit für eine Staatsbürgerschaft zu entscheiden.[8]

C. Geschichte und Zweck(e) des US-Einwanderungsrechts und der Einwanderungspolitik

9 Während der ersten 100 Jahre des Bestehens der USA gab es kein Gesetz, dass die Einwanderung beschränkt hat. Stattdessen verabschiedeten einige Bundesstaaten und der US-Kongress sogar Gesetze, um die Einwanderung zu erleichtern und zu fördern.[9] Einwanderer brachten neues Kapital und Innovationen in die USA und die USA profitierten fortlaufend von den Generationen von Einwanderern, welche in die USA kamen und dort verblieben. Der oberste Gerichtshof [*Supreme Court*] stellte früh fest, dass bundesstaatliche Bemühungen, Einwanderung einzudämmen, verfassungswidrig[10] seien und bestätigte, dass das Zuwanderungsrecht eine Materie ist, die in die Kompetenz des Bundes fällt.[11]

---

4 *Ebd.*

5 *Ebd.*

6 *Ebd.*

7 U.S. CITIZENSHIP & IMMIGR. SERV., NATURALIZATION OATH OF ALLEGIANCE TO THE UNITED STATES OF AMERICA (5. Juni 2014), https://www.uscis.gov/us-citizenship/naturalization-test/naturalization-oath-allegiance-united-states-america.

8 IRA J. KURZBAN, IMMIGRATION LAW SOURCEBOOK 1816–1817 (14th ed. 2014).

9 STEPHEN H. LEGOMSKY, IMMIGRATION AND REFUGEE LAW AND POLICY 15 (4th ed. 2005).

10 *Siehe z.B.* Passenger Cases, Smith v. Turner, 48 U.S. 283 (1849).

11 U.S. CONST. art. I, § 8, cl. 4, 8, 11; *id.* art. I, § 9, cl. 1; *siehe* KURZBAN, *oben* Fn. 8, bei 33–48.

Katherine M. Simpson

Erst 1875 wurde ein Bundesgesetz verabschiedet, das die Einwanderung dahin- **10** gehend einschränkte, die Einreise von verurteilten Kriminellen und Prostituierten in die USA zu verbieten.[12] Diese Ausschließungsgründe wurden später auf diejenigen Personen erweitert, von denen eine erhöhte **Wahrscheinlichkeit der Belastung der Öffentlichkeit** ausging,[13] d.h. solche Menschen, die auf finanzielle Unterstützung vom Staat angewiesen waren.[14] 1882 wurde als Reaktion auf die große Zahl von chinesischen Einwanderern in den West-USA das **Gesetz zum Ausschluss von Chinesen** [*Chinese Exclusion Act*] verabschiedet – dieses Gesetz blieb bis 1943 in Kraft.[15]

Diese ersten Beschränkungen für Einwanderer betraf einen Personenkreis, wel- **11** cher in die USA einreiste, aber auf Basis der nationalen Herkunft, Gesundheit, persönlichen Fähigkeiten, politischen Neigungen oder anderen Gründen die Einreise verweigert wurde. Als Reaktion auf das Zeitgeschehen und wahrgenommene öffentliche Bedürfnisse versuchten Gesetze weniger gut ausgebildete Arbeitskräfte, Menschen mit ansteckenden Krankheiten und/oder mit anarchischer Einstellung die Einreise zu verweigern.[16] Als 1921 Befürchtungen laut wurden, die USA würden durch viele europäische Auswanderer nach dem Ersten Weltkrieg überschwemmt werden, legten Regularien zum ersten Mal die Einwanderungszahlen in den USA fest. Die USA beschlossen zum ersten Mal ein System, welches die Zahl der Immigranten, die aus einem Staat stammten, reduzierte – obwohl man es als „Quote" bezeichnete, handelte es sich um ein System mit Obergrenzen.[17] Die USA führten ab 1924 Obergrenzen als dauerhafte nationale Einwanderungspolitik ein – in diesem Jahr wurden erstmals lediglich 150.000 Menschen aufgrund zahlenmäßiger Begrenzung wegen nationaler Herkunft die Einreise erlaubt.[18] Obwohl das Gesetz zur Regelung von Einreiseobergrenzen aufgrund nationaler Herkunft, der *National Origin Quota Act*, mittlerweile nicht mehr gilt, bestehen nach wie vor herkunftsspezifische Obergrenzen für die Einreise.

Das derzeit geltende Gesetz, der *INA*, wurde zuerst 1952 verabschiedet. Obwohl **12** es mehreren Änderungen und Erweiterungen unterzogen wurde, unterstützt es nach

---

12 Act of March 3, 1875, 18 Stat. 477 (1875).
13 Dies ist auch heutzutage noch ein Ausschließungsgrund für Einwanderer, *siehe* INA § 212(a)(4), 8 USC § 1182 (2014).
14 Immigration Act of 1882, 22 Stat. 214 (1882).
15 Chinese Exclusion Act of 1882, 22 Stat. 214 (1882).
16 1903 Amendments, 32 Stat. 1213 (1903).
17 Obwohl die Obergrenze „Quote" genannt wurde, was eine Mindestanzahl der aufzunehmenden Einwanderer pro Staat impliziert, war sie im Gegenteil eine Deckelung, also eine Begrenzung der Anzahl von Einwanderern, welche die Einreiseerlaubnis erhalten. Quota Act of 1921, 42 Stat. 5 (1921).
18 National Origin Act, 43 Stat 153 (1924).

Katherine M. Simpson

wie vor die politischen Strategien, welche ihre Wurzeln in der vormaligen Gesetzgebung haben – einschließlich vieler Ausschließungsgründe und Obergrenzen.[19]

D. Am Einwanderungsrecht und der Zuwanderungspolitik beteiligte Bundesbehörden

13 Als Reaktion auf die terroristischen Anschläge vom 11. September 2001 hat die US-Bundesregierung die Verwaltung des US-Einwanderungsrechtsvollzugs umstrukturiert. Der **Einwanderungs- und Einbürgerungsservice** [*Immigration and Naturalization Service (INS)*], wurde geschlossen und seine Funktionen auf das zu diesem Zweck neu erschaffene **Heimatschutz-Ministerium** [*Department of Homeland Security (DHS)*] übertragen.[20] Zwei Behörden wurden zum Einwanderungvollzug geschaffen und fungieren unter dem Schirm des *DHS*: der externe Grenzschutz liegt in der Verantwortung des **Amts für Zoll- und Grenzschutz** [*Bureau of Customs and Border Protection (CBP)*] und für den internen Vollzug ist das **Amt für Zuwanderung und Zolldurchsetzung** [*Bureau of Immigration and Customs Enforcement (ICE)*] verantwortlich. Andere Dienste für Zuwanderer, wie beispielsweise die Prüfung von Visa-Anträgen, führt der **Dienst für US-Einbürgerung und Immigration** [*US-Citizenship and Immigration Service (USCIS)*] oder das **US-Außenministerium** [*US Department of State (USDOS)*] durch.

14 Weitere Behörden, die ebenfalls einwanderungsrechtliche Dienste erfüllen, sind unter anderem das **Arbeitsamt** [*Department of Labor (DOL)*] und das **Bundessamt für Gesundheit und menschliche Dienstleistungen** [*US Department of Health and Human Services (HHS)*]. US-Firmen, die einen ausländischen Arbeitnehmer einstellen wollen, wenden sich an das *DOL*, um eine **Arbeitsbescheinigung** [*labor certification*] zu erhalten – einen Nachweis, der sicherstellen soll, dass der migrierende Arbeitnehmer keinen US-Bürger oder dauerhaft aufenthaltsberechtigten Arbeitnehmer vom Arbeitsmarkt verdrängt, die Anstellung nicht das Lohnniveau drückt oder andere negative Auswirkungen auf dem Arbeitsmarkt hat.[21] Einige temporäre Visa verlangen von Arbeitnehmern, die nicht US-Staatsbürger werden wollen, den Erhalt einer Arbeitsbescheinigung und sobald diese erteilt wurde, muss der Arbeitgeber als Antragsteller die Aufenthaltserlaubnis beim *USCIS* beantragen.[22]

---

19 *Siehe* Kurzban, *oben* Fn. 8, S. 4; Telefoninterview mit Mark Shmueli, Anwalt für Ausländerrecht, Law Office of Mark J. Shmueli (3. August 2016).

20 Homeland Security Act of 2002 § 471(a), 107 P.L. 296, 116 Stat. 2135 (2002).

21 20 CFR § 656.2 (2014); Telefoninterview mit Mark Shmueli, Anwalt für Ausländerrecht, Law Office of Mark J. Shmueli (3. August 2016).

22 U.S. Dep't. of Lab., Foreign Labor Certification (19. May 2014), https://www.foreignlaborcert.doleta.gov/about.cfm.

Katherine M. Simpson

Das *HHS* ist insofern eine wichtige Behörde, da es regelmäßig Vorschriften in **15** Bezug auf übertragbare Erkrankungen erlässt, welche der Einwanderung in die USA entgegenstehen.[23] Das *HHS* ist auch für das Amt der Flüchtlingsumsiedlung, dem *Office of Refugee Resettlement*, zuständig und führt gemeinsam mit dem *DHS* das **US-Umsiedlungsprogramm** [*US Resettlement Program*] durch.[24]

Das **US-Justizministerium** [*US Department of Justice (USDOJ)*] ist vom *DHS* ge- **16** trennt und verfügt das **Exekutivamt für Zuwanderung** [*Executive Office for Immigration Review (EOIR)*], welches umgangssprachlich als das „**Einwanderungsgericht**" [*immigration court*] bekannt ist. Das *EOIR* hat zwei Instanzen und seine darüber hinausgehenden Revisionen werden von den Bundesrevisionsgerichten (der zweiten Instanz) und eventuell von dem Obersten Gerichtshof gehört.

E. Das einwanderungsrechtliche Justizsystem

Das Einwanderungsrecht und die dazugehörigen Vorschriften ändern sich nahezu **17** täglich. Obwohl die meisten dieser Veränderungen nicht ins Gewicht fallen, müssen Anwälte, die mit Einwanderungsrecht zu tun haben, ein eigenes System entwickeln, um immer auf dem neuesten Stand über die relevanten Gesetze, Verordnungen, Verwaltungsvorschriften, Richtlinien, Verfahren, materiellen und prozessualen Vorschriften der *Benchbooks* sowie die sich gegebenenfalls ändernden Tatsachenbestimmungen zu sein, die von potentieller Bedeutung für ihre Mandanten sind.

Teilweise spiegeln diese raschen Veränderungen den verwaltungsrechtlichen **18** Charakter des Einwanderungsrechts wieder. Als solche müssen darum Neuerungen im Einwanderungsrecht den Anforderungen des **Verwaltungsverfahrensgesetzes** [*Administrative Procedures Act (APA)*] gerecht werden.[25] Eine Rechtssetzung nach dem *APA* geschieht in einem schnellen Verfahren und betrifft ausschließlich die Behörden, die von der neuen Regelung betroffen sind – eine Auseinandersetzung im US-Kongress ist nicht erforderlich.[26]

Gleichzeitig und basierend auf Art. 1, Abschnitt 8 der US-Verfassung ist das **19** Einwanderungsrecht eine Materie des Bundesrechts.[27] Die im Einwanderungsrecht praktizierenden Anwälte müssen sich daher mit den sechs Rechtsquellen des Ein-

---

23 *Siehe z. B.* INA § 212(a)(1), 8 U.S.C. § 1182.
24 U.S. DEP'T. OF HEALTH AND HUM. SERV., THE U.S. REFUGEE RESETTLEMENT PROGRAM – AN OVERVIEW (Dec. 3, 2015), http://www.acf.hhs.gov/orr/resource/the-us-refugee-resettlement-program-an-over view.
25 5 USC §§ 551-59 (2014).
26 5 USC § 553 (2014); NLRB v. Bell Aerospace Co. Div. of Textron, Inc., 416 U.S. 267, 294 (1974) (*erläuternd* dass im Verwaltungsrecht die Entscheidung neue Regeln durch neue Gesetze oder Verordnungen zu schaffen, bei der erstinstanzlich zuständigen Behörde liegt).
27 Arizona v. United States, 132 S. Ct. 2492, 2498 (2012).

Katherine M. Simpson

wanderungsrechts der rechtlich bindenden Einwanderungsbehörden einschließlich der Tatsachenbestimmungen der *USDOS* und anderer Bundesbehörden sowie die angenommenen prozessualen Regeln anderer Bundesbehörden, die das US-Einwanderungsrecht administrieren, auskennen, um den Anforderungen ihrer Mandanten angemessen gerecht zu werden.

I. Geist und Wortlaut des Gesetzes

20 Die verbindlichen Rechtsquellen im US-Einwanderungsrecht sind im Folgenden nach ihrer praktischen Relevanz aufgelistet:

1. Der *Immigration and Nationality Act* **(INA)**[28], das Zuwanderungs- und Staatsbürgerschaftsgesetz, welches 1952 verabschiedet wurde, fasst alle für die Einwanderung relevanten Vorschriften in einem Gesetz zusammen. Der *INA* ist sowohl eine selbstständige Rechtsquelle als auch in der **Sammlung des Bundesrechts** [*United States Code* (*USC*)] enthalten.[29] Daher wird man beim Lesen des *INA* immer Parallelverweise auf die entsprechenden *USC*-Fundstellen finden.

2. **Titel 8 des *Code of Federal Regulations* (CFR).** Der *Code of Federal Regulations*, d. h. die Sammlung für Bundesverordnungen, beinhaltet die Auslegung des *INA* nach der Lesart des *CBP*, *ICE* und *USCIS*.[30] Titel 8 des *CFR* ist für die Anwälte bedeutsam, die Informationen über einwanderungsrechtliche Verfahren unter dem *INA* benötigen, denn viele Immigrationsverfahren wurden durch Verordnung implementiert.

3A. **Entscheidungen** des **Gremiums für einwanderungsrechtliche Revisionen** [*Board of Immigration Appeals* (*BIA*)]. Das *BIA* ist der Revisionsspruchkörper innerhalb des *EOIR*. Das *BIA* veröffentlicht das Fallrecht auf seiner Webseite sowie in gebundenen Druckausgaben.[31] Veröffentliche Entscheidungen des *BIA* sind bindend.[32]

3B. **Entscheidungen** des **Verwaltungsrechtlichen Revisionsdienstes** [*Administrative Appeals Office* (*AAO*)]. Das *AAO* ist Teil des *USCIS* und ist für Revisionen gegen Entscheidungen des *USCIS* zuständig.[33] Das *AAO* erlässt Entschei-

---

28 INA, 82 P.L. 414, 66 Stat. 163 (1952).
29 8 USC §§ 1101-1537.
30 8 CFR § 100.1 (2016).
31 *Id.*, § 100.5.
32 U.S. Dep't of Just., Attorney General and BIA Precedent Decisions (19. Feb 2016), https://www.justice.gov/eoir/ag-bia-decisions.
33 U.S. Citizenship & Immigr. Serv., The Administrative Appeals Office (AAO) (13. Jun. 2016), https://www.uscis.gov/about-us/directorates-and-program-offices/administrative-appeals-office-aao/administrative-appeals-office-aao.

Katherine M. Simpson

dungen, die mit und ohne Bindungswirkung einer Präzedenzentscheidung sind.[34]

4. **Entscheidungen** der **Bundesrevisionsgerichte** [*US Courts of Appeals*]. Insgesamt gibt es dreizehn *Courts of Appeals* – für jeden **Bundesgerichtsbezirk** [*Federal Circuit*] gibt es einen. Das geschaffene Fallrecht des Bundesrevisionsgerichts im zuständigen Bundesgerichtsbezirk, in dem sich der Einwanderungsfall eines Kunden zuträgt, ist für seinen jeweiligen Fall verbindlich. Entscheidungen in anderen Bundesrevisionsgerichten haben eine hohe Überzeugungskraft und sollten daher nicht außer Acht gelassen werden.[35]

5. **Entscheidungen** des obersten Gerichtshofes sind abschließend und daher für alle Rechtsanwendungen landesweit richtungsweisend.

6. Einige Fragen im Einwanderungsrecht werden durch **Durchführungsverordnungen** [*Executive Orders*] und **Agenturfestlegungen** [*Agency Determinations*] gelöst und adressiert, welche üblicherweise im **Bundesregister** [*Federal Register*], veröffentlicht werden.[36] Diese sind oftmals umstritten, und die Kompetenz des Präsidenten, Durchführungsverordnungen zu erlassen, wurde kürzlich vom obersten Gerichtshof in einem Beschluss untersucht, der keine Präzedenzwirkung entfaltete.[37] Außerdem hat sich das Einwanderungsrecht auch durch **Exekutivtätigkeiten** [*Executive Actions*] gewandelt.[38] Je nach den Umständen des Einzelfalles können die *executive order*, *agency determinations* und *executive actions* für den Mandanten relevant sein.

Beispiel

Dadurch entsteht ein interessantes System aus Präzedenzfällen im Einwanderungsrecht: Das Gericht für Einwanderungsrecht in Baltimore ist beispielsweise von den Entscheidungen des Bundesberufsgericht des **Vierten Bundesrevisionsgerichts** [*Court of Appeals of the Fourth Circuit*] nicht aber von den Entscheidungen des **Dritten Bundesrevisionsgericht** [*Court of Appeals of the Third Circuit*] rechtlich gebunden. Entscheidungen des letzten können von Anwälten zwar argumentativ

---

34 *Id.*; U.S. Citizenship & Immigr. Serv., AAO Decision Data (14. Aug. 2016), https://www.uscis.gov/about-us/directorates-and-program-offices/administrative-appeals-office-aao/aao-decision-data (*enthält* Informationen und Statistiken über Revisionsverfahren).

35 Anne M. Burr & Howard Bromberg, U.S. Legal Practice Skills for International Law Students 48–50 (2014).

36 Einige dieser behördlichen Bestimmungen, wie bspw. der Länderbericht über die Menschenrechtspraxis, den Country Reports on Human Rights Practices, werden nicht im Bundesregister veröffentlicht und können stattdessen bei der zuständigen Behörde oder in der virtuellen Rechtsbibliothek angefordert werden. *S. generell* U.S. Dep't. of Just., Virtual Law Library (10. Aug. 2016), https://www.justice.gov/eoir/virtual-law-library.

37 United States v. Texas, 579 U.S. ___, 136 S. Ct. 2271 (2016).

38 U.S. Citizenship & Immigr. Serv., Executive Actions on Immigration (15. Apr. 2015), https://www.uscis.gov/immigrationaction.

Katherine M. Simpson

angeführt werden, allerdings werden diese eher als Entscheidungen mit Überzeugungskraft und nicht als zwingendes Recht angesehen.

Praxistipp

Das *EOIR* unterhält eine virtuelle Rechtsbibliothek mit öffentlichem Zugang unter https://www. justice.gov/eoir/virtual-law-library. Diese **virtuelle Rechtsbibliothek** [*Virtual Law Library*] wird täglich aktualisiert und enthält Fälle des *BIA* und *executive orders* sowie bindende Bestimmungen des *USDOS*, welche in Einwanderungsfällen regelmäßig relevant sind.

II. Das einwanderungsrechtliche Gerichtssystem

21 Das Einwanderungsrecht ist ein Zweig des Verwaltungsrechts und als solches hat es seine eigenen spezialisierten Gerichte, um Einwanderungsfälle zu beurteilen.

22 Das *EOIR* ist ein Amt innerhalb des *USDOJ*, welches spezialisierte Einwanderungsgerichte bereithält. Ungefähr 275 Einwanderungsrichter sind bei den über 55 Einwanderungsgerichten beschäftigt. Diese entscheiden einzeln über Abschiebungsfälle, die jeden der zig Millionen in den USA lebenden Ausländer einbeziehen.[39]

Praxistipp

Im Zuge eines Projekts, das für mehr Transparenz sorgen soll, veröffentlicht das *EOIR* zwei kostenfreie Leitfäden online. Das **Buch der Immigrationsrichterbank** [*Immigration Judge Benchbook*][40] ist ein Werkzeug welches dazu dient, Einwanderungsrichter bei der Beurteilung einwanderungsrechtlicher Fälle zu helfen. Während es keine Rechtsquelle darstellt und keine Verfahrensrechte schafft, verlassen sich oft Rechtsanwälte auf dieses bei der Vorbereitung und Darlegung einwanderungsrechtlicher Fälle in der ersten Instanz.

Die zweite kostenfreie Publikation des *EOIR* ist das **Einwanderungsgerichte-Praxis-Handbuch** [*Immigration Court Practice Manual*][41] welches einwanderungsgerichtliche Praktiken bundesweit vereinheitlicht.

---

23 Die erste Instanz des *EOIR*-Gerichtssystems ist das **Einwanderungsgericht** [*immigration court*]. Dort hört ein Richter Fälle von Ausländern, die eventuell **abgescho-**

---

39 Die Statistiken über die Anzahl der Nicht-US-Staatsbürger, die in den USA leben, variieren. U.S. DEP'T. OF JUST., IMMIGRATION COURT PRACTICE MANUAL 4 (2016), https://www.justice.gov/sites/default/files/pages/attachments/2016/02/04/practice_manual_-_02-08-2016_update.pdf#page=2.
40 U.S. DEP'T. OF JUST., IMMIGRATION JUDGE BENCHBOOK (3. Mar. 2016), https://www.justice.gov/eoir/immigration-judge-benchbook.
41 U.S. DEP'T. OF JUST., IMMIGRATION COURT PRACTICE MANUAL (29. Feb. 2016), https://www.justice.gov/eoir/office-chief-immigration-judge-0.

Katherine M. Simpson

ben werden können. Dies trifft ebenso zu auf (1) inhaftierte Ausländer, (2) sog. „kriminelle Ausländer"[42] sowie auf (3) Asylsuchende.

In einwanderungsgerichtlichen Verfahren vertritt das *ICE* die Regierung. Vor 24 dem Einwanderungsgericht kann der **beklagte Ausländer** [*respondent*] von einem Anwalt vertreten werden, bekommt aber nicht automatisch einen Rechtsbeistand gestellt.[43]

Die Gerichte haben zu entscheiden, ob in einem Abschiebungsverfahren „die 25 Hinziehung rechtlichen Beistands erforderlich ist, um fundamentale Gerechtigkeit – den Grundstein des **ordnungsgemäßen Gerichtsverfahrens** [*due process*] zu gewährleisten".[44] In Strafgerichtsverfahren gewährt der **Sechste Verfassungszusatz** [*Sixth Amendment*] auch bedürftigen Angeklagten das Recht auf einen Rechtsbeistand. Einwanderungsverfahren hingegen werden als Zivilverfahren betrachtet. So haben die Gerichte befunden, dass das Recht des **Fünften Verfassungszusatzes** [*Fifth Amendment*] auf ein ordnungsgemäßes Gerichtsverfahren nicht verlangt, dass ein mittelloser Beklagter im Einwanderungsverfahren einen Rechtsbeistand auf Staatskosten zur Verfügung gestellt werden muss.[45] Die beklagte Person muss in jedem Fall von ihrem Recht auf rechtlichen Beistand ohne Kostentragung des Staates unterrichtet werden, und derjenige Beamte, der das einwanderungsrechtliche Gerichtsverfahren einleitet, muss dem beklagten Ausländer eine Liste mit den einschlägigen kostenfreien Rechtsberatungseinrichtungen und qualifizierten Anwälten zur Verfügung stellen.[46] Der Einwanderungsrichter muss dem Beklagten eine Liste mit Einrichtungen zukommen lassen, die *pro bono* Rechtsdienstleistungen anbieten, sodass der Beklagte sich selbst um die rechtliche Vertretung kümmern muss.

Die Zuständigkeit von Einwanderungsrichtern ist darauf beschränkt, Feststel- 26 lungen über die Abschiebung eines Ausländers aus den USA zu treffen. Außerdem können sie auch den Status einer Person als dauerhafter Aufenthaltsberechtigter widerrufen.[47] Die Einwanderungsrichter haben indes keine Befugnis, andere einwanderungsrechtliche Rechtsfragen zu beurteilen, insbesondere Ansprüche auf die Erteilung von Visa, Arbeitserlaubnisse oder Fragen in Verbindung mit dem Erhalt

---

42 Dies umfasst nicht nur Menschen, die der Begehung einer Straftat überführt wurden, sondern auch solche, die gestanden haben, eine Straftat begangen zu haben (z. B. im Rahmen einer Verständigung im Strafprozess zur Strafmaßreduzierung) oder zugegeben haben, die wesentlichen Elemente einer Straftat verwirklicht zu haben. Wichtig ist es zu beachten, dass eine Bestrafung nicht erforderlich ist, um das Merkmal „krimineller Ausländer" zu erfüllen, und schließt daher die Verwirklichung der Anforderungen aus. INA § 212(a)(2)(A)(i)(I), 8 U.S.C. § 1182(a)(2)(A)(i)(I).

43 INA §§ 240(b)(4)(A), 292, 8 U.S.C. §§ 1229(c), 1362 (2014).

44 Aguilera-Enriquez v. INS, 516 F.2d. 565 (6th Cir. 1975) (Gagnon v. Scarpelli, 411 U.S. 788 (1973)).

45 *Siehe z. B.* Orantes-Hernandez v. Thornburgh, 919 F.2d 549, 554 (9th Cir. 1990).

46 8 CFR § 287.3(c).

47 8 CFR §§ 1240.1(a), 1240.31, 1240.41; *siehe auch* Immigration Court Practice Manual, *oben* Fn. 41.

Katherine M. Simpson

der Staatsbürgerschaft.[48] Einwanderungsrichter haben einen weiten Ermessensspielraum innerhalb ihres Kompetenzbereichs und können auch andere Formen der Abhilfe als eine Abschiebung gewähren.

27   Die Entscheidungen eines Einwanderungsrichters sind endgültig, es sei denn, es wurde von einer der Parteien vor dem *BIA* ein Rechtsmittel eingelegt. Das *BIA* ist für Revisionen gegen Entscheidungen der Einwanderungsgerichte und familienbezogene Eingaben ans *USCIS* zuständig. Dieser 17 Mitglieder umfassende Spruchkörper fordert schriftliche Verhandlung und lässt nur selten mündliche Verhandlungen zu. In manchen Fällen fordert das *BIA* interessierte Nicht-Parteien auf, einen sogenannten *amicus*-Schriftsatz einzureichen.[49]

28   Verliert der Ausländer seinen Fall vor dem *BIA*, kann er beim Bundesrevisionsgericht der zweiten Instanz Revision einlegen, in dem das zuständige Einwanderungsgericht liegt, das die erste Entscheidung erlassen hat.

29   An dieser Stelle treffen das Einwanderungsgerichts- und das Bundesgerichtssystem aufeinander!

30   Ist der Beklagte mit der Entscheidung des Bundesrevisionsgerichts unzufrieden, kann er mit einem **Aktenanforderungsgesuch** [*writ of certiorari*] beim obersten Gerichtshof beantragen, dass dieser sich der Entscheidung und Revision annimmt.

F. Zulassung in die USA – Die Bedeutung der Zulassung und die Ausschließungsgründe

31 Die meisten Menschen kennen die Situation, in der man am Flughafen in der Schlange steht und darauf wartet, dass der Pass abgestempelt wird, um dann eine aufregende Reise anzutreten. Die Zulassung – oder die Erlaubnis, in die USA einzureisen, scheint banal oder gar lästig zu sein. Dieser fade, langweilige oder lästige Schritt ist allerdings einer der wichtigsten auf dem Weg eines Nicht-US-Staatsbürgers zum Erhalt eines legalen Aufenthaltstitels in den USA.

I. Einreiseerlaubnis in die USA

32 Nach dem üblichen Verlauf des Verfahrens ist der **Zutritt/Zulassung** [*admission*] unkompliziert. Mit einem Visum in Händen (sofern es erforderlich ist) kann der Ausländer an einem anerkannten Zutrittspunkt in die USA, üblicherweise am Flugha-

---

48 8 CFR § 103.2, 1003.42(h); 28 CFR § 68.26; *siehe auch* Immigration Court Practice Manual, *oben* Fn. 41.

49 U.S. Dep't of Just., Board of Immigration Appeals – Invitations to File Amicus Briefs (8. Aug. 2016), https://www.justice.gov/eoir/amicus-briefs.

Katherine M. Simpson

fen, das Aufenthaltsgesuch geltend machen. Ein Beamter des *CBP* prüft dann den Status des Ausländers, registriert dessen Fingerabdrücke und nimmt ein digitales Foto auf. Die Reisedokumente des Ausländers werden gescannt.[50]

Der *CBP*-Beamte führt zunächst eine Erst-Prüfung durch, um zu ermitteln, ob **33** der Ausländer auf einer **Beobachtungsliste** [*watchlist*] erscheint. Der *CBP* befragt den Ausländer u.a. über (1) den Zweck der Einreise, (2) die beabsichtigte Aufenthaltsdauer, (3) die eventuellen Absichten des Ausländers, dauerhaft in den USA zu bleiben und US-Staatsbürger zu werden, und (4) weitere Einzelheiten seiner Zulassungsfähigkeit. Sobald der Beamte überzeugt ist, dass kein Ablehnungsgrund besteht, wird die Einreise bewilligt.[51] Das *CBP* registriert dem Ausländer formell im System und der Beamte stempelt gegebenenfalls den Pass.[52]

Das oben Beschriebene stellt den normalen Verlauf der Einreise dar. Um den **34** Prozess zu beschleunigen, hat die US-Regierung ein freiwilliges Programm für vertrauenswürdige Einreisende eingeführt – das sog. ***Trusted Traveler/Global Entry Program***. Dadurch können Personen mit einem geringen Abweisungsrisiko bereits vor ihrer physischen Einreise in die Staaten überprüft werden. Dies gilt beispielsweise für US-Staatsbürger, Personen mit dauerhafter Aufenthaltserlaubnis in den USA sowie Staatsbürger, deren Heimatländer ein gegenseitiges Einreiseabkommen mit den USA abgeschlossen haben, wie z.B. Deutschland aufgrund der Teilnahme am **Automatisch-Biometrisch-Unterstützten-Grenzschutzprogramm** [*Automated Biometrics Supported Border Control Programm*].[53]

Fluggesellschaften sollten bemüht sein, Fluggäste nicht zu transportieren, die **35** nicht einreisen dürfen, da den Fluggesellschaften sonst hohe Strafen drohen und sie außerdem die Kosten des Rücktransportes des Passagiers in sein Heimatland tragen müssen.[54] Dennoch stellen ein gültiges Visum und die Zustimmung der Fluggesellschaft keine Garantie dafür dar, dass eine Person am Zutrittspunkt in die USA einreisen darf.

Die Frage bleibt daher offen: Was passiert, wenn der *CBP*-Beamte sich gegen die **36** Einreisebewilligung des Passagiers in die USA entscheidet? Was passiert, wenn der Name auf einer Beobachtungsliste auftaucht oder dem Namen einer Person auf der Liste ähnelt?

---

50 Diese Prozedur ist im § 235 des INA geregelt, INA § 235 (2014).

51 *Ebd.*

52 U.S. Customs & Border Protection, Arrival/Departure Forms: I-94 and I-94W (11. Aug. 2016), www.cbp.gov/I94 (auf dieser Webseite sind Informationen zur Einreiseerlaubnis und dem elektronischen Formular I-94 erhältlich).

53 8 CFR § 235.12 (2016); 78 FR 48706 (Aug. 9, 2013); U.S. Customs & Border Protection, Global Entry (11. Aug. 2016), www.globalentry.gov.

54 INA § 217(e)(1)(C), 8 U.S.C. § 1187(e)(1)(C) (2014); INA § 273(a)(1), 8 U.S.C. § 1323(a)(1) (2014); *siehe* Kurzban, *oben* Fn. 8, S. 1112, 1208.

Katherine M. Simpson

37   Typischerweise wird der Ausländer in solchen Fällen ein zweites Mal überprüft, und seine Einreise- und Antragsunterlagen werden noch gründlicher untersucht. Wenn dadurch die Angelegenheit nicht bereinigt wird und die Person nicht eindeutig zur Einreise befugt ist, wird sie entweder bis zu einem Abschiebeverfahren festgehalten oder die Einreise wird verweigert und die Person an ihren Herkunftsort zurückgeschickt. Nur drei Kategorien derer, denen die Einreise verweigert wird, haben ein Recht auf eine Anhörung vor dem oben erwähnten Einwanderungsgericht: rechtmäßig zurückkehrende Personen mit dauerhafter Aufenthaltserlaubnis, Personen, die von sich behaupten, US-Staatsbürger zu sein sowie Asylsuchende.[55]

38   Gemäß § 235.1 (b) *INA* kann der *CBP*-Beamte den Ausländer auch ohne Anhörung zurückweisen, wenn er feststellt, dass dieser falsche Angaben gemacht hat oder die zur Einreise nötigen Dokumente nicht vollständig vorliegen.

II. Ablehnungsgründe

39 Ungeachtet ihrer positiven Eigenschaften oder ihrer Eignung für die Zulassung für einen Aufenthalt in den USA, schließen die Vereinigten Staaten einige Ausländer kategorisch von der Einreise aus. § 212 (a) des *INA* beinhaltet u.a. folgende Ablehnungsgründe aus den USA:

(1) **Gesundheitliche Gründe.** Ausländer, die gegen bestimmte Krankheiten nicht geimpft sind oder eine ansteckende Krankheit, eine gefährliche psychische Erkrankung, Verhaltensstörung oder Drogenabhängigkeit aufweisen, dürfen in die USA nicht einreisen. Andere Gesundheitszustände, die so erheblich sind, dass jemand nicht für sich selbst sorgen kann oder die Person möglicherweise auf Staatshilfe angewiesen sein wird, können auch zur Ablehnung führen.

(2) **Strafrechtliche Gründe u.ä.** Ausländern, die vorbestraft sind oder Handlungen ausgeführt oder zugegeben haben, welche die Voraussetzungen eines Straftatbestandes verwirklichen, wird ebenso die Einreise in die USA verwehrt.[56]

(3) **Gründe der nationalen Sicherheit u.ä.** Ausländer, die aus Sicht der US-Behörden der Spionage, des Terrorismus oder anderen rechtswidrigen Handlungen verdächtig sind, wird die Einreise untersagt. Aufgrund dieser Norm sind auch alle „Teilnehmern an der nationalsozialistischen Verfolgung, des Genozids, jeglicher Begehung von Folter oder außergesetzlichen Tötung" die Einreise zu verwehren.[57] Obwohl einige Gerichte diesen Ablehnungsgrund ausschließlich bei solchen Personen bejaht haben, die aktiv an der Verfolgung teilgenommen haben, verweigert der weite Wortlaut der Vorschrift all jenen Fremden die

---

55 INA § 235(b)(2)(A).
56 INA § 212(a)(2)(A)(i)(I), 8 U.S.C. § 1182(a)(2)(A)(i)(I); *Siehe* auch oben Anmerkung zu Fn. 42.
57 *Siehe* INA § 212(a)(3)(E)(i).

Katherine M. Simpson

Einreise, die zwischen dem 23. März 1933 und dem 8. Mai 1945 als Täter oder Teilnehmer an der Verfolgung einer Person wegen ihrer Rasse, Religion, nationalen Herkunft oder politischer Meinung beteiligt waren.[58] Ausländer, die seinerzeit gelebt haben und am Konflikt hätten beteiligt sein können, sollten darauf vorbereitet sein, bei der Einreise in die USA aufgefordert zu werden, ihre Nicht-Beteiligung an der nationalsozialistischen Verfolgung nachzuweisen.

(4) **Finanzielle Gründe.** Jedem Ausländer, der aus irgendeinem Grund ein Risiko darstellt, die Staatskasse finanziell in Anspruch nehmen zu müssen, wird, unter Anbetracht aller Umstände, die Einreise in die USA verweigert.

(5) **Gründe des Einwanderungsrechtsvollzugs.** Ausländer, die widerrechtlich in die USA eingereist sind, dies versucht haben oder die Bedingungen ihrer Aufenthaltsgenehmigung missachtet haben, können ausgewiesen werden. Auch diejenigen Personen, die bei ihrem Visumsantrag oder Visumszulassung materielle Falschangaben gemacht haben, können nicht in die USA einreisen.

(6) **Mangelnde Identifikationsdokumente.** Ausländern, die keinen gültigen Personalausweis besitzen, kann die Einreise verwehrt werden.

Diese Ablehnungsgründe können Ausländer auch dann betreffen, wenn sie sich bereits in den USA befinden. Wenn zum Beispiel ein Ausländer versucht, seinen Aufenthaltsstatus durch eine Beantragung der US-Staatsbürgerschaft zu ändern, muss er beweisen, dass auch am Antragstag die Einreise zu erlauben gewesen wäre und die vorherige Einreise in die USA tatsächlich erlaubt gewesen ist.

Praxistipp

Die USA bewahren Dokumentationen aller Anträge von Ausländern, sowie aller Formulare, die zu diesem Zweck bei den Behörden eingehen, auf. Um eine Ausfertigung der Akte eines Mandanten von den Behörden zu erhalten, kann man einen Antrag unter dem **Informationsfreiheitsgesetz** [*Freedom of Information Act* (FOIA)] bei der richtigen Behörde stellen. Um Zugang zur Ein- und Ausreisehistorie eines Mandanten zu erhalten, kann der *FOIA*-Antrag an das *CBP* gerichtet werden.

G. Willkommen: Die Visa für die Einreise in die USA

Das US-Recht unterscheidet zwischen Einwanderern und Nicht-Einwanderern und gewährt Visa für beide Gruppen. Der Unterschied liegt darin, dass Nicht-Einwanderer-Visa für einen temporären Aufenthalt in den USA gewährt werden, und Einwanderer-Visa für Personen ausgestellt werden, die eine dauerhafte Bleibe anstreben und ggf. sogar die US-Staatsbürgerschaft beantragen wollen. Die Verfahren zur 40

---

58 *Ebd.*

Katherine M. Simpson

Beantragung beider Visaarten ist ungefähr gleich; diejenigen, welche sich auf ein Einwanderer-Visum bewerben, müssen meist umfangreichere Dokumente vorlegen und länger auf eine Entscheidung warten.

I. Rangfolge (permanenter) Einwanderungs-Visa [*immigrant visas*]

41 Wie die untenstehende Tabelle verdeutlicht, können Anträge auf ein Einwanderungs-Visum sehr langen Wartezeiten und Obergrenzen unterliegen.

1. Familiennachzugs-Visa

42 Ein Antrag auf Familiennachzug kann von einem US-Bürger oder eines dauerhaft in den USA lebenden Aufenthaltsberechtigten gestellt werden, um seine Familie in den USA zu vereinigen. Der Antragssteller wird durch das Visum rechtlich so weit verpflichtet, dafür zu garantieren, dass der Visumsempfänger für die Dauer von 40 Quartalen (zehn Jahren) der Allgemeinheit nicht zur Last fällt und übernimmt daher eine große Verantwortung.[59]

43 **Unmittelbare Verwandte** von US-Bürgern sind der Ehepartner, Eltern von US-Bürgern, die älter als 21 Jahre alt sind und unverheiratete Kinder unter 21 Jahren eines US-Bürgers.[60] Die Anzahl der Familienmitglieder, die pro Jahr ein Visum im Rahmen des Familiennachzugs erhalten können, unterfällt keiner Obergrenze. Der Einwanderer und der Antragsteller müssen für einen solchen Antrag kein Vorzugsdatum [*priority date*] abwarten.

44 Andere Einwanderer unterliegen jährlich strengen Obergrenzen. Der Einwanderer und Antragssteller (der US-Bürger oder der dauerhaft aufenthaltsberechtigte Ehepartner) reichen einen Antrag auf Erlass eines Immigrantenvisums ein und warten das Vorzugsdatum an.[61]

45 Für familienbezogene Eingaben ist das Vorzugsdatum derjenige Zeitpunkt, an dem der US-Bürger bzw. sein dauerhaft aufenthaltsberechtigter Ehepartner den Einreiseantrag gestellt hat. Erscheint dieses Datum im *USCIS Visa Bulletin*, bedeutet dies, dass der *USCIS* nun alle Anträge, die an diesem Datum oder früher gestellt

---

59 U.S. Citizenship & Immigr. Serv., Instructions for Affidavit of Support under Section 213A of the INA (July 2, 2015), https://www.uscis.gov/sites/default/files/files/form/i-864instr.pdf; Telefon-Interview mit Mark Shmueli, Anwalt für Aufenthaltsrecht, Law Office of Mark J. Shmueli (3. Aug. 2016).

60 INA § 101(b)(1); INA § 201(b)(2)(A)(i).

61 Erfahrungsberichte zeigen, dass sich dieses Prozedere so anfühlt, wie wenn man im Restaurant darauf wartet, vom Kellner bedient zu werden. Telefoninterview mit Mark Shmueli, Immigration Attorney, Law Office of Marj J. Shmueli (3. Aug. 2016).

Katherine M. Simpson

wurden, bearbeitet. Wegen der hohen Anzahl von Bewerbungen aus China, Indien, Mexiko und den Philippinen sind die Vorzugsdaten für Anträge aus diesen Ländern separat gelistet.[62] Der Blick auf die unten aufgeführten Tabellen vermittelt einen Eindruck davon, wie lang die Wartezeiten sind und derer zu Trotz keine Garantie besteht.

Die Anträge auf Familiennachzug sind gem. § 203 (a) *INA* nach vier Prioritätska- **46** tegorien geordnet:

First Preference (F1): Unverheiratete Söhne und Töchter von US-Bürgern, bis höchstens 23.400 pro Jahr, sowie kein Visa-Erfordernis nach F4

Second Preference A (F2A): Ehepartner und Kinder eines dauerhaften Aufenthaltsberechtigten

Second Preference B (F2B): Unverheiratete Söhne und Töchter eines dauerhaften Aufenthaltsberechtigten, die keine Kinder sind

Third Preference (F3) Verheiratete Söhne und Töchter von US-Bürgern

Fourth Preference (F4) Brüder und Schwestern von US-Bürgern

Im Folgenden befindet sich eine Tabelle, welche im *US Visa Bulletin* von Juli 2016 **47** veröffentlicht wurde.[63]

Bewerbungsschluss für familiengeförderte Vorzugsfälle:

Family-Sponsored	All Chargeability Areas Except Those Listed	CHINA-mainland born	INDIA	MEXICO	PHILIPPINES
F1	22MAR09	22MAR09	22MAR09	08MAR95	01FEB05
F2A	15NOV14	15NOV14	15NOV14	01SEP14	15NOV14
F2B	08DEC09	08DEC09	08DEC09	08SEP95	01JUL05
F3	01DEC04	01DEC04	01DEC04	22OCT94	01MAR94
F4	08SEP03	01JAN03	01JAN01	15APR97	01JAN93

Aus dieser Tabelle geht hervor, dass der aus den Philippinen stammende Bruder **48** eines US-Bürgers, für den am 1. Januar 1993 ein I-130-Antrag zur juristischen Anerkennung als Familienmitglieds gestellt wurde, nun, zum Veröffentlichungszeitpunkt der Liste, hier der Juli 2016, endgültig einen I-485-Antrag auf eine dauerhafte

---

62 U.S. Citizenship & Immigr. Serv., When to File Your Adjustment of Status Application for Family-Sponsored or Employment-Based Preference Visas: July 2016 (9. Sept. 2016), https://www.uscis.gov/visabulletin-jul-16.

63 *Ebd.*

Katherine M. Simpson

Aufenthaltsberechtigung stellen kann. Er muss es aber schnell machen, denn es gibt keine Garantie, dass im August 2016 die Vorzugsdaten noch aktuell sein wird.

2. Rangfolge von US-Immigranten-Visa: Arbeitsbedingt

49 Die Anzahl der Menschen, die in die USA aus beruflichen Gründen einwandern, unterliegt strikten jährlichen Obergrenzen.

50 Für Anträge basierend auf einem Anstellungsvertrag ist das Vorzugsdatum dasjenige, an dem die Arbeitsbescheinigung vom *DOL* zu den Akten gereicht wurde, bzw. im Falle der Entbehrlichkeit einer Arbeitsbescheinigung das Datum der Antragsstellung der Visa. Arbeitsbescheinigungen sind typischerweise in der zweiten und dritten Kategorie erforderlich.

51 Die auf Arbeitsmigranten anwendbaren Vorzugskategorien finden sich in § 203 (b) *INA*:

1.: **Präferenzarbeiter** [*priority workers*], insbesondere Ausländer mit besonderen Fähigkeiten, herausragende Hochschullehrer und Forscher und bestimmte Führungskräfte und Manager multinationaler Unternehmen

2.: Ausländer, die Mitglied von Berufen mit gehobenen Qualifikationen sind oder Ausländer mit außergewöhnlichen Fähigkeiten

3.: Fachpersonal, Experten und andere Arbeitskräfte, die einer Arbeitsbescheinigung bedürfen

4.: Spezielle Einwanderer wie in § 101 (a) (27) *INA* definiert

5.: Ausländer, die mindestens $1.000.000 investiert haben oder investieren werden, und dadurch Vollzeit-Beschäftigung von mindestens zehn US-Staatsbürgern oder dauerhafte Aufenthaltsberechtigte in einem bestimmten Bereich schaffen.

52 Folgende Tabelle wurde im Juli 2016 im *USCIS Visa Bulletin* veröffentlicht.[64]

Bewerbungsschluss für beschäftigungsbasierte Vorzugsfälle:

Arbeitnehmer-Visa-Kategorie	Alle Länder, außer die aufgelisteten	CHINA – mainland born	EL SALVADOR GUATEMALA HONDURAS	INDIA	MEXICO	PHILIPPINES
1st	C	C	C	C	C	C
2nd	C	01JAN10	C	01NOV04	C	C
3rd	01MAR16	01JAN10	01MAR16	22OCT04	01MAR16	15FEB09
Other Workers	01MAR16	01JAN04	01MAR16	22OCT04	01MAR16	15FEB09

---

64 *Ebd.*

Katherine M. Simpson

Arbeitnehmer-Visa-Kategorie	Alle Länder, außer die aufgelisteten	CHINA – mainland born	EL SALVADOR GUATEMALA HONDURAS	INDIA	MEXICO	PHILIPPINES
4th	C	C	01JAN10	C	01JAN10	C
Certain Religious Workers	C	C	01JAN10	C	01JAN10	C
5th Non-Regional Center (C5 and T5)	C	15FEB14	C	C	C	C
5th Regional Center (I5 and R5)	C	15FEB14	C	C	C	C

In dieser Tabelle bedeutet „C", dass das Vorzugsdatum gegenwärtig oder „current" **53** ist und daher ein I-485 Antrag gestellt werden kann. In solchen Faellen kann sogar ein I-485-Antrag gleichzeitig mit dem I-140-Antrag gestellt werden. Ein I-140-Antrag ist ähnlich wie ein oben erwähnter I-130-Antrag und wird gestellt, um den Ausländer als Arbeitsberechtigter juristisch anzuerkennen.

3. Prioritäten von US-Immigranten-Visa: Nationale Vielfalt

Die USA haben durch ihre Einwanderungsgesetze die Ausstellung von Visa je nach **54** Herkunftsland gefördert. Die obigen Tabellen zeigen nicht nur die hohe Nachfrage nach Visa, sondern auch das Streben der US-Regierung nach Diversität. Die Zahlen der Antragsteller der in der Tabelle aufgeführten Länder sind beispielsweise wesentlich höher als die der Anträge, die aus anderen Ländern empfangen werden. Das hat sowohl mit der geographischen Nähe dieser Länder zu den USA zu tun, als auch mit den volkswirtschaftlichen Bedingungen dort. Die gesonderte Prüfung der Anträge aus den oben genannten Ländern soll sicherstellen, dass Immigranten-Visa gegenüber Menschen aus unterschiedlichen Ländern gewährt werden als nur die vier.

Außerdem stellen die USA nach § 203 (c) des *INA* sogenannten „**Vielfältigkeits-** **55** **Immigranten**" [*diversity immigrants*] 50.000 – 55.000 Visa im Rahmen des „**Vielfältigkeits-Visa-Programms**" [*Diversity Visa Program*] zur Verfügung. Dieses Programm wird vom *DHS* und vom *USDOS* durchgeführt.[65]

Das Vielfältigkeits-Visa-Programm, auch „**Lotterie der grünen Aufenthaltser-** **56** **laubnis**" [*green card lottery*] genannt, teilt die Welt in Regionen auf und jede dieser Regionen wird entweder als eine Region mit hoher (verantwortlich für mehr als $1/6$

---

65 Siehe Kurzban, *oben* Fn. 8, S. 1117.

Katherine M. Simpson

aller ausgestellten Visa) oder niedriger Erlaubnisrate gekennzeichnet.[66] Jedes Jahr wird jeder Region eine vorgeschriebene Zahl von verfügbaren Visa zugeteilt. Das *USDOS* legt fest, wie und wann Antragsteller im Rahmen des Programms ihren Visumsantrag stellen können. Die Gewinner der Visa werden durch das Zufallsprinzip[67] ausgewählt, müssen mindestens ein Abitur (*High-School*-Abschluss) aufweisen und innerhalb der ersten fünf Jahre nach Antragsstellung mindestens zwei Jahre Berufserfahrung in einem Beschäftigungsfeld gesammelt haben, die wenigstens eine zwei Jahre lange Ausbildung oder Erfahrung erfordert.[68]

57 Um das Prinzip der Vielfalt aufrecht zu erhalten, werden höchstens sieben % der Visa (bis zu 3.500) an Antragsteller aus demselben Land vergeben. Das Vielfältigkeits-Visum muss innerhalb des Steuerjahres bearbeitet werden, in dem es gewonnen wurde.[69] Obwohl die Anträge wegen der langen Bearbeitungsdauer die Lotteriegewinner oft vom Erhalt der Visa abhalten, ist die *green card lotterie* auch ein Weg für viele Einwanderer, in die USA zu kommen.

Praxistipp

Jedes Jahr bewerben sich mehr als 90.000 Deutsche für ein Visum in der *green card lotterie*.[70] Bis zu 3.500 Interessenten können gewinnen.

Gewinner eines Visums, die außerhalb der USA leben, müssen für die Bearbeitung das derzeit über 70 Seiten bestehende DS-260-Formular über das *USDOS* ausfüllen. Es ist wichtig, dieses Formular ehrlich und mit Sorgfalt auszufüllen – die USA speichern alle eingereichten Dokumente, und daher können sich Aussagen, die ein Antragssteller heute tätigt, auch in Zukunft positiv oder negativ auswirken. Um optimale Ergebnisse zu erzielen, sollten die Anträge mit Hilfe eines fachkundigen Anwalts ausgefüllt werden, der sich regelmäßig mit dem US-Einwanderungsrecht beschäftigt.

II. Rangfolge von (temporären) Nicht-Einwanderungs-Visa

58 Nicht-Immigranten wird die Einreise in die USA für einen speziellen Zweck und für einen gewissen Zeitraum bewilligt. Nicht-Immigranten-Visa sind für eine Vielzahl von Tätigkeiten und Zeiträumen erhältlich. Die meisten davon sind in § 101 (a) (15) *INA* aufgezählt. Diese Visa können in fünf Gruppen aufgeteilt werden.

59 Die erste Kategorie ist **kommerzieller Natur.** Mit einem Nicht-Einwanderungs-Visum können Geschäftsreisende, Zeitarbeiter, Anleger, Handelstreibende ebenso

---

66 *Ebd.*
67 Smirnov v. Clinton, 487 Fed. Appx. 582 (D.C. Cir. 2012).
68 INA § 203(c) (2014).
69 22 CFR § 42.33(a)(1) (2016); 8 U.S.C. § 1154(a)(1)(I)(ii)(II) (2014).
70 U.S. DEP'T OF STATE, DIVERSITY VISA PROGRAM (2013–15), https://travel.state.gov/content/dam/visas/Diversity-Visa/DVStatistics/DVApplicantEntrantsbyCountry%202013-2015.pdf.

Katherine M. Simpson

wie Athleten, Unterhaltungskünstler, Experten und Fachkräfte in die USA einreisen.

Die zweite Kategorie betrifft die **Ausbildung.** Internationale Studenten können 60 drei verschiedene Visa erhalten, um in den USA zu studieren. Das erste sogenannte „F-Visum" erhalten Ausländer, die für einen begrenzten Zeitraum in die USA reisen wollen, um einen Kurs oder ein Studium an einer anerkannten Bildungseinrichtung zu absolvieren.[71] Das „M-Visum" ist für die Ausländer erhältlich, die an einem berufsbildenden oder nicht-akademischen Programm (z.B. an einer Volkshochschule) in den USA teilnehmen wollen.[72] Ausländer, die im Rahmen eines gegenseitigen Studien- oder kulturellen Austauschprogramms teilnehmen oder in die USA kommen, um eine weiterführende medizinische Ausbildung oder Training zu erhalten, benötigen ein „J-Visum".[73]

Die dritte Gruppe, die auch mit der ersten zusammenhängt, betrifft den **Tourismus.** Touristen können entweder im Rahmen des **Visa-Verzicht-Programms** [*visa waiver programm*] einreisen oder die USA als Nicht-Immigranten zu geschäftlichen oder Vergnügungszwecken besuchen. Im Rahmen des *Visa Waiver Programms* können Ausländer aus bestimmten Herkunftsländern unter bestimmten Voraussetzungen einen Aufenthalt von weniger als 90 Tagen gewährt bekommen, ohne vorab ein B1- oder B2-Visum einzuholen.[74]

Die Kategorie des B2-Visums wurde nicht als Auffanglösung für temporäre Besucher geschaffen.[75] Wenn also ein temporäres Visum für einen speziellen Grund, wie z.B. Bildung, Arbeit, etc. existiert, muss der Ausländer das einschlägige Visum wählen und nicht auf das B2-Visum ausweichen.

Die vierte Kategorie ist **familienbezogen** – Verlobte und Verlobter. Verlobte 63 Paare werden manchmal durch eine internationale Grenze getrennt. Mit Blick darauf, dass es in einigen Fällen schwer für die US-Angehörigen sein könnte, einer Hochzeit im Ausland beizuwohnen und dass es keine Garantie gibt, die dem US-Bürger selbst die Einreise in ein anderes Land gestattet, wurde das „Verlobten-Visum" vom US-Kongress geschaffen.[76]

Die letzte Kategorie ist eine „**andere**"-Kategorie [*other*], die weitere interessante 64 Arten von Visa enthält. Unter anderem gibt es Visa für Ausländer, die der Regierung bei der Verfolgung von Straftaten helfen sollen. Das „S-Visum", auch „*Snitch*-Visum" genannt, ist für Ausländer bestimmt, die „im Besitz verlässlicher kritischer

---

71 INA § 101(a)(15)(F).

72 *Ebd.* § 101(a)(15)(M).

73 *Ebd.* § 101(a)(15)(J).

74 *Ebd.* § 217, 8 U.S.C. § 1187; 8 CFR § 217.1-217.7 (2016); 22 CFR §41.2(l) (2016).

75 Matter of Healy and Goodchild, 17 I. & N. Dec. 22 (BIA 1979).

76 INA § 101(a)(15)(K) (2014); Telefoninterview mit Mark Shmueli, Immigration Attorney, Law Office of Mark J. Shmueli (3. Aug. 2016).

Katherine M. Simpson

Informationen" über kriminelle oder terroristische Organisationen sind und beabsichtigen, diese der US-Regierung zur Verfügung zu stellen.[77] Pro Jahr werden bis zu 200 S-Visa ausgestellt, die zu einem bis zu dreijährigen Aufenthalt berechtigen.[78] Ähnlich gilt das „T-Visum" für Opfer von Menschenhandel, die den Behörden dabei helfen, die entsprechenden Straftaten zu verfolgen.[79] Pro Jahr werden bis zu 5.000 T-Visa vergeben.[80]

65   In der Kategorie derjenigen Besucher, die nur Nicht-Einwanderungs-Visa bewilligt bekommen, tauchen drei immer wiederkehrende Probleme auf. Mit Blick darauf, dass temporäre Visa immer zweckgebunden und nur für einen begrenzten Zeitraum vergeben werden, wird es regelmäßig problematisch, wenn (1) der Ausländer den Vorsatz dazu fasst, dauerhaft in den USA zu bleiben, (2) der Ausländer einen anderen Status erhalten will oder (3) der Ausländer länger in den USA bleibt, als sein Visum es vorsieht.

66   Die erste Problematik vermittelt auf den ersten Blick den Eindruck des Vorsatzes zu einer Gewissensstrafbarkeit! Grundsätzlich, wenn jemand als Nicht-Einwanderer die Einreise in die USA bewilligt bekommen hat, aber den Vorsatz hat, über den erlaubten Zeitraum des Visums hinaus zu bleiben, wurde ein Delikt begangen.[81] Wenn der *ICE* nach der Einreisebewilligung herausfindet, dass die Person ursprünglich einen dauerhaften Aufenthalt beabsichtigte, kann sie vom *ICE* gem. § 237 (a) (1) (A) des *INA* abgeschoben werden.

67   An dieser Stelle taucht die Frage des **Doppelvorsatzes** [*dual intent*] auf – die Person fasst den Vorsatz, die Bedingungen des erhaltenen Nicht-Einwanderer-Visums einzuhalten, aber ebenso beabsichtigt sie, dauerhaft in den USA zu verbleiben, sofern sich legal die Möglichkeit dazu bietet. In dem Fall *Matter of Hosseinpour* hat der *BIA* entschieden, dass dieser Doppelvorsatz dem an sich rechtmäßigen Nicht-Einwanderungs-Status nicht notwendigerweise entgegensteht.[82] Besucher begehen daher keine Rechtsverletzung, wenn sie mit der Absicht einreisen, nur für einen begrenzten Zeitraum zu bleiben, aber hoffen, einen dauerhaften Aufenthaltsstatus zu erhalten.

68   Bezüglich der zweiten Problemsituation – namentlich, wenn der Ausländer seine oder ihre Statusänderung anstrebt – bestehen mehrere Lösungsmöglichkeiten, wenn der Antragssteller tatsächlich zum Wechsel berechtigt ist. Mit Blick auf die Kosten, Zeit, Reisestrecke und Unannehmlichkeiten, welche den Nicht-Einwanderer treffen können, der sich schon in den USA aufhält, aber zur Rückreise in sein Hei-

---

77 INA §101(a)(15)(S), 8 U.S.C. §1101(a)(15) (2014).
78 *Siehe* Kurzban, *oben* Fn. 8, S. 1043.
79 INA §101(a)(15)(T), 8 U.S.C. 1101(a)(15)(T) (2014).
80 *Siehe* Kurzban, *oben* Fn. 8, S. 1044.
81 INA § 235; *siehe auch* oben Anm. zu Fn. 50.
82 INA § 212(a)(9)(B), 8 U.S.C. § 1182(a)(9)(B).

Katherine M. Simpson

matland gezwungen ist, um ein neues Nicht-Einwanderungs-Visum zu beantragen, erließ der US-Kongress die Vorschrift des § 248 *INA*, nach welchem es einem Nicht-Einwanderer gestattet ist, von einer Kategorie zur nächsten zu wechseln, ohne die USA verlassen zu müssen.

Praxistipp

Ein Ausländer „**wechselt**" [*changes*] gem. § 248 INA seinen temporären Aufenthaltsstatus gegen einen anderen temporären Status.

Ein Ausländer „**passt**" seinen Status auf den eines dauerhaften Aufenthaltsberechtigten gem. § 245 INA „**an**" [*adjusts*].

Das dritte Problem entsteht, wenn ein Ausländer **länger im Land bleibt**, als es ihm   69
sein Visum erlaubt [*overstay*]. Das führt für ihn zu schwerwiegenden Problemen. Die Dauer des rechtswidrigen Aufenthalts summiert sich, und wenn die Person schließlich die USA verlässt, geschieht dies als „*overstay*" und nicht als legal „*Non-Immigrant*", was mindestens zu einer zeitweiligen Einreisesperre in die USA führt.[83] Fehlen „außergewöhnliche Umstände, die ausserhalb der Kontrolle des Antragstellers liegen", kann der *USCIS* keine Visums-Verlängerung herbeiführen, wenn der Ausländer zu lange im Land geblieben ist oder die Bedingungen des Visums verletzt hat.[84]

H. Flüchtlinge, Asylsuchende und das Asylverfahren

Es gibt kein anderes Gebiet, auf dem die Verbindung zwischen Mitgefühl und Eigen-   70
interesse eines Landes deutlicher zu Tage tritt als im Asyl- und Flüchtlingsrecht.[85] Gegen die Bedürfnisse von Flüchtlingen werden die gesellschaftliche Bereitschaft und die Akzeptanz um die ethnische und sprachliche Diversität, volkswirtschaftlichen Kosten und nationale Sicherheitsrisiken, welche mit der Aufnahme von Flüchtlingen einhergehen, gehalten.

Flüchtlinge sind Menschen, die außerhalb ihres Heimatlandes auf der Flucht   71
vor Verfolgung aufgrund von ihre Rasse, Religion, Nationalität, Zugehörigkeit zu einer bestimmten sozialen Gruppe oder ihrer politischen Meinung sind.[86] Sie haben

---

83 INA § 212(a)(9)(B), 8 U.S.C. § 1182(a)(9)(B).
84 INA § 214.1(c)(4) (2014).
85 LEGOMSKY, *oben* Fn. 9, S. 915.
86 INA §101(a)(42) (2014). In einigen Fällen kann der US-Präsident festlegen, dass eine Person, die sich nach wie vor in ihrem Heimatland aufhält und wegen einem der o.g. Gründe verfolgt wird,

Katherine M. Simpson

sich keines Verbrechens schuldig gemacht mit Blick auf die Verfolgung anderer.[87] Im Einklang mit den Bestimmungen der Genfer Flüchtlingskonvention von 1951 umfasst der Flüchtlingsbegriff ebenso nicht Personen, die wegen Krieges, Hungersnot, Naturkatastrophen oder ähnlichen Bedingungen nicht in ihr Heimatland zurückkehren können – oder gar zweifelsfrei – im Falle einer Rückkehr zu ihrem Tod führen würden.[88]

72 Obwohl die USA geografisch von vielen Flüchtlingskrisen abgeschirmt sind, bedeutet das nicht, dass das Land keine Flüchtlinge aufnehmen muss. Statt darauf zu warten, dass Flüchtlinge in die USA kommen, koordinieren der *DHS*, *HHS*, *USCIS* sowie die Abteilung des *USDOS* für Bevölkerung, Flüchtlinge und Migration ihre Anstrengungen, in die betroffenen Gebiete zu reisen, und die Flüchtlinge in die USA auf sichere und organisierte Weise zu bringen.

73 Nachdem die Vereinten Nationen und die US-Botschaften potentielle Flüchtlinge für Umsiedlungserwägungen bestimmt haben, führt das *USCIS* Voruntersuchungen, Sicherheitsprüfungen und Befragungen mit den vorgegebenen Flüchtlingen durch, um sicherzustellen, dass diese Personen den rechtlichen „Flüchtlingsbegriff" tatsächlich erfüllen. Stellt der *USCIS* fest, dass eine Person wahrhaftiger Flüchtling ist und sie in die USA aufgenommen werden kann, wird die Umsiedelung des Flüchtlings und seiner Familie in die USA vom Außenministerium in Zusammenarbeit mit den anderen Bundesbehörden und *NGOs* durchgeführt. Dieses Verfahren kann 30 bis 90 Tage dauern.[89]

74 Nachdem der Flüchtling in den USA eingetroffen ist, bietet der *HHS* ihm und seiner Familie kurzfristig finanzielle und medizinische Unterstützung, englische Sprachkurse und Arbeitsvermittlung an, um das Leben in den USA und den Schritt in die wirtschaftliche Unabhängigkeit zu vereinfachen. Auch nach den ersten acht Monaten des Aufenthaltes unterstützt der *HHS* Flüchtlinge hinsichtlich der Unternehmensentwicklung, ethnische Selbsthilfe-Gemeinden, landwirtschaftiche Partnerschaften und Unterstützung für Opfer von Folter und Misshandlung.[90]

75 Ein Jahr nach der Aufnahme in die USA muss der Flüchtling dauerhaften Aufenthalt beantragen; eine Antragsgebühr wird hierfür nicht fällig.[91]

---

auch im Sinne des US-Rechts ein „Flüchtling" ist, INA § 101 (a) (42) (B). *Vergl. auch* Genfer Flüchtlingskonvention, 1951, 189 U.N.T.S. 137.

87 INA § 101(a)(42).

88 Für Staatsbürger bestimmter Länder, die sich während des Eintritts einer solchen Situation in den USA befinden, besteht ein gesonderter Aufenthaltstitel, der temporäre Schutzstatus, Temporary Protected Status, der von einem Berechtigten beantragt werden kann. *Vergl.* INA § 244 (2014); Congressional Research Service, Temporary Protected Status: Current Immigration Policy and Issues (12. August 2016), https://www.fas.org/sgp/crs/homesec/RS20844.pdf.

89 The U.S. Refugee Resettlement Program - an Overview, *oben* Fn. 24.

90 *Ebd.*

91 *Ebd.*

Katherine M. Simpson

Trotz der geographischen Isolation der USA gelangen Menschen in die USA hi- 76
nein und beantragen Asyl. Sofern keine außergewöhnlichen Umstände vorliegen,
die der Eignung der Person für die Annahme des Asylantrags widersprechen, muss
der Bewerber den Asylantrag innerhalb eines Jahres nach der Ankunft in den USA
stellen. Die Entscheidung, ob die Person ein „Flüchtling" im Sinne der Genfer
Flüchtlingskonvention ist und daher in den USA schutzberechtigt ist, wird durch
das Einwanderungsgericht getroffen. Vor Gericht muss der Ausländer als **Antrags-
gegner** [*respondent*] Beweise und rechtliche Argumente aller Gesichtspunkte zur
Untermauerung seines Asylantrags vorbringen. Ein typischer Asylprozess vor dem
Einwanderungsgericht dauert mehrere Jahre, aber nach der Anhängigkeit des Falls
für eine gewisse Dauer ist der Antragssteller typischerweise zum Erhalt einer Ar-
beitserlaubnis geeignet.[92] Asylbewerber können aber inhaftiert werden, in der Regel
besteht jedoch ein Recht auf eine Kautionsanhörung, um aus dem Gefängnis entlas-
sen zu werden.[93] Die umstrittene Praxis, sogar ganze Familien während ihres Asyl-
verfahrens in Haft zu nehmen, so lange ihre Asylanträge verhandelt werden, besteht
jedoch noch fort.

I. Zusammenfassung

Obwohl Einwanderung immer ein wesentlicher Faktor in der Geschichte und Ent- 77
wicklung der USA war, gilt das Einwanderungsrecht und das einwanderungsrechtliche System nach wie vor als eines der kompliziertesten und wandelbarsten
Rechtsgebiete im US-Recht überhaupt. So ist durchaus denkbar, dass zum Zeitpunkt
der Veröffentlichung oder gar der Lektüre dieses Kapitels zahlreiche der in Bezug
genommenen Quellen bereits überholt sein können!

Praxistipp – Machen Sie es nicht allein!

Es ist schwer, einen im US-Einwanderungsrecht erfahrenen und kundigen Anwalt zu finden. Einige
rechtswissenschaftliche Fakultäten bieten keine Kurse im Einwanderungsrecht an und dieses
Rechtsgebiet ist in keinem der Bundesstaaten Prüfungsgegenstand für das **Examen zur Anwaltszulassung** [*bar exam*]. Die Nachfrage nach kompetenten, qualifizierten und fachkundigen Anwälten ist
entsprechend hoch, und jedes Jahr werden zahlreiche Menschen Opfer von Falschberatung, Betrug
und ineffektiver Rechtshilfe.

Nicht alle zugelassenen Anwälte, die auf den ersten Blick kompetent wirken, haben tatsächlich
die richtige Ausbildung oder genug Erfahrung, um effektive Beratung zu bieten. US-Notare und sogenannte **Einwanderungsberater** [*immigration consultants*] oder **Einwanderungsspezialisten** [*immigration specialists*] sind keine Anwälte und nicht dazu befähigt, Menschen in einwanderungs-

---

92 8 CFR § 208.7(a)(1) (2016).
93 KURZBAN, *oben* Fn. 8, S. 720–721.

Katherine M. Simpson

rechtlichen Fragen zu beraten. Sie sind besonders in Stadtteilen verbreitet, in denen niedrige Einkommen und Unterversorgung vorherrschen. Um seinen Mandanten die bestmögliche Beratung zu garantieren, sollten man mit einem Anwalt zusammenarbeiten, der in den USA zugelassen und im Optimalfall ein Mitglied des **Amerikanischen Verbandes für Einwanderungsanwälte** [*American Immigration Lawyers Association (AILA)*] ist, oder über die nötige Erfahrung und das Fachwissen verfügt, um die bestmöglichen Ergebnisse für den Mandanten zu erreichen.

Katherine M. Simpson

Kapitel 14
US-Umweltrecht aus dem Ausland betrachtet

Literaturverzeichnis

Aagard, Todd, **Owen**, David und **Pidot**, Justin, *Practicing Environmental Law*, Foundation Press (2017). **Anderson**, Jerry L. und **Hirsch**, Dennis D., *Environmental Law Practice*, 3. Auflage, Carolina Academic Press (2010). **Environmental Law Institute**, *A Citizen's Guide to Using Federal Environmental Laws to Secure Environmental Justice* (2002). **Environmental Law Institute**, *Environmental Law Reporter's Environmental Law Deskbook*, 8. Auflage (2007). **Kloepfer**, Michael, *Umweltrecht*. 3. Auflage, München: Beck (2004). **Rodgers**, William H., *Environmental Law Hornbook*, 2. Auflage, West (1999). **US EPA**, "Incentives for Self-Policing: Discovery, Disclosure, Correction and Prevention of Violations," 65 FR 19, 618 (11. April 2000).

A. Einleitung – Inwieweit ist Umweltrecht ein „amerikanisches Ding"?

Es kommt relativ oft vor, dass deutsche Juristen überrascht reagieren, wenn ich erzähle, dass mein Forschungsgebiet das Umweltrecht ist und ich mich auch in der Praxis mit Umweltrecht beschäftige. Oftmals werde ich dann gefragt, ob Umweltrecht ein „amerikanisches Ding" sei. Jedoch gibt es an mindestens 34 deutschen Universitäten eine oder mehrere Professuren, Lehrstühle oder sogar Institute für Umweltrecht, und viele deutsche Anwaltskanzleien geben dezidiert an, im Umweltrecht tätig zu sein – mindestens eine Kanzlei in jeder der zwanzig größten deutschen Städte beschäftigt sich zumindest auch mit Umweltrecht. Mit etwas genauerer Recherche stößt man auch auf Konferenzen, Zeitschriften, Beratungs- und Forschungszentren, die sich in Deutschland mit Umweltrecht befassen. All diese Tatsachen rechtfertigen die Frage, wieso nach wie vor die Vorstellung besteht, dass Umweltrecht ein „amerikanisches Ding" sei. Möglicherweise liegt das daran, dass in den USA[1] umweltrechtliche Fragen häufiger durch **Gerichtsverfahren** verhandelt werden, während sich die Verhandlungen in Deutschland eher auf die Gebiete des Bauplanungs-, Bauordnungs- und Verwaltungsrechts im Allgemeinen verlagern. Dieser Unterschied in der umweltrechtlichen Praxis zeigt anschaulich die Abgrenzung zwischen kontinentaleuropäischen und *Common-Law*-Rechtssystemen, oder noch genauer einen der Unterschiede zwischen deutschem und US-amerikanischem Recht. Die *Laissez-faire*-Haltung in der

1

---

1 Ebenso wie in Fn. 1 in Kapitel 1 dieses Handbuchs erläutert, werde ich im Folgenden von den USA bzw. US sprechen, und nicht von *Amerika*. Siehe Fn. 1 in Kapitel 1 für weitere Begründungen.

Kirk W. Junker

https://doi.org/10.1515/9783899498103-014

US-amerikanischen Rechtskultur[2] beschränkt sich nicht auf die wirtschaftlichen Beziehungen zwischen dem Staat und der Privatwirtschaft.

2   Inwiefern prägt also das Gerichtsverfahren das juristische Denken in den USA,[3] insbesondere im Bereich des Umweltrechts? Ein bekanntes Lehrbuch, *Environmental Law in a Nutshell*, beginnt mit dem folgenden Satz: „Umweltrechtliche **Verhandlungen** [*litigation*] betreffen häufiger Streitigkeiten mit Hoheitsträgern als zwischen privaten Parteien."[4] Dies ist offensichtlich zutreffend, aber was durch diesen Einleitungssatz nicht erklärt wird, ist, wieso die Autoren überhaupt über *Verhandlungen* sprechen, und nicht zuerst verfassungsrechtliche Kompetenznormen oder andere Rechtsgrundlagen des Umweltrechts erörtern, wie es vielleicht ein Jurist aus einem kontinentaleuropäischen Rechtssystem erwarten würde. Auch das Genehmigungsverfahren wäre ein geeigneter Anknüpfungspunkt und stellt tatsächlich für viele Anwälte auch insoweit den Zugang ins Umweltrecht sowie einen wesentlichen Teil der den Gerichtsverhandlungen vorausgehenden Vorbereitungsarbeit dar. Die Antwort liegt jedoch in der grundsätzlichen Stellung des Gerichtsverfahrens in der US-Rechtskultur sowie dem sich daraus ergebenden hohen Wert des Gerichtsverfahrens als Konfliktlösungsmöglichkeit auch im Umweltrecht. Kann man daraus bereits auf eine höhere „Verfahrensgeneigtheit" der US-Kultur im Vergleich zu anderen Kulturen schließen? – Nicht unbedingt. Wie schon in Kapitel 1 dieses Handbuchs erörtert, ist „Verfahrensgeneigtheit" ein Konzept, das sehr schwer zu messen ist, und selbst wenn dies gelingen sollte, mag es sein, dass die Statistik die tatsächlich gestellte Frage unbeantwortet lässt – nämlich die, ob der auf Gerichtsverhandlungen liegende Schwerpunkt die Erwartungen innerhalb der Kultur übersteigt.

3   Im Zusammenhang mit US-Umweltrecht ist es wichtig, sich zu vergegenwärtigen, dass früher durch das *Common Law* bereits vor der ausdrücklichen Regelung des Umweltrechts ähnliche Rechtbehelfe bestanden, wie beispielsweise deliktsrechtliche Klagen **auf Unterlassung** [*nuisance actions*].[5] Dass diese Rechtsbehelfe aus dem *Common Law* stammen, schreibe ich deshalb, weil sie nicht auf geschriebenem Gesetz beruhen, sondern auf einer Reihe bindender Gerichtsurteile. Am besten eignet sich der Kommentar *Restatement (Third) of Torts* zum Verständnis des

---

2 Vergl., Kirk W. Junker, *US Legal Culture: An Introduction* (Routledge: 2016), passim.

3 Für ausführliche Anmerkungen zum Verfahren siehe den entsprechenden Abschnitt in Kapitel 1 dieses Handbuchs.

4 Roger W. Findley and Daniel A. Farber, *Environmental Law in a Nutshell*, 9th ed. (West Academic: 2014)

5 In dem berüchtigten Fall der *US-EPA and California Air Resources v. Volkswagen*, Case No: MDL No. 2672 CRB (JSC) (2016) warfen die EPA und der Bundesstaat Kalifornien Volkswagen über Verstöße gegen Gesetzesvorschriften hinaus auch noch vor, dass die Firma eine Eigentumsbeeinträchtigung verschuldet hatte. Dies erkannte Volkswagen in dem **Anerkenntnisurteil** [*consent decree*], der teilweise zur Beilegung des Streits führte, an. *Siehe* https://www.justice.gov/sites/default/files/enrd/pages/attachments/2016/06/28/vw_partial_2l_cd_and_appendices_docketed.pdf.

Kirk W. Junker

US-Deliktsrechts, da darin insbesondere das Recht auf Unterlassung und schadhafte Immissionen geregelt ist.[6] Unterlassungsklagen sind auch heute noch möglich, obwohl es inzwischen zahlreiche Umweltgesetze gibt. Und da das Deliktsrecht sich tendenziell der Regelung durch Gesetz sperrt und oft noch immer auf Fallentscheidungen im *Common Law* beruht, neigt auch das Spezialgebiet der Unterlassungsklagen bei Gift-Immissionen [*toxic tort litigation*] dazu, in großen Teilen auf Präzedenzrechtsprechung zu basieren, obwohl es etwas fachspezifisch ist.

Ein weiterer Einblick in die Stellung des Umweltrechts in der US-Rechtskultur **4** ergibt sich aus der Art und Weise, nach der das US-Recht die verschiedenen Rechtsgebiete abgrenzt. In der juristischen Ausbildung und Praxis wird im materiellen Recht nicht zwischen privatem und öffentlichem Recht unterschieden, sodass schon mal privat- und öffentlich-rechtliche Fragen im selben Absatz diskutiert werden können[7], während eigentlich eine umweltrechtliche Erwägung ausgeführt wird, oder die Diskussion der Verfassungsmäßigkeit einer Kompetenznorm in die Ausführungen zu einem privatrechtlichen Konflikt eingewoben wird.[8] Umweltrecht beinhaltet für einen Juristen aus dem *Common Law* sowohl öffentliche als auch private Interessen, was unter anderem in der Vielzahl der Fälle verdeutlicht wird, die von Verwaltungsbehörden gegen private Bürger erhoben werden. Während der Entstehung des Umweltrechts als eigenes Rechtsgebiet erwähnte das Gericht in dem Fall *Boomer v. Atlantic Cement Company* (1970), dass das Privatrecht einige in Bezug auf die Umwelt relevanten Fragen nicht beantworten kann, sondern dafür das öffentliche Recht herangezogen werden muss. Das Gericht schrieb:

> „Es scheint offensichtlich, dass die Verbesserung der Luftverschmutzung tiefgreifend von technischer Forschung abhängt; von einer sorgfältig ausgewogenen Einschätzung der wirtschaftlichen Folgen einer strengen Regulierung; und den tatsächlichen Auswirkungen auf das Gesundheitswesen. Wahrscheinlich erfordert dieses Vorhaben immense öffentliche Kosten, einen für eine lokale Gemeinschaft quasi unmöglich zu bewältigenden Aufwand und eine starke Abhängigkeit von regionalen und bundesstaatenübergreifenden Regulierungen. Ein Gericht sollte

---

6 American Law Institute, *Restatement (Third) of Torts*, 2011. Die *Restatements* sind die Werke im US-Recht, die Kommentaren im deutschen Recht am nächsten kommen. *Restatements* gibt es in zahlreichen Rechtsgebieten und sie werden vom American Law Institute herausgegeben, das sich aus Juraprofessoren, Richtern und Anwälten zusammensetzt, die das geltende Case Law zusammenfassen und kommentieren. Obwohl die *Restatements* nicht bindend sind, werden sie häufig in Schriftsätzen von Anwälten zitiert und sogar Richter verweisen darauf in ihren Urteilen. Momentan besteht allerdings kein *Restatement* im Umweltrecht. *Siehe* Dan Tarlock, "Why There Should Be No Restatement of Environmental Law," 79 *Brook. L. Rev.* (2014), verfügbar unter: http://brooklyn works.brooklaw.edu/blr/vol79/iss2/11.
7 *Siehe* Keith E. Wilder, "The 'Public Business' Conundrum," *Kölner Schrift zum Wirtschaftsrecht.* Vol. 3, Issue 2, 232–235 (April, 2012).
8 *Siehe* Robert Barker, "Constitutional Comparisons between the Law of the U.S.A. and Costa Rica," 27 *Latin American Law Review* 234 (1992).

Kirk W. Junker

nicht versuchen, dies als Nebenprodukt eines privatrechtlichen Rechtsstreits zu regeln und es scheint offensichtlich, dass die Rechtsprechung aufgrund des begrenzten Umfangs und Inhalts ihrer Urteile nicht dazu fähig ist, effektive politische Leitlinien für die Beseitigung der Luftverschmutzung zu entwickeln. Dieses Fachgebiet liegt außerhalb des Regelungsbereiches eines einzelnen privatrechtlichen Verfahrens. Es steht vielmehr in der unmittelbaren Verantwortung der Regierung und sollte daher nicht als Aufhänger für die Lösung eines Rechtsstreits zwischen Grundstückseigentümern und einem einzelnen Zementunternehmen gesehen werden [...].“[9]

5 An dieser Stelle können zahlreiche Beobachtungen gemacht werden. Der Richter schrieb dieses Urteil aus einer Position heraus, von der bis zu diesem Zeitpunkt erwartet wurde, einen Konflikt über Luftverschmutzung als privatrechtliches Problem zu lösen. Diesbezüglich merken Stephen Subrin und Margaret Woo an, dass „Amerikaner sich häufig dem zivilrechtlichen Gerichtsverfahren zuwenden, um soziale Probleme zu beheben; und diese auf der Geltendmachung von Rechten basierende Kultur wird von dem Gerichtsverfahren als solchem beeinflusst und beeinflusst dieses wiederum selbst.“[10] Allerdings erläutert der Richter in der *Boomer*-Entscheidung, dass Luftverschmutzung nicht hinreichend im Rahmen einer privatrechtlichen Verhandlung behandelt werden kann – vielmehr sollte sie durch öffentliches Recht und dessen Vollzug geregelt werden. Dabei sollte beachtet werden, dass bis zu diesem Zeitpunkt durchaus die Konfliktlösung durch zivilrechtliche Verfahren und nicht etwa die staatliche Regulierung der Normalzustand war.[11] Im Gegensatz dazu ist im deutschen Recht auffällig, dass man in nahezu jedem Lehrbuch über Umweltrecht in der Einleitung mindestens einen Satz findet, der sich beim Leser dafür beinahe entschuldigt, „dass es kein einheitlich geregeltes Umweltgesetzbuch gibt.“[12] Daraufhin erläutern die Autoren alle öffentlich-rechtlichen Vorschriften in Bezug auf

---

9 *Boomer v. Atlantic Cement Company*, 26 N.Y.2d 219, 223 (N.Y. 1970).

10 Stephen N. Subrin and Margaret Y.K. Woo, *Litigating in America: Civil Procedure in Context*. New York: Aspen Publishers. 2006, 7.

11 Wenn sich der Staat entscheidet zu handeln, geschieht dies oftmals als Reaktion auf schwerwiegendere Verstöße, und daher wird oftmals impliziert, dass die staatliche Reaktion eine entsprechende Härte demonstrieren muss. Dies erklärt auch die hohe Strafe, die die *US-EPA* im Verfahren gegen Volkswagen 2016 verhängt hat. Die deutschen Medien schienen zu glauben, dass die Strafe, die gegen Volkswagen als ausländischer Konzern verhängt wurde, das übliche Strafmaß deutlich überstieg. Diese Vermutung hätte wohl in einem kontinentaleuropäischen Rechtssystem, in dem Verwaltung und Planung stärker vorgeschaltet sind, Sinn ergeben, ging aber fehl in Bezug auf die US-Rechtskultur, die viel mehr auf die Gerichtsverhandlung in Reaktion auf einen Gesetzesverstoß gerichtet ist. Die letztendlich verhängte Strafe lag vielmehr im Rahmen der üblichen *EPA*-Klagen, wie *US-EPA and California Air Resources v. Volkswagen* Case No: MDL No. 2672 CRB (JSC) (2016) deutlich zeigt. Weiterhin wird an diesem Verfahren auch deutlich, dass die US-Rechtskultur von Individuen erwartet, potentielle Verstöße zu vermeiden bzw. zu beheben, bevor sich der Staat einmischt. So waren es im Fall der *EPA*-Klage gegen Volkswagen private Bürger, die zunächst in einer Sammelklage gegen Volkswagen vorgingen.

12 *Siehe z.B.* Michael Kloepfer, *Umweltrecht*. 3rd ed. München: Beck, 2004.

Kirk W. Junker

Luft-, Wasser- und andere Umweltverschmutzungen. Es bestehen also zahlreiche Gesetze, aber kein einheitliches Gesetzbuch. Was verlieren wir dadurch, dass es keine einheitliche Kodifikation der Vorschriften gibt? Es bedeutet offensichtlich weder, dass es keine Umweltgesetze gibt, noch, dass diejenigen Vorschriften, die es gibt, weniger Geltungsanspruch haben, bloß weil sie nicht in einem einheitlichen Gesetz geregelt sind. Es bedeutet ebenso wenig, dass der Staat die Gesetze nicht durchsetzt. Das nichtexistente Gesetzbuch ist kein rechtlich relevantes Kriterium, sondern eine kulturelle Grundannahme. Für solche bestehen auch Gegenbeispiele in Rechtsgebieten, die eher im Fokus stehen, als das Umweltrecht. In Deutschland beispielsweise hat die innerhalb der vertraglichen Beziehungen vorherrschende Privatautonomie unter anderem zur Konsequenz gehabt, dass viele Vertragstypen, die für den Geschäftsverkehr von zentraler Bedeutung sind, im schuldrechtlichen Teil des Bürgerlichen Gesetzbuches keine Erwähnung finden. Beispiele sind *Leasing-*, *Factoring-*, und *Franchise*verträge.[13]

Das US-Recht fasst nicht alle seine geschriebenen Gesetze in Gesetzbüchern zusammen, mit den nennenswerten Ausnahmen der **Mustervorschriften für die Berufsausübung** [*Model Rules of Professional Conduct*] oder das **Unternehmensgesetzbuch** (UGB) [*Uniform Commercial Code (UCC)*]. Selbst diese haben jedoch hauptsächlich eine Modellfunktion, da jeder Bundesstaat unterschiedliche Versionen des *UCC* durch seine eigenen Gesetze umgesetzt hat. Nichtsdestotrotz haben praktizierende Anwälte und normale Bürger gleichermaßen – sowohl in den USA als auch in Deutschland – die Erwartung, dass das Recht in einer solchen Weise organisiert sein sollte, dass es leicht zu finden und zu verstehen ist. In diesem Sinne entschuldigen sich deutsche Juristen dafür, dass es kein einheitliches Umweltgesetzbuch gibt, und US-Juristen beschweren sich darüber, dass sogar für Maßstäbe des *Common Law*, in dem die meisten Vorschriften gerade nicht in Gesetzbüchern zusammengefasst sind, das Umweltrecht besonders vielseitig ist und seine Normen und Prozessvorschriften über zahlreiche Gesetze, Richtlinien und Präzedenzentscheidungen verteilt sind. Doch nicht einmal alle diese beschäftigen sich *per se* mit Umweltrecht. Vielmehr wird dieses Netzwerk durch die Natur des US-Föderalismus, den ich als „horizontalen Föderalismus" bezeichne, um ihn vom deutschen „vertikalen" bzw. „integrierten Föderalismus" abzugrenzen, noch weiter verkompliziert.[14] Die Machtverhältnisse zwischen den fünfzig Bundesstaaten und dem Bund in den USA ist eher mit dem Verhältnis der EU zu ihren Mitgliedsstaaten als mit dem der Bundesrepublik Deutschland und ihren Ländern zu vergleichen. Diese Art des horizontalen Föderalismus wird auch **„kooperativer Föderalismus"** genannt und wird besonders im Umweltrecht zum Ausdruck gebracht.

---

13 Gerhard Robbers, *An Introduction to German Law*. 5th ed. Baden-Baden: Nomos, 2012, 162.
14 *Siehe* Kapitel 1.B.III.

Kirk W. Junker

7   Mit den oben erläuterten Erwägungen als Grundlage will ich in diesem Kapitel einige umweltrechtliche Themen vorstellen, um die Unterschiede zwischen dem US- und dem deutschen Recht herauszuarbeiten. Sie beanspruchen für sich keine Vollständigkeit. Die Reihenfolge der Themen soll für deutsche Jurist/innen Sinn ergeben, ebenso wie der Umfang, in dem die einzelnen Themen diskutiert werden. Natürlich sollte in dem Fall, dass ein Mandant in einen umweltrechtlichen Rechtsstreit in den USA gerät, ein ausgebildeter und fachkundiger US-Anwalt zu Rate gezogen werden.

Checkliste: Wie man einen **Anwalt für US-Umweltrecht** findet

Die acht regionalen Konsulate der Bundesrepublik und die deutsche Botschaft in Washington, DC stellen Listen von Anwaltskanzleien in den jeweiligen Regionen zur Verfügung (in einigen arbeiten deutschsprachige US-Anwälte oder sogar deutsche Rechtsanwälte). Diese Listen enthalten auch Informationen über die jeweiligen Fachgebiete der Kanzleien, insbesondere Umwelt- und Umweltstrafrecht. Dies ist jedenfalls ein guter Ausgangspunkt, um Anwälte in dem jeweiligen Gebiet ausfindig zu machen. Siehe http://www.germany.info/contentblob/3473886/Daten/6621529/Anwaltsliste_DD.pdf.

B. Die Probleme

8 Obwohl die Art und Weise der Anwendung jeweils unterschiedlich sein mögen, sind sich das US-Umweltrecht und das deutsche Umweltrecht gar nicht so unähnlich. Dies hat zwei einfache Gründe. Zunächst wird unsere Vorstellung, dass die Rechtslage sich ändern muss, von naturwissenschaftlichen Erkenntnissen beeinflusst, und diese Erkenntnisse sind weit weniger kulturspezifisch als die Sozialwissenschaften. Daher werden in beiden Ländern die rechtlichen Konsequenzen aus wissenschaftlichen Erkenntnissen vorbehaltlich entgegenstehender politischer Leitlinien relativ ähnlich gezogen. Zweitens sind sowohl Deutschland als auch die USA westliche Industrienationen. Nachhaltige Entwicklung, als konzeptuelle Grundannahme, auf der alle umweltrechtlichen Erwägungen im 21. Jahrhundert beruhen, muss auch Fragen der sozialen Gerechtigkeit und der Wirtschaft einbeziehen. Fügt man diese beiden Grundprinzipien zusammen, drängt sich angesichts der so hohen Ähnlichkeit im wirtschaftlichen und wissenschaftlichen Bereich die Frage nach den Ursachen für die Praxisunterschiede zwischen dem Umweltrecht in den USA und Deutschland nahezu auf. Für anwaltliche Praktiker ergibt sich die Antwort aus den Rechtskulturen selbst.

9   Angefangen bei so grundlegenden Unterschieden in der Rechtspraxis, wie der dezentralen Natur des **US-Föderalismus**, werden bereits die Eigenheiten der jeweiligen Rechtskultur in ihrer Anwendung erkennbar. Das Konzept des US-Föderalismus ist generell für Menschen von außerhalb der Vereinigten Staaten – einschließlich Juristen – schwer zu verstehen und nimmt im Zusammenhang mit Umweltrecht

Kirk W. Junker

noch komplexere Formen an. Darüber hinaus ist die Haltung der US-Kultur gegenüber dem Gesetz eine durch Individualismus und Unabhängigkeit vom Staat geprägte. Daraus resultiert die US-Umweltrechtspraxis, die im Gegensatz zum deutschen Umweltrecht weniger Wert auf klare Planung, Genehmigungsverfahren und Versicherungen legt, sondern eher auf **Konfliktlösung** und (Gerichts-)Verhandlungen aufbaut. Schließlich bestehen zusätzlich zu den Eigenheiten des Föderalismus und der kulturell verankerten Neigung zu Gerichtsverfahren auch einige technische Instrumente des US-Umweltrechts, die sich von den deutschen Regelungen unterscheiden, wie beispielsweise **zivilrechtliche Sanktionen** und die Möglichkeit für den Bürger ein Umweltgesetz auf direktem Wege durchzusetzen (auch als **Bürgerklage** bekannt) [*citizen suits*]. Dieser Besonderheiten sollten sich deutsche Anwälte bewusst sein, wenn sie mit US-Umweltrecht in Berührung kommen.

I. Unterschiede der gerichtlichen Zuständigkeit: Bund oder Bundesstaaten; Recht oder das Recht der Gerechtigkeit; Straf-, Zivil- oder Verwaltungsrecht?

Hinsichtlich der umweltrechtlichen Praxis in den Vereinigten Staaten wird man 10 unmittelbar mit den praktischen Auswirkungen des kooperativen Föderalismus konfrontiert. Die US-Verfassung enthält grundsätzlich nur einen begrenzten Kompetenzkatalog, der dem US-Kongress im Vergleich zu den Kompetenzen des Bundes in Deutschland eher wenig Hoheitsrechte zuschreibt, dafür aber den fünfzig Bundesstaaten viele Rechte und Pflichten überträgt. Kompetenzen, die das Konzept des Umweltrechts betreffen, waren natürlich nicht im ursprünglichen Verfassungstext enthalten, da dieses im 18. Jahrhundert noch kein Thema war. Gerade darin liegt das Problem, denn die US-Verfassung ist im Vergleich zu den Verfassungen anderer Staaten sehr schwer zu erweitern oder zu ändern. Somit stellte es eine große Schwierigkeit dar, umweltrechtliche Kompetenzen im Nachhinein auf den US-Kongress zu übertragen. Statt einer Verfassungserweiterung läuft die Tendenz eher auf eine weitere Auslegung des Verfassungstextes durch den *Supreme Court* hinaus, der nicht nur das höchste Gericht des nationalen Instanzenzugs ist, sondern auch das Verfassungsgericht der USA darstellt.[15] Seine Aufgabe ist es also, den recht kurzen, aber flexiblen Verfassungstext mit Blick auf neue Probleme auszulegen, sodass beispielsweise auch umweltrechtliche Probleme erfasst werden können. Wenn ein Rechtsgebiet nicht ausdrücklich im Kompetenzkatalog aufgezählt ist (**geschriebene Kompetenz des US-Kongresses** [*enumerated power*]), können die Gerichte trotzdem durch Auslegung einer der eher offen formulierten Vorschriften eine „**unge-**

---

15 Da die USA weder im Bereich des Bundes noch im Bereich der Einzelstaaten gesonderte Verfassungsgerichte hat, sind alle Gerichte – Bundes- und einzelstaatliche – fähig und ermächtigt die Bundesverfassung zu interpretieren und umzusetzen.

Kirk W. Junker

schriebene" Kompetenz des US-Kongresses (und somit ein den Bundesstaaten entzogenes Regelungsgebiet) feststellen.

11   Der *Supreme Court* hat also auf diesem Weg festgestellt, dass die US-Verfassung dem Bund und nicht etwa den Bundesstaaten die Regelungsbefugnis im Umweltrecht zuschreibt, um den Handel zwischen den Bundesstaaten, die Einziehung von Steuern und Ausgaben derselben, die Eingehung von internationalen Verträgen und die Regulierung öffentlicher Grundstücke zu regeln. Dennoch kann der US-Kongress nach der US-Verfassung auch Entscheidungskompetenzen an die Bundesstaaten delegieren, und dies ist im Bereich der Umwelt auch geschehen. Zunächst wird eine Entscheidungskompetenz in den USA im Bereich des Bundes an die **Bundesumweltbehörde**, die *US Environmental Protection Agency* (*EPA*), delegiert. Durch die *EPA* kann die Bundesregierung dann für einen Regelungsbereich (Luft, Wasser, Abfall, Bergbau etc.) nach dem anderen zusätzlich die Gesetzgebungs-, Einhaltungs- [*compliance*] und Vollzugskompetenzen an die Bundesstaaten übertragen. Nachdem dies für einen Regelungsbereich geschehen ist, haben die Bundesstaaten in diesem Bereich „Vorrang" [*primacy*].

12   In vielen Fällen haben die Bundesstaaten Durchsetzungsvorrang für umweltrechtliche Vorschriften, sogar für Bundesgesetze. In einer *EPA*-Untersuchung zur Anwendung der drei wichtigsten Umweltgesetze – dem **Immissionsschutzgesetz** [*Clean Air Act* (*CAA*)], dem **Wasserschutzgesetz** [*Clean Water Act* (*CWA*)] und dem **Abfallgesetz** [*Resource Conservation and Recovery Act* (*RCRA*)] – in den fünfzig Bundesstaaten hatte die *EPA* selbst nur in fünf von 150 möglichen Fällen **Anwendungsvorrang**.[16] (In diesem Kapitel werden diese drei Gesetze als Beispiele für Bundesumweltrecht herangezogen). In den restlichen 145 Fällen waren die Bundesstaaten die primären Akteure in der Einhaltung und im Vollzug dieser Gesetze. Woran liegt das? Die Antwort ist der kooperative Föderalismus – das Verhältnis der Bundesstaaten zum Bund.

Praxistipp

Im US-Umweltrecht ist der erste Schritt, unabhängig davon, ob es um Einhaltungs- oder Vollzugsmaßnahmen geht, die Feststellung, ob das zur Rede stehende Problem ein lokales, einzelstaatliches oder bundesrechtliches ist. Aufgrund der flexiblen Natur des kooperativen Föderalismus, unterscheidet sich die Antwort, ob ein bestimmter Bereich des Umweltrechts durch einen Bundesstaat oder den Bund geregelt wird, von Ort zu Ort und Bundesstaat zu Bundesstaat.

---

16 *Siehe US-EPA State Review Framework for Compliance and Enforcement Performance*, zu finden unter https://www.epa.gov/compliance/state-review-framework-compliance-and-enforcement-performance.

Kirk W. Junker

1. Bund oder Bundesstaaten? Kooperativer Föderalismus

Im Umweltrecht bedeutet das Prinzip des kooperativen Föderalismus, dass in der **13**
Praxis ein US-Bürger oder ein ausländischer Bürger bei umweltrechtlichen Problemen öfter mit der Regierung eines Bundesstaates zu tun haben wird und nicht mit
der Bundesregierung, obwohl die Auslegung der Verfassung des Bundes die Kompetenzen über das Umweltrecht dem Bund zugeordnet hat. Tatsächlich verfügt die
EPA nicht über ausreichend Personal, um alle verschmutzten Gebiete zu inspizieren
und die geltenden Rechtsvorschriften durchzusetzen. Stattdessen müssen die Bundesstaaten dies als **beauftragte Behörde** [*delegated authority*] mit den vorab ge-
nehmigten **Bundesstaatlichen Umsetzungsplänen** [*State Implementation Plans*
(*SIP*)] beispielsweise im Bereich der Luftverschmutzung übernehmen. Diese Pläne
werden der Bundesbehörde von den Bundesstaaten zur Genehmigung vorgelegt.

Während die *EPA* die Kompetenz hat, bundesrechtliche Verwaltungsvorschrif- **14**
ten zu erlassen, ihr vorgetragene bundesrechtliche Verwaltungsprobleme zu entscheiden und das Bundesrecht sowie die dazugehörigen Verordnungen umzusetzen,[17] gibt es in jedem Bundesstaat eine Verwaltungseinheit, die die gleiche Funktion innehat, wie beispielweise das **Bundesstaatliche Umweltamt** [*Department of
Environmental Protection*] in Pennsylvania.[18] Da für den US-Bürger in den häufigsten
Fällen der Bundesstaat der nächstliegende Ansprechpartner in Fragen des Vollzugs
und der Einhaltung umweltrechtlicher Vorschriften ist und gerade nicht der Bund,
soll es aus pragmatischen Gründen in diesem Kapitel um die bundesstaatlichen Aspekte dieses Rechtsgebiets gehen. Pennsylvania wird hier als Beispiel benutzt, aber
ähnliche Institutionen und Rechtsquellen lassen sich in allen anderen fünfzig Bundesstaaten finden. Aufgrund der Natur des kooperativen Föderalismus können Einhaltung und Vollzug allerdings auch dann durch den Bund erfolgen, wenn der Bürger möglicherweise zunächst mit den Behörden des Bundesstaates in Kontakt
kommt. Somit werden auch die Institutionen des Bundes, wie beispielsweise die *US-
EPA* und Rechtsquellen des Bundesrechts Erwähnung finden.

Bei jedem umweltrechtlichen Problem in den USA, bei dem ein deutscher An- **15**
walt zu Rate gezogen wird, sollte dieser sich stets über das Verhältnis des Bundes zu
den Bundesstaaten im Klaren sein, insbesondere im Hinblick auf den spezifischen
Bundesstaat, in dem das Problem auftritt. Da ich Pennsylvania als Beispielstaat
ausgewählt habe, sollte auch noch eine dritte Ebene vorgestellt werden. Denn ebenso, wie der US-Kongress umweltrechtliche Kompetenzen auf die Bundesstaaten
übertragen kann, können auch die Bundesstaaten ihrerseits Kompetenzen an die
ihnen nachgeordneten Verwaltungseinheiten delegieren. In Pennsylvania wurde
beispielsweise die bundesstaatliche Ermächtigung für Einhaltung und Vollzug im

---

17 *Siehe* https://www3.epa.gov/.
18 *Siehe* http://www.dep.pa.gov/Pages/default.aspx.

Bereich der Luftverschmutzung auf die **Landkreise** [*counties*] übertragen, in denen sich die beiden größten Städte – Pittsburgh[19] und Philadelphia – befinden.

Beispiel

Die Wirkungsweise des kooperativen Föderalismus lässt sich anschaulich anhand der Regelungen zur Luftverschmutzung beschreiben. Die Bundesstaaten können kraft der Ermächtigung durch die Bundesregierung gesetzgebend, gesetzesvollziehend und rechtsprechend in Fragen der Luftverschmutzung tätig werden, aber ausschließlich dann, wenn sie im Voraus einen *SIP* eingereicht haben und der *EPA* gegenüber nachgewiesen haben, dass dieser *SIP* pflichtgemäß umgesetzt wird.[20] In Titel 40, Teil 52 der **Sammlung für Bundesverordnungen** [*Code of Federal Regulations* (*CFR*)] führt die *EPA* diejenigen Vorschriften aus den *SIPs* an, die sie für die einzelnen Bundesstaaten genehmigt hat. Eine umfassende und vollständige Liste der bundesstaatlichen Umsetzungspläne, welche die Bundesstaaten gemäß des **Bundesimmissionsgesetzes** dem Bund vorlegen müssen, liegt aber nicht an einem Ort gebündelt vor. Wenn ein Bundesstaat einen *SIP* bei der *EPA* einreicht und diese ihn genehmigt hat, sind alle privaten Parteien zur Umsetzung der Bedingungen des Plans verpflichtet – insbesondere der dazugehörigen bundesstaatlichen Gesetze, Verordnungen und Verwaltungsvorschriften. Aus diesem Grund versuchen die Vertreter industrieller Interessen häufig, die Bundesstaaten dahingehend zu beeinflussen, dass sie den bundesstaatlichen Umsetzungsplan erweitern, um den industriellen Interessen gerecht zu werden.

---

16 Wenn die Bundesregierung mit der Umsetzung umweltrechtlicher Vorgaben durch einen Bundesstaat in einem bestimmten Gebiet, wie beispielsweise der Luftverschmutzung, nicht einverstanden ist, können die Bundesbehörden in Extremfällen die Genehmigung des *SIP* zurücknehmen, und somit die Bundeskompetenz für Einhaltung und Vollzug für die Luftverschmutzung wiederherstellen. In anderen Bereichen des Immissionsrechts werden keine *SIP* verwendet, aber stattdessen erlassen die Bundesstaaten ein Paket von Gesetzen und Verordnungen ohne einen solchen Plan. Wenn die Bundesregierung die Einhaltung übernimmt, ob durch die Entziehung der Genehmigung eines *SIP* oder die Ablehnung eines bundesstaatlichen Normenpakets beziehungsweise der Umsetzungskompetenz desselben (beide Fälle sind sehr selten), tut sie dies immer nur in einem einzelnen Regelungsbereich.

Beispiel

1978 legte die *US-EPA* fest, dass der Bundesstaat Tennessee nicht willens oder fähig war, den Kohlebergbau zu regulieren. Daher entzog die Behörde dem Staat die Genehmigung für das Einhaltungs- und Vollzugsprogramm auf dem Gebiet des Kohleabbaus. Für diesen Industriezweig bestand

---

19 Die Stadt Pittsburgh liegt beispielsweise im Landkreis Allegheny. Für eine Aufzählung der Kompetenzen dieses Landkreises *siehe* http://www.achd.net/regs.html.
20 Für eine Aufzählung der *SIPs siehe United States Environmental Protection Agency*, https://www3.epa.gov/airquality/urbanair/sipstatus/ (letzter Zugriff 29.4.2016).

Kirk W. Junker

kein *SIP*, sondern lediglich eine Reihe von Gesetzen und Verordnungen, die als noch strenger als das Bundesrecht galten. Im Ergebnis verlor Tennessee Zuschüsse aus dem Bundeshaushalt für die Durchführung der Einhaltungs- und Vollzugsprogramme und die *US-EPA* musste einschreiten und diese Maßnahmen im Tennessee Kohlebergbau ersatzweise vornehmen.

Man könnte denken, dass die Bundesregierung aus politischen oder öffentlich- **17** rechtlichen Gründen solche Maßnahmen zurückhaltend einsetzt, aber ebenso bestehen praktische verwaltungstechnische Gründe – die Bundesregierung hat nicht ausreichend Personal und Abteilungen in den jeweiligen Bundesstaaten, um alle **Bundesvorschriften** durchzusetzen. Der bedeutende Schritt, die Genehmigung der bundesstaatlichen Vollzugskompetenz zurückzunehmen, ist also eine Entscheidung, die weder die Bundesstaaten noch der Bund besonders begrüßen.

Wenn die *EPA* Gründe zur Annahme hat, dass ein bestimmter Bundesstaat die **18** Rechtsvorschriften nicht ausreichend erfüllt, kann sie auch einen zweiten Weg wählen, was weitaus häufiger vorkommt. Dieser besteht darin, dass sie sich lediglich auf einen einzelnen Emittenten statt auf ein grundsätzlich schwaches Befolgungs- und Vollzugssystem fokussiert. In diesen Konflikten kann die *EPA* ihre Kompetenz zum sog. „*Overfiling*", einer dem Selbsteintritt ähnlichen Handlung, nutzen. Beim *Overfiling* verhängt die *EPA* kraft ihrer Kompetenz zusätzliche Strafen, wenn sie eine härtere Strafe für gerechtfertigt hält, als die Behörden des Bundesstaates sie vollzogen haben. Es wäre so beispielsweise möglich, dass ein deutscher Konzern, der sich in den USA der Luftverschmutzungen schuldig macht, zunächst mit der Umweltbehörde des Bundesstaates, in dem die Immissionen stattfinden in Kontakt kommt. Zusätzlich könnte aber auch die *EPA* durch *Overfiling* einschreiten, wenn sie die Strafe der bundesstaatlichen Behörden nicht als strikt genug erachtet. Weitere Möglichkeiten, durch die ein Emittent dem Vollzug umweltrechtlicher Vorschriften sowohl seitens des Bundes als auch der Bundesstaaten unterfallen kann, bestehen in Fällen, in denen sich ein Immissionstatbestand auf mehrere Bundesstaaten erstreckt und die *EPA* so gewissermaßen harmonisierend in den Vollzug eingreift. Dasselbe gilt, wenn die Probleme einen Bezugspunkt außerhalb der USA haben, wie es im berüchtigten Verfahren gegen Volkswagen *US v. Volkswagen* (2016) erst kürzlich der Fall war.[21]

Aufgrund des Strebens nach Uniformität innerhalb des Bundesumweltregimes **19** sollte beachtet werden, dass einige Bundesstaaten umweltrechtliche Probleme haben, die in anderen nicht in einer vergleichbaren Form auftreten, wie beispielsweise

---

21 *US EPA and California Air Resources v. Volkswagen*, Case No: MDL No. 2672 CRB (JSC) (2016). Zu der Zeit, zu der dieses Kapitel verfasst wird, wurde der Streit teilweise durch ein sog. *Consent Decree*, ein Anerkenntnisurteil, beigelegt. Das Dokument ist verfügbar unter: https://www.justice.gov/sites/default/files/enrd/pages/attachments/2016/06/28/vw_partial_2l_cd_and_appendices_docketed.pdf.

Kirk W. Junker

in Bezug auf Umweltverschmutzung durch Mineralgewinnung. In solchen Situationen kann trotz der eigentlich bundesstaatlichen Kompetenz eine Bundesbehörde im Hinblick auf das Problem handeln, obwohl es lediglich in den betroffenen Bundesstaaten eigener bundesstaatlicher Regelungen beispielsweise bezüglich der Mineralgewinnung bedarf. Dennoch gibt es auch umweltrechtliche Vorschriften, die durch Bundesstaaten erlassen wurden, die Regelungsgebiete betreffen, für die kein entsprechendes Bundesrecht existiert.

Beispiel

Der US-Kongress hat das **Bundeskohlendirektversturzgesetz** [*Federal Surface Mining and Reclamation Act*], 20 USCA § 120 et seq. erlassen, und der **bundesstaatliche Gesetzgeber** [„*General Assembly*"] des Bundesstaates Pennsylvania, erließ wiederum das **Pennsylvania Kohlendirektversturzgesetz** [*Pennsylvania Surface Mining Conservation and Reclamation Act*], 52 P.S. §§ 1396.1–1396.31.

20   Außerdem haben einige Bundesstaaten Umweltgesetze erlassen, die sich auf den Geltungsbereich des Bundesrechts erstrecken. In jeder der dargestellten Situationen ist das bundesstaatliche Recht die einzige vollziehbare Rechtsquelle. Im Falle eines solchen Vollzugs sollte sich eine betroffene Partei darüber im Klaren sein, dass die Vollzugsbeamten sowohl den Behörden des Bundesstaates als auch den Bundesbehörden, möglicherweise sogar verschiedenen Bundesbehörden, unterstellt sein können. Auf Grundlage interner Regierungspolitik sowohl im einzelstaatlichem Bereich als auch im Bundesbereich kann in einigen Fällen der Justiziar der Umweltbehörde die Vollzugsmaßnahmen allein oder in Bundesfällen gemeinsam mit der Justizbehörde oder in bundesstaatlichen Fällen gemeinsam mit dem Generalstaatsanwalt durchführen.

2. Der Unterschied zwischen Recht [*Law*] und dem Recht der Gerechtigkeit [*Equity*]

21   In der englischen Rechtsgeschichte konnten zahlreiche Konflikte weder durch das formelle Rechtssystem gelöst werden, noch hatten der König oder seine Richter genug Zeit, um jeden Konflikt persönlich anzuhören. Aus diesen Gründen wurde das Amt des **Justizkanzlers** [*chancellor*] ins Leben gerufen. Dieser erhielt die Zuständigkeit für alle Streitigkeiten, die nicht in das **formelle, schriftsätzliche** [*writs*] Gerichtsverfahren passten und somit als Fälle des „*Equity*"- oder **Rechts der Gerechtigkeit** klassifiziert wurden. Diese Trennung zwischen der ordentlichen Gerichtsbarkeit und dem Recht der Gerechtigkeit wird noch heutzutage von den US-Gerichten in vielen Aspekten aufgegriffen.[22] Vom Verfassen der Schriftsätze über die

---

22 *Siehe* Kapitel 2.G.I.a.1

Kirk W. Junker

Zusammensetzung der Spruchkörper bis hin zu den Gerichtssälen wird zwischen „Recht und dem Recht der Gerechtigkeit" getrennt – dabei gleichen sich alle Aspekte, außer das befolgte Verfahren und die erwünschte Abhilfe. Viele Umweltgesetze, sowohl im Bundes- als auch im bundesstaatlichem Bereich verleihen den Regierungsbehörden die Kompetenz, Verfahren der Verursacher von Umweltschäden zu leiten oder sie einzustellen, ähnlich wie bei privaten, zivilrechtlichen Rechtsbehelfen des Rechts der Gerechtigkeit. In der Tat können die Behörden sogar ihre gesetzliche Autorität dazu nutzen, eine sogenannte **Zivilstrafe** [*civil penalty*] und nicht etwa ein **Bußgeld** zu fordern.

3. Zivil-, Verwaltungs- oder Strafverfahren? Kulturelle Unterscheidungen

Sogar im Recht der zivilen Strafen führen die Bundesstaaten das Recht mittels ihrer 22 Behörden aus und agieren somit nicht im Bereich des Rechts der Gerechtigkeit, sondern durch ihre Hoheitsgewalt, wenn sie gegenüber einem Emittenten eine Unterlassungsverfügung erlassen oder die Reinigung von verschmutzen Gewässern, Luftraum oder dem Boden anordnen.

Die Gesetze geben den Regierungsbehörden außerdem die Kompetenz, zivil- 23 oder strafrechtliche Verfahren einzuleiten. Das Konzept einer Zivilstrafe ist vom rechtstheoretischen Standpunkt her ziemlich seltsam. Im Englischen bedeutet „*civil*", wie auch „zivil" im Deutschen, dass etwas einen privaten Charakter hat. Eine Sanktion als „Strafe" zu bezeichnen impliziert allerdings, dass ihr Charakter strafrechtlich ist und damit dem Strafanspruch des Staates zufällt. Die Sanktion bleibt selbst in Vergleichsurteilen zwischen Staat und Bürgern eher „zivil" als strafrechtlich, weil der Emittent keine Tatsachen vorbringen oder widerlegen muss, die seinen Vorsatz begründen. Außerdem muss kein Verstoß gegen geltendes Recht begründet werden. Der Staat und der Emittent können sich vielmehr über die Tatsachen einigen und eine Zivilstrafe festlegen, die unabhängig von dem Vorliegen von Vorsatz oder einem Rechtsverstoß gezahlt werden muss. Diese Strafen sind jedoch nicht nur Ordnungswidrigkeiten – Zivilstrafen können beispielsweise unter dem Immissionsschutzgesetz, dem **Wasserschutzgesetz**, oder dem **Abfallgesetz** bis zu \$25.000 pro Tag pro Verstoß umfassen.

Beispiel

Wenn eine Stahlfabrik täglich an drei verschiedenen Stellen eines Flusses Flüssigabfälle in diesen leitet und damit gegen ihre Genehmigung oder die Vorschriften des Wasserschutzgesetzes verstößt, kann nach einem Monat bei einer auflaufenden Strafe von \$75.000 pro Tag eine Klage gegen die Verschmutzung durchaus eine Zivilstrafe von \$2.25 Millionen erreichen.

Kirk W. Junker

24 Die Behörden des Bundes oder der Bundesstaaten können aufgrund der gleichen Umweltgesetze über Luft, Wasser und Abfall auch **strafrechtliche Sanktionen** verhängen.[23] Die Kompetenz zur strafrechtlichen Verfolgung wird in den strafrechtlichen Gesetzen der Bundesregierung oder der Regierung der Bundesstaaten nicht separat angeführt. Wenn also strafrechtliche Sanktionen angeordnet werden, die entweder allein oder zusammen mit zivilrechtlichen Sanktionen geltend gemacht werden oder zusammen mit dem Schädiger durch den Bundesstaat oder das Gericht auferlegte zielgerichtete Handlungen zur Abhilfe, kann die Regierung nach internen Regelungen entweder dem Staatsanwalt des Bundes oder eines Einzelstaates oder dem umweltrechtlichen Zivilrechtsanwalt des Bundes oder eines Einzelstaates erlauben, strafrechtliche Anklage zu erheben. Sanktionen aus Umweltverbrechen können gegen natürliche und juristische Personen, wie etwa Unternehmen verhängt werden.

4. Wann können Bürger staatliche Kompetenzen übernehmen? Die Bürgerklage

25 Als das Umweltrecht in den USA schließlich entwickelt wurde, erkannte man, dass die Bürgerrechte trotz der Ermächtigung des Staates, als Treuhänder der Bürger das Umweltrecht auch klageweise durchzusetzen, beschnitten wurden. Um einerseits sicherzustellen, dass Bürger auch weiterhin am Prozesssystem teilnehmen konnten und um andererseits eine Kontrollinstanz für die staatliche Durchsetzung gesetzlich übertragener Kompetenzen zu etablieren, wurden viele umweltrechtliche Vorschriften sowohl im Bundesrecht[24] als auch im bundesstaatlichen Recht[25] erlassen, die zur sogenannten **Bürgerklage** [*citizen suit*] berechtigten. Der typische Mechanismus einer solchen Bürgerklage-Vorschrift erfordert zunächst, dass der geschädigte Bürger sich schriftlich an die zuständige Vollzugsbehörde wendet und darlegt, worin der entstandene Schaden besteht, wer dafür verantwortlich war und gegen welche Vorschrift verstoßen wurde. Wenn die Behörde darauf nicht reagiert, gehen die Durchsetzungskompetenzen wieder vom Staat zurück auf den Bürger über, der dann die bundesstaatliche Vorschrift durchsetzen kann.

---

23 Clean Air Act, 42 USC 7413(1) v.a.; Clean Water Act §309(c), 33 USC §1319(c), v.a.; und RCRA § 3008 (e), 42 USC §6928(e), v.a.

24 *Siehe* Federal Clean Water Act Section 505, 33 U.S.C. §1365; Clean Air Act §304, 42 USC §S.C. §7604; RCRA §7002, 42 USC §6972.

25 *Siehe* S. 601(e), Pennsylvania's Clean Streams Law, 35 P.S. §691.601(e), für ein Beispiel einer bundesstaatlichen Vorschrift.

Kirk W. Junker

Praxistipp

Die *US-EPA* betreibt eine Website, auf der sich Bürger über die Klagemöglichkeiten und deren Voraussetzungen informieren können. Die Seite heißt *Envirofacts*[26] und enthält Wissenswertes zu Personen, Orten und Einrichtungen für den Schutz vor schädlichen Umwelteinwirkungen. Außerdem stehen online Informationen über die bereits durchgeführten Einhaltungs- und Vollzugsmaßnahmen[27] sowie die *EPA*-Datenbank *STROET*[28] zur Verfügung. *STROET* enthält Daten zur Wasserqualität aus einer Vielzahl von Quellen, insbesondere der Bundesbehörden. Außerdem können Bürger Berichte über Abwasserzuführung [*Discharge Monitoring Reports* (*DMR*)] einsehen, die von jeder Einrichtung, die eine Genehmigung im Rahmen des Nationalen Systems zur Beseitigung von Verschmutzungen [*National Pollutant Discharge Elimination System* (*NPDES*)] hat, ausgefüllt werden muss. Anhand dieser Daten kann einfach festgestellt werden, welche Unternehmen die vorgegebenen Grenzwerte überschreiten. Wenn die Behörden nach einer gesetzlich geregelten Frist nicht handeln – meist zwischen dreißig und neunzig Tagen – kann der Bürger auf der Grundlage desselben Gesetzes, das normalerweise die Handlungskompetenz des Staates begründen würde, klagen.

Der Bürger kann auch statt sich gegen den Emittenten durchzusetzen, eine Klage **26** gegen die Bundesbehörde oder die Behörde des Bundesstaates im Wege einer Art von Verpflichtungsklage vorgehen. Diese Klagen bieten sich an, wenn die Legislative durch Gesetz eine Behörde dazu aufgefordert hat, neue Verordnungen in einem Bereich des Umweltschutzes zu veröffentlichen, die Behörde dies jedoch unterlassen hat.[29]

Durch eine Bürgerklage kann der Kläger allerdings keine eigenen Zahlungsansprüche **27** geltend machen, abgesehen von den Anwalts- und Verfahrenskosten. (Es sollte berücksichtigt werden, dass vorbehaltlich abweichender Vorschriften alle Parteien eines Rechtsstreits in den USA ihre eigenen Anwaltskosten tragen, unabhängig davon, wer den Rechtsstreit gewinnt. Siehe Kapitel 1.B.4 dieses Handbuchs zu weiteren Informationen über Anwaltskosten). Alle Zivilstrafen, die der Schädiger zahlen muss, fließen dem Staat zu. Als letzte Voraussetzung muss der behauptete Rechtsverstoß noch andauern – bereits in der Vergangenheit liegende Verstöße können nicht durch diese Klageart geltend gemacht werden.[30]

---

26 US EPA, Envirofacts, www.epa.gov/enviro.

27 US EPA Enforcement and Compliance History Online, www.epa-echo.gov.

28 US EPA Storage and Retrieval of Water-Related Data, www.epa.gov/storet/.

29 *Siehe beispielsweise* Clean Water Act, §505(d), 33 USC § 1365; *oder* Section 601(c), Pennsylvania Clean Streams Law, 35 Pa Stat § 691.601(c).

30 *Siehe Gwaltney v. Chesapeake Bay Foundation*, 484 US 49 (1987).

Kirk W. Junker

II. Schwerpunkt auf Gerichtsverfahren

28 Ein weiterer auch im Umweltrecht beachtenswerter Aspekt für Juristen aus dem zivilrechtlichen System ist der Schwerpunkt, der im US-Recht auf dem Gerichtsverfahren anstatt auf Planungs-, Genehmigungs- und Verwaltungsverfahren liegt. Der Vorzug, den das US-Recht Gerichtsverfahren einräumt, wird v. a. dann deutlich, wenn man die Lehrmethoden des Umweltrechts an den unterschiedlichen juristischen Fakultäten miteinander vergleicht. Es besteht ein Unterschied zwischen den im *Common Law* und den im kontinentaleuropäischen System vorherrschenden Denkweisen und noch eindeutiger zwischen dem Rechtsempfinden des *US-Common Law* und dem des deutschen kontinentaleuropäischen Systems. Historisch betrachtet war der englische Ansatz, der offensichtlich durch die Übernahme von *Common-Law*-Normen und Methodik ins US-Recht übertragen wurde, einer, der einen Schwerpunkt auf persönliche Freiheiten und ein von einer Politik des *laissez-faire* geprägten Bürgerverhaltens legt. Das *Common Law* in den USA erlaubt daher natürlichen und juristischen Personen, obwohl sie an die bundesstaatlichen sowie Bundesgesetze im Umweltrecht, Verordnungen und die Präzedenzrechtsprechung gebunden sind, sich im Verhältnis zur natürlichen Umwelt und allgemeinem Eigentum ganz frei nach ihrem Belieben zu verhalten, solange sie dabei kein Verbot innerhalb der Gesetze, Verordnungen oder Präzedenzrechtsprechung verletzen. An dem Punkt, an dem eine Person gegen eine anerkannte umweltrechtliche Vorschrift verstößt, klagt der Staat im Namen der Gesellschaft gegen den Emittenten. Natürlich gibt es Genehmigungsverfahren für Luftverschmutzung, Wasserverunreinigung, Mineralienabbau, Abfallentsorgung, Bauvorhaben etc., aber oftmals lenken diese Verfahren nur den staatlichen Anspruch, die zugrundeliegenden Rechtsvorschriften zu vollziehen auf ein vorgelagertes Genehmigungsverfahren um. Darüber hinaus fordern die USA, anders als Länder wie beispielsweise China, keine Genehmigung für jegliche Art der Umwelteinwirkung. Die Folge dieser sozio-psychologischen Haltung gegenüber dem Recht ist, dass Umweltrecht schwerpunktmäßig in Form der gerichtlichen Streitbeilegung unterrichtet und praktiziert wird, so wie die meisten anderen Rechtsgebiete auch.

29 Im Vergleich dazu findet sich im deutschen universitären Curriculum das Umweltrecht nicht im gerichtlichen Zusammenhang, sondern in der Regel als Teilgebiet des Bauplanungs-, Bauordnungs- oder allgemeinen Verwaltungsrechts. In den USA werden infolge der Verfahrensorientiertheit des Umweltrechts weit mehr Juristen im Staatsdienst benötigt, um Konflikte zu lösen. Diese Anwälte unterstehen unmittelbar dem Staat während in Deutschland einige gemeindliche Verwaltungseinheiten, wie z. B. Städte, oftmals nur einen auf Umweltrecht spezialisierten Anwalt beschäftigen und dieser eher Rechtsfragen analysiert oder politische und planerische Leitlinien entwickelt. Wenn in Deutschland eine gemeindliche Verwaltungseinheit gerichtliche Schritte vornimmt, wird im Falle eines Rechtsstreits viel eher eine private außenstehende Rechtsberatung herangezogen, um die Arbeit zu erledigen. Kurz gesagt gilt, dass das Umweltrecht in den USA hauptsächlich mit Blick auf Konfliktlösung gelehrt

Kirk W. Junker

wird und durch die eigenen Prozessanwälte im unmittelbaren staatlichen Vollzug betrieben wird, während in Deutschland das Umweltrecht als Teil des Verwaltungsrechts gelehrt und auch so praktiziert wird – im Falle einer Gerichtsverhandlung greift der deutsche Staat im Zweifel auf rechtliche Unterstützung von außen zurück.

C. Rechtsquellen

Diesen Abschnitt sollte ich möglicherweise damit beginnen, im Sinne der in Deutsch- 30
land üblichen Unterscheidung, die Rechtsquellen in solche des öffentlichen Rechts, Zivil- und Strafrechts aufzuteilen. In der Welt des US-Umweltrechts arbeitet man hingegen hauptsächlich im öffentlich-rechtlichen Bereich. In der Tat stehen sich in den meisten umweltrechtlichen Streitigkeiten in den USA meist eine private Partei und die bundesstaatliche Umweltbehörde gegenüber. Hier ähnelt die US-Praxis in der Tat der deutschen, in der das Umweltrecht als Unterkategorie des Verwaltungsrechts behandelt wird.[31] Wie das Gericht in der *Boomer*-Entscheidung von 1970 festgestellt hat (siehe oben), hat der Gesetzgeber nicht nur das Umweltrecht als separates Rechtsgebiet geschaffen, sondern auch die Rolle des Interessenvertreters des Volkes wahrgenommen, indem der Staat primär zum Vollzug des Umweltrechts berechtigt ist. Nach denselben öffentlich-rechtlichen Gesetzen können, wie oben erläutert, auch Bürger gegen Emittenten klagen.

I. Verfassungsrecht

Wie oben erläutert, erwähnt die US-Verfassung den Begriff „Umwelt" nicht aus- 31
drücklich, aber der *Supreme Court* hat entschieden, dass die Gesetzgebungskompetenzen sowie die Vollzugsgewalt von der verfassungsrechtlichen Bundeskompetenz zur Regelung des Handels und weiteren Artikeln umfasst sind. Darüber hinaus entsprechen die Rechtsquellen des Umweltrechts in den USA weitgehend den deutschen insofern, als dass die meisten Regelungen klar nach den Kategorien der Verunreinigung der Luft, des Wassers und des Bodens organisiert sind. In den USA besteht natürlich darüber hinaus Präzedenzrechtsprechung, die alle anderen Rechtsquellen – sowohl im Bereich der Einzelstaaten als auch im Bereich des Bundes – auslegt.

Im Vergleich zur Verfassung der USA können die rechtlich unabhängigen und 32
souveränen Bundesstaaten ihre Verfassungen einfacher ändern und ergänzen. Obwohl die Verfassung des Staates Pennsylvania beispielsweise älter als die US-

---

31 In vielen deutschen Bundesländern wird im ersten juristischen Staatsexamen häufig Umweltrecht abgefragt.

Kirk W. Junker

Verfassung ist, wurde in erstere 1971 durch eine Verfassungsergänzung der Schutz der Umwelt einbezogen, sodass seitdem die Bürger des Staates Pennsylvania „ein Recht auf saubere Luft, reines Wasser und auf die Erhaltung der natürlichen landschaftlichen, historischen und ästhetischen Werte der Umwelt haben. Die öffentlichen natürlichen Ressourcen des Staates Pennsylvania stehen im Eigentum aller Bürger, insbesondere der zukünftigen Generationen. Als Treuhänder dieser Ressourcen soll das Gemeinwesen sie erhalten und zum Wohle des Volkes bewahren."[32] Die Gerichte des Staates Pennsylvania haben festgestellt, dass diese Norm „selbstvollziehend" ist und haben sie damit, um eine europarechtliche Terminologie zu benutzen, **unmittelbar anwendbar** [*direct effect*] gemacht.[33] Diese Vorschrift der Verfassung von Pennsylvania zählt nicht nur die klassischen umweltrechtlichen Schutzgüter Luft und Wasser auf, sondern umfasst außerdem **„landschaftliche, historische und ästhetische Rechte".** Außerdem verdeutlicht sie, dass der Staat als **Treuhänder** dieser Schutzgüter verpflichtet ist und die Umwelt im Eigentum aller Bürger, insbesondere der **zukünftigen Generationen** steht und damit **Gemeinschaftseigentum** ist.

II. Gesetze

33 In der Praxis hat die Festlegung des Obersten Gerichtshofs, die US-Verfassung impliziere eine umweltrechtliche Rechtssetzungskompetenz des US-Kongresses, dazu geführt, dass dieser in den meisten Gebieten, die im weitesten Sinne mit „Umwelt" zu tun haben, Regelungen getroffen hat. Um dieses Kapitel knapp und hilfreich zu gestalten, konzentriert es sich auf drei der wichtigsten umweltrechtlichen US-Bundesgesetze – das **Immissionsschutzgesetz**, das **Wasserschutzgesetz**, und das **Abfallgesetz** sowie die entsprechenden Ausführungs- und Umsetzungsgesetze des Staates Pennsylvania, nämlich den *Pennsylvania Air Pollution Control Act*, das *Pennsylvania Clean Streams Law* und den *Pennsylvania Solid Waste Resource Recovery Development Act*. Der US-Kongress hat die meisten Kompetenzen zum Beschluss von Verwaltungsvorschriften, dem Vollzug der Gesetze und Vorschriften sowie zur Durchführung von Verwaltungsverfahren auf der Grundlage des geltenden Rechts der *US-EPA* übertragen. Wie in Deutschland enthalten Umweltgesetze auch in den USA diejenigen Parteien, die für Umweltschäden haftbar gemacht werden können, die Parteien, die im Fall einer Rechtsverletzung klageberechtigt sind, die potentiellen verwaltungs- und strafrechtlichen Sanktionen sowie die Ermächtigung zur Delegation von Verwaltungsaufgaben.

---

32 Pennsylvania Constitution, Article. I, §27.
33 *Commonwealth v. National Gettysburg Battlefield Tower, Inc.*, 454 Pa. 193 (1973).

Kirk W. Junker

Schließlich werden die Grenzen des Bereiches, innerhalb dessen die *EPA* rege- 34
lungsbefugt ist, durch die vom US-Kongress erlassenen Gesetze festgelegt – wie beispielsweise im Immissionsschutzgesetz, dem Wasserschutzgesetz oder dem Abfallgesetz. Alle Bundesgesetze sind im **United States Code** (*USC*) zu finden. Dabei sollte
der Begriff „Code" allerdings nicht im Sinne eines thematisch unterscheidbaren
„Gesetzbuchs" falsch verstanden werden.[34] Der *kommentierte United States Code*
enthält alle US-Gesetze aus allen Rechtsgebieten des Bundesrechts. Die Bände sind
in der Regel nach Themen sortiert, aber nicht so streng abgegrenzt, wie es bei einem
„Gesetzbuch" der Fall ist. Anders als bei in der deutschen Rechtspraxis bekannten
unabhängigen Kommentarbüchern, bedeutet in den USA „**kommentiert**" [*annota-
ted*], dass hinter jedem Abschnitt eines Gesetzes einerseits eine Liste von Präzedenzfällen aufgeführt ist, die diese Vorschrift auslegen, und außerdem die Entstehungsgeschichte der Norm kurz dargestellt wird, um eine historische Auslegung zu
ermöglichen. Die Lektüre dieser Kommentare stellt den Anfang jeder juristischen
Auseinandersetzung mit einem bestimmten Gesetz für praktizierende Anwälte dar,
um zu erfahren, wie die Gerichte dieses tatsächlich interpretiert haben. Die darin
angeführten Fälle sollten in einer Klageschrift dann auch in der gleichen Reihenfolge aufgeführt werden, um zu verdeutlichen, dass alle relevanten Informationen einbezogen wurden. Wenn die gefundenen Informationen nicht ausreichen, um ein
Hintergrundverständnis der Auslegung der in Frage stehenden Rechtsvorschriften
zu erlangen, sollte man sich den **US Code Congressional and Administrative News**
zuwenden, um die ursprünglichen Gesetzesentwürfe zu lesen. Abschließend kann
auch der *Congressional Record* hilfreich sein, um die Protokolle der Diskussionen
im Senat oder dem **Abgeordnetenhaus** [*House of Representatives*] zu lesen. So lassen sich die einzelnen Argumente der Debatten über eine Gesetzesänderung oder
Neuregelung im Einzelnen nachvollziehen. Die gesetzliche Grundlage der *Congressional Records* ist Kapitel 9, Titel 44 USC. Diese Protokolle ähneln den **Bundes-
tagsdrucksachen** in Deutschland.

Praxistipp

Ebenso wie in Deutschland rechtliche Dokumente online verfügbar sind, wie etwa bei **Beck-Online**,
gibt es auch in den USA juristische Datenbanken, wie beispielsweise **Westlaw**, **HeinOnline** und
Lexis. Da allerdings die meisten primären Rechtsquellen, ebenso wie die Gesetzgebungsgeschichte
und die Bundesregistereinträge öffentliche Dokumente sind, kann man online auch kostenfrei auf
die **Webseite der Bundesdruckerei** [*US Government Printing Office*] unter www.gpoaccess.gov zurückgreifen.

---

34 Vergleiche, Kapitel 1.B.I.a.

Kirk W. Junker

III. Rechtsverordnungen

35 Trotz des Schwerpunkts, den das US-Umweltrecht auf Gerichtsverfahren legt, sollte ein Umweltjurist, der sich mit US-Recht auseinandersetzt, auch wenn er aus dem Ausland kommt, ein Auge auf die online veröffentlichten Rechtsverordnungen des Bundes und der Bundesstaaten haben. Die Umweltrechtsverordnung, die im Bundesrecht am häufigsten herangezogen wird, ist die **Sammlung für Bundesverordnungen** [*Code of Federal Regulations (CFR)*], die in elektronischer Form unter http://www.ecfr.gov/cgi-bin/ECFR?page=browse verfügbar ist. Alle Verordnungen der *EPA* sind in Titel 40, Kapitel I der *CFR* aufgeführt. Das **Verwaltungsverfahrensgesetz** [*Administrative Procedure Act (APA)*], ein Bundesgesetz, sieht vor, dass eine Behörde wie die *EPA* beim Erlass einer Verordnung zwei Dokumente im **Bundesregister** [*Federal Register*] veröffentlichen muss.[35] Dieses Verzeichnis ist das täglich aktualisierte Informationsmedium der US-Regierung, und unter https://www.federalregister.gov/ zu finden. Es enthält auch Rechtsvorschriften, Gesetzesvorschläge und viele andere Dokumente.

36 Zunächst muss die *EPA* (oder eine andere Bundesbehörde, die eine Verordnung vorschlägt), den Text des Verordnungsentwurfes veröffentlichen. Andere Bundesbehörden, die außer der *EPA* umweltrechtlich relevante Vorschriften erlassen können, sind der **Fisch- und Wildtierdienst des Bundes** [*US Fish and Wildlife Service*], das **Innenministerium** [*Department of the Interior*] und auch das **Ingenieurcorps der amerikanischen Armee** [*US Army Corps of Engineers*]. Wichtiger ist aber für deutsche Juristen zu wissen, dass die meisten Bereiche zur Einhaltung der Umweltvorschriften an die Regierungen der Bundesstaaten delegiert sind und nicht im Regelungsbereich des Bundes liegen.[36]

37 Durch das **Bundesregister** (oder sein Äquivalent im Bereich der Einzelstaaten) können Anwälte im Umweltrecht überall auf der Welt auf dem Laufenden darüber bleiben, ob auf ihre Mandanten in den USA neue Pflichten oder Haftungsvorschriften zukommen. Nachdem der Änderungsvorschlag publiziert wurde, hat die Öffentlichkeit sechzig Tage, um schriftlich dazu Stellung zu nehmen. Die Öffentlichkeit umfasst häufig Umweltorganisationen, *NGOs*, Industrien, Gewerkschaften, Branchenverbände und Bürgerinitiativen. Seltener befassen sich einzelne Bürger mit der zeitaufwändigen und komplizierten Aufgabe, die Gesetzesentwürfe im Einzelnen zu lesen und zu kommentieren. Darüber hinaus können üblicherweise ohnehin ledig-

---

35 Administrative Procedure Act, 5 U.S.C. §553 (2006).

36 Das Wort "*Government*" im US-Sprachgebrauch hat nicht die gleiche Bedeutung wie „Regierung" im Deutschen, und selbst nicht wie "*Government*" im Vereinigten Königreich. In den USA wird normalerweise der Bund "*US Government*" genannt, um ihn von den fünfzig souveränen „Staaten" abzugrenzen. Der Begriff umfasst alle Teile der Bundesverwaltung, nicht nur, wie beispielsweise in England, die regierenden politischen Parteien.

lich die betroffenen Industrievertreter oder organisierte Bürgerinitiativen den Regulationsprozess überblicken und Kommentare dazu abgeben, die tatsächlich die Haltung des Gesetzgebers beeinflussen können, sodass schließlich der Entwurf geändert wird. Die Möglichkeit, neue Verordnungsentwürfe zu kommentieren, ist ein außerordentlich wichtiges rechtliches Instrument.

Zweitens muss die *US-EPA* (oder jede andere Behörde, die einen Gesetzesentwurf vorlegt), die schließlich verabschiedete Version im Bundesregister veröffentlichen und dabei schriftlich auf die erhaltenen Stellungnahmen aus dem Konsultationsprozess eingehen. Die *EPA*-Verordnungen allein umfassen mehr als fünfundzwanzig Bücher, die in Band 40 *CFR* zu finden sind. Wenn die verabschiedeten Vorschriften keine deutliche Antwort auf eine umweltrechtliche Fragestellung geben, muss der Anwalt erneut das Bundesregister zu Rate ziehen, um die Erläuterungen zu den öffentlichen Kommentaren zu untersuchen. **38**

All das, was vorstehend zum Verfahren auf Bundesebene erklärt wurde, gilt ebenso für die einzelnen Bundesstaaten. In Pennsylvania beispielsweise findet man 246 Kapitel von Verordnungen im **Pennsylvania Code**. Umweltrechtliche Vorschriften finden sich in Titel 25.[37] Das regelmäßig veröffentlichte Äquivalent des Bundesregisters, in dem man Ankündigungen von Gesetzesentwürfen, Zustimmungserklärungen zu Vergleichen und sonstige Verwaltungshandlungen in Pennsylvania finden kann, ist das **Pennsylvania Bulletin**.[38] **39**

IV. Bindende Rechtsprechung

Anders als das Vorabentscheidungsverfahren nach Art. 267 des Vertrages über die Arbeitsweise der Europäischen Union (AEUV), besteht im US-Gerichtssystem kein vergleichbares Instrument um eine gutachterliche Stellungnahme eines anderen Gerichts zu bekommen. Tatsächlich ist das genaue Gegenteil der Fall. Artikel III der US-Verfassung sieht vor, dass ausschließlich tatsächliche Fälle oder Rechtsstreitigkeiten vor den US-Gerichten zugelassen sind. Der Oberste Gerichtshof, der sowohl als höchstes Revisionsgericht als auch als Verfassungsgericht eine Doppelfunktion erfüllt, hat Artikel III dahingehend interpretiert, dass ein Kläger *locus standi*, also eine **Klagebefugnis** [*standing*], haben muss, um eine Klage vorzubringen. Für umweltrechtliche Klagen hat der Oberste Gerichtshof daher einen dreistufigen „Test" für das Vorliegen der Klagebefugnis entwickelt. Zunächst muss der Kläger einen **tatsächlichen Schaden** erlitten haben, d.h. es muss ein Eingriff in eines seiner Rechtsgüter erfolgt sein, der (a) konkret und bestimmbar ist, und (b) tatsächlich und nicht nur hypothetisch ist. Zweitens, wie generell im Deliktsrecht, muss eine Verlet- **40**

---

37 *Siehe* http://www.pacode.com/secure/data/025/025toc.html.
38 *Siehe* http://www.pabulletin.com/index.asp.

zungshandlung vorliegen, die auf das beanstandete Verhalten des Beklagten zurückzuführen ist. Drittens muss es wahrscheinlich sein, dass ein klägergünstiges Urteil des Gerichts zur Behebung des Schadens geeignet ist.[39] Für die Leser dieses Buches dürfte es von Interesse sein, dass in dem Fall, in dem dieser Test entwickelt wurde, die Kläger erfolglos geltend gemacht hatten, dass sie durch die Schädigung gefährdeter Arten im Ausland selbst einen Schaden erlitten, obwohl sie keinerlei Beweise dafür vorlegen konnten, dass sie planten sich in diesem Land aufzuhalten.

41   Obwohl der praktische Nutzen von **gutachterlichen Stellungnahmen** [*advisory opinions*] der Gerichte vorstellbar ist, verstoßen sie gegen den Grundgedanken des *Common Laws*, dass für jedes Unrecht eine Abhilfe besteht, aber nur wenn und soweit auch tatsächlich ein Unrecht vorliegt. Eine Ausnahme von diesem Grundgedanken besteht im Verwaltungsrecht, in dem Parteien sich an die *EPA* wenden können, um die Rechtsansicht der Behörde zu einer geplanten Handlung einer bestimmten Partei zu erfragen. Die *EPA* und andere Verwaltungsbehörden veröffentlichen **Richtlinien** und **Leitfäden**, die in einer gewissen Hinsicht gutachterliche Stellungnahmen der Gerichte entbehrlich machen. Wie die meisten derartigen Stellungnahmen sind auch diese Richtlinien nicht bindend, der Prozess zwingt aber die *EPA* dazu, den konkreten Anwendungsbereich der Gesetze in Bezug auf die vorliegenden Tatsachen zu bestimmen. Bei anschließender Nichtbefolgung der eigenen Leitlinien, würde die *EPA* ihre eigene politische Glaubwürdigkeit untergraben.

Checkliste – Auffinden behördlicher Leitlinien[40]

Die *US-EPA* veröffentlicht eine allgemeine Sammlung von bundesrechtlichen Leitlinien, die nach Themengebieten oder geographischen Regionen geordnet werden unter *EPA Significant Guidance Documents*, http://www.epa.gov/lawsregs/guidance/index.html.
    Zusätzlich publiziert die Behörde spezielle Sammlungen von Richtlinien, wobei jede Webseite einem bestimmten Themengebiet zugeordnet ist:

Im Bereich bundesrechtlicher Luftschutz:
New Source Review Policy and Guidance Database, http://www.epa.gov/region3/air/nsr/nsrpg.htm
EPA Office of Air and Radiation Policy and Guidance Information, http://www.epa.gov/ttn/oarpg/

Im Bereich bundesrechtlicher Wasserschutz:
Office of Water Laws, Policy, Guidance and Legislation, http://www.epa.gov/OW/laws.html

---

39 Siehe *Lujan v. Defenders of Wildlife*, 505 U.S. 555, 560–61 (1992).
40 Siehe Dittakavi Rao, *A Short and Quick Guide to No-Cost and/or Low-Cost Legal Research Using the Internet*, Duquesne University Center for Legal Information / Allegheny County Law Library (2015).

Kirk W. Junker

Im Bereich bundesrechtlicher Schutz vor Abfall:

Superfund Policies and Guidance, http://www.epa.gov/superfund/policy/guidance.htm

RCRA Online, http://www.epa.gov/epawaste/inforesources/online/index.htm

In den einzelnen Bundesstaaten:

Eine Auflistung der bundesstaatlichen Gesetze ist auf der Internetseite der Law Librarian's Society of Washington DC verfügbar: www.lsdc.org.

Die Pennsylvania Technical Guidance Documents für umweltrechtliche Fragen sind verfügbar unter http://www.elibrary.dep.state.pa.us/dsweb/View/Collection-10327.

Die Administrative Codes and Registers umfassen Links zu den Verwaltungsgesetzen der einzelnen Bundesstaaten, amtliche Bekanntmachungen, Handbücher etc., verfügbar unter http://www.administrativerules.org. Beispielsweise ist die Independent Regulatory Review Commission for Pennsylvania unter http://irrc.state.pa.us auffindbar.

Der Gouverneur jedes Bundesstaates ist das Oberhaupt der Exekutive, ebenso wie auch der US-Präsident das Oberhaupt der Bundesexekutive ist. Die Verwaltungsvorschriften des Gouverneurs von Pennsylvania können beispielsweise unter http://www.portal.state.pa.us/portal/server.pt/community/executive_orders/708 eingesehen werden.

Checkliste

Die Bundesbehörden betreiben Telefonhotlines, bei denen man Antworten auf spezifische Fragen erhält, ohne den Namen seines Mandanten angeben zu müssen. Die Antworten sind hilfreich, aber rechtlich nicht bindend.

Luft:

Acid Rain Hotline +1 202 343 9620

Wasser:

Safe Drinking Water Hotline +1 800 426 4791

Wetlands Help Hotline +1 832 7828

Abfall:

Toxic Substances Control Act (TSCA) Hotline +1 202 554 1404

RCRA, Superfund and Emergency Planning and Community Right-to-Know Act (EPCRA), +1 800 424 9346

Im Bundesstaat Pennsylvania sind beispielsweise die folgenden Telefonhotlines verfügbar:

Luft:

Radon Hotline +1 800-237-2366.

Wasser:

Safe Drinking Water Hotline +1 800-426-4791.

Abfall:

Recycling Hotline +1-800-346-4242.

Kirk W. Junker

V. Genehmigungen

42 Genehmigungen [*permits*] sind natürlich *per se* keine Rechtsquelle, aber sie stellen die Grundlage für derart viele umweltrechtliche Gerichtsverfahren dar, dass sie hier erwähnt werden müssen. Obwohl die Wissenschaft des Umweltrechts bei der verfassungsrechtlichen Ermächtigung beginnt, auf welcher die Gesetzgebung und Delegation von Kompetenzen beruht, die wiederum zu Verordnungen und Genehmigungen führen, nähern sich die Bürger und ihre Anwälte dieser Hierarchie üblicherweise von unten her an. Wie im nachfolgenden Abschnitt über die „Einhaltung" deutlich werden wird, muss ein betroffener Bürger regelmäßig zuerst herausfinden, ob eine Handlung in einem bestimmten umweltrechtlich relevanten Gebiet, beispielsweise die Ableitung von Abwasser, eine Genehmigung voraussetzt. Wenn dies der Fall ist, muss der Bürger die Anforderungen der Genehmigung erfüllen, wenn sein Antrag auf Genehmigung von staatlichen Institutionen bewilligt wird. Aber selbst wenn keine Genehmigung erforderlich ist, finden sich die technischen Anforderungen meist in der Verordnung und nicht im Gesetz selbst. Kurz gefasst mag ein Wissenschaftler von der Verfassung ausgehend die Gesetze und daraufhin die Verordnungen diskutieren, wenn er sich mit den Rechtsquellen befasst, während ein Praktiker zunächst mit der Genehmigung, dann mit der Verordnung und schließlich dem Ermächtigungsgesetz zu tun hat. Nur in seltenen Fällen wird er in seiner Arbeit mit der Verfassung in Berührung kommen. Die Genehmigung stellt daher tatsächlich eine Art Brücke zwischen den oben vorgestellten Rechtsquellen und den folgenden Erörterungen über Einhaltung und Vollzug dar.

D. Einhaltungs- und Vollzugsinstrumente des Staates

43 „**Einhaltung**" [*compliance*] und „**Vollzug**" [*enforcement*] werden oft im selben Atemzug genannt und stellen in der Tat zwei Seiten einer Münze dar. Dennoch gibt es wichtige Unterschiede. Typischerweise ist mit „Einhaltung" gemeint, dass eine natürliche oder juristische Person sich ihrer Pflichten nach dem Gesetz bewusst ist und sich rechtmäßig verhält, während das Wort „Vollzug" impliziert, dass der Staat eine Person zum rechtmäßigen Verhalten zwingen muss, wenn diese sich weigert, gesetzeskonform zu handeln. Der Vollzug kann zivilrechtlich, öffentlich-rechtlich oder strafrechtlich erfolgen. Überall auf der Welt nehmen Anwälte die doppelte Aufgabe wahr, einerseits ihren Mandanten zunächst dabei zu helfen, sich rechtmäßig zu verhalten, indem sie ihnen die gesetzlichen Vorschriften erläutern oder Genehmigungsanträge stellen, und andererseits im Konfliktfall beratend tätig zu werden. Die Erörterung könnte sowohl mit Einhaltung als auch mit Vollzug beginnen, je nachdem, wo man die Prioritäten setzt. Da die Priorität in diesem Buch auf der Anwendung aus der Perspektive eines deutschen Praktikers liegt, wird zunächst die Einhaltung behandelt. Die Rechtsberatung im Bereich der Einhaltung ähnelt eher dem Bauordnungs-

und Bauplanungsrecht. Es ist also wahrscheinlicher, dass die Leser dieses Buches ihren US-Mandanten dabei helfen werden, sich rechtskonform zu verhalten, als aufseiten des Staates im Vollzug der Umweltgesetze tätig zu werden.

I. Einhaltung

Im Bereich umweltrechtlicher Probleme kann Einhaltung durchaus erfordern, dass 44 ein Jurist das technische Fachwissen eines Ingenieurs, Chemikers, oder anderer Naturwissenschaftler heranziehen muss, damit er dem Mandanten verlässlich die Voraussetzungen rechtmäßigen Verhaltens nahebringen kann. Ein Phänomen, das zu diesem Zweck eingeführt wurde, ist die **Umweltverträglichkeitsprüfung** [*Environmental Impact Assessment (EIA)*], welche in den Vereinigten Staaten als ***Environmental Impact Statement* (EIS)** bezeichnet wird. Obwohl die USA das Vorsorgeprinzip nicht in der gleichen Form wie Deutschland rechtlich verankert haben, stellt das *EIS* dieses Prinzip in der Praxis dar. Die große rechtliche Einschränkung des *EIS* ist, dass die US-Behörden diese Voraussetzung ausschließlich sich selbst und ihren Vertragspartnern durch das **Bundesumweltgrundsatzgesetz** [*National Environmental Policy Act (NEPA)*] auferlegt haben – private Rechtspersönlichkeiten müssen kein *EIS* vorlegen. Der zugrundeliegende Gedanke ist natürlich, dass ein *EIS* oder *EIA* die Umwelt insofern schützt, als dass es eine Person dazu zwingt, sich alle umweltrelevanten Auswirkungen der Handlung vor ihrer Durchführung bewusst zu machen. Darum besteht die Annahme, dass eine Person, wenn sie kein *EIS* oder *EIA* eingereicht hätte, die Auswirkungen des infrage stehenden Prozesses oder Projektes nicht erkannt hätte, sei es der Bau einer Fabrikationsstätte oder die Erweiterung eines Energieerzeugungsbetriebs.

Zusätzlich zu der Theorie, dass die Umwelt besser geschützt wäre, wenn alle po- 45 tentiellen Betreiber zunächst nachweisen müssten, dass die Durchführung ihrer Projekte rechtmäßig ist und die Umwelt nicht über den zulässigen Rahmen hinaus belastet, hat die Forderung eines *EIA* vor der Durchführung eines Projektes noch mindestens zwei weitere rechtliche Vorteile. Zunächst ist ein wesentlicher Vorteil des Vorsorgeprinzips und des *EIA*s, dass es die Beweislast von staatlichen Institutionen hinsichtlich des Vorliegens eines Rechtsverstoßes auf die Person selbst verlagert, die nunmehr beweisen muss, dass das von ihr geplante Verfahren oder Projekt die Umwelt nicht verschmutzen wird. Das ist zwar größtenteils eine Frage der Beweisführung, aber dies ist im US-Rechtssystem, das auf dem Beibringungsgrundsatz beruht, eine sehr wichtige Unterscheidung für die Parteien. Zweitens stellt der *EIA* eine zusätzliche Ebene von Standards dar, denen der Betreiber oder das geplante Vorhaben genügen muss, obwohl er sich diese Ebene von Standards selbst auferlegt hat. Die Kommunikation zwischen Bürgern, Betreibern und Hoheitsträgern wird regelmäßig wesentlich vereinfacht, wenn ein Diskussionsgegenstand standardisiert wurde.

Kirk W. Junker

46   Von den Parteien wird erwartet, dass sie ihre umweltrechtlichen Pflichten kennen, unabhängig davon, ob es sich um bundesstaatliche oder bundesrechtliche Vorschriften handelt. Diese Verpflichtungen entstehen ohne die Notwendigkeit einer **Genehmigung** und können auch in Situationen, in denen keine Genehmigung erforderlich ist, ein Unternehmen zur Überwachung und Berichterstattung über die Verschmutzung der Luft, des Wassers oder des Bodens anhalten.[41] Als Anreiz für Personen, ihre Verschmutzungshandlungen zu beobachten und an öffentliche Stellen zu übermitteln, werden Parteien, die freiwillig die entsprechenden Informationen zur Verfügung stellen, von der *US-EPA* im Rahmen einer offiziellen Strategie belohnt. Die Belohnungen bestehen in einer gravierenden Reduktion der Sanktionen und der Immunität vor strafrechtlicher Verfolgung.[42]

47   Unabhängig davon, ob Informationen freiwillig vorgelegt werden oder nicht, sind die *US-EPA* und die bundesstaatlichen Behörden dazu ermächtigt, private Grundstücke zu Ermittlungszwecken zu betreten. Im Vergleich zu der in Deutschland vorherrschenden extremen Empfindlichkeit im Bereich des Datenschutzes, geht man in der US-Rechtskultur offener mit der Bereitstellung von Informationen um. Sobald die Daten einer Partei in den *EPA*-Akten aufgenommen wurden, unterliegen sie der Aufdeckungspflicht unter dem **Gesetz über die Auskunftspflicht öffentlicher Einrichtungen** [*US Freedom of Information Act*][43] oder anderen bestimmten Umweltgesetzen, wie beispielsweise dem *Clean Water Act*.[44] Dasselbe gilt in den Bundesstaaten. Siehe z. B. das **Right to Know Law des Bundesstaates Pennsylvania.**[45]

48   Bei der Erfüllung einer Genehmigung würde man erwarten, dass in einem Kapitel über Umweltrecht zunächst über die Prinzipien gesprochen wird, um dann möglicherweise einen Abschnitt über die Rechtsquellen zu lesen, in denen diese Prinzipien von der Verfassung bis zum Genehmigungsantrag aufgenommen sind. Da dies jedoch ein Praxishandbuch ist und das *Common Law* ohnehin ebenso praxisorientiert ist,

---

41 Die *US-EPA* hat für eine Reihe von Gesetzen und Industriezweigen die sog. "Protocols for Conducting Compliance Audits" verabschiedet, die unter https://www.epa.gov/compliance/audit-protocols verfügbar sind. Eine der wenigen Stellen, bei denen US EPA-Dokumente auf Deutsch zur Verfügung stehen, ist der *TechDirekt Technologischer Auskunftsdienst. Siehe* http://clu-in.org/techdrct. Dieser unterhält auch einen monatlichen Newsletter.

42 US EPA, "Incentives for Self-Policing: Discovery, Disclosure, Correction and Prevention of Violations," 65 FR 19, 618 (April 11, 2000), verfügbar unter https://www.gpo.gov/fdsys/pkg/FR-2000-04-11/pdf/00-8954.pdf.

43 Freedom of Information Act, 5 USC § 552.

44 Clean Water Act, 33 USC § 1318(b).

45 Right to Know Law, 65 P.S. §§ 67.101–67.3104. Ebenso kann jeder Bürger sich auf der Webseite der *Pennsylvania e-notice* eintragen, um regelmäßig Informationen über stattgegebene Genehmigungsanträge, Sanierungsanträge oder aktualisierte Verordnungen zu erhalten (täglich) sowie Entwürfe von Behördenentwürfen (wöchentlich). http://www.ahs.dep.pa.gov/eNOTICEweb/.

Kirk W. Junker

beginnt man hier wiederum lieber mit der niedrigsten Quelle, die aber möglicherweise die erste ist, mit der ein deutscher Anwalt im Umweltrecht in Berührung kommt – mit der Genehmigung. Ob eine Genehmigung überhaupt erhältlich bzw. erforderlich ist, um eine Handlung mit potentiellen Auswirkungen auf Luft, Wasser oder Boden durchzuführen, kann man nur aus den Gesetzen und Vorschriften der Bundesstaaten, die das infrage stehende Medium regeln, entnehmen. Hat der Bundesstaat nicht die primäre Regelungskompetenz für dieses Gebiet, gelten natürlich die Vorschriften des Bundes, wie beispielsweise das **Immissionsschutzgesetz**, das **Wasserschutzgesetz** oder das **Abfallgesetz.** Oftmals kommt es vor, dass ein Team, das Anwälte mit Chemikern, Hydrologen oder Ingenieuren zusammenkoppelt, feststellen muss, ob für das konkrete Vorhaben eine Genehmigung beantragt werden muss.

Praxistipp

Es wäre ein lohnendes Unterfangen, einen Katalog der Aktivitäten zusammenzustellen, für die eine umweltrechtliche Genehmigung in den USA erforderlich ist und diesen mit einer entsprechenden Auflistung in Deutschland zu vergleichen. Die Hypothese, die es zu prüfen gilt, ist, ob Staaten des *Common Law*, die eher auf der Streitbeilegung durch Verfahren ausgerichtet sind als auf Verwaltung und Planung, mehr Regulierung unmittelbar durch Verwaltungsvorschriften betreiben, als Staaten des zivilrechtlichen Systems, die sich oftmals durch mehr Planungs- und Genehmigungsverfahren auszeichnen, um Gerichtsverfahren zu vermeiden.

Wenn festgestellt ist, dass das Gesetz eine Genehmigung für ein bestimmtes Vorhaben vorsieht, muss der Eigentümer oder Betreiber abhängig von dem Wortlaut des Gesetzes den entsprechenden Antrag stellen, der üblicherweise online zur Verfügung steht, aber jedenfalls den Voraussetzungen der Vorschriften und Gesetze entsprechen muss. Die Partei muss den Antrag zur Prüfung bei der Umweltbehörde vorlegen, und daraufhin wird er im Rahmen des Konsultationsverfahrens veröffentlicht. Nach einer gesetzlich bestimmten Zeit, in der der Genehmigungsantrag überprüft wird, muss die Behörde dem Antrag entweder stattgeben oder ihn ablehnen. Oftmals kommt es vor, dass Vertreter der Öffentlichkeit, wie etwa andere Industrievertreter oder Interessengruppen und Bürgerinitiativen im Falle einer Genehmigung durch die Behörde Beschwerde wegen Nichtbeachtung der Verfahrensvorschriften durch die Behörde einlegen. In solchen Situationen kann die Behörde die Öffentlichkeit und den Antragssteller informieren, dass eine Anhörung zur Prüfung des Genehmigungsverfahrens erfolgt. Da die Behörde in der Regel überzeugt ist, dass sie rechtmäßig gehandelt hat, steht es in der Verantwortung des Antragstellers, seine Genehmigung bei der Anhörung zu verteidigen. Wenn die Behörde den Antrag ablehnt, ist oftmals das Gegenteil der Fall – der Antragssteller legt Widerspruch ein, und die Behörde wendet ein, dass ihre Ablehnung rechtmäßig war. **49**

Im Genehmigungs- und Beschwerdeverfahren werden die Behörden häufig als Gegenspieler der Öffentlichkeit dargestellt, weil sie ihre eigenen Handlungen als rechtmäßige Ermessensausübung verteidigen. So kommen drei unterschiedliche **50**

Kirk W. Junker

Interessen in der Anhörung zusammen – die Öffentlichkeit, die gegen die Erteilung der Genehmigung ist, der Antragssteller, der die Erteilung der Genehmigung begehrt und die Behörde, die nachweisen muss, dass die Prüfung des Genehmigungsverfahrens, unabhängig vom Ergebnis, rechtmäßig war.

II. Umweltrechtlicher Vollzug

51 Deutsche Juristen sollten sich darüber im Klaren sein, dass durchaus staatlicher Vollzug drohen kann, wenn man sich nicht regelkonform verhält. Unabhängig davon, ob der Vollzug administrativ oder durch ein ordentliches Gericht unter Bundes- oder einzelstaatlicher Gerichtsbarkeit erfolgt, beginnt mit der Eröffnung des Verfahrens das einzigartige US-**Offenlegungsverfahren** [*discovery*], in dem alle Parteien, insbesondere unbeteiligte Dritte, förmlich die Offenlegung von Informationen nach der **Bundeszivilprozessordnung** [*Federal Rules of Civil Procedure*] fordern können.[46] Das zuständige Gericht wird sicherstellen, dass die Regelungen des Offenlegungsverfahrens beachtet werden, Vernehmungen ordnungsgemäß durchgeführt und alle Anträge auf eidesstattliche Aussagen, Zulassungen, Beweisvorlagen und Ortsbegehungen rechtmäßig geprüft werden. Darüber hinaus sollte beachtet werden, dass die Verwaltungsverfahrensregeln sich von Bundesstaat zu Bundesstaat und zwischen den unterschiedlichen Rechtsgebieten unterscheiden (Für eine Erörterung des Offenlegungsverfahrens siehe Kapitel 2.E in diesem Handbuch). In Pennsylvania zum Beispiel überrascht es einige private Anwälte, die fälschlicherweise ein informelles Treffen erwarten, dass die Verfahren vor der **Umweltverwaltungskammer** [*Environmental Hearing Board*] in Pennsylvania als Gericht der ersten Instanz, ebenso förmlich durchgeführt werden, wie die Verhandlungen vor den ordentlichen Gerichten.

52 Bürger und andere Parteien sind teilweise zurückhaltend, wenn es darum geht, rechtliche Schritte gegen Umweltschädiger einzuleiten, weil sie erwarten, dass der Verursacher das Rechtssystem offensiv nutzen wird, um andere Parteien davon abzuhalten, Maßnahmen gegen ihn zu ergreifen. Diese vom Verursacher durchgeführten Verfahren zur Abschreckung der Bürger werden **Strategische Rechtsstreite gegen die Beteiligung der Öffentlichkeit** [*Strategic Lawsuits against Public Participation (SLAPP)*] genannt. Mehr als die Hälfte aller US-Staaten haben Anti-*SLAPP*-Gesetze erlassen[47], insbesondere Pennsylvania.[48] Trotzdem haben Unternehmen,

---

46 *Siehe z. B.* Federal Rule of Civil Procedure 34.
47 Public Participation Project, "State Anti-SLAPP Laws," http://www.anti-slapp.org/your-states-free-speech-protection/ Zur Zeit der Drucklegung dieses Buches besteht noch kein Bundesgesetz, aber der Speak Free Act wurde bereits zur Diskussion im US House of Representatives vorgelegt, *siehe* Speak Free Act of 2015 (H.R. 2304)
48 27 PA. CONS. STAT. § 7707 & §§ 8301–8303. (2000).

Kirk W. Junker

auch wenn ihr *SLAPP*-Verfahren abgewiesen wird, weil es gegen Gesetze, die Verfassung oder Präzedenzrechtsprechung verstößt, oftmals ihr Ziel – die Abschreckung der Bürger – schon erreicht, weil die Verfahrenskosten bereits so hoch sind, dass die Bürgerklage zurückgezogen werden muss.

Eine gängige Vollzugssituation, in der eine private Partei häufig rechtlichen Beistand zu Rate zieht, entsteht, wenn eine Bundesbehörde oder eine bundesstaatliche Umweltbehörde einen **Genehmigungsantrag** für Verschmutzungshandlungen ablehnt, eine **Benachrichtigung über den Verstoß gegen eine Umweltvorschrift** [*Notice of Violation (NOV)*][49] oder eine **Verpflichtungsanordnung zu regelkonformem Verhalten** [*administrative compliance order*] erlässt. Erhält eine Partei eine *NOV*, sollte diese ernst genommen werden. In einigen Bundesstaaten stellt dieses Zwangsmittel die **letzte Rechtshandlung der Behörde** dar. Gegen die *NOV* muss dann Beschwerde eingelegt werden, damit die Partei ihr Recht, den Vorwurf der Rechtsverletzung anzugreifen, nicht verwirkt. In anderen Bundesstaaten wiederum gilt die *NOV* nicht als abschließend (final), bis eine Zivilstrafe gegen die Partei wegen des Verstoßes angeordnet wird. Die Schwelle der Finalität ist ein wichtiges Konzept, da die Klage gegen ein Zwangsmittel, *bevor* es abschließend wirksam geworden ist, vom Verwaltungsgericht oder ordentlichen Gericht abgewiesen wird, da die Sache noch nicht **spruchreif** [*ripe*] ist. Wenn eine hoheitliche Handlung auf der anderen Seite final ist und eine Partei es versäumt, dagegen innerhalb einer bestimmten angemessenen Zeit vorzugehen, verwirkt sie ihr Recht auf Geltendmachung, sodass die hoheitliche Handlung abschließende Bestandskraft erlangt und unanfechtbar wird. Wenn eine Partei also innerhalb einer bestimmten Frist nach dem Erhalt einer *NOV* den Rechtsverstoß nicht beseitigt, wird die Behörde wahrscheinlich eine **Verwaltungsstrafe** verhängen. Zu diesem Zeitpunkt kann eine Partei die der Rechtsverletzung zugrundeliegenden Tatsachen nicht wiedereröffnen, sondern lediglich die Höhe der Strafzahlung anfechten. Nach einigen Bundesgesetzen, beispielsweise dem *RCRA*,[50] kann die *US-EPA* gemeinsam mit dem Justizministerium direkt vor den Bundesgerichten eine Zivilstrafe verhängen, statt über das Verwaltungsverfahren gegen den Emittenten vorzugehen. Diese Entscheidung kann durchaus darauf aufbauen, dass die Behörde die Überzeugungskraft eines ordentlichen Gerichts der Position eines Verwaltungsgerichts vorzieht, allerdings verliert die *US-EPA* durch das Verfahren auch ihre Unabhängigkeit durch das Hinzutreten des Justizministeriums.

Eine Verwaltungsstrafe kann entweder gegen juristische Personen verhängt werden, deren Handlung zwar nicht genehmigungspflichtig ist, aber mutmaßlich

---

49 Der Environmental Council of States (ECOS) schätzt, dass die teil- und bundesstaatlichen Behörden mindestens 42.000 dieser NOVs pro Jahr erlassen. Diese Statistik verdeutlicht, dass die NOV die am häufigsten verwendete Zwangsmaßnahme ist.

50 42 USC § 6992d (d).

Kirk W. Junker

einen Rechtsverstoß darstellt oder gegen juristische Personen, die zwar eine Genehmigung haben, aber gegen deren Anforderungen verstoßen und auf eine Anordnung zu regelkonformem Verhalten nicht zufriedenstellend reagiert haben. Wenn eine Behörde einen Antrag ablehnt oder eine Benachrichtigung über den Verstoß gegen eine Umweltvorschrift oder gegen eine Anordnung zu regelkonformem Verhalten ausstellt, werden diese Maßnahmen als abschließende Hoheitsakte angesehen, die jedoch beschwerdefähig sind. Es besteht eine Beschwerdefrist. Wird die Beschwerde angenommen, so findet eine Anhörung statt. In der *US-EPA* beginnt dieser Prozess vor einem **Verwaltungsrichter** [*administrative law judge (ALJ)*]. Wenn eine Partei mit den Ergebnissen der Anhörung nicht zufrieden ist, kann sie vor dem **Umweltrevisionskammer** [*Environmental Appeals Board*] Berufung einlegen.[51]

55   Insgesamt stützt sich das Verwaltungsrecht in den USA sowohl im Bereich der Einzelstaaten als auch im Bereich des Bundes typischerweise auf drei Doktrinen: **Spruchreife, Finalität und Rechtswegerschöpfung.** Spruchreife und Finalität wurden bereits oben vorgestellt. Der zugrundeliegende Gedanke des Artikel III der US-Verfassung, der alle Bundesgerichte ausschließlich zur Entscheidung von tatsächlichen Fällen und Rechtsstreitigkeiten ermächtigt und gerade nicht zu gerichtlichen Stellungnahmen zu abstrakten Rechtsfragen, besteht ebenso in bundesstaatlichen Gerichten und Verwaltungsgerichten. Oftmals begegnet einem die Doktrin der **Finalität**, wenn eine Partei gegen eine nicht abgeschlossene Verwaltungshandlung vorgehen möchte, beispielsweise wenn eine *NOV* erteilt wurde, aber noch keine Strafe festgesetzt worden ist. In den meisten Gerichten der USA kann eine Partei im Umweltrecht keinen Schadensersatz geltend machen, bis die Behörde eine *NOV* erlassen und eine Zivilstrafe festgesetzt hat, und daher ist das Einlegen eines Rechtsmittels noch nicht möglich. Sobald die Strafe verhängt wurde, hat das Individuum einen Schaden erlitten und kann gegen die Strafe gerichtlich oder durch Verwaltungsbeschwerde vorgehen, je nach der zugrundeliegenden Rechtsverletzung.

56   Die letzte Hürde vor der gerichtlichen Anfechtbarkeit einer Maßnahme ist die der Rechtswegerschöpfung. Da der US-Kongress seine Regelungskompetenz ebenso wie viele bundesstaatliche Gesetzgeber an Verwaltungsbehörden delegiert hat, die typischerweise ein eigenes Tribunal und eigene Vollzugsstellen haben, müssen alle geschädigten Parteien zunächst das Verwaltungsverfahren durchlaufen und alle **behördlichen Rechtsbehelfe erschöpfen**, bevor sie vor einem ordentlichen Gericht Rechtsschutz ersuchen können. Hat eine Partei alle Rechtsbehelfe des Verwaltungsverfahrens erschöpft und ist noch immer mit dem Ergebnis unzufrieden, kann sie vor einem ordentlichen Gericht erster Instanz oder vor einem Revisionsgericht

---

51 Das *Environmental Appeals Board* der *EPA* veröffentlicht das *Environmental Appeals Board Practice Manual*, das unter https://yosemite.epa.gov/oa/EAB_Web_Docket.nsf/General+Information/Practice+Manual?OpenDocument verfügbar ist.

Kirk W. Junker

Klage einreichen. Abhängig von der Behörde, gegen welche die Klage erhoben wird, sind Bundes- oder bundesstaatliche Gerichte zuständig.

Das Verhältnis zwischen der *EPA* und den bundesstaatlichen Behörden begrün- 57 det allerdings keinen wechselseitigen Ausschluss. Die *EPA* kann beispielsweise eine Zwangsmaßnahme ergreifen, wenn sie feststellt, dass die von der bundesstaatlichen Behörde ergriffene Maßnahme unzureichend ist. Bevor sie eine Maßnahme durchführt, muss die *EPA* der bundesstaatlichen Behörde allerdings die Möglichkeit geben, ihr Verhalten zu korrigieren. Führt die Behörde keine zufriedenstellende Maßnahme aus, kann die *EPA* eine zusätzliche Vollzugsmaßnahme durchführen, was weiter oben im Zusammenhang mit Föderalismus als „*Overfiling*" bezeichnet wurde (siehe oben). Das *Overfiling* wurde durch ständige Rechtsprechung als eine ordnungsgemäße Auslegung der bundesgesetzlichen Vorschriften des Abfallgesetzes[52] und des Immissionsschutzgesetzes[53], nicht jedoch des Wasserschutzgesetzes[54] interpretiert. Da sich die Zulässigkeit des *Overfiling* durch die *EPA* von Gesetz zu Gesetz unterscheidet, sollte ein deutscher Anwalt das in Frage stehende Gesetz und die es auslegende Rechtsprechung überprüfen, wenn zunächst die bundesstaatliche Behörde tätig wird, da möglicherweise noch eine weitere Vollzugsmaßnahme der *EPA* droht. Schließlich gilt, dass die Verhängung einer Zivilstrafe durch die Behörden eines Bundesstaates oder des Bundes nicht ausschließt, dass die jeweils andere Behörde noch strafrechtliche Verfolgungen einleiten kann.[55]

Wie in allen Fällen zivilrechtlicher Verfahren in den USA bedeutet die Klage- 58 erhebung nicht, dass es notwendigerweise zur Verhandlung kommt. Die meisten Zivilverfahren in verwaltungsrechtlichen Angelegenheiten werden vor der Hauptverhandlung beigelegt, sei es vor bundesstaatlichen oder Bundesgerichten. Üblicherweise wird dies im Wege eines **Anerkenntnisurteils** [*consent decree*] erreicht. In diesem Verfahren nutzt die jeweilige Behörde ihre gesetzliche Befugnis, um sich mit dem Schädiger auf eine Kompromisslösung zwischen Zivilstrafe, Sanierungsarbeit und einem Einhaltungsplan zu einigen. Hält sich der Schädiger nicht an eine Bedingung des Anerkenntnisurteils, kann die Behörde das Anerkenntnisurteil, die zugrundeliegenden Rechtsverstöße, oder beides vor Gericht durchsetzen.

Sobald das Gerichtsverfahren begonnen hat, muss die Beilegung durch das zu- 59 ständige Gericht oder Tribunal durchgeführt werden. Eine Untersuchung des US-Justizministeriums zeigt, dass in den erstinstanzlichen Gerichten der Bundesstaaten (in denen die meisten Zivilverfahren geführt werden), nur ungefähr vier % aller deliktsrechtlichen Verfahren durch einen Prozess beendet wurden. Wenn Fälle jedoch das Stadium des Prozesses erreichten, wurden 90% vor Geschworenen verhandelt.

---

52 *United States v Power Engineering*, 303 F.3d 1232 (10th Cir. 2002), 538 U.S. 1012 (2003).
53 *United States v. LTV Steel Co.*, 118 F.Supp.2d 827 (N.D. Ohio 2000).
54 *United States v. City of Rock Island*, 182 F.Supp.2d 690, 694 (C.D. Ill. 2001).
55 *United States v. Hudson*, 522 U.S. 93 (1997).

Kirk W. Junker

Das bedeutet dennoch, dass die meisten Rechtsstreitigkeiten ohne einen Geschworenen-Prozess erledigt werden (und zwar in genau 97,4% der Fälle).[56]

60   Eine spezielle Art des Vollzugs soll hier besondere Erwähnung finden. An vielen Orten in den USA zeugen schwer vergiftete, mittlerweile verlassene Industriestandorte vom „Erbe" des Industrialismus. Um diese Stätten einer kostenintensiven Reinigung zu unterziehen, haben sowohl das **Bundesumweltministerium** [*EPA*][57] als auch viele Bundesstaaten[58] sogenannte „*Superfund*-Gesetze" erlassen. In diesen Fällen können hunderte von Parteien beteiligt sein, und sie befassen sich mit Sanierungsprogrammen, die im Durchschnitt $25–30 Millionen pro Standort kosten. In *Superfund*-Streitigkeiten sollte man nicht nur einen US-Umweltrechtsanwalt zu Rate ziehen, sondern unbedingt einen solchen wählen, der sich mit *Superfund*verfahren auskennt. Fälle nach dem Bundesgesetz *Comprehensive Environmental Response, Compensation and Liability Act* (**CERCLA**) erfordern einen umfassenden Sanierungsprozess mit acht formalisierten Phasen, um den Anforderungen des nationalen Krisenplans und anderen Vorschriften gerecht zu werden.

61   **Potentiell verantwortliche Parteien** [*potentially responsible parties* (PRPs)] nach *CERCLA* werden in vier Kategorien eingeteilt: gegenwärtige Eigentümer oder Betreiber des Standortes unter Abschnitt 107 (a) (1), Eigentümer oder Betreiber des Standortes zur Zeit der Verunreinigung unter Abschnitt 107 (a) (2), die Personen, die die Beseitigung der gefährlichen Substanzen veranlasst haben, insbesondere die Erzeuger der verunreinigen Substanz unter Abschnitt 107 (a) (3) und die für den Transport der Abfälle an den Standort verantwortlichen Personen, sofern sie selbst den Standort ausgewählt haben, unter Abschnitt 107 (a) (4). Alle diese Parteien unterliegen der Gefährdungshaftung und haften rückwirkend und gesamtschuldnerisch. Gefährdungshaftung ist ein für unerlaubte Handlungen entwickelter Haftungsmaßstab, der auch außerhalb der Superfund-Verfahren angewandt wird, wie beispielsweise auf die Herstellung gefährlicher Stoffe. Gefährdungshaftung bedeutet, dass die Behörde keine Beweise für fahrlässiges oder vorsätzliches Verhalten erbringen muss. Die Haftung nach den *Superfund*-Vorschriften kann auch rückwirkend auf verschiedene Schädigungshandlungen angewendet werden, wie beispielsweise auf Produktion, Entsorgung oder Transport gefährlicher Abfälle, die vor der Verabschiedung von *CERCLA* im Jahr 1980 begangen wurden. Schließlich wird die

---

56 Thomas H. Cohen, "Tort Bench and Jury Trials in State Courts, 2005," U.S. Department of Justice, Office of Justice Programs, Bureau of Justice Statistics, Bureau of Justice Statistics Bulletin, November 2009, NCJ 228129, 1. *Siehe auch*, Marc Galanter, "A World Without Trials," 2006 *J. Disp. Resol.* (2006) 7.

57 *Siehe* Comprehensive Environmental Response, Compensation and Liability Act (CERCLA), 1980 verabschiedet, USC §§9601 ff.

58 *Siehe z.B.* Pennsylvania Land Recycling and Environmental Remediation Standards Act, 35 Pa. Stat. §§6026.101 ff.

Kirk W. Junker

Haftung nach den *Superfund*-Vorschriften üblicherweise dahingehend ausgelegt, dass die Schädiger gesamtschuldnerisch haften, sodass ein *PRP* die Kosten aller *PRPs* übernehmen muss, insbesondere in Fällen, in denen andere *PRPs* verstorben, insolvent oder nicht mehr im Geschäft sind oder ihre Vermögenswerte nicht auffindbar sind.

Statistische Daten zu Vollzugsmaßnahmen der *EPA*

Das US-Umweltrecht stützt sich, wie oben dargestellt, hauptsächlich auf das Gerichtsverfahren als Konfliktlösungsinstrument. Der ***EPA*-Jahresbericht** [*EPA Annual Report*] verdeutlicht dies durch die folgenden Zahlen (die Vollzugsmaßnahmen der Bundesstaaten sind nicht eingerechnet):

Zivilvollzug

Ergebnisse	Abgeschlossene Fälle
Verunreinigung reduziert, behandelt oder beseitigt	533.000.000
Gefährliche Abfälle behandelt, reduziert oder ordnungsgemäß entsorgt	535.000.000
Flussläufe wiederhergestellt oder neu angelegt	37.870

Finanzielle Verpflichtungen für Zivilvollzugsmaßnahmen	
Finanzielle Verpflichtungen von abgeschlossenen Fälle	**Höhe**
Geschätzter Wert der aufgrund von *EPA*-Vollzugsmaßnahmen (Unterlassungsverfügungen) erforderlichen Einhaltungsmaßnahmen	$7.300.000.000
Schätzung der Investitionen in Projekte, die der Umwelt und Volksgesundheit zu Gute kommen (Umweltschutzprojekte)	$39.000.000
Erfasste Verwaltungsstrafen	$42.000.000
Erfasste Justizstrafen	$163.000.000
Erfasste Strafen aus gemeinsamen Vollzugsmaßnahmen der Bundesstaaten und des Bundes	$32.000.000
Gezahlte Strafauflagen	$7.000.000

Zivilvollzugs- und Einhaltungsmaßnahmen	
Maßnahmen	**Ergebnisse**
Gerichtlich beigelegte Zivilprozesse	132
Beschwerden gegen Verwaltungsstrafen	1.400
Finale Verwaltungsstrafen	1.394
Behördliche Einhaltungsanordnungen	833
Inspektionen/Evaluationen	15.400
Zivile Ermittlungen	216

Strafvollzugsprogramm	
Maßnahmen	**Ergebnisse**
Eröffnete Umweltstrafverfahren	213
Verurteilte Angeklagte	185
Dauer der verhängten Gefängnisstrafen (Jahre)	129
Geldstrafen und Entschädigungszahlungen	$200.000.000
Wert der gerichtlich festgelegten Umweltschutzprojekte	$4.000.000.000

Kirk W. Junker

E. Fazit

62 Dank naturwissenschaftlicher Erkenntnisse wissen wir, wie unser Verhalten die Umwelt nachhaltig schädigt und erkennen die daraus erwachsenden Probleme. Das Recht ist eines von mehreren Werkzeugen, die uns dabei helfen können, die Ungleichgewichtung und die Extreme unserer sozialen Praktiken ökologisch nachhaltig zu gestalten. Im Vergleich zum deutschen Umweltrecht tendiert das US-Umweltrecht eher dazu, bestimmte individuelle Verhaltensweisen zu erlauben oder gar zu bestärken, bevor diese durch gesetzliche Vorschriften eingeschränkt werden. Erst auf letzter Stufe werden die Regelungen durch staatlichen Vollzug durchgesetzt. Das US-Umweltrecht repräsentiert daher in vielerlei Hinsicht die *laissez-faire*-Haltung der US-Rechtskultur im Allgemeinen. Wenn allerdings staatliche Maßnahmen ergriffen werden, greifen die US-Behörden, obwohl in einer *Common Law*-Kultur beheimatet, zumeist auf geschriebene Rechtsquellen, wie Gesetze und Verordnungen, zurück. Der staatliche Machtanspruch erstreckt sich durch diese Normen auf mehr als eine einzelne Behörde und steht sowohl dem Bundes- als auch dem Bundesstaatenbereich zu. Die meisten natürlichen und juristischen Personen kommen auf der Ebene der Bundesstaaten mit dem Umweltrecht in Berührung, unabhängig von den Nuancen des Verhältnisses zwischen Bundesstaaten und Bund, die jeder Praktiker kennen muss.

Kirk W. Junker

Kapitel 15
Wirtschaftskriminalität

Literaturverzeichnis

Barnett, Cynthia, The Measurement of White-Collar Crime Using Uniform Crime Reporting (UCR) Data (undatiert). **Friedrichs**, David O., Trusted Criminals: White Collar Crime in Contemporary Society, Wadsworth (2003). **Geis**, G., **Meier**, R. und **Salinger**, R. & L., Hrsg., White-collar Crime: Classic & Contemporary Views, NY: Free Press (1995). **Leap**, Terry L., Dishonest Dollars: The Dynamics of White-Collar Crime, Ithaca: Cornell University Press (2007). **Newman**, Graeme R. & **Clarke**, Ronald V., Superhighway Robbery: Preventing E-commerce Crime, Portland, Oregon: Willan Publishing (2003). **Pontell**, H. & **Tillman**, R., Profit Without Honor: White-collar Crime and the Looting of America. Upper Saddle River, NJ: Prentice Hall (1998). **U.S. Department of Justice**, Federal Bureau of Investigation, White Collar Crime: A Report to the Public. Washington, D.C.: Government Printing Office (1989). **U.S. Department of Justice**, United States Attorneys' Manual: Criminal Resource Manual, CRM §§ 500–999 (1997, as amended).

A. Einleitung

Im Hinblick auf das ausführliche Kapitel 2 über das Bundesgerichtssystem wird dieser Abschnitt auf die entsprechenden Ausführungen verzichten. Bundesgerichte funktionieren, unabhängig davon, ob sie Straf- oder Zivilgerichte sind, so wie in Kapitel 2 in Abschnitt B. I. dargestellt. 1

Dieses Kapitel behandelt die Zuständigkeit der US-Bundesgerichte für verschiedene Arten von Vermögensstraftaten, insbesondere für Postbetrug. Die bundesgerichtlichen Zuständigkeiten überlappen sich häufig mit denen der bundesstaatlichen Gerichte, so auch im Bereich der Wirtschaftskriminalität. Viele Delikte erfordern als Tatbestandsmerkmal die Betroffenheit mehrerer Bundesstaaten, „Gebiete oder anderer Besitztümer der USA" [*interstate commerce*].[1] Die Voraussetzung des *interstate commerce* wird der Landesstaatsanwalt schnell als erfüllt ansehen können. So beispielsweise wenn eine Tatwaffe in einem Staat hergestellt und dann in einen anderen Staat an den Beschuldigten weiterverkauft wird, der sie dort zur Begehung eines Banküberfalls verwendet. 2

---

1 "Affecting interstate or foreign commerce", www.Justice.gov/usam/criminal-resource manual-2180-jury-instruction-affecting-interstate-or-foreign-commerce.

Barbara Carlin

https://doi.org/10.1515/9783899498103-015

Beispiel: Ein Lösungsansatz für überlappende Zuständigkeit

Bei Bedarf kann der Staatsanwalt der lokalen Behörde als „speziell zuständiger" Vertreter des Bundesstaates auftreten, sodass sowohl einzelstaatliche als auch Bundesgerichte das Verfahren annehmen können.

---

3 Einige Delikte können entweder vor einzelstaatlichen oder Bundesgerichten verfolgt werden – für Verstöße gegen das Betäubungsmittelgesetz trifft dies am häufigsten zu. Wenn mehrere Beschuldigte aus verschiedenen Bundesstaaten an dem Verfahren beteiligt sind und der Streitwert des Delikts entsprechend hoch ist, wird die Sache mit an Sicherheit grenzender Wahrscheinlichkeit vor einem Bundesgericht verhandelt.

Praxistipp

Die meisten Verteidiger ziehen es vor, ihre Mandanten vor einzelstaatlichen Gerichten statt vor Bundesgerichten zu vertreten. Die Strafen für Drogendelikte sind vor den Bundesgerichten in der Regel höher. Grundsätzlich verklagen Staatsanwälte der Bundesbehörden keine Drogenkonsumenten, sondern diejenigen Personen, „... (die) im Besitz einer verbotenen Substanz sind und die Absicht haben, diese zu verarbeiten, zu verkaufen oder in Umlauf zu bringen"[2]. Da die Strafen für diese Straftaten je nach Bundesstaat unterschiedlich sind, müssten die Staatsanwälte alle bundesstaatlichen Strafgesetze einzeln heranziehen, um das mögliche Strafmaß für Verstöße gegen das Betäubungsmittelgesetz festzustellen.

B. Postbetrug

4 Ein Strafverteidiger sagte einmal, dass das einzige Gesetz, das die USA wirklich brauchen, das **Verbot des Postbetrugs** [*Mail Fraud Statute*], 18 USC § 1314 sei.[3] Für die Verwirklichung dieses Straftatbestandes ist es erforderlich, dass der Beschuldigte die US Mail oder ein privates Postunternehmen zu der Verwirklichung eines Betrugs missbraucht hat und dabei vorsätzlich handelte. Der objektive Tatbestand umfasst heute den bewussten Missbrauch der staatlichen oder privaten Post zur Verwirklichung des Betrugs. Ursprünglich war ausschließlich die Nutzung der staat-

---

2 21 USC § 841.

3 18 USC § 1314: "Whoever, having devised...any scheme or artifice to defraud, or for obtaining money or property by means of false or fraudulent pretenses, representations or promises...for the purpose of executing such scheme...places in any post office or deposits or causes to be deposited any matter...to be sent or delivered by any private or commercial interstate carrier, or takes or receives therefrom...or knowingly causes to be delivered by mail or such carrier...U.S. Attorneys' Manual, Title 9-4300 mail fraud and wire fraud."

Barbara Carlin

lichen Post vom Tatbestand umfasst, aber als den Tätern klar wurde, dass sie durch den Missbrauch privater Postunternehmen der Strafbarkeit entgingen, erweiterte der Kongress den Tatbestand auf private Postunternehmen wie *Federal Express* oder *UPS*. Die Tatbestandsvoraussetzungen des **Telekommunikationsbetrugsgesetzes** [*Wire Fraud Statute*][4] ähneln denen des Postbetrugs. Sie unterscheiden sich einzig dadurch, dass das Vorhaben durch den Missbrauch von Telekommunikationsmitteln im zwischenstaatlichen Handel realisiert wird, z.B. mittels Fax oder Telefon. Beide Delikte verjähren nach fünf Jahren. Die Verjährungsfrist verlängert sich auf zehn Jahre, wenn Kreditinstitute betroffen sind (18 USC § 3293).

Praxistipp

Obwohl das Gesetz für jedes Delikt einen Strafrahmen festlegt, kann das Gericht die Bundesstrafverurteilungsrichtlinie von 1987 heranziehen, um das Strafmaß zu bestimmen. Die Hotline des obersten Gerichtshofs berät Rechtsanwälte unter der Nummer (+1) 202-502-4545 bei der Anwendung der Richtlinien. Diese sind zwar **nicht mehr verbindlich**, ihre Anwendung wird aber empfohlen.

C. Das Ponzi-Schema

Die bekannteste Methode des Post- oder Telekommunikationsbetrugs ist das **Schnee-** 5 **ballsystem** [*Ponzi-* oder *pyramid Scheme*]. Bei diesem wird Erstinvestoren eine sehr hohe Rendite versprochen. Diese wird aber nicht aus legitimer wirtschaftlicher Aktivität generiert, sondern daraus, dass jeder Investor eine Anzahl weiterer Investoren sucht, die ihre Geldleistung wiederum an ihn bezahlen. Die Kredite werden vom Täter durch den exponentiellen Zuwachs anderer Investoren finanziert und nicht etwa durch die Einnahmen aus legitimer wirtschaftlicher Aktivität. Das schnelle Wachstum der Anzahl der Investoren ist dabei ein wesentlicher Faktor für den Erfolg des Verfahrens.

---

4 18 USC § 1343: "Fraud by wire, radio, or television. Whoever, having devised...for obtaining money or property by means of false or fraudulent pretenses...transmits or causes to be transmitted by means of wire, radio or television communication in interstate commerce, any writings...for the purpose of executing such scheme or artifice, shall be fined under the title or imprisoned not more than 20 years, or both. If the violation occurs in relation to...a presidentially declared major disaster or emergency...or affects a financial institution, such person shall be fined not more than $1,000,000 or imprisoned not more than 30 years, or both." Die erweiterten Geldstrafen und erhöhten Haftstrafen in Verbindung mit Katastrophen, Notsituationen oder Geldinstituten, finden auch auf das Postbetrugsverbot Anwendung.

Barbara Carlin

Beispiel: Der raffinierte Madoff-Betrug

Ein Name, der vor Kurzem mit dem Ponzi-Schema in Verbindung gebracht wurde, ist Bernie Madoff, der das Schema angewendet hat, um viele Opfer, darunter bekannte Persönlichkeiten, zu täuschen, bevor er vom **Bundeskriminalamt** [*Federal Bureau of Invesitgation (FBI)*] entdeckt wurde. Nach seinem Geständnis wurde Madoff zu einer Gefängnisstrafe von 150 Jahren verurteilt, die den Worten des Richters nach eher einen symbolischen Charakter hatte. Madoff legte seinen ganzen Gewinn mit Ausnahme von $2.500.000 an. Nach den Bundesstrafverurteilungsrichtlinien, die zwar damals bindend waren, mittlerweile aber eher einen Leitfaden darstellen, soll sich die Strafe nach der Höhe der Beute richten.

D. Strafbarkeit

6   Es bestehen verschiedene Formen der Strafbarkeit: Individuelle Strafbarkeit, **Mittäterstrafbarkeit im Rahmen einer Verabredung** [*conspiracy*],[5] Beihilfe- und Anstifterstrafbarkeit. Mittäterschaft im Rahmen einer Verabredung wird in vielen Ländern, in denen das kontinentaleuropäische System Anwendung findet, nicht sanktioniert. Es wird aber in bundesgerichtlichen Verfahren in den USA oftmals bejaht, wenn die vorgebrachten Beweise eine solche nahelegen (18 USC § 371). Eine Mittäterstrafbarkeit im Rahmen einer Verabredung ergibt sich, wenn zwei oder mehr Personen sich verabredet haben, eine Straftat zu begehen. Die Absprache als solche ist selten der einzige Vorwurf – eher wird dem Angeklagten die „**mittäterschaftliche Begehung eines Postbetrugs**" [*conspiracy to commit mail fraud*] und zusätzlich, je nach Beweislage, Post-, Telekommunikations- oder Bankbetrug vorgeworfen. Über die gemeinsame Planung einer Straftat hinaus muss einer der Täter durch eine Handlung die Verwirklichung des Tatbestands eingeleitet haben. Dies kann auch durch eine an sich nicht strafbare Handlung geschehen, wie etwa die Gründung eines Unternehmens oder die Anschaffung eines Telefongerätes.

---

5 Mangels adäquater Übersetzung des Wortes conspiracy wird zur Erklärung die Übersetzung aus dem Black's Law Dictionary Deluxe Ninth Edition Bryan A. Garner (Editor in Chief), 2009, Thomson Reuters angeführt. *Conspiracy* (verbrecherisches Komplott, Verabredung): eine Vereinbarung von zwei oder mehr Personen, eine rechtswidrige Handlung zu begehen, gepaart mit der Absicht, das Ziel der Vereinbarungen zu erreichen und (in den meisten Bundesstaaten) Maßnahmen oder Verhalten, die das Abkommen fördern; ein Zusammenschluss eines rechtswidrigen Zwecks wegen. Verschwörung ist ein eigenständiges Delikt gegenüber dem Verbrechen, das Gegenstand der Verschwörung ist. Eine Verschwörung endet, wenn die rechtswidrige Handlung begangen wurde oder (in einigen Staaten) wenn die Vereinbarung aufgegeben wurde. Eine Verschwörung endet nicht automatisch, wenn das Verschwörungsobjekt vereitelt wird.

Barbara Carlin

Praxistipp

Ein wichtiges Merkmal der Mittäterstrafbarkeit im Rahmen einer Verabredung ist die Dauer der Verwirklichungshandlung, das heißt, die Verjährungsfrist beginnt mit dem Zeitpunkt der letzten offenen Tathandlung[6]. Im Wesentlichen bedeutet dies, dass das Delikt der „**mittäterschaftlichen Begehung eines Postbetrugs**" [*conspiracy to commit mail fraud*] mit der Versendung eines Schein-Kreditangebots zwar beginnt, die Verjährungsfrist allerdings erst mit dem Datum der letzten Postsendung zu laufen beginnt. Wenn festgestellt werden kann, dass eine Person erwiesenermaßen Mittäter ist, ist sie wegen aller Delikte, die im Rahmen der Absprache begangen wurden, strafbar, selbst wenn sich die Person der entsprechenden Handlung nicht bewusst war bzw. nicht direkt an ihr mitwirkte. Die Eigenschaft als Mittäter führt also zur Strafbarkeit wegen aller durch andere Mittäter verübten Straftaten, deren Verwirklichung im Rahmen des Tatplans zu erwarten war.

E. Ermittlung

Anders als in vielen kontinentaleuropäischen Systemen wird die Ermittlung in den **7** USA vom **stellvertretenden Bundesstaatsanwalt** [*Assistant US Attorney*] geleitet. Dieser Staatsanwalt wird von verschiedenen Bundesbeamten unterstützt, wie beispielsweise den *US Postal Inspectors*, dem **Bundeskriminalamt** [*Federal Bureau of Investigation (FBI)*], der **Bundesrauschgiftbehörde** [*Drug Enforcement Agency (DEA)*] und anderen. Während der Ermittlungsphase stehen dem Staatsanwalt verschiedene Mittel der Beweiserhebung zur Verfügung, wie beispielsweise die Vorladung von Zeugen durch die **Erkenntnisgeschworenen** [*grand jury*], Durchsuchungsbefehle, Handschriftanalyse, Zeugenvernehmungen usw.

Im Bereich des Vermögensstrafrechts liegt der Schwerpunkt der Ermittlungen **8** auf dem Erlangen von Dokumenten durch die Vorladung von Zeugen durch die Erkenntnisgeschworenen, um für die Erstellung einer Akte taugliche Beweise zu erhalten. Bank- und Kreditkartendaten, Telefonverbindungen und andere ermittlungsrelevante Informationen werden benötigt. Die Bundesbehörden verwenden auch die Methode der *"garbage runs"*, indem sie Abfall, den die Verdächtigen zur Abholung durch die Müllabfuhr auf die Straße stellen, nach brauchbaren Informationen durchsuchen. Für diese Ermittlungsmethode ist in den USA weder ein Durchsuchungsbefehl noch eine Vorladung erforderlich, da die entsorgten Artikel durch die Besitzaufgabe des Besitzers öffentliches Gut werden.

Benötigt ein Staatsanwalt Beweismittel aus dem Ausland, kann er oder sie die **9** (Bundes-)**Abteilung für Internationales** [*Office of International Affairs (OIA)*] bei der Justizbehörde konsultieren. Die Staatsanwaltschaft muss sich die Anforderung von Beweisen aus dem Ausland zunächst autorisieren lassen, um die Souveränität

---

6 Siehe U.S. Attorneys' Manual, Criminal Resource Manual, CRM 500–999.

Barbara Carlin

des betroffenen Staates nicht zu verletzen. Mit der *OIA*-Autorisierung kann Beweismaterial aus dem Ausland durch **bilaterale Rechtshilfe-Abkommen** [*Mutual Legal Assistance Treaties (MLAT)*] oder, sofern es keine solcher Abkommen gibt, ein einmaliges Rechtshilfeersuchen angefordert werden. Das *OIA* ist auch die zuständige Behörde für Rechtshilfegesuche aus dem Ausland.

Beispiel: Der (Bundes-)Staatsanwalt benötigt Beweismittel aus dem Ausland und es besteht kein Rechtshilfe-Vertrag

Für Staatsanwälte kann es schwierig sein, Beweise aus dem Ausland zu erlangen, insbesondere wenn es sich um ein kleines Land handelt, das keine zentral zuständige Justizbehörde hat. Die vom Staatsanwalt erstellten Rechtshilfegesuche sollten die benötigten Beweismittel genau benennen, z. B. im Fall von Banktransaktionen die Namen der Bank und des Kontoinhabers, die Kontonummer, sowie jegliche weiteren Daten, die für das Auffinden der Beweismittel von Nutzen sein könnten.

---

10 Ein sehr effektives Mittel der Staatsanwaltschaft ist die **einstweilige Anordnung** [*injunctive relief*] gem. 18 USC § 1345. Bevor die Anklageschrift von den Geschworenen erwidert wird, kann eine einstweilige Anordnung erwirkt werden, um den Betrug zu beenden und die betroffenen Konten des Täters einzufrieren. Unter bestimmten Bedingungen ist dies auch *ex parte* möglich, d. h. wenn nur eine Partei vor Gericht anwesend ist. Um zu verhindern, dass weitere Unbeteiligte dem Betrug zum Opfer fallen, kann das Gericht die Anordnung mit der Folge erlassen, dass dem Angeklagten Verfügungen über materielle oder immaterielle Eigentumsgegenstände, die im Bezug zur Tat stehen, untersagt werden. So wird verhindert, dass die Angeklagten die Tat fortsetzen und Eigentumspositionen, die mit der Tat in Verbindung stehen, weiterveräußern. Im Rahmen einer Anhörung kann die Aufrechterhaltung dieser einstweiligen Anordnung geprüft werden. Solange die Geschworenen die Anklageschrift nicht bestätigt haben, bestimmt die **Bundeszivilprozessordnung** [*Federal Rules of Civil Procedure*] den Verlauf der Anhörung über die einstweilige Anordnung. Haben die Geschworenen die Anklage allerdings erwidert, ist die **Bundesstrafprozessordnung** [*Federal Rules of Criminal Procedure*] auf das **Offenlegungsverfahren** [*discovery*][7] anwendbar. Obwohl diese Möglichkeit des Eilrechtsschutzes der Staatsanwaltschaft schon lange besteht und oft anwendbar wäre, wird sie aus bisher ungeklärten Gründen selten in Anspruch genommen.

11 Sobald die Ermittlungen beendet sind, formuliert der Staatsanwalt die Anklage, indem er die Namen der Angeklagten sowie die Vorwürfe gegen sie anführt und die verletzten Strafgesetze zitiert. Sofern es Vermögensgegenstände gibt, die im Verdacht stehen, aus einer Straftat erlangt worden zu sein, werden diese in einem sepa-

---

[7] *Discovery*: Ein Verfahren, das die Parteien – insbesondere den Beklagten in einem Zivilprozess oder den Angeklagten in einem Strafverfahren – in die Lage versetzt, fallrelevante Unterlagen zu erlangen.

Barbara Carlin

raten Abschnitt der Klageschrift erwähnt, damit die Erkenntnisgeschworenen die Vermögenspositionen dem **Bundesamtsrichter** [*Federal Magistrate Judge*][8] zukommen lässt. Besteht Anlass zu der Vermutung, dass die Angeklagten Vermögensgegenstände im Ausland haben, die vernichtet oder veräußert werden könnten, kann die Staatsanwaltschaft durch das *OIA* die ausländischen Behörden bitten, diese Vermögensgegenstände sicherzustellen. Ebenso können ausländische Behörden die Sicherstellung von Beutestücken aus im Ausland begangenen Straftaten anfordern.

Beschlagnahmefähige Vermögensgegenstände sind solche, die mit der Verwirk- 12 lichung einer Straftat in Verbindung stehen oder daraus hervorgegangen sind.

Beispiel: Beschlagnahmefähige Vermögensgegenstände

Beschlagnahmefähig sind beispielsweise das Haus, in dem mit Drogen gehandelt wurde, die Yacht, die mit der Beute einer Straftat finanziert wurde, das Bankkonto selbst oder sogar reinrassige Pferde.

Die US-Behörden tendieren allerdings dazu, Vermögensgegenstände, deren Erhal- 13 tungskosten höher sind als ihr Wert, nicht sicherzustellen. Darunter fällt beispielsweise verseuchtes Land, dessen Reinigung aufgrund umweltrechtlicher Erwägungen erforderlich ist. Wenn die sichergestellten Vermögensgegenstände verderbliche Teile enthalten, wie beispielsweise die Milch des beschlagnahmten Landwirtschaftsbetriebs, wird das Produkt (die Milch) oftmals veräußert und der Ertrag daraus verzinslich angelegt. Sollte sich die Sicherstellung als unrechtmäßig erweisen und die Behörde die Gegenstände zurückgeben müssen, wird das angelegte Geld dem Eigentümer ausgezahlt. Die Sicherstellung von Vermögensgegenständen wird von den **Bundesgerichtsvollziehern** [*US Marshal*] durchgeführt.

Der Angeklagte ist in den meisten Fällen über die Ermittlungen im Bilde, da die 14 Überwachung seiner Bankkonten oder der Telefonverbindung ihm als Kunden von der Bank bzw. der Telefongesellschaft mitgeteilt wird, sofern keine Geheimhaltung angeordnet wurde. Dies ist meistens im frühen Ermittlungsstadium der Fall. Daher ist für die Beschlagnahme eine gerichtliche Anordnung gemäß 18 USC § 1345 erforderlich, um die Vermögenswerte der Opfer zu erhalten.

Telekommunikationsdaten sind für die Staatsanwaltschaft ebenso wichtig, da 15 durch sie Verbindungen zwischen Mittätern oder die telefonische Kontaktaufnahme

---

8 Amtsrichter: Gemäß 28 USC 631 wird Bundesrichtern im Bundesstrafgericht ein Amtsrichter als Unterstützung bei der Erfüllung ihrer Dienstpflichten zur Seite gestellt. Dieser ist für prozessuale Maßnahmen zuständig, wie beispielsweise die Erteilung von Durchsuchungsbefehlen, Anhörungen von Angeklagten in Untersuchungshaft, der Verlesung der Klageschrift, sowie Anhörungen in Auslieferungsverfahren. Diese Richter werden für eine Amtsdauer von acht Jahren ernannt. Eine anschließende Wiederwahl ist zulässig.

Barbara Carlin

der Beschuldigten mit den Opfern nachgewiesen werden können. Die Nachforschungen werden allerdings dadurch erschwert, dass heutzutage Mobiltelefone quasi konstant in Benutzung sind.

16 Um einen Durchsuchungsbefehl zu erhalten, muss der Staatsanwalt zusammen mit einem Bundesbeamten eine **eidesstaatliche Erklärung** [*affidavit*] für den zu durchsuchenden Ort bereitstellen, der er – falls möglich – ein Foto des Ortes sowie die entsprechende Adresse beifügt. Aus der eidesstaatlichen Erklärung muss für den Amtsrichter hervorgehen, warum es hinreichende Gründe für eine Durchsuchung gibt.[9] Um den Durchsuchungsbefehl zu erhalten, muss der Bundesbeamte in der eidesstaatlichen Erklärung nachweisen, dass die Schwelle eines **hinreichenden Verdachts** [*probable cause*] erreicht ist. Das bedeutet, dass die Wahrscheinlichkeit, dass sich an dem zu durchsuchenden Ort Beweismittel befinden, durch welche die Tat aufgeklärt werden soll, größer ist, als die Wahrscheinlichkeit, dass die entsprechenden Beweismittel sich dort nicht befinden. Die Durchsuchung muss innerhalb von 14 Tagen und zwischen sechs und 22 Uhr durchgeführt werden. Nächtliche Durchsuchungen sind sehr selten und bedürfen einer Begründung, dass die Durchsuchung nur bei Nacht Erfolg verspricht.

Praxistipp

Ein "*Sneak and Peak Warrant*" ist eine Durchsuchungsanordnung mit nachträglicher Aufklärungspflicht und unterscheidet sich von einem normalen Durchsuchungsbefehl insofern, als dass sie es den Ermittlern der Bundesbehörde erlaubt, Räumlichkeiten zu betreten und zu durchsuchen, ohne dass deren Inhaber vorher darüber in Kenntnis gesetzt werden müssen. Daher erlangen diese, anders als bei der normalen Durchsuchung, die zwischen sechs und 22 Uhr durchgeführt werden muss und bei der die Inhaber der Räumlichkeiten in der Regel davon Kenntnis erhalten, üblicherweise von einer solchen Durchsuchung zunächst keine Kenntnis.

---

17 Nachdem die Durchsuchung stattgefunden hat, müssen die beschlagnahmten Gegenstände inventarisiert und dem Amtsrichter unter Angabe des Aktenzeichens und des Datums vorgelegt werden. Die Gegenstände werden etikettiert und an einem sicheren Ort innerhalb der Behörde verwahrt, um die **Legitimationskette** [*chain of custody*] aufrechtzuerhalten. Diese sieht auch vor, dass jede Inaugenscheinnahme

---

9 Fed. R. Crim. P. 41 c) 9, Durchsuchung und Beschlagnahme: (c) Personen und Gegenstände, die durchsucht oder beschlagnahmt werden können. Eine Befugnis zur Durchsuchung oder Beschlagnahme der folgenden Dinge kann erteilt werden:
1. Beweismittel einer Straftat;
2. Schmuggelware, Beute einer Straftat oder andere widerrechtlich in Besitz genommene Gegenstände;
3. Gegenstände, die zur Begehung einer Straftat erstellt oder verwendet wurden; oder
4. Personen, deren Verhaftung angeordnet wurde oder die sich im Freiheitsentzug befinden.

Barbara Carlin

oder Untersuchung der Beweismittel auf dem dazugehörigen Dokument vermerkt wird.

Während der Ermittlungsphase kann die Bundesbehörde Tatverdächtige ver- **18** nehmen, wenn sich die Beamten als solche zu erkennen geben und die Person über den Ermittlungszweck belehren. Wenn der Beschuldigte die Auskunft verweigert und einen Anwalt fordert, muss die Vernehmung unterbrochen werden. Befindet sich der Beschuldigte in Untersuchungshaft, muss er über die **Miranda-Rechte** [*Miranda Rights*][10] belehrt werden.

Sobald die Vorladungen versandt, Durchsuchungsbefehle erteilt und Zeugen **19** vernommen wurden, kann die Staatsanwaltschaft einschätzen, welche Vorwürfe gerechtfertigt sind, d.h. durch Beweise gesichert sind. Außerdem wird festgestellt, welche Beschuldigten angeklagt werden sowie die Frage, ob sie individuell, als Mittäter, oder in beiden Fällen angeklagt werden. Darüber hinaus ist es besonders wichtig, auf Basis der Beweise die Wahrscheinlichkeit der Verurteilung einzuschätzen.

Die Anklage wird den Erkenntnisgeschworenen durch den Staatsanwalt vorge- **20** tragen. Dafür müssen die Namen der Angeklagten genannt werden sowie die Delikte, die ihnen zur Last gelegt werden, und die Art der Tat (z.B. die Stufe des Vorsatzes und die Tatbegehung), sodass die Geschworenen sich ein möglichst genaues Bild vom Tatvorwurf machen können. Die Darstellung des Staatsanwalts muss auch die Annahme eines hinreichenden Tatverdachts (*more likely than not*) dahingehend beinhalten, dass die Beklagten die Straftat begangen haben. Der Maßstab, an dem die Geschworenen entscheiden, ist damit wesentlich geringer, als der für die Verurteilung vor einem Schwurgericht, der eine an mit Sicherheit grenzende Wahrscheinlichkeit (*beyond reasonable doubt*) erfordert.

Sobald die Erkenntnisgeschworenen durch ihren Vorsitzenden dem Amtsrich- **21** ter die Anklage vorgelegt haben, wird sie dem Angeklagten per Post zugesandt. Weiterhin wird ein Termin für die **Verlesung der Anklage** [*arraignment*] (eine Anhörung, in der dem Angeklagten die Vorwürfe durch den Amtsrichter vorgetragen werden) festgelegt. Grundsätzlich lehnen die Angeklagten die Verlesung der Klageschrift auf den Rat ihrer Anwälte hin ab. In dieser Prozessphase fragt der Amtsrichter den Staatsanwalt, ob die nötigen Beweismittel dem Verteidiger zugestellt wurden und ob ein **Befehl zur Überwachung der Telekommunikation** [*wiretap order*] ergangen ist.

---

10 *Miranda v. Arizona*, 384 U.S. 436 (1966) besagt, dass Aussagen, die von einem Beschuldigten in Untersuchungshaft gemacht werden, nur dann verwertbar sind, wenn der Beschuldigte über sein Recht auf einen Anwalt, die Tatsache, dass seine Aussagen gegen ihn verwendet werden können sowie über sein Recht zu Schweigen belehrt wurde.

Barbara Carlin

Beispiel: Die Verlesung der Anklageschrift

Grundsätzlich führt der Staatsanwalt die Anhörung durch. Er befragt den Angeklagten, ob dieser die in der Klageschrift genannte Person ist, ob er eine Abschrift der Klageschrift erhalten hat, ob er sie gelesen und verstanden hat und ob er eine Verlesung der Klageschrift wünscht.

Praxistipp

Es kommt selten vor, dass die Staatsanwaltschaft eine Überwachung der Telekommunikation in einem Betrugsfall vornimmt. Solche Anordnungen werden in der Regel für schwerere Verbrechen erlassen wie z.B. Drogenhandel nach dem **Gesetz über organisierte Kriminalität** [*Racketeer Influence and Corrupt Organizations Act (RICO)*]. (Siehe 18 USC § 2518.)

---

22 Ist dies nicht der Fall, fordert der Amtsrichter die Staatsanwaltschaft und die Verteidiger auf, sich zu beraten und einen Termin zu vereinbaren, an dem der Verteidiger die Beweismittel einsehen kann. Sobald der Staatsanwalt die Anfrage des Verteidigers aufgenommen hat, fordert er die entsprechenden Beweismittel an. Dies kann sich besonders bei Vermögensstraftaten aufgrund der großen Anzahl von Beweisdokumenten sehr in die Länge ziehen.

23 In dieser Prozessphase fragt der Amtsrichter den Angeklagten, ob er gesteht, und dies wird in den meisten Fällen verneinen. Entscheidet sich der Angeklagte aber dazu, zu gestehen, erfordert dies ein Verfahren vor einem Artikel-III-Richter[11], da ein Amtsrichter nicht befugt ist, das Geständnis einer schweren Straftat anzuerkennen.

24 Vor der Hauptverhandlung muss der Staatsanwalt der Verteidigung eine Liste aller Zeugen, die angehört werden sollen, zukommen lassen. Außerdem muss die Staatsanwaltschaft Niederschriften der Zeugenaussagen vorlegen, damit die Verteidigung genug Zeit hat, um das Material für das Kreuzverhör durchzusehen. Stellt die Staatsanwaltschaft die Abschriften der Zeugenaussagen erst unmittelbar vor der Hauptverhandlung zur Verfügung, beantragt die Verteidigung in der Regel eine Prozessunterbrechung, da die Zeit nicht für die Durchsicht der Aussagen ausreicht. Dies führt oftmals dazu, dass der Richter den Staatsanwalt rügt, denn Prozessverzögerungen sind ungern gesehen und führen dazu, dass die Hauptverhandlung vertagt werden muss.

25 In Betrugsfällen mit mehreren Geschädigten dauert diese Prozessphase oft lange an, da insbesondere bei Betrug nach dem Ponzi-Schema oft hundert oder mehr Opfer erfasst werden müssen. Sollte dies der Fall sein, kann die Verteidigung eine weitere Verschiebung des Verhandlungstermins beantragen, bis zu 70 Tage nach

---

11 Ein Artikel III-Richter ist gemäß Artikel III der US-Verfassung auf Lebenszeit ernannt.

Barbara Carlin

der Bekanntgabe der Klageschrift oder der ersten Anhörung des Angeklagten. (Siehe 18 USC § 3161 – *Time Limits and Exchanges*.)

Wenn die Staatsanwaltschaft Teile der Beweise aus dem Ausland einholt, zieht 26 sie wie oben erläutert die *OIA* hinzu. Sowohl die USA als auch Deutschland haben die UN-Konvention gegen die grenzüberschreitende organisierte Kriminalität und die beiden dazugehörigen Protokolle (Menschenhandel und Schlepperei von Migranten) im Jahr 2000 unterzeichnet. Diese enthalten eine Vorschrift, die besagt, dass „jeder Vertragsstaat seinen Gerichten oder anderen zuständigen Behörden die Befugnis [erteilt], anzuordnen, dass Bank-, Finanz- oder Geschäftsunterlagen zur Verfügung gestellt oder beschlagnahmt werden" (Art. 12,6)[12]. Wie oben erwähnt, können Anwälte auch auf die zentrale Justizbehörde verweisen, um Dokumente und andere Beweismittel durch den **bilateralen Rechtshilfevertrag** [*Mutual Legal Assistance Treaties (MLAT)*] zwischen den USA und Deutschland vom 14. Oktober 2003 (in Kraft getreten am 18. Oktober 2009) zu erhalten. Der Vertrag ermächtigt zur „engsten Zusammenarbeit in strafrechtlichen Ermittlungen und Verfahren" und sieht vor, dass Anfragen an den Generalstaatsanwalt oder „eine von diesem ernannte Person" gerichtet werden sollen. In den USA ist dies das *OIA*, in Deutschland das Justizministerium.

Eine der schwierigsten Herausforderungen in Betrugsfällen ist die Auswertung 27 einer hohen Anzahl von Opfern und die Entscheidung, welche in die Klageschrift aufgenommen und als Zeugen vorgeladen werden sollen. Da viele, vielleicht sogar alle, ältere Bürger sind, erfordert es einen hohen Arbeitsaufwand, zu ermitteln, welche von ihnen aussagefähig sind. Leider sind viele der Opfer ältere Damen, die entweder verwitwet oder unverheiratet sind. In vielen Fällen versuchen die Opfer, den Fall zu übernehmen, indem sie aussagen und Wiedergutmachung für das erlittene Leid verlangen. In den USA erhöht sich das Strafmaß in Fällen der Ausnutzung von schutzbedürftigen Personen gemäß der Bundesstrafverurteilungsverordnung.

Beispiel: Schutzbedürftige Opfer

Ein Opfer, das an Alzheimer erkrankt ist, stellt keinen guten Zeugen dar, da es sich oftmals nicht an Gespräche oder Handlungen vor der Verhandlung erinnern kann. Nichtsdestotrotz ist die Person ein schutzbedürftiges Opfer. Daher steht der Staatsanwalt vor der schwierigen Entscheidung, einerseits das Verbrechen nicht zu verfolgen und dadurch dem verletzlichen Opfer keinen Rechtsschutz zu gewähren oder andererseits das Verbrechen ohne hohe Erfolgsaussichten zu verfolgen.

Ebenso wichtig ist die Tatsache, dass beide Seiten in der Regel von Habgier getrie- 28 ben sind, was oft nicht wahrgenommen wird. Ein Opfer, das glaubt, dass ein Unternehmen zehn % Zinsen in 10 Jahren zahlen kann, ist sehr leichtgläubig. Wenn die

---

12 Art. 12 VI *der entsprechenden UN-Konvention*.

Barbara Carlin

Geschworenen diese Aussagen untersuchen, werden sie oft auf den Grundsatz des "*caveat emptor*" verweisen. Dem Käufer wird demnach das Risiko aufgebürdet.

29   Ein wichtiges Element des Betrugstatbestands sind **Empfehler** [*endorsers*]. Solche Personen kaufen angeblich das Kreditpaket und werben mit der Erzielung von hohen Rückzahlungen.

Beispiel: Erfolgreiche Betrugsmethoden

Empfehler sind in der Regel Individuen, die der Veröffentlichung ihrer Namen, Telefonnummern und Adressen für zukünftige Kunden zustimmen. Sie erhalten im Gegenzug finanzielle Entlohnungen für jeden akquirierten Kunden, der dank ihrer Überzeugungskraft in das Schneeballsystem investiert hat.

---

30 In einigen Fällen ziehen die Betrüger sogar Geistliche heran, um ein Empfehlungsschreiben für ihr System zu verfassen. Diese Empfehlungen enthalten dann die Versicherung, dass der Geistliche sich das Angebot angesehen hat, es eine sinnvolle Investition war und er die Investition in das System empfiehlt.

Beispiel: Typische angebotene „Produkte"

Erfolgreiche Produkte waren beispielsweise bestimmte Arten von Krediten (nachrangige Schuldverschreibungen) oder private Münztelefone. Letztere kamen auf den Markt, als *American Telephone and Telegraph* (*AT&T*) aufgelöst wurde, wodurch private Unternehmer die Möglichkeit bekamen, durch raffinierte Verkaufstricks „private Münztelefone" zu verkaufen, die auf einem Tresen, in Friseurgeschäften oder in Supermärkten aufgestellt werden konnten.

---

31 Möglicherweise hat sich mit der rasanten Verbreitung von Mobiltelefonen wenigstens dieser Aspekt der Wirtschaftskriminalität erledigt. Opfern wurden Namen und Telefonnummern der angeblichen Unterstützer eines bestimmten Programmes gegeben und ihnen wurde geraten, diese anzurufen. Die Empfehler hatten das Programm allerdings nie selbst erworben, sondern erhielten pro überzeugtem Kunden eine Prämienzahlung.

32   Weiterhin ist es von Bedeutung für den Fortgang des Prozesses, wenn der Staatsanwalt Vermögensgegenstände findet, die mit dem Betrug in Verbindung stehen. Ist dies der Fall, muss die Staatsanwaltschaft unverzüglich tätig werden, nachdem festgestellt wurde, dass die Gegenstände der Beschlagnahme unterliegen. Das Mantra der Staatsanwaltschaft in diesen Fällen lautet „**finden, einfrieren und beschlagnahmen**" [*find, freeze and forfeit*]. Die US-Behörden sind wiederholt dafür kritisiert worden, dass manche Staatsanwälte in Beschlagnahmen und Durchsuchungen übereifrig waren, insbesondere in Zivilverfahren, in denen Vermögensgegenstände vor der Klageerhebung beschlagnahmt werden.

33   Deutschland hat mehrere internationale Abkommen – einschließlich Abkommen der EU und UN – unterzeichnet, die es den Parteien erlauben, miteinander zu

Barbara Carlin

kooperieren, um die Beschlagnahme von Vermögensgegenständen zu vereinfachen, die mit internationaler Wirtschaftskriminalität in Zusammenhang stehen. Die Suche nach Vermögenspositionen im Ausland stellt eine nervenzehrende und zeitaufwändige Arbeit dar, aber umfassende Durchsuchungsbefehle sind oft hilfreich, um eitle Betrüger zu überführen: Viele bewahren Fotos ihrer Yachten, ihrer Villen und ihrer Geliebten auf. Weiterhin müssen immer die sog. *"x-files"* berücksichtigt werden, die wichtige Informationsquellen darstellen: Ex-Frauen, Ex-Angestellte, Ex-Partner, etc. Bundesrichter sind zurückhaltend, wenn es darum geht, ein Haus zur Durchsuchung freizugeben, in dem eine Familie lebt. Dies wird oft von den Verteidigern ausgenutzt.

In vielen Betrugsfällen in den USA stellt sich für die Täter die Frage, wo sie ihr **34** Geld verstecken sollen, um nicht aufzufallen. Früher waren passende Orte beispielsweise dafür Pizzarestaurants, aber mittlerweile haben die Ermittlungsbehörden herausgefunden, dass die entsprechenden Pizzarestaurants keine derart hohen Gewinne erzielen können. Als Reaktion darauf sind die Betrüger nun dazu übergegangen, ihre schmutzigen Gewinne in andere scheinbar legitime Unternehmen umzuleiten. Die Ermittlungsbehörden geraten oft in Problemsituationen, wenn sie die Spuren krimineller Transaktionen zu *Offshore*-Konten oder in Länder mit strengen Bankgeheimnissen verfolgen müssen. Nichtsdestotrotz gibt es zunehmend weniger „sichere Häfen" für Kriminelle als früher.

Beispiel: Die Entdeckung geheimer Geldanlagen

In den *"Panama Papers"* gaben mehr als elf Millionen durchgesickerte Dokumente Aufschluss über fragwürdige Transaktionen unzähliger Personen weltweit. Letztendlich waren viele der Konten legal.

Da im deutschen Recht die Beschlagnahme von Eigentumsgegenständen aus dem **35** privaten Wohnraum zulässig ist und in mehreren internationalen Verträgen für solche Fälle Rechtshilfe vereinbart wurde, könnte dies ein nützliches Werkzeug für die Anklage darstellen. Im Falle der Verteidigung gegen die Beschlagnahme liegt die Beweislast regelmäßig bei den Beschuldigten. Sie müssen glaubhaft machen, dass ihre eingefrorenen Vermögenspositionen nicht aus kriminellen Aktivitäten stammen, sondern legal erworben wurden.

Ein weiteres Mittel der Staatsanwaltschaft ist die Heranziehung eines Beamten **36** des **Bundesfinanzamtes** [*Internal Revenue Service (IRS)*], der in der Regel mit anderen Bundesbehörden, wie beispielsweise den Inspektoren der Bundespost [*US Postal Inspectors*] oder *FBI*-Agenten zusammenarbeitet. *IRS*-Beamte führen eine **Überprüfung des Nettovermögens** [*net worth investigation*] durch, in der sie die steuerlichen Angaben des Verdächtigen prüfen und so ermitteln, ob er sich den Lebensstil, den er führt, aufgrund legaler Mittel tatsächlich leisten kann.

Barbara Carlin

Beispiel: Die Entdeckung von illegal erworbenem Vermögen

Wenn der Verdächtige angibt, er verdiene jährlich $100.000 mit seinem Unternehmen, besitzt aber luxuriöse Immobilien, Yachten und teure Autos, wird die Prüfung seines Nettovermögens ergeben, dass dies mathematisch unmöglich ist.

---

37 Die Mehrzahl der in den USA rechtshängigen Strafverfahren (ca. 90%) wird durch eine **Vergleichsvereinbarung** [*plea agreement*] beigelegt. Die zehn % der Fälle, die bis zum Hauptverfahren kommen, enden zu 90% mit der Verurteilung des Angeklagten. Praktiker aus dem Ausland haben oftmals ein Problem mit dem aus ihrer Sicht unmoralischen Konzept des „**Handelns um einen Vergleich**" [*plea bargaining*]. Trotzdem wäre es angesichts der hohen Zahl an Fällen in den USA geradezu unmöglich, allen Straftätern ein Verfahren zu gewähren, ohne das Bundesgerichtssystem wesentlich vergrößern zu müssen.

38 Obwohl es in Deutschland die **Vergleichsvereinbarung im Strafverfahren** [*plea agreement*] in dieser Form nicht gibt, können Staatsanwaltschaft und Verteidigung auf informellem Weg sog. "*deals*" schließen, die gewisse Ähnlichkeiten mit dem US-Vergleich im Strafverfahren aufweisen (siehe § 153a StPO).

39 Wenn sich der Angeklagte in Absprache mit seinem Verteidiger dazu entscheidet, dass er gestehen will, erteilt er seinem Anwalt die Befugnis, den stellvertretenden Bundesstaatsanwalt, als den Staatsanwalt des Verfahrens, zu konsultieren. Einige nicht abdingbare Regeln besagen, dass der Angeklagte den schwersten Vorwurf gestehen und der Beschlagnahme aller mit der Straftat in Verbindung stehenden Gegenstände zustimmen muss. Wenn er wegen Finanzbetrugs an mehreren hundert Opfern angeklagt ist, kann es sein, dass der schwerste Vorwurf nicht der Betrug eines Einzelnen ist, sondern die Gesamtheit vieler kleinerer Delikte. In diesem Fall wird der Angeklagte dazu aufgefordert, die gesamte Beute des Verbrechens herauszugeben. Dies wird auch in der schriftlichen Fassung des Geständnisses, auf das sich der Staatsanwalt und der Verteidiger geeinigt haben, vermerkt. Dieses schriftliche Geständnis ist gewissermaßen ein Vertrag zwischen der Verteidigung und der Strafverfolgungsbehörde, in dem beide Seiten bestimmte Versprechen abgeben. Diese Vereinbarung wird dem Verfahrensrichter vorgelegt, der über die Annahme des Geständnisses entscheidet und die entsprechende Anhörung durchführt. Weiterhin konsultieren sowohl die Verteidigung als auch die Staatsanwaltschaft die Strafverurteilungsrichtlinien, die nunmehr unverbindlich sind.

40 Auf der Grundlage der Strafverurteilungsrichtlinien einigen sie sich auf ein annehmbares Strafmaß. Diese Richtlinien wurden entwickelt, um einheitliche Strafmaßregelungen im Bundessystem zu etablieren. Vor ihrer Entwicklung lag es im Einzelfall bei den Richtern, das Strafmaß zu bestimmen. Unter den Strafverurteilungsrichtlinien muss der Richter die Schwere des Verbrechens bestimmen, d.h. den Schaden, den das Opfer erlitten hat und die kriminelle Vergangenheit des Täters mit einbeziehen.

Barbara Carlin

Da der Angeklagte gestanden hat, steht ihm nach den Richtlinien eine Minde- 41
rung der Strafe zu. Zusätzlich kann es zu einer Strafminderung führen, wenn der
Angeklagte **wesentliche Hilfe** [*substantial assistance*] zur Aufklärung der anhängigen oder einer anderen Straftat leistet, indem er der Staatsanwaltschaft brauchbare
Hinweise oder Beweise zukommen lässt. Daraufhin kann der Staatsanwalt einen
sog. 5K-Antrag stellen, der dem Gericht darlegt, durch welche Handlungen der Angeklagte zu den Ermittlungen beigetragen hat. Dieser Antrag kann die Strafe um die
Hälfte verringern. (Siehe § 5K1.1 der US **Leitlinien für Strafurteile** [*Sentencing Guidelines*]).

Vor der Bekanntgabe des Urteils führt der Richter eine Anhörung durch, um 42
festzustellen, ob der Angeklagte tatsächlich aus eigenem Willen gesteht. Diese Anhörung heißt *"guilty plea colloquy,"* und der Richter befragt den Angeklagten unter
Eid zu seiner Ausbildung, seiner Fähigkeit, die englische Sprache zu lesen, schreiben und zu verstehen, ob er regelmäßig Medikamente nimmt und welche Auswirkungen diese auf seine Fähigkeit haben könnten, die Fragen des Richters zu beantworten. Der Staatsanwalt wird dann gebeten, die Vorwürfe gegen den Angeklagten
zusammenzufassen und die Beweise darzulegen. Der Richter fragt dann den Angeklagten, ob er der Darstellung des Staatsanwalts zustimmt. Außerdem wird dem
Angeklagten eine Liste derjenigen Rechte, auf die er durch das Geständnis verzichtet, vorgelegt, z.B. das Recht auf ein Geschworenen-Verfahren oder das Recht, die
Zusammensetzung der Geschworenen zu beeinflussen. Wenn der Angeklagte erwidert, dass er das Erklärte vollständig verstanden hat, nimmt der Richter das Geständnis an. Nun wird vom Richter ein Termin für die Urteilsverkündung festgelegt
und der Bewährungshelfer beauftragt, einen **Strafzumessungsbericht** [*sentencing
report*] zu erstellen, nach dem das Gericht dann die Strafe bestimmt. Beide Parteivertreter des Prozesses bekommen die Möglichkeit, den Strafzumessungsbericht
einzusehen und dagegen vor der Urteilsverkündung Einspruch zu erheben. In der
Anhörung zum Strafmaß kommen die Opfer zu Wort, und der Richter kann bestimmen, wie viele Zeugen darüber hinaus noch angehört werden sollen.

F. Der Prozess

Wenn der Fall nicht im Rahmen eines „**Handelns um einen Vergleich**" [*plea bar-* 43
gaining] beigelegt werden konnte, beginnt das Hauptverfahren. Die Beweislast trägt
die Staatsanwaltschaft. Anders als in Ländern mit einem kontinentaleuropäischen
Rechtssystem beginnt das Verfahren, nachdem die Geschworenenmitglieder ausgewählt wurden. Der Pool potentieller Geschworener wird zufällig aus Wählerver-
zeichnissen und Führerscheinverzeichnissen ausgewählt. Der Angeklagte kann
gemeinsam mit seinem Verteidiger die Auswahl beeinflussen. Er kann zehn Kandidaten ausschließen und der Staatsanwalt sechs. Das bedeutet, dass jede Partei des
Rechtsstreits sich ohne Angabe von Gründen gegen einen zukünftigen Geschwore-

Barbara Carlin

nen entscheiden kann. Sie heißen *"peremptory challenges."* Zwölf Geschworene werden ausgewählt und in der Regel vier zusätzlich bestimmt. Diese vertreten die erstgewählten Geschworenenmitglieder im Krankheitsfall, damit die Verhandlung weitergeführt werden kann. Während des Auswahlprozesses können die Geschworenenkandidaten befragt werden, u. a. dazu, ob sie selbst oder ihre Familienmitglieder schon Opfer einer Straftat geworden sind oder ob sie der Aussage eines Polizeibeamten mehr Glauben schenken würden als der eines anderen Zeugen.

44   Der vorsitzende Richter eröffnet das Hauptverfahren mit einer kurzen Zusammenfassung des Falles und anschließend verliest der Staatsanwalt sein Eröffnungsplädoyer. Dieses dient als Wegweiser für die Geschworenen. Obwohl es sein kann, dass der Staatsanwalt die Zeugen in einer bestimmten Reihenfolge anhören will, funktioniert dies in der Realität häufig nicht, da die Zeugen ihre eigenen Termine haben, sodass sie möglicherweise nicht am gewünschten Termin erscheinen können. Die Verteidigung des Angeklagten kann entweder unmittelbar nach dem Staatsanwalt eine Stellungnahme vortragen oder alternativ den Fortgang des Verfahrens abwarten. Oftmals wird der Verteidiger allerdings direkt im Anschluss an die Eröffnung des Staatsanwalts zu Wort kommen wollen, um den Geschworenen die Version des Angeklagten vorzustellen.

45   Während des gesamten Prozesses liegt die Beweislast bei der Staatsanwaltschaft. Der einzige Zeitpunkt, an dem sich dies ändert, ist, wenn der Angeklagte eine Verteidigung, wie beispielsweise ein Alibi, geltend macht. Darüber muss das Gericht vor der Verhandlung informiert werden, damit es keine Überraschungen während der Verhandlung gibt und die Parteien eine angemessene Vorbereitungszeit für Erwiderungen oder Einsprüche haben. Auch Sachverständigengutachten, die von den Parteien vorgebracht werden, müssen vor Prozessbeginn angemeldet werden.

46   Das Verfahren beginnt mit dem **Verhör der Zeugen durch den Staatsanwalt** [*direct examination*]. Die Verteidigung hat anschließend die Möglichkeit, im **Kreuzverhör** Gegenfragen zu stellen [*cross-examination*]. Wenn die *direct examination* nicht zu Ungunsten des Angeklagten ausfällt, kann die Verteidigung auf das Kreuzverhör verzichten. Während der Verhandlung sitzt der in dem Fall ermittelnde Bundesbeamte mit dem Staatsanwalt an dem Platz, der den Geschworenen am nächsten ist. Er ist in der Regel der letzte und zusammenfassende Zeuge, der aussagt und während des gesamten Prozesses anwesend. Alle anderen Zeugen werden **separat voneinander verhört** [*sequestered*], d.h. sie dürfen den Gerichtssaal erst betreten, wenn ihre Aussage ansteht. Nach ihrer Aussage dürfen sie sich weiter im Gerichtssaal aufhalten.

47   Normalerweise liegen bei Fällen von Wirtschaftskriminalität Beweisakten von hunderten, wenn nicht tausenden von Dokumenten vor; Bankauszüge, Telekommunikationsdaten, Kreditinformationen, Flugtickets usw. Ähneln sich verschiedene Dokumente, einigen sich Verteidigung und Staatsanwaltschaft oft darauf, diese Dokumente gesammelt vorzubringen. Dies stellt in der Regel kein Problem für beide Seiten dar, sodass eine kleinteilige Beweisaufnahme zeitsparend beschleunigt wird,

Barbara Carlin

wie beispielsweise bei Bankauszügen, die zwar gesammelt vorgebracht werden, jedoch die einzelnen Dokumente trotzdem als Beweis verfügbar sind.

Wenn klar wird, dass gegen einen Verdächtigen ermittelt wird, muss sich dieser **48** frühzeitig für einen Weg entscheiden: Entweder er wartet, bis die Ermittlungen beendet sind und entscheidet sich, zu gestehen oder er zieht vor Gericht. Ist er einer von mehreren Angeklagten, gibt es mehrere Möglichkeiten. Entweder er entscheidet sich dafür, eine **umfassende Unterstützung** [*substantial assistance*][13] zu bieten und dadurch seine Strafe zu verkürzen, durch ein Geständnis eine mildere Strafe zu erlangen, oder vor Gericht auszusagen und darauf zu spekulieren, dass die Geschworenen ihn für unschuldig halten.

Nachdem beide Seiten ihre Beweise vorgebracht und damit ihr Vorbringen ab- **49** geschlossen haben, gibt der Richter den Geschworenen Anweisungen, aufgrund derer sie ihr Urteil über den Angeklagten bilden. Die Geschworenen entscheiden nicht über das Strafmaß, wenn sie den Angeklagten für schuldig befinden. Wie bereits erwähnt, ist dafür der Richter zuständig, der das **Protokoll der Anhörungen** [*pre-sentence report*], die Strafverurteilungsrichtlinien sowie weitere relevante Informationen auswertet.

Beispiel: Entscheidungsrelevante Informationen

In einem Fall, in dem einer Mutter eine Gefängnisstrafe drohte, verurteilte ein Richter sie stattdessen auf Bewährung, da ihr vierjähriges, autistisches Kind eine sehr enge Bindung zu ihr hatte. Die Trennung von der Mutter hätte gravierende Auswirkungen auf das Kind gehabt.

G. Zusammenfassung

Dieses Kapitel legt zusammenfassend das Strafprozessrecht mit einem besonderen **50** Schwerpunkt auf Vermögensstraftaten dar. Zwar ist es unmöglich, einen vollumfassenden Bericht über das Verfahren im Bundesstrafgericht im Einzelnen zu geben, aber die dargestellten Informationen geben einen allgemein gehaltenen Leitfaden zu den besonderen Abläufen, der an geeigneter Stelle Anregungen zur weiteren Vertiefung gibt.

---

13 *Substantial Assistance*: Die **Leitlinien für Strafurteile** [*Sentencing Guidelines*] enthalten eine politische Erklärung, die es dem Gericht ermöglicht, von den Leitlinien abzuweichen und eine geringere Strafe zu verhängen, wenn die Regierung einen Antrag stellt, dass der Angeklagte bei der Ermittlung oder Verfolgung einer anderen Person, die eine Straftat begangen hat, **erhebliche Unterstützung** [*substantial assistance*] geleistet hat. Ein solcher Antrag eines Teils der Regierung kann Teil einer **Vergleichsvereinbarung** [*plea agreement*] mit dem Angeklagten sein (http://www.expert glossary.com/criminal-law/definition/substantial-assistance).

Barbara Carlin

Register

Die fetten Zahlen verweisen auf das Kapitel, die mageren Zahlen auf die Randnummern

Glossar

Zusätzlich zum Sachregister stellen wir dieses Glossar zur Verfügung, denn auf dem Weg zur Erstellung eines brauchbaren deutschsprachigen Texts mussten wir in der Übersetzung zahlreiche Entscheidungen treffen, die einer Erläuterung bedürfen, damit der Leser ein Verständnis davon erlangt, dass abweichende Übersetzungen oder Begrifflichkeiten ebenso zulässig sein können. Unser Ziel war, unserer Auswahl eine rationale Grundlage zu geben und dann durch das Buch hindurch konsistent an den gewählten Übersetzungen festzuhalten. Übersetzungen haben stets zwei unterschiedliche aber gleich wichtige und miteinander zusammenhängende Komponenten – die Übertragung eines Worts oder Ausdrucks aus einer Sprache in eine andere sowie die Übersetzung einer Kultur in eine andere, soweit man dies durch Sprache leisten kann. Insbesondere an dieser zweiten Komponente liegt es, dass unterschiedliche Entscheidungen dazu führen können, dass der Leser ein völlig anderes Verständnis der Kultur – in diesem Fall der Rechtskultur in den Vereinigten Staaten, die in ihrer Rechtspraxis zum Ausdruck kommt – gewinnen kann.

Antrag [*motion*]: Es gibt drei unterschiedliche, aber zusammenhängende rechtliche Instrumente, die im Verfahren vor dem Prozess oder im Prozess zur Anwendung kommen: das **Plädoyer** [*pleading*], den **Antrag** [*motion*] und den **Schriftsatz** [*brief*]. Für alle drei Begriffe gibt es eine Vielzahl von verschiedenen Übersetzungen, die im Sinne der sprachüblichen Natur der jeweiligen Grundgedanken vertretbar sind. Daher war unsere Auswahl auch immer auf die eine oder andere Weise willkürlich, bleibt aber durch das ganze Buch hinweg stimmig. Da *"motions"* der Zustimmung des Gerichts bedürfen, waren wir der Auffassung, dass das Wesen des Wortes Antrag diesen Sinngehalt von „Ersuchen und Bescheid" am besten vermittelt.

Berufung: Wir haben uns gegen die Verwendung des Wortes „Berufung" entschieden, weil eine Berufung neue Tatsachen oder Beweise in die zweite Instanz [*appeal*] einführen kann und dies in den USA nicht möglich ist. Wir haben daher versucht, alle Begrifflichkeiten für die zweite Instanz durchgehend mit Revision und nicht mit Berufung zu übersetzen. Die Regeln, die den Prozess der ersten Instanz in den USA bestimmen, basieren sämtlich auf der Möglichkeit der Anwesenheit von Geschworenen. Wenn die Parteien einen Geschworenenprozess wählen, sind es die Geschworenen, die sämtliche Tatsachenfragen auslegen. Geschworene stehen nur in der Prozessphase zur Verfügung, nicht hingegen in der zweiten Instanz. Wenn daher ein Richter in der zweiten Instanz befindet, dass in der ersten Instanz die Tatsachen falsch gewürdigt wurden oder weitere Tatsachen hätten gehört werden müssen, kann er den Fall lediglich in die erste Instanz zurückverweisen und darf keine zusätzlichen oder neuentdeckten Tatsachen in die zweite Instanz einführen. Im Ergebnis haben somit alle *"appeals"* in den USA die Funktion einer deutschen Revision, nicht hingegen die einer Berufung.

Bezirksgericht: Den Begriff Bezirksgericht haben wir nicht verwendet. Siehe „Gerichte der ersten Instanz".

Common Law: Dies ist der einzige englischsprachige Begriff, bei dem wir überzeugt waren, dass sein Sinngehalt derart grundlegend ist, dass er das gesamte Buch hindurch auf Englisch belassen werden muss. Angesichts des Umstands, dass dieses Buch für eine deutschsprachige Leserschaft gedacht ist, sperrt sich der Sinngehalt des Begriffs *"Common Law"* einer schlichten Übertragung ins Deutsche. In Abgrenzung dazu würde etwa „Gewohnheitsrecht" das gesamte *"customary law"* im Englischen umfassen und nicht allein das *"Common Law"*. Des Weiteren haben wir englischsprachige Begriffe, die von deutschen Juristen eher im Rahmen der Mode als der Sprachüblichkeit verwendet werden, ins Deutsche übersetzt.

https://doi.org/10.1515/9783899498103-017

Fallrecht [*case law*]: Wir haben in Bezug auf den Bestand an bindendem Recht, der durch vorangegangene Rechtsentscheidungen in einem *stare decisis*-System wie dem der USA entsteht, durchgehend den Begriff „Fallrecht" benutzt. Nicht alle Fälle münden in bindendes Recht, und so soll „Fallrecht" nur jene Fälle beschreiben, bei denen dies so ist. Für Rechtssachen im Allgemeinen, unabhängig davon, ob sie Präzedenzwirkung haben, greifen wir auf das Wort „Fälle" zurück. Bei schriftlichen Stellungnahmen eines Gerichts oder Richters, die allein der Entscheidung einer Rechtssache für die Parteien und nicht der Setzung einer Präzedenz dienen, verwenden wir den Begriff „Urteil".

Gerichte der ersten oder zweiten Instanz [*district court* oder *circuit court*]: Das System der Bundesgerichte in den USA untergliedert sich in die erste, zweite und dritte Instanz, jeweils auch *"trial"* und *"appeal"* genannt. Zudem ist das System der Bundesgerichte in den USA geographisch in 94 Prozessgerichte erster Instanz, *"district"* courts genannt, und dreizehn als *"circuit"* courts bezeichnete Bundesrevisionsgerichte unterteilt. Da sich weder die Begriffe des Kreises noch des Bezirks in Deutschland inhaltlich hinreichend mit dem US-Bundes-*"district"* oder Bundes-*"circuit"* Begriff decken, haben wir die Verwendung von „Bezirk" und „Kreis" vermieden, um gedankliche Fehlverknüpfungen zwischen diesen deutschen Ausdrücken und *"district"* oder *"circuit"* im Englischen zu vermeiden. Stattdessen haben wir die zwar allgemeineren, aber zugleich genaueren Begriffe „erste Instanz" [*district court*] und „zweite Instanz" [*circuit court*] verwendet.

Geschworene [*jury*]: Würde man dem in den Medien verbreiteten Bild Glauben schenken, könnte man den Eindruck gewinnen, es gebe in allen US-Gerichtsverfahren eine Laien-Jury. Dies ist allerdings keineswegs der Fall. Zudem sind weltweit auch in anderen Rechtssystemen Personen mit verschiedenen rechtlichen Funktionen beteiligt, die ebenfalls als „Jury" zu bezeichnen sind. Obwohl man also in Deutschland häufig auf das Wort „Jury" stößt, haben wir den Eindruck, dass es im Kontext mit dem US-Recht eher unpräzise verwendet wird. Daher haben wir es durchgehend mit „Geschworene" übersetzt, um so diesen einen Sachgegenstand zu kennzeichnen – die Laien-Jury, die in den USA nur im Prozess zugänglich ist.

Kreisgericht: Den Begriff Kreisgericht haben wir nicht verwendet. *Siehe* „Gerichte der ersten Instanz".

Oberster Gerichtshof [*Supreme Court*]: Der Terminus *"Supreme Court"* ist insofern idiomatisch, als der Supreme Court der Vereinigten Staaten die abschließende Entscheidungshoheit für Rechtssachen innehat, die sich nach dem US-Bundesrecht bestimmen und so sämtliche Zuständigkeiten auf sich vereint, die denen des deutschen Bundesgerichtshofs, des Bundesfinanzhofs, des Bundesarbeitsgerichts, des Bundessozialgerichts und des Bundesverwaltungsgerichts vergleichbar wären. Zudem hat der *US Supreme Court* die abschließende Entscheidungshoheit für die Auslegung der US-Verfassung und vereint so unter seinem Dach auch die Funktionen des deutschen Bundesverfassungsgerichts. Drei weitere Aspekte zu diesen Begriffen sollten nicht unerwähnt bleiben. Erstens haben die USA, wie andere im 19. Jahrhundert entstandene Staaten auch, keinen in seiner Zuständigkeit rein auf Verfassungsangelegenheiten beschränkten Gerichtshof. Zweitens hat jeder der Bundesstaaten ein eigenes letztinstanzliches Gericht, zumeist *"State Supreme Court"* genannt, das zugleich das Verfassungsgericht des jeweiligen Bundesstaats ist. Drittens ist zu beachten, dass wegen des Umstands, dass es keine reinen Verfassungsgerichte auf Bundes- oder einzelstaatlicher Ebene gibt, alle Gerichte – des Bundes oder des jeweiligen Bundesstaats – Fragen der US-Verfassung beachten müssen, ebenso wie auch alle Gerichte der einzelnen Bundesstaaten das Verfassungsrecht ihres jeweiligen Bundesstaats beachten müssen.

Offenlegungsphase oder Offenlegung [*discovery*]: Das US-Zivilrecht bedient sich einer im Englischen als *"discovery"* bekannten Praxis. Aus demselben Grund, aus dem wir davon abgesehen haben, das „trial" als Hauptverfahren zu bezeichnen, haben wir entschieden, die *discovery* nicht als Vorverfahren zu bezeichnen, um die Leser nicht zu der irrigen Annahme zu bringen, es gebe einen flexiblen Übergang zwischen der Offenlegungsphase und dem Prozess.

Plädoyer [*pleading*]: Es gibt drei unterschiedliche, aber miteinander zusammenhängende Rechtsinstrumente, die im Verfahren vor oder während des Prozesses zur Anwendung kommen: das **Plädoyer** [*pleading*], den **Antrag** [*motion*] und den **Schriftsatz** [*brief*]. Für alle drei Begriffe kommt aufgrund der idiomatischen Natur der jeweiligen Grundgedanken eine Vielzahl an vertretbaren Übersetzungen in Frage. Daher war unsere Wahl auf gewisse Weise willkürlich, gewährleistet aber den Vorteil, jedenfalls über das gesamte Buch hinweg schlüssig zu sein. Das grundlegende Dokument mit dem man dem Gericht formal (und schriftförmlich) das Bestehen eines beizulegenden Streits mitteilt, ist das Plädoyer. Einige Übersetzer verwenden **Schriftsatz** als Begriff für das *"pleading"*, aber etymologisch plädiert man an das Gericht zur Erlangung des begehrten Rechtsschutzes statt lediglich etwas schriftlich niederzulegen.

Prozess [*trial*]: Es wäre denkbar, den Begriff des US-amerikanischen *"trial"* als „Hauptverhandlung" zu übersetzen, aber hierdurch würde man einen mit einer Vorverhandlung verknüpften Kontext suggerieren, was wiederum den Leser in Bezug auf das Wesen des *"trial"* in den Vereinigten Staaten in die Irre führen würde. Das Recht ist eine konservative kulturelle Institution und nach über 900 Jahren stetigen Gebrauchs hat das *Common Law* durchaus Einiges zu bewahren. Dies mag der Grund dafür sein, dass der Prozess in den Vereinigten Staaten noch immer eher die Atmosphäre eines mittelalterlichen Gottesurteils oder Zweikampfs, oder gar einer Sportveranstaltung transportiert. Er hat einen festen Startzeitpunkt, erfordert eine Vorbereitung, zu der man, ohne besondere gerichtliche Zustimmung in Ausnahmefällen, keine nachträglichen Änderungen, Ergänzungen oder Korrekturen vornehmen kann und wenn er vor einer Jury geführt wird, hat er – ganz wie beim Theater – nur eine einzige Gelegenheit, seine Wirkung zu entfalten. Das, was sich in den USA vor dem Prozess abspielt, wie z.B. die Offenlegung im Zivilverfahren, hat eine gänzlich andere Anmutung und Atmosphäre. Ein amerikanischer Beobachter hat einmal angemerkt, dass dagegen die deutsche Vorverhandlung und Hauptverhandlung eine nahezu ununterscheidbare Folge von vergleichsweise informellen Treffen sei.

Schriftsatz [*brief*]: Es gibt drei unterschiedliche, aber miteinander zusammenhängende Rechtsinstrumente, die im Verfahren vor oder während des Prozesses zur Anwendung kommen: das **Plädoyer** [*pleading*], den **Antrag** [*motion*] und den **Schriftsatz** [*brief*]. Für alle drei Begriffe kommt aufgrund der idiomatischen Natur der jeweiligen Grundgedanken eine Vielzahl an Übersetzungen in Frage, die man als vertretbare anerkennen muss. Daher war unsere Wahl auf gewisse Weise willkürlich, bleibt aber jedenfalls über das gesamte Buch hinweg schlüssig. Da der Prozess im *Common Law* von zwei gegnerischen Anwälten und nicht von amtsermittelnden Richtern betrieben wird, ist das Ersuchen an das Gericht, eine Handlung vorzunehmen oder der Gegenseite eine solche aufzugeben, ein hoch formalisierter Vorgang.

Jedem derartigen Antrag muss typischerweise ein zweites Dokument beigefügt werden, welches das der Sache zugrundeliegende Recht zusammenfasst. Dieses heißt im Englischen *"brief"*, was aber keinesfalls mit dem „Brief" im Deutschen verwechselt werden sollte.

Streitbelegung [*settlement*]: Um dem deutschen Leser das bestmögliche Gespür für den Grundcharakter der US-Rechtspraxis zu vermitteln, haben wir unseren Fokus auf die kontradiktorische Parteivertretung im US-System gelegt. Im Einklang hiermit lässt sich die Situation, in der sich Kontrahenten auf die gütliche Lösung einer Rechtssache einigen, am besten als Streitbelegung kennzeichnen, obwohl andernorts auch die Begriffe Vergleich oder Schlichtung verbreitet sind.

Streitpunkt [*issue*]: Beginnend schon in den Gerichten des antiken Griechenlands und dann später durch die englischen Gerichte des feudalen Zeitalters hindurch lässt sich der Ansatz verfolgen, eine Streitigkeit zwischen den Parteien auf einen Punkt zu verdichten: den Gegenstand oder Streitpunkt. Betreffend eines englischen Plädoyers war es lange Zeit gängig, dass ein Richter den Prozess solange nicht eröffnete, bis die Parteien mitteilen konnten *"we are at issue, m'lord"*, was hieß, dass alle Verfahrensfragen geklärt waren und nur noch der rechtliche oder tatsächliche Streitpunkt für den formalen Prozess verblieb.

Verfahren [*litigation*]: Der *"trial"* ist der Schlusspunkt des Verfahrens, das aus dem Erfordernis des Englischen Systems entsprang, dass dem König ein Anspruch in sehr formalisierter Schriftform vorgelegt werde. Der Geist des Formalismus dieses Prozederes vor dem König lebt noch immer im *Common Law* der USA weiter. Wegen der Natur der Aushandlung [*negotiation*], die ebenfalls vom Wort „Verhandlung" umfasst ist, haben wir unsere Übersetzung des Begriffs auf „Verfahren" beschränkt und uns gegen die Verwendung von „Verhandlung" entschieden. Verhandlung ist ein Betätigungsfeld der kontradiktorischen Parteivertretung, sogar wenn es in einer ausgehandelten Streitbeilegung mündet. Das Wort Verfahren erfasst den Grundcharakter der kontradiktorischen Parteivertretung besser als dies der Ausdruck Verhandlung vermag.

Vielfaltsgerichtsbarkeit [*diversity of citizenship jurisdiction*]: Das föderale System der USA steht nicht in einer Weise über den Rechtssystemen der Bundesstaaten, wie man sie aus dem Verhältnis des Bundes zu den Ländern in Deutschland herleiten könnte. Man kann von einem bundesstaatlichen Gericht aus keine Revision in dem Gerichtssystem des Bundes einlegen. Es gibt lediglich zwei Fälle, in denen eine Partei ihre Rechtssache vor ein Bundesgericht bringen kann. Der erste Fall ist der, dass ein Bundesgesetz oder eine Bundesverordnung die streitentscheidende Rechtsquelle ist. Der zweite Fall ist, dass die Streitparteien Bürger verschiedener Bundesstaaten sind; für diesen zweiten Fall haben wir den Begriff „Vielfaltsgerichtsbarkeit" verwendet.

Verhandlung [*proceedings*]: Da wir uns entschieden haben, das Wort Verhandlung nicht im Sinne von *litigation* zu verwenden, beschränken wir seinen Gebrauch darauf, das englische *"proceedings"* zu übersetzen, was weit weniger formell und weit allgemeiner als der Begriff der *litigation* sein kann.